解读

最高人民法院司法指导性文件

民事诉讼卷

人民法院出版社　编

人民法院出版社

图书在版编目（CIP）数据

解读最高人民法院司法指导性文件．民事诉讼卷/人民法院出版社编．—北京：人民法院出版社，2019.5
ISBN 978－7－5109－2533－7

Ⅰ.①解…　Ⅱ.①人…　Ⅲ.①民事诉讼法—法律解释—汇编—中国　Ⅳ.①D920.5

中国版本图书馆CIP数据核字（2019）第087834号

解读最高人民法院司法指导性文件　民事诉讼卷
人民法院出版社　编

责任编辑　王　婷
出版发行　人民法院出版社
地　　址　北京市东城区东交民巷27号（100745）
电　　话　（010）67550617（责任编辑）　67550558（发行部查询）
65223677（读者服务部）
客服QQ　2092078039
网　　址　http://www.courtbook.com.cn
E－mail　courtpress@sohu.com
印　　刷　三河市国英印务有限公司
经　　销　新华书店

开　　本　787×1092毫米　1/16
字　　数　690千字
印　　张　36
版　　次　2019年5月第1版　2019年5月第1次印刷
书　　号　ISBN 978－7－5109－2533－7
定　　价　109.00元

编辑出版说明

最高人民法院司法指导性文件是除司法解释以及司法行政管理、人事管理类文件之外的，涉及法律适用问题的司法文件。根据最高人民法院周强院长主编的《最高人民法院司法解释汇编（1949～2013）》一书的界定和分类，1997年4月1日以后，最高人民法院或者最高人民法院有关部门单独以及联合其他有关部门发布的涉及法律适用问题但不是以“法释”字编号的规范性文件；1997年4月1日以前，最高人民法院或者最高人民法院有关部门仅针对某一具体案件的个案答复，以及由外单位牵头、最高人民法院会签的文件，最高人民法院重要工作会议领导讲话和会议纪要等文件，均属于此类。

司法指导性文件虽然不属于司法解释，不能在人民法院裁判文书中援引作为裁判依据，但公认对各级人民法院审判执行工作具有重要的指导意义。

本书精选最高人民法院近年来制发的司法指导性文件，涵盖“意见”“决定”“纪要”“通知”“讲话”等不同文体种类。为便于读者准确理解，对部分司法指导性文件约请司法指导性文件的起草人撰写对该指导性文件内容及背景加以分析和阐述的解读性文章。本书共分为六卷，即综合卷、刑事卷、民事卷、商事卷、知识产权·行政卷、民事诉讼卷。

本书的特点：1. 权威。司法指导性文件的来源权威准确，现行有效。解读性文章也均由司法指导性文件起草人撰写，从中可以了解最高人民法院对一些法律问题的司法政策、观点。2. 全面。几乎涵盖了近年来最高人民法院作出的全部现行有效的司法指导性文件。3. 实用。分类清楚，方便读者查检使用。

本书同我社的《解读最高人民法院司法解释（含指导性案例）》《解读最高人民法院司法复函》共同构成了"解读最高人民法院司法文件书系"，其各有侧重、互为补充、相得益彰，是审判人员在审判实践中可资参考的工具书，也可供律师、仲裁员等办案时参考使用。本书此次再版，与《解读最高人民法院司法解释（含指导性案例）》《解读最高人民法院司法复函》首次一齐推出。使用本书时，应注意国家最新公布的法律和最高人民法院最新颁布的司法解释，凡与前者有抵触的，应以前者为准。

本卷收录民事诉讼方面的司法指导性文件共97件。

人民法院出版社

2019年5月

总 目 录

目　　录

一、综　　合

二、起诉和管辖

三、证　　据

四、送　　达

五、调解和仲裁

六、强制措施

七、诉讼费用

八、公益诉讼

九、简易程序

十、审判监督程序

十一、公示催告程序

十二、执行程序

十三、涉港澳台、涉外民事诉讼程序的规定

十四、其　　他

一、综　合

最高人民法院
关于认真学习和贯彻《全国人民代表大会常务委员会关于修改〈中华人民共和国民事诉讼法〉的决定》的通知

2007 年 11 月 19 日　　法发〔2007〕39 号

各省、自治区、直辖市高级人民法院，解放军军事法院，新疆维吾尔自治区高级人民法院生产建设兵团分院：

《全国人民代表大会常务委员会关于修改〈中华人民共和国民事诉讼法〉的决定》（以下简称《决定》）已由中华人民共和国第十届全国人民代表大会常务委员会第三十次会议于 2007 年 10 月 28 日通过，将自 2008 年 4 月 1 日起施行。为了保证各级人民法院在民事审判和执行工作中统一正确适用《决定》，现就学习和贯彻《决定》的有关问题通知如下：

一、充分认识修改民事诉讼法的重要意义

《中华人民共和国民事诉讼法》是中国特色社会主义法律体系当中的基本法律，是人民法院审理和执行民事案件在程序方面的基本法律依据。民事诉讼法的修改和《决定》的颁布实施，是我国诉讼法制建设中的大事，为人民法院审理民事案件和执行工作提供了更加明确、更加充分的法律依据，必将对人民法院的民事审判和执行工作产生重大影响，给人民法院的民事审判和执行工作的开展带来新的机遇，推动人民法院在科学发展、促进社会和谐、维护公平正义等方面发挥更大的作用。

二、认真学习领会《决定》的立法精神

为了解决人民群众反映强烈的“申诉难”“执行难”等问题，《决定》着重从细化民事再审事由、完善民事再审程序、强化人民法院执行措施、规范人民法院执行人员的执行行为等方面，进一步完善了民事诉讼法的相关规定。因此，各级人民法院应当精心组织审判人员和执行人员认真学习《决定》，准确把握立法精神，深刻理解每一条款的含义，学深学透，尽快掌握修改的重要内容。最高人民法院将会同国家法官学院举办专题培训班，对各级人民法院的民事审判和执行业务骨干进行培训。各级人民法院要积极发挥主观能动性，大力加强法官培训工作。通过学习和培训，使各级人民法院了解法律修订的原因和目的，准确理解和掌握立法原意，联系实际，把握司法尺度，提高审判业务能力，为全面正确地贯彻执行《决定》打好基础。

三、准确把握《决定》的适用效力

自2008年4月1日《决定》施行以后，最高人民法院在《决定》施行以前作出的有关民事再审、执行问题的司法解释，凡与《决定》抵触的，不再适用；民事诉讼法第十九章“企业法人破产还债程序”不再适用。

《决定》施行以后所有的再审案件和执行活动一律适用《决定》。当事人对《决定》施行以前人民法院作出的已经发生法律效力的裁决申请再审，或者人民法院按照审判监督程序决定再审的民事案件，应当适用《决定》；依照《决定》施行以前民事诉讼法的有关规定，当事人申请执行的期间到《决定》施行之日尚未届满的，可以自法律文书规定履行期间的最后一日起二年的期间以内合并计算。

四、积极推动对《决定》的宣传工作

各级人民法院在民事审判和执行工作中要严格遵守《决定》，通过公正高效的审判活动，将《决定》的有关规定真正落到实处。要结合《决定》的学习活动，进一步增强“公正司法，一心为民”的自觉性，全面落实《决定》的要求。

《决定》的全面贯彻落实，离不开广大人民群众的理解和支持。各级人民法院在学习、适用《决定》过程中，应当通过民事审判和执行活动，以案讲法，并注意通过新闻媒体、律师、调解组织等，大力宣传《决定》的立法宗旨和重要意义，教育公民增强申请再审风险意识、申请执行时效意识和自觉履行协助执行义务、主动报告财产状况的意识，自觉遵守《决定》。

五、深入搞好执行《决定》中的调查研究

最高人民法院将组织力量，在准确理解立法原意，认真调查研究，充分听取各方面意见基础上，针对在审理和执行民事案件中所遇到的适用法律问题，根据《决定》适时做出司法解释。各级人民法院在学习、适用《决定》过程中，应当注意总结审判实践经验，加强调查研究，把学习、调研、再审、执行等工作结合起来，切实保证《决定》的有效实施。如遇到新情况和新问题，要注意积累，收集相关的典型案例，认真研究解决方案，及时报送最高人民法院，以便为司法解释的制定工作提供素材，为以后民事诉讼法的进一步修改完善提供理论依据和实践经验。

以上各项，请遵照执行。

最高人民法院
关于认真学习贯彻《全国人民代表大会常务委员会关于修改〈中华人民共和国民事诉讼法〉的决定》的通知

2012 年 11 月 28 日　　　　　　　　法〔2012〕289 号

各省、自治区、直辖市高级人民法院，解放军军事法院，新疆维吾尔自治区高级人民法院生产建设兵团分院：

2012 年 8 月 31 日，第十一届全国人民代表大会常务委员会第二十八次会议审议通过的《关于修改〈中华人民共和国民事诉讼法〉的决定》（以下简称民事诉讼法修改决定）将于 2013 年 1 月 1 日起施行。为保证统一正确适用民事诉讼法修改决定，特通知如下：

一、深刻认识贯彻实施民事诉讼法修改决定的重大意义

民事诉讼法是中国特色社会主义法律体系中的基本法律之一，是人民法院受理、审理和执行民事案件在程序方面的基本法律依据。民事诉讼法修改决定增加了诚实信用原则，新设了公益诉讼、第三人撤销之诉、小额诉讼、行为保全、确认调解协议、直接实现担保物权、检察建议等多项重大诉讼制度，对立案制度、管辖制度、调解制度、证据制度、一审程序、二审程序、特别程序、审判监督程序、执行程序和涉外程序等均有重大修改完善。此次民事诉讼法的修改对于加强法律实施，完善“公正、高效、权威”的民事诉讼制度，保障人民群众民事权益和社会公共利益，促进经济社会发展，维护社会和谐稳定，具有重大现实意义和深远历史意义。全国法院要高度重视民事诉讼法修改决定的学习和贯彻实施，要以这次民事诉讼法修改决定的贯彻实施工作为契机，进一步提升人民法院民事审判执行工作的质量、效率和水平。

二、正确把握贯彻实施民事诉讼法修改决定的原则

人民法院贯彻实施民事诉讼法修改决定，应当坚持以下原则：

一要坚持全面原则。这次民事诉讼法修改是一次全面修改，涉及民事诉讼法的各个部分和每一个程序，既有对当事人诉权保护的内容，也有规范人民法院审判执行工作程序的内容，还有加强对审判执行工作法律监督的内容。应当

全面把握这次修改民事诉讼法的指导思想，深刻理解每一项新制度、新规定，不仅要学好、学深、学透，更要学全，全面贯彻落实好民事诉讼法修改决定。

二要坚持区分原则。民事诉讼法修改决定集中体现了近年来民事诉讼制度改革的成果，人民法院加强和改进民事审判执行工作，既面临重大机遇，也面临诸多挑战。对于有利于促进民事诉讼顺利开展的内容，要用好、用足，提升司法公信；对于法律规定较为原则，需要进一步细化、明确的问题，要在审判实践中积极探索，为司法解释出台积累经验；对于涉及其他部门的规定，要加强沟通，平稳推进。

三要坚持统筹原则。此次民事诉讼法的修改涉及一审、二审、再审和执行等各项程序，涉及立案、审判、执行等多个部门，贯彻实施工作要统一部署、统筹安排。最高人民法院在民事诉讼法修改决定生效实施前，将就民事诉讼法修改决定施行时尚未审结的案件如何适用法律等问题出台司法解释。各高级人民法院也要统筹做好贯彻实施民事诉讼法修改决定的各项准备工作。

三、做好贯彻实施民事诉讼法修改决定的立案审判执行准备工作

（一）进一步加强立案工作。一要大力提升立案工作水平，对于当事人起诉到人民法院的民事案件，符合受理条件的，严格依法及时受理，保障当事人诉权的实现；对于不予受理的案件，积极引导当事人通过其他救济途径解决，从根本上解决纠纷。二要严格规范管辖权转移，准确把握第一审民事案件移交下级人民法院审理的适用条件，严格执行向上级人民法院报请批准的法定程序，依法及时将矛盾纠纷化解在基层。三要及时配备必要的视听记录设备，确保人民法院通过法定方式和程序，完成留置送达，提高送达质量和效率。

（二）进一步加强审理工作。一要认真落实先行调解规定，对于起诉到人民法院的民事纠纷，要在立案前和立案后，加大调解力度，积极引导当事人通过多层次的调解方式化解矛盾。二要健全案件分流机制，进一步加强审判流程管理，确定合理的案件流程，缩短程序转换周期，有效提高诉讼效率。三要认真执行证据规则，对于电子数据等新证据形式，要结合相关法律，健全调查取证、质证等操作规程，确保庭审有序进行，裁判结果公正合理。四要认真落实公开审判制度，依法扩大二审案件开庭审理的范围，明确径行裁判的适用条件，切实提高二审案件审理的质量和效率。

（三）进一步加强裁判文书工作。一要进一步规范裁判文书制作，做到证据审查全面客观，事实认定准确清楚，说理部分透彻明白，裁判依据明确充分，增强裁判文书的说理性，切实促进当事人服判息诉，实现案结事了。二要进一步规范生效裁判文书公开的形式和载体，结合当地实际，逐步扩大公开的范围，方便当事人和社会公众查阅，同时也要注意维护国家秘密、商业秘密和

当事人隐私。

（四）进一步加强执行工作。一要准确理解与把握修改后的民事诉讼法关于执行措施的新规定，细化发出执行通知前的准备工作，切实提高执行效率。二要细化人民法院委托变卖或者自行变卖的程序和方式，对于查封、扣押财产，坚持拍卖优先原则，结合相关司法解释，保障执行程序顺利进行。三要严格执行关于不予执行仲裁裁决相关标准的新规定，规范和完善人民法院对仲裁活动的监督。四要依法运用对逃避执行行为的处罚措施，加大执行力度。

四、做好贯彻实施民事诉讼法修改决定确立的新制度的实施准备工作

民事诉讼法修改决定中增加了一些新的制度，如小额诉讼、公益诉讼、第三人撤销之诉、执行法律监督等制度，贯彻实施这些新制度对于加强和改进人民法院的民事审判和执行工作，既是机遇，也是挑战。对于这些新制度，人民法院缺乏审判实践的经验积累，待时机成熟时将出台司法解释和指导意见。目前，最高人民法院正在组织人员进行研究，在《人民法院报》上发表相关文章，供各级人民法院参考。各级人民法院也要预先研判，积极、稳妥、有计划、有层次地开展工作。

五、做好与相关部门的沟通协调工作

民事诉讼法修改决定新增加了一些需要与其他部门进行协调、沟通、配合的制度。各高级人民法院要与有关部门加强工作层面的沟通协调，建立完善相应工作机制，确保民事诉讼法修改决定的贯彻实施。一要与财政部门进行沟通，为人民法院在特定情形下，先行垫付证人出庭费用及误工损失等工作做好准备；二要与统计部门进行沟通，为人民法院受理小额诉讼案件做好准备；三要与检察机关进行沟通协调，为贯彻实施民事诉讼法修改决定有关检察建议和执行法律监督等制度做好准备；四要与协助执行的相关单位进行沟通，继续完善执行联动机制，为贯彻实施民事诉讼法修改决定有关协助执行制度做好准备。

六、做好民事诉讼法修改决定的学习培训工作

要把学习民事诉讼法修改决定，作为当前和今后一段时期人民法院特别是广大民事法官的一项重点工作。最高人民法院在民事诉讼法修改决定实施前举办了全国法院学习贯彻民事诉讼法修改决定培训班，对各高、中级法院及基层法院的主管民事审判工作的院领导、庭领导进行集中培训。明年，最高人民法院将继续把学习贯彻民事诉讼法修改决定作为全国法院培训的重要内容，进一步巩固学习培训效果。各高级人民法院和中级人民法院也要利用多种形式进行培训，在民事诉讼法修改决定实施前和实施后，对民事立案、审判、执行人员进行轮训；各基层人民法院要组织法官和相关工作人员认真学习。在培训和学习中，要逐条领会新规定，准确把握立法精神，深刻理解各修改条文的含义，学深学透、融会贯通。

七、做好民事诉讼法修改决定的宣传工作

要进一步加大宣传力度，注意通过具体的民事审判和执行活动，以案释法，不断加强与新闻媒体、有关社会组织的沟通合作。大力宣传民事诉讼法修改决定的立法精神和条文宗旨，特别要做好新制度、新规则的普法工作，引导社会各方和人民群众正确理解新的诉讼制度，树立正确的诉讼观念。

对于贯彻实施民事诉讼法修改决定过程中遇到的问题和情况，要及时层报最高人民法院。

最高人民法院
关于认真贯彻实施民事诉讼法及相关司法解释有关规定的通知

2017 年 12 月 29 日　　　　法〔2017〕369 号

各省、自治区、直辖市高级人民法院，解放军军事法院，新疆维吾尔自治区高级人民法院生产建设兵团分院：

为进一步规范民事诉讼活动，保障当事人合法权益，切实提升民事审判和执行工作水平，现就正确理解和适用《最高人民法院关于适用〈中华人民共和国民事诉讼法〉的解释》（以下简称《民诉法解释》）有关规定通知如下：

一、在审理案件中，应当依法审慎适用拘传措施。对必须到庭的被告，人民法院适用拘传的，应当符合民事诉讼法第一百零九条和《民诉法解释》第一百七十四条规定，限于负有赡养、抚育、扶养义务或者是不到庭就无法查清案情的被告。有独立请求权的第三人参加的民事诉讼、被告提出反诉的诉讼，本诉原告相对于有独立请求权的第三人、反诉人处于被告地位，可以依照上述法律和司法解释规定适用拘传。

对于原告经传票传唤无正当理由拒不到庭或者未经法庭许可中途退庭的，应当依照民事诉讼法第一百四十三条规定按撤诉处理。依照民事诉讼法第一百四十五条、《民诉法解释》第二百三十八条规定，当事人有违反法律的行为需要依法处理，人民法院裁定不准撤诉或者不按撤诉处理的案件，原告经传票传唤无正当理由拒不到庭的，应当依照民事诉讼法第一百四十五条第二款规定缺席判决。属于民事诉讼法第一百一十二条规定的虚假诉讼或者第五十五条规定的公益诉讼案件，对不到庭就无法查明案件基本事实的原告，可以依照《民诉法解释》第一百七十四条第二款规定适用拘传。

对当事人适用拘传的，应当严格依照《民诉法解释》第一百七十五条规定的程序进行。

二、在执行程序中适用《民诉法解释》第四百八十四条采取拘传措施的，应当严格遵守法定的条件与程序。拘传措施对于查明被执行财产、调查案件事实具有重要意义，同时也会严重影响被拘传人的人身自由。执行法院在采取拘传措施前必须经过依法传唤，对于无正当理由拒不到场的被执行人、被执行人的法定代表人、负责人或者实际控制人，应进行说服教育，经说服教育后仍拒不到场的，才能采取拘传措施。

对于已经控制被执行人的财产且财产权属清晰、没有必要调查询问的被执行人、被执行人的法定代表人、负责人或者实际控制人，不宜采取拘传措施。采取拘传措施必须严格遵守法定的时间期限，不能以连续拘传的形式变相羁押被拘传人。

三、被执行人的债权作为其财产的重要组成部分，是其债务的一般担保，不能豁免执行。但是执行到期债权涉及次债务人的权利保护，法律关系较为复杂，在执行程序中适用《民诉法解释》第五百零一条时，应当严格遵守法定条件与程序，兼顾相关各方主体的权利保护。

在对到期债权的执行中，应当依法保护次债务人的利益，对于次债务人在法定期限内提出异议的，除到期债权系经生效法律文书确定的外，人民法院对提出的异议不予审查，即应停止对次债务人的执行，债权人可以另行提起代位权诉讼主张权利。对于其他利害关系人提出的异议符合民事诉讼法第二百二十七条规定的，人民法院应当按照相应程序予以处理。

被执行人有银行存款或者其他能够执行的财产的，人民法院原则上应优先予以执行；对于被执行人未到期的债权，在到期之前，只能冻结，不能责令次债务人履行。

四、在适用民事诉讼法及相关司法解释过程中，发现有新的问题的，应当及时层报我院。

最高人民法院
关于房地产调控政策下人民法院严格审查各类虚假诉讼的紧急通知

2013 年 6 月 28 日　　　　　　法明传〔2013〕359 号

各省、自治区、直辖市高级人民法院，解放军军事法院、新疆维吾尔自治区高级人民法院生产建设兵团分院：

在“国五条”等房地产调控政策实施背景下，为规避税收、限贷及限购政策，现实生活中出现了大量“假离婚”、借名买房、二手房买卖中签订阴阳合同、虚构债务后协议以房抵债等现象，有些已经形成纠纷诉至法院。这些案件基本表现为：当事人之间虚构借贷等债权债务关系；法院立案受理后，双方当事人自愿达成调解协议约定用债务人的房产抵偿债务，由法院出具调解书后被迅速执行房产过户。这些问题的发生，极大地扰乱和冲击了房地产市场的正常秩序，严重影响了国家房地产调控政策的贯彻落实，也严重干扰了人民法院正常的审判活动。目前，最高人民法院正在对这些问题进行调研并致力于制定司法应对措施。为及时解决和应对当前审判实践中存在的相关问题，现就有关问题紧急通知如下：

一、要密切关注和高度重视本辖区执行国家房地产调控政策措施过程中已经出现和可能出现的虚假诉讼问题，严格依法加大审查排除力度，确保国家房地产调控措施的贯彻落实。

二、在审理相关纠纷案件时，要认真审查当事人的诉讼请求及相关的证据，遇到以下情况，要慎重对待，妥善处理：

1. 当事人在以房抵债协议中约定管辖法院，但抵债的房产与协议管辖法院属异地的，要严格按照民事诉讼法关于专属管辖的规定认定协议管辖的效力；

2. 借贷等债权债务关系仅有借据和双方的认可，但未提供款项往来等证据的，对债权债务关系的真实有效性要严格审查，不能简单认定；

3. 双方以债权债务纠纷为由诉讼至法院，但是立案后对案件事实及实体处理等均无争议并迅速达成“以房抵债”协议的，务必在严格依法查明案件事实的基础上决定是否出具调解书；

4. 当事人在人民法院调解组织等主持下达成包含以房抵债内容的调解协

议，并共同申请司法确认的，应当加大审查确认力度，慎重出具确认调解协议有效的裁定；

5. 当事人对以房抵债生效法律文书或者调解协议申请执行的，原则上不得出具以房抵债裁定书或者要求登记机构办理过户的协助执行通知书，当事人要求以房产清偿债务的，应当采取拍卖等执行变价措施；

6. 对其他可能存在虚假诉讼的纠纷案件，亦应依法审查。

三、对本辖区执行国家房地产调控政策过程中出现的包括虚假诉讼在内的带有普遍性或者可能呈现蔓延之势的新问题、新情况，要认真研究和及时应对，并必及时层报。

最高人民法院
关于防范和制裁虚假诉讼的指导意见

2016 年 6 月 20 日　　　　　　　　法发〔2016〕13 号

当前，民事商事审判领域存在的虚假诉讼现象，不仅严重侵害案外人合法权益，破坏社会诚信，也扰乱了正常的诉讼秩序，损害司法权威和司法公信力，人民群众对此反映强烈。各级人民法院对此要高度重视，努力探索通过多种有效措施防范和制裁虚假诉讼行为。

1. 虚假诉讼一般包含以下要素：（1）以规避法律、法规或国家政策谋取非法利益为目的；（2）双方当事人存在恶意串通；（3）虚构事实；（4）借用合法的民事程序；（5）侵害国家利益、社会公共利益或者案外人的合法权益。

2. 实践中，要特别注意以下情形：（1）当事人为夫妻、朋友等亲近关系或者关联企业等共同利益关系；（2）原告诉请司法保护的标的额与其自身经济状况严重不符；（3）原告起诉所依据的事实和理由明显不符合常理；（4）当事人双方无实质性民事权益争议；（5）案件证据不足，但双方仍然主动迅速达成调解协议，并请求人民法院出具调解书。

3. 各级人民法院应当在立案窗口及法庭张贴警示宣传标识，同时在“人民法院民事诉讼风险提示书”中明确告知参与虚假诉讼应当承担的法律责任，引导当事人依法行使诉权，诚信诉讼。

4. 在民间借贷、离婚析产、以物抵债、劳动争议、公司分立（合并）、企业破产等虚假诉讼高发领域的案件审理中，要加大证据审查力度。对可能存在虚假诉讼的，要适当加大依职权调查取证力度。

5. 涉嫌虚假诉讼的，应当传唤当事人本人到庭，就有关案件事实接受询问。除法定事由外，应当要求证人出庭作证。要充分发挥民事诉讼法司法解释有关当事人和证人签署保证书规定的作用，探索当事人和证人宣誓制度。

6. 诉讼中，一方对另一方提出的于己不利的事实明确表示承认，且不符合常理的，要做进一步查明，慎重认定。查明的事实与自认的事实不符的，不予确认。

7. 要加强对调解协议的审查力度。对双方主动达成调解协议并申请人民法院出具调解书的，应当结合案件基础事实，注重审查调解协议是否损害国家利益、社会公共利益或者案外人的合法权益；对人民调解协议司法确认案件，要按照民事诉讼法司法解释要求，注重审查基础法律关系的真实性。

8. 在执行公证债权文书和仲裁裁决书、调解书等法律文书过程中，对可能存在双方恶意串通、虚构事实的，要加大实质审查力度，注重审查相关法律文书是否损害国家利益、社会公共利益或者案外人的合法权益。如果存在上述情形，应当裁定不予执行。必要时，可向仲裁机构或者公证机关发出司法建议。

9. 加大公开审判力度，增加案件审理的透明度。对与案件处理结果可能存在法律上利害关系的，可适当依职权通知其参加诉讼，避免其民事权益受到损害，防范虚假诉讼行为。

10. 在第三人撤销之诉、案外人执行异议之诉、案外人申请再审等案件审理中，发现已经生效的裁判涉及虚假诉讼的，要及时予以纠正，保护案外人诉权和实体权利；同时也要防范有关人员利用上述法律制度，制造虚假诉讼，损害原诉讼中合法权利人利益。

11. 经查明属于虚假诉讼，原告申请撤诉的，不予准许，并应当根据民事诉讼法第一百一十二条的规定，驳回其请求。

12. 对虚假诉讼参与人，要适度加大罚款、拘留等妨碍民事诉讼强制措施的法律适用力度；虚假诉讼侵害他人民事权益的，虚假诉讼参与人应当承担赔偿责任；虚假诉讼违法行为涉嫌虚假诉讼罪、诈骗罪、合同诈骗罪等刑事犯罪的，民事审判部门应当依法将相关线索和有关案件材料移送侦查机关。

13. 探索建立虚假诉讼失信人名单制度。将虚假诉讼参与人列入失信人名单，逐步开展与现有相关信息平台和社会信用体系接轨工作，加大制裁力度。

14. 人民法院工作人员参与虚假诉讼的，要依照法官法、法官职业道德基本准则和法官行为规范等规定，从严处理。

15. 诉讼代理人参与虚假诉讼的，要依法予以制裁，并应当向司法行政部门、律师协会或者行业协会发出司法建议。

16. 鉴定机构、鉴定人参与虚假诉讼的，可以根据情节轻重，给予鉴定机构、鉴定人训诫、责令退还鉴定费用、从法院委托鉴定专业机构备选名单中除名等制裁，并应当向司法行政部门或者行业协会发出司法建议。

17. 要积极主动与有关部门沟通协调，争取支持配合，探索建立多部门协调配合的综合治理机制。要通过向社会公开发布虚假诉讼典型案例等多种形式，震慑虚假诉讼违法行为。

18. 各级人民法院要及时组织干警学习了解中央和地方的各项经济社会政策，充分预判有可能在司法领域反映出来的虚假诉讼案件类型，也可以采取典型案例分析、审判业务交流、庭审观摩等多种形式，提高甄别虚假诉讼的司法能力。

【解　　读】

解读《关于防范和制裁虚假诉讼的指导意见》

为严厉打击虚假诉讼违法犯罪行为，保护案外人合法权益，维护社会诚信和诉讼秩序，提升司法权威和司法公信力，最高人民法院在广泛调研基础上，根据《中华人民共和国刑法》《中华人民共和国侵权责任法》《中华人民共和国民事诉讼法》等法律的相关规定，结合民商事审判实践中已经发现的虚假诉讼情况，经审判委员会民事行政审判专业委员会第234次会议讨论，通过了《最高人民法院关于防范和制裁虚假诉讼的指导意见》（以下简称《指导意见》）。《指导意见》于2016年6月20日公布并实施，共18条，主要对虚假诉讼的界定，虚假诉讼的表现特征，认定虚假诉讼的途径和方法，对参与虚假诉讼不同主体的制裁以及对虚假诉讼的防范等问题进行规定。现就《指导意见》所涉及的主要问题作出说明。

一、关于虚假诉讼的界定与识别问题

（一）虚假诉讼的界定

严格来说，虚假诉讼并不是一个法律上的专门术语，只是近些年来理论和实践对类似现象的一个概括称呼，因此，“虚假诉讼”这一概念的内涵和外延并不准确和清晰。《指导意见》第一条对虚假诉讼的界定是制定过程中争议比较大的一个问题。一种意见认为，所谓“虚假诉讼”必须要求双方当事人之间存在恶意串通，也即在诉讼中不存在相互对抗的“两造”，这是虚假诉讼的本质特征；另一种意见认为，“恶意串通”的范围太窄，实践中不仅存在双方当

事人恶意串通的情形，也存在一方当事人单独捏造事实、提供虚假证据故意提起诉讼的情形，两者都应该属于“虚假诉讼”范畴。理由为：(1) 司法实践中存在一方当事人通过捏造事实、提供虚假证据提起诉讼，企图骗取法院裁判文书非法获取对方当事人利益的情况。常见的诸如，民间借贷已经偿还情形下要求对方再次偿还、对通过暴力等非法手段取得的借条等主张债权或者在对方当事人出庭情况下难以胜诉的诉讼请求，在起诉时故意隐匿对方当事人居住地址，致使法院缺席判决使其不当胜诉等。(2) 对于这类以诈骗为目的的欺诈型虚假诉讼，目前只可依据《中华人民共和国民事诉讼法》第一百一十一条进行制裁，既不能以虚假诉讼名义进行制裁，又难以移送公安机关以涉嫌诈骗犯罪予以侦查，此类虚假诉讼行为在民事诉讼中被制裁处罚有缺失、不周全。(3)《刑法修正案（九）》对于虚假诉讼犯罪规定“以捏造的事实提起民事诉讼，妨害司法秩序或者严重侵害他人合法权益的…”，该规定显然包含了“双方串通型与一方欺骗型”两种虚假诉讼情形。既然刑法对此已经有明文规定，为对应刑事处罚，在不需进行刑事追责时，需要有相应规格的妨碍民事诉讼程序司法制裁。我们经研究，倾向认为，对于一方存在虚假起诉或者恶意起诉情况的，可以通过举证、质证、对方抗辩等方式予以排除，这属于事实认定问题，现有的民事诉讼程序完全可以解决，不需要通过纳入虚假诉讼范畴进行规制。

对于第一条的表述，原来采用定义式结构，具体表述为“诉讼参加人恶意串通，捏造事实，经符合程序的诉讼形式，使法院作出错误裁判，妨害司法秩序或者侵害他人合法权益的违法行为，应当作为虚假诉讼处理。”在调研论证过程中，有意见认为，定义式的表述比较封闭，“虚假诉讼”本身就是对实践现象的一种模糊概括，不宜采用定义式的表述。《指导意见》采纳了上述意见，最后采用要素式结构表述，使得对虚假诉讼的防范和制裁更具开放性特征。

（二）虚假诉讼的特征

通过调研我们发现，民事虚假诉讼行为与其他正常的民事诉讼行为存在诸多不同之处，归纳起来，虚假诉讼主要有以下特征：(1) 从当事人之间的关系看。虚假诉讼主体间多为夫妻、父母与子女等近亲属关系；或者是朋友、同学关系；或者是关联企业、上下级关系。(2) 从当事人各自的经济状况看。原告诉讼请求的标的额可能与其自身经济状况不相符合，数额较大或不合常理；被告的经济状况通常不佳或者尚存在其他经济纠纷。(3) 从当事人之间的诉讼行为和默契程度看。原告不主动参加诉讼活动，而被告积极应诉；被告对原告的诉讼请求往往不作抗辩或不进行实质抗辩，且主动自认的情况较多。(4) 从个案证据链条的完整性看。原告提供的证据往往只能证明案件的主要事实，对于相关辅助事实的证明则缺乏证据且言辞模糊，法庭询问容易紧张、闪烁其词、前后矛盾。如民间借贷案件的当事人往往对资金来源、用途及交款方式陈述存有漏洞，尤其在交款方式上，当事人一般都会称系现金支付。（5）从结案方式看。一般以调解方式结案，且调解协议的达成和履行异常顺利。据四川省高级人民法院统计，有超过四分之三的虚假诉讼案件是以调解方式结案的。但由于近年来虚假诉讼现象引起法院关注后，当事人为了做到“效果逼真”，在诉讼过程中注重了技巧，增加了“对抗性”，让法院出具判决书的情况有所增多。《指导意见》通过对上述特征的进一步提炼，明确警示在实践中，要特别注意以下情形：①当事人为夫妻、朋友等亲近关系或者关联企业等共同利益关系；②原告诉请司法保护的标的额与其自身经济状况严重不符；③原告起诉所依据的事实和理由明显不符合常理；④当事人双方无实质性民事权益争议；⑤案件证据不足，但双方仍然主动迅速达成调解协议，并请求人民法院出具调解书。

（三）虚假诉讼频发的案件类型

实践中，以下案由的民商事案件属于虚假诉讼的高发领域：

（1）民间借贷案件。比较常见的表现有两种：一是因对抗已生效判决的债务履行或为在离婚纠纷诉讼中分得更多财产，通过虚构债务，利用民间借贷合同进行虚假诉讼，规避法律，逃避债务；二是当事人企图借助法院的裁判变非法财产为合法财产。这种行为在审判实践中最常见的是高利贷、赌债，以赠与、买卖或民间借贷的形式诉诸法院，意图将不受法律保护利益变为合法之债。如江苏省盐城市中级人民法院 2012 年至 2014 年发现的 24 件虚假诉讼案件中，有 17 件为民间借贷案件。（2）离婚案件。在调研中发现，离婚纠纷案件是虚假诉讼行为的高发区。主要表现为：一是在离婚纠纷诉讼中伪造证据、虚构债务，导致法院将虚构的债务认定为共同债务，以达到多分财产、少担债务之目的；还有当事人与其父母串通，将父母赠与性质的财产说成是借贷性质，以达到多分财产的目的。二是利用离婚，转移夫妻共同财产，逃避一方个人债务；或者利用离婚规避国家限购、限贷政策；或者利用离婚获取更大的拆迁补偿或安置待遇。（3）涉拆迁不动产的继承、析产纠纷案件。根据《城市房屋拆迁管理条例》规定，房产安置以“户”为单位，货币安置主要以实际安置面积为依据。部分当事人通过“假离婚”、虚假确权、虚假析产、分户等方式，恶意串通，进行虚假诉讼，试图利用法院出具的裁判文书来对抗拆迁政策，以期谋求更多拆迁利益。（4）商品房买卖合同案件。主要表现为：①虚构商品房买卖关系，以支付了大部分房款的消费者身份来对抗建设工程优先受偿权和银行抵押权。②被执行人和案外人串通，虚构买卖事实，由案外人向法院提起执行异议之诉，达到解除对房屋的执行措施、逃避执行目的。（5）以物抵债纠纷。主要是通过虚构债务关系并签订以房抵债协议的方式规避国家税收或商品房限购、限贷政策。（6）劳动争议案件。此类案件虚假诉讼行为集中表现为在劳动报酬数额上动手脚。大致可以分为：一是虚构管理人员高额劳动报酬，在企业财产中优先支付，损害其他债权人利益。较为突出的是民营企业，由于较多采用家族经营方式，由家庭成员或者亲朋好友担任管理人员，更容易形成通谋。二是普通职工与企业恶意串通，虚报工资金额，导致调解或裁判存在“水分”，最终实现“工资”回流目的。三是有的债权人在企业主配合下，将普通债权如加工费、借款等债务虚报混入职工工资，以期全额受偿。四是管理人员与他人串通虚报工资。五是人身损害事故发生后，用人单位出具虚假证明，以实现工伤保险赔偿与第三人侵权赔偿“兼得”。如 2013 年，江苏省南通市一基层法院受理的原告翟小良等 6 人与被告温州联宇公司追索劳动报酬一案，翟小良等人利用其工程实际施工人身份，使用项目部公章伪造工资结算单，向被挂靠单位温州联宇公司主张劳动报酬。法院审理中及时发现，拟移送公安机关，后翟小良等人撤诉。(7) 涉建设工程优先权虚假诉讼。调研发现，业主与承包人串通倒签、制造优先权行使证据的情况时有发生。由于当前规定对优先权有 6 个月的行使期限要求，建设单位在自身资不抵债的情况下，与承包人串通，由承包人在建设工程案件中主张优先权，并对工程造价金额认定上予以配合。根据规定，银行抵押权次位于建设工程优先权，因此极易导致银行债权受偿困难。据浙江省法院反映，在民事诉讼中查明业主是否与承包人串通制造优先权行使证据，目前难度较大。如德清县人民法院去年查实的案件，即是在公安机关介入调查后，当事人方才承认造假行为。(8) 虚构房屋租赁关系规避执行。法院在执行中拍卖被执行人的房屋包括已设定抵押的房屋时，时常有案外人以其对该房屋享有租赁权为由主张拍卖不破除租赁的情况发生。据浙江法院不完全统计，2013 年 1 月至 10 月仅五大国有商业银行在浙分支机构，就遇到贷款时房屋抵押人承诺不存在租赁情况、但处置时案外人却出来主张租赁权的案件 121 件，标的额达 177168.55 万元。此外，还有诸如需公告的离婚案件、虚构住所地选择管辖法院以及债务人自行申请破产案件等等。考虑到虚假诉讼现象非常复杂，上述以案由划分的方式也存在挂一漏万的情况，因此，《指导意见》并未对每一类型的案件分别进行规范，而是在第四条采用列举式表述的方式作出一个提示。

二、关于虚假诉讼的认定问题

(一) 虚假诉讼的认定方式

针对虚假诉讼的特点，《指导意见》对民事诉讼法司法解释中有关证据采信和事实认定的规定进行了整合。具体有以下几个方面：

1. 关于依职权调查取证问题。根据通说，民事诉讼的基本模式分为当事人主义和职权主义两种。其中当事人主义的诉讼模式有两方面的基本含义，一是民事诉讼程序的启动、继续均依赖于当事人，法院不能主动依职权启动和推进民事诉讼程序。二是法院裁判所依赖的证据只能靠当事人提供。我国民事诉讼程序经历了从职权主义为主到当事人主义为主模式的转变，目前原则上采用当事人主义，但是并未否认职权主义的作用和功能发挥空间。《中华人民共和国民事诉讼法》第六十四条第二款规定，当事人及其诉讼代理人因客观原因不能自行收集的证据，或者人民法院认为审理案件需要的证据，人民法院应当调查收集。根据民事诉讼法司法解释的规定，这些情况包括：(1) 证据由国家有关部门保存，当事人及其诉讼代理人无权查阅调取的；(2) 涉及国家秘密、商业秘密或者个人隐私的；(3) 当事人及其诉讼代理人因客观原因不能自行收集的其他证据；(4) 涉及可能损害国家利益、社会公共利益的；(5) 涉及身份关系的；(6) 涉及民事诉讼法第五十五条规定诉讼的；(7) 当事人有恶意串通损害他人合法权益可能的；(8) 涉及依职权追加当事人、中止诉讼、终结诉讼、回避等程序项的。其中，虚假诉讼符合"当事人有恶意串通损害他人合法权益可能的"以及"涉及可能损害国家利益、社会公共利益的"情况。《指导意见》为此规定，在民间借贷、离婚析产、以物抵债、劳动争议、公司分立（合并）、企业破产等虚假诉讼高发领域的案件审理中，对可能存在虚假诉讼的，要适当加大依职权调查取证力度。

2. 关于自认制度的适用。一般认为，自认制度的理论基础在于：(1) 意思自治原则。自认制度的建立是民事实体法领域平等自愿和意思自治原则的自然衍生。自认制度将当事人对于己不利事实的承认和表示作为裁判的依据，并免除对方当事人的举证责任，就是充分考虑到民事诉讼的平等性和私域性，对当事人的意思自治给予充分尊重，并使之产生法律效力。(2) 处分原则。处分原则是指民事诉讼当事人有权在法律规定的范围内处分自己的民事实体权利和诉讼权利。自认制度表达了这样一种理念，即当事人已经自认的事实法院不管其真实性如何都将排除对自认事实真实性的怀疑。(3) 辩论原则要求法院将当事人之间无争议的事实作为裁判的依据，构成了自认对法院产生拘束力的效力来源。辩论原则下的自认制度，其核心是以当事人的辩论内容制约法官的裁判，这体现了对当事人诉讼主体地位的尊重，也是程序正义在民事诉讼中的内在要求。实践中，很多虚假诉讼的当事人利用这一制度，避开法院对事实的审查，在有利害关系第三人未参与的情况下，制造虚假诉讼。比如，为了对小业主作为弱势群体的倾斜保护，最高人民法院出台相关司法解释，规定支付了全款或大部分房款的小业主，可以对抗建设工程价款的优先受偿权，可以对抗在先的银行抵押权，也可以对抗法院的强制执行。但是，由于存在银行监管等配套政策措施缺位，使得出卖人为了逃避支付建设工程款或银行贷款而虚构房屋买卖关系。因此，《指导意见》根据民事诉讼法司法解释规定，强调自认不符合常理的，要做进一步查明，不能简单地直接以当事人自认的事实作为裁判的依据。查明的事实与自认的事实不符的，不予确认。

3. 关于当事人及证人签署保证书制度。《中华人民共和国民事诉讼法》第六十二条规定，离婚案件有诉讼代理人的，本人除不能表达意思的以外，仍应出庭；确因特殊情况无法出庭的，必须向人民法院提交书面意见。除此之外，民事诉讼法并未规定当事人本人必须到庭参加诉讼。实践中，虚假诉讼的当事人为了避免露出破绽，一般均委托代理人参加诉讼，自己本人并不参加。为此，民事诉讼法司法解释第一百一十条规定，人民法院认为有必要的，可以要求当事人本人到庭，就案件有关事实接受询问。在询问当事人之前，可以要求其签署保证书。保证书应当载明据实陈述、如有虚假陈述愿意接受处罚等内容。当事人应当在保证书上签名或者捺印。负有举证证明责任的当事人拒绝到庭、拒绝接受询问或者拒绝签署保证书，待证事实又欠缺其他证据证明的，人民法院对其主张的事实不予认定。从调研了解的情况看，在民间借贷纠纷中，要求当事人本人到庭并且签署保证书，对涉及虚假诉讼的当事人有很大的震慑作用，在实践中产生了比较好的效果。《指导意见》对此充分肯定，并专门要求充分发挥这一规定的作用，同时，要求进一步探索当事人宣誓制度，加大威慑力。根据《中华人民共和国民事诉讼法》规定，除了因健康原因不能出庭的或者因路途遥远，交通不便不能出庭的或者因自然灾害等不可抗力不能出庭的等特殊原因不能出庭的外，证人都应当出庭作证。《指导意见》重申要严格证人出庭制度并探索证人的宣誓制度，进一步增强诉讼参与人的诚信意识，这对实践中证人随意作证、虚假作证的规制有较强的针对性。

4. 关于对调解协议加强审查的问题。调解的优点是“快、准、稳”，这可谓是虚假诉讼的“温床”。很多虚假诉讼行为人都选择走调解这条路来实现自己的不正当目的。另一方面，在民商事审判领域，基于各种因素考虑，仍存在重调解、重结案率的情况，只要双方当事人达成调解协议，法院一般乐见其成，很少再去费时费力地审查是否存在真实的法律关系。这在客观上也为虚假诉讼当事人通过调解方式结案提供了可乘之机。而且，部分法官由于缺乏审判经验和技巧，责任心不强，总想着快结案多结案，怠于履行职责，对当事人的不正常言行警惕性不高，对证据的审查不细致，也使得虚假诉讼行为人蒙混过关。《中华人民共和国民事诉讼法》第九条规定，人民法院审理民事案件，应当根据自愿和合法的原则进行调解；调解不成的，应当及时判决。在虚假诉讼的情况，调解协议因存在损害国家利益、社会公共利益和案外人合法权益的情形，违反了合法性原则，《指导意见》对此明确，对双方主动达成调解协议并申请人民法院出具调解书的，应当结合案件基础事实，注重审查调解协议是否损害国家利益、社会公共利益和案外人的合法权益。制造虚假诉讼的另外一个渠道是人民调解协议司法确认领域，在人民调解协议司法确认案件中，由于人民法院一般只对人民调解协议做形式审查，只要双方当事人共同到人民法院申请司法确认，法院一般不对基础事实再去查证，这又为某些恶意诉讼的当事人提供了一条便利的渠道。为此，民事诉讼法司法解释第三百五十八条规定，人民法院审查相关情况时，应当通知双方当事人共同到场对案件进行核实。人民法院经审查，认为当事人的陈述或者提供的证明材料不充分、不完备或者有疑义的，可以要求当事人限期补充陈述或者补充证明材料。必要时，人民法院可以向调解组织核实有关情况。《指导意见》重申要按照该条司法解释要求，尤其注重审查基础法律关系的真实性。

5. 关于执行其他法律文书过程中的问题。目前，有些当事人慑于人民法院从严惩治虚假诉讼的决心，开始对通过诉讼程序获取非法利益有所忌惮，转而通过公证程序或者仲裁程序获得不法利益确认，然后借由人民法院执行程序使得非法利益变现。所以，在执行中应该严格根据《中华人民共和国民事诉讼法》第二百三十七条、第二百三十八条之规定，对被执行人反映的问题，如仲裁裁决所根据的证据是伪造的；对方当事人向仲裁机构隐瞒了足以影响公正裁决的证据的；公证债权文书确有错误等进行实质性审查，如有必要应该通知被申请人进行申辩或者组织听证。如存在仲裁裁决书与债权公证书是通过捏造事实、恶意串通获取的，人民法院应裁定不予执行，必要时可对仲裁机关或者公证机关提出司法建议。《指导意见》第 8 条对此进行了规定。

6. 关于通过案外人救济程序发现虚假诉讼问题。虚假诉讼一般会侵害案外人的合法权益，但现实情况是，案外人一般很难知悉他人的诉讼行为，在案外人没能参加到诉讼中来的情况下，很难揭露虚假诉讼行为人的阴谋。《中华人民共和国民事诉讼法》第五十六条规定，对当事人双方的诉讼标的，第三人虽然没有独立请求权，但案件处理结果同他有法律上利害关系的，可以申请参加诉讼，或者由人民法院通知他参加诉讼。在虚假诉讼的情况下，当事人双方不会主动告知第三人存在该诉讼，在第三人无从知晓的情况下，则很难通过主动申请参加诉讼。为此，《指导意见》明确，要充分发挥人民法院依职权通知第三人参加诉讼的规定，以此防范虚假诉讼。此外，第三人撤销之诉、案外人申请再审和案外人执行异议之诉，均是发现虚假诉讼的有效途径。2012 年民事诉讼法新规定了第三人撤销之诉制度，该制度实际上主要就是为了防止虚假诉讼行为。此外，案外人执行异议之诉和案外人申请再审制度，也能有效地防范虚假诉讼，当然，实践中，也存在已经终审判决确定承担义务的当事人或进入执行程序的被执行人和他人恶意串通，利用现有法律和司法解释的相关规定，提起虚假的第三人撤销之诉、案外人申请再审或者执行异议之诉的方式，以对抗原诉讼中债权人的合法权利，比如，房地产开发企业因民间借贷纠纷或建设工程合同纠纷判决以其开发的房产返还债务的情况下，其与第三人恶意串通，以双方已经签订买卖合同并支付了全部房款为由提起的执行异议之诉。《指导意见》对此也进行了明确。

（二）虚假诉讼的认定标准

防范和制裁虚假诉讼的瓶颈问题是如何认定某一个诉讼案件为虚假诉讼。由于虚假诉讼的当事人间往往具有较为密切的关系，而民事债权债务关系无须公示，第三人很难识别，往往需要采取侦查手段才能查处，但法院在民事诉讼中仅有一般的调查权而无侦查权，取证难度大；而且即便法官通过自由心证认为存在虚假诉讼的可能性，但在无比较确切的证据的情况下，法院仍要针对当事人的诉讼请求进行处理。在无法认定虚假诉讼的情况下，就谈不上对虚假诉讼的制裁。对虚假诉讼采取何种认定标准，实践中争议比较大，一种意见认为，可参照民事诉讼高度盖然性的证明标准，即只要人民法院经审查并结合相关事实，确信待证事实的存在具有高度可能性的，就可以认定虚假诉讼事实的存在。理由是，在双方当事人恶意串通的情况下，如果双方当事人不主动承认，一般很难认定某一诉讼为虚假诉讼，而如果采高度盖然性标准，则法官依据现有查明的事实，只要认定虚假诉讼的存在具有高度可能性，就可以直接认定，不要求当事人主动承认是虚假诉讼，这有助于对虚假诉讼的打击。另一种意见认为，应参照刑事诉讼排除合理怀疑的证明标准，理由是认定虚假诉讼后，当事人承担的责任较重，且在虚假诉讼入刑的情况下尤是，因此，应采取比较严格的证明标准。而且，民事诉讼法司法解释第一百零九条有明确规定，第一百零九条规定，当事人对欺诈、胁迫、恶意串通事实的证明，以及对口头遗嘱或者赠与事实的证明，人民法院确信该待证事实存在的可能性能够排除合理怀疑的，应当认定该事实存在。虚假诉讼的基本特征之一就是当事人恶意串通，根据上述规定，对此事实是采排除合理怀疑的证明标准。由于该问题争议较大，《指导意见》对此未予明确规定。我们倾向认为，实践中，可以参照民事诉讼法司法解释第一百零九条的规定认定。

三、关于虚假诉讼的制裁问题

严厉的制裁是防范虚假诉讼的重要途径。对虚假诉讼的制裁也是《指导意见》的重点和亮点，可以说，《指导意见》针对虚假诉讼初步构建起了一个多角度全方位的制裁体系。（1）在制裁方式上，《指导意见》整合现有的相关法律和司法解释规定，本着从轻到重原则，明确了对虚假诉讼的多层次、立体制裁体系。首先，是妨碍民事诉讼强制措施。《中华人民共和国民事诉讼法》第一百一十二条规定，当事人之间恶意串通，企图通过诉讼、调解等方式侵害他人合法权益的，人民法院应当驳回其请求，并根据情节轻重予以罚款、拘留；构成犯罪的，依法追究刑事责任。第一百一十三条规定，被执行人与他人恶意串通，通过诉讼、仲裁、调解等方式逃避履行法律文书确定的义务的，人民法院应当根据情节轻重予以罚款、拘留；构成犯罪的，依法追究刑事责任。虽然法律对以虚假诉讼形式妨碍民事诉讼的行为规定了惩罚的强制措施，但由于目前司法环境等方面的局限，此类措施在实践中很难具体执行到位，《指导意见》通过明确重审的方式将虚假诉讼的后果进一步强调，以体现人民法院惩治虚假诉讼的决心，并对虚假诉讼行为人起到震慑作用。其次，是民事赔偿责任。对于虚假诉讼行为人侵害他人合法权益应该承担相应的民事赔偿责任，实践中的呼声一直比较高，对此，《指导意见》作出了原则性的规定，可以说是对虚假诉讼的惩罚更进了一步，明确虚假诉讼侵害他人合法权益的，应当承担民事赔偿责任。当然，对于该种侵权责任的构成要件，以及具体责任范围等，由于理论界目前仍存在争议，可待理论和实践进一步探索，但此项原则性的规定可以在一定程度上加大虚假诉讼行为人的成本预期，对虚假诉讼起到更好的规制作用。再次，是刑事责任。《刑法修正案（九）》将虚假诉讼明文规定为虚假诉讼罪，可谓是对虚假诉讼最严厉的惩罚，对此，《指导意见》要求在民商事案件审理中，发现涉嫌虚假诉讼罪等犯罪行为的，应当依法将相关线索和有关案件材料移送侦查机关，以实现各部门的有效配合。（2）在制裁对象上，由于虚假诉讼参与人除了原告、被告外，还可能涉及人民法院工作人员、律师、鉴定机构和鉴定人等，《指导意见》分别针对不同主体，规定了相应的惩罚手段，这应该说是首创的，这种精准的制裁威力也是比较大的。对于人民法院工作人员，有相应的法官法、法官职业道德基本准则和法官行为规范等相应规定，《指导意见》在此基础上，规定从严处理，表明人民法院从内部杜绝相关虚假诉讼利益关系纽带的决心。对于律师等其他诉讼代理人，《指导意见》原来的表述是，“禁止其于一定期限内在受诉法院司法管辖范围内代理诉讼案件，并应向司法行政部门、律师协会或者行业协会发出司法建议”，后在讨论过程中，考虑到该种代理权利的限制没有法律依据，故最后对“禁止其于一定期限内在受诉法院司法管辖范围内代理诉讼案件”的表述予以删除。（3）在制裁手段上。考虑到虚假诉讼之所以禁而不止的一个重要原因是法院对虚假诉讼行为人的处罚，并不会影响其社会身份地位、名誉、信誉等社会评价，震慑力不足。更多情形下，即便案件存有疑点也往往因为证据不足而无可奈何。因此，《指导意见》基于对虚假诉讼产生土壤、司法规制不足等因素考量，明确要求探索建立虚假诉讼失信人名单制度，依托现有的信息平台比如被执行人失信系统以及其他社会诚信体系建设，对虚假诉讼参与人进行全方位的限制措施，摆脱以往单打独斗的局面，使得惩罚更有威慑力。

（撰稿人：程新文　冯小光　王友祥　王　丹）

【链　　接】

最高人民法院民一庭负责人就《关于防范和制裁虚假诉讼的指导意见》答记者问

当前，民事商事审判领域存在的虚假诉讼现象，不仅严重侵害案外人合法权益，破坏社会诚信，也扰乱了正常的诉讼秩序，损害司法权威和司法公信力，人民群众对此反映强烈。为此，最高人民法院在广泛调研基础上，根据《中华人民共和国刑法》《中华人民共和国侵权法》《中华人民共和国民事诉讼法》等法律的相关规定，结合民事商事审判实践中已经发现的虚假诉讼情况，经审判委员会民事行政审判专业委员会第234次会议讨论，通过了《最高人民法院关于防范和制裁虚假诉讼的指导意见》（以下简称《指导意见》）。值此指导意见公布之际，最高人民法院民一庭负责人就《指导意见》的有关问题接受了记者的采访。

一、问：请您谈谈为何要出台《最高人民法院关于防范和制裁虚假诉讼的指导意见》?

答：近年来，由于社会诚信缺失等多种因素影响，司法领域尤其是民事商事审判中虚假诉讼情况比较严重，特别在一些民营经济较为发达的地区。从发展态势上看，虚假诉讼分布的案件类型逐年广泛，覆盖范围从原有的民间借贷、破产等案件发展到当前很多常见案件类型；从诉讼程序上看，案件程序从原有的普通程序发展到几乎所有诉讼程序。虚假诉讼的危害是非常严重的，最高人民法院对此问题高度重视，2013年以来，最高人民法院先后下发《关于房地产调控政策下人民法院严格审查各类虚假诉讼的紧急通知》和《最高人民法院关于清查“以房抵债”等虚假诉讼案件的意见》，严厉打击房地产领域虚假诉讼行为，有效地遏制了该领域虚假诉讼蔓延态势，但其他领域的虚假诉讼形势仍然严峻。

在对虚假诉讼的防范和制裁上，尤其是对虚假诉讼参与人的制裁，目前没有统一的规定，是人民法院制裁虚假诉讼需要着重解决的问题。针对上述问题，我们专门进行了集中深入的调研，并形成了翔实的调研报告。在调研报告基础上启动《指导意见》的起草工作。起草过程中，我们认真听取了各级人民法院和相关专家的意见。在总结、归纳、吸收这些意见的基础上，经过最高人民法院审判委员会民事行政审判专业委员会认真讨论、仔细研究，通过了《指导意见》。

二、问：正像您之前谈到的，虚假诉讼现象这些年呈上升态势，且向多样化发展，请您谈谈司法应对虚假诉讼时面临的问题？

答： 从调研的情况看，目前审判实务中应对虚假诉讼存在两个突出问题：一是虚假诉讼的识别难。由于虚假诉讼的当事人间往往具有较为密切的关系，而民事债权债务关系无须公示，第三人很难识别，往往需要采取侦查手段才能查处，但法院在民事诉讼中仅有一般的调查权而无侦查权，取证难度大；而且即便法官通过自由心证认为存在虚假诉讼的可能性，但在没有比较确切证据的情况下，法院仍要针对当事人的诉讼请求进行处理。二是虚假诉讼的规制难。首先，民事审判存在固有的局限性。民事审判采当事人主义，尊重当事人的意思自治，诉讼中法院只是作为中立的裁判者存在，对当事人的自认行为，法院不应否定。因此，只要虚假诉讼双方当事人互相串通、虚构事实与证据，从表面上达到事实清楚、证据充分，诉辩双方对事实和证据没有异议，法院就不大可能去审查双方证据和民事法律关系的真实性。其次，目前信息平台缺失。目前我国不同法院之间尚未建立审判信息沟通平台，无法快速了解其他法院案件受理、审理情况，而且法院系统与检察机关、公安机关、司法行政部门以及地方政府、社区等也未建立信息共享平台，人民法院对当事人的财产状况、信用记录、违法犯罪历史均不掌握。第三，实践中存在的一些工作方法的惰性。目前法院普遍存在案多人少的办案压力，而且我们在司法理念上也一直强调案结事了，基于种种因素考虑，民事商事审判中一般存在重调解、重结案率的情况，只要双方当事人达成调解协议，法院一般乐见其成，很少再去费时费力地审查是否存在真实的法律关系。第四，在对虚假诉讼的制裁上，也缺乏必要的有威慑力的手段。虚假诉讼成本小、获利大。新修改的民事诉讼法虽然在第一百一十二条和第一百一十三条增加了对虚假诉讼的规制，但在现有的司法环境下，罚款、拘留的处罚手段适用空间小，舆论风险大。而且，法院对虚假诉讼行为人的处罚，也并不会影响其身份地位、名誉、信誉等社会评价，震慑力不足。更多情形下，即便案件存有疑点也往往因为证据不足而无可奈何。

三、问：《指导意见》主要从哪些方面对虚假诉讼进行防范？

答： 根据对大量虚假诉讼案件的调研，《指导意见》对虚假诉讼的典型特征进行了梳理，包括：(1) 当事人为夫妻、父母等近亲属关系或者关联企业等共同利益关系；(2) 原告诉请司法保护的标的额与其自身经济状况严重不符，被告存在经济状况恶化意图转移有效资产等特殊情况；(3) 原告起诉所依据的事实和理由明显不合常理；（4）诉讼参与人之间无实质性民事权益争议，被告主动应诉并同意原告诉讼请求；（5）诉讼参与人提供的证据单一，前后矛盾，不能形成证据链条；或者诉讼参与人提供的证据只能证明案件事实存在，但双方并不存在争议焦点；（6）案件证据不足，但双方仍然主动迅速达成调解协议，请求人民法院出具调解书。在对案件事实查证中甄别虚假诉讼的情况，《指导意见》也作了比较详细的规定。比如，要求强化对证据真实性、合法性和关联性审查，适当加大依职权调查取证力度。再比如，针对目前实践中比较行之有效的保证书制度，《指导意见》进一步提出探索建立当事人和证人宣誓制度。还有，对自认规则的适用，实践中存在的一些模糊性的认识，使得虚假诉讼行为有机可乘，《指导意见》要求严格适用自认规则，如果一方对另一方提出的于己不利的事实明确表示承认，且不符合常理的，要做进一步查明，慎重认定。此外，对于调解协议、公证债权文书和仲裁裁决书、调解书的合法性审查方面，《指导意见》也作了详细规定。在涉及第三人撤销之诉、案外人执行异议之诉、案外人申请再审的案件中，虚假诉讼往往有可乘之机，《指导意见》明确要求要保护好各方的合法权益，利用上述诉讼形式甄别虚假诉讼。

四、问：我们注意到，对虚假诉讼的制裁是《指导意见》的重点，请您介绍一下对虚假诉讼的制裁有什么新的举措？

答：严厉的制裁是防范虚假诉讼的重要途径。对虚假诉讼的制裁是《指导意见》的重点和亮点，可以说，《指导意见》针对虚假诉讼初步构建起了一个多角度全方位的制裁体系。首先，在制裁方式上，《指导意见》整合现有的相关法律规定，本着从轻到重原则，明确了对虚假诉讼的多层次、立体制裁体系，从妨碍民事诉讼强制措施，到民事赔偿，再到刑事制裁，在严厉程度上是一步步加重的，威慑力也是逐步增强的；其次，在制裁对象上，《指导意见》分别针对人民法院工作人员、诉讼代理人、鉴定机构和鉴定人等不同主体，规定了相应的惩罚手段，这应该说是首创的，这种精准的制裁威力也是比较大的；第三，在创新制裁手段上，《指导意见》基于对虚假诉讼产生土壤、司法规制不足等因素考量，明确要求探索建立虚假诉讼失信人名单制度，依托现有的信息平台比如被执行人失信系统以及其他社会诚信体系建设，对虚假诉讼参与人进行全方位的限制措施，摆脱以往单打独斗的局面，使得惩罚更有威慑力。

最高人民法院
关于印发《人民法院民事裁判文书制作规范》《民事诉讼文书样式》的通知

2016年6月28日　　　　法〔2016〕221号

各省、自治区、直辖市高级人民法院，解放军军事法院，新疆维吾尔自治区高级人民法院生产建设兵团分院：

为进一步规范和统一民事裁判文书写作标准，提高民事诉讼文书质量，最高人民法院制定了《人民法院民事裁判文书制作规范》《民事诉讼文书样式》。该两份文件已于2016年2月22日经最高人民法院审判委员会第1679次会议通过，现予印发，自2016年8月1日起施行。请认真遵照执行。

附一：

人民法院民事裁判文书制作规范

为指导全国法院民事裁判文书的制作，确保文书撰写做到格式统一、要素齐全、结构完整、繁简得当、逻辑严密、用语准确，提高文书质量，制定本规范。

一、基本要素

文书由标题、正文、落款三部分组成。

标题包括法院名称、文书名称和案号。

正文包括首部、事实、理由、裁判依据、裁判主文、尾部。首部包括诉讼参加人及其基本情况，案件由来和审理经过等；事实包括当事人的诉讼请求、事实和理由，人民法院认定的证据及事实；理由是根据认定的案件事实和法律依据，对当事人的诉讼请求是否成立进行分析评述，阐明理由；裁判依据是人民法院作出裁判所依据的实体法和程序法条文；裁判主文是人民法院对案件实体、程序问题作出的明确、具体、完整的处理决定；尾部包括诉讼费用负担和告知事项。

落款包括署名和日期。

二、标　题

标题由法院名称、文书名称和案号构成，例如："××××人民法院民事判决书（民事调解书、民事裁定书）＋案号"。

（一）法院名称

法院名称一般应与院印的文字一致。基层人民法院、中级人民法院名称前应冠以省、自治区、直辖市的名称，但军事法院、海事法院、铁路运输法院、知识产权法院等专门人民法院除外。

涉外裁判文书，法院名称前一般应冠以"中华人民共和国"国名；案件当事人中如果没有外国人、无国籍人、外国企业或组织的，地方人民法院、专门人民法院制作的裁判文书标题中的法院名称无需冠以"中华人民共和国"。

（二）案　号

案号由收案年度、法院代字、类型代字、案件编号组成。

案号＝"（"＋收案年度＋"）"＋法院代字＋类型代字＋案件编号＋"号"。

案号的编制、使用应根据《最高人民法院关于人民法院案件案号的若干规定》等执行。

三、正　文

（一）当事人的基本情况

1. 当事人的基本情况包括：诉讼地位和基本信息。

2. 当事人是自然人的，应当写明其姓名、性别、出生年月日、民族、职业或者工作单位和职务、住所。姓名、性别等身份事项以居民身份证、户籍证明为准。

当事人职业或者工作单位和职务不明确的，可以不表述。

当事人住所以其户籍所在地为准；离开户籍所在地有经常居住地的，经常居住地为住所。连续两个当事人的住所相同的，应当分别表述，不用"住所同上"的表述。

3. 有法定代理人或指定代理人的，应当在当事人之后另起一行写明其姓名、性别、职业或工作单位和职务、住所，并在姓名后用括号注明其与当事人的关系。代理人为单位的，写明其名称及其参加诉讼人员的基本信息。

4. 当事人是法人的，写明名称和住所，并另起一行写明法定代表人的姓名和职务。当事人是其他组织的，写明名称和住所，并另起一行写明负责人的姓名和职务。

当事人是个体工商户的，写明经营者的姓名、性别、出生年月日、民族、住所；起有字号的，以营业执照上登记的字号为当事人，并写明该字号经营者的基本信息。

当事人是起字号的个人合伙的，在其姓名之后用括号注明“系……（写明字号）合伙人”。

5. 法人、其他组织、个体工商户、个人合伙的名称应写全称，以其注册登记文件记载的内容为准。

6. 法人或者其他组织的住所是指法人或者其他组织的主要办事机构所在地；主要办事机构所在地不明确的，法人或者其他组织的注册地或者登记地为住所。

7. 当事人为外国人的，应当写明其经过翻译的中文姓名或者名称和住所，并用括号注明其外文姓名或者名称和住所。

外国自然人应当注明其国籍。国籍应当用全称。无国籍人，应当注明无国籍。

港澳台地区的居民在姓名后写明“香港特别行政区居民”“澳门特别行政区居民”或“台湾地区居民”。

外国自然人的姓名、性别等基本信息以其护照等身份证明文件记载的内容为准；外国法人或者其他组织的名称、住所等基本信息以其注册登记文件记载的内容为准。

8. 港澳地区当事人的住所，应当冠以“香港特别行政区”“澳门特别行政区”。

台湾地区当事人的住所，应当冠以“台湾地区”。

9. 当事人有曾用名，且该曾用名与本案有关联的，裁判文书在当事人现用名之后用括号注明曾用名。

诉讼过程中当事人姓名或名称变更的，裁判文书应当列明变更后的姓名或名称，变更前姓名或名称无需在此处列明。对于姓名或者名称变更的事实，在查明事实部分写明。

10. 诉讼过程中，当事人权利义务继受人参加诉讼的，诉讼地位从其承继的诉讼地位。裁判文书中，继受人为当事人；被继受人在当事人部分不写，在案件由来中写明继受事实。

11. 在代表人诉讼中，被代表或者登记权利的当事人人数众多的，可以采取名单附后的方式表述，“原告×××等×人（名单附后）”。

当事人自行参加诉讼的，要写明其诉讼地位及基本信息。

12. 当事人诉讼地位在前，其后写当事人姓名或者名称，两者之间用冒号。当事人姓名或者名称之后，用逗号。

（二）委托诉讼代理人的基本情况

1. 当事人有委托诉讼代理人的，应当在当事人之后另起一行写明为“委托诉讼代理人”，并写明委托诉讼代理人的姓名和其他基本情况。有两个委托诉讼代理人的，分行分别写明。

2. 当事人委托近亲属或者本单位工作人员担任委托诉讼代理人的，应当列在第一位，委托外单位的人员或者律师等担任委托诉讼代理人的列在第二位。

3. 当事人委托本单位人员作为委托诉讼代理人的，写明姓名、性别及其工作人员身份。其身份信息可表述为“该单位（如公司、机构、委员会、厂等）工作人员”。

4. 律师、基层法律服务工作者担任委托诉讼代理人的，写明律师、基层法院法律服务工作者的姓名，所在律师事务所的名称、法律服务所的名称及执业身份。其身份信息表述为“××律师事务所律师”“××法律服务所法律工作者”。属于提供法律援助的，应当写明法律援助情况。

5. 委托诉讼代理人是当事人近亲属的，应当在姓名后用括号注明其与当事人的关系，写明住所。代理人是当事人所在社区、单位以及有关社会团体推荐的公民的，写明姓名、性别、住所，并在住所之后注明具体由何社区、单位、社会团体推荐。

6. 委托诉讼代理人变更的，裁判文书首部只列写变更后的委托诉讼代理人。对于变更的事实可根据需要写明。

7. 委托诉讼代理人后用冒号，再写委托诉讼代理人姓名。委托诉讼代理人姓名后用逗号。

（三）当事人的诉讼地位

1. 一审民事案件当事人的诉讼地位表述为“原告”“被告”和“第三人”。先写原告，后写被告，再写第三人。有多个原告、被告、第三人的，按照起诉状列明的顺序写。起诉状中未列明的当事人，按照参加诉讼的时间顺序写。

提出反诉的，需在本诉称谓后用括号注明反诉原告、反诉被告。反诉情况在案件由来和事实部分写明。

2. 二审民事案件当事人的诉讼地位表述为“上诉人”“被上诉人”“第三人”“原审原告”“原审被告”“原审第三人”。先写上诉人，再写被上诉人，后写其他当事人。其他当事人按照原审诉讼地位和顺序写明。被上诉人也提出上诉的，列为“上诉人”。

上诉人和被上诉人之后，用括号注明原审诉讼地位。

3. 再审民事案件当事人的诉讼地位表述为“再审申请人”“被申请人”。其他当事人按照原审诉讼地位表述，例如，一审终审的，列为“原审原告”

“原审被告”“原审第三人”；二审终审的，列为“二审上诉人”“二审被上诉人”等。

再审申请人、被申请人和其他当事人诉讼地位之后，用括号注明一审、二审诉讼地位。

抗诉再审案件（再审检察建议案件），应当写明抗诉机关（再审检察建议机关）及申诉人与被申诉人的诉讼地位。案件由来部分写明检察机关出庭人员的基本情况。对于检察机关因国家利益、社会公共利益受损而依职权启动程序的案件，应列明当事人的原审诉讼地位。

4. 第三人撤销之诉案件，当事人的诉讼地位表述为“原告”“被告”“第三人”。“被告”之后用括号注明原审诉讼地位。

5. 执行异议之诉案件，当事人的诉讼地位表述为“原告”“被告”“第三人”，并用括号注明当事人在执行异议程序中的诉讼地位。

6. 特别程序案件，当事人的诉讼地位表述为“申请人”。有被申请人的，应当写明被申请人。

选民资格案件，当事人的诉讼地位表述为“起诉人”。

7. 督促程序案件，当事人的诉讼地位表述为“申请人”“被申请人”。

公示催告程序案件，当事人的诉讼地位表述为“申请人”；有权利申报人的，表述为“申报人”。申请撤销除权判决的案件，当事人表述为“原告”“被告”。

8. 保全案件，当事人的诉讼地位表述为“申请人”“被申请人”。

9. 复议案件，当事人的诉讼地位表述为“复议申请人”“被申请人”。

10. 执行案件，执行实施案件，当事人的诉讼地位表述为“申请执行人”“被执行人”。

执行异议案件，提出异议的当事人或者利害关系人的诉讼地位表述为“异议人”，异议人之后用括号注明案件当事人或利害关系人，其他未提出异议的当事人亦应分别列明。

案外人异议案件，当事人的诉讼地位表述为“案外人”“申请执行人”“被执行人”。

（四）案件由来和审理经过

1. 案件由来部分简要写明案件名称与来源。

2. 案件名称是当事人与案由的概括。民事一审案件名称表述为“原告×××与被告×××……（写明案由）一案”。

诉讼参加人名称过长的，可以在案件由来部分第一次出现时用括号注明其简称，表述为“（以下简称×××）”。裁判文书中其他单位或组织名称过长的，也可在首次表述时用括号注明其简称。

诉讼参加人的简称应当规范，需能够准确反映其名称的特点。

3. 案由应当准确反映案件所涉及的民事法律关系的性质，符合最高人民法院有关民事案件案由的规定。

经审理认为立案案由不当的，以经审理确定的案由为准，但应在本院认为部分予以说明。

4. 民事一审案件来源包括：

(1) 新收；

(2) 有新的事实、证据重新起诉；

(3) 上级人民法院发回重审；

(4) 上级人民法院指令立案受理；

(5) 上级人民法院指定审理；

(6) 上级人民法院指定管辖；

(7) 其他人民法院移送管辖；

(8) 提级管辖。

5. 书写一审案件来源的总体要求是：

(1) 新收、重新起诉的，应当写明起诉人；

(2) 上级法院指定管辖、本院提级管辖的，除应当写明起诉人外，还应写明报请上级人民法院指定管辖（报请移送上级人民法院）日期或者下级法院报请指定管辖（下级法院报请移送）日期，以及上级法院或者本院作出管辖裁定日期；

(3) 上级法院发回重审、上级法院指令受理、上级法院指定审理、移送管辖的，应当写明原审法院作出裁判的案号及日期，上诉人，上级法院作出裁判的案号及日期、裁判结果，说明引起本案的起因。

6. 一审案件来源为上级人民法院发回重审的，发回重审的案件应当写明"原告×××与被告×××……（写明案由）一案，本院于××××年××月××日作出……（写明案号）民事判决。×××不服该判决，向××××法院提起上诉。××××法院于××××年××月××日作出……（写明案号）裁定，发回重审。本院依法另行组成合议庭……"。

7. 审理经过部分应写明立案日期及庭审情况。

8. 立案日期表述为："本院于××××年××月××日立案后"。

9. 庭审情况包括适用程序、程序转换、审理方式、参加庭审人员等。

10. 适用程序包括普通程序、简易程序、小额诉讼程序和非讼程序。

非讼程序包括特别程序、督促程序、公示催告程序等。

11. 民事一审案件由简易程序（小额诉讼程序）转为普通程序的，审理经过表述为："于××××年××月××日公开/因涉及……不公开（写明不公开开庭的理由）开庭审理了本案，经审理发现有不宜适用简易程序（小额诉讼程序）的情形，裁定转为普通程序，于××××年××月××日再次公开/不公开开庭审理了本案”。

12. 审理方式包括开庭审理和不开庭审理。开庭审理包括公开开庭和不公开开庭。

不公开开庭的情形包括：

（1）因涉及国家秘密不公开开庭；

（2）因涉及个人隐私不公开开庭；

（3）因涉及商业秘密，经当事人申请，决定不公开开庭；

（4）因离婚，经当事人申请，决定不公开开庭；

（5）法律另有规定的。

13. 开庭审理的应写明当事人出庭参加诉讼情况（包括未出庭或者中途退庭情况）；不开庭的，不写。不开庭审理的，应写明不开庭的原因。

14. 当事人未到庭应诉或者中途退庭的，写明经传票传唤，无正当理由拒不到庭或者未经法庭许可中途退庭的情况。

15. 一审庭审情况表述为：“本院于××××年××月××日公开/因涉及……（写明不公开开庭的理由）不公开开庭审理了本案，原告×××及其诉讼代理人×××，被告×××及其诉讼代理人×××等到庭参加诉讼。”

16. 对于审理中其他程序性事项，如中止诉讼情况应当写明。对中止诉讼情形，表述为：“因……（写明中止诉讼事由），于××××年××月××日裁定中止诉讼，××××年××月××日恢复诉讼。”

（五）事　实

1. 裁判文书的事实主要包括：原告起诉的诉讼请求、事实和理由，被告答辩的事实和理由，法院认定的事实和据以定案的证据。

2. 事实首先写明当事人的诉辩意见。按照原告、被告、第三人的顺序依次表述当事人的起诉意见、答辩意见、陈述意见。诉辩意见应当先写明诉讼请求，再写事实和理由。

二审案件先写明当事人的上诉请求等诉辩意见。然后再概述一审当事人的诉讼请求，人民法院认定的事实、裁判理由、裁判结果。

再审案件应当先写明当事人的再审请求等诉辩意见，然后再简要写明原审基本情况。生效判决为一审判决的，原审基本情况应概述一审诉讼请求、法院认定的事实、裁判理由和裁判结果；生效判决为二审判决的，原审基本情况先概述一审诉讼请求、法院认定的事实和裁判结果，再写明二审上诉请求、认定的事实、裁判理由和裁判结果。

3. 诉辩意见不需原文照抄当事人的起诉状或答辩状、代理词内容或起诉、答辩时提供的证据，应当全案考虑当事人在法庭上的诉辩意见和提供的证据综合表述。

4. 当事人在法庭辩论终结前变更诉讼请求或者提出新的请求的，应当在诉称部分中写明。

5. 被告承认原告主张的全部事实的，写明“×××承认×××主张的事实”。被告承认原告主张的部分事实的，写明“×××承认×××主张的……事实”。

被告承认全部诉讼请求的，写明：“×××承认×××的全部诉讼请求”。被告承认部分诉讼请求的，写明被告承认原告的部分诉讼请求的具体内容。

6. 在诉辩意见之后，另起一段简要写明当事人举证、质证的一般情况，表述为：“本案当事人围绕诉讼请求依法提交了证据，本院组织当事人进行了证据交换和质证。”

7. 当事人举证质证一般情况后直接写明人民法院对证据和事实的认定情况。对当事人所提交的证据原则上不一一列明，可以附录全案证据或者证据目录。

对当事人无争议的证据，写明“对当事人无异议的证据，本院予以确认并在卷佐证”。对有争议的证据，应当写明争议的证据名称及人民法院对争议证据认定的意见和理由；对有争议的事实，应当写明事实认定意见和理由。

8. 对于人民法院调取的证据、鉴定意见，经庭审质证后，按照当事人是否有争议分别写明。对逾期提交的证据、非法证据等不予采纳的，应当说明理由。

9. 争议证据认定和事实认定，可以合并写，也可以分开写。分开写的，在证据的审查认定之后，另起一段概括写明法院认定的基本事实，表述为：“根据当事人陈述和经审查确认的证据，本院认定事实如下：……”。

10. 认定的事实，应当重点围绕当事人争议的事实展开。按照民事举证责任分配和证明标准，根据审查认定的证据有无证明力、证明力大小，对待证事实存在与否进行认定。要说明事实认定的结果、认定的理由以及审查判断证据的过程。

11. 认定事实的书写方式应根据案件的具体情况，层次清楚，重点突出，繁简得当，避免遗漏与当事人争议有关的事实。一般按时间先后顺序叙述，或者对法律关系或请求权认定相关的事实着重叙述，对其他事实则可归纳、概括叙述。

综述事实时，可以划分段落层次，亦可根据情况以“另查明”为引语叙述其他相关事实。

12. 召开庭前会议时或者在庭审时归纳争议焦点的，应当写明争议焦点。

争议焦点的摆放位置，可以根据争议的内容处理。争议焦点中有证据和事实内容的，可以在当事人诉辩意见之后在当事人争议的证据和事实中写明。争议焦点主要是法律适用问题的，可以在本院认为部分，先写明争议焦点。

13. 适用外国法的，应当叙述查明外国法的事实。

(六) 理　由

1. 理由部分的核心内容是针对当事人的诉讼请求，根据认定的案件事实，依照法律规定，明确当事人争议的法律关系，阐述原告请求权是否成立，依法应当如何处理。裁判文书说理要做到论理透彻，逻辑严密，精炼易懂，用语准确。

2. 理由部分以“本院认为”作为开头，其后直接写明具体意见。

3. 理由部分应当明确纠纷的性质、案由。原审确定案由错误，二审或者再审予以改正的，应在此部分首先进行叙述并阐明理由。

4. 说理应当围绕争议焦点展开，逐一进行分析论证，层次明确。对争议的法律适用问题，应当根据案件的性质、争议的法律关系、认定的事实，依照法律、司法解释规定的法律适用规则进行分析，作出认定，阐明支持或不予支持的理由。

5. 争议焦点之外，涉及当事人诉讼请求能否成立或者与本案裁判结果有关的问题，也应在说理部分一并进行分析论证。

6. 理由部分需要援引法律、法规、司法解释时，应当准确、完整地写明规范性法律文件的名称、条款项序号和条文内容，不得只引用法律条款项序号，在裁判文书后附相关条文。引用法律条款中的项的，一律使用汉字不加括号，例如：“第一项”。

7. 正在审理的案件在基本案情和法律适用方面与最高人民法院颁布的指导性案例相类似的，应当将指导性案例作为裁判理由引述，并写明指导性案例的编号和裁判要点。

8. 司法指导性文件体现的原则和精神，可在理由部分予以阐述或者援引。

9. 在说理最后，可以另起一段，以“综上所述”引出，对当事人的诉讼请求是否支持进行评述。

(七) 裁判依据

1. 引用法律、法规、司法解释时，应当严格适用《最高人民法院关于裁判文书引用法律、法规等规范性法律文件的规定》。

2. 引用多个法律文件的，顺序如下：法律及法律解释、行政法规、地方性法规、自治条例或者单行条例、司法解释；同时引用两部以上法律的，应当先引用基本法律，后引用其他法律；同时引用实体法和程序法的，先引用实体法，后引用程序法。

3. 确需引用的规范性文件之间存在冲突，根据《中华人民共和国立法法》等有关法律规定无法选择适用的，应依法提请有决定权的机关作出裁决，不得自行在裁判文书中认定相关规范性法律文件的效力。

4. 裁判文书不得引用宪法和各级人民法院关于审判工作的指导性文件、会议纪要、各审判业务庭的答复意见以及人民法院与有关部门联合下发的文件作为裁判依据，但其体现的原则和精神可以在说理部分予以阐述。

5. 引用最高人民法院的司法解释时，应当按照公告公布的格式书写。

6. 指导性案例不作为裁判依据引用。

(八) 裁判主文

1. 裁判主文中当事人名称应当使用全称。

2. 裁判主文内容必须明确、具体、便于执行。

3. 多名当事人承担责任的，应当写明各当事人承担责任的形式、范围。

4. 有多项给付内容的，应当先写明各项目的名称、金额，再写明累计金额。如："交通费……元、误工费……元、……，合计……元"。

5. 当事人互负给付义务且内容相同的，应当另起一段写明抵付情况。

6. 对于金钱给付的利息，应当明确利息计算的起止点、计息本金及利率。

7. 一审判决未明确履行期限的，二审判决应当予以纠正。

判决承担利息，当事人提出具体请求数额的，二审法院可以根据当事人请求的数额作出相应判决；当事人没有提出具体请求数额的，可以表述为"按×××利率，自××××年××月××日起计算至××××年××月××日止"。

(九) 尾　部

1. 尾部应当写明诉讼费用的负担和告知事项。

2. 诉讼费用包括案件受理费和其他诉讼费用。收取诉讼费用的，写明诉讼费用的负担情况。如："案件受理费……元，由……负担；申请费……元，由……负担"。

3. 诉讼费用不属于诉讼争议的事项，不列入裁判主文，在判决主文后另起一段写明。

4. 一审判决中具有金钱给付义务的，应当在所有判项之后另起一行写明："如果未按本判决指定的期间履行给付金钱义务，应当依照《中华人民共和国民事诉讼法》第二百五十三条的规定，加倍支付迟延履行期间的债务利息。"二审判决具有金钱给付义务的，属于二审改判的，无论一审判决是否写入了上述告知内容，均应在所有判项之后另起一行写明上述告知内容。二审维持原判的判决，如果一审判决已经写明上述告知内容，可不再重复告知。

5. 对依法可以上诉的一审判决，在尾部表述为："如不服本判决，可以在判决书送达之日起十五日内，向本院递交上诉状，并按对方当事人的人数或者代表人的人数提出副本，上诉于××××人民法院。”

6. 对一审不予受理、驳回起诉、管辖权异议的裁定，尾部表述为：“如不服本裁定，可以在裁定书送达之日起十日内，向本院递交上诉状，并按对方当事人的人数或者代表人的人数提出副本，上诉于××××人民法院。”

四、落　款

(一) 署　名

诉讼文书应当由参加审判案件的合议庭组成人员或者独任审判员署名。

合议庭的审判长，不论审判职务，均署名为“审判长”；合议庭成员有审判员的，署名为“审判员”；有助理审判员的，署名为“代理审判员”；有陪审员的，署名为“人民陪审员”。独任审理的，署名为“审判员”或者“代理审判员”。书记员，署名为“书记员”。

(二) 日　期

裁判文书落款日期为作出裁判的日期，即裁判文书的签发日期。当庭宣判的，应当写宣判的日期。

(三) 核对戳

本部分加盖“本件与原本核对无异”字样的印戳。

五、数字用法

（一）裁判主文的序号使用汉字数字，例：“一”“二”；

（二）裁判尾部落款时间使用汉字数字，例：“二〇一六年八月二十九日”；

（三）案号使用阿拉伯数字，例：“（2016）京 0101 民初 1 号”；

（四）其他数字用法按照《中华人民共和国国家标准 GB/T15835－2011 出版物上数字用法》执行。

六、标点符号用法

（一）“被告辩称”“本院认为”等词语之后用逗号。

（二）“×××向本院提出诉讼请求”“本院认定如下”“判决如下”“裁定如下”等词语之后用冒号。

（三）裁判项序号后用顿号。

（四）除本规范有明确要求外，其他标点符号用法按照《中华人民共和国国家标准 GB/T15834－2011 标点符号用法》执行。

七、引用规范

（一）引用法律、法规、司法解释应书写全称并加书名号。

（二）法律全称太长的，也可以简称，简称不使用书名号。可以在第一次出现全称后使用简称，例：“《中华人民共和国民事诉讼法》（以下简称民事诉讼法）”。

（三）引用法律、法规和司法解释条文有序号的，书写序号应与法律、法规和司法解释正式文本中的写法一致。

（四）引用公文应先用书名号引标题，后用圆括号引发文字号；引用外文应注明中文译文。

八、印刷标准

（一）纸张标准，A4 型纸，成品幅面尺寸为：210mm×297mm。

（二）版心尺寸为：156mm×225mm，一般每面排 22 行，每行排 28 个字。

（三）采用双面印刷；单页页码居右，双页页码居左；印品要字迹清楚、均匀。

（四）标题位于版心下空两行，居中排布。标题中的法院名称和文书名称一般用二号小标宋体字；标题中的法院名称与文书名称分两行排列。

（五）案号之后空二个汉字空格至行末端。

（六）案号、主文等用三号仿宋体字。

（七）落款与正文同处一面。排版后所剩空白处不能容下印章时，可以适当调整行距、字距，不用“此页无正文”的方法解决。审判长、审判员每个字之间空二个汉字空格。审判长、审判员与姓名之间空三个汉字空格，姓名之后空二个汉字空格至行末端。

（八）院印加盖在日期居中位置。院印上不压审判员，下不压书记员，下弧骑年压月在成文时间上。印章国徽底边缘及上下弧以不覆盖文字为限。公章不应歪斜、模糊。

（九）凡裁判文书中出现误写、误算，诉讼费用漏写、误算和其他笔误的，未送达的应重新制作，已送达的应以裁定补正，避免使用校对章。

（十）确需加装封面的应印制封面。封面可参照以下规格制作：

1. 国徽图案高 55mm，宽 50mm。

2. 上页边距为 65mm，国徽下沿与标题文字上沿之间距离为 75mm。

3. 标题文字为“××××人民法院××判决书（或裁定书等）”，位于国徽图案下方，字体为小标宋体字；标题分两行或三行排列，法院名称字体大小为 30 磅，裁判文书名称字体大小为 36 磅。

4. 封面应庄重、美观，页边距、字体大小及行距可适当进行调整。

九、其　他

（一）本规范可以适用于人民法院制作的其他诉讼文书，根据具体文书性质和内容作相应调整。

（二）本规范关于裁判文书的要素和文书格式、标点符号、数字使用、印刷规范等技术化标准，各级人民法院应当认真执行。对于裁判文书正文内容、事实认定和说理部分，可以根据案件的情况合理确定。

（三）逐步推行裁判文书增加二维条形码，增加裁判文书的可识别性。

附二：

（《民事诉讼文书样式》略）

【解　　读】

解读《人民法院民事裁判文书制作规范》《民事诉讼文书样式》

2012年8月31日第十一届全国人大常委会第二十八次会议审议通过《关于修改〈中华人民共和国民事诉讼法〉的决定》后，最高人民法院成立修改后民事诉讼法贯彻实施工作领导小组（以下简称领导小组），把制定司法解释和修订民事诉讼文书样式作为两项最重要的工作。2015年2月4日，《最高人民法院关于适用〈中华人民共和国民事诉讼法〉的解释》（以下简称民诉法司法解释）公布实施。紧接着，从2015年2月开始，领导小组认真部署、积极推进民事诉讼文书样式修订工作，经过一年的努力，2016年2月完成了《人民法院民事裁判文书制作规范（送审稿）》《民事诉讼文书样式（送审稿）》，并在2016年2月22日经最高人民法院审判委员会第1679次会议审议通过，于2016年7月5日发布，定于8月1日实施。

一、民事诉讼文书样式修订过程

民诉法司法解释发布后，2015年2月10日，沈德咏常务副院长主持召开领导小组会议，正式部署和启动民事诉讼文书样式修订工作。① 会议决定，修订工作由领导小组各成员单位分工负责。立案庭、民一庭、民二庭、民三庭、民四庭、环资庭、审监庭、执行局、司改办、研究室等相关部门根据民诉法司法解释原起草分工，分别承担相应文书样式修订工作。小组办公室（研究室）负责修订工作的统筹协调和汇总工作。

2015 年 4 月，各成员单位根据分工任务，按照民诉法司法解释的 22 个章节拟定了相应的诉讼文书样式初稿，共 373 件。2015 年 5 月，杜万华专委主持领导小组成员单位会议，就初稿进行讨论，形成了诉讼文书样式第二稿。会后，小组办公室对第二稿进行修订，形成第三稿，并于 2015 年 6 月 30 日发函征求全国法院意见。2015 年 7 月 15 日～16 日、7 月 30 日～31 日，杜万华专委分别在北京、哈尔滨主持召开座谈会，全国部分高院、中院、基层院法官代表以及有关专家学者参加会议，重点就诉讼文书样式第三稿中的第一审普通程序、简易程序、小额诉讼程序、第二审程序、审判监督程序中的判决书，以及民事诉讼法新增制度，如公益诉讼、第三人撤销之诉、执行异议之诉、实现担保物权案件以及确认调解协议案件等重点诉讼文书样式进行讨论。2015 年 8 月，各小组成员单位根据全国法院反馈意见以及两次座谈会意见再次进行修改，办公室汇总形成第四稿，共有诉讼文书样式 608 件，计 48 万余字。

2015 年 11 月至 2016 年 1 月，小组办公室和专门从地方法院借调的两位法官集中修改诉讼文书样式第四稿，根据裁判文书制作规范第二稿规定的有关原则进行增补、修改，形成第五稿，共修订、起草诉讼文书样式 568 个，其中人民法院用文书样式 463 个，当事人参考文书样式 105 个。

在诉讼文书样式修订工作中，各方面普遍反映，为规范和统一民事裁判文书写作标准，确保裁判文书撰写做到要素齐全、结构完整、格式统一、逻辑严密、条理清晰、文字规范、繁简得当，有必要从总体上起草一个具有统领性、原则性的文件。该文件不但可以指导法官制作裁判文书，在客观上也有助于统一这次诉讼文书样式修订的标准。为此，经院领导决定，2015 年 9 月，小组办公室起草了《人民法院民事裁判文书制作规范（初稿）》（以下简称裁判文书制作规范），作为民事诉讼文书样式的配套文件。2015 年 10 月，送小组各成员单位征求意见后，小组办公室进行相应修改完善，形成裁判文书制作规范第二稿报小组领导。

2016 年 1 月 19 日，杜万华专委主持召开会议，小组各成员单位负责人和承担人参加会议，对诉讼文书样式第五稿和裁判文书制作规范第二稿进行讨

① 参加民事诉讼文书修订工作的领导小组成员：组长沈德咏；副组长江必新、贺荣、陶凯元、杜万华；成员姜启波、程新文、刘竹梅、姜伟、杨临萍、张根大、郭锋。办公室设在研究室，办公室主任：郭锋。

论。主要研究了争议较大的重点问题。会议决定，根据会议讨论情况进行修改后形成送审稿，报小组组长沈德咏副院长召集领导小组全体会议研究和审议。

2016年2月3日，沈德咏常务副院长主持召开领导小组全体会议，审议《人民法院民事裁判文书制作规范（送审稿）》《民事诉讼文书样式（送审稿）》。领导小组副组长贺荣、陶凯元、杜万华及有关成员出席会议。与会者对若干重大争议问题进行了研究讨论，提出了修改意见。沈德咏常务副院长要求诉讼文书样式修订要适应当前民事审判新形势新任务，以推进审判体系和审判能力现代化为目标，坚持以审判为中心，从优化司法资源配置、提高审判质效出发，区分审级特点和案件类型，推进繁简分流，满足当事人需求，努力以较小司法成本取得最大法律效果和社会效果；要把质量放在第一位，力争从源头上为裁判文书公开打下良好基础。会议同意将这两个送审稿进一步修改完善后提交审委会审议。

2016年2月22日，周强院长主持最高人民法院第1679次审判委员会会议，审议通过了《人民法院民事裁判文书制作规范》《民事诉讼文书样式》，并责成小组办公室根据委员的意见，对若干具体的技术性问题进一步完善后发布实施。

二、民事诉讼文书样式修订背景和主要内容

适应我国民事审判新形势新任务，总结全国四级法院裁判文书有益做法、近年来审判方式改革和裁判文书改革经验，根据修改后民事诉讼法及民诉法司法解释，及时修订、进一步完善人民法院诉讼文书样式十分必要。

1992年，我院办公厅印发了包括刑事、民事、行政诉讼文书在内的《法院诉讼文书样式（试行）》（以下简称92试行样式），实现了诉讼文书的规范化、统一化。此后，我院又相继出台证据诉讼文书样式、简易程序诉讼文书样式、申请再审诉讼文书样式、执行文书样式以及破产文书、涉外海事文书等其他民事类诉讼文书样式。从数量上看，92试行样式民事（含经济纠纷）案件裁判文书样式49件，其他民事类诉讼文书样式77件。迄今为止，92试行样式及其他民事类诉讼文书样式对规范人民法院裁判文书制作，促进公正司法，维护当事人权益发挥了重要作用。

但是，二十多年来，适应经济社会的发展，民事审判工作出现了很多新情况新变化，92试行样式及其他民事类诉讼文书样式已经不能满足司法实践需要，全国四级法院裁判文书的制作也暴露出各种问题。主要表现在：一是各地区、各审级法院对裁判文书制作要求不同，导致裁判文书格式不规范、不统一，要素不齐全，质量良莠不齐。二是相当一部分以解决权利义务争议为目的

的裁判文书缺乏对案件审理过程、争议焦点、裁判理由的充分说明或论证，没有很好地发挥使当事人“息讼服判”的作用。三是有的裁判文书逻辑、结构不清晰，不简明，重复内容多，证据罗列多，法条照搬多，导致裁判文书冗长。四是一部分裁判文书未能体现繁简分流，未能反映审级特点，法官制作裁判文书压力大。五是修改后民事诉讼法和相关法律、司法解释增加了新的诉讼制度和案件类型，92试行样式已经不能满足需要。六是全国法院裁判文书公开上网以后，裁判文书存在的上述问题完全公开化，如果不及时予以解决，将有损司法公信；而且，诉讼参与人、社会公众对裁判文书的质量有更高的期待，更高的要求。七是当事人使用诉讼文书类型较少，内容简单，不能满足人民群众日益增长的司法需求。因此，必须适时对92试行样式及其他民事类诉讼文书样式进行修改、补充、整合、规范。

这次民事诉讼文书样式修订工作，在指导思想上，是以明确制作民事裁判文书的功能和定位为原则和出发点。对当事人而言，裁判文书是人民法院对当事人诉讼请求的回应，对诉讼争议作出判断并对当事人实体权利义务进行分配，为当事人实现其实体利益提供依据。对人民法院而言，裁判文书是法官对于民事案件审判的最终结论。就裁判文书的社会功能而言，它通过分析说理，向当事人和社会展示裁判结论的合理性、合法性、公正性、终局性。在一定意义上可以说，裁判文书不是对诉讼全部活动的完整展现，而是司法过程的总结，是审判成果的结晶，是司法公正重要的载体和最终体现。

基于以上定位，针对审判实践中裁判文书现状和存在的问题，这次民事诉讼文书样式修订工作主要突出以下几方面的内容：

第一，要求裁判文书体现以审判为中心，突出不同审级特点。诉讼文书样式修订，必须按照十八届三中、四中全会决定精神，体现推进以审判为中心的诉讼制度改革。为此，明确要求判决书应当根据当事人诉讼请求和争议焦点，说明法庭采信证据、认定事实的理由。强调裁判文书制作要从完善审级制度出发，明确一审判决书应当把重点放在认定案件事实和确定法律适用上，做到以事实为依据，以法律为准绳；二审判决书应当把重点放在解决事实和法律争议的说理上，努力做到胜败皆服，使大部分案件实现二审终审；再审判决书应当把重点放在依法纠错、保证国家法律统一适用上，实现审判的终局性，维护司法权威。

第二，提出对裁判文书说理的具体要求。裁判文书是人民法院行使国家审判权的体现，是司法公正的最终载体，它不仅应当在结论上体现法院裁判的公正，而且对案件事实认定、法律争议应当通过透彻的说理，使当事人明辨是非曲直。根据《人民法院四五改革纲要》第34条对推动裁判文书说理改革的规定：“加强对当事人争议较大、法律关系复杂、社会关注度较高的一审案件，以及所有的二审案件、再审案件、审判委员会讨论决定案件裁判文书的说理性”，对裁判文书说理部分提出如下具体要求：一是根据不同审级功能确定裁判文书说理重点（如前所述）。二是裁判文书说理应当做到繁简得当。加强对复杂、疑难、新型、典型、有争议、有示范价值等案件的裁判文书说理，简化简易、小额、无争议案件裁判文书的制作，实现裁判文书繁简分流。三是细化裁判文书说理要求。裁判文书说理是法官对证据采信、事实认定内心确信的阐述，是对法律适用根据的公开展示。因此，裁判文书应当紧扣案件事实和法律争议，对证据审查认定理由、案件事实认定理由以及解释法律根据和案件事实具有法律上逻辑关系的理由等予以充分论述。

第三，明确裁判文书繁简分流标准。主要根据案件类型和不同审级的要求实行裁判文书繁简分流，以减轻办案法官制作裁判文书工作量，缓解案多人少压力。一是根据案件类型，分别制定了普通程序、简易程序、小额诉讼程序的裁判文书样式。对于普通程序中的复杂、疑难、新型、典型、有争议、有示范价值的案件，强调说理的详细、深入和透彻；对于适用简易程序和小额诉讼程序案件，设计了要素式、令状式和表格式的简单裁判文书样式。二是根据不同审级，对裁判文书提出不同要求。例如，二审裁判文书制作重点应当放在当事人争议的事实和法律上；再审裁判文书制作重点应当放在认定原生效判决错误的理由上；对于原审裁判中当事人的诉辩情况，当事人对原审中认定的没有争议的事实，应当予以简化。

第四，优化裁判文书的体例结构。裁判文书样式设计的基本体例结构为标题、正文、落款三部分。标题包括法院名称、文书名称和案号。正文包括首部、事实、理由、裁判依据、裁判主文、尾部。落款包括署名和日期。正文是裁判文书核心部分，其首部部分包括诉讼参加人及其基本情况、案件由来、审理经过等；事实部分包括当事人的诉讼请求、事实和理由，法院认定的证据及事实；理由部分包括裁判的理由和裁判的法律依据；裁判主文部分是对案件实体、程序问题作出的明确、具体、完整的处理决定；尾部包括诉讼费用负担和告知事项。

审判实践中，一些民事裁判文书正文部分内容重复、冗长，集中体现在两个方面：一是事实查明部分和本院认为部分内容重复；二是证据列举、质证和认证过程的表述篇幅过长。为此，这次修订采取了如下优化措施：一是明确事实查明部分为人民法院查明的事实，可重点围绕当事人争议的事实展开，要说明事实认定的结果、认定的理由以及审查判断证据的过程；本院认为部分关键是针对当事人的诉讼请求，根据查明的案件事实，依照法律规定，明确当事人争议的法律关系，阐述原告请求权是否成立，依法应当如何处理。二是明确对当事人有争议的或影响当事人权利义务的事实和证据，应当交待当事人举证、质证情况，以及法官审核认定证据的理由，展现其心理过程；对当事人没有争议的或不影响当事人权利义务的事实和证据，由法官根据案件具体情况灵活处理（详见后文）。

第五，规定裁判文书事实部分增加争议焦点的内容。民事诉讼法第一百三十三条第四项规定，需要开庭审理的，通过要求当事人交换证据等方式，明确争议焦点。裁判文书制作规范根据民事诉讼法的规定，明确要求裁判文书事实部分增加争议焦点的内容。从审判实践来看，争议焦点是法官归纳并经过当事人认可的关于证据、事实和法律适用争议的关键问题。争议焦点，既是庭审的主要内容，也是制作裁判文书的主线，方便组织证据认定、事实认定和说理部分的论述。同样，争议焦点的处理，也是当事人能否信服裁判结果的最重要方面。当然，有些案件事实清楚、当事人争议不大的，可以不列争议焦点。

第六，将诉讼文书区分为法院制作和当事人参考两大类。92 试行样式根据诉讼文书的种类进行划分，整体分为两大类：法院制作的诉讼文书和当事人使用的诉讼文书。法院制作的诉讼文书包括：裁判文书类、决定命令类、报告批复类等，甚至包括卷宗样式的制作等。这次民事诉讼文书样式参照 92 试行样式区分为法院制作的诉讼文书样式和当事人参考的文书样式两类。法院制作的诉讼文书样式，按照民事诉讼法的章节顺序进行编排，同时在各章节之下根据文书的重要性、必要性原则，把实践中使用最多的文书，如民事判决书、调解书、裁定书尽量排在前面。这种体例安排的好处是法官和当事人可以随着诉讼进程查找适用的诉讼文书样式，方便使用。

第七，增加新诉讼文书样式，对裁判文书作规范和标准化处理。一是对民事诉讼法、民诉法司法解释中规定的新制度、新类型案件，如公益诉讼、第三人撤销之诉、小额诉讼、实现担保物权、执行异议之诉案件等，制定了相应诉讼文书样式。二是适应裁判文书改革要求，对裁判文书的基本格式和其中的一些表述作进一步规范和标准化处理。主要是对文书的要素、格式、表述以及标点符号、数字等按照国家标准和规范要求进行统一。

三、民事诉讼文书样式修订中的若干重点问题

在诉讼文书样式修订过程中，有以下几个重点问题，各方面存有争议，领导小组会议经过讨论形成倾向性意见，并经审委会审议同意。

（一）关于裁判文书中的争议焦点

1. 是否所有案件都要归纳争议焦点？有意见认为，有些事实清楚、案情简单的案件没有争议焦点的，裁判文书可以不写。我们认为，对于在庭审中事实清楚、案情简单未形成争议焦点的案件，裁判文书中可以不归纳争议焦点；

对庭审前已经归纳争议焦点，在庭审中确实成为诉辩争议焦点的，应当将该争议焦点写进裁判文书。

2. 有意见认为，应当明确争议焦点按照惯例放在本院认为部分，而不应放在当事人诉辩意见之后、法院查明之前。我们认为，争议焦点摆放位置，原则上不强求一律，法官可以根据案件具体情况处理。如果召开庭前会议明确争议焦点的，可以按照争议焦点的内容确定其位置；如果争议焦点是证据争议和事实争议的，可以放在事实查明之前；如果争议焦点是法律适用问题争议的，可以放在说理之前。

（二）庭审中当事人举证、质证以及法院审查认定情况在判决书中是否体现、如何体现

一审、二审案件判决书是否都应当写明当事人举证、质证以及人民法院审查认定情况？如果要求写明，应当如何在判决书中体现？我们认为，应当把握以下几点：

1. 民诉法司法解释规定，未经当事人质证的证据，不得作为认定案件事实的根据；法院要对证据进行审核、判断，并公开判断的理由和结果。因此，经过质证的证据，尽管当事人没有争议，应当在判决书中体现，以构成判决书应当载明的“判决认定的事实和理由”（民事诉讼法一百五十二条）。这是一个总原则。

2. 判决书不应当是庭审过程的全面记载，而应当重点体现法官对当事人之间有争议的事实、证据进行说理，阐明法官对证据采信、事实认定形成内心确信的理由和结论。至于庭审过程，可以通过庭审笔录、庭审录音录像的记载和公开查询，实现全程留痕和社会监督。

3. 实践中大量的证据罗列、举证质证过程描述给法官制作裁判文书造成较大压力，无助于提高法官审判能力和水平，且大量证据罗列造成判决书冗长，主次不明，公众观感不好，学者也多有诟病。因此，裁判文书制作规范倡导：可以简要写明证据质证、认证的一般情况；如果需要罗列的证据过多，可以作为判决书的附件；对诉辩各方提交的有争议的证据及其质证情况，法官可以在对证据采信的理由进行论述时进行交待；对经过当事人质证、没有争议的证据，在判决书中可以灵活简略处理。

（三）二审、再审判决书是否需要完整复述前审裁判文书内容

从现有裁判文书来看，二审、再审判决书一般都将前审包括一审、二审甚至再审的裁判文书内容整体复述（有的甚至是全部原文复制），然后才是本案审理的请求、事实理由及裁判主文部分。这样导致的问题是：判决书过于冗长，有的多达几十页甚至上百页；判决书内容与本案审理情况无关的较多，重点不突出；在复制过程中给目前审理法官带来比较重的压力，有的因为复制不准确还易引起当事人的异议。

讨论中主要有两种意见。一种意见认为应当完整复述前审裁判文书内容。理由是，各审级裁判文书解决的重点不同；当前审判案件法官需要全面了解前审情况；判决书应当具有完整性；便于网上公开后公众全面了解案情。另一种意见认为不应当完整复述，而要进行提炼、概括、归纳。理由是，对当事人而言，前审裁判文书也都送达并知悉，内容不需要重复；法官应当具备概括、归纳能力，这是司法责任制、裁判文书改革对法官素质、能力的基本要求；概括归纳前审裁判文书，可以让法官全面梳理、吃透案件情况，有利于公正处理案件。

领导小组经讨论认为，鉴于裁判文书既有解决个案中的权利义务争议、实现定分止争、维护当事人权益功能，也有在公开后普及法律知识、弘扬公平正义、宣传核心价值观的功能，无论是完整复述前审裁判文书内容，还是要求法官进行提炼、概括、归纳，都具有合理性与积极意义。因此，建议在裁判文书制作规范和诉讼文书样式中不作一刀切的规定，但提倡和鼓励法官在制作二审、再审判决书时，采用概括归纳方法。

（四）裁定书是否列明当事人举证、质证情况以及人民法院审理查明和认为部分

主要有两个问题：一是民事诉讼法第一百五十四条规定适用裁定的若干（11种）情形中，有可能影响当事人实体权益的驳回起诉、不准撤诉以及管辖权异议等裁定，是否需要列明当事人举证质证情况？二是民事诉讼法第一百五十四条规定的终结诉讼裁定是否需要列明法院查明事实和认为部分？经过研究，我们认为，对于驳回起诉、不准撤诉以及管辖权异议等程序性事项的裁定，为了确保当事人诉权，对有争议的程序性事实，应当写明当事人举证、质证以及法院审理查明情况；对没有争议的程序性事项，只需写明驳回起诉的法律依据和理由即可。对于终结诉讼裁定，应当列明与直接涉及终结诉讼与否的事实、认定，其他事实不宜写明。

（五）裁判文书当事人基本信息部分是否需要注明自然人身份证号码、单位组织机构代码

民事诉讼文书样式在征求意见过程中，有地方法院建议将自然人居民身份证号码，法人或其他组织的组织机构代码写入当事人基本信息。对此存在两种意见：最高人民法院执行局、立案庭认为对执行、立案工作有好处，应当注明；最高人民法院民事审判业务各庭普遍反映没有必要注明，在事实上也没有这样做。领导小组经讨论认为，身份证号码和组织机构代码对于人民法院在立案、审判、执行工作中查明、核对当事人身份信息是必要的，但这主要是法院内部工作流程，而且随着全国法院信息联网，查明、核对工作将更为方便、快捷，为保护涉诉当事人隐私和安全，方便裁判文书上网，同意民事审判业务部门意见，不要求在裁判文书中注明自然人居民身份证号码、法人或其他组织的组织机构代码。

（六）裁判文书是否需要法官助理署名

有审判业务部门建议，法官助理应当在裁判文书上署名（放在书记员之上）。领导小组经讨论认为，这一问题主要涉及三个方面，一是民事诉讼法、人民法院组织法、法官法、民诉法司法解释均没有规定法官助理署名；二是司法改革中法官助理定位尚未完全明确；三是要充分考虑到部分试点法院的裁判文书中已经出现法官助理署名情况。因此，建议裁判文书样式中不作明确规定，但也不禁止，允许四级法院进行探索，待有关法律修改明确后再统一规定。

（七）裁判文书是否需要增加二维条形码

为确保裁判文书唯一性，防止伪造、变造，有地方法院建议借鉴部分行政机关行政公文加条形码的经验。据了解，中央办公厅秘书局、国务院办公厅秘书局根据文件管理要求，制定了中央公文二维条码规范，在公文中增加二维条码。我们认为，有必要在裁判文书制作规范提出倡导性意见，明确有条件的法院可以在裁判文书中增加二维条形码，并逐步在全国法院推开，以增强裁判文书的可识别度，保证人民法院裁判文书的唯一性。

四、充分认识贯彻实施民事诉讼文书样式的重要意义，采取有效措施抓好落实工作

这次颁发的民事诉讼文书样式，是92试行样式实施以来的一次重大修订，在一定意义上甚至可以说是一次全新的制定。全国法院要充分认识全面实施民事诉讼文书新样式的重要意义，采取有效措施抓好落实工作。

最高人民法院
关于人民法院立案、审判与执行工作协调运行的意见

2018年5月28日　　　　法发〔2018〕9号

为了进一步明确人民法院内部分工协作的工作职责，促进立案、审判与执行工作的顺利衔接和高效运行，保障当事人及时实现合法权益，根据《中华人

民共和国民事诉讼法》《中华人民共和国刑事诉讼法》《中华人民共和国行政诉讼法》等有关法律规定，制定本意见。

一、立案工作

1. 立案部门在收取起诉材料时，应当发放诉讼风险提示书，告知当事人诉讼风险，就申请财产保全作必要的说明，告知当事人申请财产保全的具体流程、担保方式及风险承担等信息，引导当事人及时向人民法院申请保全。

立案部门在收取申请执行材料时，应发放执行风险提示书，告知申请执行人向人民法院提供财产线索的义务，以及无财产可供执行导致执行不能的风险。

2. 立案部门在立案时与执行机构共享信息，做好以下信息的采集工作：

（1）立案时间；

（2）当事人姓名、性别、民族、出生日期、身份证件号码；

（3）当事人名称、法定代表人或者主要负责人、统一社会信用代码或者组织机构代码；

（4）送达地址；

（5）保全信息；

（6）当事人电话及其他联系方式；

（7）其他应当采集的信息。

立案部门在立案时应充分采集原告或者申请执行人的前款信息，提示原告或者申请执行人尽可能提供被告或者被执行人的前款信息。

3. 在执行案件立案时，有字号的个体工商户为被执行人的，立案部门应当将生效法律文书注明的该字号个体工商户经营者一并列为被执行人。

4. 立案部门在对刑事裁判涉财产部分移送执行立案审查时，重点审查《移送执行表》载明的以下内容：

（1）被执行人、被害人的基本信息；

（2）已查明的财产状况或者财产线索；

（3）随案移送的财产和已经处置财产的情况；

（4）查封、扣押、冻结财产的情况；

（5）移送执行的时间；

（6）其他需要说明的情况。

《移送执行表》信息存在缺漏的，应要求刑事审判部门及时补充完整。

5. 立案部门在受理申请撤销仲裁裁决、执行异议之诉、变更追加执行当事人异议之诉、参与分配异议之诉、履行执行和解协议之诉等涉及执行的案件后，应提示当事人及时向执行法院或者本院执行机构告知有关情况。

6. 人民法院在判决生效后退还当事人预交但不应负担的诉讼费用时，不得以立执行案件的方式退还。

二、审判工作

7. 审判部门在审理案件时，应当核实立案部门在立案时采集的有关信息。信息发生变化或者记录不准确的，应当及时予以更正、补充。

8. 审判部门在审理确权诉讼时，应当查询所要确权的财产权属状况。需要确权的财产已经被人民法院查封、扣押、冻结的，应当裁定驳回起诉，并告知当事人可以依照民事诉讼法第二百二十七条的规定主张权利。

9. 审判部门在审理涉及交付特定物、恢复原状、排除妨碍等案件时，应当查明标的物的状态。特定标的物已经灭失或者不宜恢复原状、排除妨碍的，应告知当事人可申请变更诉讼请求。

10. 审判部门在审理再审裁定撤销原判决、裁定发回重审的案件时，应当注意审查诉讼标的物是否存在灭失或者发生变化致使原诉讼请求无法实现的情形。存在该情形的，应告知当事人可申请变更诉讼请求。

11. 法律文书主文应当明确具体：

（1）给付金钱的，应当明确数额。需要计算利息、违约金数额的，应当有明确的计算基数、标准、起止时间等；

（2）交付特定标的物的，应当明确特定物的名称、数量、具体特征等特定信息，以及交付时间、方式等；

（3）确定继承的，应当明确遗产的名称、数量、数额等；

（4）离婚案件分割财产的，应当明确财产名称、数量、数额等；

（5）继续履行合同的，应当明确当事人继续履行合同的内容、方式等；

（6）排除妨碍、恢复原状的，应当明确排除妨碍、恢复原状的标准、时间等；

（7）停止侵害的，应当明确停止侵害行为的具体方式，以及被侵害权利的具体内容或者范围等；

（8）确定子女探视权的，应当明确探视的方式、具体时间和地点，以及交接办法等；

（9）当事人之间互负给付义务的，应当明确履行顺序。

对前款规定中财产数量较多的，可以在法律文书后另附清单。

12. 审判部门在民事调解中，应当审查双方意思的真实性、合法性，注重调解书的可执行性。能即时履行的，应要求当事人即时履行完毕。

13. 刑事裁判涉财产部分的裁判内容，应当明确、具体。涉案财物或者被害人人数较多，不宜在判决主文中详细列明的，可以概括叙明并另附清单。判处没收部分财产的，应当明确没收的具体财物或者金额。判处追缴或者责令退赔的，应当明确追缴或者退赔的金额或财物的名称、数量等有关情况。

三、执行工作

14. 执行标的物为特定物的，应当执行原物。原物已经毁损或者灭失的，经双方当事人同意，可以折价赔偿。双方对折价赔偿不能协商一致的，按照下列方法处理：

（1）原物毁损或者灭失发生在最后一次法庭辩论结束前的，执行机构应当告知当事人可通过审判监督程序救济；

（2）原物毁损或者灭失发生在最后一次法庭辩论结束后的，执行机构应当终结执行程序并告知申请执行人可另行起诉。

无法确定原物在最后一次法庭辩论结束前还是结束后毁损或者灭失的，按照前款第二项规定处理。

15. 执行机构发现本院作出的生效法律文书执行内容不明确的，应书面征询审判部门的意见。审判部门应在15日内作出书面答复或者裁定予以补正。审判部门未及时答复或者不予答复的，执行机构可层报院长督促审判部门答复。

执行内容不明确的生效法律文书是上级法院作出的，执行法院的执行机构应当层报上级法院执行机构，由上级法院执行机构向审判部门征询意见。审判部门应在15日内作出书面答复或者裁定予以补正。上级法院的审判部门未及时答复或者不予答复的，上级法院执行机构层报院长督促审判部门答复。

执行内容不明确的生效法律文书是其他法院作出的，执行法院的执行机构可以向作出生效法律文书的法院执行机构发函，由该法院执行机构向审判部门征询意见。审判部门应在15日内作出书面答复或者裁定予以补正。审判部门未及时答复或者不予答复的，作出生效法律文书的法院执行机构层报院长督促审判部门答复。

四、财产保全工作

16. 下列财产保全案件一般由立案部门编立“财保”字案号进行审查并作出裁定：

（1）利害关系人在提起诉讼或者申请仲裁前申请财产保全的案件；

（2）当事人在仲裁过程中通过仲裁机构向人民法院提交申请的财产保全案件；

（3）当事人在法律文书生效后进入执行程序前申请财产保全的案件。

当事人在诉讼中申请财产保全的案件，一般由负责审理案件的审判部门沿用诉讼案号进行审查并作出裁定。

当事人在上诉后二审法院立案受理前申请财产保全的案件，由一审法院审判部门审查并作出裁定。

17. 立案、审判部门作出的财产保全裁定，应当及时送交立案部门编立“执保”字案号的执行案件，立案后送交执行。

上级法院可以将财产保全裁定指定下级法院立案执行。

18. 财产保全案件的下列事项，由作出财产保全裁定的部门负责审查：

（1）驳回保全申请；

（2）准予撤回申请、按撤回申请处理；

（3）变更保全担保；

（4）续行保全、解除保全；

（5）准许被保全人根据《最高人民法院关于人民法院办理财产保全案件若干问题的规定》第二十条第一款规定申请自行处分被保全财产；

（6）首先采取查封、扣押、冻结措施的保全法院将被保全财产移送给在先轮候查封、扣押、冻结的执行法院；

（7）当事人或者利害关系人对财产保全裁定不服，申请复议；

（8）对保全内容或者措施需要处理的其他事项。

采取保全措施后，案件进入下一程序的，由有关程序对应的受理部门负责审查前款规定的事项。判决生效后申请执行前进行续行保全的，由作出该判决的审判部门作出续行保全裁定。

19. 实施保全的部门负责执行财产保全案件的下列事项：

（1）实施、续行、解除查封、扣押、冻结措施；

（2）监督被保全人根据《最高人民法院关于人民法院办理财产保全案件若干问题的规定》第二十条第一款规定自行处分被保全财产，并控制相应价款；

（3）其他需要实施的保全措施。

20. 保全措施实施后，实施保全的部门应当及时将财产保全情况通报作出财产保全裁定的部门，并将裁定、协助执行通知书副本等移送入卷。“执保”字案件单独立卷归档。

21. 保全财产不是诉讼争议标的物，案外人基于实体权利对保全裁定或者执行行为不服提出异议的，由负责审查案外人异议的部门根据民事诉讼法第二百二十七条的规定审查该异议。

五、机制运行

22. 各级人民法院可以根据本院机构设置，明确负责立案、审判、执行衔接工作的部门，制定和细化立案、审判、执行工作衔接的有关制度，并结合本院机构设置的特点，建立和完善本院立案、审判、执行工作衔接的长效机制。

23. 审判人员、审判辅助人员在立案、审判、执行等环节中，因故意或者重大过失致使立案、审判、执行工作脱节，导致生效法律文书难以执行的，应当依照有关规定，追究相应责任。

二、起诉和管辖

最高人民法院
关于人民法院受理共同诉讼案件问题的通知

2005 年 12 月 30 日　　　　　　　　　　法〔2005〕270 号

各省、自治区、直辖市高级人民法院，新疆维吾尔自治区高级人民法院生产建设兵团分院：

为方便当事人诉讼和人民法院就地进行案件调解工作，提高审判效率，节省诉讼资源，进一步加强最高人民法院对下级人民法院民事审判工作的监督和指导，根据民事诉讼法的有关规定，现就人民法院受理共同诉讼案件问题通知如下：

一、当事人一方或双方人数众多的共同诉讼，依法由基层人民法院受理。受理法院认为不宜作为共同诉讼受理的，可分别受理。

在高级人民法院辖区内有重大影响的上述案件，由中级人民法院受理。如情况特殊，确需高级人民法院作为一审民事案件受理的，应当在受理前报最高人民法院批准。

法律、司法解释对知识产权，海事、海商，涉外等民事纠纷案件的级别管辖另有规定的，从其规定。

二、各级人民法院应当加强对共同诉讼案件涉及问题的调查研究，上级人民法院应当加强对下级人民法院审理此类案件的指导工作。

本通知执行过程中有何问题及建议，请及时报告我院。

本通知自 2006 年 1 月 1 日起施行。

最高人民法院
关于中国证券登记结算有限责任公司履行职能相关的诉讼案件指定管辖问题的通知

2007年6月20日　　法〔2007〕177号

各省、自治区、直辖市高级人民法院，解放军军事法院，新疆维吾尔自治区高级人民法院生产建设兵团分院：

为正确、及时地管辖、审理与中国证券登记结算有限责任公司履行职能相关的诉讼案件，特作如下通知：

一、根据《中华人民共和国民事诉讼法》第三十七条和《中华人民共和国行政诉讼法》第二十二条①的有关规定，指定中国证券登记结算有限责任公司及其分支机构所在地的中级人民法院分别管辖以中国证券登记结算有限责任公司或其分支机构为被告、第三人的下列第一审民事和行政案件：

1. 中国证券登记结算有限责任公司或其分支机构根据法律、法规、规章的规定，进行证券登记、存管、结算业务或对结算参与人及其他相关单位和人员作出处理决定引发的诉讼；

2. 中国证券登记结算有限责任公司或其分支机构根据法律、法规的授权和国务院证券监督管理机构的依法授权，进行证券登记、存管、结算业务或对结算参与人及其他相关单位和人员作出处理决定引发的诉讼；

3. 中国证券登记结算有限责任公司或其分支机构根据其章程、业务规则的规定以及相关业务合同、协议、备忘录的约定，进行证券登记、存管、结算业务或对结算参与人及其他相关单位和人员作出处理决定引发的诉讼；

4. 中国证券登记结算有限责任公司或其分支机构在履行证券登记、存管、结算职能过程中引发的其他诉讼。

二、其他人民法院在本通知下发之日前受理的上述案件，已经开庭审理的，继续审理；尚未开庭审理的，移送指定法院审理。

---

① 本通知第一条引用的《行政诉讼法》第二十二条已于2014年11月1日被第一次修正的《行政诉讼法》改为第二十三条。

最高人民法院
关于调整高级人民法院和中级人民法院管辖第一审民商事案件标准的通知

2015年4月30日　　　　法发〔2015〕7号

各省、自治区、直辖市高级人民法院，解放军军事法院，新疆维吾尔自治区高级人民法院生产建设兵团分院：

为适应经济社会发展和民事诉讼需要，准确适用修改后的民事诉讼法关于级别管辖的相关规定，合理定位四级法院民商事审判职能，现就调整高级人民法院和中级人民法院管辖第一审民商事案件标准问题，通知如下：

一、当事人住所地均在受理法院所处省级行政辖区的第一审民商事案件

北京、上海、江苏、浙江、广东高级人民法院，管辖诉讼标的额5亿元以上一审民商事案件，所辖中级人民法院管辖诉讼标的额1亿元以上一审民商事案件。

天津、河北、山西、内蒙古、辽宁、安徽、福建、山东、河南、湖北、湖南、广西、海南、四川、重庆高级人民法院，管辖诉讼标的额3亿元以上一审民商事案件，所辖中级人民法院管辖诉讼标的额3000万元以上一审民商事案件。

吉林、黑龙江、江西、云南、陕西、新疆高级人民法院和新疆生产建设兵团分院，管辖诉讼标的额2亿元以上一审民商事案件，所辖中级人民法院管辖诉讼标的额1000万元以上一审民商事案件。

贵州、西藏、甘肃、青海、宁夏高级人民法院，管辖诉讼标的额1亿元以上一审民商事案件，所辖中级人民法院管辖诉讼标的额500万元以上一审民商事案件。

二、当事人一方住所地不在受理法院所处省级行政辖区的第一审民商事案件

北京、上海、江苏、浙江、广东高级人民法院，管辖诉讼标的额3亿元以上一审民商事案件，所辖中级人民法院管辖诉讼标的额5000万元以上一审民商事案件。

天津、河北、山西、内蒙古、辽宁、安徽、福建、山东、河南、湖北、湖南、广西、海南、四川、重庆高级人民法院，管辖诉讼标的额1亿元以上一审民商事案件，所辖中级人民法院管辖诉讼标的额 2000 万元以上一审民商事案件。

吉林、黑龙江、江西、云南、陕西、新疆高级人民法院和新疆生产建设兵团分院，管辖诉讼标的额 5000 万元以上一审民商事案件，所辖中级人民法院管辖诉讼标的额 1000 万元以上一审民商事案件。

贵州、西藏、甘肃、青海、宁夏高级人民法院，管辖诉讼标的额 2000 万元以上一审民商事案件，所辖中级人民法院管辖诉讼标的额 500 万元以上一审民商事案件。

三、解放军军事法院管辖诉讼标的额 1 亿元以上一审民商事案件，大单位军事法院管辖诉讼标的额 2000 万元以上一审民商事案件。

四、婚姻、继承、家庭、物业服务、人身损害赔偿、名誉权、交通事故、劳动争议等案件，以及群体性纠纷案件，一般由基层人民法院管辖。

五、对重大疑难、新类型和在适用法律上有普遍意义的案件，可以依照民事诉讼法第三十八条的规定，由上级人民法院自行决定由其审理，或者根据下级人民法院报请决定由其审理。

六、本通知调整的级别管辖标准不涉及知识产权案件、海事海商案件和涉外涉港澳台民商事案件。

七、本通知规定的第一审民商事案件标准，包含本数。

本通知自 2015 年 5 月 1 日起实施，执行过程中遇到的问题，请及时报告我院。

【解　　读】

解读《关于调整高级人民法院和中级人民法院管辖第一审民商事案件标准的通知》

级别管辖，是指按照一定的标准，划分上下级法院之间受理第一审案件的分工和权限。为便于人民法院正确、及时行使民事审判权，保障当事人的诉权，民事诉讼法对各级人民法院管辖第一审民商事案件专门作了规定。但是，在法律适用中，民事诉讼法规定的重大影响案件如何界定，高、中级人民法院管辖民商事案件的标准如何划分，需要充分考虑我国经济社会的发展状况，结合四级法院的职能分工和实际情况，由最高人民法院予以明确。2015 年 4 月 30 日，最高人民法院发布了《关于调整高级人民法院和中级人民法院管辖第一审民商事案件标准的通知》（以下简称《通知》），并于同年5月1日起生效实施。为了便于在审判实践中正确理解和适用，现对该《通知》的一些主要问题作如下阐释。

一、关于各级法院级别管辖的基本定位

党的十八届四中全会提出："完善审级制度，一审重在解决事实认定和法律适用，二审重在解决事实法律争议、实现二审终审，再审重在解决依法纠错、维护裁判权威。"为全面落实四中全会的精神，坚持司法改革的正确方向，我们在起草《通知》过程中，着重注意把握了以下几点：

（一）基层人民法院管辖大多数一审民商事案件

我国民事诉讼法第十七条规定："基层人民法院管辖第一审民事案件，但本法另有规定的除外。"一般认为，法律的上述规定，明确了基层人民法院管辖一审民事案件这一基本原则。从横向比较看，无论是大陆法系还是英美法系国家，绝大多数一审案件都是由初级法院审理。此次级别管辖调整过程中，反对将大多数一审民商事案件放在基层人民法院审理的主要理由是，相比起中、高级人民法院，部分基层人民法院审判力量、水平都显得比较薄弱，恐难以承担繁重的审判任务。我们认为，按照中央改革统一要求，全国部分省市已经先行试点省以下地方法院人、财、物统一管理。因此，将绝大多数的一审民商事案件交由基层人民法院审理，可以引导各省法院合理调整审判资源，在人、财、物上向基层人民法院倾斜，解决部分地区法院存在的办案力量不足和能力欠缺等问题。

（二）中级人民法院管辖适量一审民商事案件

作为我国法院组织体系内第二个层级的中级人民法院，办案仍然是主要任务。基层人民法院作出一审裁判后，多数案件当事人会选择息诉服判，但仍有部分会选择上诉，这就成为中级人民法院办理案件的主要来源。同时，民事诉讼法对中级人民法院管辖一审民商事案件的范围进行了明确的规定。那么，究竟中级人民法院应该管辖什么样的一审案件，这就需要对"在本辖区有重大影响的案件"进行解释。在此次调整过程中，有观点认为，应该对"在本辖区有重大影响的案件"进行类型化的解释，不能仅仅依据案件的标的额进行确定，主要理由是部分大标的额的案件，审理时认定事实、适用法律实际上并无太多争议，不是"在本辖区有重大影响的案件"。但是，司法实践中的个案错综复杂、包罗万象，很难进行抽象化的概括。因此，根据标的额确定中级人民法院管辖适量一审案件，虽然不是最佳的办法，却是目前最优的选择，国际上民事诉讼立法和实践也是采取这种做法。如在日本，简易法院和地方法院的分工，就是依据管辖争议标的额，90万日元以下的案件，由简易法院管辖；超过90

万日元的，由地方法院管辖。

（三）最高人民法院、高级人民法院侧重于指导和监督民商事审判

最高人民法院是全国最高审判机关，其主要职能是监督和指导地方各级人民法院、专门法院的审判工作，制定有关文件和司法解释，总结和推广审判经验，从而保证整个法院系统的审判质量。高级人民法院作为省一级审判机关，承担着依法纠错、维护生效裁判权威的职能。2012 年以来，随着民商事案件申请再审上提一级，高级人民法院承担了大量的再审审理任务。同时，高级人民法院还承担着一定数量的二审任务。因此，在此次调整过程中，部分地区提出高级人民法院不应再管辖一审民商事案件。我们认为，民事诉讼法对高级人民法院管辖一审民商事案件作了明确的规定，通过调整级别管辖，可以让管辖高级人民法院管辖少量的一审“在本辖区有重大影响的案件”，从而让高级人民法院有更多的力量从事审判监督和对下指导。但是，不能因为级别管辖的调整，让高级人民法院没有一审案件可以审理。我们注意到，在《通知》下发前，少数地区为适应经济发展和民事诉讼需要，通过自行发布级别管辖标准，将辖区内一审民商事案件全部放在中基层人民法院审理。显然，这一做法既违反法律关于级别管辖的规定，又侵犯了当事人的级别管辖利益。因此，《通知》下发后，这些“土政策”都应该被废除。

（四）跨地案件认定标准变更为当事人一方住所地不在受理法院所处省级行政辖区

为尽可能减少地方保护主义干扰，确保司法裁判的公正性，《2008 年通知》规定了高级人民法院和中级人民法院跨地案件管辖标准。以北京市为例，北京高院管辖诉讼标的额在 2 亿元以上的第一审民商事案件，以及诉讼标的额在 1 亿元以上且当事人一方住所地不在本辖区的第一审民商事案件。北京高院所辖中级人民法院管辖诉讼标的额不低于 5000 万元的第一审民商事案件，以及诉讼标的额不低于 2000 万元且当事人一方住所地不在本辖区的第一审民商事案件。我们认为，考虑到目前的实际状况，对跨地案件的管辖标准进行区别对待是非常有必要的。因此，此次调整继续沿用《2008 年通知》的做法，规定了跨地案件管辖标准要低于本地标准。但是，对中级人民法院或者基层人民法院而言，不应再以当事一方住所地是否在中级人民法院或者基层人民法院辖区作为认定跨地案件的标准。如果双方当事人住所地均在同一个省级行政辖区，其中一方当事人不在一审法院所在的市、县辖区，即使存在地方保护主义的干扰，仍然可以通过上诉或者申请再审等程序，救济正当的权利。需要指出的是，如果双方当事人住所地均不在受理法院所在省级行政区域，则应适用本地案件管辖标准，而不适用跨地案件管辖标准。

（五）兼用案件繁简度和影响度标准确定级别管辖法院

定分止争、化解纠纷，是司法裁判的主要职能。对于所有民商事案件来说，不能没有区别机械地适用诉讼标的额标准确定级别管辖法院，理由为：一是由基层人民法院最接近当事人，特定案件明确由基层人民法院作为一审管辖法院，往往更有利于查清案件事实、解决矛盾纠纷；二是特定案件即使标的额很大，但在认定事实、适用法律时并无重大争议，将这些案件交由上级法院审理没有必要；三是兼用案件繁简程度和影响度标准确定级别管辖在法治国家早有先例，如《德国法院组织法》第 23 条第 2a 项就规定，“不考虑争议标的额的大小，房屋出租争议专属于初级法院管辖”。因此，此次调整继续按照《2008 年通知》的做法，规定“婚姻、继承、家庭、物业服务、人身损害赔偿、名誉权、交通事故、劳动争议等案件，以及群体性纠纷案件，一般由基层人民法院管辖”。这里需要说明的是，群体性纠纷案件的人数应理解为一方当事人 10 人以上。

（六）高级人民法院不再制定辖区内的级别管辖标准

《2008 年通知》规定了高级人民法院报最高人民法院批准后可以适当调高和降低辖区内中级人民法院的管辖标准。为此，各个高院根据辖区内经济社会发展的情况，制定了不同档次的中级人民法院管辖标准。以广东省为例，广州、深圳、佛山、东莞市中级人民法院管辖诉讼标的额 3 亿元以下 5000 万元以上的第一审民商事案件，珠海、中山、江门、惠州市中级人民法院管辖诉讼标的额在 3 亿元以下 3000 万元以上的第一审民商事案件，汕头、潮州、揭阳、汕尾、梅州、河源、韶关、清远、肇庆、云浮、阳江、茂名、湛江市中级人民法院管辖诉讼标的额在 3 亿元以下 2000 万元以上的第一审民商事案件。这样的规定，对当事人来讲繁琐复杂，特别不利于外地当事人熟悉和掌握。随着各地经济发展差距的缩小和司法改革的深入推进，不宜在省内再行设置级别管辖档次。因此，此次调整，取消了高级人民法院确定中级人民法院管辖标准的条款，要求各地严格执行《通知》确定的级别管辖标准。

二、关于军事法院的级别管辖标准

随着经济社会的快速发展和国防建设的稳步推进，军内民事案件已不再局限于军人婚姻家庭，还包括武器装备订货、军队财产转让与租赁、涉军人身或财产损害赔偿等。但是，军事法院民事案件审理仍然存在着一些深层次的问题，如，军事法院受理民事案件的法律依据不足，军事法院组织法尚未发布实施，关于军事法院扩大民事案件审理范围的依据是最高人民法院的复函而不是司法解释，等等。为此，最高人民法院着手对军事法院民事案件受理范围和条件进行规范，主要是以下四个方面：第一，坚持军事法院管辖民事案件范围适当性原则。军事法院是专门法院，其管辖民事案件范围应有限度。第二，坚持两便原则。对于交通不变和当地未设军事法院的，赋予当事人选择向地方法院起诉的权利。第三，坚持程序公正原则。管辖问题是当前民事诉讼中引发争议较多的方面，对当事人实体权益影响较大，因此，要高度体现对当事人程序权利的保障。第四，兼顾国防利益、军人权益和地方当事人权益保护的原则。2012年8月28日，最高人民法院发布了《关于军事法院管辖民事案件若干问题的规定》(法释〔2012〕11号)，对军事法院管辖审理民事案件职能进行了调整完善，并已于同年9月17日施行。2015年2月颁布的《最高人民法院关于适用〈中华人民共和国民事诉讼法〉的解释》第十一条明确规定：双方当事人均为军人或者军队单位的民事案件由军事法院管辖。

《2008年通知》第六条规定："军事法院管辖军内第一审民商事案件的标准，参照当地同级地方人民法院标准执行。"但是，大单位军事法院设置往往是跨越省级行政区划，如继续参照当地同级地方人民法院标准执行，则会造成部分案件没有法院管辖的现象。以原北京军区为例，下辖的北京、天津、内蒙古、河北等省市，这些地方法院的级别管辖标准不一。河北省军区军事法院对应的基层人民法院，如参照执行河北基层人民法院的管辖标准，受理一审案件的标的额在3000万元以下。而原北京军区军事法院对应的中级人民法院，如参照执行北京市中级人民法院的管辖标准，受理一审案件的标的额在1亿元以上。这就导致河北省军区法院辖区内3000万到1亿元的案件，没有对应的级别管辖法院。因此，在此次调整过程中，考虑到大单位军事法院设置往往是跨越省级行政区划的特点，规定了"解放军军事法院可管辖诉讼标的额1亿元以上一审民商事案件，大单位军事法院可管辖诉讼标的额2000万元以上一审民商事案件"，与第二档跨地案件高中级人民法院管辖的标准相同。

三、关于铁路法院的级别管辖标准

2012年7月17日，最高人民法院发布《关于铁路运输法院案件管辖范围的若干规定》(法释〔2012〕10号)，在规定铁路运输法院管辖涉及铁路运输、铁路安全、铁路财产的民事诉讼同时，还规定了高级人民法院可以指定辖区内的铁路运输基层人民法院受理涉及铁路运输、铁路安全、铁路财产以外的其他第一审民事案件，并指定该铁路运输基层人民法院驻在地的中级人民法院或铁路运输中级人民法院受理对此提起上诉的案件。考虑到铁路运输中、基层人民法院是依据铁路局和铁路分局的经营区域设置的，都是跨越省级行政辖区的。为统一法律适用，我们认为，铁路中级人民法院管辖涉及铁路运输、铁路安全、铁路财产一审民商事案件标准，应按照所在地省级行政区域中级人民法院管辖跨地案件标准确定；至于高级人民法院指定铁路运输法院受理涉及铁路运输、铁路安全、铁路财产以外的其他第一审民事案件，则按照对应级别人民法院受理一审民商事案件管辖标准执行。以上海铁路运输中级人民法院为例，因该院驻在地为上海市，故应按照上海市高院辖区的中级人民法院管辖跨地一审民商事案件确定管辖标准，即管辖诉讼标的额5000万元以上、3亿元以下第一审涉及铁路运输、铁路安全、铁路财产的民商事案件，相应的，上海铁路运输中级人民法院下辖的上海、杭州、南京、合肥、徐州五个铁路运输基层人民法院，则管辖诉讼标的额5000万元以下一审涉及铁路运输、铁路安全、铁路财产的民商事案件。

四、关于《通知》的溯及力问题

2013年1月1日起实施的《最高人民法院关于修改后的民事诉讼法施行时未结案件适用法律若干问题的规定》（法释〔2012〕23号）第一条规定，“2013年1月1日未结案件适用修改后的民事诉讼法，但本规定另有规定的除外。前款规定的案件，2013年1月1日前依照修改前的民事诉讼法和有关司法解释的规定已经完成的程序事项，仍然有效。”第二条规定，“2013年1月1日未结案件符合修改前的民事诉讼法或者修改后的民事诉讼法管辖规定的，人民法院对该案件继续审理。”从法律体系上讲，《通知》作为规范性司法文件，主要对高、中级人民法院管辖一审民商事案件标准进行调整，故从广义上讲也属于民事诉讼法范畴。因此，《通知》施行后，对于5月1日以前已经完成的级别管辖案件，继续适用《2008年通知》确定管辖并无任何争议。关键的问题是，《通知》将管辖标准大幅调整后，5月1日前因当事人提出管辖异议或者受移送人民法院认为没有管辖权而未结的案件，根据《通知》的规定，级别管辖法院有可能由原受理法院调整为下级法院，我们认为，根据上述司法解释的规定，这些案件如果符合《2008年通知》规定的管辖标准，一般则应继续由原受理法院审理。

五、其他需要说明的问题

因最高人民法院有关部门正在研究涉外、涉港澳台案件的级别管辖问题，相关规范性文件正在制定过程中，故此次调整没有涉及，仍然执行《2008年通知》等相关规定。至于涉外、涉港澳台的婚姻、家庭、继承、劳动争议等纠纷，根据《通知》第四条的规定，这类案件一般应由基层人民法院管辖。此外，考虑到知识产权案件审判现状，最高人民法院有关部门认为没有调整的必要，故此次调整没有涉及。

（撰稿人：姜启波　包剑平　杨立初　李盛烨）

最高人民法院
关于调整部分高级人民法院和中级人民法院管辖第一审民商事案件标准的通知

2018 年 7 月 17 日　　　　　　　　法发〔2018〕13 号

贵州省、陕西省、甘肃省、青海省、宁夏回族自治区、新疆维吾尔自治区高级人民法院，新疆维吾尔自治区高级人民法院生产建设乡团分院：

为适应新时期经济社会发展和民事诉讼需要，准确适用民事诉讼法关于级别管辖的相关规定，合理定位四级法院民商事审判职能，现就调整部分高级人民法院和中级人民法院管辖第一审民商事案件标准问题，通知如下：

一、当事人住所地均在受理法院所处省级行政辖区的第一审民商事案件

贵州省、陕西省、新疆维吾尔自治区高级人民法院和新疆维哥尔自治区高级人民法院生产建设兵团分院管辖诉讼标的额 3 亿元以上一审民商事案件，所辖中级人民法院管辖诉讼标的额 3000 万元以上一审民商事案件。

甘肃省、青海省、宁夏回族自治区高级人民法院管辖诉讼标的额 2 亿元以上一审民商事案件，所辖中级人民法院管辖诉讼标的额 1000 万元以上一审民商事案件。

二、当事人一方住所地不在受理法院所处省级行政辖区的第一审民商事案件

贵州省、陕西省、新疆维吾尔自治区高级人民法院和新疆维吾尔自治区高级人民法院生产建设兵团分院管辖诉讼标的额 1 亿元以上一审民商事案件，所辖中级人民法院管辖诉讼标的额 2000 万元以上一审民商事案件。

甘肃省、青海省、宁夏回族自治区高级人民法院管辖诉讼标的额 5000 万元以上一审民商事案件，所辖中级人民法院管辖诉讼标的额 1000 万元以上一审民商事案件。

三、本通知未作调整的，按照《最高人民法院关于调整高级人民法院和中级人民法院管辖第一审民商事案件标准的通知》（法发〔2015〕7 号）执行。

本通知自 2018 年 8 月 1 日起实施，执行过程中遇到的问题，请及时报告我院。

最高人民法院
关于调整高级人民法院和中级人民法院管辖第一审民事案件标准的通知

2019 年 4 月 30 日　　　　　　　　法发〔2019〕14 号

各省、自治区、直辖市高级人民法院，解放军军事法院，新疆维吾尔自治区高级人民法院生产建设兵团分院：

为适应新时代审判工作发展要求，合理定位四级法院民事审判职能，促进矛盾纠纷化解重心下移，现就调整高级人民法院和中级人民法院管辖第一审民事案件标准问题，通知如下：

一、中级人民法院管辖第一审民事案件的诉讼标的额上限原则上为 50 亿元（人民币），诉讼标的额下限继续按照《最高人民法院关于调整地方各级人民法院管辖第一审知识产权民事案件标准的通知》（法发〔2010〕5 号）、《最高人民法院关于调整高级人民法院和中级人民法院管辖第一审民商事案件标准的通知》（法发〔2015〕7 号）、《最高人民法院关于明确第一审涉外民商事案件级别管辖标准以及归口办理有关问题的通知》（法〔2017〕359 号）《最高人民法院关于调整部分高级人民法院和中级人民法院管辖第一审民商事案件标准的通知》（法发〔2018〕13 号）等文件执行。

二、高级人民法院管辖诉讼标的额 50 亿元（人民币）以上（包含本数）或者其他在本辖区有重大影响的第一审民事案件。

三、海事海商案件、涉外民事案件的级别管辖标准按照本通知执行。

四、知识产权民事案件的级别管辖标准按照本通知执行，但《最高人民法院关于知识产权法庭若干问题的规定》第二条所涉案件类型除外。

五、最高人民法院以前发布的关于第一审民事案件级别管辖标准的规定与本通知不一致的，不再适用。

本通知自 2019 年 5 月 1 日起实施，执行过程中遇到的问题，请及时报告我院。

三、证 据

最高人民法院
关于适用《关于民事诉讼证据的若干规定》中有关举证时限规定的通知

2008年12月11日　　法发〔2008〕42号

全国地方各级人民法院、各级军事法院、各铁路运输中级法院和基层法院、各海事法院，新疆生产建设兵团各级法院：

《最高人民法院关于民事诉讼证据的若干规定》（以下简称《证据规定》）自2002年4月1日施行以来，对于指导和规范人民法院的审判活动，提高诉讼当事人的证据意识，促进民事审判活动公正有序地开展，起到了积极的作用。但随着新情况、新问题的出现，一些地方对《证据规定》中的个别条款，特别是有关举证时限的规定理解不统一。为切实保障当事人诉讼权利的充分行使，保障人民法院公正高效行使审判权，现将适用《证据规定》中举证时限规定等有关问题通知如下：

一、关于第三十三条第三款规定的举证期限问题。《证据规定》第三十三条第三款规定的举证期限是指在适用一审普通程序审理民事案件时，人民法院指定当事人提供证据证明其主张的基础事实的期限，该期限不得少于三十日。但是人民法院在征得双方当事人同意后，指定的举证期限可以少于三十日。前述规定的举证期限届满后，针对某一特定事实或特定证据或者基于特定原因，人民法院可以根据案件的具体情况，酌情指定当事人提供证据或者反证的期限，该期限不受“不得少于三十日”的限制。

二、关于适用简易程序审理案件的举证期限问题。适用简易程序审理的案件，人民法院指定的举证期限不受《证据规定》第三十三条第三款规定的限制，可以少于三十日。简易程序转为普通程序审理，人民法院指定的举证期限少于三十日的，人民法院应当为当事人补足不少于三十日的举证期限。但在征得当事人同意后，人民法院指定的举证期限可以少于三十日。

三、关于当事人提出管辖权异议后的举证期限问题。当事人在一审答辩期内提出管辖权异议的，人民法院应当在驳回当事人管辖权异议的裁定生效后，依照《证据规定》第三十三条第三款的规定，重新指定不少于三十日的举证期限。但在征得当事人同意后，人民法院可以指定少于三十日的举证期限。

四、关于对人民法院依职权调查收集的证据提出相反证据的举证期限问题。人民法院依照《证据规定》第十五条调查收集的证据在庭审中出示后，当事人要求提供相反证据的，人民法院可以酌情确定相应的举证期限。

五、关于增加当事人时的举证期限问题。人民法院在追加当事人或者有独立请求权的第三人参加诉讼的情况下，应当依照《证据规定》第三十三条第三款的规定，为新参加诉讼的当事人指定举证期限。该举证期限适用于其他当事人。

六、关于当事人申请延长举证期限的问题。当事人申请延长举证期限经人民法院准许的，为平等保护双方当事人的诉讼权利，延长的举证期限适用于其他当事人。

七、关于增加、变更诉讼请求以及提出反诉时的举证期限问题。当事人在一审举证期限内增加、变更诉讼请求或者提出反诉，或者人民法院依照《证据规定》第三十五条的规定告知当事人可以变更诉讼请求后，当事人变更诉讼请求的，人民法院应当根据案件的具体情况重新指定举证期限。当事人对举证期限有约定的，依照《证据规定》第三十三条第二款的规定处理。

八、关于二审新的证据举证期限的问题。在第二审人民法院审理中，当事人申请提供新的证据的，人民法院指定的举证期限，不受“不得少于三十日”的限制。

九、关于发回重审案件举证期限问题。发回重审的案件，第一审人民法院在重新审理时，可以结合案件的具体情况和发回重审的原因等情况，酌情确定举证期限。如果案件是因违反法定程序被发回重审的，人民法院在征求当事人的意见后，可以不再指定举证期限或者酌情指定举证期限。但案件因遗漏当事人被发回重审的，按照本通知第五条处理。如果案件是因认定事实不清、证据不足发回重审的，人民法院可以要求当事人协商确定举证期限，或者酌情指定举证期限。上述举证期限不受“不得少于三十日”的限制。

十、关于新的证据的认定问题。人民法院对于“新的证据”，应当依照《证据规定》第四十一条、第四十二条、第四十三条、第四十四条的规定，结合以下因素综合认定：

（一）证据是否在举证期限或者《证据规定》第四十一条、第四十四条规定的其他期限内已经客观存在；

（二）当事人未在举证期限或者司法解释规定的其他期限内提供证据，是否存在故意或者重大过失的情形。

【链　　接】

最高人民法院民一庭负责人就《关于适用〈关于民事诉讼证据的若干规定〉中有关举证时限规定的通知》答记者问

2008年12月11日，最高人民法院公布了《关于适用〈关于民事诉讼证据的若干规定〉中有关举证时限规定的通知》（以下简称《通知》），最高人民法院民一庭有关负责人就《通知》制定和实施有关问题，回答记者提问。

一、问：最高人民法院在2001年12月公布的《关于民事诉讼证据的若干规定》（以下简称《证据规定》）中已经规定了举证时限制度，此次又专门针对举证时限作出《通知》是基于何种考虑？

答：《证据规定》公布施行以来，对于指导和规范人民法院的审判活动，提高诉讼当事人的证据意识，促进民事审判活动公正有序地开展，起到了十分积极的作用。从施行情况来看，由于司法解释中关于举证时限的规定比较原则，随着审判实践中新情况、新问题的出现，对举证时限的规定存在理解和适用不统一的情况。为切实解决审判实践中举证时限制度的操作性问题，我们在充分调研和论证的基础上，起草了《通知》，通过这种方式更好地指导和规范举证时限的适用，以切实保障当事人诉讼权利的充分行使，保障人民法院公正高效行使审判权。

二、问：《通知》遵循什么样的基本思路？

答：我们起草《通知》遵循如下基本思路：（1）着眼于解决实践中反映突出的问题。《证据规定》第三部分“举证时限和证据交换”是该项司法解释的核心之一，也是审判实践中反映问题比较集中的内容。为此，《通知》重点针对这部分内容在审判实践中存在的问题提出解决方案，不追求内容的体系化和系统性，着眼于有针对性地解决实践中的问题。（2）在坚持司法解释的基本原则和精神的同时，有针对性地提出理解和适用司法解释有关条文的意见，体现了原则性和灵活性相结合。《证据规定》是审判方式改革和人民法院改革的重要成果，其原则和精神符合民事诉讼规律和审判实践的要求。但其中有关举证时限的一些规定过于原则，加之在适用过程中新情况、新问题的出现，实践中的矛盾和争论比较突出。为此，《通知》从司法解释的基本原则和精神出发，在《证据规定》的框架内，对有关条文的理解和适用提出可操作性的意见，既能够在一定程度上解决实践中的突出问题，也维护了司法解释的稳定性和权威性，体现了原则性和灵活性的统一。

三、问：为什么《通知》的主要篇幅用在规范关于举证期限的适用问题？如何把握这些规定？

答：举证期限在《证据规定》中具有十分重要的意义，它是举证时限制度发挥作用的重要环节。实践中适用举证时限制度存在的问题和矛盾，在很大程度上是由于对举证期限的理解不准确、适用不恰当造成的。正确理解和适用举证期限，对于举证时限制度功能的发挥，对于当事人诉讼权利的公平保护，防止裁判突袭和证据突袭，具有十分积极的作用。

《通知》提出的理解和适用举证期限的基本思路，是将《证据规定》中的举证期限区分为两种情形：第一种是不少于三十日的期限，适用于当事人提供证明支持其主张的基础事实的证据；第二种是由人民法院酌情确定的期限，适用于就某一特定事实或者特定证据要求当事人进一步提供证据的情形。这种对举证期限的内涵的区分，是理解《通知》中有关举证期限适用规定的基础。通过这种方式，可以在很大程度上解决实践中由于对举证期限理解不正确导致的不适当适用证据失权的问题，对于减轻新的证据认定问题上的矛盾也会起到积极作用。

四、问：新的证据的认定问题，是近年来民事审判实践中的热点和难点，《通知》对于新的证据认定的规定，是出于何种考虑？

答：新的证据如何判断，是《证据规定》在适用过程中争议比较大的问题。对于这一问题，《通知》从两个方面提出解决的思路：其一是通过对举证期限的理解，在一定程度上降低新的证据出现的几率，其二通过规定认定新的证据的指导性标准，为人民法院在适用中提供参考。对于新的证据如何判断，没有可供遵循的先例，其他国家也没有明确具体的标准可供参照，都是由审理案件的法官根据具体情况进行自由裁量。民事诉讼本身情况十分复杂，新的证据的判断只有结合案件的具体情况才能较好的平衡实体公正和程序公正的要求。因此，制定具体的操作性较强的标准是十分困难的。《通知》为此提出在期限内是否已经客观存在和未提交证据是否存在故意或者重大过失作为认定新的证据时的参考因素，能够在一定程度上减少人民法院在新的证据认定上的随意性，为人民法院在认定新的证据的过程中提供裁量的尺度。

四、送　达

最高人民法院
印发《关于进一步加强民事送达工作的若干意见》的通知

2017 年 7 月 19 日　　法发〔2017〕19 号

各省、自治区、直辖市高级人民法院，解放军军事法院，新疆维吾尔自治区高级人民法院生产建设兵团分院：

现将《关于进一步加强民事送达工作的若干意见》印发给你们，请遵照执行。

附：

关于进一步加强民事送达工作的若干意见

送达是民事案件审理过程中的重要程序事项，是保障人民法院依法公正审理民事案件、及时维护当事人合法权益的基础。近年来，随着我国社会经济的发展和人民群众司法需求的提高，送达问题已经成为制约民事审判公正与效率的瓶颈之一。为此，各级人民法院要切实改进和加强送达工作，在法律和司法解释的框架内，创新工作机制和方法，全面推进当事人送达地址确认制度，统一送达地址确认书格式，规范送达地址确认书内容，提升民事送达的质量和效率，将司法为民切实落到实处。

一、送达地址确认书是当事人送达地址确认制度的基础。送达地址确认书应当包括当事人提供的送达地址、人民法院告知事项、当事人对送达地址的确认、送达地址确认书的适用范围和变更方式等内容。

二、当事人提供的送达地址应当包括邮政编码、详细地址以及受送达人的联系电话等。同意电子送达的，应当提供并确认接收民事诉讼文书的传真号、电子信箱、微信号等电子送达地址。当事人委托诉讼代理人的，诉讼代理人确认的送达地址视为当事人的送达地址。

三、为保障当事人的诉讼权利，人民法院应当告知送达地址确认书的填写要求和注意事项以及拒绝提供送达地址、提供虚假地址或者提供地址不准确的法律后果。

四、人民法院应当要求当事人对其填写的送达地址及法律后果等事项进行确认。当事人确认的内容应当包括当事人已知晓人民法院告知的事项及送达地址确认书的法律后果，保证送达地址准确、有效，同意人民法院通过其确认的地址送达诉讼文书等，并由当事人或者诉讼代理人签名、盖章或者捺印。

五、人民法院应当在登记立案时要求当事人确认送达地址。当事人拒绝确认送达地址的，依照《最高人民法院关于登记立案若干问题的规定》第七条的规定处理。

六、当事人在送达地址确认书中确认的送达地址，适用于第一审程序、第二审程序和执行程序。当事人变更送达地址，应当以书面方式告知人民法院。当事人未书面变更的，以其确认的地址为送达地址。

七、因当事人提供的送达地址不准确、拒不提供送达地址、送达地址变更未书面告知人民法院，导致民事诉讼文书未能被受送达人实际接收的，直接送达的，民事诉讼文书留在该地址之日为送达之日；邮寄送达的，文书被退回之日为送达之日。

八、当事人拒绝确认送达地址或以拒绝应诉、拒接电话、避而不见送达人员、搬离原住所等躲避、规避送达，人民法院不能或无法要求其确认送达地址的，可以分别以下列情形处理：

（一）当事人在诉讼所涉及的合同、往来函件中对送达地址有明确约定的，以约定的地址为送达地址；

（二）没有约定的，以当事人在诉讼中提交的书面材料中载明的自己的地址为送达地址；

（三）没有约定、当事人也未提交书面材料或者书面材料中未载明地址的，以一年内进行其他诉讼、仲裁案件中提供的地址为送达地址；

（四）无以上情形的，以当事人一年内进行民事活动时经常使用的地址为送达地址。

人民法院按照上述地址进行送达的，可以同时以电话、微信等方式通知受送达人。

九、依第八条规定仍不能确认送达地址的，自然人以其户籍登记的住所或者在经常居住地登记的住址为送达地址，法人或者其他组织以其工商登记或其他依法登记、备案的住所地为送达地址。

十、在严格遵守民事诉讼法和民事诉讼法司法解释关于电子送达适用条件的前提下，积极主动探索电子送达及送达凭证保全的有效方式、方法。有条件的法院可以建立专门的电子送达平台，或以诉讼服务平台为依托进行电子送达，或者采取与大型门户网站、通信运营商合作的方式，通过专门的电子邮箱、特定的通信号码、信息公众号等方式进行送达。

十一、采用传真、电子邮件方式送达的，送达人员应记录传真发送和接收号码、电子邮件发送和接收邮箱、发送时间、送达诉讼文书名称，并打印传真发送确认单、电子邮件发送成功网页，存卷备查。

十二、采用短信、微信等方式送达的，送达人员应记录收发手机号码、发送时间、送达诉讼文书名称，并将短信、微信等送达内容拍摄照片，存卷备查。

十三、可以根据实际情况，有针对性地探索提高送达质量和效率的工作机制，确定由专门的送达机构或者由各审判、执行部门进行送达。在不违反法律、司法解释规定的前提下，可以积极探索创新行之有效的工作方法。

十四、对于移动通信工具能够接通但无法直接送达、邮寄送达的，除判决书、裁定书、调解书外，可以采取电话送达的方式，由送达人员告知当事人诉讼文书内容，并记录拨打、接听电话号码、通话时间、送达诉讼文书内容，通话过程应当录音以存卷备查。

十五、要严格适用民事诉讼法关于公告送达的规定，加强对公告送达的管理，充分保障当事人的诉讼权利。只有在受送达人下落不明，或者用民事诉讼法第一编第七章第二节规定的其他方式无法送达的，才能适用公告送达。

十六、在送达工作中，可以借助基层组织的力量和社会力量，加强与基层组织和有关部门的沟通、协调，为做好送达工作创造良好的外部环境。有条件的地方可以要求基层组织协助送达，并可适当支付费用。

十七、要树立全国法院一盘棋意识，对于其他法院委托送达的诉讼文书，要认真、及时进行送达。鼓励法院之间建立委托送达协作机制，节约送达成本，提高送达效率。

【解　读】

解读《关于进一步加强民事送达工作的若干意见》

2017年7月19日，最高人民法院正式公布实施《关于进一步加强民事送达工作的若干意见》（法发〔2017〕19号，以下简称《若干意见》）。为方便人民法院及社会各界正确理解和适用《若干意见》，现就其制定背景和相关重要问题介绍如下。

一、《若干意见》制定的背景

送达，是将诉讼文书送交给诉讼当事人或其他诉讼参与人的诉讼行为。它是人民法院审理民事案件必须遵守的基本程序规程，也是诉讼程序有序进行、实现诉讼程序预期目的的保障。近年来，随着我国社会经济的发展，因人口流动性增强、企业注册登记行为不规范等引发的送达难问题凸显，规避、抗拒以及通过制造送达困难拖延诉讼的情形日益突出，送达问题已经成为制约民事审判效率提升的瓶颈之一。为此，最高人民法院将“推动建立当事人确认送达地址并承担相应法律后果的约束机制，探索推广信息化条件下的电子送达方式，提高送达效率”作为“四五改革纲要”的改革课题，积极研究破解送达难的有效方法。在充分调研、广泛征求意见的基础上，出台了《若干意见》。

《若干意见》以提高送达效率和质量、防止当事人恶意规避送达为目标，以落实当事人送达地址确认制度为核心，在严循法律的基础上，对电子送达及送达凭证保全的方式、方法作出进一步规定。

二、《若干意见》中的几个主要问题

（一）关于送达地址的确认

送达地址确认是人民法院以当事人申报确定的地址为诉讼文书送达地址的制度。该制度在《最高人民法院关于以法院专递方式邮寄送达民事诉讼文书的若干规定》（以下简称《若干规定》）中予以确立。本次发布实施的《若干意见》在《若干规定》的基础上，对送达地址确认的时间、内容、效力范围以及当事人拒绝提供送达地址等情形的处理作出进一步操作性规定。

1. 送达地址确认的时间

根据《若干意见》第五条规定，人民法院在登记立案阶段，应当首先要求提起诉讼的当事人确认送达地址。审判实践中，因经常发生原告随着诉讼程序的推进意识到可能败诉时，躲避、规避裁判文书送达，迫使人民法院不得不进行公告送达，严重影响民事诉讼的正常秩序。因此，人民法院应当在第一次直接接触当事人时要求当事人确认送达地址，以保障后续诉讼活动的顺利进行。

2. 送达地址确认书的内容

根据《若干意见》第一至四条规定，当事人确认的送达地址、人民法院的告知事项、送达地址确认书的适用范围等都是送达地址确认书的构成要素。其中，当事人申报确认的送达地址是其核心和基础。实践中，对于当事人委托诉讼代理人进行诉讼而本人并不到场的，诉讼代理人能否确认送达地址的问题曾存在争议。我们认为，接收诉讼文书是诉讼代理人当然的代理事项，亦不属于民事诉讼法规定的需要特别授权的情形。因此，除授权委托书中明确排除外，诉讼代理人所确认的送达地址视为当事人的送达地址。

3. 送达地址确认书的效力范围

《若干意见》第六条规定，当事人在送达地址确认书中确认的送达地址，适用于第一审程序、第二审程序和执行程序。《若干意见》出台后，有人对于该条规定与《最高人民法院关于适用〈中华人民共和国民事诉讼法〉的解释》（以下简称《民事诉讼法司法解释》）第一百三十七条“当事人在提起上诉、申请再审、申请执行时未书面变更送达地址的，其在第一审程序中确认的送达地址可以作为第二审程序、审判监督程序、执行程序的送达地址”的规定是否存在矛盾提出疑问。我们认为，《民事诉讼法司法解释》第一百三十七条规定针对的是提起上诉、申请再审和申请执行的一方当事人，即发动程序的一方，由于其在发动程序时有充分机会书面变更送达地址，故其未提出书面变更请求的，以其一审程序中确认的地址为送达地址并不损害其诉讼权利。而《若干意见》第六条的规定针对的是诉讼双方当事人，由于审判监督程序并非通常诉讼程序，且程序启动的事由和原因比较复杂，在通常诉讼程序终结后，如果送达地址确认书仍然在审判监督程序适用于双方当事人，则很有可能损害被动一方的诉讼权利。故在《若干意见》中并未规定送达地址确认书适用于审判监督程序。就执行程序而言，由于其本身是生效判决胜诉方实现权利的通常方式，当事人对执行程序的启动存在合理预期，且程序启动事由相对简单，故送达地址确认书适用于执行程序不会产生损害当事人诉讼权利问题。

4. 对躲避、规避送达的处理

审判实践中，当事人拒不提供送达地址或者以拒绝应诉、拒接电话、躲避送达人员等方式躲避、规避送达的情形比较突出。在当事人送达地址不明确时，有必要通过合理方式确定与当事人联系最为密切的地址进行送达，以使其知悉相应的诉讼事项。为此，《若干意见》第八条对此种情况下如何确定当事人送达地址作出顺位上的规定。对于当事人在与本案有关的民事活动中明确约定了送达地址的，以该地址作为送达地址，符合当事人的约定，也最有可能为当事人实际知悉。因此，当事人在合同、往来函件中约定的送达地址为送达地址不明确时第一顺位选择。审判实践中，有的当事人虽然拒不提供送达地址或者在意识到诉讼结果对其不利时躲避、规避送达，但曾经在诉讼中向人民法院提供过书面诉讼材料，其上载明的当事人自己的地址可以视为其认可的地址。在当事人对于送达地址无约定的情况下，可以作为送达地址。在不存在前两种情形时，可以通过关联案件检索确定当事人送达地址。一些当事人可能牵涉系列诉讼、仲裁案件，其在作为消极当事人时可能采取躲避、规避送达等方式拖延诉讼进程，但在其他诉讼、仲裁中特别是作为积极当事人时往往会采取积极方式推动诉讼程序进行，也因此会有明确的送达地址。这种情况下，通过信息化系统进行查询，能够有效确定相应的数据信息。《若干意见》规定以一年内其他诉讼、仲裁案件中提供的地址为送达地址，具有合理性、现实性，也兼顾了实际效果。在没有以上三种情形时，如果能够查询到当事人一年内从事民事活动时经常使用的地址的，可以以该地址为送达地址。比较典型的是网络购物活动中的收货地址，如果当事人经常使用，可以作为人民法院的送达地址。

依第八条规定仍然不能确定送达地址的，根据《若干意见》第九条的规定，自然人以其户籍登记中的住所地或者经常居住地登记的地址为送达地址；法人或者其他组织以其工商登记或者其他依法登记、备案的住所地为送达地址。该条规定与《若干规定》第五条的内容基本一致，只是在经常居住地的确定上更为具体，即通过登记识别经常居住地的具体地址。

（二）关于电子送达

电子送达是2012年民事诉讼法修改时增加规定的一种送达方式。对于这种新的送达方式如何适用，需要人民法院在审判实践中进行探索。《若干意见》鼓励各地法院进行积极探索。有条件的法院可以建立专门的电子送达平台，或以诉讼服务平台为依托进行电子送达，或者采取与大型门户网站、通信运营商合作的方式，通过专门的电子邮箱、特定的通信号码、信息公众号等方式进行送达。就电子送达凭证的保全而言，无论采用传真、电子邮件还是短信、微信等方式送达，均需要记录发送端和接收端的基本信息、发送时间、送达诉讼文书名称，并打印传真发送确认单、电子邮件发送成功网页，短信、微信等送达内容照片，存卷备查。

需要强调的是，适用电子送达需严格遵守民事诉讼法规定的条件和范围。根据民事诉讼法第八十七条的规定，电子送达的适用以经受送达人同意为条件，以判决书、裁定书、调解书之外的诉讼文书为适用范围，以能够确认受送达人收悉为送达方式的基本要求。对于电子送达的探索应当严守法律的规定。

（撰稿人：程新文　宋春雨　胡　越）

五、调解和仲裁

司法部　中央综治办　最高人民法院　民政部
关于推进行业性专业性人民调解工作的指导意见

2016年1月5日　　　　司发通〔2016〕1号

为深入贯彻落实党的十八大和十八届三中、四中、五中全会精神，及时有效预防化解行业、专业领域矛盾纠纷，充分发挥人民调解在矛盾纠纷多元化解机制中的基础性作用，维护社会和谐稳定，现就推进行业性、专业性人民调解工作提出如下意见。

一、充分认识推进行业性、专业性人民调解工作的重要意义

推进行业性、专业性人民调解工作，是适应经济社会发展、化解新型矛盾纠纷的迫切需要，是维护群众合法权益、促进社会公平正义的必然要求，是创新社会治理、完善矛盾纠纷多元化解机制的重要内容。近年来，在党中央、国务院的正确领导和各级党委、政府的大力支持下，各地围绕中心、服务大局，积极推进行业性、专业性人民调解工作，化解了大量矛盾纠纷，取得了明显成效。实践证明，开展行业性、专业性人民调解工作，是新时期人民调解工作的创新发展，是人民调解制度的丰富完善。当前，我国经济发展进入新常态，改革进入攻坚期和深水区，社会结构深刻变动，利益关系深刻调整，各种矛盾凸显叠加，特别是一些行业、专业领域矛盾纠纷易发多发，这类矛盾纠纷行业特征明显，专业性强，涉及主体多，影响面大，必须及时有效化解。党的十八届四中全会从全面推进依法治国的高度，对完善矛盾纠纷多元化解机制，加强行业性、专业性人民调解工作作出部署，对新时期人民调解工作提出了新的更高要求。贯彻落实党的十八届四中全会精神，大力加强行业性、专业性人民调解工作，依法及时化解行业、专业领域矛盾纠纷，对于维护相关行业、专业领域正常工作秩序，维护社会和谐稳定，保障公平正义，促进经济社会发展具有重要意义。

二、推进行业性、专业性人民调解工作的总体要求

加强行业性、专业性人民调解工作要认真贯彻落实党的十八大和十八届三中、四中、五中全会精神，以邓小平理论、“三个代表”重要思想和科学发展观为指导，深入贯彻落实习近平总书记系列重要讲话精神，按照协调推进“四

个全面”战略布局的要求，全面贯彻落实人民调解法，进一步加强行业性、专业性人民调解组织队伍建设，健全部门间协调配合机制，完善工作制度，提升保障能力，有效预防化解矛盾纠纷，切实维护社会和谐稳定。

推进行业性、专业性人民调解工作必须遵循以下原则：

——坚持党委领导，政府主导，司法行政机关指导，相关部门密切配合，共同推进行业性、专业性人民调解工作。

——坚持以人为本，始终把维护双方当事人合法权益作为人民调解工作的出发点和落脚点，根据当事人需求，提供便捷服务，维护双方合法权益。

——坚持实事求是，因地制宜，不搞一刀切，从化解矛盾纠纷的实际需要出发，积极推动设立行业性、专业性人民调解组织。

——坚持尊重科学，根据矛盾纠纷的行业、专业特点和规律，运用专业知识，借助专业力量，提高调解的权威性和公信力。

——坚持工作创新，充分发挥人民调解工作优势，大力推进工作理念、制度机制和方式方法创新，努力实现人民调解工作创新发展。

三、进一步加强行业性、专业性人民调解组织建设

行业性、专业性人民调解组织是在司法行政机关指导下，依法设立的调解特定行业、专业领域矛盾纠纷的群众性组织。加强行业性、专业性人民调解组织建设，必须遵守人民调解法的各项规定，坚持人民调解的基本属性，发挥人民调解的特点和优势。司法行政机关要加强与有关行业主管部门协调配合，根据相关行业、专业领域矛盾纠纷情况和特点，指导人民调解协会、相关行业协会等社会团体和其他组织，设立行业性、专业性人民调解委员会或依托现有的人民调解委员会设立人民调解工作室。要围绕党委、政府中心工作和广大群众关注的热点、难点问题，总结借鉴医疗卫生、道路交通、劳动关系、家事关系等领域人民调解工作的经验，积极推动相关行业、专业领域人民调解组织建设。对于本地相关行业、专业领域需要设立人民调解组织的，要主动向党委、政府汇报，与有关部门沟通协调，及时推动设立。已设立行业性、专业性人民调解组织的，要进一步巩固提高，依法规范人民调解委员会的组成、人民调解员选聘等，健全各项工作制度，强化学习培训，提高工作能力，有效化解矛盾纠纷。对尚未设立行业性、专业性人民调解组织的，现有人民调解委员会应将辖区内行业性、专业性矛盾纠纷纳入调解范围。行业性、专业性人民调解组织要以方便群众调解为目的选择办公地点和办公场所，办公场所应悬挂统一的人民调解组织标牌和标识，公开人民调解制度及调委会组成人员，方便群众调解纠纷。行业性、专业性人民调解组织应当自设立或变更之日起三十日内，将组织名称、人员组成、工作地址、联系方式等情况报所在地县级司法行政机关，

县级司法行政机关应及时通报所在地综治组织和基层人民法院。

四、大力加强行业性、专业性人民调解员队伍建设

司法行政机关要积极协调相关行业主管部门，指导设立单位做好人民调解员的选聘、培训和考核管理等工作。行业性、专业性人民调解委员会的调解员由设立单位或人民调解委员会聘任。要充分利用社会资源，根据矛盾纠纷的行业、专业特点，选聘具有相关行业、专业背景和法学、心理学、社会工作等专业知识的人员担任专职人民调解员，聘请教学科研单位专家学者、行政事业单位专业技术人员作为兼职人民调解员参与调解，建设一支适应化解行业性、专业性矛盾纠纷需要，专兼结合、优势互补、结构合理的人民调解员队伍。每个行业性、专业性人民调解委员会一般应配备 3 名以上专职人民调解员，人民调解工作室应配备 1 名以上专职人民调解员。行业性、专业性人民调解委员会主任一般由专职人民调解员担任。要加强专家库建设，根据化解矛盾纠纷需要，聘请法学、心理学、社会工作和相关行业、专业领域专家学者组建人民调解专家库，为人民调解组织化解矛盾纠纷提供专业咨询，专家咨询意见可以作为调解的参考依据。要加大培训力度，通过举办培训班、现场观摩、案例研讨等形式，加强政策法规、业务知识、调解技能培训，切实提高人民调解员队伍的素质和能力。新任人民调解员须经司法行政机关培训合格后上岗。要加强考核工作，及时了解掌握人民调解员的工作情况，对不称职的人民调解员应及时调整或解聘。要按照《关于加强社会工作专业人才队伍建设的意见》（中组发〔2011〕25 号）要求，把人民调解员纳入社会工作专业人才培养、职业水平评价体系，积极探索人民调解员专业化、职业化发展的途径。

五、大力加强行业性、专业性人民调解工作制度化、规范化建设

司法行政机关要会同相关部门指导行业性、专业性人民调解委员会建立健全纠纷受理、调解、履行、回访等工作制度，使调解工作各个环节都有章可循；建立健全矛盾纠纷分析研判制度，定期对矛盾纠纷进行分析研判，把握趋势、掌握规律；建立健全信息反馈制度，根据矛盾纠纷调解情况，分析行业、专业领域矛盾纠纷发生原因，提出对策建议，并及时向有关行业主管部门和单位反馈。相关部门和单位要建立健全告知引导制度，对适宜通过人民调解方式化解的矛盾纠纷，应当告知人民调解的特点和优势，引导当事人优先选择人民调解；建立健全矛盾纠纷移交委托等衔接工作制度，明确移交委托范围，规范移交委托程序，健全完善人民调解与行政调解、司法调解联动工作机制。要加强规范化建设，依法规范行业性、专业性人民调解委员会设立及人员组成，规范人民调解员选聘、培训、考核，规范人民调解委员会名称、标牌、标识，规

范文书和卷宗制作，规范人民调解统计报送等，不断提高行业性、专业性人民调解工作制度化、规范化水平。

六、进一步提高工作保障能力和水平

按照人民调解法的规定，设立行业性、专业性人民调解委员会的单位应为人民调解委员会开展工作提供办公场所、办公设施和必要的工作经费。要按照《财政部、司法部关于进一步加强人民调解工作经费保障的意见》（财行〔2007〕179号）要求，切实落实行业性、专业性人民调解工作指导经费、人民调解委员会补助经费、人民调解员补贴经费，并建立动态增长机制。要按照《财政部、民政部、工商总局关于印发政府购买服务管理办法（暂行）的通知》（财综〔2014〕96号）要求，把人民调解作为社会管理性服务内容纳入政府购买服务指导性目录，并按照规定的购买方式和程序积极组织实施，提高行业性、专业性人民调解工作经费保障水平。鼓励社会各界通过社会捐赠、公益赞助等方式，为行业性、专业性人民调解工作提供经费支持。

七、全力化解行业、专业领域矛盾纠纷

要及时受理矛盾纠纷，人民调解委员会对排查出来的矛盾纠纷，应及时引导双方当事人通过人民调解方式解决；对当事人申请调解的矛盾纠纷，应认真听取当事人诉求，根据矛盾纠纷的不同情况，采取相应的措施予以解决；对有关单位移交委托调解的矛盾纠纷，属于人民调解范围的，人民调解委员会应当及时受理；不属于人民调解范围的，应向当事人说明情况，并向委托单位反馈。要善于运用法治思维和法治方式化解纠纷，对合法诉求，应依法予以支持；对不合法、不合理的诉求，要做好疏导工作，引导当事人放弃于法无据、于理不符的要求，说服当事人在平等协商、互谅互让的基础上自愿达成调解协议，做到案结事了。对调解不成的，要告知当事人通过仲裁、行政裁决、诉讼等合法渠道解决。对涉及人员多、影响面广，可能引发治安案件或刑事案件的纠纷，要及时向当地公安机关、行业主管部门报告，并配合做好疏导化解工作。要善于运用专业知识调解，注重发挥相关行业、专业领域专家学者的专业优势，根据调解纠纷的需要邀请相关专家参与调解工作；对复杂疑难案件应充分听取专家咨询意见，必要时可委托具有资质的鉴定机构进行鉴定，确保矛盾纠纷得到科学公正处理。要善于运用法、理、情相结合的方式开展调解工作，既讲法律政策、也重情理疏导，既解法结、又解心结，不断提高调解成功率、协议履行率和人民群众满意度。

八、切实加强组织领导

各级司法行政机关、综治组织、人民法院、民政和相关行业主管部门要高

度重视行业性、专业性人民调解工作，积极争取将其纳入党委政府提升社会治理能力、深入推进平安建设、法治建设的总体部署，为行业性、专业性人民调解工作顺利开展提供政策保障。要坚持问题导向，加强调查研究，定期沟通行业性、专业性人民调解工作情况，认真总结行业性、专业性人民调解工作的经验做法，及时解决工作中存在的困难和问题。要广泛宣传行业性、专业性人民调解工作典型经验做法、人民调解特点优势、工作成效等，大力表彰工作中涌现出的先进集体和先进个人，进一步扩大人民调解工作的社会影响，引导更多的纠纷当事人选择人民调解方式解决矛盾纠纷。司法行政机关要切实履行指导人民调解组织设立、人民调解员选任培训等法定职责，认真研究新形势下加强和改进行业性、专业性人民调解工作的方法和措施，大力加强行业性、专业性人民调解工作制度化、规范化建设，及时了解掌握人民调解员需要救助和抚恤的情况，对符合相关条件的，协调落实生活救助或抚恤优待政策。综治组织要将行业性、专业性人民调解纳入综治工作（平安建设）考核评价体系。民政部门要鼓励引导行业协会商会等社会团体和其他社会组织设立行业性、专业性人民调解组织，支持把行业性、专业性人民调解纳入政府购买服务规划。人民法院要通过选任人民调解员担任人民陪审员、邀请人民调解员旁听民事案件审理等形式，对人民调解工作进行业务指导；要及时开展人民调解协议司法确认工作，并将司法确认情况告知人民调解委员会和同级司法行政机关。

最高人民法院
关于人民法院进一步深化多元化纠纷解决机制改革的意见

2016 年 6 月 28 日　　　　法发〔2016〕14 号

深入推进多元化纠纷解决机制改革，是人民法院深化司法改革、实现司法为民公正司法的重要举措，是实现国家治理体系和治理能力现代化的重要内容，是促进社会公平正义、维护社会和谐稳定的必然要求。为贯彻落实《中共中央关于全面推进依法治国若干重大问题的决定》以及中共中央办公厅、国务院办公厅《关于完善矛盾纠纷多元化解机制的意见》，现就人民法院进一步深化多元化纠纷解决机制改革、完善诉讼与非诉讼相衔接的纠纷解决机制提出如下意见。

一、指导思想、主要目标和基本原则

1. 指导思想。全面贯彻党的十八大和十八届三中、四中、五中全会精神，以邓小平理论、“三个代表”重要思想、科学发展观为指导，深入贯彻习近平总书记系列重要讲话精神，紧紧围绕协调推进“四个全面”战略布局和五大发展理念，主动适应经济发展新常态，以体制机制创新为动力，有效化解各类纠纷，不断满足人民群众多元司法需求，实现人民安居乐业、社会安定有序。

2. 主要目标。根据“国家制定发展战略、司法发挥引领作用、推动国家立法进程”的工作思路，建设功能完备、形式多样、运行规范的诉调对接平台，畅通纠纷解决渠道，引导当事人选择适当的纠纷解决方式；合理配置纠纷解决的社会资源，完善和解、调解、仲裁、公证、行政裁决、行政复议与诉讼有机衔接、相互协调的多元化纠纷解决机制；充分发挥司法在多元化纠纷解决机制建设中的引领、推动和保障作用，为促进经济社会持续健康发展、全面建成小康社会提供有力的司法保障。

3. 基本原则。

——坚持党政主导、综治协调、多元共治，构建各方面力量共同参与纠纷解决的工作格局。

——坚持司法引导、诉调对接、社会协同，形成社会多层次多领域齐抓共管的解纷合力。

——坚持优化资源、完善制度、法治保障，提升社会组织解决纠纷的法律效果。

——坚持以人为本、自愿合法、便民利民，建立高效便捷的诉讼服务和纠纷解决机制。

——坚持立足国情、合理借鉴、改革创新，完善具有中国特色的多元化纠纷解决体系。

二、加强平台建设

4. 完善平台设置。各级人民法院要将诉调对接平台建设与诉讼服务中心建设结合起来，建立集诉讼服务、立案登记、诉调对接、涉诉信访等多项功能为一体的综合服务平台。人民法院应当配备专门人员从事诉调对接工作，建立诉调对接长效工作机制，根据辖区受理案件的类型，引入相关调解、仲裁、公证等机构或者组织在诉讼服务中心等部门设立调解工作室、服务窗口，也可以在纠纷多发领域以及基层乡镇（街道）、村（社区）等派驻人员指导诉调对接工作。

5. 明确平台职责。人民法院诉调对接平台负责以下工作：对诉至法院的纠纷进行适当分流，对适宜调解的纠纷引导当事人选择非诉讼方式解决；开展委派调解、委托调解；办理司法确认案件；负责特邀调解组织、特邀调解员名册管理；加强对调解工作的指导，推动诉讼与非诉讼纠纷解决方式在程序安排、效力确认、法律指导等方面的有机衔接，健全人民调解、行政调解、商事调解、行业调解、司法调解等的联动工作体系。

6. 完善与综治组织的对接。人民法院可以依托社会治安综合治理平台，建立矛盾纠纷排查化解对接机制；对群体性纠纷、重大案件及时进行通报反馈和应急处理，建立定期或不定期的联席会议制度，形成信息互通、优势互补、协作配合的纠纷解决互动机制。

7. 加强与行政机关的对接。人民法院要加强与行政机关的沟通协调，促进诉讼与行政调解、行政复议、行政裁决等机制的对接。支持行政机关根据当事人申请或者依职权进行调解、裁决，或者依法作出其他处理。在治安管理、社会保障、交通事故赔偿、医疗卫生、消费者权益保护、物业管理、环境污染、知识产权、证券期货等重点领域，支持行政机关或者行政调解组织依法开展行政和解、行政调解工作。

8. 加强与人民调解组织的对接。不断完善对人民调解工作的指导，推进人民调解组织的制度化、规范化建设，进一步扩大人民调解组织协助人民法院解决纠纷的范围和规模。支持在纠纷易发多发领域创新发展行业性、专业性人民调解组织，建立健全覆盖城乡的调解组织网络，发挥人民调解组织及时就地解决民间纠纷、化解基层矛盾、维护基层稳定的基础性作用。

9. 加强与商事调解组织、行业调解组织的对接。积极推动具备条件的商会、行业协会、调解协会、民办非企业单位、商事仲裁机构等设立商事调解组织、行业调解组织，在投资、金融、证券期货、保险、房地产、工程承包、技术转让、环境保护、电子商务、知识产权、国际贸易等领域提供商事调解服务或者行业调解服务。完善调解规则和对接程序，发挥商事调解组织、行业调解组织专业化、职业化优势。

10. 加强与仲裁机构的对接。积极支持仲裁制度改革，加强与商事仲裁机构、劳动人事争议仲裁机构、农村土地承包仲裁机构等的沟通联系。尊重商事仲裁规律和仲裁规则，及时办理仲裁机构的保全申请，依照法律规定处理撤销和不予执行仲裁裁决案件，规范涉外和外国商事仲裁裁决司法审查程序。支持完善劳动人事争议仲裁办案制度，加强劳动人事争议仲裁与诉讼的有效衔接，探索建立裁审标准统一的新规则、新制度。加强对农村土地承包经营纠纷调解仲裁的支持和保障，实现涉农纠纷仲裁与诉讼的合理衔接，及时审查和执行农村土地承包仲裁机构作出的裁决书或者调解书。

11. 加强与公证机构的对接。支持公证机构对法律行为、事实和文书依法进行核实和证明，支持公证机构对当事人达成的债权债务合同以及具有给付内容的和解协议、调解协议办理债权文书公证，支持公证机构在送达、取证、保全、执行等环节提供公证法律服务，在家事、商事等领域开展公证活动或者调解服务。依法执行公证债权文书。

12. 支持工会、妇联、共青团、法学会等组织参与纠纷解决。支持工会、妇联、共青团参与解决劳动争议、婚姻家庭以及妇女儿童权益等纠纷。支持法学会动员组织广大法学工作者、法律工作者参与矛盾纠纷化解，开展法律咨询服务和调解工作。支持其他社团组织参与解决与其职能相关的纠纷。

13. 发挥其他社会力量的作用。充分发挥人大代表、政协委员、专家学者、律师、专业技术人员、基层组织负责人、社区工作者、网格管理员、“五老人员”（老党员、老干部、老教师、老知识分子、老政法干警）等参与纠纷解决的作用。支持心理咨询师、婚姻家庭指导师、注册会计师、大学生志愿者等为群众提供心理疏导、评估、鉴定、调解等服务。支持完善公益慈善类、城乡社区服务类社会组织建设，鼓励其参与纠纷解决。

14. 加强“一站式”纠纷解决平台建设。在道路交通、劳动争议、医疗卫生、物业管理、消费者权益保护、土地承包、环境保护以及其他纠纷多发领域，人民法院可以与行政机关、人民调解组织、行业调解组织等进行资源整合，推进建立“一站式”纠纷解决服务平台，切实减轻群众负担。

15. 创新在线纠纷解决方式。根据“互联网＋”战略要求，推广现代信息技术在多元化纠纷解决机制中的运用。推动建立在线调解、在线立案、在线司法确认、在线审判、电子督促程序、电子送达等为一体的信息平台，实现纠纷解决的案件预判、信息共享、资源整合、数据分析等功能，促进多元化纠纷解决机制的信息化发展。

16. 推动多元化纠纷解决机制的国际化发展。充分尊重中外当事人法律文化的多元性，支持其自愿选择调解、仲裁等非诉讼方式解决纠纷。进一步加强我国与其他国家和地区司法机构、仲裁机构、调解组织的交流和合作，提升我国纠纷解决机制的国际竞争力和公信力。发挥各种纠纷解决方式的优势，不断满足中外当事人纠纷解决的多元需求，为国家“一带一路”等重大战略的实施提供司法服务与保障。

三、健全制度建设

17. 健全特邀调解制度。人民法院可以吸纳人民调解、行政调解、商事调解、行业调解或者其他具有调解职能的组织作为特邀调解组织，吸纳人大代表、政协委员、人民陪审员、专家学者、律师、仲裁员、退休法律工作者等具备条件的个人担任特邀调解员。明确特邀调解组织或者特邀调解员的职责范围，制定特邀调解规定，完善特邀调解程序，健全名册管理制度，加强特邀调解队伍建设。

18. 建立法院专职调解员制度。人民法院可以在诉讼服务中心等部门配备专职调解员，由擅长调解的法官或者司法辅助人员担任，从事调解指导工作和登记立案后的委托调解工作。法官主持达成调解协议的，依法出具调解书；司法辅助人员主持达成调解协议的，应当经法官审查后依法出具调解书。

19. 推动律师调解制度建设。人民法院加强与司法行政部门、律师协会、律师事务所以及法律援助中心的沟通联系，吸纳律师加入人民法院特邀调解员名册，探索建立律师调解工作室，鼓励律师参与纠纷解决。支持律师加入各类调解组织担任调解员，或者在律师事务所设置律师调解员，充分发挥律师专业化、职业化优势。建立律师担任调解员的回避制度，担任调解员的律师不得担任同一案件的代理人。推动建立律师接受委托代理时告知当事人选择非诉讼方式解决纠纷的机制。

20. 完善刑事诉讼中的和解、调解制度。对于符合刑事诉讼法规定可以和解或者调解的公诉案件、自诉案件、刑事附带民事案件，人民法院应当与公安机关、检察机关建立刑事和解、刑事诉讼中的调解对接工作机制，可以邀请基层组织、特邀调解组织、特邀调解员，以及当事人所在单位或者同事、亲友等参与调解，促成双方当事人达成和解或者调解协议。

21. 促进完善行政调解、行政和解、行政裁决等制度。支持行政机关对行政赔偿、补偿以及行政机关行使法律法规规定的自由裁量权的案件开展行政调解工作，支持行政机关通过提供事实调查结果、专业鉴定或者法律意见，引导促使当事人协商和解，支持行政机关依法裁决同行政管理活动密切相关的民事纠纷。

22. 探索民商事纠纷中立评估机制。有条件的人民法院在医疗卫生、不动产、建筑工程、知识产权、环境保护等领域探索建立中立评估机制，聘请相关专业领域的专家担任中立评估员。对当事人提起的民商事纠纷，人民法院可以建议当事人选择中立评估员，协助出具评估报告，对判决结果进行预测，供当事人参考。当事人可以根据评估意见自行和解，或者由特邀调解员进行调解。

23. 探索无争议事实记载机制。调解程序终结时，当事人未达成调解协议的，调解员在征得各方当事人同意后，可以用书面形式记载调解过程中双方没有争议的事实，并由当事人签字确认。在诉讼程序中，除涉及国家利益、社会公共利益和他人合法权益的外，当事人无需对调解过程中已确认的无争议事实举证。

24. 探索无异议调解方案认可机制。经调解未能达成调解协议，但是对争议事实没有重大分歧的，调解员在征得各方当事人同意后，可以提出调解方案并书面送达双方当事人。当事人在七日内未提出书面异议的，调解方案即视为双方自愿达成的调解协议；提出书面异议的，视为调解不成立。当事人申请司法确认调解协议的，应当依照有关规定予以确认。

四、完善程序安排

25. 建立纠纷解决告知程序。人民法院应当在登记立案前对诉讼风险进行评估，告知并引导当事人选择适当的非诉讼方式解决纠纷，为当事人提供纠纷解决方法、心理咨询、诉讼常识等方面的释明和辅导。

26. 鼓励当事人先行协商和解。鼓励当事人就纠纷解决先行协商，达成和解协议。当事人双方均有律师代理的，鼓励律师引导当事人先行和解。特邀调解员、相关专家或者其他人员根据当事人的申请或委托参与协商，可以为纠纷解决提供辅助性的协调和帮助。

27. 探索建立调解前置程序。探索适用调解前置程序的纠纷范围和案件类型。有条件的基层人民法院对家事纠纷、相邻关系、小额债务、消费者权益保护、交通事故、医疗纠纷、物业管理等适宜调解的纠纷，在征求当事人意愿的基础上，引导当事人在登记立案前由特邀调解组织或者特邀调解员先行调解。

28. 健全委派、委托调解程序。对当事人起诉到人民法院的适宜调解的案件，登记立案前，人民法院可以委派特邀调解组织、特邀调解员进行调解。委派调解达成协议的，当事人可以依法申请司法确认。当事人明确拒绝调解的，人民法院应当依法登记立案。登记立案后或者在审理过程中，人民法院认为适宜调解的案件，经当事人同意，可以委托给特邀调解组织、特邀调解员或者由人民法院专职调解员进行调解。委托调解达成协议的，经法官审查后依法出具调解书。

29. 完善繁简分流机制。对调解不成的民商事案件实行繁简分流，通过简易程序、小额诉讼程序、督促程序以及速裁机制分流案件，实现简案快审、繁案精审。完善认罪认罚从宽制度，进一步探索刑事案件速裁程序改革，简化工作流程，构建普通程序、简易程序、速裁程序等相配套的多层次诉讼制度体系。按照行政诉讼法规定，完善行政案件繁简分流机制。

30. 推动调解与裁判适当分离。建立案件调解与裁判在人员和程序方面适当分离的机制。立案阶段从事调解的法官原则上不参与同一案件的裁判工作。在案件审理过程中，双方当事人仍有调解意愿的，从事裁判的法官可以进行调解。

31. 完善司法确认程序。经行政机关、人民调解组织、商事调解组织、行业调解组织或者其他具有调解职能的组织调解达成的具有民事合同性质的协议，当事人可以向调解组织所在地基层人民法院或者人民法庭依法申请确认其效力。登记立案前委派给特邀调解组织或者特邀调解员调解达成的协议，当事人申请司法确认的，由调解组织所在地或者委派调解的基层人民法院管辖。

32. 加强调解与督促程序的衔接。以金钱或者有价证券给付为内容的和解协议、调解协议，债权人依据民事诉讼法及其司法解释的规定，向有管辖权的基层人民法院申请支付令的，人民法院应当依法发出支付令。债务人未在法定期限内提出书面异议且逾期不履行支付令的，人民法院可以强制执行。

五、加强工作保障

33. 加强组织领导。各级人民法院要进一步加强对诉调对接工作的组织领导，建立整体协调、分工明确、各负其责的工作机制。要主动争取党委、人大、政府的支持，推动出台多元化纠纷解决机制建设的地方配套文件，促进构建科学、系统的多元化纠纷解决体系。

34. 加强指导监督。上级人民法院要切实加强对下级人民法院的指导监督，及时总结多元化纠纷解决机制改革可复制可推广的经验。高级人民法院要明确专门机构，制定落实方案，掌握工作情况，积极开展本辖区多元化纠纷解决机制改革示范法院的评选工作。中级人民法院要加强对辖区基层人民法院的指导监督，促进多元化纠纷解决机制改革不断取得实效。

35. 完善管理机制。建立诉调对接案件管理制度，将委派调解、委托调解、专职调解和司法确认等内容纳入案件管理系统和司法统计系统。完善特邀调解组织、特邀调解员、法院专职调解员的管理制度，建立奖惩机制。

36. 加强调解人员培训。完善特邀调解员、专职调解员的培训机制，配合有关部门推动建立专业化、职业化调解员资质认证制度，加强职业道德建设，共同完善调解员职业水平评价体系。

37. 加强经费保障。各级人民法院要主动争取党委和政府的支持，将纠纷解决经费纳入财政专项预算，积极探索以购买服务等方式将纠纷解决委托给社会力量承担。支持商事调解组织、行业调解组织、律师事务所等按照市场化运作，根据当事人的需求提供纠纷解决服务并适当收取费用。

38. 发挥诉讼费用杠杆作用。当事人自行和解而申请撤诉的，免交案件受理费。当事人接受法院委托调解的，人民法院可以适当减免诉讼费用。一方当事人无正当理由不参与调解或者不履行调解协议、故意拖延诉讼的，人民法院可以酌情增加其诉讼费用的负担部分。

39. 加强宣传工作和理论研究。各级人民法院要大力宣传多元化纠纷解决机制的优势，鼓励和引导当事人优先选择成本较低、对抗性较弱、利于修复关系的非诉讼方式解决纠纷。树立“国家主导、司法推动、社会参与、多元并举、法治保障”现代纠纷解决理念，营造诚信友善、理性平和、文明和谐、创新发展的社会氛围。加强与政法院校、科研机构等单位的交流与合作，积极推动研究成果的转化，充分发挥多元化纠纷解决理论对司法实践的指导作用。借鉴域外经验，深入研究人民法院在多元化纠纷解决机制中的职能作用。

40. 推动立法进程。人民法院及时总结各地多元化纠纷解决机制改革的成功经验，积极支持本辖区因地制宜出台相关地方性法规、地方政府规章，从而推动国家层面相关法律的立法进程，将改革实践成果制度化、法律化，促进多元化纠纷解决机制改革在法治轨道上健康发展。

【解　　读】

深化多元化纠纷解决机制改革的战略安排和创新举措

——解读《关于人民法院进一步深化多元化纠纷解决机制改革的意见》

2016 年 6 月 28 日，最高人民法院发布《最高人民法院关于人民法院进一步深化多元化纠纷解决机制改革的意见》（以下简称《意见》)。《意见》作为今后一个时期指导全国法院开展多元化纠纷解决机制改革工作的纲领性文件，不仅是人民法院深化司法改革，实现司法为民公正司法的重要举措，而且是实现国家治理体系和治理能力现代化的重要内容，适应了全面依法治国新时期解决各类纠纷的现实需要，对构建具有中国特色的多元化纠纷解决体系具有里程碑式的意义。

一、《意见》起草的背景及思路

党的十八届四中全会《关于全面推进依法治国若干重大问题的决定》明确要求："健全社会矛盾纠纷预防化解机制，完善调解、仲裁、行政裁决、行政复议、诉讼等有机衔接、相互协调的多元化纠纷解决机制。" 2015 年 10 月 13 日中央全面深化改革领导小组第十七次会议审议通过了《关于完善矛盾纠纷多元化解机制的意见》，并于同年 12 月 6 日由中共中央办公厅、国务院办公厅联合印发。

为了贯彻落实中央改革部署，最高人民法院司改办从 2015 年 1 月开始起草制定《最高人民法院关于人民法院进一步深化多元化纠纷解决机制改革的意见》和《最高人民法院关于人民法院特邀调解的规定》（以下简称《意见》和《规定》)。2015 年 4 月 9 日在全国法院多元化纠纷解决机制改革工作推进会（以下简称"眉山会议"）上，向法院系统以及中央各有关部门征求了意见和建议。在《关于完善矛盾纠纷多元化解机制的意见》下发后，司改办对《意见》和《规定》做了大幅度的修改。2016 年上半年，司改办多次展开调研座谈会和专家论证会，广泛征求了中央有关部委、法院系统、调解组织、仲裁机构以及专家学者的意见，吸纳各方有益建议。2016 年 5 月 17 日，《意见》经最高人民法院党组第 21 次会议审议通过，于 6 月 28 日正式发布实施。《规定》于 5 月 23 日由最高人民法院审判委员会第 1684 次会议通过，自 2016 年 7 月 1 日起施行。

《意见》起草调研历时一年多时间，起草中主要遵循以下几点思路：一是按照国家治理体系和治理能力现代化的战略部署，贯彻落实十八届四中全会关于完善多元化纠纷解决机制建设的改革任务和《关于完善矛盾纠纷多元化解机制的意见》的要求，结合法院工作实际，对人民法院进一步深化多元化纠纷解决机制改革进行顶层设计。二是坚持"国家主导、司法推动、社会参与、多元并举、法治保障"现代纠纷解决理念，发挥各类纠纷解决资源的优势，形成社会多层次多领域齐抓共管的合力，满足人民群众多元的纠纷解决需求。三是明确人民法院在多元化纠纷解决机制建设中的职能定位，充分发挥司法的引领、推动和保障作用，完善和创新诉调对接的制度建设和程序安排，建立健全诉讼与非诉讼有效衔接、相互配合的多元化纠纷解决机制。四是坚持继承传统与改革创新相结合。《意见》在继承和发扬我国调解制度的优良传统的基础上，充分总结近年来各级人民法院开展多元化纠纷解决机制改革的成功经验，吸收借鉴 2009 年《关于建立健全诉讼与非诉讼相衔接的矛盾纠纷解决机制的若干意见》，2012 年《关于扩大诉讼与非诉讼相衔接的矛盾纠纷解决机制试点总体方案》以及 2014 年多元化纠纷解决机制改革示范法院的改革成果，坚持问题导向，提出适应纠纷解决机制发展的新举措，体现出一定的前瞻性和创新性。

《意见》全文分为五个部分、四十个条文，涉及深化多元化纠纷解决机制的指导思想、主要目标和基本原则，完善诉调对接平台建设，健全诉调对接制度，创新诉调对接程序，以及加强多元化纠纷解决机制发展的保障等内容。《意见》涉及了多元化纠纷解决机制的抽象层面和具体层面、宏观层面和微观层面、决策层面和操作层面、确定性层面和探索性层面等方方面面，这些亮点内容成为构筑和打造国家多元化纠纷解决机制法治化框架的重点、要点和关键点。①

二、深化多元化纠纷解决机制改革的战略安排

多元化纠纷解决机制改革是最高人民法院一直高度重视的改革项目。2004

① 汤维建：《多元化纠纷解决机制改革的时代意义及其要点》，载《人民法院报》2016 年 6 月 30 日。

年，“人民法院二五改革纲要”首次提出建立健全多元化纠纷解决机制，2008年该改革项目纳入中央司法改革的整体部署，由最高人民法院牵头。最高人民法院按照中央批准的“法院做好诉调对接、中央出台相关政策、改革成果转化为立法”的改革部署，先后组织了两批试点。2009年最高人民法院出台了《关于建立健全诉讼与非诉讼相衔接的矛盾纠纷解决机制的若干意见》。2015年4月9日，周强院长在“眉山会议”上提出了“国家制定发展战略、司法发挥引领作用、推动国家立法进程”的“三步走”战略，在推进国家治理体系和治理能力现代化建设的战略高度描绘了多元化纠纷解决机制改革的发展蓝图。《意见》将“三步走”战略明确为多元化纠纷解决机制建设的总体工作思路。

（一）第一步：“国家制定发展战略”

党的十八届四中全会对推进多元化纠纷解决机制改革作出重要部署，明确要求“健全社会矛盾纠纷预防化解机制，完善调解、仲裁、行政裁决、行政复议、诉讼等有机衔接、相互协调的多元化纠纷解决机制。”多元化纠纷解决机制的发展，将按照社会治理的基本规律，把纠纷解决从普通的社会管理中分离出来，突显其自身的客观规律，发挥其在“社会治理体系”中不可替代的作用，与治理体系中的其他要素共同形成一个功能齐全、优势互补、疏而不漏的国家治理体系。2015年10月13日中央全面深化改革领导小组第十七次会议审议通过的《关于完善矛盾纠纷多元化解机制的意见》明确了当前完善矛盾纠纷多元化解机制的指导思想和基本原则，健全工作格局，促进各类非诉讼矛盾纠纷解决方式健康发展，推进制度建设、搭建化解平台，强化工作保障等内容，它标志着我国矛盾纠纷多元化解机制进入一个自上而下、系统推进的新阶段。

（二）第二步：“司法发挥引领作用”

《关于完善矛盾纠纷多元化解机制的意见》对人民法院在多元化纠纷解决机制改革中的功能和作用给予了准确的定位，即“人民法院要发挥司法在矛盾纠纷多元化解机制中的引领、推动和保障作用，建立健全诉讼与非诉讼相衔接的矛盾纠纷解决机制。”《意见》全文充分体现了这三个作用。第一，“引领”作用意味着人民法院要主动与诉讼外的纠纷解决机制建立对接关系。人民法院派员进驻各种调解站和联系点，指导这些纠纷解决机制发挥作用；调解组织进驻法院设立的调解室，处理法院立案前委派调解和立案后委托调解的案件；通过司法确认的强制力、法官的司法经验、司法能力等优势激活其他解纷资源，指导其他纠纷解决机制的发展壮大。第二，“推动”作用主要体现在法院与其他非诉纠纷解决机制的关系方面。法院在每年处理数以千万计案件的同时，加强与综治组织、行政机关、各类调解组织、仲裁机构、公证机构以及工青妇、法学会等社团组织和其他社会力量的对接，通过诉调对接、效力确认、人才培养、参与立法等途径，让更多的矛盾纠纷通过规范、中立的非诉讼纠纷解决渠道化解。第三，“保障”作用主要体现在对非诉讼纠纷解决方式提供全方位、立体式的保障。包括对调解协议的法律效力确认，对特邀调解组织建设的完善，对特邀调解员行为规范的约束，更有对特邀调解员的技能培训和能力提高等。

（三）第三步：“推动国家立法进程”

周强院长在“眉山会议”上的重要讲话，从依法治国新要求、社会治理新高度、人民群众新需求、司法资源新配置、国际接轨新视野等五个方面，指明了新时期推进多元化纠纷解决机制改革的基本目标和方向。多元化纠纷解决机制改革实施十年来，已经在改革成果立法转化方面取得显著成效。这不仅体现在《人民调解法》赋予调解协议“法律效力”和修正后《民事诉讼法》特别程序中新增加的调解协议司法确认程序，更为重要地体现在当前推进多元化纠纷解决机制的单项立法或综合性立法的立法进程中。2015 年 4 月 1 日厦门市人大常委会通过的《厦门经济特区多元化纠纷解决机制促进条例》就是很好的例证。下一步，最高人民法院要继续鼓励和支持有立法权的地方积极借鉴厦门市的地方立法经验，努力争取更多的地方把多元化纠纷解决机制建设纳入地方立法规划。《意见》要求人民法院及时总结各地多元化纠纷解决机制改革的成功经验，积极支持本辖区因地制宜出台相关地方性法规或规章，推动实现改革成果的法律化。最高人民法院在条件成熟的情况下，将积极向全国人大常委会提出立法建议，推动国家多元化纠纷解决机制的立法进程。

三、深化多元化纠纷解决机制改革的创新举措

“十年磨一剑。”十年来中国的多元化纠纷解决机制改革完成了两个重要的跨越：一是从部分法院与调解等非诉机制对接探索，升级为全国范围内受到各界普遍认可的制度体系；二是从法院缓解办案压力的“权宜之计”，升级为国家治理体系和能力现代化的战略行动。① 全国各级人民法院积极推进改革任务的落实，从理念更新到组织健全，从机制建设到制度完善，从法院“单打独斗”到社会资源整合，从“散兵游勇”到解纷队伍建设，从制定政策到推动立法，取得了显著的成效。《意见》系统总结了多年来人民法院推动多元化纠纷解决机制建设的经验，通过改革试点提炼出可复制可推广的改革举措，明确了法院开展多元化纠纷解决机制改革的全面要求和具体路径，是各级法院推进多元化纠纷解决机制改革的行动指南。

---

① 蒋惠岭：《十年改革创新路扬帆逐浪再起航》，载《人民法院报》2015 年 4 月 13 日。

（一）发挥诉调对接平台“纠纷集散地、调度站、分流点”的功能，创新在线纠纷解决平台建设

当各类纠纷涌入法院之时，诉调对接平台作为当事人接触法院的第一道窗口，承载着法院与社会各种纠纷解决机制的衔接功能。《意见》在吸收各级人民法院的实践做法后，提出各级人民法院建立诉调对接平台，配备专门人员从事诉调对接工作，建立诉调对接长效工作机制。通过设立调解工作室、服务窗口，吸纳相关人民调解、行业调解或者商事调解组织等作为法院特邀调解组织进驻法院，接受法院委派委托的调解案件；明确了诉调对接平台的辅导与释明、分流与疏解、管理与协调、促进与推广、调解与审判等五项职能，[①] 充分发挥其功能和作用。截至 2016 年 5 月，全国法院设置专门诉调对接中心的有 467 家，其中安徽、山东、上海、陕西、四川、福建等省市法院设置得较多。

在“互联网＋”时代和全球一体化的背景下，诉调对接平台不仅是法院诉前调解机制、民商事案件速裁机制与传统审判机制的线下结合，还应当是运用现代信息技术将各类社会解纷资源与司法资源在线上进行结合的互联网平台。《意见》提出，推动建立在线调解、在线立案、在线司法确认、在线审判、电子督促程序、电子送达等为一体的信息平台，促进多元化纠纷解决机制的信息化发展。未来的在线解纷平台应当能够快速整合全国各类纠纷案例、整合地域性和行业性调解资源，汇聚全国纠纷案例数据、用户反馈数据、用户行为数据和平台运行数据等大数据。通过构建覆盖全国、纵向贯通、横向集成、共享共用、衔接顺畅的纠纷解决信息系统，可以掌握各地纠纷状况、诉调对接数据、解纷工作成效、解纷典型案例分析等信息，为国家和司法机关调整政策提供数据支撑；通过这个高效便捷的网络平台，可以为当事人和调解员之间搭建双向选择和便捷沟通的桥梁，拓宽当事人选择适合的调解员或者适宜的调解方式，真正实现诉讼与调解的有效衔接，及时有效地化解矛盾纠纷。

（二）进一步完善非诉讼纠纷解决机制，创新覆盖广泛、多元立体的纠纷解决网络

中国的纠纷解决资源十分丰富，既有预防纠纷的综治工程，又有遍布各个层面的行政调解；既有雄厚民间基础的人民调解，又有涵盖各个专业领域的行业调解；既有商事仲裁、劳动人事争议仲裁，还有市场化运作的商事调解；既有组织调解，还有民间的个人调解。在当前推进国家治理体系和治理能力现代化的新形势下，各级人民法院要深刻认识“发挥党委领导的巨大政治优势、发挥综治组织和行政机关统筹协调的优势、发挥社会力量基础雄厚、资源丰富的

---

① 罗书臻：《促进诉讼与非诉讼解决方式的有效衔接　满足人民群众多元解纷需求》，载《人民法院报》2016 年 6 月 30 日。

优势、发挥司法的引领、推动和保障作用”，努力构建具有中国特色的多元化纠纷解决体系。①

一是加强与综治组织和政府行政机关的沟通协调机制。建立定期或不定期的联席会议制度，形成信息互通、优势互补、协作配合的纠纷解决互动机制。积极借助各地社会治安综合治理信息化综合平台，推动建立矛盾纠纷多元化解信息库。积极支持行政机关在其职责范围开展行政和解、行政调解和行政裁决等，促进诉讼与行政调解、行政复议、行政裁决等机制的对接。二是加强与各类民间调解组织的对接，发挥其各自不同优势，形成解纷合力。解决矛盾纠纷，应当根据矛盾纠纷的不同性质、不同特点，让当事人选择更适合的纠纷解决方式。针对民间纠纷，要重视运用人民调解、社区调解；针对商事纠纷，就需要商事调解和商事仲裁机构发挥专业化、职业化优势；针对单位、行业内部的纠纷，就需要发挥行业协会行业自治的作用。三是创新“一站式”纠纷解决平台。在道路交通、劳动争议、医疗卫生、物业管理、消费者权益保护、土地承包、征地拆迁、环境保护等纠纷多发领域，法院加强与行政机关、人民调解组织、行业调解组织等进行资源整合，推进建立“一站式”纠纷解决服务平台。四是发挥社会各界的力量。各级工会、妇联、共青团、法学会等组织在参与纠纷解决方面都发挥着重要作用。各级法院充分调动人大代表、政协委员、专家学者、律师、基层组织负责人、基层社区工作者、网格管理员、“五老”人员、大学生志愿者等参与纠纷解决的积极性，进一步发挥社会各界化解基层矛盾、维护基层稳定的作用。

（三）支持仲裁、公证制度改革，加强仲裁机构、公证机构在化解纠纷上的作用

仲裁、公证制度是我国社会主义法律制度的重要组成部分，在化解纠纷方面起到了一定的作用。十八届四中全会提出完善仲裁制度意义重大。目前，全国商事仲裁委员会 230 多个，劳动仲裁委员会 3000 多个，2015 年仲裁案件超过 100 万件（其中商事仲裁 10 多万件），仲裁机构的发展空间很大。各级人民法院应当积极支持仲裁制度改革，尊重商事仲裁规律和仲裁规则，及时办理仲裁机构的保全申请，依照法律规定处理撤销和不予执行仲裁裁决案件，为提高仲裁公信力提供司法保障。支持完善劳动人事争议仲裁办案制度，加强劳动人事争议仲裁与诉讼的有效衔接，探索建立裁审标准统一的新规则、新制度。支持和保障农村土地承包仲裁机构开展调解仲裁，及时审查和执行其作出的裁决书或调解书，实现涉农纠纷仲裁与诉讼的合理衔接。

---

① 李少平：《努力构建具有中国特色的多元化纠纷解决体系》，载《人民法院报》2016 年 7 月 6 日。

公证制度是预防性司法证明制度，公证证明活动可以为司法审判活动提供裁判依据，公证债权文书作为执行依据，可以充分体现公证制度的价值与功能，增强公证公信力。《意见》规定，支持公证机构对法律行为、事实和文书依法进行核实和证明，在送达、取证、保全、执行等环节提供公证法律服务。将公证机构的债权文书公证扩大到具有给付内容的和解协议、调解协议。在家事、商事等领域，支持公证机构在遗嘱继承、商事交易中开展公证活动，为当事人提供调解服务。这是最高人民法院在文件中首次提出“在家事、商事等领域开展公证活动或者调解服务”，对指导法院与公证部门的有效衔接提供了依据。

（四）创新特邀调解制度，打造一支值得信赖的编外纠纷解决队伍

特邀调解制度是通过长期司法实践探索总结出来的一项制度，是指人民法院吸纳符合条件的人民调解、行政调解、商事调解、行业调解等调解组织或者个人成为特邀调解组织或者调解员，接受人民法院立案前委派或者立案后委托依法进行调解，促使当事人在平等协商基础上达成调解协议、解决纠纷的一种活动。截至2015年底，全国法院共吸纳特邀调解组织32912个，特邀调解员达104516人。这支法院编外的解纷队伍办理了大量法院委派调解和委托调解的案件，及时化解各类纠纷。为了规范特邀调解工作，《意见》和《规定》规定了法院特邀调解组织和特邀调解员名册制度，明确了委派调解和委托调解两种调解方式，规范了特邀调解的程序等内容。委派调解是指人民法院对于适宜调解的纠纷在登记立案前委派特邀调解组织或者特邀调解员进行调解的活动；委托调解是指在登记立案后或者审理过程中，法院认为适宜调解的案件可以委托特邀调解组织或者特邀调解员进行调解，或者交由法院专职调解员进行调解。之所以这样规定，主要是出于时间节点的不同以及调解结果的不同。立案前的委派调解达成协议的，其法律后果是当事人可以申请司法确认，而委托调解达成协议后，则由法官审查后作出调解书。

（五）建立法院专职调解员制度，发掘法院内部调解资源

法院专职调解员制度是近年来试点法院在实践中探索出的一项新制度。最早规定于2012年《最高人民法院关于扩大诉讼与非诉讼相衔接的矛盾纠纷解决机制改革试点总体方案》（以下简称《扩大试点方案》）和2014年《多元化纠纷解决机制改革示范法院标准》中，2015年《关于完善矛盾纠纷多元化解机制的意见》中要求，建立法院专职调解员制度，探索调解与裁判适当分离。在多元化纠纷解决机制的背景下，法院将调解机制拓展到诉讼前和诉讼外，一改以往法官在行使审判权的同时兼顾调解的模式，改由调解能力较强的法官或者司法辅助人员担任专职调解员，专门从事调解工作，体现了调解专业化的方向，也更符合法院的审判规律和角色定位。《意见》规定人民法院可以在诉讼

服务中心等部门配备专职调解员，由擅长调解的法官或者司法辅助人员担任，从事调解指导工作和登记立案后的委托调解工作，探索调解与裁判适当分离，合理调配司法资源，缓解审判压力。尤其是法官员额制改革之后，一部分入不了法官员额的老法官，又有调解经验的，可以安排在诉调对接中心专职从事调解工作，发挥其长项和优势。专职调解员的主要职责包括：(1) 从事诉前分流案件和立案阶段的调解；(2) 确认非诉讼调解协议的效力，对当事人申请司法确认的，专职调解员可以依法作出确认裁定；(3) 实施立案后或者诉中的委托调解；(4) 跟踪和督促调解协议的履行；(5) 对非诉调解组织进行指导；(6) 诉调对接的有关工作。通过专职调解员制度，可以在立案阶段分流化解大量简易和适宜调解的案件，为审判庭的法官减轻办案压力。

(六) 推进律师调解制度，让律师成为多元化纠纷解决机制中的新力量

律师制度作为中国特色社会主义司法制度的重要组成部分，是国家法治文明进步的重要标志。2016 年 6 月 13 日，中共中央办公厅、国务院办公厅印发了《关于深化律师制度改革的意见》，对深化律师制度改革作出全面部署。目前，我国执业律师已超过 29.7 万人，律师事务所数量达到 2.4 万多家。律师参与多元化纠纷解决机制改革具有得天独厚的职业优势。律师调解是指律师作为中立第三方，协助纠纷双方当事人自愿协商，达成协议。在域外 ADR（非诉讼纠纷解决程序）发展过程中，律师调解是全球调解职业化发展的一个趋势，在美国、英国以及我国香港特别行政区，律师担任调解员的比例非常高。在我国，律师调解是一项新兴制度，最早出现在 2012 年《扩大试点方案》和 2014 年《多元化纠纷解决机制改革示范法院标准》中，而 2015 年的《关于完善矛盾纠纷多元化解机制的意见》首次从中央层面提出建立完善律师调解制度，鼓励和规范律师参与矛盾纠纷化解。《意见》规定了推进律师调解制度的三种形式：一是吸纳律师加入人民法院特邀调解员名册，鼓励律师参与纠纷解决；二是探索建立律师调解工作室，支持律师加入各类调解组织担任调解员；三是律师事务所设置律师调解员，充分发挥律师专业化、职业化优势。同时，规定了推动建立律师委托代理时告知当事人选择非诉讼方式解决纠纷的机制。

(七) 探索民商事纠纷中立评估等新机制，拓展纠纷解决新方式

民商事纠纷中立评估机制程序是指在民商事案件进入诉讼程序但还未进行审理前，在特定规则的约束下，由中立第三人根据案件情况为双方当事人及律师作出专业评估意见的纠纷解决机制。通常运用于医疗卫生、不动产、建筑工程、知识产权、环境保护等类型案件，但不太适宜婚姻、家庭等注重情感的案件。它是不同于调解的新型机制，与调解存在以下不同：一是目的不同。中立评估程序从中立和专业角度明确案件适用的法律和所需要的证据，让当事人获得足够信息对可能出现的诉讼结果作出判断，而调解目的是寻求双方当事人均

可接受的方案。二是关键点不同。中立评估程序的关键点在于全面、客观、直接地评估案件的优势与劣势，而调解的关键点在于促成双方当事人达成和解。三是方式不同。中立评估程序禁止当事人与评估员的单方面沟通，而调解则允许调解员与当事人单方接触。四是人员素质不同。中立评估程序要求评估员必须具有专业领域的法律知识。而调解程序要求调解员必须具备沟通技巧，对于其他知识要求并不高。

《意见》还规定了探索无争议事实记载、无异议方案认可两个新机制。这两个新机制最早都是在2012年《扩大试点方案》中首次提出。探索无争议事实记载机制，是指调解程序终结时，当事人未达成调解协议的，调解员在征得各方当事人同意后，可以用书面形式记载调解过程中双方没有争议的事实，并由当事人签字确认。在诉讼程序中，除涉及国家利益、社会公共利益和他人合法权益的外，当事人无需对调解无争议事实举证。无争议事实记载与当事人在调解过程中的自认有着本质上的区别：一是启动不同。前者须经各方当事人同意而启动，后者由自认人一方自行决定即可。二是性质不同。前者所记载的事实是双方当事人共同认可的事实，后者的事实是自认一方作出的对己不利的事实。三是方式不同。前者须以书面形式记载并经各方当事人签字认可，后者的形式没有法定的要求。四是后果不同。前者对诉讼中各方当事人产生已记载事实的免证后果，后者不得在其后的诉讼中作为对自认方不利的证据。无争议事实记载机制适用的案件必须是依法可以调解的民事案件，须在经诉讼调解或非诉调解未能达成调解协议时记载，且必须是各方当事人不存在争议的事实，还要告知当事人无争议事实记载的后果与作用。

探索无异议调解方案认可机制，是指经调解未能达成调解协议，但是对争议事实没有重大分歧的，调解员在征得当事人各方同意后，可以提出调解方案并书面送达当事人。当事人在七日内未提出书面异议的，调解方案即视为双方自愿达成的调解协议；提出书面异议的，视为调解不成立。当事人申请司法确认调解协议的，应当依照有关规定予以确认。其运作机理在于，双方当事人在某些情况下之所以未能达成调解协议，并非源于不可调和的原则分歧，而是碍于面子，不愿呈现退步的姿态，或是自己不便主动提出调解方案。此时，如果由调解员拟定出相对公允的调解方案，送达给双方当事人，并规定其可通过默认的方式使该调解方案生效，对于存在调解成功的最后希望，双方当事人并无原则分歧，离调解成功只有一步之遥的一些纠纷而言，该机制可以最大限度地挖掘当事人协商调解的潜在意愿，当事人通过默认的方式接受调解员提出的方案，以一种双方当事人均易接受的“体面”的方式，达成双方都认可的调解协议，最终促成纠纷的协商解决。

(八) 探索建立调解前置程序，引导当事人更多地选择调解方式解决纠纷

《民事诉讼法》确定的“先行调解”原则，也有多元化纠纷解决机制改革实践作支撑，一些地方法院已经开始改革试点。《意见》规定：“积极探索适用调解前置程序的纠纷范围和案件类型。有条件的基层人民法院对家事、相邻关系、小额债务、消费者权益保护、交通事故、医疗、物业管理等适宜调解的纠纷，在征求当事人意愿的基础上，引导当事人在登记立案前由特邀调解组织或者特邀调解员先行调解。”这一规定是《意见》的一大亮点和突破。我国对于调解启动的法律规定来源于《民事诉讼法》《婚姻法》和《最高人民法院关于适用简易程序审理民事案件的若干规定》。其中，《民事诉讼法》确定了先行调解的原则，《婚姻法》确定了离婚案件调解前置的原则，《最高人民法院关于适用简易程序审理民事案件的若干规定》确定了六类适宜调解纠纷审前调解的类型。目前的调解前置程序改革，主要是事实清楚，权利义务关系明确，当事人争议不大，人民法院认为有可能通过调解解决，而且当事人便于送达并愿意调解的纠纷，这些纠纷主要包括家事、相邻关系、小额债务、消费者权益保护、交通事故、医疗、物业管理等适宜调解的纠纷。《意见》将调解可能性大的纠纷安排先行调解，符合当事人解纷多元需求以及成本效率的原则，其目的在于通过国家制度安排，将大量简易纠纷分流到诉讼外纠纷解决渠道，实现与立案登记制的有机配套。应当说明的是，探索调解前置程序不能违反当事人自愿调解原则，不能等同于国外有些国家的强制调解。调解前置程序只是规定对适宜调解的特定类型的纠纷进行先行调解，要求当事人先通过诉讼外调解方式予以解决，扩大当事人实现正义的途径。

结　语

一个改革文件的出台，不代表一项改革措施的完成。按照“国家制定发展战略、司法发挥保障作用、推动国家立法进程”三步走战略，我们仅仅完成了改革任务的第一步，进入了第二步的具体落实。“改革文件的生命力在于实施，落实的动力来源于自觉，而自觉行动的心理基础则取决于思想上的深刻认识和高度重视。”① 只有认识了改革的重要性，了解了改革的具体路径，才能抓住改革的关键问题，把握改革的正确方向，将改革措施落地生根，不剑走偏锋，不倒退回头，真正实现改革的目标。

（撰稿人：胡仕浩　龙　飞）

---

① 胡云腾：《大力提高对多元化纠纷解决机制重要性的认识》，载《人民法院报》2016 年 7 月 13 日。

最高人民法院办公厅
关于在部分法院开展在线调解平台建设试点工作的通知

2016年12月1日　　　　　　　　法办〔2016〕184号

北京市、河北省、上海市、浙江省、安徽省、四川省高级人民法院，上海海事法院：

为贯彻落实中央关于健全矛盾多元化解机制改革的要求，根据《最高人民法院关于人民法院进一步深化多元化纠纷解决机制改革的意见》（法发〔2016〕14号），经院领导批准，最高人民法院决定，在北京、河北、上海、浙江、安徽、四川6个高级人民法院和上海海事法院开展在线调解平台建设试点工作。各试点法院要建立完善在线调解平台，运用互联网技术创新诉调对接方式，促进依法、公正、便捷、高效地化解纠纷，引领传统纠纷解决方式向现代纠纷解决方式“升级换代”。现就试点工作要求和相关事项通知如下：

1. 试点地区高级人民法院牵头建立省级统一的在线调解平台。平台建设应当遵循面向群众、面向实际、面向基层的原则，建立纠纷受理、分流、调解、反馈等流程的全覆盖，处理当事人申请在线调解、立案前委派调解、立案后委托调解、在线司法确认、诉讼调解等案件；法院在线调解平台要加强与人民调解、行政调解、商事调解、行业调解等机制的对接，充分利用社会资源化解纠纷。

2. 各试点人民法院应当充分发挥在线调解平台的功能。在线调解平台应具有纠纷解决的裁判规则引导、纠纷案例预判、在线调解、在线司法确认、诉调对接、调解资源整合等功能。加强法院在线调解平台与法院诉讼服务网、案件信息管理系统的深度融合、互通互联、信息共享，在保证审判信息数据安全的基础上，做好大数据的挖掘应用，避免重复建设和资源浪费。

3. 各试点人民法院应当规范在线调解组织和调解员的管理。按照《最高人民法院关于人民法院特邀调解的规定》要求，制定在线调解组织和调解员选聘标准，通过一定程序选聘熟悉法律知识、热心调解工作、熟悉网络技术操作的特邀调解员或者法院专职调解员担任在线调解员。建立在线调解组织和调解员数据库，加强对在线调解组织和调解员的指导、监督、管理和考评。加强在线调解员的业务培训，规范调解员职业道德。

4. 各试点人民法院应当规范在线调解机制的制度建设和程序安排。根据法律、司法解释及相关文件，试点法院应当结合本地实际情况，研究制定在线调解机制的相关制度，探索适合在线调解的案件范围，完善在线调解的程序设计，因地制宜，锐意创新，积极稳妥地开展在线调解试点工作。

5. 各试点人民法院应当规范在线调解案件的管理。试点法院诉讼服务中心或者诉调对接部门要指派调解法官或者具体工作人员负责在线调解案件的管理和数据统计工作。试点法院应当加强与在线调解平台运营主体的沟通合作，确保在线调解平台稳定持续运行，为数据传输、存储使用提供安全保障。对在线调解平台建设的程序问题、理论问题以及技术问题进行研究并提出解决方案。

6. 各试点人民法院要高度重视在线调解试点工作，积极向当地党委政法委汇报试点工作的进展情况。积极争取财政部门的支持，保障在线调解平台的运行，根据实际情况向调解组织或者调解员发放相关补贴，对表现突出的调解组织或调解员予以奖励。

7. 各试点人民法院应当对在线调解平台进行广泛宣传，提高在线调解平台的应用程度和适用范围，充分发挥其阳光、智能、快捷、开放的作用，增强人民群众对在线调解平台的认同感。

8. 试点地区上级法院应当加强对试点工作的监督指导力度，确保试点工作规范有序进行，推动试点工作不断深入。试点法院应当及时总结试点经验，反馈试点效果，完善配套措施，认真研究新情况、新问题，必要时将试点开展情况及遇到的问题层报最高人民法院。

最高人民法院
关于印发《关于民商事案件繁简分流和调解速裁操作规程（试行）》的通知

2017 年 5 月 8 日　　　　　　　　法发〔2017〕14 号

各省、自治区、直辖市高级人民法院，解放军军事法院，新疆维吾尔自治区高级人民法院生产建设兵团分院：

现将《最高人民法院关于民商事案件繁简分流和调解速裁操作规程（试行）》予以印发，请在人民法院内部认真贯彻执行。执行中发现情况和问题请及时报告最高人民法院。

附：

关于民商事案件繁简分流和调解速裁操作规程（试行）

为贯彻落实最高人民法院《关于进一步推进案件繁简分流优化司法资源配置的若干意见》《关于人民法院进一步深化多元化纠纷解决机制改革的意见》，推动和规范人民法院民商事案件繁简分流、先行调解、速裁等工作，依法高效审理民商事案件，实现简案快审、繁案精审，切实减轻当事人诉累，根据《中华人民共和国民事诉讼法》及有关司法解释，结合人民法院审判工作实际，制定本规程。

第一条　民商事简易纠纷解决方式主要有先行调解、和解、速裁、简易程序、简易程序中的小额诉讼、督促程序等。

人民法院对当事人起诉的民商事纠纷，在依法登记立案后，应当告知双方当事人可供选择的简易纠纷解决方式，释明各项程序的特点。

先行调解包括人民法院调解和委托第三方调解。

第二条　人民法院应当指派专职或兼职程序分流员。

程序分流员负责以下工作：

（一）根据案件事实、法律适用、社会影响等因素，确定案件应当适用的程序；

（二）对系列性、群体性或者关联性案件等进行集中分流；

（三）对委托调解的案件进行跟踪、提示、指导、督促；

（四）做好不同案件程序之间转换衔接工作；

（五）其他与案件分流、程序转换相关的工作。

第三条　人民法院登记立案后，程序分流员认为适宜调解的，在征求当事人意见后，转入调解程序；认为应当适用简易程序、速裁的，转入相应程序，进行快速审理；认为应当适用特别程序、普通程序的，根据业务分工确定承办部门。

登记立案前，需要制作诉前保全裁定书、司法确认裁定书、和解备案的，由程序分流员记录后转办。

第四条　案件程序分流一般应当在登记立案当日完成，最长不超过三日。

第五条　程序分流后，尚未进入调解或审理程序时，承办部门和法官认为程序分流不当的，应当及时提出，不得自行将案件退回或移送。

程序分流员认为异议成立的，可以将案件收回并重新分配。

第六条 在调解或审理中，由于出现或发现新情况，承办部门和法官决定转换程序的，向程序分流员备案。已经转换过一次程序的案件，原则上不得再次转换。

第七条 案件适宜调解的，应当出具先行调解告知书，引导当事人先行调解，当事人明确拒绝的除外。

第八条 先行调解告知书包括以下内容：

（一）先行调解特点；

（二）自愿调解原则；

（三）先行调解人员；

（四）先行调解程序；

（五）先行调解法律效力；

（六）诉讼费减免规定；

（七）其他相关事宜。

第九条 下列适宜调解的纠纷，应当引导当事人委托调解：

（一）家事纠纷；

（二）相邻关系纠纷；

（三）劳动争议纠纷；

（四）交通事故赔偿纠纷；

（五）医疗纠纷；

（六）物业纠纷；

（七）消费者权益纠纷；

（八）小额债务纠纷；

（九）申请撤销劳动争议仲裁裁决纠纷。

其他适宜调解的纠纷，也可以引导当事人委托调解。

第十条 人民法院指派法官担任专职调解员，负责以下工作：

（一）主持调解；

（二）对调解达成协议的，制作调解书；

（三）对调解不成适宜速裁的，径行裁判。

第十一条 人民法院调解或者委托调解的，应当在十五日内完成。各方当事人同意的，可以适当延长，延长期限不超过十五日。调解期间不计入审理期限。

当事人选择委托调解的，人民法院应当在三日内移交相关材料。

第十二条 委托调解达成协议的，调解人员应当在三日内将调解协议提交人民法院，由法官审查后制作调解书或者准许撤诉裁定书。

不能达成协议的，应当书面说明调解情况。

第十三条　人民法院调解或者委托调解未能达成协议，需要转换程序的，调解人员应当在三日内将案件材料移送程序分流员，由程序分流员转入其他程序。

第十四条　经委托调解达成协议后撤诉，或者人民调解达成协议未经司法确认，当事人就调解协议的内容或者履行发生争议的，可以提起诉讼。

人民法院应当就当事人的诉讼请求进行审理，当事人的权利义务不受原调解协议的约束。

第十五条　第二审人民法院在征得当事人同意后，可以在立案后移送审理前由专职调解员或者合议庭进行调解，法律规定不予调解的情形除外。

二审审理前的调解应当在十日内完成。各方当事人同意的，可以适当延长，延长期限不超过十日。调解期间不计入审理期限。

第十六条　当事人同意先行调解的，暂缓预交诉讼费。委托调解达成协议的，诉讼费减半交纳。

第十七条　人民法院先行调解可以在诉讼服务中心、调解组织所在地或者双方当事人选定的其他场所开展。

先行调解可以通过在线调解、视频调解、电话调解等远程方式开展。

第十八条　人民法院建立诉调对接管理系统，对立案前第三方调解的纠纷进行统计分析，与审判管理系统信息共享。

诉调对接管理系统按照“诉前调”字号对第三方调解的纠纷逐案登记，采集当事人情况、案件类型、简要案情、调解组织或调解员、处理时间、处理结果等基本信息，形成纠纷调解信息档案。

第十九条　基层人民法院可以设立专门速裁组织，对适宜速裁的民商事案件进行裁判。

第二十条　基层人民法院对于离婚后财产纠纷、买卖合同纠纷、商品房预售合同纠纷、金融借款合同纠纷、民间借贷纠纷、银行卡纠纷、租赁合同纠纷等事实清楚、权利义务关系明确、争议不大的金钱给付纠纷，可以采用速裁方式审理。

但下列情形除外：

（一）新类型案件；

（二）重大疑难复杂案件；

（三）上级人民法院发回重审、指令立案受理、指定审理、指定管辖，或者其他人民法院移送管辖的案件；

（四）再审案件；

（五）其他不宜速裁的案件。

第二十一条　采用速裁方式审理民商事案件，一般只开庭一次，庭审直接围绕诉讼请求进行，不受法庭调查、法庭辩论等庭审程序限制，但应当告知当事人回避、上诉等基本诉讼权利，并听取当事人对案件事实的陈述意见。

第二十二条 采用速裁方式审理的民商事案件，可以使用令状式、要素式、表格式等简式裁判文书，应当当庭宣判并送达。

当庭即时履行的，经征得各方当事人同意，可以在法庭笔录中记录后不再出具裁判文书。

第二十三条 人民法院采用速裁方式审理民商事案件，一般应当在十日内审结，最长不超过十五日。

第二十四条 采用速裁方式审理案件出现下列情形之一的，应当及时将案件转为普通程序：

（一）原告增加诉讼请求致案情复杂；

（二）被告提出反诉；

（三）被告提出管辖权异议；

（四）追加当事人；

（五）当事人申请鉴定、评估；

（六）需要公告送达。

程序转换后，审限连续计算。

第二十五条 行政案件的繁简分流、先行调解和速裁，参照本规程执行。

本规程自发布之日起施行。

最高人民法院
关于仲裁司法审查案件归口办理有关问题的通知

2017年5月22日　　　　法〔2017〕152号

各省、自治区、直辖市高级人民法院，解放军军事法院，新疆维吾尔自治区高级人民法院生产建设兵团分院：

为依法正确审理仲裁司法审查案件，保证裁判尺度的统一，维护当事人的合法权益，促进仲裁事业健康有序发展及多元化纠纷解决机制的建立，现就各级人民法院办理仲裁司法审查案件的有关问题通知如下：

一、各级人民法院审理涉外商事案件的审判庭（合议庭）作为专门业务庭（以下简称专门业务庭）负责办理本通知规定的仲裁司法审查案件。

二、当事人申请确认仲裁协议效力的案件，申请撤销我国内地仲裁机构仲裁裁决的案件，申请认可和执行香港特别行政区、澳门特别行政区、台湾地区仲裁裁决的案件、申请承认和执行外国仲裁裁决等仲裁司法审查案件，由各级人民法院专门业务庭办理。

专门业务庭经审查裁定认可和执行香港特别行政区、澳门特别行政区、台湾地区仲裁裁决，承认和执行外国仲裁裁决的，交由执行部门执行。

三、一审法院作出的不予受理、驳回起诉、管辖权异议裁定涉及仲裁协议效力的，当事人不服该裁定提起上诉的案件，由二审人民法院专门业务庭办理。

四、各级人民法院应当建立仲裁司法审查案件的数据信息集中管理平台，加强对申请确认仲裁协议效力的案件，申请撤销或者执行我国内地仲裁机构仲裁裁决的案件，申请认可和执行香港特别行政区、澳门特别行政区、台湾地区仲裁裁决的案件，申请承认和执行外国仲裁裁决的案件，以及涉及确认仲裁协议效力的不予受理、驳回起诉、管辖权异议等仲裁司法审查案件的信息化管理和数据分析，有效保证法律适用的正确性和裁判尺度的统一性。此项工作由最高人民法院民事审判第四庭与人民法院信息技术服务中心具体负责。

最高人民法院　司法部
关于开展律师调解试点工作的意见

2017年9月30日　　　　司发通〔2017〕105号

北京、黑龙江、上海、浙江、安徽、福建、山东、湖北、湖南、广东、四川省（直辖市）高级人民法院、司法厅（局）：

为贯彻落实《中共中央关于全面推进依法治国若干重大问题的决定》以及中共中央办公厅、国务院办公厅《关于完善矛盾纠纷多元化解机制的意见》《关于深化律师制度改革的意见》和最高人民法院《关于人民法院进一步深化多元化纠纷解决机制改革的意见》，充分发挥律师在预防和化解矛盾纠纷中的专业优势、职业优势和实践优势，健全完善律师调解制度，推动形成中国特色的多元化纠纷解决体系，现就开展律师调解试点工作提出以下意见。

一、总体要求

1. 指导思想。全面贯彻党的十八大和十八届三中、四中、五中、六中全会精神，深入贯彻习近平总书记系列重要讲话和对律师工作的重要指示精神，围绕全面推进依法治国总目标，深化多元化纠纷解决机制改革，健全诉调对接工作机制，充分发挥律师职能作用，建立律师调解工作模式，创新律师调解方式方法，有效化解各类矛盾纠纷，维护当事人合法权益，促进社会公平正义，维护社会和谐稳定。

2. 基本原则。

——坚持依法调解。律师调解工作应当依法进行，不得违反法律法规的禁止性规定，不得损害国家利益、社会公共利益和当事人及其他利害关系人的合法权益。

——坚持平等自愿。律师开展调解工作，应当充分尊重各方当事人的意愿，尊重当事人对解决纠纷程序的选择权，保障其诉讼权利。

——坚持调解中立。律师调解应当保持中立，不得有偏向任何一方当事人的言行，维护调解结果的客观性、公正性和可接受性。

——坚持调解保密。除当事人一致同意或法律另有规定的外，调解事项、调解过程、调解协议内容等一律不公开，不得泄露当事人的个人隐私或商业秘密。

——坚持便捷高效。律师运用专业知识开展调解工作，应当注重工作效率，根据纠纷的实际情况，灵活确定调解方式方法和程序，建立便捷高效的工作机制。

——坚持有效对接。加强律师调解与人民调解、行政调解、行业调解、商事调解、诉讼调解等有机衔接，充分发挥各自特点和优势，形成程序衔接、优势互补、协作配合的纠纷解决机制。

二、建立律师调解工作模式

律师调解是指律师、依法成立的律师调解工作室或者律师调解中心作为中立第三方主持调解，协助纠纷各方当事人通过自愿协商达成协议解决争议的活动。

3. 在人民法院设立律师调解工作室。试点地区的各级人民法院要将律师调解与诉讼服务中心建设结合起来，在人民法院诉讼服务中心、诉调对接中心或具备条件的人民法庭设立律师调解工作室，配备必要的工作设施和工作场所。

4. 在公共法律服务中心（站）设立律师调解工作室。试点地区的县级公共法律服务中心、乡镇公共法律服务站应当设立专门的律师调解工作室，由公共法律服务中心（站）指派律师调解员提供公益性调解服务。

5. 在律师协会设立律师调解中心。试点地区的省级、设区的市级律师协会设立律师调解中心。律师调解中心在律师协会的指导下，组织律师作为调解员，接受当事人申请或人民法院移送，参与矛盾化解和纠纷调解。

6. 律师事务所设立调解工作室。鼓励和支持有条件的律师事务所设立调解工作室，组成调解团队，可以将接受当事人申请调解作为一项律师业务开展，同时可以承接人民法院、行政机关移送的调解案件。

三、健全律师调解工作机制

7. 明确律师调解案件范围。律师调解可以受理各类民商事纠纷，包括刑事附带民事纠纷的民事部分，但是婚姻关系、身份关系确认案件以及其他依案件性质不能进行调解的除外。

8. 建立健全律师调解工作资质管理制度。试点地区省级司法行政机关、律师协会会同人民法院研究制定管理办法，明确承办律师调解工作的律师事务所和律师资质条件，包括人员规模、执业年限、办案数量、诚信状况等。司法行政机关、律师协会会同人民法院建立承办律师调解工作的律师事务所和律师调解员名册。

9. 规范律师调解工作程序。人民法院、公共法律服务中心（站）、律师协会和律师事务所应当向当事人提供承办律师调解工作的律师事务所和律师调解员名册，并在公示栏、官方网站等平台公开名册信息，方便当事人查询和选择。

律师事务所和律师接受相关委托代理或参与矛盾纠纷化解时，应当告知当事人优先选择调解或其他非诉讼方式解决纠纷。

律师调解一般由一名调解员主持。对于重大、疑难、复杂或者当事人要求由两名以上调解员共同调解的案件，可以由两名以上调解员调解，并由律师调解工作室或律师调解中心指定一名调解员主持。当事人具有正当理由的，可以申请更换律师调解员。律师调解员根据调解程序依法开展调解工作，律师调解的期限为 30 日，双方当事人同意延长调解期限的，不受此限。经调解达成协议的，出具调解协议书；期限届满无法达成调解协议，当事人不同意继续调解的，终止调解。

律师调解员组织调解，应当用书面形式记录争议事项和调解情况，并经双方当事人签字确认。律师调解工作室或律师调解中心应当建立完整的电子及纸质书面调解档案，供当事人查询。调解程序终结时，当事人未达成调解协议的，律师调解员在征得各方当事人同意后，可以用书面形式记载调解过程中双方没有争议的事实，并由当事人签字确认。在诉讼程序中，除涉及国家利益、社会公共利益和他人合法权益的外，当事人无需对调解过程中已确认的无争议事实举证。

在公共法律服务中心（站）、律师协会和律师事务所设立的律师调解组织受理当事人直接申请，主持调解纠纷的，参照上述程序开展。

10. 鼓励调解协议即时履行。经律师调解工作室或律师调解中心调解，当事人达成调解协议的，律师调解员应当鼓励和引导当事人及时履行协议。当事人无正当理由拒绝或者拖延履行的，调解和执行的相关费用由未履行协议一方当事人全部或部分负担。

11. 完善调解协议与支付令对接机制。经律师调解达成的和解协议、调解协议中，具有金钱或者有价证券给付内容的，债权人依据民事诉讼法及其司法解释的规定，向有管辖权的基层人民法院申请支付令的，人民法院应当依法发出支付令；债务人未在法定期限内提出书面异议且逾期不履行支付令的，人民法院可以强制执行。

12. 完善调解协议司法确认程序。经律师调解工作室或律师调解中心调解达成的具有民事合同性质的协议，当事人可以向律师调解工作室或律师调解中心所在地基层人民法院或者人民法庭申请确认其效力，人民法院应当依法确认调解协议效力。

13. 建立律师调解员回避制度。律师调解员具有以下情形的，当事人有权申请回避：系一方当事人或者其代理人的近亲属的；与纠纷有利害关系的；与纠纷当事人、代理人有其他关系，可能影响公正调解的。律师调解员具有上述情形，当事人要求回避的，律师调解员应当回避，当事人没有要求回避的，律师调解员应当及时告知当事人并主动回避。当事人一致同意继续调解的，律师调解员可以继续主持调解。

律师调解员不得再就该争议事项或与该争议有密切联系的其他纠纷接受一方当事人的委托，担任仲裁或诉讼的代理人，也不得担任该争议事项后续解决程序的人民陪审员、仲裁员、证人、鉴定人以及翻译人员等。

14. 建立科学的经费保障机制。在律师事务所设立的调解工作室受理当事人直接申请调解纠纷的，可以按照有偿和低价的原则向双方当事人收取调解费，一方当事人同意全部负担的除外。调解费的收取标准和办法由各试点地区根据实际情况确定，并报相关部门批准备案。

在公共法律服务中心（站）设立的律师调解工作室和在律师协会设立的律师调解中心受理当事人直接申请调解纠纷的，由司法行政机关、律师协会通过政府采购服务的方式解决经费。律师调解员调解法律援助案件的经费，由法律援助机构通过政府采购服务渠道予以解决。

在人民法院设立律师调解工作室的，人民法院应根据纠纷调解的数量、质量与社会效果，由政府采购服务渠道解决调解经费，并纳入人民法院专项预算，具体办法由各试点地区根据实际情况确定。

15. 发挥诉讼费用杠杆作用。当事人达成和解协议申请撤诉的，人民法院免收诉讼费。诉讼中经调解当事人达成调解协议的，人民法院可以减半收取诉讼费用。一方当事人无正当理由不参与调解，或者有明显恶意导致调解不成的，人民法院可以根据具体情况对无过错方依法提出的赔偿合理的律师费用等正当要求予以支持。

四、加强工作保障

16. 加强组织领导。试点地区的人民法院、司法行政机关和律师协会要高度重视这项改革工作，加强制度建设和工作协调，有力推进试点工作顺利开展。要在律师调解制度框架内，创新工作方式方法，制定适合本地区特点的实施意见，不断总结经验，积极探索，为向全国推广提供可复制、可借鉴的制度和经验。

17. 积极引导参与。试点地区的人民法院、司法行政机关和律师协会要积极引导律师参与矛盾纠纷多元化解，鼓励和推荐律师在人民调解组织、仲裁机构、商事调解组织、行业调解组织中担任调解员，鼓励律师借助现代科技手段创新调解工作方式、积极参与在线调解试点工作，促使律师主动承担社会责任、体现社会价值，充分调动律师从事调解工作的积极性，实现律师调解工作可持续性发展。

18. 加强队伍管理。加强对律师调解员职业道德、执业纪律、调解技能等方面的培训，建设高水平的调解律师队伍，确保调解案件质量。探索建立律师参与公益性调解的考核表彰激励机制。人民法院、司法行政机关、律师协会应当对表现突出的律师调解工作室、律师调解中心组织和律师调解员给予物质或荣誉奖励。

19. 加强责任追究。律师调解员违法调解，违反回避制度，泄露当事人隐私或秘密，或者具有其他违反法律、违背律师职业道德行为的，应当视情节限期或禁止从事调解业务，或由律师协会、司法行政机关依法依规给予行业处分和行政处罚。律师协会应当制定实施细则并报当地司法行政机关备案。

20. 加强宣传工作。试点地区的人民法院、司法行政机关和律师协会要大力宣传律师调解制度的作用与优势，鼓励公民、法人和其他组织优先选择律师调解快速有效解决争议，为律师开展调解工作营造良好执业环境。

21. 加强指导监督。最高人民法院、司法部将对试点工作进行指导督促，认真研究试点中存在的突出问题，全面评估试点方案的实际效果，总结各地多元化纠纷解决机制改革的成功经验，推动改革实践成果制度化、法律化。

22. 本试点工作在北京、黑龙江、上海、浙江、安徽、福建、山东、湖北、湖南、广东、四川等11个省（直辖市）进行。试点省（直辖市）可以在全省（直辖市）或者选择部分地区开展试点工作，试点方案报最高人民法院和司法部备案。

【链　接】

最高人民法院、司法部有关负责人就《关于开展律师调解试点工作的意见》答记者问

2017年9月30日，最高人民法院、司法部联合印发了《最高人民法院 司法部关于开展律师调解试点工作的意见》（以下简称《意见》），对开展律师调解试点工作作出全面部署。最高人民法院、司法部相关负责同志就《意见》制定和实施有关问题，回答记者提问。

一、问：请介绍一下《意见》出台背景和意义。

答：律师是全面依法治国、建设社会主义法治国家的重要力量，在预防和化解矛盾纠纷方面具有独特的专业优势、职业优势和实践优势。近年来，我国律师队伍不断壮大，服务领域不断拓展，律师事业取得长足发展，截至2017年9月底，律师队伍已经发展到34万多人，律师事务所2.7万多家。广大律师积极参与各类调解活动，注重发挥熟练掌握法律知识技能、相对客观中立、容易取得当事人信任等工作优势，在预防化解矛盾纠纷、保障人民群众合法权益、维护社会和谐稳定方面发挥了积极作用。但是，与一些国家律师主导调解模式不同，我国律师参与调解主要是受邀参加人民法院、行政机关、人民调解组织等组织开展的调解工作，律师在参与的广度、深度和积极性方面存在一定的局限，预防和化解矛盾纠纷的独特优势没有得到充分发挥。党的十八届四中全会提出，要健全包括调解在内的社会矛盾纠纷预防化解机制。中办、国办印发的《关于完善矛盾纠纷多元化解机制的意见》对建立完善律师调解制度，鼓励和规范律师参与重大复杂矛盾纠纷化解提出了明确要求。因此，最高人民法院、司法部联合出台《关于开展律师调解试点工作的意见》，充分发挥律师在多元化纠纷解决机制中的作用，建立由律师作为中立第三方主持调解的工作机制，完善与人民调解、行政调解、诉讼调解、商事调解等既相对独立又相互衔接的律师调解制度，是完善我国诉讼制度的创新性举措，有利于及时化解民商事纠纷，有效缓解法院“案多人少”的矛盾，节约司法资源和诉讼成本，推动形成中国特色多元化纠纷解决体系。同时，作为深化律师制度改革的重要成果，开展律师调解是对律师业务领域的重要拓展，实现了律师专业法律服务与调解这一中国特色非诉讼纠纷解决机制相结合，对于进一步发挥律师在全面依

法治国中的职能作用具有重要意义。

二、问：请谈谈律师调解的具体工作模式。

答：《意见》明确了律师调解的四种工作模式。一是在人民法院诉讼服务中心、诉调对接中心或具备条件的人民法庭设立律师调解工作室，配备必要的工作设施和工作场所。二是在县级公共法律服务中心、乡镇公共法律服务站设立专门的律师调解工作室，由公共法律服务中心（站）指派律师调解员提供公益性调解服务。三是在省级、设区的市级律师协会设立律师调解中心，在律师协会的指导下，组织律师作为调解员，接受当事人申请或人民法院移送，参与矛盾化解和纠纷调解。四是鼓励和支持有条件的律师事务所设立调解工作室，组成调解团队，可以将接受当事人申请调解作为一项律师业务开展，也可以承接人民法院、行政机关移送的调解案件。

三、问：律师事务所和律师参与律师调解工作是否需要具备相关资质？

答：律师调解是多元化纠纷解决机制的重要组成部分，是一项新型律师业务，各方面都要求很高，对参与律师和律师事务所的职业素质、专业能力、责任心和管理水平等都应当有相应的要求。为此，《意见》要求建立健全律师调解工作资质管理制度，授权试点地区省级司法行政机关、律师协会会同人民法院研究制定管理办法，明确承办律师调解工作的律师事务所和律师资质条件，包括人员规模、执业年限、办案数量、诚信状况等；司法行政机关、律师协会会同人民法院建立承办律师调解工作的律师事务所和律师调解员名册。

四、问：律师调解工作如何开展？

答：作为我国调解制度的一种，律师调解的开展既要符合调解工作的一般规律和程序，也应当有一些特别的要求，《意见》本着便捷高效的原则，对律师调解程序作出了规定。一是明确调解案件范围。《意见》规定，律师调解可以受理各类民商事纠纷，包括刑事附带民事纠纷的民事部分，但是婚姻关系、身份关系确认案件以及其他依案件性质不能进行调解的除外。二是名册公示。《意见》规定人民法院、公共法律服务中心（站）、律师协会和律师事务所应当向当事人提供承办律师调解工作的律师事务所和律师调解员名册，并在公示栏、官方网站等平台公开名册信息，方便当事人查询和选择。三是调解告知。律师事务所和律师接受相关委托代理或参与矛盾纠纷化解时，应当告知当事人优先选择调解或其他非诉讼方式解决纠纷。四是调解主持。律师调解一般由一名调解员主持；对于重大、疑难、复杂或者当事人要求由两名以上调解员共同调解的案件，可以由两名以上调解员调解。五是调解期限。律师调解员根据调解程序依法开展调解工作，调解期限为30日，双方当事人同意延长调解期限的，不受此限。六是调解协议出具。经律师调解达成协议的，出具调解协议书；期限届满无法达成调解协议，当事人不同意继续调解的，终止调解。七是无争议事项记载。律师调解员组织调解，应当用书面形式记录争议事项和调解情况，并经双方当事人签字确认。调解程序终结时，当事人未达成调解协议的，律师调解员在征得各方当事人同意后，可以用书面形式记载调解过程中双方没有争议的事实，并由当事人签字确认。在诉讼程序中，除涉及国家利益、社会公共利益和他人合法权益的外，当事人无需对调解过程中已确认的无争议事实举证。

五、问：《意见》在发挥律师调解工作优势方面作了哪些制度设计？

答：《意见》规定了多项措施，突出律师调解的专业特点和工作优势，以鼓励当事人选择律师调解作为纠纷化解方式。一是启动方式多样。在公共法律服务中心（站）、律师协会和律师事务所设立的律师调解组织既可以受理当事人直接申请主持调解纠纷，也可以承接人民法院、行政机关移送的调解案件。二是调解程序灵活。律师运用专业知识开展调解工作，可以根据纠纷的实际情况，灵活确定调解方式方法和程序，周期短、效率高，方便当事人。三是规定严格的回避制度。律师调解员系一方当事人或者其代理人的近亲属的；与纠纷有利害关系的；与纠纷当事人、代理人有其他关系，可能影响公正调解的，当事人有权申请回避。律师调解员不得再就该争议事项或与该争议有密切联系的其他纠纷接受一方当事人的委托，担任仲裁或诉讼的代理人，也不得担任该争议事项后续解决程序的人民陪审员、仲裁员、证人、鉴定人以及翻译人员等。四是建立调解协议与支付令对接机制。调解协议中具有金钱或者有价证券给付内容，债务人不能及时履行的，债权人可以依法申请支付令。债务人未在法定期限内提出书面异议且逾期不履行支付令的，人民法院可以强制执行。五是完善调解协议司法确认程序。经律师调解工作室或律师调解中心调解达成的具有民事合同性质的协议，当事人可以向律师调解工作室或律师调解中心所在地基层人民法院或者人民法庭申请确认其效力，人民法院应当依法确认。这一规定确保了律师调解协议经法院司法确认后具有法律效力，消除当事人选择律师调解的后顾之忧。六是发挥诉讼费用杠杆作用。当事人达成和解协议申请撤诉的，人民法院免收诉讼费。诉讼中经调解当事人达成调解协议的，人民法院可以减半收取诉讼费用。一方当事人无正当理由不参与调解，或者有明显恶意导致调解不成的，人民法院可以根据具体情况对无过错方依法提出的赔偿合理的律师费用等正当要求予以支持。

六、问：律师调解的经费如何保障？

答：没有科学的经费保障机制，就难以确保律师调解制度长效运行。为此，《意见》针对不同调解模式的特点，确立了多渠道经费保障机制。一是在律师事务所设立的调解工作室受理当事人直接申请调解纠纷的，可以按照有偿和低价的原则向双方当事人收取调解费，一方当事人同意全部负担的除外。二是在公共法律服务中心（站）设立的律师调解工作室和在律师协会设立的律师调解中心受理当事人直接申请调解纠纷的，由司法行政机关、律师协会通过政府采购服务的方式解决经费。律师调解员调解法律援助案件的经费，由法律援助机构通过政府采购服务渠道予以解决。三是在人民法院设立律师调解工作室的，人民法院应根据纠纷调解的数量、质量与社会效果，由政府采购服务渠道解决调解经费，并纳入人民法院专项预算。

七、问：人民法院、司法行政机关对于贯彻落实好《意见》有什么考虑？

答：《意见》规定，律师调解工作在北京、黑龙江、上海、浙江、安徽、福建、山东、湖北、湖南、广东、四川等11个省（直辖市）试点。试点省（直辖市）可以在全省（直辖市）或者选择部分地区开展试点工作。试点地区人民法院、司法行政机关要高度重视律师调解工作，切实抓好贯彻落实。一是加强组织领导。试点地区要加强制度建设和工作协调，有力推进试点工作顺利开展。制定适合本地区特点的实施意见，不断总结经验，积极探索，为向全国推广提供可复制、可借鉴的制度和经验。二是积极引导参与。试点地区要鼓励和推荐律师在人民调解组织、仲裁机构、商事调解组织、行业调解组织中担任调解员，鼓励律师创新调解工作方式、积极参与在线调解试点工作，促使律师主动承担社会责任、体现社会价值，充分调动律师从事调解工作的积极性。三是加强队伍管理。加强对律师调解员职业道德、执业纪律、调解技能等方面的培训，建设高水平的调解律师队伍，确保调解案件质量。探索建立律师参与公益性调解的考核表彰激励机制，对表现突出的律师调解工作室、律师调解中心组织和律师调解员给予物质或荣誉奖励。四是加强宣传工作。试点地区要大力宣传律师调解制度的作用与优势，鼓励公民、法人和其他组织优先选择律师调解快速有效解决争议，为律师开展调解工作营造良好执业环境。五是加强指导监督。最高人民法院、司法部将对试点工作进行指导督促，全面评估试点方案的实际效果，总结各地多元化纠纷解决机制改革的成功经验，推动改革实践成果制度化、法律化。

最高人民法院　全国工商联
印发《关于发挥商会调解优势推进民营经济领域纠纷多元化解机制建设的意见》的通知

2019年1月14日　　　　　　　　　　法〔2019〕11号

各省、自治区、直辖市高级人民法院、工商联，新疆维吾尔自治区高级人民法院生产建设兵团分院、新疆生产建设兵团工商联：

为深入贯彻落实习近平新时代中国特色社会主义思想，运用法治手段服务保障民营经济健康发展，构建共建共治共享的社会治理格局，现将《关于发挥商会调解优势推进民营经济领域纠纷多元化解机制建设的意见》予以印发，请认真贯彻执行。各地可结合实际，制定具体实施意见。执行过程中遇到的问题，请及时层报最高人民法院、全国工商联。

附：

关于发挥商会调解优势推进民营经济领域纠纷多元化解机制建设的意见

为深入贯彻落实习近平新时代中国特色社会主义思想，运用法治手段服务保障民营经济健康发展，构建共建共治共享的社会治理格局，根据中共中央办公厅、国务院办公厅《关于完善矛盾纠纷多元化解机制的意见》《关于促进工商联所属商会改革和发展的实施意见》和最高人民法院《关于人民法院进一步深化多元化纠纷解决机制改革的意见》，现就发挥商会调解优势，加强诉调对接工作，推进民营经济领域纠纷多元化解机制建设提出如下意见。

1. 充分认识推进民营经济领域纠纷多元化解机制建设的重要意义。深刻领会习近平总书记在民营企业座谈会上的重要讲话精神，充分发挥商会调解化解民营经济领域纠纷的制度优势。完善商会职能，提升商会服务能力，培育和发展中国特色商会调解组织；促进和引导民营企业依法经营、依法治企、依法维权，促进产权平等保护，激发和弘扬企业家精神；推动商人纠纷商会解，协同参与社会治理；优化司法资源配置，营造良好的法治营商环境，为民营经济健康发展提供司法保障。

2. 工作目标。加强商会调解组织和调解员队伍建设，健全完善商会调解制度和机制，为企业提供多元的纠纷解决渠道。进一步转变司法理念，发挥司法在商会纠纷化解中的引领、推动和保障作用，满足民营企业纠纷多元化解、快速化解和有效化解的实际需求，为民营企业创新创业营造良好法治环境。建立健全商会调解机制与诉讼程序有机衔接的纠纷化解体系，不断提升工商联法律服务能力，促进民营经济健康发展。

3. 明确商会调解范围。商会调解以民营企业的各类民商事纠纷为主，包括商会会员之间的纠纷，会员企业内部的纠纷，会员与生产经营关联方之间的纠纷，会员与其他单位或人员之间的纠纷，以及其他涉及适合商会调解的民商事纠纷。

4. 强化商会调解纠纷功能。工商联加强对所属商会的指导、引导和服务，支持商会依照法律法规及相关程序设立调解组织、规范运行，使调解成为化解民营经济领域矛盾纠纷的重要渠道。支持商会建立人民调解委员会，为企业提供基础性公益性纠纷解决服务。支持企业、商会建立劳动争议调解组织，及时化解劳动争议，维护劳动关系的和谐稳定。鼓励行业商会组织发挥自身优势，建立专业化的行业调解组织。鼓励具备条件的商会设立商事调解组织，发挥商事调解组织化解专业纠纷的重要作用。商会设立的商事调解组织应当在省级工商联和全国工商联备案。

5. 主动预防化解矛盾纠纷。各级工商联及所属商会要加强法律服务平台（中心）建设，完善维权援助机制，鼓励有条件的企业设立法务部门、公司律师或聘请法律顾问，形成协调联动的法律服务力量。通过普法宣传、典型案例等形式，主动对企业、行业纠纷进行排查、监测和预警，加强矛盾纠纷源头治理。强化行业自律和行业治理，将诚实信用、公平竞争、和合共赢等理念纳入商会章程、企业合同条款，督促自觉履行生效裁决或调解协议。

6. 规范商会调解组织运行。商会调解组织由工商联或所属商会根据需要设立，应具有规范的组织形式、固定的办公场所及调解场地、专业的调解人员和健全的调解工作制度。商会调解组织应当吸纳符合条件的优秀企业家、商会人员、法律顾问、行业专家、律师、工会代表以及其他社会人士担任调解员。对外公布商会调解组织和调解员名册、调解程序以及调解规则。规范纠纷流程管理，完善调解与诉讼衔接程序，建立纠纷受理、调解、履行、回访以及档案管理、信息报送、考核评估等制度，注重保护当事人隐私和商业秘密，切实维护双方当事人权益，不断增强商会调解的规范性和公信力。全国工商联法律维权服务中心加强纠纷调解职能，推动横向联通、纵向联动，共同推动商会调解工作。

7. 完善诉调对接机制。人民法院吸纳符合条件的商会调解组织或者调解员加入特邀调解组织名册或者特邀调解员名册。名册实行动态更新和维护，并向当事人提供完整、准确的调解组织和调解员信息，供当事人选择。落实委派调解和委托调解机制，加强与商会调解组织对接工作，探索设立驻人民法院调解室。加强诉讼与非诉讼解决方式的有机衔接，引导当事人优先选择商会调解组织解决纠纷。

8. 强化司法保障作用。经调解达成的调解协议，具有法律约束力，当事人应当按照约定履行。能够即时履行的，调解组织应当督促当事人即时履行。当事人申请司法确认的，人民法院应当及时审查，依法确认调解协议的效力。人民法院在立案登记后委托商会调解组织进行调解达成协议的，当事人申请出具调解书或者撤回起诉的，人民法院应当依法审查并制作民事调解书或者裁定书。对调解不成的纠纷，依法导入诉讼程序，切实维护当事人的诉权。

9. 建立信息共享机制。人民法院与工商联建立联席会议机制，加强工作沟通交流。完善信息互通和数据共享，建立相关信息和纠纷处理的工作台账，通过挖掘分析数据，研判纠纷类型特点、规律和问题，为更好地推进商会调解、做好纠纷预防提供数据支撑。

10. 强化指导培训。完善商会调解员培训机制，制定调解员职业道德规范，通过调解培训、座谈研讨、观摩庭审、法律讲座等方式，不断提高调解员职业修养、法律素养、专业知识和调解技能；加强调解员队伍建设，推动建立调解员资格认定和考核评估机制，完善调解员管理。

11. 完善经费保障。积极争取党委政府支持，将调解经费作为法律服务内容列入财政预算，推动将商会调解作为社会管理性服务内容纳入政府购买服务指导性目录。拓宽商会调解经费来源，通过商会会费、社会捐赠资助或设立基金等方式，提高经费保障水平。落实特邀调解制度，通过“以案定补”等方式向参与委派委托调解的调解员发放补贴，对表现突出的商会调解组织、调解员给予奖励。

12. 探索创新发展。借助“网上工商联”建设，整合工商联及所属商会的调解资源，建立各类调解组织、调解员数据库、纠纷化解信息库，构建相互贯通、资源共享、安全可靠的矛盾纠纷化解信息系统。创新开展在线解决纠纷，完善在线调解程序。支持地方各级工商联及其所属商会参与“一带一路”国际商事争端预防与解决机制建设，为民营企业走出去提供服务和保障。

13. 加强宣传引导。各级人民法院、工商联及所属商会应当充分运用各种传媒手段，宣传调解优势，总结推广商会调解典型案例和先进经验，引导企业防范风险，理性维权。

14. 加强组织领导。各级人民法院和工商联要大力支持商会调解工作，将其作为保障民营经济健康发展的重要举措，作为构建社会矛盾纠纷多元化解格局的重要内容，结合当地实际，把握政策精神，抓好贯彻落实。各高级人民法院和省级工商联及所属商会要对辖区内商会调解组织的工作加强指导，建立完善联络沟通机制，工作中遇到的情况和问题，及时层报最高人民法院和全国工商联。

六、强制措施

最高人民法院
关于采取民事强制措施不得逐级变更由行为人的上级机构承担责任的通知

2004年7月9日　　　　　　　　法〔2004〕127号

各省、自治区、直辖市高级人民法院，解放军军事法院，新疆维吾尔自治区高级人民法院生产建设兵团分院：

近一个时期，一些地方法院在执行银行和非银行金融机构（以下简称金融机构）作为被执行人或者协助执行人的案件中，在依法对该金融机构采取民事强制措施，作出罚款或者司法拘留决定后，又逐级对其上级金融机构直至总行、总公司采取民事强制措施，再次作出罚款或者司法拘留决定，造成不良影响。为纠正这一错误，特通知如下：

一、人民法院在执行程序中，对作为协助执行人的金融机构采取民事强制措施，应当严格依法决定，不得逐级变更由其上级金融机构负责。依据我院与中国人民银行于2000年9月4日会签下发的法发〔2000〕21号即《关于依法规范人民法院执行和金融机构协助执行的通知》第八条的规定，执行金融机构时逐级变更其上级金融机构为被执行人须具备五个条件：其一，该金融机构须为被执行人，其债务已由生效法律文书确认；其二，该金融机构收到执行法院对其限期十五日内履行偿债义务的通知；其三，该金融机构逾期未能自动履行偿债义务，并经过执行法院的强制执行；其四，该金融机构未能向执行法院提供其可供执行的财产；其五，该金融机构的上级金融机构对其负有民事连带清偿责任。金融机构作为协助执行人因其妨害执行行为而被采取民事强制措施，不同于金融机构为被执行人的情况，因此，司法处罚责任应由其自行承担；逐级变更由其上级金融机构承担此责任，属适用法律错误。

二、在执行程序中，经依法逐级变更由上级金融机构为被执行人的，如该上级金融机构在履行此项偿债义务时有妨害执行行为，可以对该上级金融机构采取民事强制措施。但人民法院应当严格按照前述通知第八条的规定，及时向该上级金融机构发出允许其于十五日内自动履行偿债义务的通知，在其自动履行的期限内，不得对其采取民事强制措施。

三、采取民事强制措施应当坚持过错责任原则。金融机构的行为基于其主观上的故意并构成妨害执行的，才可以对其采取民事强制措施；其中构成犯罪的，也可以通过法定程序追究其刑事责任。这种民事强制措施和刑事惩罚手段只适用于有故意过错的金融机构行为人，以充分体现国家法律对违法行为的惩罚性。

四、金融机构对执行法院的民事强制措施即罚款和司法拘留的决定书不服的，可以依据《民事诉讼法》第一百零五条的规定，向上一级法院申请复议；当事人向执行法院提出复议申请的，执行法院应当立即报送上一级法院，不得扣押或者延误转交；上一级法院受理复议申请后，应当及时审查处理；执行法院在上一级法院审查复议申请期间，可以继续执行处罚决定，但经上一级法院决定撤销处罚决定的，执行法院应当立即照办。

以上通知，希望各级人民法院认真贯彻执行。执行过程中有什么情况和问题，应当及时层报我院执行工作办公室。

七、诉讼费用

最高人民法院
印发《关于对经济确有困难的当事人提供司法救助的规定》的通知

2005 年 4 月 5 日　　　　　　　　法发〔2005〕6 号

全国地方各级人民法院、各级军事法院、各铁路运输中级法院和基层法院，新疆生产建设兵团各级法院：

《最高人民法院关于对经济确有困难的当事人提供司法救助的规定》已于 2005 年 4 月 5 日最高人民法院审判委员会第 1347 次会议通过修订，现印发给你们，请遵照执行。

附：

关于对经济确有困难的当事人提供司法救助的规定

（2000 年 7 月 12 日最高人民法院审判委员会第 1124 次会议通过　2005 年 4 月 5 日最高人民法院审判委员会第 1347 次会议通过修订）

第一条　为了使经济确有困难的当事人能够依法行使诉讼权利，维护其合法权益，根据《中华人民共和国民事诉讼法》《中华人民共和国行政诉讼法》和《人民法院诉讼收费办法》，制定本规定。

第二条　本规定所称司法救助，是指人民法院对于当事人为维护自己的合法权益，向人民法院提起民事、行政诉讼，但经济确有困难的，实行诉讼费用的缓交、减交、免交。

第三条　当事人符合本规定第二条并具有下列情形之一的，可以向人民法院申请司法救助：

（一）追索赡养费、扶养费、抚育费、抚恤金的；

（二）孤寡老人、孤儿和农村“五保户”；

（三）没有固定生活来源的残疾人、患有严重疾病的人；

（四）国家规定的优抚、安置对象；

（五）追索社会保险金、劳动报酬和经济补偿金的；

（六）交通事故、医疗事故、工伤事故、产品质量事故或者其他人身伤害事故的受害人，请求赔偿的；

（七）因见义勇为或为保护社会公共利益致使自己合法权益受到损害，本人或者近亲属请求赔偿或经济补偿的；

（八）进城务工人员追索劳动报酬或其他合法权益受到侵害而请求赔偿的；

（九）正在享受城市居民最低生活保障、农村特困户救济或者领取失业保险金，无其他收入的；

（十）因自然灾害等不可抗力造成生活困难，正在接受社会救济，或者家庭生产经营难以为继的；

（十一）起诉行政机关违法要求农民履行义务的；

（十二）正在接受有关部门法律援助的；

（十三）当事人为社会福利机构、敬老院、优抚医院、精神病院、SOS 儿童村、社会救助站、特殊教育机构等社会公共福利单位的；

（十四）其他情形确实需要司法救助的。

第四条 当事人请求人民法院提供司法救助，应在起诉或上诉时提交书面申请和足以证明其确有经济困难的证明材料。其中因生活困难或者追索基本生活费用申请司法救助的，应当提供本人及其家庭经济状况符合当地民政、劳动和社会保障等部门规定的公民经济困难标准的证明。

第五条 人民法院对当事人司法救助的请求，经审查符合本规定第三条所列情形的，立案时应准许当事人缓交诉讼费用。

第六条 人民法院决定对一方当事人司法救助，对方当事人败诉的，诉讼费用由对方当事人交纳；拒不交纳的强制执行。

对方当事人胜诉的，可视申请司法救助当事人的经济状况决定其减交、免交诉讼费用。决定减交诉讼费用的，减交比例不得低于 30%。符合本规定第三条第二项、第九项规定情形的，应免交诉讼费用。

第七条 对当事人请求缓交诉讼费用的，由承办案件的审判人员或合议庭提出意见，报庭长审批；对当事人请求减交、免交诉讼费用的，由承办案件的审判人员或合议庭提出意见，经庭长审核同意后，报院长审批。

第八条 人民法院决定对当事人减交、免交诉讼费用的，应在法律文书中列明。

第九条 当事人骗取司法救助的，人民法院应当责令其补交诉讼费用；拒不补交的，以妨害诉讼行为论处。

第十条 本规定自公布之日起施行。

最高人民法院
关于适用《诉讼费用交纳办法》的通知

2007 年 4 月 20 日　　　　法发〔2007〕16 号

全国地方各级人民法院、各级军事法院、各铁路运输中级法院和基层法院、各海事法院，新疆生产建设兵团各级法院：

《诉讼费用交纳办法》（以下简称《办法》）自 2007 年 4 月 1 日起施行，最高人民法院颁布的《人民法院诉讼收费办法》和《〈人民法院诉讼收费办法〉补充规定》同时不再适用。为了贯彻落实《办法》，规范诉讼费用的交纳和管理，现就有关事项通知如下：

一、关于《办法》实施后的收费衔接

2007 年 4 月 1 日以后人民法院受理的诉讼案件和执行案件，适用《办法》的规定。

2007 年 4 月 1 日以前人民法院受理的诉讼案件和执行案件，不适用《办法》的规定。

对 2007 年 4 月 1 日以前已经作出生效裁判的案件依法再审的，适用《办法》的规定。人民法院对再审案件依法改判的，原审诉讼费用的负担按照原审时诉讼费用负担的原则和标准重新予以确定。

二、关于当事人未按照规定交纳案件受理费或者申请费的后果

当事人逾期不按照《办法》第二十条规定交纳案件受理费或者申请费并且没有提出司法救助申请，或者申请司法救助未获批准，在人民法院指定期限内仍未交纳案件受理费或者申请费的，由人民法院依法按照当事人自动撤诉或者撤回申请处理。

三、关于诉讼费用的负担

《办法》第二十九条规定，诉讼费用由败诉方负担，胜诉方自愿承担的除外。对原告胜诉的案件，诉讼费用由被告负担，人民法院应当将预收的诉讼费用退还原告，再由人民法院直接向被告收取，但原告自愿承担或者同意被告直接向其支付的除外。

当事人拒不交纳诉讼费用的，人民法院应当依法强制执行。

四、关于执行申请费和破产申请费的收取

《办法》第二十条规定，执行申请费和破产申请费不由申请人预交，执行申请费执行后交纳，破产申请费清算后交纳。自 2007 年 4 月 1 日起，执行申请费由人民法院在执行生效法律文书确定的内容之外直接向被执行人收取，破产申请费由人民法院在破产清算后，从破产财产中优先拨付。

五、关于司法救助的申请和批准程序

《办法》对司法救助的原则、形式、程序等作出了规定，但对司法救助的申请和批准程序未作规定。为规范人民法院司法救助的操作程序，最高人民法院将于近期对《关于对经济确有困难的当事人提供司法救助的规定》进行修订，及时向全国法院颁布施行。

六、关于各省、自治区、直辖市案件受理费和申请费的具体交纳标准

《办法》授权各省、自治区、直辖市人民政府可以结合本地实际情况，在第十三条第（二）（三）（六）项和第十四条第（一）项规定的幅度范围内制定各地案件受理费和申请费的具体交纳标准。各高级人民法院要商同级人民政府，及时就上述条款制定本省、自治区、直辖市案件受理费和申请费的具体交纳标准，并尽快下发辖区法院执行。

【链　　接】

诉讼费用交纳办法

（2006 年 12 月 8 日国务院第 159 次常务会议通过
2006 年 12 月 19 日国务院令第 481 号公布
自 2007 年 4 月 1 日起施行）

第一章　总　则

第一条　根据《中华人民共和国民事诉讼法》（以下简称民事诉讼法）和《中华人民共和国行政诉讼法》（以下简称行政诉讼法）的有关规定，制定本办法。

第二条　当事人进行民事诉讼、行政诉讼，应当依照本办法交纳诉讼费用。

本办法规定可以不交纳或者免予交纳诉讼费用的除外。

第三条　在诉讼过程中不得违反本办法规定的范围和标准向当事人收取费用。

第四条　国家对交纳诉讼费用确有困难的当事人提供司法救助，保障其依法行使诉讼权利，维护其合法权益。

第五条　外国人、无国籍人、外国企业或者组织在人民法院进行诉讼，适用本办法。

外国法院对中华人民共和国公民、法人或者其他组织，与其本国公民、法人或者其他组织在诉讼费用交纳上实行差别对待的，按照对等原则处理。

第二章　诉讼费用交纳范围

第六条　当事人应当向人民法院交纳的诉讼费用包括：

（一）案件受理费；

（二）申请费；

（三）证人、鉴定人、翻译人员、理算人员在人民法院指定日期出庭发生的交通费、住宿费、生活费和误工补贴。

第七条　案件受理费包括：

（一）第一审案件受理费；

（二）第二审案件受理费；

（三）再审案件中，依照本办法规定需要交纳的案件受理费。

第八条　下列案件不交纳案件受理费：

（一）依照民事诉讼法规定的特别程序审理的案件；

（二）裁定不予受理、驳回起诉、驳回上诉的案件；

（三）对不予受理、驳回起诉和管辖权异议裁定不服，提起上诉的案件；

（四）行政赔偿案件。

第九条　根据民事诉讼法和行政诉讼法规定的审判监督程序审理的案件，当事人不交纳案件受理费。但是，下列情形除外：

（一）当事人有新的证据，足以推翻原判决、裁定，向人民法院申请再审，人民法院经审查决定再审的案件；

（二）当事人对人民法院第一审判决或者裁定未提出上诉，第一审判决、裁定或者调解书发生法律效力后又申请再审，人民法院经审查决定再审的案件。

第十条　当事人依法向人民法院申请下列事项，应当交纳申请费：

（一）申请执行人民法院发生法律效力的判决、裁定、调解书，仲裁机构依法作出的裁决和调解书，公证机构依法赋予强制执行效力的债权文书；

（二）申请保全措施；

（三）申请支付令；

（四）申请公示催告；

（五）申请撤销仲裁裁决或者认定仲裁协议效力；

（六）申请破产；

（七）申请海事强制令、共同海损理算、设立海事赔偿责任限制基金、海事债权登记、船舶优先权催告；

（八）申请承认和执行外国法院判决、裁定和国外仲裁机构裁决。

第十一条　证人、鉴定人、翻译人员、理算人员在人民法院指定日期出庭发生的交通费、住宿费、生活费和误工补贴，由人民法院按照国家规定标准代为收取。

当事人复制案件卷宗材料和法律文书应当按实际成本向人民法院交纳工本费。

第十二条　诉讼过程中因鉴定、公告、勘验、翻译、评估、拍卖、变卖、仓储、保管、运输、船舶监管等发生的依法应当由当事人负担的费用，人民法院根据谁主张、谁负担的原则，决定由当事人直接支付给有关机构或者单位，人民法院不得代收代付。

人民法院依照民事诉讼法第十一条第三款规定提供当地民族通用语言、文字翻译的，不收取费用。

第三章 诉讼费用交纳标准

第十三条 案件受理费分别按照下列标准交纳：

（一）财产案件根据诉讼请求的金额或者价额，按照下列比例分段累计交纳：

1. 不超过1万元的，每件交纳50元；

2. 超过1万元至10万元的部分，按照2.5%交纳；

3. 超过10万元至20万元的部分，按照2%交纳；

4. 超过20万元至50万元的部分，按照1.5%交纳；

5. 超过50万元至100万元的部分，按照1%交纳；

6. 超过100万元至200万元的部分，按照0.9%交纳；

7. 超过200万元至500万元的部分，按照0.8%交纳；

8. 超过500万元至1000万元的部分，按照0.7%交纳；

9. 超过1000万元至2000万元的部分，按照0.6%交纳；

10. 超过2000万元的部分，按照0.5%交纳。

（二）非财产案件按照下列标准交纳：

1. 离婚案件每件交纳50元至300元。涉及财产分割，财产总额不超过20万元的，不另行交纳；超过20万元的部分，按照0.5%交纳。

2. 侵害姓名权、名称权、肖像权、名誉权、荣誉权以及其他人格权的案件，每件交纳100元至500元。涉及损害赔偿，赔偿金额不超过5万元的，不另行交纳；超过5万元至10万元的部分，按照1%交纳；超过10万元的部分，按照0.5%交纳。

3. 其他非财产案件每件交纳50元至100元。

（三）知识产权民事案件，没有争议金额或者价额的，每件交纳500元至1000元；有争议金额或者价额的，按照财产案件的标准交纳。

（四）劳动争议案件每件交纳10元。

（五）行政案件按照下列标准交纳：

1. 商标、专利、海事行政案件每件交纳100元；

2. 其他行政案件每件交纳50元。

（六）当事人提出案件管辖权异议，异议不成立的，每件交纳50元至100元。

省、自治区、直辖市人民政府可以结合本地实际情况在本条第（二）项、第（三）项、第（六）项规定的幅度内制定具体交纳标准。

第十四条 申请费分别按照下列标准交纳：

（一）依法向人民法院申请执行人民法院发生法律效力的判决、裁定、调解书，仲裁机构依法作出的裁决和调解书，公证机关依法赋予强制执行效力的债权文书，申请承认和执行外国法院判决、裁定以及国外仲裁机构裁决的，按照下列标准交纳：

1. 没有执行金额或者价额的，每件交纳50元至500元。

2. 执行金额或者价额不超过1万元的，每件交纳50元；超过1万元至50万元的部分，按照1.5%交纳；超过50万元至500万元的部分，按照1%交纳；超过500万元至1000万元的部分，按照0.5%交纳；超过1000万元的部分，按照0.1%交纳。

3. 符合民事诉讼法第五十五条第四款规定，未参加登记的权利人向人民法院提起诉讼的，按照本项规定的标准交纳申请费，不再交纳案件受理费。

（二）申请保全措施的，根据实际保全的财产数额按照下列标准交纳：

财产数额不超过1000元或者不涉及财产数额的，每件交纳30元；超过1000元至10万元的部分，按照1%交纳；超过10万元的部分，按照0.5%交纳。但是，当事人申请保全措施交纳的费用最多不超过5000元。

（三）依法申请支付令的，比照财产案件受理费标准的1/3交纳。

（四）依法申请公示催告的，每件交纳100元。

（五）申请撤销仲裁裁决或者认定仲裁协议效力的，每件交纳400元。

（六）破产案件依据破产财产总额计算，按照财产案件受理费标准减半交纳，但是，最高不超过30万元。

（七）海事案件的申请费按照下列标准交纳：

1. 申请设立海事赔偿责任限制基金的，每件交纳1000元至1万元；

2. 申请海事强制令的，每件交纳1000元至5000元；

3. 申请船舶优先权催告的，每件交纳1000元至5000元；

4. 申请海事债权登记的，每件交纳1000元；

5. 申请共同海损理算的，每件交纳1000元。

第十五条　以调解方式结案或者当事人申请撤诉的，减半交纳案件受理费。

第十六条　适用简易程序审理的案件减半交纳案件受理费。

第十七条　对财产案件提起上诉的，按照不服一审判决部分的上诉请求数额交纳案件受理费。

第十八条　被告提起反诉、有独立请求权的第三人提出与本案有关的诉讼请求，人民法院决定合并审理的，分别减半交纳案件受理费。

第十九条　依照本办法第九条规定需要交纳案件受理费的再审案件，按照不服原判决部分的再审请求数额交纳案件受理费。

第四章　诉讼费用的交纳和退还

第二十条　案件受理费由原告、有独立请求权的第三人、上诉人预交。被告提起反诉，依照本办法规定需要交纳案件受理费的，由被告预交。追索劳动报酬的案件可以不预交案件受理费。

申请费由申请人预交。但是，本办法第十条第（一）项、第（六）项规定的申请费不由申请人预交，执行申请费执行后交纳，破产申请费清算后交纳。

本办法第十一条规定的费用，待实际发生后交纳。

第二十一条　当事人在诉讼中变更诉讼请求数额，案件受理费依照下列规定处理：

（一）当事人增加诉讼请求数额的，按照增加后的诉讼请求数额计算补交；

（二）当事人在法庭调查终结前提出减少诉讼请求数额的，按照减少后的诉讼请求数额计算退还。

第二十二条　原告自接到人民法院交纳诉讼费用通知次日起7日内交纳案件受理费；反诉案件由提起反诉的当事人自提起反诉次日起7日内交纳案件受理费。

上诉案件的案件受理费由上诉人向人民法院提交上诉状时预交。双方当事人都提起上诉的，分别预交。上诉人在上诉期内未预交诉讼费用的，人民法院应当通知其在7日内预交。

申请费由申请人在提出申请时或者在人民法院指定的期限内预交。

当事人逾期不交纳诉讼费用又未提出司法救助申请，或者申请司法救助未获批准，在人民法院指定期限内仍未交纳诉讼费用的，由人民法院依照有关规定处理。

第二十三条　依照本办法第九条规定需要交纳案件受理费的再审案件，由申请再审的当事人预交。双方当事人都申请再审的，分别预交。

第二十四条　依照民事诉讼法第三十六条、第三十七条、第三十八条、第三十九条规定移送、移交的案件，原受理人民法院应当将当事人预交的诉讼费用随案移交接收案件的人民法院。

第二十五条　人民法院审理民事案件过程中发现涉嫌刑事犯罪并将案件移送有关部门处理的，当事人交纳的案件受理费予以退还；移送后民事案件需要继续审理的，当事人已交纳的案件受理费不予退还。

第二十六条　中止诉讼、中止执行的案件，已交纳的案件受理费、申请费不予退还。中止诉讼、中止执行的原因消除，恢复诉讼、执行的，不再交纳案件受理费、申请费。

第二十七条　第二审人民法院决定将案件发回重审的，应当退还上诉人已交纳的第二审案件受理费。

第一审人民法院裁定不予受理或者驳回起诉的，应当退还当事人已交纳的案件受理费；当事人对第一审人民法院不予受理、驳回起诉的裁定提起上诉，第二审人民法院维持第一审人民法院作出的裁定的，第一审人民法院应当退还当事人已交纳的案件受理费。

第二十八条　依照民事诉讼法第一百三十七条规定终结诉讼的案件，依照本办法规定已交纳的案件受理费不予退还。

第五章　诉讼费用的负担

第二十九条　诉讼费用由败诉方负担，胜诉方自愿承担的除外。

部分胜诉、部分败诉的，人民法院根据案件的具体情况决定当事人各自负担的诉讼费用数额。

共同诉讼当事人败诉的，人民法院根据其对诉讼标的的利害关系，决定当事人各自负担的诉讼费用数额。

第三十条　第二审人民法院改变第一审人民法院作出的判决、裁定的，应当相应变更第一审人民法院对诉讼费用负担的决定。

第三十一条　经人民法院调解达成协议的案件，诉讼费用的负担由双方当事人协商解决；协商不成的，由人民法院决定。

第三十二条　依照本办法第九条第（一）项、第（二）项的规定应当交纳案件受理费的再审案件，诉讼费用由申请再审的当事人负担；双方当事人都申请再审的，诉讼费用依照本办法第二十九条的规定负担。原审诉讼费用的负担由人民法院根据诉讼费用负担原则重新确定。

第三十三条　离婚案件诉讼费用的负担由双方当事人协商解决；协商不成的，由人民法院决定。

第三十四条　民事案件的原告或者上诉人申请撤诉，人民法院裁定准许的，案件受理费由原告或者上诉人负担。

行政案件的被告改变或者撤销具体行政行为，原告申请撤诉，人民法院裁定准许的，案件受理费由被告负担。

第三十五条　当事人在法庭调查终结后提出减少诉讼请求数额的，减少请求数额部分的案件受理费由变更诉讼请求的当事人负担。

第三十六条　债务人对督促程序未提出异议的，申请费由债务人负担。债务人对督促程序提出异议致使督促程序终结的，申请费由申请人负担；申请人另行起诉的，可以将申请费列入诉讼请求。

第三十七条　公示催告的申请费由申请人负担。

第三十八条　本办法第十条第（一）项、第（八）项规定的申请费由被执行人负担。

执行中当事人达成和解协议的，申请费的负担由双方当事人协商解决；协商不成的，由人民法院决定。

本办法第十条第（二）项规定的申请费由申请人负担，申请人提起诉讼的，可以将该申请费列入诉讼请求。

本办法第十条第（五）项规定的申请费，由人民法院依照本办法第二十九条规定决定申请费的负担。

第三十九条 海事案件中的有关诉讼费用依照下列规定负担：

（一）诉前申请海事请求保全、海事强制令的，申请费由申请人负担；申请人就有关海事请求提起诉讼的，可将上述费用列入诉讼请求；

（二）诉前申请海事证据保全的，申请费由申请人负担；

（三）诉讼中拍卖、变卖被扣押船舶、船载货物、船用燃油、船用物料发生的合理费用，由申请人预付，从拍卖、变卖价款中先行扣除，退还申请人；

（四）申请设立海事赔偿责任限制基金、申请债权登记与受偿、申请船舶优先权催告案件的申请费，由申请人负担；

（五）设立海事赔偿责任限制基金、船舶优先权催告程序中的公告费用由申请人负担。

第四十条 当事人因自身原因未能在举证期限内举证，在二审或者再审期间提出新的证据致使诉讼费用增加的，增加的诉讼费用由该当事人负担。

第四十一条 依照特别程序审理案件的公告费，由起诉人或者申请人负担。

第四十二条 依法向人民法院申请破产的，诉讼费用依照有关法律规定从破产财产中拨付。

第四十三条 当事人不得单独对人民法院关于诉讼费用的决定提起上诉。

当事人单独对人民法院关于诉讼费用的决定有异议的，可以向作出决定的人民法院院长申请复核。复核决定应当自收到当事人申请之日起15日内作出。

当事人对人民法院决定诉讼费用的计算有异议的，可以向作出决定的人民法院请求复核。计算确有错误的，作出决定的人民法院应当予以更正。

第六章 司法救助

第四十四条 当事人交纳诉讼费用确有困难的，可以依照本办法向人民法院申请缓交、减交或者免交诉讼费用的司法救助。

诉讼费用的免交只适用于自然人。

第四十五条 当事人申请司法救助，符合下列情形之一的，人民法院应当准予免交诉讼费用：

（一）残疾人无固定生活来源的；

（二）追索赡养费、扶养费、抚育费、抚恤金的；

（三）最低生活保障对象、农村特困定期救济对象、农村五保供养对象或者领取失业保险金人员，无其他收入的；

（四）因见义勇为或者为保护社会公共利益致使自身合法权益受到损害，本人或者其近亲属请求赔偿或者补偿的；

（五）确实需要免交的其他情形。

第四十六条　当事人申请司法救助，符合下列情形之一的，人民法院应当准予减交诉讼费用：

（一）因自然灾害等不可抗力造成生活困难，正在接受社会救济，或者家庭生产经营难以为继的；

（二）属于国家规定的优抚、安置对象的；

（三）社会福利机构和救助管理站；

（四）确实需要减交的其他情形。

人民法院准予减交诉讼费用的，减交比例不得低于30%。

第四十七条　当事人申请司法救助，符合下列情形之一的，人民法院应当准予缓交诉讼费用：

（一）追索社会保险金、经济补偿金的；

（二）海上事故、交通事故、医疗事故、工伤事故、产品质量事故或者其他人身伤害事故的受害人请求赔偿的；

（三）正在接受有关部门法律援助的；

（四）确实需要缓交的其他情形。

第四十八条　当事人申请司法救助，应当在起诉或者上诉时提交书面申请、足以证明其确有经济困难的证明材料以及其他相关证明材料。

因生活困难或者追索基本生活费用申请免交、减交诉讼费用的，还应当提供本人及其家庭经济状况符合当地民政、劳动保障等部门规定的公民经济困难标准的证明。

人民法院对当事人的司法救助申请不予批准的，应当向当事人书面说明理由。

第四十九条　当事人申请缓交诉讼费用经审查符合本办法第四十七条规定的，人民法院应当在决定立案之前作出准予缓交的决定。

第五十条　人民法院对一方当事人提供司法救助，对方当事人败诉的，诉讼费用由对方当事人负担；对方当事人胜诉的，可以视申请司法救助的当事人的经济状况决定其减交、免交诉讼费用。

第五十一条　人民法院准予当事人减交、免交诉讼费用的，应当在法律文书中载明。

第七章 诉讼费用的管理和监督

第五十二条 诉讼费用的交纳和收取制度应当公示。人民法院收取诉讼费用按照其财务隶属关系使用国务院财政部门或者省级人民政府财政部门印制的财政票据。案件受理费、申请费全额上缴财政，纳入预算，实行收支两条线管理。

人民法院收取诉讼费用应当向当事人开具缴费凭证，当事人持缴费凭证到指定代理银行交费。依法应当向当事人退费的，人民法院应当按照国家有关规定办理。诉讼费用缴库和退费的具体办法由国务院财政部门商最高人民法院另行制定。

在边远、水上、交通不便地区，基层巡回法庭当场审理案件，当事人提出向指定代理银行交纳诉讼费用确有困难的，基层巡回法庭可以当场收取诉讼费用，并向当事人出具省级人民政府财政部门印制的财政票据；不出具省级人民政府财政部门印制的财政票据的，当事人有权拒绝交纳。

第五十三条 案件审结后，人民法院应当将诉讼费用的详细清单和当事人应当负担的数额书面通知当事人，同时在判决书、裁定书或者调解书中写明当事人各方应当负担的数额。

需要向当事人退还诉讼费用的，人民法院应当自法律文书生效之日起15日内退还有关当事人。

第五十四条 价格主管部门、财政部门按照收费管理的职责分工，对诉讼费用进行管理和监督；对违反本办法规定的乱收费行为，依照法律、法规和国务院相关规定予以查处。

第八章 附则

第五十五条 诉讼费用以人民币为计算单位。以外币为计算单位的，依照人民法院决定受理案件之日国家公布的汇率换算成人民币计算交纳；上诉案件和申请再审案件的诉讼费用，按照第一审人民法院决定受理案件之日国家公布的汇率换算。

第五十六条 本办法自2007年4月1日起施行。

最高人民法院
印发《关于诉讼收费监督管理的规定》的通知

2007 年 9 月 20 日　　　　　　　　　法发〔2007〕30 号

全国地方各级人民法院、各级军事法院、各铁路运输中级法院和基层法院、各海事法院，新疆生产建设兵团各级法院：

为进一步加强和完善对人民法院诉讼收费的监督管理，确保《诉讼费用交纳办法》的正确执行，最高人民法院制定了《关于诉讼收费监督管理的规定》(以下简称《规定》)。现将《规定》印发给你们，请结合实际，认真贯彻执行。

附：

关于诉讼收费监督管理的规定

为了进一步加强和完善对人民法院诉讼收费的监督管理，防止和查处违规收费行为，维护当事人的合法权益，根据《民事诉讼法》《行政诉讼法》和《诉讼费用交纳办法》的有关规定，制定本规定。

第一条　诉讼收费范围和收费标准应当严格执行《诉讼费用交纳办法》，不得提高收费标准。

第二条　当事人交纳诉讼费用确有困难的，可以依照《诉讼费用交纳办法》向人民法院申请缓交、减交或者免交诉讼费用的司法救助。对不符合司法救助情形的，不应准予免交、减交或者缓交。

第三条　诉讼收费严格实行“收支两条线”管理的规定，各级人民法院应当严格按照有关规定将依法收取的诉讼费用按照规定及时上缴同级财政，纳入预算管理，不得擅自开设银行账户收费，不得截留、坐支、挪用、私分诉讼费用。

第四条　各级人民法院收取诉讼费用应当到指定的价格主管部门办理收费许可证。

第五条 各级人民法院应当严格执行收费公示制度的有关规定，在立案场所公示收费许可证，诉讼费用交纳范围、交纳项目、交纳标准，以及投诉部门和电话等。

第六条 各级人民法院收取诉讼费用应当按照财务隶属关系使用国务院财政部门或者省级人民政府财政部门印制的财政票据，不得私自印制或者使用任何其他票据进行收费。

第七条 基层人民法院的人民法庭按照有关规定当场收取诉讼费用的，必须向当事人出具省级人民政府财政部门印制的财政票据，并及时将收取的诉讼费用缴入指定代理银行。

第八条 各级人民法院不得违反规定预收执行申请费和破产申请费。

第九条 各级人民法院应当按照实际成本向当事人、辩护人以及代理人等收取复制案件卷宗材料、审判工作的声像档案和法律文书的工本费。实际成本按照人民法院所在地省级价格、财政部门的规定执行。

第十条 诉讼费用结算完毕后，各级人民法院按照规定应当退还当事人诉讼费用的，应当及时办理退还手续；案件经审理需移送、移交的，应当及时办理随案移交诉讼费用的手续，不得影响当事人诉讼；当事人需要补缴诉讼费用的，应当及时督促补缴。

第十一条 各级人民法院不得向法院内部各部门下达收费任务和指标，不得以诉讼收费数额的多少作为对部门或个人奖惩的依据，不得将诉讼费用的收取与奖金、福利、津贴等挂钩。

第十二条 各级人民法院应当对本院收取诉讼费用的情况每年进行一次自查。上级人民法院应当对所辖法院收取诉讼费用的情况有计划地开展检查。对检查中发现的问题，应当及时纠正。

各级人民法院应当按照有关规定接受并配合有关职能部门对诉讼收费情况的监督检查。

第十三条 各级人民法院监察部门负责受理对违反规定收取诉讼费用行为的举报，并查处违反规定收取诉讼费用的行为。

第十四条 各级人民法院监察部门对于违反规定收取诉讼费用的行为，应当认真进行调查。查证属实的，应当依照最高人民法院有关纪律处分的规定对直接责任人员进行处理。对于违反规定收取诉讼费用，严重损害当事人利益，造成恶劣影响的，还应当追究有关领导和责任人员的责任。

第十五条 本规定自下发之日起施行。

八、公益诉讼

最高人民法院　民政部　环境保护部
关于贯彻实施环境民事公益诉讼制度的通知

2014年12月26日　　　　　　　　法〔2014〕352号

各省、自治区、直辖市高级人民法院、民政厅（局）、环境保护厅（局）、新疆维吾尔自治区高级人民法院生产建设兵团分院、民政局、环境保护局：

为正确实施《中华人民共和国民事诉讼法》《中华人民共和国环境保护法》《最高人民法院关于审理环境民事公益诉讼案件适用法律若干问题的解释》，现就贯彻实施环境民事公益诉讼制度有关事项通知如下：

一、人民法院受理和审理社会组织提起的环境民事公益诉讼，可根据案件需要向社会组织的登记管理机关查询或者核实社会组织的基本信息，包括名称、住所、成立时间、宗旨、业务范围、法定代表人或者负责人、存续状态、年检信息、从事业务活动的情况以及登记管理机关掌握的违法记录等，有关登记管理机关应及时将相关信息向人民法院反馈。

二、社会组织存在通过诉讼牟取经济利益情形的，人民法院应向其登记管理机关发送司法建议，由登记管理机关依法对其进行查处，查处结果应向社会公布并通报人民法院。

三、人民法院受理环境民事公益诉讼后，应当在十日内通报对被告行为负有监督管理职责的环境保护主管部门。环境保护主管部门收到人民法院受理环境民事公益诉讼案件线索后，可以根据案件线索开展核查；发现被告行为构成环境行政违法的，应当依法予以处理，并将处理结果通报人民法院。

四、人民法院因审理案件需要，向负有监督管理职责的环境保护主管部门调取涉及被告的环境影响评价文件及其批复、环境许可和监管、污染物排放情况、行政处罚及处罚依据等证据材料的，相关部门应及时向人民法院提交，法律法规规定不得对外提供的材料除外。

五、环境民事公益诉讼当事人达成调解协议或者自行达成和解协议的，人民法院应当将协议内容告知负有监督管理职责的环境保护主管部门。相关部门对协议约定的修复费用、修复方式等内容有意见和建议的，应及时向人民法院提出。

六、人民法院可以判决被告自行组织修复生态环境，可以委托第三方修复生态环境，必要时也可以商请负有监督管理职责的环境保护主管部门共同组织修复生态环境。对生态环境损害修复结果，人民法院可以委托具有环境损害评估等相关资质的鉴定机构进行鉴定，必要时可以商请负有监督管理职责的环境保护主管部门协助审查。

七、人民法院判决被告承担的生态环境修复费用、生态环境受到损害至恢复原状期间服务功能损失等款项，应当用于修复被损害的生态环境。提起环境民事公益诉讼的原告在诉讼中所需的调查取证、专家咨询、检验、鉴定等必要费用，可以酌情从上述款项中支付。

八、人民法院应将判决执行情况及时告知提起环境民事公益诉讼的社会组织。

各级人民法院、民政部门、环境保护部门应认真遵照执行。对于实施工作中存在的问题和建议，请分别及时报告最高人民法院、民政部、环境保护部。

最高人民法院
关于印发《人民法院审理人民检察院提起公益诉讼案件试点工作实施办法》的通知

2016 年 2 月 25 日　　　　法发〔2016〕6 号

各省、自治区、直辖市高级人民法院，解放军军事法院，新疆维吾尔自治区高级人民法院生产建设兵团分院：

为全面贯彻落实党的十八届四中全会精神，完成中央部署的探索检察机关提起公益诉讼的司法改革任务，保障人民检察院提起公益诉讼案件的正确审理，根据《全国人民代表大会常务委员会关于授权最高人民检察院在部分地区开展公益诉讼试点工作的决定》，我院制定了《人民法院审理人民检察院提起公益诉讼案件试点工作实施办法》。该实施办法已于 2016 年 2 月 22 日由最高人民法院审判委员会第 1679 次会议通过，现予印发，自 2016 年 3 月 1 日起施行，请各试点地区人民法院认真贯彻执行。对于执行中遇到的重要情况和问题，请及时报告最高人民法院。

附：

人民法院审理人民检察院提起公益诉讼案件试点工作实施办法

为贯彻实施《全国人民代表大会常务委员会关于授权最高人民检察院在部分地区开展公益诉讼试点工作的决定》，依法审理人民检察院提起的公益诉讼案件，依据《中华人民共和国民事诉讼法》《中华人民共和国行政诉讼法》等法律的规定，结合审判工作实际，制定本办法。

一、民事公益诉讼

第一条 人民检察院认为被告有污染环境、破坏生态、在食品药品安全领域侵害众多消费者合法权益等损害社会公共利益的行为，在没有适格主体提起诉讼或者适格主体不提起诉讼的情况下，向人民法院提起民事公益诉讼，符合民事诉讼法第一百一十九条第二项、第三项、第四项规定的，人民法院应当登记立案。

第二条 人民检察院提起民事公益诉讼应当提交下列材料：

（一）符合民事诉讼法第一百二十一条规定的起诉状，并按照被告人数提出副本；

（二）污染环境、破坏生态、在食品药品安全领域侵害众多消费者合法权益等损害社会公共利益行为的初步证明材料；

（三）人民检察院已经履行督促或者支持法律规定的机关或有关组织提起民事公益诉讼的诉前程序的证明材料。

第三条 人民检察院提起民事公益诉讼，可以提出要求被告停止侵害、排除妨碍、消除危险、恢复原状、赔偿损失、赔礼道歉等诉讼请求。

第四条 人民检察院以公益诉讼人身份提起民事公益诉讼，诉讼权利义务参照民事诉讼法关于原告诉讼权利义务的规定。民事公益诉讼的被告是被诉实施损害社会公共利益行为的公民、法人或者其他组织。

第五条 人民检察院提起的第一审民事公益诉讼案件由侵害行为发生地、损害结果地或者被告住所地的中级人民法院管辖，但法律、司法解释另有规定的除外。

第六条 人民法院审理人民检察院提起的民事公益诉讼案件，被告提出反诉请求的，不予受理。

第七条　人民法院审理人民检察院提起的第一审民事公益诉讼案件，原则上适用人民陪审制。

当事人申请不适用人民陪审制审理的，人民法院经审查可以决定不适用人民陪审制审理。

第八条　人民检察院与被告达成和解协议或者调解协议后，人民法院应当将协议内容公告，公告期间不少于三十日。

公告期满后，人民法院审查认为和解协议或者调解协议内容不损害社会公共利益的，应当出具调解书。

第九条　人民检察院在法庭辩论终结前申请撤诉，或者在法庭辩论终结后，人民检察院的诉讼请求全部实现，申请撤诉的，应予准许。

第十条　对于人民法院作出的民事公益诉讼判决、裁定，当事人依法提起上诉、人民检察院依法提起抗诉或者其他当事人依法申请再审且符合民事诉讼法第二百条规定的，分别按照民事诉讼法规定的第二审程序、审判监督程序审理。

二、行政公益诉讼

第十一条　人民检察院认为在生态环境和资源保护、国有资产保护、国有土地使用权出让等领域负有监督管理职责的行政机关或者法律、法规、规章授权的组织违法行使职权或不履行法定职责，造成国家和社会公共利益受到侵害，向人民法院提起行政公益诉讼，符合行政诉讼法第四十九条第二项、第三项、第四项规定的，人民法院应当登记立案。

第十二条　人民检察院提起行政公益诉讼应当提交下列材料：

（一）行政公益诉讼起诉状，并按照被告人数提出副本；

（二）被告的行为造成国家和社会公共利益受到侵害的初步证明材料；

（三）人民检察院已经履行向相关行政机关提出检察建议、督促其纠正违法行政行为或者依法履行职责的诉前程序的证明材料。

第十三条　人民检察院提起行政公益诉讼，可以向人民法院提出撤销或者部分撤销违法行政行为、在一定期限内履行法定职责、确认行政行为违法或者无效等诉讼请求。

第十四条　人民检察院以公益诉讼人身份提起行政公益诉讼，诉讼权利义务参照行政诉讼法关于原告诉讼权利义务的规定。行政公益诉讼的被告是生态环境和资源保护、国有资产保护、国有土地使用权出让等领域行使职权或者负有行政职责的行政机关，以及法律、法规、规章授权的组织。

第十五条　人民检察院提起的第一审行政公益诉讼案件由最初作出行政行为的行政机关所在地基层人民法院管辖。经复议的案件，也可以由复议机关所在地基层人民法院管辖。

人民检察院对国务院部门或者县级以上地方人民政府所作的行政行为提起公益诉讼的案件以及本辖区内重大、复杂的公益诉讼案件由中级人民法院管辖。

第十六条 人民法院审理人民检察院提起的第一审行政公益诉讼案件，原则上适用人民陪审制。

第十七条 人民法院审理人民检察院提起的行政公益诉讼案件，不适用调解。

第十八条 人民法院对行政公益诉讼案件宣告判决或者裁定前，人民检察院申请撤诉的，是否准许，由人民法院裁定。

第十九条 对于人民法院作出的行政公益诉讼判决、裁定，当事人依法提起上诉、人民检察院依法提起抗诉或者其他当事人申请再审且符合行政诉讼法第九十一条规定的，分别按照行政诉讼法规定的第二审程序、审判监督程序审理。

三、其他规定

第二十条 人民法院审理人民检察院提起的公益诉讼案件，应当依法公开进行。人民法院可以邀请人大代表、政协委员等旁听庭审，并可以通过庭审直播录播等方式满足公众和媒体了解庭审实况的需要。裁判文书应当按照有关规定在互联网上公开发布。

第二十一条 人民法院审理人民检察院提起的公益诉讼案件，认为应当提出司法建议的，按照《最高人民法院关于加强司法建议工作的意见》办理。

第二十二条 人民法院审理人民检察院提起的公益诉讼案件，人民检察院免交《诉讼费用交纳办法》第六条规定的诉讼费用。

第二十三条 人民法院审理人民检察院提起的公益诉讼案件，本办法没有规定的，适用《中华人民共和国民事诉讼法》《中华人民共和国行政诉讼法》及相关司法解释的规定。

四、附　则

第二十四条 本办法适用于北京、内蒙古、吉林、江苏、安徽、福建、山东、湖北、广东、贵州、云南、陕西、甘肃等十三个省、自治区、直辖市。

第二十五条 本办法自 2016 年 3 月 1 日起施行。

【解　　读】

解读《关于印发〈人民法院审理人民检察院提起公益诉讼案件试点工作实施办法〉的通知》

为贯彻落实党的十八届四中全会精神，积极探索建立检察机关提起公益诉讼制度，依法审理人民检察院提起的公益诉讼案件，根据《全国人民代表大会常务委员会关于授权最高人民检察院在部分地区开展公益诉讼试点工作的决定》(以下简称《授权决定》)，最高人民法院于2016年2月26日发布了《人民法院审理人民检察院提起公益诉讼案件试点工作实施办法》(以下简称《实施办法》)，对人民法院受理人民检察院提起民事和行政公益诉讼案件的范围、案件管辖、案件当事人、调解、撤诉、审理规则等方面进行了规定。为便于在改革试点工作中正确理解和适用，现就《实施办法》的制定背景、指导思想以及主要内容等介绍如下。

一、《实施办法》的起草背景与过程

探索建立检察机关提起公益诉讼制度是党的十八届四中全会提出的重要改革任务。根据《中央有关部门贯彻实施党的十八届四中全会决定重要举措分工方案》，探索建立检察机关提起公益诉讼制度任务由最高人民检察院与最高人民法院牵头，中央政法委、全国人大内司委、全国人大常委会法工委、国务院法制办等单位共同参与。中央全面深化改革领导小组通过的《贯彻实施党的十八届四中全会决定重要举措2015年工作要点》进一步部署了此项改革。2015年5月5日，中央全面深化改革领导小组第十二次会议审议通过了《检察机关提起公益诉讼试点方案》(以下简称《试点方案》)。2015年7月1日，十二届全国人大常委会第十五次会议作出《授权决定》，要求最高人民法院、最高人民检察院制定《授权决定》的实施办法，并报全国人民代表大会常务委员会备案。

为全面贯彻落实党的十八届四中全会精神，完成中央部署的探索检察机关提起公益诉讼的司法改革任务，保障人民检察院提起公益诉讼案件的正确审理，最高人民法院在充分调研论证、广泛征求意见的基础上，起草了《实施方案》，于2016年2月22日由最高人民法院审判委员会第1679次会议审议通过，于2016年3月1日起施行。

二、《实施办法》起草的基本思路

（一）积极落实中央的改革部署

党的十八届四中全会提出探索建立检察机关提起公益诉讼制度。2015 年 5 月中央深改组通过了《试点方案》，对检察机关提起公益诉讼的目标原则、试点案件范围、诉讼参加人、诉前程序、提起诉讼、诉讼请求等内容作了规定。2015 年 7 月 1 日第十二届全国人民代表大会常务委员会第十五次会议通过了《授权决定》，授权最高人民检察院在生态环境和资源保护、国有资产保护、国有土地使用权出让、食品药品安全等领域开展提起公益诉讼试点。试点地区确定为北京等十三个省、自治区、直辖市，并要求最高人民法院、最高人民检察院制定本决定的实施办法。这两个文件是制定本《实施办法》的重要依据。

（二）遵循相关诉讼制度

按照《授权决定》的要求，人民法院应当依法审理人民检察院提起的公益诉讼案件。《试点方案》规定："严格依法有序推进。根据《民事诉讼法》、《行政诉讼法》等法律的有关规定和全国人大常委会的授权决定，确保改革试点在法律框架和授权范围内开展，维护法制的统一和权威。"《实施办法》遵循了人民法院依照《民事诉讼法》《行政诉讼法》的规定对人民检察院提起公益诉讼的案件进行审理的基本原则，只有涉及人民检察院提起公益诉讼的特有情况时，才作出新的规定。

（三）遵循公益诉讼的基本规律

公益诉讼在我国是一项新型诉讼制度。世界各国大都把公益诉讼作为一种例外性的、补充性的诉讼制度，由行政权先行处理公益诉讼涉及的有关事务，避免因为对经济社会权利的立法和行政决定进行实质性司法审查而对行政权造成不当干涉。只有当行政机关错误履行其职权或者不履行其法定职责，不能达到维护公共利益的目的时，司法机关才通过公益诉讼程序介入。① 在我国，社会公益组织提起公益诉讼处于起步阶段。检察机关提起公益诉讼的制度设计，主要是解决诉讼主体问题，将检察机关提起公益诉讼引入到现有公益诉讼法律制度之内，解决好与现有诉讼制度的协调问题，而非创设一套新的公益诉讼制度。

（四）与相关法律司法解释协调一致

在开展公益诉讼方面，最高人民法院已经制定了三部司法解释：一是《最高人民法院关于适用〈中华人民共和国民事诉讼法〉的解释》（以下简称《民

---

① 王明远：《论我国环境公益诉讼的发展方向：基于行政权与司法权关系理论的分析》，载《中国法学》2016 年第 1 期。

诉法司法解释》)，该解释中有专门一章规定了民事公益诉讼；二是2015年1月7日起施行的《最高人民法院关于审理环境民事公益诉讼案件适用法律若干问题的解释》；三是2016年5月1日起施行的《最高人民法院关于审理消费民事公益诉讼案件适用法律若干问题的解释》。本《实施办法》与前述司法解释在对象上是有交叉的，为避免内容上重复或者出现冲突，本《实施办法》重点规定了检察机关这一特殊诉讼主体提起公益诉讼的相关规则，在具体的诉讼环节等其他内容上基本没有作出新规定，并明确指出："本办法没有规定的，适用《中华人民共和国民事诉讼法》《中华人民共和国行政诉讼法》及相关司法解释的规定。"因此本《实施办法》与相关法律及其他司法解释保持了协调一致。

三、人民检察院提起公益诉讼时的诉讼主体地位

《试点方案》规定："检察机关以公益诉讼人身份提起民事（行政）公益诉讼。"由于"公益诉讼人"在《民事诉讼法》和《行政诉讼法》上法律地位不明确，将其与原告的关系表述清楚才能确定检察机关在公益诉讼中的权利义务。检察机关在公益诉讼案件中不同于普通民事诉讼案件的原告，与其他公益诉讼原告一样，都是与案件没有直接利害关系、基于法律的授权提起公益诉讼的"当事人"。全国人大常委会对检察机关提起公益诉讼进行专门授权，说明检察机关提起公益诉讼所行使的不是传统意义上的法律监督权，而是以公益诉讼人身份提起民事（行政）公益诉讼。

在《实施办法》的起草过程中，有人提出将提起公益诉讼的社会组织也表述为公益诉讼人，以示所有的公益诉讼"原告"均处于相同的法律地位。将提起公益诉讼的社会组织表述为公益诉讼人，会与现有其他司法解释造成冲突，而且"公益诉讼人"也不是一个诉讼法上的概念，公益诉讼中的被告也是公益诉讼人。因此《实施办法》没有采纳这一建议。也有人建议表述为"人民检察院以公益诉讼人身份提起民事（行政）公益诉讼，参照民事（行政）诉讼原告的诉讼权利义务参加诉讼活动。"考虑到"参照"一词在具体操作上有一定的模糊性，可能引发歧义，因此，《实施办法》采用了更明确的表述方式：人民检察院以公益诉讼人身份提起民事（行政）公益诉讼，诉讼权利义务适用民事（行政）诉讼法关于原告诉讼权利义务的规定。这样规定使人民检察院在公益诉讼中有了明确的法律地位，也体现了依法改革的精神。

四、人民检察院提起公益诉讼的案件范围

《实施办法》第一条规定了人民法院受理人民检察院提起民事公益诉讼案件的范围，即人民检察院认为被告有污染环境、破坏生态、在食品药品安全领

域侵害众多消费者合法权益等损害社会公共利益行为而提起诉讼的案件。第十一条规定了人民法院受理人民检察院提起行政公益诉讼案件的范围，即人民检察院认为在生态环境和资源保护、国有资产保护、国有土地使用权出让等领域负有监督管理职责的行政机关或者法律、法规、规章授权的组织违法行使职权或不履行法定职责，造成国家和社会公共利益受到侵害而提起诉讼的案件。《实施办法》作出上述案件范围规定的主要依据有。

第一，全国人大常委会的《授权决定》。关于检察机关提起公益诉讼的案件范围，《授权决定》明确为“在生态环境和资源保护、国有资产保护、国有土地使用权出让、食品药品安全等领域”。根据《环境保护法》第五十八条、《最高人民法院关于审理环境民事公益诉讼案件适用法律若干问题的解释》第一条的规定，“生态环境”案件应当包括污染环境和破坏生态的案件，《实施办法》与其保持了一致。关于行政公益诉讼的案件范围，目前我国《行政诉讼法》中并没有规定行政公益诉讼。《实施办法》规定人民法院审理人民检察院提起行政公益诉讼案件的依据来自于全国人大常委会的《授权决定》。

第二，中央全面深化改革领导小组审议通过的《试点方案》。《试点方案》明确民事公益诉讼试点的案件范围为：检察机关在履行职责中发现的污染环境、食品药品安全领域侵害众多消费者合法权益等损害社会公共利益行为的案件；提起行政公益诉讼试点案件包括检察机关在履行职责中发现的生态环境和资源保护、国有资产保护、国有土地使用权出让等领域负有监督管理职责的行政机关违法行使职权或者不作为，造成国家和社会公共利益受到侵害的案件。

探索建立检察机关提起公益诉讼制度是中央作出的重要改革部署，各级人民法院要积极完成中央部署的改革任务，严格按照《实施办法》规定的案件范围受理检察机关提起的公益诉讼案件，不得以任何借口拒绝对符合规定的案件立案，积极推动人民法院审理人民检察院提起公益诉讼案件改革试点工作顺利开展。

五、人民检察院提起公益诉讼的诉前程序

《实施办法》第一条规定人民法院受理人民检察院提起民事公益诉讼案件应当符合“没有适格主体提起诉讼或者适格主体不提起诉讼”的条件；第二条第（三）项关于起诉材料的条款规定了人民检察院提交“人民检察院已经履行督促或者支持法律规定的机关或有关组织提起民事公益诉讼的诉前程序的证明材料”。《实施办法》第十二条第（三）项要求人民检察院提起行政公益诉讼时“应当提交已经履行向相关行政机关提出检察建议、督促其纠正违法行政行为或者依法履行职责的诉前程序的证明材料”。这些规定分别设置了人民检察院提起民事、行政公益诉讼的诉前程序，与《授权决定》的相关规定协调一致。

诉前程序是人民法院审理人民检察院提起公益诉讼案件改革试点工作的一大亮点，其意义在于体现司法权的谦抑性。对于国家和公共管理事务，一般应当首先由行政权处理，司法权则处于事后救济的功能地位。对于公益诉讼所涉公共事务的处理亦应如此。对于民事公益诉讼，作为司法机关的人民检察院应当将提起诉讼的原告资格在顺序上让位于“法律规定的机关或有关组织”，只有在没有适格主体提起诉讼或者适格主体不提起诉讼的情况下，人民检察院才担负起提起诉讼的职责。对于行政公益诉讼，则要求检察机关向相关行政机关提出检察建议，督促其纠正违法行政行为或者依法履行职责，这样可以发挥行政机关本来的职能以维护公共利益，避免司法机关直接处理行政事务。同时，诉前程序会使大量的矛盾解决在诉讼程序之前，而不必全部进入法院审判，有利于节约司法资源。

诉前程序是起诉前必经的程序，人民检察院未履行该程序而提起公益诉讼的，人民法院应当不予立案。

六、民事公益诉讼“赔偿损失”诉讼请求的处理

《实施办法》第三条规定人民检察院提起民事公益诉讼，可以提出要求被告停止侵害、排除妨碍、消除危险、恢复原状、赔偿损失、赔礼道歉等诉讼请求。与《侵权责任法》规定的侵权责任方式相比，民事公益诉讼的责任方式少了“返还财产”和“消除影响、恢复名誉”，因为这两种责任方式在公益诉讼中不具有现实可能性。

在环境生态类案件中，赔偿性诉讼请求主要表现为恢复原状、赔偿损失。恢复原状是指在生态环境遭受实质性损害的情况下，被告采取有效措施进行修复，将生态环境恢复到损害发生之前的状态或功能。如果出现部分或全部无法原样恢复情形的，可以采取替代性修复方式恢复原状，由被告承担生态环境修复费用。在司法实践中，赔偿损失是更经常使用的环境侵权责任方式。在公共利益遭受侵害的公益诉讼案件中，除非能够恢复原状，也需要通过赔偿损失来弥补损害后果，实现公益诉讼保护社会公共利益的目的。由于检察机关与案件无利害关系，不是案件的受害人，而且法律明确规定提起公益诉讼的社会组织不得通过诉讼牟取经济利益，那么公益诉讼被告应当向谁赔偿损失就成为一个问题。在审判实践中，有地方探索建立“环境修复基金”，接受公益诉讼被告的赔偿金；也有地方与当地财政部门、环保主管部门等协调设立财政专户，或者由相应领域的社会公益团体进行赔偿金管理等，都不失为有益的探索。在试点工作中，各地对于赔偿损失的适用可以进行探索，强化专款专用，加强监督，防止出现私分或截留挪用赔偿金的情况发生。

在食品药品安全消费类公益诉讼案件中，赔偿损失诉讼请求的处理，应当

按照最高人民法院即将发布的《关于审理消费民事公益诉讼案件适用法律若干问题的解释》来进行理解和把握。

七、人民陪审制和司法公开原则在公益诉讼中的适用

(一) 人民陪审制的适用

《实施办法》第七条和第十六条规定人民法院审理人民检察院提起的第一审民事、行政公益诉讼案件,原则上适用人民陪审制。这里的“原则上”应理解为总体上或基本上,换言之即一般情况下应当适用。

人民陪审员制度是中国特色社会主义司法制度的重要组成部分,在促进司法公正、保障司法民主等方面发挥了积极作用。完善人民陪审员制度也是最高人民法院近年积极推进的一项司法改革措施,旨在扩大人民陪审员参审范围,充分发扬司法民主,提高司法公信力,促进实现让人民群众在每一个司法案件中感受到公平正义的工作目标。《最高人民法院关于进一步加强和推进人民陪审工作的若干意见》(法发〔2010〕24号)规定社会影响较大的一审民事、行政案件,由人民陪审员和法官组成合议庭进行。《最高人民法院、司法部关于人民陪审员制度改革试点方案》(法〔2015〕100号)规定涉及群体利益、社会公共利益的,人民群众广泛关注或者其他社会影响较大的一审民事、行政案件,原则上实行人民陪审制审理。《人民陪审员制度改革试点工作实施办法》(法〔2015〕132号)规定涉及群体利益、社会公共利益、人民群众广泛关注或者其他社会影响较大的行政、民事案件,及环境保护、食品药品安全的重大案件,原则上实行人民陪审制审理。人民检察院提起的公益诉讼案件一般都是公众广泛关注或者社会影响较大的涉及公共利益的案件,故《实施办法》规定了一般适用陪审制的要求。当然,在公益诉讼中基于个人隐私、商业秘密或者其他正当原因,当事人申请不适用人民陪审制审理的,人民法院经审查可以决定不适用人民陪审制审理。

在陪审员的选取上,应当尽量选择具有相关领域专业知识的人民陪审员参加审判,以更好地发挥相关的专业特长,与法律判断形成互补,确保案件裁判公正。这也符合《最高人民法院关于进一步加强和推进人民陪审工作的若干意见》关于“如案件审理确有需要,可以在相关地域、行业、专业等类型的人民陪审员范围内随机抽取”的规定。

(二) 司法公开原则的适用

在司法公开方面,人民法院审理人民检察院提起的公益诉讼案件,应当依法公开进行。公益诉讼所涉事项关系公共利益,相对于私益诉讼而言,更具有公开的必要性与正当性。尤其对于一些影响较广的公益诉讼案件,公开审判还可以起到弘扬法治、宣传教育的作用。在具体公开方式上,人民法院可以邀请

人大代表、政协委员等旁听庭审，并可以通过庭审直播录播等方式满足公众和媒体了解庭审实况的需要。人民法院审理人民检察院提起公益诉讼案件的裁判文书，应当按照有关规定在互联网上公开发布。

八、公益诉讼中的调解与撤诉问题

（一）民事公益诉讼中的调解

在民事公益诉讼中，人民检察院与被告和解或者调解，人民法院应按照《实施办法》第八条的规定履行相关程序。如此规定除依据《民诉法司法解释》第二百八十九条和《最高人民法院关于审理环境民事公益诉讼案件适用法律若干问题解释》第二百五十八条的规定外，还基于以下三方面的考虑：首先，民事公益诉讼仍属于民事诉讼，和解、调解是解决民事纠纷的重要方式。如果达成和解或调解能够让公共利益得以有效保护，能够达到与判决同样的保护社会公益的效果，有时甚至比判决更容易得到执行，当然就应当允许当事人进行和解或者调解。其次，以和解、调解方式解决纠纷，既节省了司法资源，也提高了司法效率。第三，国外司法实践中，调解可以作为公益诉讼的结案方式。如美国微软案件，美国总检察长在审理中提出了和解方案与被告协商，顺利解决了诉讼争议。

由于公益诉讼自身的公益性质，人民检察院与被告达成和解协议或者调解协议应当接受社会和公众的监督，人民法院应当将协议内容公告，公告期间不少于三十日，防止和避免发生有损社会公共利益的情形。人民法院还应当尽到合法性的审查职责，在确认不损害社会公共利益的情况下，应当对当事人的和解或调解协议出具调解书，以避免当事人签订和解协议并撤诉后，义务人反悔，公共利益得不到有效维护。

（二）民事公益诉讼中的撤诉

《实施办法》规定："人民检察院在法庭辩论终结前申请撤诉，或者在法庭辩论终结后，人民检察院的诉讼请求全部实现，申请撤诉的，应予准许。"该条文规定了两种撤诉情况的处理：一是人民检察院在法庭辩论终结前申请撤诉的，不管人民检察院的诉讼请求是否得以实现，均应准许；二是在法庭辩论终结后，人民检察院的诉讼请求全部实现，申请撤诉的，也应予准许。

与我国《民事诉讼法》及其司法解释等相关规定相比，《实施办法》的规定既与其保持了一致，同时也反映了检察机关提起公益诉讼案件的特点。我国《民事诉讼法》规定："宣判前，原告申请撤诉的，是否准许，由人民法院裁定。"《民诉法司法解释》规定："公益诉讼案件的原告在法庭辩论终结后申请撤诉的，人民法院不予准许。"《最高人民法院关于审理环境民事公益诉讼案件适用法律若干问题的解释》规定，法庭辩论终结后，原告申请撤诉的，人民法院不予准许，但是符合“原告诉讼请求全部实现”的除外。在遵循上述规定的基础上，《实施办法》作出了更符合检察机关提起公益诉讼案件特点的规定。《实施办法》对于在法庭辩论终结前申请撤诉处理的规定，体现了尊重民事诉讼当事人意思自治的原则，也兼顾了检察机关的司法机关性质，人民法院只需要进行形式审查就可以作出准许撤诉的裁定。对于人民检察院在法庭辩论终结后申请撤诉处理的规定，则是在上述因素外，还考虑了案件的公共利益因素和人民法院的审查义务。对于涉及公共利益案件的撤诉，在完成了法庭辩论程序之后，人民法院应当对案件的事实认定和法律适用有了确定认识，人民法院对于撤诉是否损害公共利益也应当有了明确的判断，因此必须从实体上审查人民检察院的诉讼请求得以全部实现，才能作出准予撤诉的裁定。如果仅仅进行形式审查，那么可能难以保证公共利益得到了保护，公益诉讼的目的可能无法完全实现。这是对我国《民事诉讼法》及其司法解释等相关规定在检察机关提起民事公益诉讼案件中如何具体适用的细化规定。

（三）行政公益诉讼中的调解

《实施办法》第十七条规定，人民法院审理人民检察院提起的行政公益诉讼案件，不适用调解。《行政诉讼法》第六十条规定，人民法院审理行政案件，不适用调解。但是，行政赔偿、补偿以及行政机关行使法律、法规规定的自由裁量权的案件可以调解。从《试点方案》规定的人民检察院提起行政公益诉讼的诉讼请求范围来看，“撤销或者部分撤销违法行政行为、在一定期限内履行法定职责、确认行政行为违法或者无效等诉讼请求”均不在《行政诉讼法》第六十条但书中规定的“行政赔偿”“行政补偿”以及“行政机关行使法律、法规规定的自由裁量权的案件”范围之内。换言之，按照现有规定，对于可以适用调解的行政公益诉讼请求，不在人民法院受理的检察机关提起行政公益诉讼的范围之内，人民法院不应当立案受理。人民检察院提起行政公益诉讼案件涉及的往往是国家和社会公共公益，如果允许进行调解，势必意味着一方就要做出妥协和让步，可能出现损害国家和社会公共利益的结果，也不利于实现司法对行政权的有效监督。

虽然《授权决定》和《试点方案》都没有对人民检察院提起公益诉讼是否适用调解的问题作出规定，而仅仅是原则性地规定“试点工作应当稳妥有序，遵循相关诉讼制度的原则”，但是《实施办法》的规定在实质上符合《授权决定》和《试点方案》的要求。同时，《人民检察院提起公益诉讼试点工作实施办法》第四十八条也规定，“行政公益诉讼案件不适用调解。”因此，在人民法院审理人民检察院提起行政公益诉讼案件试点工作中，不必再探索适用调解结案的方式。

九、诉讼费用的交纳问题

人民法院审理人民检察院提起的民事、行政公益诉讼案件，人民检察院免交《诉讼费用交纳办法》第六条规定的诉讼费用。这与《试点方案》和《人民检察院提起公益诉讼试点工作实施办法》的规定是一致的。结合《诉讼费用交纳办法》第六条的规定，检察机关提起公益诉讼，免交以下诉讼费用：(1) 案件受理费；(2) 申请费；(3) 证人、鉴定人、翻译人员、理算人员在人民法院指定日期出庭发生的交通费、住宿费、生活费和误工补贴。

作出以上规定，是因为人民检察院是国家司法机关，为公共利益提起诉讼，与案件无利害关系，其自身经费来自国家和地方财政，因此没有必要交纳案件受理费、申请费，况且这些费用本来也是要最终上缴财政的。证人、鉴定人、翻译人员、理算人员在人民法院指定日期出庭发生的交通费、住宿费、生活费和误工补贴等诉讼费用虽然与案件受理费和申请费在性质上有所不同，这是向有关人员支付的，人民法院只是按照国家规定标准代为收取，为积极推动改革，《实施办法》规定这些费用也属于免交的范围。

在诉讼实践中还可能发生一些费用，即《诉讼费用交纳办法》第十二条规定的费用，应当按照《诉讼费用交纳办法》的相关规定进行处理，即“诉讼过程中因鉴定、公告、勘验、翻译、评估、拍卖、变卖、仓储、保管、运输、船舶监管等发生的依法应当由当事人负担的费用，人民法院根据谁主张、谁负担的原则，决定由当事人直接支付给有关机构或者单位，人民法院不得代收代付。”由于这些费用不属于人民法院收取的费用，人民法院不应也无权决定“免交”，甚至不得“代收代付”。

《实施办法》关于在公益诉讼中免交诉讼费用的规定仅适用于人民检察院，其他当事人仍应依法交纳相关诉讼费用。

十、《实施办法》未明确规定事项的处理

人民法院审理人民检察院提起公益诉讼案件是一项前所未有的改革探索。虽然《实施办法》作了一定的规定，但是对于这样一种较为复杂的诉讼活动而言，在试点工作中完全可能出现《实施办法》没有规定的情况。对此，《实施办法》第二十三条规定，人民法院审理人民检察院提起的公益诉讼案件，本办法没有规定的，适用《民事诉讼法》《行政诉讼法》及相关司法解释的规定。

对于试点工作中出现的新情况新问题，各试点地区人民法院应当秉持积极推动改革、依法推进改革的原则，既要大胆探索、勇于创新，又要坚持依法审理案件，确保改革试点在法律框架和授权范围内开展。对于试点中出现的《实施办法》没有规定，甚至我国民诉法、行诉法及相关司法解释也没有规定的新

问题，应当区别情况作出处理。有的问题可以探索创新处理方式，比如民事公益诉讼中赔偿金的归属问题。但是，对于审判实践中出现的未有明确法律依据的重大事项，尤其是涉及司法体制或诉讼程序的事项，必须谨慎处理，避免因操作不当而影响试点工作的效果。必要时可以中止案件审理，将问题层报最高人民法院处理后再恢复诉讼程序，以确保人民法院审理人民检察院提起公益诉讼案件试点工作的顺利进行。

（撰稿人：范明志　韩建英　黄　斌）

最高人民法院
关于贯彻《中华人民共和国民事诉讼法》《中华人民共和国行政诉讼法》做好检察机关公益诉讼案件审判工作的通知

2017 年 7 月 18 日　　　　法〔2017〕216 号

各省、自治区、直辖市高级人民法院，解放军军事法院，新疆维吾尔自治区高级人民法院生产建设兵团分院：

2017 年 6 月 27 日，全国人民代表大会常务委员会通过了《关于修改〈中华人民共和国民事诉讼法〉和〈中华人民共和国行政诉讼法〉的决定》。为保证统一正确适用修改后的民事诉讼法、行政诉讼法关于检察机关提起公益诉讼案件规定，特通知如下：

一、充分认识检察机关公益诉讼制度的重大意义。2017 年 6 月 27 日，全国人民代表大会常务委员会通过了《关于修改〈中华人民共和国民事诉讼法〉和〈中华人民共和国行政诉讼法〉的决定》，以立法形式确立了检察机关提起公益诉讼制度。各级人民法院应当充分认识检察机关公益诉讼制度对于优化司法职权配置、完善诉讼法律制度、维护社会公共利益，发展完善中国特色社会主义司法制度的重大意义，充分发挥审判职能作用，依法审理检察机关公益诉讼案件，确保法律正确实施。

二、认真领会立法精神，依法受理检察机关公益诉讼案件。各级人民法院特别是非试点地区人民法院要认真学习贯彻民事诉讼法，行政诉讼法，最高人民法院相关司法解释、规范性文件以及指导性案例，遵循民事诉讼、行政诉讼的基本制度和规律，按照试点期间探索的做法和经验，及时受理检察机关提起的符合法定条件的公益诉讼案件，确保检察机关公益诉讼制度的有效实施。同时，总结交流试点工作经验，加强业务培训，认真研究审判工作中的新情况新问题，提高审判能力和水平，做好审理检察机关公益诉讼案件的充分准备。

三、认真领会立法修改内容，确保审判质效。各级人民法院在受理、审理检察机关公益诉讼过程中，如遇适用民事诉讼法、行政诉讼法仍无法解决的问题，要严格落实《最高人民法院关于审理环境民事公益诉讼案件适用法律若干问题的解释》《最高人民法院关于审理环境公益诉讼案件的工作规范（试行）》等司法解释和规定的要求，受理、审理检察机关提起的公益诉讼案件，平等保障当事人诉讼权利，维护社会公共利益和人民群众合法权益。

四、保障修改后法律的有效实施，健全监督指导工作机制。各级人民法院应严格依法受理、审理检察机关提起的民事、行政公益诉讼，如遇与现行法律相冲突、相矛盾的情形及问题，要及时层报最高人民法院。

九、简易程序

最高人民法院
印发《关于部分基层人民法院开展小额速裁试点工作的指导意见》的通知

2011 年 3 月 17 日　　　　　　　　　　法〔2011〕129 号

各省、自治区、直辖市高级人民法院，新疆维吾尔自治区高级人民法院生产建设兵团分院：

《最高人民法院关于部分基层人民法院开展小额速裁试点工作的指导意见》已经院领导批准，现印发给你们。请各地结合实际，认真贯彻执行。

附：

关于部分基层人民法院开展小额速裁试点工作的指导意见

目前，我国正处在经济转轨、社会转型的关键时期，由各种利益诉求引发的矛盾纠纷持续增加，并以诉讼的方式大量进入司法程序，不少地方法院“案多人少”的矛盾始终未得到根本缓解，难以满足人民群众不断增长的司法需求。为此，各级人民法院要认真贯彻社会主义法治理念，紧紧围绕“社会矛盾化解、社会管理创新、公正廉洁执法”三项重点工作，始终坚持“为大局服务，为人民司法”的工作主题，积极探索在基层人民法院适用小额速裁审理民事案件，通过进一步合理配置审判资源，便利人民群众诉讼，提高办案效率，维护司法公正，最大限度地满足人民群众的司法需求。为正确开展小额速裁试点工作，根据《中华人民共和国民事诉讼法》和相关司法解释规定，特提出以下意见：

一、开展小额速裁试点工作的目的

在现行民事诉讼立法和相关司法解释的框架下，小额速裁并非独立的诉讼程序，而是在司法体制和工作机制改革背景下，借鉴国内外民事审判实践经验特别是一些国家和地区小额诉讼立法的基础上，根据现有法律规定的基本原则和基本精神，积极探索改革民事诉讼简易程序的一种新形式。小额速裁通过设定专门的审理流程、设立专门的速裁机构，最大限度地简化民事诉讼程序。小额速裁比我国现行司法实践中所实行的简易程序更为简易、快捷、方便。选择部分基层人民法院，在给予当事人程序选择权的基础上，开展此项工作试点。以期通过试点，进一步完善民事诉讼简易程序，并为将来修改民事诉讼法，创设小额速裁程序积累审判实践经验。

二、小额速裁试点工作的内容

1. 小额速裁的适用对象

当事人起诉的案件法律关系单一，事实清楚，争议标的金额不足1万元的下列给付之诉的案件，可以适用小额速裁，但当事人提出异议的除外：

（1）权利义务关系明确的借贷、买卖、租赁和借用纠纷案件；

（2）身份关系清楚，仅在给付的数额、时间上存在争议的抚养费、赡养费、扶养费纠纷案件；

（3）责任明确、损失金额确定的道路交通事故损害赔偿和其他人身损害赔偿纠纷案件；

（4）权利义务关系明确的拖欠水、电、暖、天然气费及物业管理费纠纷案件；

（5）其他可以适用小额速裁的案件。

各省、自治区、直辖市高级人民法院可以根据当地经济发展情况，在上述规定范围内具体确定本辖区试点法院小额速裁案件的最高收案标的金额。经济发达地区可根据实际情况，适当放宽，但不得超过5万元。本辖区高级人民法院确定的前述最高收案标的金额以上5万元以下的给付之诉，当事人双方书面申请人民法院小额速裁的，人民法院可以适用。当事人变更诉讼请求，追加当事人或者提出反诉的，除当事人双方同意继续适用小额速裁并经人民法院准许外，一律不得适用小额速裁。

2. 小额速裁的起诉和审理

人民法院经立案审查认为当事人的起诉符合适用小额速裁条件的，应当以书面方式将小额速裁的适用条件、审判组织、审理方式、审理期限、裁判方式、诉讼费用收取标准、当事人的异议申请权利，以及人民法院对异议审查后的处理情况等相关程序性安排，告知当事人。当事人选择小额速裁的，人民法院应当记录在案并由当事人签名或捺印确认。

当事人以书面形式申请适用小额速裁的，人民法院应当将其申请人卷备查。双方当事人均选择适用小额速裁的，人民法院应当将适用小额速裁审理案件的决定告知当事人。

人民法院适用小额速裁审理民事案件，由审判员一人独任审理，并根据案件需要为当事人指定答辩期、举证期，但期限不得超过 7 日。

人民法院适用小额速裁审理民事案件，可以根据当事人的申请安排在晚间、休息日进行调解或者开庭。

人民法院适用小额速裁审理民事案件，可以灵活地安排询问证人的时间。当事人可以口头申请人民法院询问证人。当事人申请利用视频系统等方式询问证人的，人民法院认为适当的，予以准许。

人民法院适用小额速裁审理案件，可不区分法庭调查、法庭辩论阶段。

3. 小额速裁的裁判和收费

适用小额速裁审理民事案件，应当在立案之日起一个月内审结，不得延长审限。一个月内未能审结的，应当转而适用普通程序继续审理。

适用小额速裁审理民事案件，应当贯彻调解优先原则，调解不成的，要及时作出裁判。

适用小额速裁审理民事案件，可以当庭宣判。

当事人对于人民法院适用小额速裁作出的判决不服，可以在收到判决书之日起 10 日内向原审人民法院提出异议申请。

人民法院应当指定其他审判员对异议申请进行审查。

经审查异议不成立的，人民法院应当在 3 日内裁定驳回异议。经审查异议成立的，人民法院应当裁定撤销原判，并适用普通程序对案件进行审理。

人民法院适用小额速裁审理民事案件，诉讼费用按《诉讼费用交纳加去》确定的标准减半收取。

三、小额速裁工作试点安排

1. 试点法院的确定。由北京、天津、上海、广东、江苏、浙江、安徽、江西、湖北、四川、贵州、甘肃、青海等十三个省、直辖市高级人民法院在本辖区内各指定两个基层人民法院作为最高人民法院的试点单位。

各高级人民法院在本辖区内指定两个基层人民法院作为高级人民法院的试点单位。

2. 试点法院应当指定专人负责试点工作，并将实施试点工作的方案和联系人报所在省、自治区、直辖市高级人民法院。

试点法院应指定具有审判实践经验的审判员从事小额速裁案件的审理和异议审查工作。

试点法院应逐月做好相关统计工作，对适用小额速裁审理案件的数量、当事人对判决结果提出异议的案件数（比例）以及审查异议后维持的案件数（比例）进行统计，并及时总结试点工作中的经验及存在问题。

3. 各高级人民法院应当高度重视小额速裁试点工作，指定院内相关部门和人员对试点工作进行指导。尽快建立试点法院与高级人民法院和最高人民法院的沟通协调机制，将作为最高人民法院的试点法院和联系人以及本院负责小额速裁试点工作的人员名单及联系方式报最高人民法院民事审判第一庭。

各高级人民法院应当加强对试点法院的业务指导与监督，及时发现、总结试点工作的经验和存在问题，每三个月向最高人民法院报告一次。

附件：程序选择确认书样式两份（原告、被告）（略）

十、审判监督程序

最高人民法院
印发《关于办理不服本院生效裁判案件的若干规定》的通知

2001年10月29日　　　　　　法发〔2001〕20号

本院各单位：

《最高人民法院关于办理不服本院生效裁判案件的若干规定》已于2001年10月16日最高人民法院审判委员会1195次会议通过，现予印发，请遵照执行。

附：

关于办理不服本院生效裁判案件的若干规定

根据《中华人民共和国刑事诉讼法》《中华人民共和国民事诉讼法》和《中华人民共和国行政诉讼法》及《最高人民法院机关内设机构及新设事业单位职能》的有关规定，为规范审判监督工作，制定本规定。

一、立案庭对不服本院生效裁判案件经审查认为可能有错误，决定再审立案或者登记立案并移送审判监督庭后，审判监督庭应及时审理。

二、经立案庭审查立案的不服本院生效裁判案件，立案庭应将本案全部卷宗材料调齐，一并移送审判监督庭。

经立案庭登记立案、尚未归档的不服本院生效裁判案件，审判监督庭需要调阅有关案卷材料的，应向相关业务庭发出调卷通知。有关业务庭应在收到调卷通知十日内，将有关案件卷宗按规定装订整齐，移送审判监督庭。

三、在办理不服本院生效裁判案件过程中，经庭领导同意，承办人可以就案件有关情况与原承办人或原合议庭交换意见；未经同意，承办人不得擅自与原承办人或原合议庭交换意见。

四、对立案庭登记立案的不服本院生效裁判案件，合议庭在审查过程中，认为对案件有关情况需要听取双方当事人陈述的，应报庭领导决定。

五、对本院生效裁判案件经审查认为应当再审的，或者已经进入再审程序、经审理认为应当改判的，由院长提交审判委员会讨论决定。

提交审判委员会讨论的案件审理报告应注明原承办人和原合议庭成员的姓名，并可附原合议庭对审判监督庭再审审查结论的书面意见。

六、审判监督庭经审查驳回当事人申请再审的，或者经过再审程序审理结案的。应及时向本院有关部门通报案件处理结果。

七、审判监督庭在审理案件中，发现原办案人员有《人民法院审判人员违法审判责任追究办法（试行）》《人民法院审判纪律处分办法（试行）》规定的违法违纪情况的，应移送纪检组（监察室）处理。

当事人在案件审查或审理过程中反映原办案人员有违法违纪问题或提交有关举报材料的，应告知其向本院纪检组（监察室）反映或提交；已收举报材料的，审判监督庭应及时移送纪检组（监察室）。

八、对不服本院执行工作办公室、赔偿委员会办公室办理的有关案件，按照本规定执行。

九、审判监督庭负责本院国家赔偿的确认工作，办理高级人民法院国家赔偿确认工作的请示，负责对全国法院赔偿确认工作的监督与指导。

十、地方各级人民法院、专门人民法院可根据本规定精神，制定具体规定。

【解　　读】

解读《关于办理不服本院生效裁判案件的若干规定》

2001年10月16日最高人民法院审判委员会第1195次会议通过了《关于办理不服本院生效裁判案件的若干规定》（以下简称《若干规定》），并于同年10月29日公布生效。该规定虽然只是针对最高人民法院的，并不能对全国各级法院产生直接的约束力，但由于监督本院的生效裁判涉及审判监督庭与其他相关业务庭及原承办人的各种关系，且该规定具有极强的操作性，对全国法院的审判监督工作起到了很好的示范和指导作用。为严格依法履行法定职责，充分阐述审判监督之本意，现就《若干规定》的理解与适用做一详尽说明。

一、制定《若干规定》的现实背景

在最高人民法院审监庭成立之前，全国大多数高级法院和中级法院都成立了审监庭，各级法院对如何监督本院的生效裁判进行了有益的探索和实践。由于各地情况不同，与立案部门的具体分工上也存在差异，在监督本院生效裁判方面，各地的做法随之不尽相同，主要有以下几点：

1. 在被监督案件的范围上，各地主要是针对本院已经发生法律效力的判决、裁定。有的法院提出把监督的范围由事后监督扩大到事后监督与事中监督并重。事中监督即是在裁判生效前的监督，主要是对当事人反映的诉讼中存在的严重违反法定程序，可能影响案件实体处理结果的现象进行监督，如是否严格执行回避制度，是否贯彻公开审理制度，当事人是否充分行使诉讼权利等，审判监督庭提前介入，向负责办案的合议庭提出改正建议，目的在于防患于未然，强化合议庭的程序公正意识，确保司法公正，保证当事人的合法诉讼权利。

2. 在监督的方法上，以被动监督为主。有的法院特别是基层法院从案件质量管理的角度，建立案件质量评查和通报制度，即定期对本院审结的案件进行抽查，以便及时发现问题。对存在的问题，一般有两种处理结果：一是对评查中发现的一般性问题（如文字、表述不当），不影响案件实体处理结果的，也没有严重违法法定程序的，以通报或简报的形式指出存在的问题，报送院里，同时抄报有关业务庭，以促使各业务庭引起重视，认真把好质量关；二是对评查中发现的确有错误、明显不公的裁判，如认定事实、适用法律、严重程序错误等，提出处理意见，建议由院长提交审判委员会讨论，决定是否进入再审程序。

3. 在复查案件中大量使用听证程序。针对当事人在认定事实和适用法律方面提出的问题，经常采取听证程序。听证程序是我国司法实践中逐渐摸索出来的针对复查案件进行审查的行之有效的方法。我国的民事诉讼法律并没有规定这一程序，全国也并没有一个统一完整的模式，其主要散见于各地法院自行制定的规范性制度文件。当前，各法院对社会普遍关注的案件，或者是人大代表、政协委员普遍关注的案件，或者是上级法院、党政领导机关转批的案件，一般都经过听证来查明事实，确定是否要进行再审。

4. 建立对案件的监督和对人的监督相结合的制度。一方面，对确有错误的生效裁判依照法定程序提起再审并予以纠正，另一方面对在再审中发现的原审存在的违法审判、渎职行为等，移送纪检监察部门审查处理。有的法院还将再审改判案件数作为原承办人的年终考核和部门考核的一个重要指标，通过对生效裁判的监督，提高原审裁判的质量，增强原审承办人的责任心。

2000 年 11 月最高人民法院在经过长时间的酝酿和论证后成立了审监庭，这是 2000 年最高人民法院机构改革的一大成果。审监庭的人员由原来的民庭再审组、经济庭再审组、刑二庭、告申庭部分人员等组成。根据《最高人民法院机关内设机构及新设事业单位职能》的规定，审监庭负责各类案件的再审(不包括下级法院终审的行政、知识产权、海事海商案件的再审)，这从法院内部分工的角度，将对最高人民法院各类生效裁判的内部监督交由审监庭来执行，改变了以前审判监督各自为战的局面。

随着最高人民法院审监庭的成立和审判监督工作的加强，如何对本院特别是最高人民法院的生效裁判进行监督，摆上了议事日程。因为是对本院终审案件的监督，这必然要涉及原审承办人、合议庭及相关业务庭，如果没有一个规范的、具有可操作性的规定，必然使得监督工作捉襟见肘，难以开展，最终使得监督流于形式，难以达到审判监督程序的制度设计目的。随着外部监督力度的不断加大，当事人对终审案件的申诉率居高不下，法院对案件的自我监督日显必要和必需。在这样的大背景下，最高人民法院不得不考虑制定一个对本院生效裁判进行监督的规范性制度。鉴于各地实际情况并不统一，《若干规定》没有作为一项全国性的司法解释出台，其仅适用于最高人民法院，待时机成熟时再考虑出台一项适用全国的规定。

二、对本院生效裁判进行监督制度的法律依据及必要性

我国三大诉讼法均规定了各级人民法院院长对本院已经发生法律效力的判决和裁定，如果发现在认定事实和适用法律上确有错误，需要再审的，应当提交审判委员会讨论决定。人民法院审理再审案件应当另行组成合议庭。上述规定为对本院的生效裁判进行监督提供了直接的法律依据。同时，目前的实际情况也要求对本院生效裁判进行监督。

首先，这是人民法院履行法定职责的需要。根据上述的法律规定，人民法院应当对有错误的生效裁判进行内部监督自我纠正。虽然法律规定，只有法院院长才是对本院生效裁判进行再审的提起主体，审委会是决定主体，再审合议庭只有在再审启动后才成为监督主体，而且对案件最终的是否改判往往要提交审委会讨论。然而事实上，由于在我国的法院体制中法院院长除了扮演资深法官的角色外，还是一个单位的行政负责人，而且往往后者的身份特征更为明显，因此，院长往往要处理非业务事务，他（她）不可能将大量的精力放在对本院生效裁判的监督上，完全由院长本人发现本院裁判确有错误、提交审委会讨论的案件是极个别的，在绝大多数情况下都是由专门的业务部门来完成的。由于立案部门和审监部门的职能划分，在全国并没有统一模式，各地均是根据实际情况对再审提起前的复查进行协调分工的，因此，对于当事人通过各种途径提交的申诉或申请再审材料的审查工作，由立案庭或者审监庭来操作。经审查后，发现原审判决确有错误的，报请院长提交审委会讨论决定。从审判监督的本意及审监庭设立的宗旨而言，至少对本院生效裁判的复查由审监庭来负责

是合适的。

有一种意见认为，审监庭与其他部门与其他业务庭地位是平等的，因而无权对其他业务庭作出的生效裁判进行监督。这种认识是片面的，审监庭与其他业务庭虽然地位平等，但职能分工不同。三大诉讼法既然规定了对本院生效裁判的监督程序，就需要专门的机构来落实。在这个意义上说，为了更有效地落实法律的规定，将审监庭定位于院长的监督办案机构是合适的。《若干规定》最初的标题中出现了“审判监督庭”“监督”“各业务庭”的字样，最后为了体现审监庭是院长对本院生效裁判进行监督的具体执行机构，就改为了现在的标题。

其次，对本院生效裁判进行监督是解决裁判不公、确保司法公正的需要。我国现阶段是实行二审终审的制度，应该说，经过两审终审，绝大多数案件都是认定事实清楚、适用法律正确的，但不可否认，仍有少部分错误裁判存在。有人认为，司法的本质在于定纷止争，而不是在于需求正确的答案，因为对于一个案件而言，并不存在唯一的正确答案，所以并被再审改判的案件并不能说明原来的裁判是错误的。从逻辑上讲，这种观点有一定的道理，但是，即使再审改判不能作为评价原审裁判正确与否的标准，我们也不能否认道德层面上的认识对裁判的巨大影响力——一个明显不符合公平正义原则的裁判如何来定纷止争，况且，一个案件是否真不存在唯一正确的答案，是法理学界多年来一直争论的话题。也有人认为，为了维护生效裁判的既判力和法院的权威，有时不得不牺牲个案。这种观点没有注意到，既然将审判监督程序作为一种事后补救程序，已经考虑到了原审的既判力，实践中，提起再审的案件数不到申请再审和申诉案件数的10%左右的情况就佐证了这一点。司法权威在根本意义上不是针对民众的，而是针对政府的，一个不能对政府和其他强权力量产生约束力的判决，足以动摇整个司法权威。法院的权威不是来自强权而是来自公正，本院判决的错误率可能很低，但对于某个具体案件的当事人而言却是百分之一百，这就是我们仍应对于个案进行充分关注的理由。

再次，对本院生效裁判进行监督，是促进和保证本院内部各业务庭和合议庭依法正确审理案件的需要。如果说绝对的权力导致绝对的腐败，那么我们就需要对审判的权力进行一定的制约。这种制约是否会与独立审判的原则冲突呢？从表面上看，这种冲突是存在的，但在深层次上，只要法律界定适当，执行人员严格依法，冲突仍然可以避免。目前，我国法院普遍实行的庭长、院长审批制确实在一定程度上确保了案件的质量。那么，审判监督程序本身是否也需要被监督呢？答案当然是肯定的。事实上，由于再审的特殊性，其不但要面对双方当事人，还要面对原审合议庭和原审业务庭，加之许多再审案件往往为社会关注，其被监督的力度依然很大。理论上讲，将所有的再审案件进行提审更合适，这样，对本院生效裁判的再审也就不存在了。但是司法实践中大部分再审案子需要经过本院再审后，上级法院才会提升，这一方面是若所有再审案件都提级审的话，一些法院（如最高人民法院）案件数将剧增，对审监庭形成巨大的压力，另一方面也不利于原审法院进行自我纠正，自我提高。对本院生效裁判监督制度的存在，有利于本院其他各业务庭增强公正意识、责任意识，最大限度地防患于未然，确保司法公正。

三、关于再审立案和调卷

鉴于再审案件的立案和审判的复杂性，对于复查阶段由谁负责，在最高人民法院机构改革时并未予以明确。经过多次协调，形成现在的分工模式，即审监庭负责对不服本院生效裁判和国家领导人批示案件的复查，立案庭负责对不服下级法院生效裁判案件的复查。一般情况下，启动最高人民法院生效裁判案件复查都需要领导批示或全国人大代表过问，这样实际上审监庭复查的案件基本上均为有人批示或过问。当然，偶尔也会出现的一种情况是，院领导直接批示某个复查案件交于某个庭办理。姑且不论该分工模式的科学性，但从最高人民法院实际运作的情况（主要是工作量）来看，还是比较合理的。

在全国范围内，有若干种分工模式。第一种，立案庭只负责形式审查，即主要审查当事人递交的申请再审或申诉材料是否符合要求，若符合要求，即登记立案，转审监庭处理，由审监庭决定是否下裁定进行再审；第二种，立案庭从接受当事人材料开始一直审查至下裁定，即审查立案，然后转审监庭审理；第三种，立案庭在登记立案后，由立案庭继续审查，但若需下裁定，转由审监庭决定下裁定，这其实是联合进行复查；第四种，将根据案件来源划分，将所谓的重点案件交由审监庭复查，一般案件交由立案庭复查；也有类同于最高人民法院的分工模式，由审监庭负责本院生效案件的复查，立案庭负责下级法院生效案件的复查。对于这个问题，最高人民法院并没有强调统一某种模式，而是主张不搞“一刀切”。因此在具体案件的移送和交接过程中需要两个庭的配合。《若干规定》明确再审立案有登记立案和审查立案，同时鉴于具体分工可能会作阶段性调整，因此并没有将立案庭对不服本院生效裁判案件的立案仅限于登记立案，而是两种立案模式并存，但再审案件启动再审程序后的审理应由审监庭负责，这是毫无疑问的。

再审立案的重要性是显而易见的，任何裁定再审的案子均是对原审既判力的破坏，而不论该案是否最终改判，因此，规范再审事由，谨慎启动再审，已经是再审实务部门和学界的共识。我国诉讼法将再审立案界定为原审“确有错误”，但若案件再审后维持，这样的表述就有矛盾之处，不利于当事人服判息诉。《若干规定》里将再审立案表述为“可能有错误”，事实上，在最高人民法院的再审裁定书中已经作出了这样的表述。再审立案不但是当事人意志的体现，更是国家公权力的体现。因当事人申请而启动再审的案件不可避免地含有司法裁量权的因素，法院依职权启动的再审和检察院抗诉的再审更是国家权力的强行介入，这充分表现了再审立案特殊性。因此，立审分离的大前提下，立案庭与审监庭应多沟通，多协调，做到既维护既判力，又依法纠错。

审监庭对本院生效裁判的复查离不开各业务庭的配合，特别是案卷没有及时归档的案件。审监庭在审查时，认为需要调阅原审卷宗时，各业务庭应予以配合，不得无故拖延。《若干规定》第二条明确规定，审监庭在认为需要时，应向有关业务庭发出调卷通知，相关业务庭应在收到调卷通知十日内，将案卷装订整齐移交审监庭。值得注意的是，调卷审查往往使原审承办人和合议庭敏感，即使调卷只是为了有更充分的理由驳回，也不应轻易调卷。对于少数在当事人递交的材料中能够直接查明事实的案件，予以驳回的，可直接驳回。

四、关于复查和再审案件的审查处理程序与方法

根据审监分离原则，原审业务庭不再承办再审案件，再审承办人与原审承办人要有相对的隔离，但这种隔离又不是绝对的。立案庭或审监庭在办理复查案件或再审过程中，往往会有不同的思路，但这并不能证明原审思路的必然错误。如果承办人或合议庭认为有必要，可经一定的程序，与原承办人或原合议庭进行正式的意见交换，但不得擅自进行私下交换。通过公开的交换意见，有助于更详细地了解案情，提高办案质量。

复查程序尽管在诉讼法中没有正式予以规定，但事实上其将决定一个申请再审的案件能否进入再审，并在一定程度上影响到再审判决。立案庭登记立案后，将案件材料转审监庭处理，审监庭就开始了复查程序。由于法律没有规定复查的程序，因此复查阶段并没有对外的效力，也没有对外的法律文书，在复查时双方当事人是不知详情的。但是为了谨慎启动再审和保护当事人的合法权益，必须要查明某些事实，并对申请再审人提交的证据进行审查，并给予对方当事人以充分的答辩和反驳机会。尽管实务界和学界对复查程序有颇多非议，认为其非法定化导致当事人申请再审权力虚化，非公开化导致司法信任度下降，非司法化导致再审的行政色彩浓郁，但在法律没有建立再审之诉之前，各级法院在复查中普遍采用听证程序。

听证制度是复查程序的核心制度，是复查程序功能实现的关键环节。强化听证地位，完善听证规范，充分发挥听证职能作用，已经成为能否保证复查效果的关键。但是听证不是正式的开庭，其程序上的缺陷明显制约了其功能的发挥，在当事人不到庭听证情况下，听证的目的将落空。目前最高人民法院还没有一个统一的听证规则，各地则已经开展了该项工作的调研，有的已出台了相

关规定，这有助于将来形成全国统一的复查案件的听证规则。《若干规定》第四条的规定："对立案庭登记立案的不服本院生效裁判案件，合议庭在审查过程中，认为对案件有关情况需要听取双方当事人陈述的，应报庭领导决定。"对于该条规定有以下几点值得注意：(1) 最高人民法院对于不服本院生效裁判案件的复查听证由审监庭负责；(2) 听证主要围绕双方有争议的事实和新提交的证据进行，对于原审已经查清的事实或者双方没有争议的问题不需要进行查证，合议庭还可以对影响再审立案的重要事实进行查实；(3) 听证的决定由合议庭集体作出，报庭领导批准，听证时不必然要求合议庭和书记员全体出席。有一种观点认为，强化合议庭职责是现代司法改革的趋势，许多权力已回归合议庭，因此，对于是否进行听证不再需要报庭里批准。另一种观点认为，对于再审案件特别是本院的再审案件，其不但双方当事人关注而且原审承办人也会注意，在复查期间对案件一旦进行听证，对各方的影响还是相当大的，实践中还会对执行程序造成不良影响。因此，为减少再审法官的压力，不应随意进行听证。《若干规定》采纳了后一种观点。

复查本院生效裁判的案件的法官的压力是永远存在的，特别要对最高人民法院的终审判决提起再审必须相当慎重。本院终审的案件原来一般均经主管副院长签发的，有的还是经过审委会讨论决定的，因此审监庭的法官经过仔细审查后，应将原审判决中是否存在问题，存在什么问题提出意见，至于是否需要再审或改判一般应提交审委会讨论决定。这一方面是给承办法官和合议庭减压，另一方面也是对原审判决的尊重。《若干规定》第五条规定："对本院生效裁判案件经审查认为应当再审的，或者已经进入再审程序、经审理认为应当改判的，由院长提交审判委员会讨论决定。"在最高人民法院，一般由主管副院长根据院长的授权提交审委会讨论决定，在此之前，审监庭往往会在庭里的审判长联席会议进行讨论。

2002 年 11 月 1 日起实行的《最高人民法院关于规范人民法院再生立案的若干意见（试行）》第十五条的规定："最高人民法院再审裁判或者复查驳回的案件，再审申请人或申诉人仍不服提出再审申请或者申诉的，不予受理。"根据该规定，向最高人民法院申请再审或申诉是当事人获得救济的最后机会，因此，最高人民法院的审查或审理应当更加谨慎。复查或再审案件中有很大一部分是人大代表、有关领导或领导机关过问、交办或批示的，对于该类案件应当及时向有关人员或部门反馈结果，最高人民法院已经有了《关于人民法院接受人民代表大会及其常务委员会监督的若干意见》《关于人民法院办理全国人大代表来信暂行规定》等规范性文件，所以《若干规定》并没有对此再次予以规定，而是规定了应向本院有关部门通报案件的处理结果。这里的"有关部门"主要指人事部门和纪检部门。向人事部门通报有助于其了解本院干部的业务能力，在晋级、评优等方面予以适当的参考。向纪检部门通报，有助于纪检部门对违法违纪情况进行查处。最高人民法院已经颁布了《人民法院审判人员违法审判责任追究办法（试行）》《人民法院审判纪律处分办法（试行）》等规定，这为纪检部门处理违法违纪问题提供了可供操作的规定，而《若干规定》将在办案过程中发现的原审承办人违法违纪的情况如何处理作了应移送纪检部门的规定。两部门贯彻“管案与管人分离”的原则，审判监督部门从案件的角度进行监督，纪检监察部门从人的角度进行监督。两个部门虽然有不同的分工，但仍然需要互相配合。对于原审审判人员在办案过程中是否有违法违纪的情况往往会影响案件的处理结果，而审判人员在审理案件中有贪污受贿、枉法裁判的情形是案件进行再审的法定理由，两部门的配合无疑是必须的。在再审案件的处理过程中，有的案件的当事人会向纪检等有关部门告状，有些控告材料不是反映原审审判人员的违法违纪情况，而是对案件本身的申诉，这样的材料不宜由纪检部门来处理。

五、关于《若干规定》的适用范围

法院的执行工作、国家赔偿工作不是审判工作，但其与审判工作密切相连，同样需要对此进行监督。最高人民法院直接办理的执行案件和国家赔偿案件较少，但如当事人对该类案件的处理结果不服，而且某个案件确实存在错误的话，就需要对当事人进行救济。根据部门分工和审监庭的职能定位，由审监庭负责处理该类案件，因此也存在着如何与原承办人和承办单位进行沟通协调的问题，这应按照上述规定执行。

国家赔偿确认工作是一项新的工作，在此之前，确认和赔偿并没有分开，也没有将确认作为一个独立的程序。若干规定首次明确国家赔偿确认这一程序，并由审监庭负责。2001 年 11 月 9 日最高人民法院下发法明传（2001）473 号通知再次对该问题予以了明确。随后最高人民法院审监庭也组织了专门的力量开展调研，着手相关司法解释的起草。该项国家赔偿确认工作是针对法院的行为作出确认，对于当事人要求检察院等其他国家机关赔偿，或对检察院等国家机关的赔偿决定不服的申诉，不属于《若干规定》由审监庭负责确认的范围。审监庭仅对个案是否违法进行确认，对于赔偿的具体项目和赔偿数目由赔偿办负责。《若干规定》最后要求各地各级法院可以根据该规定精神，结合本院实际情况因地制宜地制定具体规定。

（撰稿人：王朝辉）

最高人民法院
印发《关于受理审查民事申请再审案件的若干意见》的通知

2009 年 4 月 27 日　　　　　　法发〔2009〕26 号

各省、自治区、直辖市高级人民法院，解放军军事法院，新疆维吾尔自治区高级人民法院生产建设兵团分院：

为依法保障当事人申请再审权利，规范人民法院受理审查民事申请再审案件工作，最高人民法院制定了《关于受理审查民事申请再审案件的若干意见》，现印发给你们，请结合审判实际，认真贯彻执行。

附：

关于受理审查民事申请再审案件的若干意见

为依法保障当事人申请再审权利，规范人民法院受理审查民事申请再审案件工作，根据《中华人民共和国民事诉讼法》和《最高人民法院关于适用〈中华人民共和国民事诉讼法〉审判监督程序若干问题的解释》的有关规定，结合审判工作实际，现就受理审查民事申请再审案件工作提出以下意见：

一、民事申请再审案件的受理

第一条　当事人或案外人申请再审，应当提交再审申请书等材料，并按照被申请人及原审其他当事人人数提交再审申请书副本。

第二条　人民法院应当审查再审申请书是否载明下列事项：

（一）申请再审人、被申请人及原审其他当事人的基本情况。当事人是自然人的，应列明姓名、性别、年龄、民族、职业、工作单位、住所及有效联系电话、邮寄地址；当事人是法人或者其他组织的，应列明名称、住所和法定代表人或者主要负责人的姓名、职务及有效联系电话、邮寄地址；

（二）原审法院名称，原判决、裁定、调解文书案号；

（三）具体的再审请求；

（四）申请再审的法定事由及具体事实、理由；

（五）受理再审申请的法院名称；

（六）申请再审人的签名或者盖章。

第三条 申请再审人申请再审，除应提交符合前条规定的再审申请书外，还应当提交以下材料：

（一）申请再审人是自然人的，应提交身份证明复印件；申请再审人是法人或其他组织的，应提交营业执照复印件、法定代表人或主要负责人身份证明书。委托他人代为申请的，应提交授权委托书和代理人身份证明；

（二）申请再审的生效裁判文书原件，或者经核对无误的复印件；生效裁判系二审、再审裁判的，应同时提交一审、二审裁判文书原件，或者经核对无误的复印件；

（三）在原审诉讼过程中提交的主要证据复印件；

（四）支持申请再审事由和再审诉讼请求的证据材料。

第四条 申请再审人提交再审申请书等材料的同时，应提交材料清单一式两份，并可附申请再审材料的电子文本，同时填写送达地址确认书。

第五条 申请再审人提交的再审申请书等材料不符合上述要求，或者有人身攻击等内容，可能引起矛盾激化的，人民法院应将材料退回申请再审人并告知其补充或改正。

再审申请书等材料符合上述要求的，人民法院应在申请再审人提交的材料清单上注明收到日期，加盖收件章，并将其中一份清单返还申请再审人。

第六条 申请再审人提出的再审申请符合以下条件的，人民法院应当在5日内受理并向申请再审人发送受理通知书，同时向被申请人及原审其他当事人发送受理通知书、再审申请书副本及送达地址确认书：

（一）申请再审人是生效裁判文书列明的当事人，或者符合法律和司法解释规定的案外人；

（二）受理再审申请的法院是作出生效裁判法院的上一级法院；

（三）申请再审的裁判属于法律和司法解释允许申请再审的生效裁判；

（四）申请再审的事由属于民事诉讼法第一百七十九条①规定的情形。

再审申请不符合上述条件的，应当及时告知申请再审人。

第七条　申请再审人向原审法院申请再审的，原审法院应针对申请再审事由并结合原裁判理由作好释明工作。申请再审人坚持申请再审的，告知其可以向上一级法院提出。

第八条　申请再审人越级申请再审的，有关上级法院应告知其向原审法院的上一级法院提出。

第九条　人民法院认为再审申请不符合民事诉讼法第一百八十四条规定的期间要求的，应告知申请再审人。申请再审人认为未超过法定期间的，人民法院可以限期要求其提交生效裁判文书的送达回证复印件或其他能够证明裁判文书实际生效日期的相应证据材料。

二、民事申请再审案件的审查

第十条　人民法院受理申请再审案件后，应当组成合议庭进行审查。

第十一条　人民法院审查申请再审案件，应当围绕申请再审事由是否成立进行，申请再审人未主张的事由不予审查。

第十二条　人民法院审查申请再审案件，应当审查当事人诉讼主体资格的变化情况。

第十三条　人民法院审查申请再审案件，采取以下方式：

（一）审查当事人提交的再审申请书、书面意见等材料；

（二）审阅原审卷宗；

（三）询问当事人；

（四）组织当事人听证。

第十四条　人民法院经审查申请再审人提交的再审申请书、对方当事人提交的书面意见、原审裁判文书和证据等材料，足以确定申请再审事由不能成立的，可以径行裁定驳回再审申请。

---

①　本意见第六条引用的《民事诉讼法》第一百七十九条已于 2012 年 8 月 31 日被第二次修正的《民事诉讼法》改为第二百条，修改为：“当事人的申请符合下列情形之一的，人民法院应当再审：（一）有新的证据，足以推翻原判决、裁定的；（二）原判决、裁定认定的基本事实缺乏证据证明的；（三）原判决、裁定认定事实的主要证据是伪造的；（四）原判决、裁定认定事实的主要证据未经质证的；（五）对审理案件需要的主要证据，当事人因客观原因不能自行收集，书面申请人民法院调查收集，人民法院未调查收集的；（六）原判决、裁定适用法律确有错误的；（七）审判组织的组成不合法或者依法应当回避的审判人员没有回避的；（八）无诉讼行为能力人未经法定代理人代为诉讼或者应当参加诉讼的当事人，因不能归责于本人或者其诉讼代理人的事由，未参加诉讼的；（九）违反法律规定，剥夺当事人辩论权利的；（十）未经传票传唤，缺席判决的；（十一）原判决、裁定遗漏或者超出诉讼请求的；（十二）据以作出原判决、裁定的法律文书被撤销或者变更的；（十三）审判人员审理该案件时有贪污受贿，徇私舞弊，枉法裁判行为的。”下同。——编者注

第十五条 对于以下列事由申请再审，且根据当事人提交的申请材料足以确定再审事由成立的案件，人民法院可以径行裁定再审：

（一）违反法律规定，管辖错误的；

（二）审判组织的组成不合法或者依法应当回避的审判人员没有回避的；

（三）无诉讼行为能力人未经法定代理人代为诉讼，或者应当参加诉讼的当事人因不能归责于本人或者其诉讼代理人的事由未参加诉讼的；

（四）据以作出原判决、裁定的法律文书被撤销或者变更的；

（五）审判人员在审理该案件时有贪污受贿、徇私舞弊、枉法裁判行为，并经相关刑事法律文书或者纪律处分决定确认的。

第十六条 人民法院决定调卷审查的，原审法院应当在收到调卷函后15日内按要求报送卷宗。

调取原审卷宗的范围可根据审查工作需要决定。必要时，在保证真实的前提下，可要求原审法院以传真件、复印件、电子文档等方式及时报送相关卷宗材料。

第十七条 人民法院可根据审查工作需要询问一方或者双方当事人。

第十八条 人民法院对以下列事由申请再审的案件，可以组织当事人进行听证：

（一）有新的证据，足以推翻原判决、裁定的；

（二）原判决、裁定认定的基本事实缺乏证据证明的；

（三）原判决、裁定认定事实的主要证据是伪造的；

（四）原判决、裁定适用法律确有错误的。

第十九条 合议庭决定听证的案件，应在听证5日前通知当事人。

第二十条 听证由审判长主持，围绕申请再审事由是否成立进行。

第二十一条 申请再审人经传票传唤，无正当理由拒不参加询问、听证或未经许可中途退出的，裁定按撤回再审申请处理。被申请人及原审其他当事人不参加询问、听证或未经许可中途退出的，视为放弃在询问、听证过程中陈述意见的权利。

第二十二条 人民法院在审查申请再审案件过程中，被申请人或者原审其他当事人提出符合条件的再审申请的，应当将其列为申请再审人，对于其申请再审事由一并审查，审查期限重新计算。经审查，其中一方申请再审人主张的再审事由成立的，人民法院即应裁定再审。各方申请再审人主张的再审事由均不成立的，一并裁定驳回。

第二十三条 申请再审人在审查过程中撤回再审申请的，是否准许，由人民法院裁定。

第二十四条 审查过程中，申请再审人、被申请人及原审其他当事人自愿达成和解协议，当事人申请人民法院出具调解书且能够确定申请再审事由成立的，人民法院应当裁定再审并制作调解书。

第二十五条　审查过程中，申请再审人或者被申请人死亡或者终止的，按下列情形分别处理：

（一）申请再审人有权利义务继受人且该权利义务继受人申请参加审查程序的，变更其为申请再审人；

（二）被申请人有权利义务继受人的，变更其权利义务继受人为被申请人；

（三）申请再审人无权利义务继受人或其权利义务继受人未申请参加审查程序的，裁定终结审查程序；

（四）被申请人无权利义务继受人且无可供执行财产的，裁定终结审查程序。

第二十六条　人民法院经审查认为再审申请超过民事诉讼法第一百八十四条规定期间的，裁定驳回申请。

第二十七条　人民法院经审查认为申请再审事由成立的，一般应由本院提审。

第二十八条　最高人民法院、高级人民法院审查的下列案件，可以指令原审法院再审：

（一）依据民事诉讼法第一百七十九条第一款第（八）至第（十三）项事由提起再审的；

（二）因违反法定程序可能影响案件正确判决、裁定提起再审的；

（三）上一级法院认为其他应当指令原审法院再审的。

第二十九条　提审和指令再审的裁定书应当包括以下内容：

（一）申请再审人、被申请人及原审其他当事人基本情况；

（二）原审法院名称、申请再审的生效裁判文书名称、案号；

（三）裁定再审的法律依据；

（四）裁定结果。

裁定书由院长署名，加盖人民法院印章。

第三十条　驳回再审申请的裁定书，应当包括以下内容：

（一）申请再审人、被申请人及原审其他当事人基本情况；

（二）原审法院名称、申请再审的生效裁判文书名称、案号；

（三）申请再审人主张的再审事由、被申请人的意见；

（四）驳回再审申请的理由、法律依据；

（五）裁定结果。

裁定书由审判人员、书记员署名，加盖人民法院印章。

第三十一条　再审申请被裁定驳回后，申请再审人以相同理由再次申请再审的，不作为申请再审案件审查处理。

申请再审人不服驳回其再审申请的裁定，向作出驳回裁定法院的上一级法院申请再审的，不作为申请再审案件审查处理。

第三十二条 人民法院应当自受理再审申请之日起3个月内审查完毕，但鉴定期间等不计入审查期限。有特殊情况需要延长的，报经本院院长批准。

第三十三条 2008年4月1日之前受理，尚未审结的案件，符合申请再审条件的，由受理再审申请的人民法院继续审查处理并作出裁定。

【解　　读】

解读《关于受理审查民事申请再审案件的若干意见》

2009年4月27日，最高人民法院以法发〔2009〕26号文件颁布了《关于受理审查民事申请再审案件的若干意见》（以下简称《若干意见》），进一步规范完善了受理审查民事申请再审案件工作程序。这个意见的公布实施，对于人民法院保障当事人申请再审权利，规范再审审查工作，自觉接受社会各界监督具有重要意义。为正确理解和适用《若干意见》，现对《若干意见》的制定背景和主要内容予以说明。

一、《若干意见》的起草背景和经过

十届全国人大常委会第三十次会议于2007年10月28日通过《关于修改〈中华人民共和国民事诉讼法〉的决定》后，最高人民法院及时采取了调整级别管辖标准、制定司法解释和工作细则、充实审判力量、加强再审审查业务培训等一系列措施，认真落实立法对申请再审审查工作提出的新要求。各高级人民法院也根据本辖区再审审查工作情况，制定相应对策，集中精力应对申请再审案件猛增带来的挑战。2008年4月1日修改后的《民事诉讼法》实施一年来的实践证明，各级人民法院采取的应对措施是切实有效的，受理审查申请再审案件工作基本实现了新旧法的顺利过渡，而且积累了一些行之有效的经验，当事人普遍反映符合条件的再审申请能够得到及时受理审查，审查程序也比以往更为规范透明，审查处理标准趋于统一，审查处理结果更为公开化、司法化。从掌握的情况看，由于时间紧、任务重，许多方面还不能很好地适应形势要求，如审查案件积压增多、压力增大，再审事由适用标准有待进一步统一，审查程序需要进一步明确等问题，亟需尽快加以解决。另外，原有的一些做法

与最高人民法院关于审判监督程序的司法解释不一致，需要进一步细化、修改和完善。基于以上情况，最高人民法院制定了《若干意见》，目的在于切实保障当事人申请再审权利，进一步规范人民法院受理审查民事申请再审案件工作，推广实践证明行之有效的经验做法，努力提高再审审查工作质量和效率，以利及时发现纠正错案，更好地树立司法权威，满足人民群众的新要求新期待。

《若干意见》是在最高人民法院2008年印发的《关于民事申请再审案件受理审查工作细则（试行）》[以下简称《工作细则（试行）》]基础上修改完善形成的。2008年3月13日，为了应对4月1日修改后《民事诉讼法》的实施可能带来的申请再审案件激增的新形势，保障新旧法的紧密衔接，在对全国各级法院两年来申请再审审查工作进行摸底调研的基础上，最高人民法院制定印发了《工作细则（试行）》（法〔2008〕122号），对于新法实施后亟需明确的问题制定了较为详细的指导意见，并拟定了《审查程序文书样式（试行）》。一年来的实践证明，《工作细则（试行）》对于规范各地审查工作，保证新法的顺利实施发挥了重要作用。但在施行过程中，也反映出有些内容与工作实际不适应。《工作细则（试行）》仅供内部试行不对外公开，不利于做好审查工作，不利于接受当事人和社会的监督，也是各地反映较为集中的问题。针对实施中的问题，参考各级法院的意见和建议，最高人民法院立案庭对于该《工作细则（试行）》进行了修改，提交第二次全国立案审判工作会议征求意见，并征求了最高人民法院相关庭室的意见，于2009年4月13日提交最高人民法院民事行政审判专业委员会第40次会议讨论通过，将《工作细则（试行）》更名为《若干意见》，正式予以公布实施。

二、《若干意见》的基本要求

申请再审案件的受理审查工作，关系到当事人诉讼权利的救济，关系到“为大局服务，为人民司法”工作主题的实现，关系到社会的和谐稳定，这项工作极其重要。在制定《若干意见》以及具体工作中，遵循了以下四个方面的工作要求。

一是审查程序规范透明。虽然立法对于受理审查的程序环节没有规定具体要求，但是作为一个法定程序阶段，保证当事人适度的知情和参与是非常必要的，这不仅是提高裁判公信力的必然要求，而且有利于疏导当事人的思想情绪，避免产生多头申诉上访。为此，《若干意见》在上述程序环节上，规定的尽量详尽周密。可以说，程序越规范、越透明，就越能够取得当事人的信服和监督机关的认可，就越能够树立人民法院公开公正、廉洁文明的司法形象。

二是审查工作及时高效。能否及时高效审结申请再审案件是衡量人民法院司法能力的标尺，直接关系到立法目的能否实现。因此，人民法官应当自觉地承担起快速结案、均衡结案的责任，适应法律的规定，满足群众的要求。面对法定三个月的审查期限，必须想方设法提高审查工作的效率，防止申请再审案件过多的积压。为此，《若干意见》在依法的前提下，最大限度地简化不必要的工作环节，改变工作方法，力求在规范透明的基础上提高审查工作效率。

三是再审标准宽严适度。由于立法将再审事由细化、独立化，提起再审并不意味着生效裁判确有错误，提起再审的标准与再审改判的标准已有明显区别，对于再审事由的审查要严格把握，应有充分的证据证明，但是在审查阶段并不要求审查到原审裁判确有错误的程度，不应再简单以再审改判率来衡量审查工作质量。为此，《若干意见》再次明确审查工作应当围绕申请再审事由是否成立进行，将申请再审事由成立作为裁定再审的标准。

四是裁判文书注重说理。裁判文书是审查程序的结论，其质量直接反映了审查工作的水平。提高审查水平和透明度必然要求改变以往驳回通知或者再审裁定理由简单或者不阐明理由的做法，提高文书的说理性，让当事人赢得清楚，输得明白。因此，《若干意见》对于裁判文书的内容提出了具体要求，提高文书说理性。这既是人民法院对案件事实负责、对群众利益负责的具体体现，也是审判公开、增强司法公信力的必然要求。

三、关于民事申请再审案件的受理

《若干意见》分为民事申请再审案件的受理和审查两部分。在受理部分，主要规定了申请再审所需材料、受理的基本条件和程序，目的在于为当事人依法行使诉讼提供明确无误的指引，同时规范人民法院在受理环节的具体行为。

（一）对于再审申请书及其他诉讼材料的审查

1. 审查再审申请书的内容和份数是否符合要求。再审申请书是再审申请人依据法定再审理由对原裁判声明不服，并请求推翻或者改变原裁判的诉讼文书，直接决定了审查程序和再审程序的对象和范围，实质上即为再审诉状。《民事诉讼法》第一百八十条规定当事人申请再审的，应当提交再审申请书等材料，但并未规定再审申请书的内容要求。再审申请书与起诉状、上诉状最为显著的差异在于需要表明撤销或者变更原审裁判的意图和理由，应当明确其必备内容，指引当事人正确行使申请再审权。根据《若干意见》第二条的要求，再审申请书应当具备以下几方面内容。

一是当事人基本情况。审查程序的当事人应当包括申请再审人、被申请人及原审其他当事人。尽管申请再审人并未针对原审其他当事人提出申请，但由于审查程序有可能启动再审，变动当事人之间实体权利义务的分配，从而影响到原审全体当事人的权利义务，因此应将除申请再审人之外的其他当事人均纳入对方当事人范围。参照一审诉状要求，再审申请书应当写明申请再审人、被申请人及原审其他当事人的基本情况。当事人是自然人的，应列明姓名、性别、年龄、民族、职业、工作单位、住所及有效联系电话、邮寄地址；当事人是法人或者其他组织的，应列明名称、住所和法定代表人或者主要负责人的姓名、职务及有效联系电话、邮寄地址。鉴于实务中查找不到当事人的情况屡见不鲜，应当特别强调在申请书中提供并确认有效的联系方式和送达地址。

二是原审法院名称、申请再审的生效裁判文书名称及案号。作出生效裁判的原审法院是确定申请再审案件管辖权的审查依据。裁判文书名称及案号是使审查对象特定化。判断是否属于允许再审的确定裁判的依据。均必须在申请书中予以明确。

三是要求推翻或者变更原裁判的具体诉讼请求及其所依据的事实理由和证据。这是判断申请再审人是否具有再审利益，并明确再审审理范围的必要内容。再审审理范围根据当事人声明不服的范围确定，对于当事人没有争议的事项不予审理。因此当事人在申请书中必须表明不服原裁判的范围以及要求如何变更的具体诉讼请求，明确再审审理对象。

四是申请再审事由及其依据的事实、理由和证据。立法细化列举再审事由的目的在于明确威胁原裁判既判力的程序和实体事项范围，既规范一、二审审判，又指引当事人依据法定理由申请再审。法律规定以外的事由并不能启动再审程序，所以法定事由属于申请再审的构成要件，当事人只有依据法定理由提出申请才能得以受理，否则即为再审申请不合法。因此，当事人必须在申请书中明确申请再审所依据的法定事由及其事实、理由、证据。

需要注意的是，当事人既可能将申请再审事由和再审诉讼请求分开写，也有可能只写再审诉讼请求，而把申请再审事由一并写在事实理由部分。这种情况下；应当指导当事人把申请再审事由提炼出来，在申请书上写明。避免由于申请再审事由不明，给审查工作带来困难。

五是受理再审申请的法院名称。这与原审法院结合起来进一步确定再审之诉的管辖法院，需要当事人予以明确。

六是申请再审人的签名或者盖章。这是确保再审申请书真实性和是否为申请人真实意思表示的要素。

再审申请书不具备上述内容的，应当告知当事人补正。

关于再审申请书副本的份数，根据《民事诉讼法》第一百八十条，人民法院应将再审申请书副本发送对方当事人以及对方当事人提交书面意见，因此，对方当事人的范围不仅涉及要求再审申请人提供申请书副本的份数，而且关系到是否对当事人的诉讼权利予以充分保障。最高人民法院再审司法解释也采用了“对方当事人”的用语。关于对方当事人的范围界定有两种意见，一种意见认为对方当事人应当是再审申请人不服原判决而提出的再审诉讼请求直接针对的当事人，再审诉讼请求没有涉及的其他当事人不属于对方当事人，没有必要向其发送再审申请书副本；第二种意见认为审查程序有可能启动再审，变动当事人之间实体权利义务的分配，从而影响到再审申请人之外的其他当事人的权利义务，因此应将除再审申请人之外的其他所有当事人均纳入对方当事人范围之内，向其发送副本，由其提交书面意见。《若干意见》采纳了第二种意见，要求按照被申请人和原审其他当事人的人数提交再审申请书副本，原审其他当事人可以参加审查程序，提交书面意见，申请参加询问或听证。

2. 审查其他诉讼材料是否齐全。根据《若干意见》第三条的规定，申请再审人除提交再审申请书外，还需提交以下材料。

一是身份证明材料。申请再审人是自然人的，应提交身份证明复印件；申请再审人是法人或其他组织的，应提交营业执照复印件、法定代表人或主要负责人身份证明书。委托他人代为申请的，应提交授权委托书和代理人身份证明。

二是申请再审的生效裁判文书。生效裁判系二审、再审裁判的，应同时提交一审、二审裁判文书。这是审查裁判文书生效时间，确定文书真实性和种类的需要，为了保证审查的全面性，还需提交该案所有审级的裁判文书。

三是原审主要证据复印件。为减少调卷，当事人应当提交在原审诉讼中提交的主要证据复印件。档案公开做得比较好的地方，还可以要求当事人提供对方在原审提交的主要证据复印件。

四是支持申请再审事由和再审诉讼请求的证据材料。为了防止申请再审权的滥用，当事人还需提交一定证据支持其申请再审的事由及再审诉讼请求。有条件的地方，可以要求申请人提供证据清单，分别说明支持其再审理由的证据和支持其再审诉讼请求的证据。如果二者证据有重合，不必重复提交。

3. 对于不符合要求的申请再审材料的处理。当事人提交的材料不符合要求的，应当补正，但是对于不符合要求的材料是否应当接收，以及该行为是否发生申请再审法律效力存在分歧意见。一种意见认为当事人提交的材料不符合要求的，应当退回当事人，视为当事人未提出再审申请。另一种意见认为应当予以接收，并告知当事人需要补正哪些材料，该行为发生申请再审的效力，只要该行为发生在裁判生效两年内，即使补正行为超过了该期间，其再审申请仍应视为符合期间要求。我们认为，原则上，应当以当事人提交完备材料之日作为申请再审之日。主要理由，一是法定的申请再审期间长达两年，当事人有充分时间准备材料；二是当事人应当承担提交完备的申请材料的义务，否则审查工作无法正常进行；三是如果提交材料不齐备仍能产生申请再审的效力，则不利于指导当事人及时补正材料；四是根据工作实际情况，有不少当事人在法院告知其补正材料后，就长期不再来法院申请再审，亦无必要长期保留其不齐备的材料。综上，对于材料不齐备的应退回并告知补正要求。当然，当事人确有正当理由无法在法定期间内补正的，也可以先行登记其第一次申请再审时间，限期补正材料。

除再审申请书及其他材料外，《若干意见》还规定了当事人应提交材料清单，人民法院可以直接收取当事人提交的符合要求的清单，也可以提供清单供当事人填写。

（二）受理条件的把握

受理条件的掌握实际上就是申请再审案件界限的把握问题，直接涉及当事人申请再审诉权的范围和法院案件数量，无论是在学理界还是在实践中，均存在很大争议，问题也很多。尽管《民事诉讼法》并未规定申请再审案件的受理环节，但从审判工作规律考察，对于符合条件的再审申请应当有一个进入审查程序的标志，否则当事人无法确知其再审申请是否已经开始审查，人民法院也缺乏进行案件统计的依据。因而，有必要依法明确申请再审案件的受理条件。根据法律和司法解释的规定，结合工作实际，《若干意见》第六条规定申请再审案件应符合以下条件。

1. 申请再审人是生效裁判文书列明的当事人，或者符合法律和司法解释规定的案外人。享有申请再审权的诉讼主体必须具备再审利益。在原审中全部诉讼请求获得支持的当事人或者未被判决承担实体权利义务的当事人应不具备再审利益，部分诉讼请求获得支持的当事人对于未获支持的部分诉讼请求具备再审利益。实体权利受到生效裁判既判力约束，必须通过推翻原审裁判才能得以救济的案外人应享有再审利益。

2. 受理再审申请的法院是作出生效裁判法院的上一级法院。当事人向原审法院或者越级向上级法院申请再审的，均不构成申请再审案件。当事人坚持向无管辖权的法院申请的，可以按照申诉案件进行审查，符合《民事诉讼法》第一百七十七条规定的“确有错误”条件的，可以裁定进入再审。不符合“确有错误”条件的，可以用不予立案或者驳回通知予以驳回。需要提请注意的一个问题是，当事人向原审法院申请的，原审法院应当出于维护稳定的考虑，先做好释明工作，向当事人解释清楚裁判的理由，分析其再审事由是否可能获得支持，尽力过滤一批案件。只有释明无效，当事人坚持的，才告知其可以向上一级法院申请，而不能将案件一推了之。

3. 申请再审的裁判属于法律和司法解释允许再审的生效裁判。申请再审的裁判必须已经发生法律效力，属于确定的裁判。在此基础上，应当正确认识允许再审的生效裁判范围。在理论和实务上，关于可以再审的生效裁判范围存在很大争议，有一种观点认为，既然《民事诉讼法》第一百七十八条规定对发生法律效力的判决、裁定，当事人认为有错误的，可以申请再审，那么从文义解释而言，应当理解为对所有的生效判决、裁定都应允许申请再审，不应当有任何限制，否则就有违法之嫌。这种理解虽然不无道理，但是如果结合《民事诉讼法》整体程序安排来看，显然太过宽泛，如以特别程序作出的裁判，《民事诉讼法》采取的是直接作出新判决，撤销原判决的方式，而不是再审。归纳而言，允许申请再审的生效裁判应当符合以下条件。

第一，必须是以通常诉讼程序作出的裁判，而不是特别程序、督促程序、公示催告程序、破产程序、执行程序中的裁判。即是为解决双方或者多方当事人民事争议而依据《民事诉讼法》第十二章（第一审普通程序）、第十三章（简易程序）、第十四章（第二审程序）、第十六章（审判监督程序）作出的生效裁判。

第二，即使是依据通常诉讼程序作出的生效裁判，法律和司法解释明确规定不得申请再审的，当事人申请再审也不予受理。包括解除婚姻关系的判决和绝大多数的裁定。关于允许再审的裁定范围，目前实务中一般掌握为三类，即不予受理、驳回起诉、管辖权异议裁定。个别司法解释对此有所扩大，如按自动撤诉处理的裁定，当事人也可申请再审。但这均属于例外情况。

4. 申请再审的事由属于《民事诉讼法》第一百七十九条规定的情形，在受理阶段，只要当事人主张的事由是法定事由，即视为符合此项条件，不必过度审查事由是否成立。当事人既可以一项事由申请，也可以多项事由申请，以多项事由申请的，只要其中一项成立，即足以引起再审。

5. 在受理阶段对申请再审期间的审查标准。首先需要明确，《民事诉讼法》第一百八十四条规定的申请再审期间，包括两年和三个月的期间，均为除斥期间，不适用中止、中断、延长的规定，是申请再审权存续的绝对期间。该期间的起算点是裁判生效时间。在受理环节，对于经形式审查认为不符合期间要求的再审申请，在决定是否受理时，掌握可以适当从宽。因裁判文书的生效系以送达为标志，而送达时间有时仅凭裁判文书和再审申请人提交的书面材料难以确定，因而仅对裁判文书进行形式审查有时并不能准确判断文书生效时间。为此，《若干意见》第九条规定，人民法院认为再审申请不符合《民事诉讼法》第一百八十四条规定的期间要求的，应告知申请再审人。申请再审人认为未超过法定期间的，人民法院可以限期要求其提交生效裁判文书的送达回证复印件或其他能够证明裁判文书实际生效日期的相应证据材料。在实际工作中，如果遇到当事人提供证据材料确有困难的情况，也可以先予受理，查明确实超过期间的，裁定驳回。

（三）受理的具体程序

人民法院收到再审申请书和其他材料，首先应审查是否符合受理条件。符合受理条件的，则应审查申请再审材料是否齐备，是否需要补正。材料符合要求且符合受理条件的，应当在5日内向申请再审人发送申请再审案件受理通知书，向对方当事人，包括被申请人和其他当事人，发送申请再审案件受理通知书、再审申请书副本和送达地址确认书。在这里，需要注意“发送”的法律用语，这与“送达”的要求不同，只要能够证明履行了发送手续即可。

四、关于民事申请再审案件的审查

《若干意见》从审判实际出发，针对制约审查工作的某些突出问题，如再审审查范围、审查方式、调卷难等问题，作出了明确的规定。

（一）审查范围

申请再审案件审查工作的中心任务是确定生效裁判是否存在当事人主张的法定再审事由，作出再审或者驳回申请的裁定。从尊重当事人处分权角度考虑，审查申请再审案件的范围一般应限于再审事由。有人提出如果发现当事人主张的事由不成立，但其他事由可能成立的，是否需要依职权审查。我们认为，主张何种事由是当事人处分权范围之内的事情，一般情况下，只要审查当事人主张的事由即可。如果在审查过程中发现生效裁判确有错误的，可以依据《民事诉讼法》第一百七十七条的规定依职权启动再审。

（二）审查方式

《若干意见》规定了四种审查方式：一是审查再审申请人提交的再审申请书等书面材料。对于再审事由明显缺乏证据支持，不能成立的，可以不经调卷径行裁定驳回。对于部分根据原审裁判和当事人提供的主要证据足以作出准确判断的再审事由，也可径行裁定再审。二是审阅原审卷宗。审阅原审卷宗是审查再审申请的基本形式，对于单纯审查书面材料不能确定的再审事由，应当调取原审卷宗进行审查。三是询问当事人。询问是《民事诉讼法》第一百八十条明确规定的审查方式，有利于当事人参与审查程序，陈述意见。其形式较为灵活，根据需要单方或者双方均可。四是组织听证。听证是介于开庭和询问之间的一种较为正式的诉讼活动，注重公开性、规范性，当事人也比较认同。并且有些再审事由采用听证方式审查处理更为妥当，如对需要质证的证据，使用询问形式进行质证显然不够正式，也不够严肃。实践证明，听证审查方式对于审查新证据，查明案件事实，正确判断申请再审是否符合再审条件，促使当事人和解或息诉发挥了非常好的作用。询问和听证既可以用传票通知当事人，也可以采用电话通知等方式。但是如果要依据第二十一条裁定按照撤回申请处理的，则必须使用传票通知。

需要注意的是：审查材料、审阅原审卷宗、询问、组织听证这四种方式为可选择性规定，并没有递进的关系，可以根据案件具体情况，选择一种或者几种结合运用。如可以将书面审查和询问结合使用，并不一定需要调阅卷宗。

（三）关于调卷问题

调卷难问题是制约审查工作效率的瓶颈。要解决这个问题，一是要正确界定需要调卷的案件范围。是否需要采取调卷审查方式，应当视当事人主张的再审事由和审查案件需要而定。再审事由涉及实体或者原审程序问题，必须阅卷才能查明的，才应当阅卷。二是要采取灵活多样的调卷方式和范围，既可以把案卷调上来，也可以合议庭走下去，到原审法院阅卷，或者开发电子卷宗，网上阅卷。有的再审事由不需调阅全部卷宗，如当事人主张的再审事由仅涉及二审程序，则没有必要调一审卷宗。同理，再审事由仅涉及卷宗中的一部分内容，也没有必要调取整个卷宗。如仅需审查裁判文书的生效时间，则要求原审法院把送达回证复印或传真过来即可。这样可以大大减少调卷的工作量，提高工作效率。

（四）关于对方当事人也提出再审申请的处理程序

《若干意见》第二十二条细化了《关于适用〈中华人民共和国民事诉讼法〉审判监督程序若干问题的解释》第二十二条关于对方当事人也申请再审的处理程序，规定人民法院在审查申请再审案件过程中，被申请人或者原审其他当事人提出符合条件的再审申请的，应当将其列为申请再审人，对于其申请再审事由一并审查，审查期限重新计算。经审查，其中一方申请再审人主张的再审事由成立的，人民法院即应裁定再审。各方申请再审人主张的再审事由均不成立的，一并裁定驳回。关于一方当事人的申请事由成立，另一方事由不成立的，在裁定书中应如何表述的问题，考虑到提起再审裁定的主要意义在于启动再审审理程序，为尽量避免与再审审理产生认识上的矛盾，在裁定主文中仅表述一方当事人的申请事由成立，据以启动再审即可，对于另一方当事人主张的申请再审事由不必明确表态。

（五）关于再审法院的确定

虽然《民事诉讼法》对于再审法院规定了本院、其他同级法院和原审法院三种选择，但从其立法取向考察，由上一级法院再审是第一选择。只有在上一级法院不便再审情形下，才能选择其他两种再审法院。从提高裁判权威性角度而言，由上一级法院再审有利于提高当事人对于再审裁判的信服程度，也有利于纠正原审错误。如果单纯为减轻上级法院审判压力而将案件大量指定下级法院和其他法院再审，则可能引发对于再审裁判的再次申请再审，不利于当事人服判息诉，也造成司法资源的浪费。为此，《若干意见》第二十七条重申了再审司法解释确定的由上一级法院提审的原则。《若干意见》第二十八条将数量较少的以程序性事由启动再审作为可以指令原审法院再审的主要情形，旨在限制上级法院违背立法精神，随意指令再审。关于指定其他同级法院再审的情况，实践中发生了很多问题，如需要发回重审的难以确定重审法院、涉诉信访责任不明、诉讼费是否需要移交到再审法院等等，矛盾重重，难以解决。我们建议慎重使用。在实际工作中，应确立以提审为原则，以指令再审为补充，以指定其他法院再审为例外的指导思想。

（六）关于裁定书的种类和内容

法定的裁定文书包括提起再审裁定和驳回再审申请的裁定。但是审查程序中还存在其他需要适用裁定的情况，如当事人申请撤回再审申请、当事人经传票传唤无正当理由不参加听证的、当事人死亡且无权利义务继受人的等等。在这些情况下，需要有一定的裁定文书标志程序的终结。因此，《若干意见》除规定提起再审裁定和驳回再审申请的裁定外，还包括准予撤回再审申请的裁定、按撤回再审申请处理的裁定、终结审查程序的裁定，并分别明确了适用情形。《若干意见》第二十九条、第三十条分别规定了提起再审的裁定和驳回再审申请裁定的必备内容和署名要求。实际工作中，如果认为还有其他需要在裁定书中表述清楚的问题，可以根据需要酌情增加内容。

另外，各地法院较为关心的一个问题是当事人在审查程序中达成和解协议的处理方式。对此，可以分为两种情况，一是当事人因和解而撤回再审申请的，裁定准许即可；二是当事人申请法院出具调解书的，在基本能够确定原裁判具有法定再审事由情况下，可以先裁定再审，再出具调解书。

（七）关于不作为申请再审案件处理的两种情形

《若干意见》第三十一条规定了不作为申请再审案件处理的两种情形。一是再审申请被裁定驳回后，申请再审人以相同理由再次申请再审的，显系一事两诉，不应作为申请再审案件受理。但是发现生效裁判确有错误的，可以依据《民事诉讼法》第一百七十七条裁定再审。同理，关于当事人先以一项事由申请被驳回后，又以新的事由再次申请是否应当受理的问题。一种意见认为当事人只能申请一次，以不同理由再次申请的应当不予受理。另一种意见认为法律没有对于申请再审次数作出约束，当事人可以不同事由再次申请，应当受理。从理论上讲，以不同的事由申请再审的，构成一个新的再审之际。再审申请被驳回后，当事人又以其他再审事由申请再审的，只要符合其他条件，并且有正当理由无法在上一次申请时一并提出的，仍应当受理。二是申请再审人不服驳回其再审申请的裁定，向作出驳回裁定法院的上一级法院申请再审的，不作为申请再审案件审查处理。由于当事人不服驳回裁定的目的仍然是适用推翻该驳回裁定启动对于原审裁判的再审程序，且当事人发现新的事由还可以申请再审，另外此类案件还可以作为申诉案件依职权启动再审，当事人还有其他救济途径，因此，对于驳回再审申请裁定申请再审的，不作为申请再审案件审查处理。

（八）关于未结案件的法律适用

《若干意见》第三十三条明确了2008年4月1日前受理的未结案件的分类处理。原审法院受理的旧存未结案件，符合申请再审条件的，不必移送上级法院审查，应当继续审查并以裁定驳回或者再审。上级法院受理的旧存未结案件，亦需符合申请再审条件，才需用裁定驳回。其他不符合申请再审条件的案件，可继续按照原有方式处理。

（撰稿人：刘学文　姜启波　刘小飞）

最高人民法院　最高人民检察院
关于印发《关于对民事审判活动与行政诉讼实行法律监督的若干意见（试行）》的通知

2011年3月10日　　　　高检会〔2011〕1号

各省、自治区、直辖市高级人民法院、人民检察院，解放军军事法院、军事检察院，新疆维吾尔自治区高级人民法院生产建设兵团分院、新疆生产建设兵团人民检察院：

为落实中央关于“完善检察机关对民事、行政诉讼实施法律监督的范围和程序”的改革任务，最高人民法院和最高人民检察院制定了《关于对民事审判活动与行政诉讼实行法律监督的若干意见（试行）》，现印发给你们，请认真遵照执行。各地在执行中如遇到问题，请及时报告最高人民法院、最高人民检察院。

附：

关于对民事审判活动与行政诉讼实行法律监督的若干意见（试行）

第一条　为了完善检察机关对民事审判活动、行政诉讼实行法律监督的范围和程序，维护司法公正，根据宪法和法律，结合司法实践，制定本意见。

第二条　根据《中华人民共和国民事诉讼法》第十四条①和《中华人民共和国行政诉讼法》第十条②的规定，人民检察院对民事审判活动、行政诉讼实行法律监督。

第三条　人民检察院对于已经发生法律效力的判决、裁定、调解，有下列情形之一的，可以向当事人或者案外人调查核实：

（一）可能损害国家利益、社会公共利益的；

（二）民事诉讼的当事人或者行政诉讼的原告、第三人在原审中因客观原因不能自行收集证据，书面申请人民法院调查收集，人民法院应当调查收集而未调查收集的；

（三）民事审判、行政诉讼活动违反法定程序，可能影响案件正确判决、裁定的。

第四条　当事人在一审判决、裁定生效前向人民检察院申请抗诉的，人民检察院应当告知其依照法律规定提出上诉。当事人对可以上诉的一审判决、裁定在发生法律效力后提出申诉的，应当说明未提出上诉的理由；没有正当理由的，不予受理。

第五条　最高人民检察院对各级人民法院已经发生法律效力的民事判决、裁定，上级人民检察院对下级人民法院已经发生法律效力的民事判决、裁定，经过立案审查，发现有《中华人民共和国民事诉讼法》第一百七十九条③规定情形之一，符合抗诉条件的，应当依照《中华人民共和国民事诉讼法》第一百

① 本意见第二条引用的《民事诉讼法》第十四条已于2012年8月31日被第二次修正的《民事诉讼法》修改为："人民检察院有权对民事诉讼实行法律监督。"——编者注

② 本意见第二条引用的《行政诉讼法》第十条已于2014年11月1日被第一次修正的《行政诉讼法》改为第十一条。——编者注

③ 本意见第五条引用的《民事诉讼法》第一百七十九条已于2012年8月31日被第二次修正的《民事诉讼法》改为第二百条，修改为："当事人的申请符合下列情形之一的，人民法院应当再审：（一）有新的证据，足以推翻原判决、裁定的；（二）原判决、裁定认定的基本事实缺乏证据证明的；（三）原判决、裁定认定事实的主要证据是伪造的；（四）原判决、裁定认定事实的主要证据未经质证的；（五）对审理案件需要的主要证据，当事人因客观原因不能自行收集，书面申请人民法院调查收集，人民法院未调查收集的；（六）原判决、裁定适用法律确有错误的；（七）审判组织的组成不合法或者依法应当回避的审判人员没有回避的；（八）无诉讼行为能力人未经法定代理人代为诉讼或者应当参加诉讼的当事人，因不能归责于本人或者其诉讼代理人的事由，未参加诉讼的；（九）违反法律规定，剥夺当事人辩论权利的；（十）未经传票传唤，缺席判决的；（十一）原判决、裁定遗漏或者超出诉讼请求的；（十二）据以作出原判决、裁定的法律文书被撤销或者变更的；（十三）审判人员审理该案件时有贪污受贿，徇私舞弊，枉法裁判行为的。"——编者注

八十七条[①]之规定，向同级人民法院提出抗诉。

人民检察院发现人民法院已经发生法律效力的行政判决和不予受理、驳回起诉、管辖权异议等行政裁定，有《中华人民共和国行政诉讼法》第六十四条[②]规定情形的，应当提出抗诉。

第六条 人民检察院发现人民法院已经发生法律效力的民事调解、行政赔偿调解损害国家利益、社会公共利益的，应当提出抗诉。

第七条 地方各级人民检察院对符合本意见第五条、第六条规定情形的判决、裁定、调解，经检察委员会决定，可以向同级人民法院提出再审检察建议。

人民法院收到再审检察建议后，应当在三个月内进行审查并将审查结果书面回复人民检察院。人民法院认为需要再审的，应当通知当事人。人民检察院认为人民法院不予再审的决定不当的，应当提请上级人民检察院提出抗诉。

第八条 人民法院裁定驳回再审申请后，当事人又向人民检察院申诉的，人民检察院对驳回再审申请的裁定不应当提出抗诉。人民检察院经审查认为原生效判决、裁定、调解符合抗诉条件的，应当提出抗诉。人民法院经审理查明，抗诉事由与被驳回的当事人申请再审事由实质相同的，可以判决维持原判。

第九条 人民法院的审判活动有本意见第五条、第六条以外违反法律规定情形，不适用再审程序的，人民检察院应当向人民法院提出检察建议。

当事人认为人民法院的审判活动存在前款规定情形，经提出异议人民法院未予纠正，向人民检察院申诉的，人民检察院应当受理。

第十条 人民检察院提出检察建议的，人民法院应当在一个月内作出处理

---

① 本意见第五条引用的《民事诉讼法》第一百八十七条已于 2012 年 8 月 31 日被第二次修正的《民事诉讼法》改为第二百零八条，修改为："最高人民检察院对各级人民法院已经发生法律效力的判决、裁定，上级人民检察院对下级人民法院已经发生法律效力的判决、裁定，发现有本法第二百条规定情形之一的，或者发现调解书损害国家利益、社会公共利益的，应当提出抗诉。地方各级人民检察院对同级人民法院已经发生法律效力的判决、裁定，发现有本法第二百条规定情形之一的，或者发现调解书损害国家利益、社会公共利益的，可以向同级人民法院提出检察建议，并报上级人民检察院备案；也可以提请上级人民检察院向同级人民法院提出抗诉。各级人民检察院对审判监督程序以外的其他审判程序中审判人员的违法行为，有权向同级人民法院提出检察建议。"——编者注

② 本意见第五条引用的《行政诉讼法》第六十四条已于 2014 年 11 月 1 日被第一次修正的《行政诉讼法》改为第九十三条，修改为："最高人民检察院对各级人民法院已经发生法律效力的判决、裁定，上级人民检察院对下级人民法院已经发生法律效力的判决、裁定，发现有本法第九十一条规定情形之一，或者发现调解书损害国家利益、社会公共利益的，应当提出抗诉。地方各级人民检察院对同级人民法院已经发生法律效力的判决、裁定，发现有本法第九十一条规定情形之一，或者发现调解书损害国家利益、社会公共利益的，可以向同级人民法院提出检察建议，并报上级人民检察院备案；也可以提请上级人民检察院向同级人民法院提出抗诉。各级人民检察院对审判监督程序以外的其他审判程序中审判人员的违法行为，有权向同级人民法院提出检察建议。"——编者注

并将处理情况书面回复人民检察院。

人民检察院对人民法院的回复意见有异议的，可以通过上一级人民检察院向上一级人民法院提出。上一级人民法院认为人民检察院的意见正确的，应当监督下级人民法院及时纠正。

第十一条 人民检察院办理行政申诉案件，发现行政机关有违反法律规定、可能影响人民法院公正审理的行为，应当向行政机关提出检察建议，并将相关情况告知人民法院。

第十二条 人民检察院办理民事、行政申诉案件，经审查认为人民法院的审判活动合法、裁判正确的，应当及时将审查结果告知相关当事人并说明理由，做好服判息诉工作。

人民检察院办理民事申诉、行政赔偿诉讼申诉案件，当事人双方有和解意愿、符合和解条件的，可以建议当事人自行和解。

第十三条 人民法院审理抗诉案件，应当通知人民检察院派员出席法庭。

检察人员出席再审法庭的任务是：

（一）宣读抗诉书；

（二）对人民检察院依职权调查收集的、包括有利于和不利于申诉人的证据予以出示，并对当事人提出的问题予以说明。

检察人员发现庭审活动违法的，应当待庭审结束或者休庭之后，向检察长报告，以人民检察院的名义提出检察建议。

第十四条 人民检察院办理民事、行政诉讼监督案件，应当依法履行法律监督职责，严格遵守办案规则以及相关检察纪律规范，不得谋取任何私利，不得滥用监督权力。

第十五条 人民法院发现检察监督行为违反法律或者检察纪律的，可以向人民检察院提出书面建议，人民检察院应当在一个月内将处理结果书面回复人民法院；人民法院对于人民检察院的回复意见有异议的，可以通过上一级人民法院向上一级人民检察院提出。上一级人民检察院认为人民法院建议正确的，应当要求下级人民检察院及时纠正。

第十六条 人民检察院和人民法院应当建立相应的沟通协调机制，及时解决实践中出现的相关问题。

最高人民法院
关于印发《第一次全国民事再审审查工作会议纪要》的通知

2011 年 4 月 21 日　　　　　　　法〔2011〕159 号

各省、自治区、直辖市高级人民法院，解放军军事法院，新疆维吾尔自治区高级人民法院生产建设兵团分院：

2011 年 1 月 6 日至 7 日，最高人民法院召开了第一次全国民事再审审查工作会议。现将《第一次全国民事再审审查工作会议纪要》印发给你们，请结合审判工作实际，遵照执行。执行中有何问题，望及时报告我院。

附：

第一次全国民事再审审查工作会议纪要

为规范和加强人民法院民事再审审查工作，保障当事人申请再审权利，依法公正高效审查各类民事申请再审案件，推动民事再审审查工作科学发展，最高人民法院于 2011 年 1 月 6 日至 7 日在广东省广州市召开第一次全国民事再审审查工作会议。各省、自治区、直辖市高级人民法院、解放军军事法院、新疆维吾尔自治区高级人民法院生产建设兵团分院主管民事再审审查工作的副院长、民事再审审查机构负责人以及中央有关部门的代表共 120 余人参加了会议。最高人民法院院长王胜俊作重要批示，常务副院长沈德咏作重要讲话，副院长苏泽林作工作报告，立案二庭庭长郑学林对会议作了总结。

会议总结了修改后的民事诉讼法施行以来民事再审审查工作的情况，交流了工作经验，研究了审判实践中亟待解决的问题，对建立科学、有效的民事再审审查工作机制，推进民事再审审查工作提出了明确的目标和要求。与会同志通过认真讨论，就民事再审审查工作中涉及的部分问题达成了共识。现纪要如下：

一、民事再审审查工作的指导思想和原则

1. 民事再审审查工作是人民法院依法审查再审申请，确定再审事由是否

成立，依法作出裁定的审判工作，是人民法院履行审判监督职能的重要内容，是保障当事人诉讼权利的法定手段，是启动民事再审程序的主要途径。

2. 民事再审审查工作应当坚持平等保护原则，既要依法保护申请再审人的诉讼权利，又要平等保护对方当事人的合法权益。

3. 民事再审审查工作应当坚持依法裁定原则。再审申请符合法定再审事由的，应当裁定再审，不符合的，应当裁定驳回，既要注重保护当事人的申请再审权，又要注重维护生效裁判的既判力。

4. 民事再审审查工作应当坚持"调解优先、调判结合"原则，积极探索符合民事申请再审案件特点的调解方法，努力化解社会矛盾。

5. 应当正确认识民事再审审查和再审审理的关系。民事再审审查和再审审理是审判监督程序的不同阶段。民事再审审查的主要任务是依据再审审查程序对再审申请是否符合法定再审事由进行审查，决定是否裁定再审。民事再审审理的主要任务是依据再审审理程序对裁定再审的案件进行审理，确定生效裁判是否确有错误，依法作出再审裁判。两个阶段具有不同的功能和裁判标准，不能简单地以再审改判率评判再审审查工作的质量。

二、民事申请再审案件的受理

6. 当事人对地方各级人民法院作出的已经发生法律效力的一审、二审民事判决、裁定、调解书，以及再审改变原审结果的民事判决、裁定、调解书，认为有法定再审事由，向上一级人民法院申请再审的，上一级人民法院应当受理。

当事人对不予受理、管辖权异议、驳回起诉以及按自动撤回上诉处理的裁定不服申请再审的，上一级人民法院应当受理。

7. 人民法院在审查申请再审案件过程中，被申请人或者其他当事人提出符合条件的再审申请的，应当将其列为申请再审人，对于其再审事由一并审查，审查期限重新计算。经审查，其中一方申请再审人主张的再审事由成立的，人民法院即应裁定再审。部分当事人主张的再审事由成立，其余当事人主张的再审事由不成立的，在裁定书中载明部分当事人主张的再审事由成立，对于其余当事人主张的再审事由是否成立不作结论。各方申请再审人主张的再审事由均不成立的，一并裁定驳回。

一方当事人申请再审经人民法院裁定再审后，被申请人或其他当事人在再审审理期间提出再审申请的，不再进行审查，移送再审审理机构处理。被申请人或其他当事人在前案再审结束后对原裁判申请再审的，告知其可针对新作出的再审裁判主张权利。

8. 案外人对判决、裁定、调解书确定的执行标的物主张权利，且无法提起新的诉讼解决争议而申请再审的，应予受理。

判决生效后当事人将判决确认的债权转让，债权受让人对该判决不服申请再审的，不予受理。

9. 当事人向原审人民法院申请再审的，原审人民法院应当做好释明、和解工作。原审人民法院发现本院生效判决、裁定确有错误，认为需要再审的，依照民事诉讼法第一百七十七条①的规定处理。

10. 人民法院受理申请再审案件，应当依照《最高人民法院关于受理审查民事申请再审案件的若干意见》的规定，认真审查再审申请是否符合法定条件。有下列情形的，应当向申请再审人释明：

(1) 申请再审人不是原审当事人、原审当事人的权利义务继受人或者《最高人民法院关于适用〈中华人民共和国民事诉讼法〉审判监督程序若干问题的解释》第五条规定的案外人；

(2) 他人未经授权，以委托代理人名义代理当事人提出再审申请；

(3) 再审申请不是向上一级人民法院提出；

(4) 原审裁判系法律规定不得申请再审的裁判；

(5) 申请再审的裁判尚未生效或已被再审撤销；

(6) 再审申请书未列明再审事由或列明的再审事由不属于民事诉讼法第一百七十九条、② 第一百八十二条③规定的再审事由范围；

① 本纪要第9条引用的《民事诉讼法》第一百七十七条已于2012年8月31日被第二次修正的《民事诉讼法》改为第一百九十八条，修改为："各级人民法院院长对本院已经发生法律效力的判决、裁定、调解书，发现确有错误，认为需要再审的，应当提交审判委员会讨论决定。最高人民法院对地方各级人民法院已经发生法律效力的判决、裁定、调解书，上级人民法院对下级人民法院已经发生法律效力的判决、裁定、调解书，发现确有错误的，有权提审或者指令下级人民法院再审。"——编者注

② 本纪要第10条引用的《民事诉讼法》第一百七十九条已于2012年8月31日被第二次修正的《民事诉讼法》改为第二百条，修改为："当事人的申请符合下列情形之一的，人民法院应当再审：(一) 有新的证据，足以推翻原判决、裁定的；(二) 原判决、裁定认定的基本事实缺乏证据证明的；(三) 原判决、裁定认定事实的主要证据是伪造的；(四) 原判决、裁定认定事实的主要证据未经质证的；(五) 对审理案件需要的主要证据，当事人因客观原因不能自行收集，书面申请人民法院调查收集，人民法院未调查收集的；(六) 原判决、裁定适用法律确有错误的；(七) 审判组织的组成不合法或者依法应当回避的审判人员没有回避的；(八) 无诉讼行为能力人未经法定代理人代为诉讼或者应当参加诉讼的当事人，因不能归责于本人或者其诉讼代理人的事由，未参加诉讼的；(九) 违反法律规定，剥夺当事人辩论权利的；(十) 未经传票传唤，缺席判决的；(十一) 原判决、裁定遗漏或者超出诉讼请求的；(十二) 据以作出原判决、裁定的法律文书被撤销或者变更的；(十三) 审判人员审理该案件时有贪污受贿，徇私舞弊，枉法裁判行为的。"下同。——编者注

③ 本纪要第10条引用的《民事诉讼法》第一百八十二条已于2012年8月31日被第二次修正的《民事诉讼法》改为第二百零一条。——编者注

（7）再审申请不符合民事诉讼法第一百八十四条①规定的期间要求；

（8）其他不符合申请再审法定条件的情形。

人民法院受理再审申请后，发现当事人申请再审不符合法定条件的，裁定驳回再审申请。

11. 案件受理后，应当依法向申请再审人发送受理通知书，向被申请人和其他当事人发送受理通知书、再审申请书副本和送达地址确认书。因通讯地址不详等原因，受理通知书、再审申请书副本等材料未发送至当事人的，不影响案件的审查。

三、民事申请再审案件的审查

12. 人民法院审查民事申请再审案件，应当围绕当事人主张的再审事由是否成立进行，当事人未主张的事由不予审查。当事人主张的再审事由与其依据的事实和理由不一致的，可以向当事人释明。

13. 人民法院审查申请再审案件，可以根据案件具体情况，在审查当事人提交的再审申请书、书面意见后直接作出裁定，或者在审阅原审卷宗、询问当事人后作出裁定。

14. 人民法院审查申请再审案件可以根据审查工作需要调取相关卷宗，也可以要求原审人民法院以传真件、复印件、电子文档等方式及时报送相关卷宗材料。

上级人民法院决定调卷审查的，应当制发调卷函。调卷函应当载明案号、当事人名称、案由、送卷期限、调卷人及联系方式等内容，并写明需调取的卷宗案号。原审人民法院应当在收到调卷函后1个月内按要求调齐卷宗报送上级人民法院。各级人民法院应当确定专人负责调卷工作，提高调卷效率。

15. 人民法院可以根据审查工作需要询问一方或者各方当事人。对以有足以推翻原判决、裁定的新证据为由申请再审的案件，人民法院应当询问当事人。

询问由审判长或承办法官主持，围绕与再审事由相关的证据采信、事实认定、法律适用、裁判结果以及诉讼程序等问题和法院应当依职权查明的事项进行。

16. 人民法院审查民事申请再审案件，可以根据案件情况组织当事人进行调解。当事人经调解达成协议或自行达成和解协议，需要出具调解书的，应当

---

① 本纪要第10条引用的《民事诉讼法》第一百八十四条已于2012年8月31日被第二次修正的《民事诉讼法》改为第二百零五条，修改为："当事人申请再审，应当在判决、裁定发生法律效力后六个月内提出；有本法第二百条第一项、第三项、第十二项、第十三项规定情形的，自知道或者应当知道之日起六个月内提出。"——编者注

裁定提审。提审后，由审查该申请再审案件的合议庭制作调解书。

当事人经调解达成协议或自行达成和解协议，申请撤回再审申请，经审查不违反法律规定的，应当裁定准许。当事人经调解达成协议或自行达成和解协议且已履行完毕，未申请撤回再审申请的，可以裁定终结审查。

17. 人民法院在审查过程中认为确有必要的，可以依职权调查核实案件事实，也可以向原审人民法院了解案件审理中的有关情况。

18. 人民法院应当自受理申请再审案件之日起 3 个月内审查完毕，但公告期间、鉴定期间、双方当事人申请调解期间以及调卷期间等不计入审查期限。有特殊情况需要延长的，由本院院长批准。

19. 审查过程中，出现下列情形之一的，裁定终结审查：

（1）申请再审人死亡或者终止，无权利义务承受人或者权利义务承受人声明放弃再审申请的；

（2）在给付之诉中，负有给付义务的被申请人死亡或者终止，无可供执行的财产，也没有应当承担义务的人的；

（3）当事人达成执行和解协议且已履行完毕的，但当事人在执行和解协议中声明不放弃申请再审权利的除外；

（4）他人未经授权，以委托代理人名义代理当事人提出再审申请的；

（5）人民检察院对该案提出抗诉的；

（6）原审人民法院对该案裁定再审的。

四、民事申请再审案件再审事由的认定

20. 人民法院审查民事申请再审案件，应当区分再审事由类型，结合案件具体情况，准确掌握再审事由成立的条件。

原判决、裁定存在民事诉讼法第一百七十九条第一款第（七）项至第（十三）项以及该条第二款规定情形的，应当认定再审事由成立。

当事人依据民事诉讼法第一百七十九条第一款第（一）项至第（六）项申请再审的，人民法院判断再审事由是否成立，应当审查原判决、裁定在证据采信、事实认定、法律适用方面是否存在影响基本事实、案件性质、裁判结果等情形。

21. 申请再审人申请人民法院委托鉴定、勘验，并请求以鉴定结论、勘验笔录作为新证据申请再审的，不予支持。

申请再审人在原审中依法申请鉴定、勘验，原审人民法院应当准许而未予准许，且未经鉴定、勘验可能影响案件基本事实认定的，可以依据民事诉讼法第一百七十九条第一款第（二）项的规定审查处理。

22. 民事诉讼法第一百七十九条第一款第（三）项、第（四）项规定的主

要证据是指原判决、裁定认定基本事实的证据。

23. 人民法院可以根据原审卷宗中的庭审笔录、证据交换笔录、答辩意见、代理词等材料判断原判决、裁定认定事实的主要证据是否未经质证。

申请再审人对原判决、裁定认定事实的主要证据在原审拒绝发表质证意见，又依照民事诉讼法第一百七十九条第一款第（四）项申请再审的，不予支持。

24. 申请再审人能够在一审答辩期间提出管辖权异议而未提出，判决、裁定生效后又依照民事诉讼法第一百七十九条第一款第（七）项申请再审的，不予支持。但违反专属管辖规定的除外。

25. 有下列情形之一的，应当认定为民事诉讼法第一百七十九条第一款第（八）项规定的审判组织的组成不合法的情形：

（1）人民陪审员独任审理的；

（2）应当组成合议庭审理的案件采用独任制审理的；

（3）合议庭成员曾参加同一案件一审、二审或者再审程序审理的；

（4）参加开庭的审判组织成员与参加合议、在判决书、裁定书上署名的审判组织成员不一致的，但依法变更审判组织成员的除外；

（5）变更审判组织成员未依法告知当事人的；

（6）其他属于审判组织不合法的情形。

26. 民事诉讼法第一百七十九条第一款第（八）项、第二款规定的“审判人员”包括参加一审、二审、再审程序审理的审判人员。

27. 民事诉讼法第一百七十九条第一款第（十二）项规定的原判决、裁定遗漏或超出诉讼请求的情形，包括遗漏或超出一审原告的诉讼请求、被告的反诉请求，二审上诉人的上诉请求，申请再审人的再审请求。

28. 当事人同时提出确认之诉和给付之诉，且确认之诉是给付之诉前提条件的，原判决在主文里仅对给付之诉作出判定，但在判决理由中对确认之诉进行了分析认定的，不属于遗漏诉讼请求的情形。

五、民事再审审查工作的监督指导

29. 上级人民法院裁定指令再审的案件，原审人民法院应当及时将再审结果反馈给上级人民法院。

上级人民法院裁定驳回再审申请后，原审人民法院依照民事诉讼法第一百七十七条的规定决定再审的，应当报请上级人民法院同意。

30. 上级人民法院应当充分发挥监督指导职能，及时总结民事再审审查工作中发现的法律适用等具有共性的问题，以适当形式予以公布，指导下级人民法院民事再审审查工作。

31. 上级人民法院应当建立信息通报制度，定期公布申请再审案件审查结果，通报辖区内下级人民法院民事案件的申请再审率、裁定再审率、按期送卷率等工作指标，实现上下级人民法院和同级人民法院之间信息共享和良性互动。

32. 人民法院再审审查机构应当加强与再审审理机构的沟通，建立再审案件审判结果跟踪制度，及时了解再审案件审判结果，认真查找工作中存在的问题，提升民事再审审查工作质效。

【解 读】

解读《第一次全国民事再审审查工作会议纪要》

民事诉讼法修正案施行以来，民事再审审查工作积累了许多经验，也发现了一些问题，主要有各地法院对于民事再审审查的认识和定位还不准确，指导思想不明，机构职能设置不统一，受理条件把握不够准确，审查程序还需明确和规范，再审事由的适用不一致，上下级法院之间的监督指导还需进一步加强等。这些问题影响和制约着民事再审审查工作的科学发展，亟待最高人民法院予以明确。为规范和加强人民法院民事再审审查工作，保障当事人申请再审权利，依法公正高效审查各类民事申请再审案件，推动民事再审审查工作科学发展，最高人民法院于2011年1月6日至7日召开第一次全国民事再审审查工作会议，并在征求各高级人民法院，最高人民法院相关审判部门和全国人大法工委意见基础上，形成了《第一次全国民事再审审查工作会议纪要》（以下简称《会议纪要》）。2011年4月21日，最高人民法院以法〔2011〕59号文件发布了《会议纪要》。现就《会议纪要》涉及的主要问题予以说明。

一、民事再审审查工作的指导思想和原则

民事诉讼法修正案对审判监督程序作了较大修改，增加规定了申请再审案件的审查程序，为解决长期困扰人民法院的诉访不分、重复审查、审查程序不明等问题提供了法律依据，实现了再审审查程序的法定化。民事诉讼法修正案施行以来，各级人民法院采取增设机构、增加审判力量、制定司法解释和规范性文件、畅通申请再审渠道等措施，认真贯彻立法要求，依法审查申请再审案件，保障当事人申请再审权，立法修改的目的基本实现。但是，司法实践中还存在着申诉与申请再审不分、再审审查与再审审理关系不明、改判再审标准还

是事由成立再审标准不清等问题。为解决上述问题，《会议纪要》明确了民事再审审查工作的性质、任务、基本原则以及再审审查与再审审理的关系。实际工作中应当正确处理申诉与申请再审、再审审查与再审审理的关系，按照沈德咏副院长提出的"及时健全机构，厘清工作职责"的要求，合理确定民事再审审查机构工作职责，配齐配强审判力量，推动民事再审审查工作的顺利开展。

(一) 民事再审审查工作的性质和任务

《会议纪要》第1条明确，民事再审审查工作是一项以依法审查再审申请，确定再审事由是否成立，依法作出裁定为内容的民事审判工作。民事申请再审案件管辖调整后，最高人民法院和高级人民法院的民事审判任务发生了重大变化，民事申请再审案件占两级法院民事案件的一半以上，改变了原有的民事审判工作格局。

申请再审与申诉的区别主要有：(1) 申诉是宪法赋予每一位公民的基本权利，而申请再审是适格当事人才享有的民事诉讼权利。(2) 对于民事诉讼而言，申诉是公民在起诉、上诉、申请再审等法定方式之外，对人民法院作出的裁判和诉讼行为发表意见的方式，是人民法院发现错误裁判的途径之一，一般没有条件限制，而申请再审是当事人的诉讼权利，必须符合法定条件，人民法院才受理。(3) 对于申请再审的审查有法定的明确程序，而对申诉的审查目前还没有法定程序要求。(4) 申请再审的审查是事由审查，当事人的再审申请符合民事诉讼法第一百七十九条和第一百八十二条规定的再审事由的即应裁定再审，而民事诉讼法没有规定申诉审查的标准，鉴于申诉是人民法院发现错误裁判的途径之一，人民法院发现生效裁判确有错误的，应当依据民事诉讼法第一百七十七条的规定裁定再审。信访不是当事人依据诉讼法享有的权利，而是依据宪法第四十一条的规定对人民法院和法院工作人员行使批评权、建议权、申诉权、控告权或者检举权的方式。民事诉讼法明确规定申请再审制度后，申请再审是当事人依法行使诉讼权利的行为而不是信访，对再审申请应当依照民事诉讼法的规定进行审查，而非依照有关接待群众信访的规定处理。

民事再审审查工作的重要意义体现在三个方面：一是人民法院履行审判监督职能的重要方式，二是保障当事人诉讼权利的法定手段，三是启动民事再审程序的主要途径。2008年4月至2010年11月，全国高级人民法院审结140700件民事申请再审案件，其中裁定提审10147件，指令再审16537件，裁定再审率为19%；在裁定再审的案件中，被再审改判、调解以及发回重审的案件，占64.8%。可见，民事再审审查工作已经成为上级人民法院履行审判监督职能的重要内容，有效保障了当事人的合法权益。在强调尊重当事人处分权的诉讼法基本原则指引下，当事人依法行使申请再审权实现其合法诉求已经成为启动再审程序的主要途径。

（二）民事再审审查工作的基本原则

《会议纪要》第2条至第4条分别规定民事再审审查工作应坚持平等保护，依法裁定，调解优先、调判结合三项基本原则。

1. 再审审查工作应当坚持平等保护原则。平等原则是民事诉讼法的基本原则。当事人申请再审使生效裁判的效力受到威胁，可能影响到被申请人权利的实现，因此在审查过程中，坚持平等保护有特殊意义。对于申请再审人依法行使申请再审权的，应保障其再审申请获得审查以及其在再审审查程序中的诉讼权利。同时，对于明显滥用申请再审权的行为，如随意更换事由重复申请再审，在原审中怠于行使诉讼权利而在裁判生效后以此为由申请再审，恶意拖延诉讼等行为，也应当进行引导和规范。人民法院应当注重保护对方当事人平等参加审查程序，陈述意见，举证质证，进行辩论，接受合法送达等诉讼权利，全面了解各方当事人主张，保障各方当事人充分参加审查程序、充分行使诉讼权利，以确保裁定的客观公正性，获得当事人对于审查结果最大程度的认同，维护司法的公正性和权威性。

2. 再审审查工作应当坚持依法裁定原则。民事再审审查工作是人民法院一项新的民事审判工作，有的地方在工作中还存在很多老办法、旧思维，对民事诉讼法立法精神把握不准，最突出的问题就是对裁定再审的标准存在错误认识。关于裁定再审的标准，实践中存在法定事由成立、可能改判和确有错误三种不同做法和观点。从审判实践看，各地裁定再审的比例有的超过了30%，有的还不到3%，反映了各地掌握的再审标准不同。依法裁定原则就是强调民事再审审查属于事由审查，要围绕当事人提出的法定再审事由进行，事由成立的，就应当裁定再审，这是民事诉讼法的明确规定。此外，在坚持事由审查的原则下，处理具体案件时可以适当兼顾实体裁判结果的妥当性。

3. 再审审查工作应当坚持调解优先、调判结合原则。民事再审审查工作针对的是案结事未了的社会矛盾，案件数量多、处理难度大、社会关注度高，处理不慎将导致当事人不断申诉上访，不利于社会和谐稳定。因此，在工作中贯彻调解优先、调判结合原则，对于实现案结事了、维护社会稳定具有重要意义。2008年4月至2010年11月，全国高级人民法院审结的140700件申请再审案件中，调撤案件10538件，占7.5%，取得了较好的社会效果。

（三）民事再审审查和再审审理的关系

根据民事诉讼法的规定，再审审查和再审审理是审判监督程序中相对独立的程序阶段，二者的审理对象、法律依据、裁判标准、主要功能均不同。审判监督程序可以分为三个阶段：申请再审受理法官负责形式要件的审查，并登记立案，为第一阶段；再审审查法官负责立案后对再审事由是否存在进行审查并决定是否裁定再审，为第二阶段；对裁定再审案件进行审判，为第三阶段。民事再审审查程序包括上述前两个阶段，民事再审审理则指第三个阶段。再审审查的主要任务是依据再审审查程序对再审申请是否符合法定再审事由进行审查，决定是否裁定再审。民事再审审理的主要任务是依据再审审理程序对进入再审的案件进行审理，确定生效裁判是否确有错误，依法作出再审裁判。再审审查具有权益救济、预防监督、再审过滤、矛盾化解等多重功能，再审审理则主要发挥了纠正错误和化解矛盾的功能。

针对司法实践中存在简单以再审改判率评判再审审查工作质量的问题，《会议纪要》第5条专门规定"不能简单地以再审改判率评判再审审查工作的质量"。主要理由是：(1) 民事再审审查是事由审查，应当以再审事由是否成立为标准，而不应以应当改判或可能改判为标准。有些案件符合法定再审事由，依法应当裁定再审，但实体处理不一定错误，未必改判。故再审改判率难以全面反映再审审查工作的质量，不能将其与审查工作质量划等号。(2) 目前有的法院对裁定再审标准认识不统一，未能准确把握民事诉讼法的立法精神，以改判作为裁定再审标准，简单以再审改判率来评判再审审查工作质量的情况比较突出，有必要进行规定。(3) 本条规定并非绝对否定再审改判率与民事再审审查工作质量的联系，仅是强调不能简单以再审改判率评判民事再审审查工作的质量，而应辩证看待二者之间的关系。

二、民事申请再审案件受理中的主要问题

(一) 对方当事人申请再审的处理

《会议纪要》第7条规定了除申请再审人外的当事人申请再审的处理。对方当事人在不同时间段申请再审，处理方式不同。

1. 在审查案件过程中，对方当事人申请再审的处理。人民法院在审查申请再审案件过程中，被申请人或者其他当事人提出符合条件的再审申请的，应将其列为申请再审人，对于其再审事由一并审查，审查期限重新计算，不需再编立新的案号。经审查，其中一方申请再审人主张的再审事由成立的，人民法院即应裁定再审。部分当事人主张的再审事由成立，其余当事人主张的再审事由不成立的，在裁定书中载明部分当事人主张的再审事由成立，对于其余当事人主张的再审事由是否成立不作结论。各申请再审人主张的再审事由均不成立的，一并裁定驳回。

2. 再审审理期间，对方当事人申请再审的处理。一方当事人申请再审经人民法院裁定再审后，被申请人或其他当事人在再审审理期间提出再审申请的，不再进行审查，移送再审审理机构处理。

3. 再审审理结束后，对方当事人对原裁判申请再审的处理。被申请人或其他当事人在前案再审结束后对原裁判申请再审的，告知其可针对新作出的再

审裁判主张权利。

（二）当事人向原审人民法院申请再审的处理

《会议纪要》第9条规定了当事人向原审人民法院申请再审的处理。根据民事诉讼法第一百七十八条的规定，当事人不服发生法律效力的判决、裁定的，可以向上一级人民法院申请再审。当事人向原审人民法院申请再审的，原审人民法院应当先做好释明工作，向当事人解释清楚裁判的理由，分析其再审事由是否可能获得支持，尽力过滤一批案件。原审人民法院释明过程中，发现本院的裁判确有错误，需要再审的，应依照民事诉讼法第一百七十七条的规定裁定再审。

（三）受理工作中常见的不符合申请再审条件的情形

《会议纪要》第10条规定了当事人的再审申请不符合法定条件的处理。本条所称法定条件是指民事申请再审案件的受理条件，而非再审申请得到人民法院支持，裁定再审的条件。如上文所述，审判监督程序可以分为三个阶段。申请再审受理法官负责形式要件的审查，并登记立案，为第一阶段。人民法院在该阶段发现当事人的再审申请不符合法定条件的，不应当受理，同时应向当事人说明不予受理的理由，做好释明工作。司法实践中，受理申请再审案件后才发现再审申请不符合法定条件的情况也时有出现。最高人民法院《关于适用民事诉讼法审判监督程序若干问题的解释》（以下简称《解释》）第19条规定了超过申请再审期间和超出法定事由范围的，应当裁定驳回，没有涉及其他不符合法定条件的情形应当如何处理的问题。对此有裁定驳回再审申请和裁定终结审查两种意见。笔者认为，裁定驳回适用于不符合法定条件的再审申请，裁定终结适用于因发生特殊情形审查程序没有必要继续进行的情形。故对于不符合法定条件的再审申请，应当不予受理，如果受理后才发现，阐明理由裁定驳回即可，不必审查再审事由是否成立。

需要明确的是，人民法院受理再审申请后才发现“他人未经授权，以委托代理人名义代理当事人提出再审申请”的，不应裁定驳回，而应当依照《会议纪要》第19条的规定，裁定终结审查。因为，这种情况下假冒代理人提出的再审申请并不代表当事人的真实意思，如果裁定驳回，系驳回当事人的再审申请，损害了当事人利益。因假冒代理人无权提出再审申请，对其再审申请没有必要进行审查，诉讼没有必要继续进行，应裁定终结审查。

为便于各级人民法院在再审审查工作中准确把握申请再审案件的受理条件，《会议纪要》第10条列举了在受理环节较为常见的不符合申请再审法定条件的情形。现就实践中争议较大，缺乏统一认识的问题加以说明。

1. 关于申请再审人的范围问题。根据民事诉讼法第一百七十八条和《解释》第5条的规定，有权申请再审的当事人包括生效裁判文书列明的当事人，对判决、裁定、调解书确定的执行标的物主张权利，且无法提起新的诉讼解决争议的案外人，以及上述当事人或者案外人死亡或者终止后的权利义务继受人。实践中争议较大的问题是，受让生效法律文书所确认债权的人是否可以申请再审。针对这个问题，最高人民法院于 2011 年 1 月 7 日发布了法释〔2011〕2 号《关于判决生效后当事人将判决确认的债权转让债权受让人对该判决不服提出再审申请人民法院是否受理问题的批复》，明确规定：判决生效后当事人将判决确认的债权转让，债权受让人对该判决不服提出再审申请的，因其不具有申请再审人主体资格，人民法院应依法不予受理。据此，对生效裁判所确定债权的受让人申请再审的，应不予受理，受理后发现的，可以裁定驳回。

2. 关于允许申请再审的裁判范围问题。有一种观点认为，民事诉讼法第一百七十八条规定对发生法律效力的判决、裁定，当事人认为有错误的，可以申请再审，从文义解释看，应当理解为对所有的生效判决、裁定都应允许申请再审，不应当有任何限制。笔者认为，如果认为所有的生效判决、裁定都应允许申请再审，显然太过宽泛。如通过特别程序作出的裁判，民事诉讼法采取的是直接作出新判决，撤销原判决的方式，而不是再审。归纳而言，允许申请再审的生效裁判应当符合以下条件：第一，应当是以通常诉讼程序作出的裁判，而不是特别程序、督促程序、公示催告程序、破产程序、执行程序中的裁判。即是为解决双方或者多方当事人民事争议而作出的生效裁判。第二，即使是依据通常诉讼程序作出的生效裁判，法律和司法解释明确规定不得申请再审的，对于当事人的再审申请也不予受理，例如不允许对解除婚姻关系的判决申请再审。为进一步明确这个问题，《会议纪要》第 6 条专门规定了可以申请再审的裁判范围。

3. 关于申请再审的事由范围问题。当事人申请再审的事由应当符合民事诉讼法第一百七十九条和第一百八十二条的规定，当事人未列明法定再审事由或者以法定再审事由之外的理由申请再审的，应当不予受理或裁定驳回。在受理阶段，只要当事人主张的事由是法定事由，即符合此项条件，不必审查该事由是否成立。当事人既可以一项事由申请再审，也可以多项事由申请再审，只要其中一项成立，即应裁定再审。实践中争议较大的一个问题是，当事人再审申请被驳回后，又以新的再审事由再次申请是否应当受理。对此，在实际工作中，人民法院应当严格审查新的事由是否有证据支持，当事人对于未在上一次申请时一并提出是否有合理理由，防止当事人滥用权利，过于随意的重复申请再审。

4. 关于在受理阶段对申请再审期间的审查。民事诉讼法第一百八十四条规定的申请再审期间不适用中止、中断、延长的规定，是申请再审权存续的绝对期间。该期间的起算点是裁判送达时间。因裁判文书的送达时间仅凭裁判文书落款日期难以确定，因而在受理环节，对于经形式审查认为不符合期间要求的再审申请，应当告知申请再审人，限期要求其提交生效裁判文书的送达回证复印件或其他能够证明裁判文书实际生效日期的相应证据材料。

三、民事申请再审案件的审查

（一）审查方式

《会议纪要》第 13 条规定了在审查当事人提交的再审申请书、书面意见后直接作出裁定，在审阅原审卷宗或者询问当事人后作出裁定三种审查方式。对于再审审查方式，需要注意两个问题：一是直接裁定与民事诉讼法第一百五十二条规定的径行裁定不同。直接裁定指在审查当事人提交的再审申请书、书面意见后直接作出裁定，是与调卷审查和询问审查相并列的审查方式。而径行裁判是指经过阅卷和调查，询问当事人，在事实核对清楚后作出裁判，是与开庭审理相对应的审判方式。二是本条没有规定听证的审查方式，主要基于以下几点考虑：(1) 民事诉讼法、行政诉讼法、刑事诉讼法以及相关司法解释均未规定听证的审查方式。(2) 听证的具体程序以及其与询问、开庭审理的区别均难以界定。听证的内涵和外延不清晰，司法实践中难以把握。而询问既可以询问一方当事人，也可以询问双方当事人，当事人可以在询问过程中进行质证、辩论，必要时还可以让相关部门参加，其形式更为灵活，可以替代听证的功能。(3) 听证是行政法上的制度，主要适用于行政机关作出行政许可、行政处罚等具体行政行为，而非诉讼法上的制度，不能体现民事诉讼当事人主义的特点。虽然《会议纪要》中没有规定听证的审查方式，但各级人民法院在实际工作中仍可对听证审查方式作进一步探索。

（二）审查中达成和解的程序

调解工作在民事再审审查工作中具有十分重要的地位，但民事诉讼法及相关司法解释没有规定再审审查期间当事人达成和解协议的处理程序。故《会议纪要》第 16 条专门规定了再审审查期间当事人达成和解协议的处理办法：(1) 当事人达成和解协议请求人民法院出具调解书的，可先裁定提审，由审查该申请再审案件的合议庭制作调解书，将提审裁定和调解书一并送达当事人。由同一合议庭裁定提审后出具调解书，有利于把握调解时机、提高调解效率，也是目前普遍采用的做法。此外，处分原则是民事诉讼法基本原则，当事人有权处分自己的权利，在这种情况下裁定提审的原因是当事人达成了和解协议而非当事人申请再审的事由成立，故提审裁定不必写明再审事由。(2) 当事人达成和解协议后撤回再审申请，人民法院经审查不违反法律禁止性规定的，应制发准予撤回再审申请裁定，不必制发调解书。(3) 当事人达成和解协议且履行完毕，未申请撤回再审申请的，可以裁定终结审查。

（三）裁定终结审查的情形

《会议纪要》第19条规定了终结审查的情形。再审审查期间，因出现特殊情况，审查没有必要继续进行时，人民法院应裁定终结审查。与《解释》第25条相比，会议纪要进一步明确了终结审查的几种情形：一是他人未经授权，以委托代理人名义代理当事人提出再审申请的；二是审查期间，人民检察院提起抗诉，依据《解释》第26条的规定，申请再审人的再审请求应当纳入再审审理范围，申请再审案件没有必要继续进行，应当裁定终结审查；三是上一级人民法院审查过程中，原审人民法院裁定再审的，因案件已经启动再审程序，上一级人民法院审查程序亦应当终结。

四、再审事由的认定

（一）判断再审事由的一般原则

《会议纪要》第20条规定了区分类型判断再审事由成立的一般原则。人民法院裁定再审的标准是法定事由成立，而从再审事由立法规定看，不同事由的成立条件不同。本条规定旨在明确对不同类型的再审事由要准确把握其成立要件，正确认定再审事由是否成立。

民事诉讼法第一百七十九条规定的再审事由总体上可以分为两类：一类是单纯的违反法定程序的再审事由，即民事诉讼法第一百七十九条第一款第（七）项至第（十三）项以及该条第二款规定的再审事由。民事诉讼法规定这类再审事由系对原审中的程序违法问题进行监督，是程序正义的体现，只要列举的违反法定程序的事由存在，既应裁定再审，一般不需考虑裁判的证据或者法律适用是否有误。需要说明的是，民事诉讼法第一百七十九条第二款规定的“违反法定程序，可能影响案件正确判决、裁定的情形”有两个成立要件：原审违反法定程序，可能影响案件正确裁判。当事人以该事由申请再审时，不仅要审查原审是否存在违反法定程序的情形，还要审查该违反法定程序情形的严重程度是否可能影响案件正确裁判。

另一类是民事诉讼法第一百七十九条第一款第（一）项至第（六）项规定的涉及事实认定、法律适用等实体问题的再审事由。判断此类再审事由是否成立，应当审查原生效裁判在证据采信、事实认定、法律适用方面是否存在影响基本事实、案件性质、裁判结果等情形，处理好维护生效裁判既判力与监督纠错、保护当事人合法权益与减少当事人讼累、诉讼公正与诉讼效益之间的关系，准确把握再审事由的成立要件。

（二）未依法回避以及枉法裁判再审事由所涵盖的审判人员的范围

《会议纪要》第26条规定了未依法回避以及枉法裁判再审事由所涵盖的审判人员的范围。实践中对该问题争议较大，主要有两种意见：第一种意见认为，民事诉讼法第一百七十九条第一款第（八）项、第二款规定的审判人员包括参加一审、二审、再审程序的审判人员；第二种意见认为，这两项事由中的审判人员应限定为参加作出生效裁判审判程序的审判人员，其主要理由是一审由于审判组织不合法可能导致判决、裁定上的错误，已经通过二审程序得到救济，合法的二审程序弥补了一审审判组织不合法等程序问题，双方当事人的争议已经得到了公正、合法的审判。《会议纪要》采纳了上述第一种意见。主要理由是：(1) 未依法回避或审判人员在审理本案时有贪污受贿、徇私舞弊、枉法裁判行为是因人民法院过错造成的，对于此类错误，不管发生在哪一次审理程序中，均应纠正，以强化上级法院审判监督力度，维护人民法院形象，消除当事人疑虑，彻底解决纠纷。(2) 二审判决可能会以当事人未提出上诉为由对一审法院的程序性错误不予纠正，且当事人也有可能在二审之后才发现一审审判组织存在的问题。如果对上述问题不严格审查，不利于保护当事人合法权益。

（三）遗漏或超出诉讼请求事由的认定

《会议纪要》第 27 条规定了遗漏或超出诉讼请求事由的认定标准，征求意见过程中对该问题争议较大，争议焦点在于遗漏或者超出诉讼请求是否包括生效裁判之前审理程序中的问题，该问题是否为法院应当依职权审理的事项。对此有两种意见：第一种意见为原判决、裁定遗漏或超出诉讼请求的情形，包括遗漏或超出一审原告的诉讼请求、被告的反诉请求，二审上诉人的上诉请求，申请再审人的再审请求。主要理由是：遗漏或超出诉讼请求是人民法院依职权审查事项，一审遗漏或超出诉讼请求，即使当事人没有对此提出上诉，二审法院也应当纠正，否则二审判决即为错误判决，当事人以原判决、裁定超出诉讼请求为由申请再审的，应当支持。第二种意见是原判决、裁定遗漏或超出诉讼请求的情形，是指遗漏或超出作出生效判决、裁定的审理程序中的诉讼请求。主要理由是：一审遗漏或超出诉讼请求，当事人未以此为由提起上诉，说明当事人认可一审裁判对该问题的处理，二审法院应当尊重当事人的处分权，围绕上诉请求进行审理，除非涉及国家利益或公共利益，一般不需依职权审查一审判决是否遗漏或超出诉讼请求。

通过认真研究，《会议纪要》采纳了第一种意见，主要考虑是：(1) 一审判决是否遗漏诉讼请求应属人民法院依据职权审查事项，如果一审判决遗漏或超出诉讼请求，即使当事人未就该问题提起上诉，二审法院也应依照法定程序予以审理和纠正。(2) 二审判决以一审判决为基础，二审判决对一审判决遗漏诉讼请求的错误没有进行纠正，也是错误的。(3) 第一种意见有利于强化再审审查对于一审、二审程序的监督纠错作用，督促一审、二审法院避免发生超出或者遗漏诉讼请求的情形。

五、民事再审审查工作的监督指导

（一）上级人民法院驳回后，原审人民法院依职权再审的处理

《会议纪要》第29条第2款规定了上级人民法院裁定驳回后，原审人民法院依职权再审的处理。该问题在实践中存在争议，主要集中在上级人民法院裁定驳回再审申请后，原审人民法院认为应当依职权再审的，是否需要报请上级人民法院审查，原驳回裁定是否需要撤销。为避免上下级法院之间就同一案件的处理发生冲突，上级人民法院已经裁定驳回的案件，原审人民法院经审判委员会研究认为需要依职权启动再审的，应当报请上级人民法院审查。上级人民法院同意的，原审人民法院可以根据民事诉讼法第一百七十七条的规定裁定再审。原驳回再审申请的裁定与依职权启动再审的裁定是依据不同的程序作出，审查标准不同，不必撤销。

（二）关于加强民事再审审查工作指导协调

1. 上级人民法院对下级人民法院的指导

《会议纪要》第30条和第31条对上级人民法院对下级人民法院的指导进行了规定。民事再审审查工作的重要任务之一是审判监督，上级人民法院加强监督指导，对于切实发挥民事再审审查工作的监督纠错职能，保护当事人合法权益，统一法律适用，提高一审、二审法院民事审判工作质量具有重要意义。上级人民法院应创建民事再审审查工作的交流平台，定期通报案件审查结果，各地审查工作情况、辖区内下级法院生效裁判申请再审率、裁定再审率、按期送卷率、按期送达率、再审结果反馈率等工作指标，及时总结共性问题，公布典型案例，强化监督指导。

2. 再审审查和再审审理机构之间的沟通

《会议纪要》第32条对再审审查机构和再审审理机构之间的沟通进行了规定。再审审查和再审审理是审判监督程序的不同阶段，应当加强沟通，建立再审裁判结果反馈机制，对于上级人民法院指令再审的案件，再审法院应当及时把再审裁判报送上级人民法院，对于提审的案件，再审审查部门要主动向再审审理部门了解再审结果，发现、总结工作中存在的问题，不断改进民事再审审查工作。

（撰稿人：郑学林　刘小飞　谢　勇　张小洁）

最高人民法院审判监督庭
最高人民检察院民事行政检察厅
关于印发《关于办理民事诉讼检察监督案件若干问题的会议纪要》的通知

2016年9月1日　　　　　　　　法审〔2016〕2号

各省、自治区、直辖市高级人民法院审判监督庭、人民检察院民事行政检察部门，解放军军事法院审判监督庭、军事检察院民事检察厅，新疆维吾尔自治区高级人民法院生产建设兵团分院审判监督庭、新疆生产建设兵团人民检察院民事行政检察处：

现将《最高人民法院审判监督庭、最高人民检察院民事行政检察厅关于办理民事诉讼检察监督案件若干问题的会议纪要》予以印发，请结合实际，认真贯彻落实。

附：

关于办理民事诉讼检察监督案件若干问题的会议纪要

为全面实施《中华人民共和国民事诉讼法》关于民事诉讼法律监督的规定，加强人民法院和人民检察院的工作沟通，共同研究解决民事诉讼检察监督过程中遇到的问题，规范司法行为、维护司法公正，最高人民法院审判监督庭与最高人民检察院民事行政检察厅于近期召开座谈会，就相关问题进行了深入研讨交流，在一些重要方面形成共识。现纪要如下：

一、关于再审检察建议中的相关问题

民事诉讼法第二百零八条第二款规定了再审检察建议，这一规定有利于完善法律监督方式、强化同级监督制约，加强人民法院和人民检察院在审判监督方面的协作配合，有助于人民法院发现和纠正错误，应给予高度重视。

落实再审检察建议制度的关键在于依法提出再审检察建议和采纳正确的再

审检察建议，因此，人民检察院应当仅就能够通过再审程序纠正的生效判决、裁定和调解书发出再审检察建议。人民检察院向人民法院提出再审检察建议的，人民法院应组成合议庭依法进行审查。

二、关于出席再审法庭的相关问题

民事诉讼法第二百一十三条规定，人民检察院提出抗诉的案件，人民法院再审时，应当通知人民检察院派员出席法庭。人民检察院派员出席再审法庭，对有效履行法律监督职能、提高再审审判质量、维护司法权威具有十分重要的意义。

检察人员出席再审法庭应当宣读抗诉书；对于依职权向当事人和案外人调查取得的证据，应当向法庭提交和说明。检察人员认为庭审活动有违法情形的，应当待休庭或者庭审结束后，以人民检察院的名义提出检察建议。

人民法院采纳再审检察建议而裁定再审的案件，开庭审理程序可以参照适用上述规定。

三、关于对裁定的监督方式问题

民事诉讼法第一百五十四条规定，当事人不服不予受理、驳回起诉、管辖权异议的裁定，可以上诉，但民事诉讼法第二百条不再将管辖错误规定为再审事由。根据上述规定精神，人民检察院对不予受理和驳回起诉的裁定可以采用抗诉或者再审检察建议的方式进行监督，对其他裁定如确有必要进行监督的，可以采用一般检察建议。

四、关于法律条文引用问题

当事人依据民事诉讼法第二百零九条规定向人民检察院申请抗诉或者检察建议，人民检察院经审查后依法向人民法院提出抗诉或者检察建议的，在抗诉书或再审检察建议书中引用《中华人民共和国民事诉讼法》第二百零九条第一款、第二百零八条第×款、第二百条第×项的规定。

五、关于法律文书的送达问题

人民检察院决定对人民法院的判决、裁定、调解书提出抗诉的，应当制作抗诉书，连同案件卷宗移送同级人民法院；同时制作决定抗诉的通知书，发送当事人，并将发送情况记录于移送的案件卷宗。接受抗诉的人民法院应当自收到抗诉书之日起三十日内，依照有关规定作出再审裁定，在向当事人送达再审裁定时一并送达抗诉书，同时向提出抗诉的人民检察院抄送再审裁定。人民法院审结抗诉案件后，送达当事人的结案文书应当抄送人民检察院。

六、关于建立长效协调机制

人民法院审判监督部门与人民检察院民事行政检察部门就民事诉讼监督案件的办理，建立灵活、有效的实时沟通机制，公正办理民事诉讼检察监督案件。最高人民法院审判监督庭与最高人民检察院民事行政检察厅建立定期、长效协调机制，适时分析解决民事行政诉讼监督工作中出现的新情况、新问题，并可开展专题联合调研。

最高人民法院办公厅
关于印发修订后的《最高人民法院民事案件当事人申请再审指南》的通知

2017 年 1 月 16 日　　　　　　法办〔2017〕11 号

本院各单位：

《最高人民法院民事案件当事人申请再审指南》（修订稿）已经本院民事行政审判专业委员会讨论通过，现印发给你们，请认真贯彻执行。

附：

民事案件当事人申请再审指南

（2016 年 10 月 18 日最高人民法院审判委员会第 250 次会议修订）

为引导当事人正确行使申请再审权，方便当事人诉讼，根据《中华人民共和国民事诉讼法》《最高人民法院关于适用〈中华人民共和国民事诉讼法〉的解释》的规定，结合最高人民法院民事申请再审案件受理工作实际，制定本指南。

一、向最高人民法院申请再审的法定条件

第一条　当事人对最高人民法院、高级人民法院已经发生法律效力的一审、二审民事判决、裁定、调解书，可以向最高人民法院申请再审。但下列情形不得申请再审：

（一）已经发生法律效力的解除婚姻关系的判决、调解；

（二）当事人将生效判决、调解书确认的债权转让，债权受让人对该判决、调解书不服申请再审的案件；

（三）适用特别程序、督促程序、公示催告程序、破产程序等非讼程序审理的案件；

（四）再审申请被驳回的案件；

（五）再审判决、裁定；

（六）人民检察院对当事人的申请作出不予提出再审检察建议或者抗诉决定的案件。

第二条　当事人可以对最高人民法院、高级人民法院作出的下列裁定向最高人民法院申请再审：

（一）不予受理的裁定；

（二）驳回起诉的裁定。

第三条　再审申请人应当符合下列情形之一：

（一）判决、裁定、调解书列明的当事人；

（二）认为原判决、裁定、调解书损害其民事权益，所提出的执行异议被裁定驳回的案外人；

（三）上述当事人或案外人死亡或者终止的，其权利义务承继者。

第四条　再审申请书列明的再审事由应当是民事诉讼法第二百条、第二百零一条规定的情形。

再审申请书列明的再审事由不属于民事诉讼法第二百条、第二百零一条规定情形的，应当改正；再审申请书未列明再审事由的，应当补充。

第五条　当事人申请再审，应当在判决、裁定、调解书发生法律效力后六个月内提出；有民事诉讼法第二百条第一项、第三项、第十二项、第十三项规定情形的，自知道或者应当知道之日起六个月内提出。

二、向最高人民法院申请再审的方式

第六条　当事人向最高人民法院申请再审，可以下列方式提出：

（一）到最高人民法院申诉立案大厅提交申请再审案件材料；

（二）向最高人民法院邮寄提交申请再审案件材料；

（三）通过最高人民法院诉讼服务网提交申请再审案件材料。

三、向最高人民法院申请再审应当提交的书面材料

第七条　再审申请人应当提交再审申请书，并按照被申请人及原审其他当事人人数提交再审申请书副本。

第八条 再审申请书应当载明下列事项：

（一）再审申请人、被申请人及原审其他当事人的基本情况。当事人是自然人的，应列明姓名、性别、出生日期、民族、职业（或工作单位及职务）、住所及有效联系电话、邮寄地址；当事人是法人或者其他组织的，应列明名称、住所和法定代表人或者主要负责人的姓名、职务及有效联系电话、邮寄地址；

（二）作出判决、裁定、调解书的人民法院名称，判决、裁定、调解文书案号；

（三）具体的再审请求；

（四）申请再审所依据的法定情形（须列明所依据的民事诉讼法的具体条、款、项）及具体事实、理由；

（五）向最高人民法院申请再审的明确表述；

（六）再审申请人的签名或者盖章。

第九条 再审申请人除应提交符合规定的再审申请书外，还应当提交以下材料：

（一）再审申请人是自然人的，应提交身份证明复印件；再审申请人是法人或其他组织的，应提交加盖公章的组织机构代码证复印件、营业执照复印件、法定代表人或主要负责人身份证明书；

（二）委托他人代为申请，除提交授权委托书外，委托代理人是律师的，应提交律师事务所函和律师执业证复印件；委托代理人是基层法律服务工作者的，应提交基层法律服务所函和法律服务工作者执业证，以及当事人一方位于本辖区内的证明材料。委托代理人是当事人的近亲属的，应提交代理人身份证明复印件以及与当事人有近亲属关系的证明材料；委托代理人是当事人的工作人员的，应提交代理人身份证明复印件和与当事人有合法劳动人事关系的证明材料；委托代理人是当事人所在社区、单位以及有关社会团体推荐的公民的，应提交代理人身份证明复印件、推荐材料和当事人隶属于该社区、单位的证明材料；

（三）申请再审的判决、裁定、调解书原件，或者经核对无误的复印件；判决、裁定、调解书系二审裁判的，应同时提交一审裁判文书原件，或者经核对无误的复印件；

（四）在原审诉讼过程中提交的主要证据复印件；

（五）支持申请再审所依据的法定情形和再审请求的证据材料；

（六）再审申请人有新证据的，应按照被申请人及原审其他当事人人数提交相应份数的新证据。

第十条 再审申请人提交再审申请书等材料应使用A4型纸，同时应当附与书面材料内容一致的可编辑的一审、二审裁判文书和再审申请书的电子文本（WORD 文本），并提供所有纸质文件的便携式格式文本（PDF 文本），将上述两种格式的电子文本刻录在同一张光盘中，与纸质材料一并提交。

第十一条　再审申请人提交的再审申请书等材料不符合上述要求，或者有人身攻击等内容，可能引起矛盾激化的，应当补充或改正。

四、到最高人民法院申诉立案大厅及巡回法庭提交申请再审案件材料的要求

第十二条　最高人民法院在申诉立案大厅及巡回法庭设立专门窗口负责审查接受申请再审案件材料。

第十三条　再审申请人到最高人民法院申诉立案大厅及巡回法庭提交申请再审材料的，应当填写来访人员登记表，按照提交登记表的顺序，由接谈法官审查其再审申请是否符合受理条件以及材料是否齐备。

第十四条　再审申请人提出的再审申请符合受理条件且材料齐备的，应填写《最高人民法院民事申请再审诉讼材料收取清单》一式两份，签名并注明日期，由接谈法官加盖最高人民法院收取诉讼材料专用章后返还一份清单。

再审申请人应同时填写送达地址确认书。

五、向最高人民法院邮寄提交申请再审案件材料的要求

第十五条　再审申请人向最高人民法院邮寄提交申请再审案件材料的，应当符合以下要求：

（一）按照本指南第七条至第十一条的要求提供材料，并附材料清单、送达地址确认书及电话等有效联系方式；

（二）在信封上注明提交民事申请再审案件材料；

（三）在信封上注明来信地址、邮政编码及联系电话。

第十六条　再审申请人以邮寄方式提出再审申请符合受理条件，但申请再审案件材料不齐备或需要改正的，应当按要求予以补充或改正。

六、通过最高人民法院诉讼服务网提交申请再审案件材料的要求

第十七条　再审申请人可通过登录最高人民法院诉讼服务网通过预约方式立案，通过诉讼服务网提交申请再审案件材料应当符合以下要求：

（一）按照本指南第七条至第十一条的要求提供材料，并附材料清单、送达地址确认书及电话等有效联系方式；

（二）上传与书面材料内容一致的可编辑的一审、二审裁判文书和再审申请书的电子文本（WORD 文本），并提供所有纸质文件的便携式格式文本

（PDF 文本）；

（三）填写送达方式、送达地址确认书。

当事人可按照最高人民法院网上审核通过的要求和地址，向最高人民法院及巡回法庭邮寄书面申请再审材料，也可凭预约立案通知书到最高人民法院申诉立案大厅及巡回法庭现场确认立案。

第十八条 再审申请人通过诉讼服务网提出的再审申请，符合受理条件的，立案受理。但申请再审案件材料不齐备或需要补正的，应当按要求予以补正。

七、涉外民事案件申请再审的特别规定

第十九条 涉外民事案件中的外国当事人向最高人民法院申请再审，申请人为外国人的，应当提交其与原件核对无误的护照复印件，或能证明其身份信息的其他证件复印件；申请人为外国企业或组织的，应当提交申请人身份证明及代表人身份证明。上述身份证明应当经所在国公证机关公证，并经中华人民共和国驻该国使领馆认证，或者履行中华人民共和国与该所在国订立的有关条约中规定的证明手续。

外国人、外国企业或者组织从中华人民共和国领域外寄交或者托交的授权委托书，应当经所在国公证机关公证，并经中华人民共和国驻该国使领馆认证，或者履行中华人民共和国与该所在国订立的有关条约中规定的证明手续。外国人、外国企业或者组织的代表人在中华人民共和国境内签署授权委托书的，应当根据民事诉讼法司法解释第五百二十五条的规定，在人民法院法官见证下签署，或根据民事诉讼法司法解释第五百二十六条的规定提交中华人民共和国公证机构的公证书。

八、其　他

第二十条 最高人民法院网站可供查询民事申请再审相关规定和诉讼文书样式，网址为 www. court. gov. cn。中国法院诉讼服务网可以提交民事申请再审案件材料，网址为 www. susong. chinacourt. org。也可拨打 12368 诉讼服务热线查询。

第二十一条 申请再审材料邮寄地址：北京市东城区北花市大街 9 号最高人民法院立案庭诉讼服务中心登记四室，邮政编码：100062。如需实地查询请到北京市朝阳区南四环肖村桥南顶路红寺村 316 号最高法院申诉信访大厅办理。

附件： 1. 再审申请书参考样式（略）

2. 最高人民法院当事人送达地址确认书（略）

最高人民法院
关于加强民事指令再审、再审发回重审案件审理工作沟通衔接和跟踪监督的通知

2017年4月17日　　　　　　　　　　法〔2017〕125号

各省、自治区、直辖市高级人民法院，解放军军事法院，新疆维吾尔自治区高级人民法院生产建设兵团分院：

为确保指令再审、再审发回重审的民事案件依法、及时审理，防止和杜绝相关案件久拖不立、久拖不决、有错不纠，切实维护各方当事人的合法权益，维护司法公正和权威，现就民事指令再审、再审发回重审案件审理工作沟通衔接和跟踪监督等事项通知如下：

一、明确调卷职责，提高调卷效率

申请再审案件审查以及再审案件审理工作中，需要调取原审卷宗的，可以委托下一级人民法院一并调取所需的原审历次审理相关卷宗，条件具备的也可以向卷宗所属各人民法院直接发送调卷函。调卷函应载明承办案件合议庭书记员姓名与联系方式以及需要调取卷宗的案号、当事人名称和案由等信息，以便及时准确调取。

受托调卷的人民法院应当在收到委托手续之日起五个工作日内向卷宗所属人民法院发送调卷函，并在收齐所有卷宗之日起五个工作日内完成卷宗的报送。原审相关人民法院应当在收到调卷函之日起二十个工作日内调齐卷宗，报送发函的上级人民法院。相关卷宗尚未归档的，应当在收到调卷函之日起十个工作日内完成卷宗整理归档工作，并按时完成卷宗的报送。确有特殊原因，不能在上述期限内报送卷宗的，应当及时向发函调卷的人民法院报告，由其决定调卷的其他方式。

各级人民法院应当明确本院负责调卷的部门和责任人员，并在收到本通知之日起三十日内将相关部门和责任人员的联系方式在本院办公网上公布，并层报上一级人民法院。

二、强化信息沟通，方便下级法院再审、重审审判工作

上级人民法院裁定指令再审或者再审裁定发回重审的，向当事人送达裁定

书的同时，应将裁定书抄送原审各人民法院。调阅了原审卷宗的，还应同时送还原审卷宗材料。抄送裁定书、送还卷宗材料时，应附书记员姓名及联系方式，有当事人新的住所地、联系方式的，应一并附函告知，方便下级人民法院工作联系。

接受指令再审或发回重审的人民法院因审理相关案件需要查阅上级人民法院相关卷宗的，上级人民法院应及时提供相关卷宗供再审、重审合议庭查阅、复制。

三、严格立案和送达期限，坚决杜绝再审、重审案件久拖不立

接受指令再审或发回重审的人民法院应当在收到裁定书之日起五个工作日内完成立案登记手续，并在立案之日起五个工作日内将立案受理通知书发送当事人，告知当事人在十五日内提交载明再审请求、重审请求的相关诉讼文书、证据及其他诉讼材料。不得以无法直接送达、未完成卷宗调取等为由，对再审、重审案件不予立案登记。确有特殊原因，不能在上述期限内完成立案和送达事项的，应当向作出指令再审、发回重审裁定的人民法院书面报告，并说明具体原因。

四、切实加强跟踪监督，确保再审纠错及时、有效

再审、重审案件裁判生效后，作出该生效裁判的人民法院应当在裁判生效之日起五个工作日内，向作出指令再审、发回重审裁定的人民法院报送相关生效裁判文书。

作出指令再审、发回重审裁定的人民法院应当建立相关的生效裁判文书库，定期对指令再审、发回重审的案件进行总结分析，高度关注有案不立、久拖不决、有错不纠、尺度不一等典型问题，研究改进对策并选择适当方式对下指导。

五、严肃审判纪律和责任追究，共同维护司法公正和权威

各级人民法院应当严格依法适用指令再审、再审发回重审，依法确定再审和重审审理范围，切实加强沟通和协调，确保民事案件指令再审和再审发回重审审判环节的无缝衔接，确保审判监督案件依法及时审判，共同维护司法公正和权威。

对民事案件指令再审和再审发回重审审判活动中违反民事诉讼法及相关司法解释规定的行为，依照《最高人民法院关于民事审判监督程序严格依法适用指令再审和发回重审若干问题的规定》第九条的规定追究有关人员的责任。

十一、公示催告程序

最高人民法院
关于人民法院发布公示催告程序中公告有关问题的通知

2016年4月11日　　　　　　　　法〔2016〕109号

各省、自治区、直辖市高级人民法院，解放军军事法院，新疆维吾尔自治区高级人民法院生产建设兵团分院；本院各单位：

为切实规范公示催告程序中公告的发布工作，解决风险票据发布公告平台不统一、不规范的问题，现通知如下：

依据《中华人民共和国民事诉讼法》第二百一十九条、最高人民法院《关于适用〈中华人民共和国民事诉讼法〉的解释》第四百四十八条、最高人民法院《关于进一步规范法院公告发布工作的通知》等文件的规定，人民法院受理公示催告申请后发布公告的，应当在《人民法院报》上刊登，《人民法院报》电子版、中国法院网同步免费刊载。

特此通知。

十二、执行程序

最高人民法院
印发《关于人民法院扣押铁路运输货物若干问题的规定》的通知

1997 年 4 月 22 日　　　　　　　　法发〔1997〕8 号

全国地方各级人民法院、各级军事法院、各铁路运输中级法院和基层法院、各海事法院：

现将《最高人民法院关于人民法院扣押铁路运输货物若干问题的规定》印发给你们，请贯彻执行。执行中有何问题，请及时报告我院。

附：

关于人民法院扣押铁路运输货物若干问题的规定

根据《中华人民共和国民事诉讼法》等有关法律的规定，现就人民法院扣押铁路运输货物问题作如下规定：

一、人民法院依法可以裁定扣押铁路运输货物。铁路运输企业依法应当予以协助。

二、当事人申请人民法院扣押铁路运输货物，应当提供担保，申请人不提供担保的，驳回申请。申请人的申请应当写明：要求扣押货物的发货站、到货站，托运人、收货人的名称，货物的品名、数量、货票号码等。

三、人民法院扣押铁路运输货物，应当制作裁定书并附协助执行通知书。协助执行通知书中应当载明：扣押货物的发货站、到货站，托运人、收货人的名称，货物的品名、数量和货票号码。在货物发送前扣押的，人民法院应当将裁定书副本和协助执行通知书送达始发地的铁路运输企业由其协助执行；在货物发送后扣押的，一般应当将裁定书副本和协助执行通知书送达目的地或最近中转编组站的铁路运输企业由其协助执行。

人民法院一般不应在中途站、中转站扣押铁路运输货物。必要时，在不影响铁路正常运输秩序、不损害其他公民法人的合法权益的情况下，可在最近中转编组站或有条件的车站扣押。

人民法院裁定扣押国际铁路联运货物，应当通知铁路运输企业、海关、边防、商检等有关部门协助执行。属于进口货物的，人民法院应当向我国进口国境、边境站、到货站或有关部门送达裁定书副本和协助执行通知书；属于出口货物的，在货物发送前应当向发货站或有关部门送达，在货物发送后，未出我国国境、边境前，应当向我国出境站或有关部门送达。

四、经人民法院裁定扣押的铁路运输货物，该铁路运输企业与托运人之间签订的铁路运输合同中涉及被扣押货物部分合同终止履行的，铁路运输企业不承担责任。因扣押货物造成的损失，由有关责任人承担。

因申请人申请扣押错误所造成的损失，由申请人承担赔偿责任。

五、铁路运输企业及有关部门因协助执行扣押货物而产生的装卸、保管、检验、监护等费用，由有关责任人承担，但应先由申请人垫付。申请人不是责任人的，可以再向责任人追偿。

六、扣押后的进出口货物，因尚未办结海关手续，人民法院在对此类货物作出最终处理决定前，应当先责令有关当事人补交关税并办理海关其他手续。

最高人民法院
关于产业工会、基层工会是否具备社团法人资格和工会经费集中户可否冻结划拨问题的批复

1997年5月16日　　　　法复〔1997〕6号

各省、自治区、直辖市高级人民法院，解放军军事法院：

山东等省高级人民法院就审判工作中如何认定产业工会、基层工会的社团法人资格和对工会财产、经费查封、扣押、冻结、划拨的问题，向我院请示。经研究，批复如下：

一、根据《中华人民共和国工会法》（以下简称工会法）的规定，产业工会社团法人资格的取得是由工会法直接规定的，依法不需要办理法人登记。基层工会只要符合《中华人民共和国民法通则》（以下简称民法通则）、工会法和《中国工会章程》规定的条件，报上一级工会批准成立，即具有社团法人资格。人民法院在审理案件中，应当严格按照法律规定的社团法人条件，审查基层工会社团法人的法律地位。产业工会、具有社团法人资格的基层工会与建立工会的企业法人是各自独立的法人主体。企业或企业工会对外发生的经济纠纷，各

自承担民事责任。上级工会对基层工会是否具备法律规定的社团法人的条件审查不严或不实，应当承担与其过错相应的民事责任。

二、确定产业工会或者基层工会兴办企业的法人资格，原则上以工商登记为准；其上级工会依据有关规定进行审批是必经程序，人民法院不应以此为由冻结、划拨上级工会的经费并替欠债企业清偿债务。产业工会或基层工会投资兴办的具备法人资格的企业，如果投资不足或者抽逃资金的，应当补足投资或者在注册资金不实的范围内承担责任；如果投资全部到位，又无抽逃资金的行为，当企业负债时，应当以企业所有的或者经营管理的财产承担有限责任。

三、根据工会法的规定，工会经费包括工会会员缴纳的会费，建立工会组织的企业事业单位、机关按每月全部职工工资总额的2％的比例向工会拨交的经费，以及工会所属的企业、事业单位上缴的收入和人民政府的补助等。工会经费要按比例逐月向地方各级总工会和全国总工会拨交。工会的经费一经拨交，所有权随之转移。在银行独立开列的“工会经费集中户”，与企业经营资金无关，专门用于工会经费的集中与分配，不能在此账户开支费用或挪用、转移资金。因此，人民法院在审理案件中，不应将工会经费视为所在企业的财产，在企业欠债的情况下，不应冻结、划拨工会经费及“工会经费集中户”的款项。

此复。

最高人民法院
关于冻结、划拨证券或期货交易所、证券登记结算机构、证券经营或期货经纪机构清算账户资金等问题的通知

1997年12月2日　　　　法发〔1997〕27号

各省、自治区、直辖市高级人民法院，解放军军事法院：

为了维护证券、期货市场的正常交易秩序，现对人民法院在财产保全或执行生效法律文书过程中，冻结、划拨证券或期货交易所、证券登记结算机构、证券经营或期货经纪机构清算账户清算资金等问题，作如下通知：

一、证券交易所、证券登记结算机构及其异地清算代理机构开设的清算账户上的资金，是证券经营机构缴存的自营及其所代理的投资者的证券交易清算资金。当证券经营机构为债务人，人民法院确需冻结、划拨其交易清算资金

时，应冻结、划拨其自营账户中的资金；如证券经营机构未开设自营账户而进行自营业务的，依法可以冻结其在证券交易所、证券登记结算机构及其异地清算代理机构清算账户上的清算资金，但暂时不得划拨。如果证券经营机构在法院规定的合理期限内举证证明被冻结的上述清算账户中的资金是其他投资者的，应当对投资者的资金解除冻结。否则，人民法院可以划拨已冻结的资金。

证券经营机构清算账户上的资金是投资者为进行证券交易缴存的清算备付金。当投资者为债务人时，人民法院对证券经营机构清算账户中该投资者的相应部分资金依法可以冻结、划拨。

人民法院冻结、划拨期货交易所清算账户上期货经纪机构的清算资金及期货经纪机构清算账户上投资者的清算备付金（亦称保证金），适用上述规定。

二、证券经营机构的交易席位系该机构向证券交易所申购的用以参加交易的权利，是一种无形财产。人民法院对证券经营机构的交易席位进行财产保全或执行时，应依法裁定其不得自行转让该交易席位，但不能停止该交易席位的使用。人民法院认为需要转让该交易席位时，按交易所的有关规定应转让给有资格受让席位的法人。

人民法院对期货交易所、期货经纪机构的交易席位采取财产保全或执行措施，适用上述规定。

三、证券经营机构在证券交易所、证券登记结算机构的债券实物代保管处托管的债券，是其自营或代销的其他投资者的债券。当证券经营机构或投资者为债务人时，人民法院如需冻结、提取托管的债券，应当通过证券交易所查明该债务人托管的债券是否已作回购质押，对未作回购质押，而且确属债务人所有的托管债券可以依法冻结、提取。

四、交易保证金是证券经营机构向证券交易所缴存的用以防范交易风险的资金，该资金由证券交易所专项存储，人民法院不应冻结、划拨交易保证金。但在该资金失去保证金作用的情况下，人民法院可以依法予以冻结、划拨。

最高人民法院
关于不得对中国人民银行及其分支机构的办公楼、运钞车、营业场所等进行查封的通知

1999 年 3 月 4 日　　　　　　　　法〔1999〕28 号

各省、自治区、直辖市高级人民法院，解放军军事法院，新疆维吾尔自治区高级人民法院生产建设兵团分院：

近年来，一些地方发生中国人民银行分支机构因行使金融监管权而被列为被告的案件，有的受案法院查封了人民银行的办公楼（内有金库）、运钞车、营业场所，影响了人民银行金融监管工作的正常进行。为防止和杜绝类似事件的发生，特就有关问题通知如下：

中国人民银行是依法行使国家金融行政管理职权的国家机关，根据《中国人民银行法》和《非法金融机构和非法金融活动取缔办法》的规定，对金融业实施监督管理，行使撤销、关闭金融机构，取缔非法金融机构等行政职权。因此，被撤销、关闭的金融机构或被取缔的非法金融机构自身所负的民事责任不应当由行使监督管理职权的中国人民银行承担，更不应以此为由查封中国人民银行及其分支机构的办公楼、运钞车和营业场所。各级人民法院在审理、执行当事人一方为被撤销、关闭的金融机构或被取缔的非法金融机构的经济纠纷案件中，如发现上述问题，应当及时依法予以纠正。

对确应由中国人民银行及其分支机构承担民事责任的案件，人民法院亦不宜采取查封其办公楼、运钞车、营业场所的措施。中国人民银行及其分支机构应当自觉履行已生效的法律文书，逾期不履行的，人民法院在查明事实的基础上，可以依法执行其他财产。

最高人民法院
关于严禁冻结或划拨国有企业下岗职工基本生活保障资金的通知

1999 年 11 月 24 日　　　　法〔1999〕228 号

各省、自治区、直辖市高级人民法院，新疆维吾尔自治区高级人民法院生产建设兵团分院：

据悉，最近一些地方人民法院在审理或执行经济纠纷案件中，冻结并划拨国有企业下岗职工基本生活保障资金，导致下岗职工基本生活无法保障，影响了社会稳定。为杜绝此类事件发生，特通知如下：

国有企业下岗职工基本生活保障资金是采取企业、社会、财政各承担 1/3 的办法筹集的，由企业再就业服务中心设立专户管理，专项用于保障下岗职工基本生活，具有专项资金的性质，不得挪作他用，不能与企业的其他财产等同对待。各地人民法院在审理和执行经济纠纷案件时，不得将该项存于企业再就业服务中心的专项资金作为企业财产处置，不得冻结或划拨该项资金用以抵偿企业债务。

各地人民法院应对已审结和执行完毕的经济纠纷案件做一下清理，凡发现违反上述规定的，应当及时依法予以纠正。

最高人民法院
关于执行《封闭贷款管理暂行办法》和《外经贸企业封闭贷款管理暂行办法》中应注意的几个问题的通知

2000 年 1 月 10 日　　　　法发〔2000〕4 号

各省、自治区、直辖市高级人民法院，新疆维吾尔自治区高级人民法院生产建设兵团分院：

1999 年 7 月 26 日，中国人民银行、国家经贸委、国家计委、财政部和国家税务总局联合下发了《封闭贷款管理暂行办法》（银发〔1999〕261 号），同年 8 月 5 日中国人民银行、国家计委、财政部、外经贸部和国家税务总局又联合下发了《外经贸企业封闭贷款管理暂行办法》（银发〔1999〕285 号）。封闭贷款是商业银行根据国家政策向特定企业发放的具有特定用途的贷款，为保证这项工作的顺利进行，使封闭贷款达到预期目的，现将有关问题通知如下：

一、人民法院审理民事经济纠纷案件，不得对债务人的封闭贷款结算专户采取财产保全措施或者先予执行。

二、人民法院在执行案件时，不得执行被执行人的封闭贷款结算专户中的款项。

三、如果有证据证明债务人为逃避债务将其他款项打入封闭贷款结算专户的，人民法院可以仅就所打入的款项采取执行措施。

四、如果债权人从债务人的封闭贷款结算专户中扣取了老的贷款和欠息，或者扣收老的欠税及各种费用，债务人起诉的，人民法院应当受理，并按照《封闭贷款管理暂行办法》① 第十四条的规定处理。债务人属于外经贸企业的，则按照《外经贸企业封闭贷款管理暂行办法》② 第二十一条的规定处理。

执行中有何问题，请及时向我院报告。

最高人民法院
关于在审理和执行民事、经济纠纷案件时不得查封、冻结和扣划社会保险基金的通知

2000 年 2 月 18 日　　　　法〔2000〕19 号

各省、自治区、直辖市高级人民法院，新疆维吾尔自治区高级人民法院生产建设兵团分院：

近一个时期，少数法院在审理和执行社会保险机构原下属企业（现已全部脱钩）与其他企业、单位的经济纠纷案件时，查封社会保险机构开设的社会保险基金账户，影响了社会保险基金的正常发放，不利于社会的稳定。为杜绝此类情况发生，特通知如下：

社会保险基金是由社会保险机构代参保人员管理，并最终由参保人员享用

①② 本通知第四条引用的《封闭贷款管理暂行办法》（银发〔1999〕261 号）、《外经贸企业封闭贷款管理暂行办法》（银发〔1999〕285 号）已被 2007 年 6 月 21 日公布的《商务部、国家发展和改革委员会、财政部等联合发布关于废止有关文件的通知》停止执行。——编者注

的公共基金，不属于社会保险机构所有。社会保险机构对该项基金设立专户管理，专款专用，专项用于保障企业退休职工、失业人员的基本生活需要，属专项资金，不得挪作他用。因此，各地人民法院在审理和执行民事、经济纠纷案件时，不得查封、冻结或扣划社会保险基金；不得用社会保险基金偿还社会保险机构及其原下属企业的债务。

各地人民法院如发现有违反上述规定的，应当及时依法予以纠正。

最高人民法院　司法部
关于公证机关赋予强制执行效力的债权文书执行有关问题的联合通知

2000年9月1日　　　　司发通〔2000〕107号

各省、自治区、直辖市高级人民法院、司法厅（局），解放军军事法院、司法局，新疆维吾尔自治区高级人民法院生产建设兵团分院、新疆生产建设兵团司法局：

为了贯彻《中华人民共和国民事诉讼法》《中华人民共和国公证暂行条例》的有关规定，规范赋予强制执行效力债权文书的公证和执行行为，现就有关问题通知如下：

一、公证机关赋予强制执行效力的债权文书应当具备以下条件：

（一）债权文书具有给付货币、物品、有价证券的内容；

（二）债权债务关系明确，债权人和债务人对债权文书有关给付内容无疑义；

（三）债权文书中载明债务人不履行义务或不完全履行义务时，债务人愿意接受依法强制执行的承诺。

二、公证机关赋予强制执行效力的债权文书的范围：

（一）借款合同、借用合同、无财产担保的租赁合同；

（二）赊欠货物的债权文书；

（三）各种借据、欠单；

（四）还款（物）协议；

（五）以给付赡养费、扶养费、抚育费、学费、赔（补）偿金为内容的协议；

（六）符合赋予强制执行效力条件的其他债权文书。

三、公证机关在办理符合赋予强制执行的条件和范围的合同、协议、借据、欠单等债权文书公证时，应当依法赋予该债权文书具有强制执行效力。

未经公证的符合本通知第二条规定的合同、协议、借据、欠单等债权文书，在履行过程中，债权人申请公证机关赋予强制执行效力的，公证机关必须征求债务人的意见；如债务人同意公证并愿意接受强制执行的，公证机关可以依法赋予该债权文书强制执行效力。

四、债务人不履行或不完全履行公证机关赋予强制执行效力的债权文书的，债权人可以向原公证机关申请执行证书。

五、公证机关签发执行证书应当注意审查以下内容：

（一）不履行或不完全履行的事实确实发生；

（二）债权人履行合同义务的事实和证据，债务人依照债权文书已经部分履行的事实；

（三）债务人对债权文书规定的履行义务有无疑义。

六、公证机关签发执行证书应当注明被执行人、执行标的和申请执行的期限。债务人已经履行的部分，在执行证书中予以扣除。因债务人不履行或不完全履行而发生的违约金、利息、滞纳金等，可以列入执行标的。

七、债权人凭原公证书及执行证书可以向有管辖权的人民法院申请执行。

八、人民法院接到申请执行书，应当依法按规定程序办理。必要时，可以向公证机关调阅公证卷宗，公证机关应当提供。案件执行完毕后，由人民法院在15日内将公证卷宗附结案通知退回公证机关。

九、最高人民法院、司法部《关于执行〈民事诉讼法（试行）〉中涉及公证条款的几个问题的通知》和《关于已公证的债权文书依法强制执行问题的答复》自本联合通知发布之日起废止。

最高人民法院　中国人民银行
关于依法规范人民法院执行和金融机构协助执行的通知

2000年9月4日　　　　法发〔2000〕21号

各省、自治区、直辖市高级人民法院，解放军军事法院，新疆维吾尔自治区高级人民法院生产建设兵团分院，中国人民银行各分行，中国工商银行，中国农业银行，中国银行，中国建设银行及其他金融机构：

为依法保障当事人的合法权益，维护经济秩序，根据《中华人民共和国民事诉讼法》，现就规范人民法院执行和银行（含其分理处、营业所和储蓄所）以及其他办理存款业务的金融机构（以下统称金融机构）协助执行的有关问题通知如下：

一、人民法院查询被执行人在金融机构的存款时，执行人员应当出示本人工作证和执行公务证，并出具法院协助查询存款通知书。金融机构应当立即协助办理查询事宜，不需办理签字手续，对于查询的情况，由经办人签字确认。对协助执行手续完备拒不协助查询的，按照民事诉讼法第一百零二条①规定处理。

人民法院对查询到的被执行人在金融机构的存款，需要冻结的，执行人员应当出示本人工作证和执行公务证，并出具法院冻结裁定书和协助冻结存款通知书。金融机构应当立即协助执行。对协助执行手续完备拒不协助冻结的，按照民事诉讼法第一百零二条规定处理。

人民法院扣划被执行人在金融机构存款的，执行人员应当出示本人工作证和执行公务证，并出具法院扣划裁定书和协助扣划存款通知书，还应当附生效法律文书副本。金融机构应当立即协助执行。对协助执行手续完备拒不协助扣划的，按照民事诉讼法第一百零二条规定处理。

人民法院查询、冻结、扣划被执行人在金融机构的存款时，可以根据工作情况要求存款人开户的营业场所的上级机构责令该营业场所做好协助执行工作，但不得要求该上级机构协助执行。

二、人民法院要求金融机构协助冻结、扣划被执行人的存款时，冻结、扣划裁定和协助执行通知书适用留置送达的规定。

三、对人民法院依法冻结、扣划被执行人在金融机构的存款，金融机构应当立即予以办理，在接到协助执行通知书后，不得再扣划应当协助执行的款项用以收贷收息；不得为被执行人隐匿、转移存款。违反此项规定的，按照民事诉讼法第一百零二条的有关规定处理。

---

① 本通知第一条引用的《民事诉讼法》第一百零二条已于2012年8月31日被第二次修正的《民事诉讼法》改为第一百一十一条，修改为：“诉讼参与人或者其他人有下列行为之一的，人民法院可以根据情节轻重予以罚款、拘留；构成犯罪的，依法追究刑事责任：（一）伪造、毁灭重要证据，妨碍人民法院审理案件的；（二）以暴力、威胁、贿买方法阻止证人作证或者指使、贿买、胁迫他人作伪证的；（三）隐藏、转移、变卖、毁损已被查封、扣押的财产，或者已被清点并责令其保管的财产，转移已被冻结的财产的；（四）对司法工作人员、诉讼参加人、证人、翻译人员、鉴定人、勘验人、协助执行的人，进行侮辱、诽谤、诬陷、殴打或者打击报复的；（五）以暴力、威胁或者其他方法阻碍司法工作人员执行职务的；（六）拒不履行人民法院已经发生法律效力的判决、裁定的。人民法院对有前款规定的行为之一的单位，可以对其主要负责人或者直接责任人员予以罚款、拘留；构成犯罪的，依法追究刑事责任。”下同。——编者注

四、金融机构在接到人民法院的协助执行通知书后，向当事人通风报信，致使当事人转移存款的，法院有权责令该金融机构限期追回，逾期未追回的，按照民事诉讼法第一百零二条的规定予以罚款、拘留；构成犯罪的，依法追究刑事责任，并建议有关部门给予行政处分。

五、对人民法院依法向金融机构查询或查阅的有关资料，包括被执行人开户、存款情况以及会计凭证、账簿、有关对账单等资料（含电脑储存资料），金融机构应当及时如实提供并加盖印章；人民法院根据需要可抄录、复制、照相，但应当依法保守秘密。

六、金融机构作为被执行人，执行法院到有关人民银行查询其在人民银行开户、存款情况的，有关人民银行应当协助查询。

七、人民法院在查询被执行人存款情况时，只提供单位账户名称而未提供账号的，开户银行应当根据银发〔1997〕94 号《关于贯彻落实中共中央政法委〈关于司法机关冻结、扣划银行存款问题的意见〉的通知》第二条的规定，积极协助查询并书面告知。

八、金融机构的分支机构作为被执行人的，执行法院应当向其发出限期履行通知书，期限为 15 日；逾期未自动履行的，依法予以强制执行；对被执行人未能提供可供执行财产的，应当依法裁定逐级变更其上级机构为被执行人，直至其总行、总公司。每次变更前，均应当给予被变更主体 15 日的自动履行期限；逾期未自动履行的，依法予以强制执行。

九、人民法院依法可以对银行承兑汇票保证金采取冻结措施，但不得扣划。如果金融机构已对汇票承兑或者已对外付款，根据金融机构的申请，人民法院应当解除对银行承兑汇票保证金相应部分的冻结措施。银行承兑汇票保证金已丧失保证金功能时，人民法院可以依法采取扣划措施。

十、有关人民法院在执行由两个人民法院或者人民法院与仲裁、公证等有关机构就同一法律关系作出的两份或者多份生效法律文书的过程中，需要金融机构协助执行的，金融机构应当协助最先送达协助执行通知书的法院，予以查询、冻结，但不得扣划。有关人民法院应当就该两份或多份生效法律文书上报共同上级法院协调解决，金融机构应当按照共同上级法院的最终协调意见办理。

十一、财产保全和先予执行依照上述规定办理。

此前的规定与本通知有抵触的，以本通知为准。

最高人民法院
关于对粮棉油政策性收购资金形成的粮棉油不宜采取财产保全措施和执行措施的通知

2000年11月16日　　法〔2000〕164号

各省、自治区、直辖市高级人民法院，解放军军事法院，新疆维吾尔自治区高级人民法院生产建设兵团分院：

根据国务院国发〔1998〕15号《关于进一步深化粮食流通体制改革的决定》和国发〔1998〕42号《关于深化棉花流通体制改革的决定》以及《粮食收购条例》① 等有关法规和规范性文件的规定，人民法院在保全和执行国有粮棉油购销企业从事粮棉油政策性收购以外业务所形成的案件时，除继续执行我院法函〔1997〕97号《关于对粮棉油政策性收购资金是否可以采取财产保全措施问题的复函》外，对中国农业发展银行提供的粮棉油收购资金及由该项资金形成的库存的粮棉油不宜采取财产保全措施和执行措施。

最高人民法院
关于执行旅行社质量保证金问题的通知

2001年1月8日　　法〔2001〕1号

各省、自治区、直辖市高级人民法院，新疆维吾尔自治区高级人民法院生产建设兵团分院：

人民法院在执行涉及旅行社的案件时，遇有下列情形而旅行社不承担或无力承担赔偿责任的，可以执行旅行社质量保证金：

① 本通知引用的《粮食收购条例》已被2004年5月26日国务院公布的《粮食流通管理条例》废止。——编者注

（1）旅行社因自身过错未达到合同约定的服务质量标准而造成旅游者的经济权益损失；

（2）旅行社的服务未达到国家或行业规定的标准而造成旅游者的经济权益损失；

（3）旅行社破产后造成旅游者预交旅行费损失；

（4）人民法院判决、裁定及其他生效法律文书认定的旅行社损害旅游者合法权益的情形。

除上述情形之外，不得执行旅行社质量保证金。同时，执行涉及旅行社的经济赔偿案件时，不得从旅游行政管理部门行政经费账户上划转行政经费资金。

特此通知。

最高人民法院
印发《关于正确适用暂缓执行措施若干问题的规定》的通知

2002年9月28日　　法发〔2002〕16号

各省、自治区、直辖市高级人民法院，解放军军事法院，新疆维吾尔自治区高级人民法院生产建设兵团分院：

最高人民法院《关于正确适用暂缓执行措施若干问题的规定》已于2002年9月24日第1244次审判委员会讨论通过，现印发给你们，望认真学习，贯彻执行。

附：

关于正确适用暂缓执行措施若干问题的规定

为了在执行程序中正确适用暂缓执行措施，维护当事人及其他利害关系人的合法权益，根据《中华人民共和国民事诉讼法》和其他有关法律的规定，结合司法实践，制定本规定。

第一条　执行程序开始后，人民法院因法定事由，可以决定对某一项或者某几项执行措施在规定的期限内暂缓实施。

执行程序开始后，除法定事由外，人民法院不得决定暂缓执行。

第二条　暂缓执行由执行法院或者其上级人民法院作出决定，由执行机构统一办理。

人民法院决定暂缓执行的，应当制作暂缓执行决定书，并及时送达当事人。

第三条　有下列情形之一的，经当事人或者其他利害关系人申请，人民法院可以决定暂缓执行：

（一）执行措施或者执行程序违反法律规定的；

（二）执行标的物存在权属争议的；

（三）被执行人对申请执行人享有抵消权的。

第四条　人民法院根据本规定第三条决定暂缓执行的，应当同时责令申请暂缓执行的当事人或者其他利害关系人在指定的期限内提供相应的担保。

被执行人或者其他利害关系人提供担保申请暂缓执行，申请执行人提供担保要求继续执行的，执行法院可以继续执行。

第五条　当事人或者其他利害关系人提供财产担保的，应当出具评估机构对担保财产价值的评估证明。

评估机构出具虚假证明给当事人造成损失的，当事人可以对担保人、评估机构另行提起损害赔偿诉讼。

第六条　人民法院在收到暂缓执行申请后，应当在十五日内作出决定，并在作出决定后五日内将决定书发送当事人或者其他利害关系人。

第七条　有下列情形之一的，人民法院可以依职权决定暂缓执行：

（一）上级人民法院已经受理执行争议案件并正在处理的；

（二）人民法院发现据以执行的生效法律文书确有错误，并正在按照审判监督程序进行审查的。

人民法院依照前款规定决定暂缓执行的，一般应由申请执行人或者被执行人提供相应的担保。

第八条　依照本规定第七条第一款第（一）项决定暂缓执行的，由上级人民法院作出决定。依照本规定第七条第一款第（二）项决定暂缓执行的，审判机构应当向本院执行机构发出暂缓执行建议书，执行机构收到建议书后，应当办理暂缓相关执行措施的手续。

第九条　在执行过程中，执行人员发现据以执行的判决、裁定、调解书和支付令确有错误的，应当依照最高人民法院《关于适用〈中华人民共和国民事诉讼法〉若干问题的意见》第二百五十八条[①]的规定处理。

在审查处理期间，执行机构可以报经院长决定对执行标的暂缓采取处分性措施，并通知当事人。

第十条 暂缓执行的期间不得超过三个月。因特殊事由需要延长的，可以适当延长，延长的期限不得超过三个月。

暂缓执行的期限从执行法院作出暂缓执行决定之日起计算。暂缓执行的决定由上级人民法院作出的，从执行法院收到暂缓执行决定之日起计算。

第十一条 人民法院对暂缓执行的案件，应当组成合议庭对是否暂缓执行进行审查，必要时应当听取当事人或者其他利害关系人的意见。

第十二条 上级人民法院发现执行法院对不符合暂缓执行条件的案件决定暂缓执行，或者对符合暂缓执行条件的案件未予暂缓执行的，应当作出决定予以纠正。执行法院收到该决定后，应当遵照执行。

第十三条 暂缓执行期限届满后，人民法院应当立即恢复执行。

暂缓执行期限届满前，据以决定暂缓执行的事由消灭的，如果该暂缓执行的决定是由执行法院作出的，执行法院应当立即作出恢复执行的决定；如果该暂缓执行的决定是由执行法院的上级人民法院作出的，执行法院应当将该暂缓执行事由消灭的情况及时报告上级人民法院，该上级人民法院应当在收到报告后十日内审查核实并作出恢复执行的决定。

第十四条 本规定自公布之日起施行。本规定施行后，其他司法解释与本规定不一致的，适用本规定。

最高人民法院　国土资源部　建设部
关于依法规范人民法院执行和国土资源房地产管理部门协助执行若干问题的通知

2004 年 2 月 10 日　　　　法发〔2004〕5 号

各省、自治区、直辖市高级人民法院，解放军军事法院，新疆维吾尔自治区高级人民法院生产建设兵团分院；各省、自治区、直辖市国土资源厅（国土环境资源厅、国土资源和房屋管理局、房屋土地资源管理局、规划和国土资源局），

---

① 本规定第九条引用的《关于适用〈中华人民共和国民事诉讼法〉若干问题的意见》第二百五十八条已于 2014 年 12 月 18 日被最高人民法院《关于适用〈中华人民共和国民事诉讼法〉的解释》（法释〔2015〕5 号）废止。——编者注

新疆生产建设兵团国土资源局；各省、自治区建设厅，新疆生产建设兵团建设局，各直辖市房地产管理局：

为保证人民法院生效判决、裁定及其他生效法律文书依法及时执行，保护当事人的合法权益，根据《中华人民共和国民事诉讼法》《中华人民共和国土地管理法》《中华人民共和国城市房地产管理法》等有关法律规定，现就规范人民法院执行和国土资源、房地产管理部门协助执行的有关问题通知如下：

一、人民法院在办理案件时，需要国土资源、房地产管理部门协助执行的，国土资源、房地产管理部门应当按照人民法院的生效法律文书和协助执行通知书办理协助执行事项。

国土资源、房地产管理部门依法协助人民法院执行时，除复制有关材料所必需的工本费外，不得向人民法院收取其他费用。登记过户的费用按照国家有关规定收取。

二、人民法院对土地使用权、房屋实施查封或者进行实体处理前，应当向国土资源、房地产管理部门查询该土地、房屋的权属。

人民法院执行人员到国土资源、房地产管理部门查询土地、房屋权属情况时，应当出示本人工作证和执行公务证，并出具协助查询通知书。

人民法院执行人员到国土资源、房地产管理部门办理土地使用权或者房屋查封、预查封登记手续时，应当出示本人工作证和执行公务证，并出具查封、预查封裁定书和协助执行通知书。

三、对人民法院查封或者预查封的土地使用权、房屋，国土资源、房地产管理部门应当及时办理查封或者预查封登记。

国土资源、房地产管理部门在协助人民法院执行土地使用权、房屋时，不对生效法律文书和协助执行通知书进行实体审查。国土资源、房地产管理部门认为人民法院查封、预查封或者处理的土地、房屋权属错误的，可以向人民法院提出审查建议，但不应当停止办理协助执行事项。

四、人民法院在国土资源、房地产管理部门查询并复制或者抄录的书面材料，由土地、房屋权属的登记机构或者其所属的档案室（馆）加盖印章。无法查询或者查询无结果的，国土资源、房地产管理部门应当书面告知人民法院。

五、人民法院查封时，土地、房屋权属的确认以国土资源、房地产管理部门的登记或者出具的权属证明为准。权属证明与权属登记不一致的，以权属登记为准。

在执行人民法院确认土地、房屋权属的生效法律文书时，应当按照人民法院生效法律文书所确认的权利人办理土地、房屋权属变更、转移登记手续。

六、土地使用权和房屋所有权归属同一权利人的，人民法院应当同时查封；土地使用权和房屋所有权归属不一致的，查封被执行人名下的土地使用权或者房屋。

七、登记在案外人名下的土地使用权、房屋，登记名义人（案外人）书面认可该土地、房屋实际属于被执行人时，执行法院可以采取查封措施。

如果登记名义人否认该土地、房屋属于被执行人，而执行法院、申请执行人认为登记为虚假时，须经当事人另行提起诉讼或者通过其他程序，撤销该登记并登记在被执行人名下之后，才可以采取查封措施。

八、对被执行人因继承、判决或者强制执行取得，但尚未办理过户登记的土地使用权、房屋的查封，执行法院应当向国土资源、房地产管理部门提交被执行人取得财产所依据的继承证明、生效判决书或者执行裁定书及协助执行通知书，由国土资源、房地产管理部门办理过户登记手续后，办理查封登记。

九、对国土资源、房地产管理部门已经受理被执行人转让土地使用权、房屋的过户登记申请，尚未核准登记的，人民法院可以进行查封，已核准登记的，不得进行查封。

十、人民法院对可以分割处分的房屋应当在执行标的额的范围内分割查封，不可分割的房屋可以整体查封。

分割查封的，应当在协助执行通知书中明确查封房屋的具体部位。

十一、人民法院对土地使用权、房屋的查封期限不得超过二年。期限届满可以续封一次，续封时应当重新制作查封裁定书和协助执行通知书，续封的期限不得超过一年。确有特殊情况需要再续封的，应当经过所属高级人民法院批准，且每次再续封的期限不得超过一年。

查封期限届满，人民法院未办理继续查封手续的，查封的效力消灭。

十二、人民法院在案件执行完毕后，对未处理的土地使用权、房屋需要解除查封的，应当及时作出裁定解除查封，并将解除查封裁定书和协助执行通知书送达国土资源、房地产管理部门。

十三、被执行人全部缴纳土地使用权出让金但尚未办理土地使用权登记的，人民法院可以对该土地使用权进行预查封。

十四、被执行人部分缴纳土地使用权出让金但尚未办理土地使用权登记的，对可以分割的土地使用权，按已缴付的土地使用权出让金，由国土资源管理部门确认被执行人的土地使用权，人民法院可以对确认后的土地使用权裁定预查封。对不可以分割的土地使用权，可以全部进行预查封。

被执行人在规定的期限内仍未全部缴纳土地出让金的，在人民政府收回土地使用权的同时，应当将被执行人缴纳的按照有关规定应当退还的土地出让金交由人民法院处理，预查封自动解除。

十五、下列房屋虽未进行房屋所有权登记，人民法院也可以进行预查封：

（一）作为被执行人的房地产开发企业，已办理了商品房预售许可证且尚未出售的房屋；

（二）被执行人购买的已由房地产开发企业办理了房屋权属初始登记的房屋；

（三）被执行人购买的办理了商品房预售合同登记备案手续或者商品房预告登记的房屋。

十六、国土资源、房地产管理部门应当依据人民法院的协助执行通知书和所附的裁定书办理预查封登记。土地、房屋权属在预查封期间登记在被执行人名下的，预查封登记自动转为查封登记，预查封转为正式查封后，查封期限从预查封之日起开始计算。

十七、预查封的期限为二年。期限届满可以续封一次，续封时应当重新制作预查封裁定书和协助执行通知书，预查封的续封期限为一年。确有特殊情况需要再续封的，应当经过所属高级人民法院批准，且每次再续封的期限不得超过一年。

十八、预查封的效力等同于正式查封。预查封期限届满之日，人民法院未办理预查封续封手续的，预查封的效力消灭。

十九、两个以上人民法院对同一宗土地使用权、房屋进行查封的，国土资源、房地产管理部门为首先送达协助执行通知书的人民法院办理查封登记手续后，对后来办理查封登记的人民法院作轮候查封登记，并书面告知该土地使用权、房屋已被其他人民法院查封的事实及查封的有关情况。

二十、轮候查封登记的顺序按照人民法院送达协助执行通知书的时间先后进行排列。查封法院依法解除查封的，排列在先的轮候查封自动转为查封；查封法院对查封的土地使用权、房屋全部处理的，排列在后的轮候查封自动失效；查封法院对查封的土地使用权、房屋部分处理的，对剩余部分，排列在后的轮候查封自动转为查封。

预查封的轮候登记参照第十九条和本条第一款的规定办理。

二十一、已被人民法院查封、预查封并在国土资源、房地产管理部门办理了查封、预查封登记手续的土地使用权、房屋，被执行人隐瞒真实情况，到国土资源、房地产管理部门办理抵押、转让等手续的，人民法院应当依法确认其行为无效，并可视情节轻重，依法追究有关人员的法律责任。国土资源、房地产管理部门应当按照人民法院的生效法律文书撤销不合法的抵押、转让等登记，并注销所颁发的证照。

二十二、国土资源、房地产管理部门对被人民法院依法查封、预查封的土地使用权、房屋，在查封、预查封期间不得办理抵押、转让等权属变更、转移登记手续。

国土资源、房地产管理部门明知土地使用权、房屋已被人民法院查封、预查封，仍然办理抵押、转让等权属变更、转移登记手续的，对有关的国土资源、房地产管理部门和直接责任人可以依照民事诉讼法第一百零二条的规定处理。

二十三、在变价处理土地使用权、房屋时，土地使用权、房屋所有权同时转移；土地使用权与房屋所有权归属不一致的，受让人继受原权利人的合法权利。

二十四、人民法院执行集体土地使用权时，经与国土资源管理部门取得一致意见后，可以裁定予以处理，但应当告知权利受让人到国土资源管理部门办理土地征用和国有土地使用权出让手续，缴纳土地使用权出让金及有关税费。

对处理农村房屋涉及集体土地的，人民法院应当与国土资源管理部门协商一致后再行处理。

二十五、人民法院执行土地使用权时，不得改变原土地用途和出让年限。

二十六、经申请执行人和被执行人协商同意，可以不经拍卖、变卖，直接裁定将被执行人以出让方式取得的国有土地使用权及其地上房屋经评估作价后交由申请执行人抵偿债务，但应当依法向国土资源和房地产管理部门办理土地、房屋权属变更、转移登记手续。

二十七、人民法院制作的土地使用权、房屋所有权转移裁定送达权利受让人时即发生法律效力，人民法院应当明确告知权利受让人及时到国土资源、房地产管理部门申请土地、房屋权属变更、转移登记。

国土资源、房地产管理部门依据生效法律文书进行权属登记时，当事人的土地、房屋权利应当追溯到相关法律文书生效之时。

二十八、人民法院进行财产保全和先予执行时适用本通知。

二十九、本通知下发前已经进行的查封，自本通知实施之日起计算期限。

三十、本通知自 2004 年 3 月 1 日起实施。

最高人民法院
关于冻结、扣划证券交易结算资金有关问题的通知

2004年11月9日　　　　　　　　　　法〔2004〕239号

各省、自治区、直辖市高级人民法院，解放军军事法院，新疆维吾尔自治区高级人民法院生产建设兵团分院：

为了保障金融安全和社会稳定，维护证券市场正常交易结算秩序，保护当事人的合法权益，保障人民法院依法执行，经商中国证券监督管理委员会，现就人民法院冻结、扣划证券交易结算资金有关问题通知如下：

一、人民法院办理涉及证券交易结算资金的案件，应当根据资金的不同性质区别对待。证券交易结算资金，包括客户交易结算资金和证券公司从事自营证券业务的自有资金。证券公司将客户交易结算资金全额存放于客户交易结算资金专用存款账户和结算备付金账户，将自营证券业务的自有资金存放于自有资金专用存款账户，而上述账户均应报中国证券监督管理委员会备案。因此，对证券市场主体为被执行人的案件，要区别处理：

当证券公司为被执行人时，人民法院可以冻结、扣划该证券公司开设的自有资金存款账户中的资金，但不得冻结、扣划该证券公司开设的客户交易结算资金专用存款账户中的资金。

当客户为被执行人时，人民法院可以冻结、扣划该客户在证券公司营业部开设的资金账户中的资金，证券公司应当协助执行。但对于证券公司在存管银行开设的客户交易结算资金专用存款账户中属于所有客户共有的资金，人民法院不得冻结、扣划。

二、人民法院冻结、扣划证券结算备付金时，应当正确界定证券结算备付金与自营结算备付金。证券结算备付金是证券公司从客户交易结算资金、自营证券业务的自有资金中缴存于中国证券登记结算有限责任公司（以下简称登记结算公司）的结算备用资金，专用于证券交易成交后的清算，具有结算履约担保作用。登记结算公司对每个证券公司缴存的结算备付金分别设立客户结算备付金账户和自营结算备付金账户进行账务管理，并依照经中国证券监督管理委员会批准的规则确定结算备付金最低限额。因此，对证券公司缴存在登记结算公司的客户结算备付金，人民法院不得冻结、扣划。

当证券公司为被执行人时，人民法院可以向登记结算公司查询确认该证券公司缴存的自营结算备付金余额；对其最低限额以外的自营结算备付金，人民法院可以冻结、扣划，登记结算公司应当协助执行。

三、人民法院不得冻结、扣划新股发行验资专用账户中的资金。登记结算公司在结算银行开设的新股发行验资专用账户，专门用于证券市场的新股发行业务中的资金存放、调拨，并按照中国证券监督管理委员会批准的规则开立、使用、备案和管理，故人民法院不得冻结、扣划该专用账户中的资金。

四、人民法院在执行中应当正确处理清算交收程序与执行财产顺序的关系。当证券公司或者客户为被执行人时，人民法院可以冻结属于该被执行人的已完成清算交收后的证券或者资金，并以书面形式责令其在7日内提供可供执行的其他财产。被执行人提供了其他可供执行的财产的，人民法院应当先执行该财产；逾期不提供或者提供的财产不足清偿债务的，人民法院可以执行上述已经冻结的证券或者资金。

对被执行人的证券交易成交后进入清算交收期间的证券或者资金，以及被执行人为履行清算交收义务交付给登记结算公司但尚未清算的证券或者资金，人民法院不得冻结、扣划。

五、人民法院对被执行人证券账户内的流通证券采取执行措施时，应当查明该流通证券确属被执行人所有。

人民法院执行流通证券，可以指令被执行人所在的证券公司营业部在30个交易日内通过证券交易将该证券卖出，并将变卖所得价款直接划付到人民法院指定的账户。

六、人民法院在冻结、扣划证券交易结算资金的过程中，对于当事人或者协助执行人对相关资金是否属客户交易结算资金、结算备付金提出异议的，应当认真审查；必要时，可以提交中国证券监督管理委员会作出审查认定后，依法处理。

七、人民法院在证券交易、结算场所采取保全或者执行措施时，不得影响证券交易、结算业务的正常秩序。

八、本通知自发布之日起执行。发布前最高人民法院的其他规定与本通知的规定不一致的，以本通知为准。

特此通知。

最高人民法院
关于强制执行中不应将企业党组织的党费作为企业财产予以冻结或划拨的通知

2005 年 11 月 22 日　　　　　　　　法〔2005〕209 号

各省、自治区、直辖市高级人民法院，解放军军事法院，新疆维吾尔自治区高级人民法院生产建设兵团分院：

据悉，近一个时期，少数法院在强制执行过程中，将企业党组织的党费账户予以冻结，影响了企业党组织的正常工作。为避免此类情况发生，特通知如下：

企业党组织的党费是企业每个党员按月工资比例向党组织缴纳的用于党组织活动的经费。党费由党委组织部门代党委统一管理，单立账户，专款专用，不属于企业的责任财产。因此，在企业作为被执行人时，人民法院不得冻结或划拨该企业党组织的党费，不得用党费偿还该企业的债务。执行中，如果申请执行人提供证据证明企业的资金存入党费账户，并申请人民法院对该项资金予以执行的，人民法院可以对该项资金先行冻结；被执行人提供充分证据证明该项资金属于党费的，人民法院应当解除冻结。

各级人民法院发现执行案件过程中有违反上述规定情形的，应当及时依法纠正。

最高人民法院
印发《关于人民法院执行公开的若干规定》和《关于人民法院办理执行案件若干期限的规定》的通知

2006 年 12 月 23 日　　　　　　　法发〔2006〕35 号

各省、自治区、直辖市高级人民法院，解放军军事法院，新疆维吾尔自治区高级人民法院生产建设兵团分院：

现将最高人民法院《关于人民法院执行公开的若干规定》和《关于人民法院办理执行案件若干期限的规定》印发给你们，请遵照执行。

执行中有何问题，请及时报告最高人民法院。

附一：

关于人民法院执行公开的若干规定

为进一步规范人民法院执行行为，增强执行工作的透明度，保障当事人的知情权和监督权，进一步加强对执行工作的监督，确保执行公正，根据《中华人民共和国民事诉讼法》和有关司法解释等规定，结合执行工作实际，制定本规定。

第一条　本规定所称的执行公开，是指人民法院将案件执行过程和执行程序予以公开。

第二条　人民法院应当通过通知、公告或者法院网络、新闻媒体等方式，依法公开案件执行各个环节和有关信息，但涉及国家秘密、商业秘密等法律禁止公开的信息除外。

第三条　人民法院应当向社会公开执行案件的立案标准和启动程序。

人民法院对当事人的强制执行申请立案受理后，应当及时将立案的有关情况、当事人在执行程序中的权利和义务以及可能存在的执行风险书面告知当事人；不予立案的，应当制作裁定书送达申请人，裁定书应当载明不予立案的法律依据和理由。

第四条　人民法院应当向社会公开执行费用的收费标准和根据，公开执行费减、缓、免交的基本条件和程序。

第五条　人民法院受理执行案件后，应当及时将案件承办人或合议庭成员及联系方式告知双方当事人。

第六条　人民法院在执行过程中，申请执行人要求了解案件执行进展情况的，执行人员应当如实告知。

第七条　人民法院对申请执行人提供的财产线索进行调查后，应当及时将调查结果告知申请执行人；对依职权调查的被执行人财产状况和被执行人申报的财产状况，应当主动告知申请执行人。

第八条　人民法院采取查封、扣押、冻结、划拨等执行措施的，应当依法制作裁定书送达被执行人，并在实施执行措施后将有关情况及时告知双方当事人，或者以方便当事人查询的方式予以公开。

第九条　人民法院采取拘留、罚款、拘传等强制措施的，应当依法向被采取强制措施的人出示有关手续，并说明对其采取强制措施的理由和法律依据。采取强制措施后，应当将情况告知其他当事人。

采取拘留或罚款措施的，应当在决定书中告知被拘留或者被罚款的人享有向上级人民法院申请复议的权利。

第十条　人民法院拟委托评估、拍卖或者变卖被执行人财产的，应当及时告知双方当事人及其他利害关系人，并严格按照《中华人民共和国民事诉讼法》和最高人民法院《关于人民法院民事执行中拍卖、变卖财产的规定》等有关规定，采取公开的方式选定评估机构和拍卖机构，并依法公开进行拍卖、变卖。

评估结束后，人民法院应当及时向双方当事人及其他利害关系人送达评估报告；拍卖、变卖结束后，应当及时将结果告知双方当事人及其他利害关系人。

第十一条　人民法院在办理参与分配的执行案件时，应当将被执行人财产的处理方案、分配原则和分配方案以及相关法律规定告知申请参与分配的债权人。必要时，应当组织各方当事人举行听证会。

第十二条　人民法院对案外人异议、不予执行的申请以及变更、追加被执行主体等重大执行事项，一般应当公开听证进行审查；案情简单，事实清楚，没有必要听证的，人民法院可以直接审查。审查结果应当依法制作裁定书送达各方当事人。

第十三条　人民法院依职权对案件中止执行的，应当制作裁定书并送达当事人。裁定书应当说明中止执行的理由，并明确援引相应的法律依据。

对已经中止执行的案件，人民法院应当告知当事人中止执行案件的管理制度、申请恢复执行或者人民法院依职权恢复执行的条件和程序。

第十四条 人民法院依职权对据以执行的生效法律文书终结执行的，应当公开听证，但申请执行人没有异议的除外。

终结执行应当制作裁定书并送达双方当事人。裁定书应当充分说明终结执行的理由，并明确援引相应的法律依据。

第十五条 人民法院未能按照最高人民法院《关于人民法院办理执行案件若干期限的规定》中规定的期限完成执行行为的，应当及时向申请执行人说明原因。

第十六条 人民法院对执行过程中形成的各种法律文书和相关材料，除涉及国家秘密、商业秘密等不宜公开的文书材料外，其他一般都应当予以公开。

当事人及其委托代理人申请查阅执行卷宗的，经人民法院许可，可以按照有关规定查阅、抄录、复制执行卷宗正卷中的有关材料。

第十七条 对违反本规定不公开或不及时公开案件执行信息的，视情节轻重，依有关规定追究相应的责任。

第十八条 各高级人民法院在实施本规定过程中，可以根据实际需要制定实施细则。

第十九条 本规定自2007年1月1日起施行。

附二：

关于人民法院办理执行案件若干期限的规定

为确保及时、高效、公正办理执行案件，依据《中华人民共和国民事诉讼法》和有关司法解释的规定，结合执行工作实际，制定本规定。

第一条 被执行人有财产可供执行的案件，一般应当在立案之日起6个月内执结；非诉执行案件一般应当在立案之日起3个月内执结。

有特殊情况须延长执行期限的，应当报请本院院长或副院长批准。

申请延长执行期限的，应当在期限届满前5日内提出。

第二条 人民法院应当在立案后7日内确定承办人。

第三条 承办人收到案件材料后，经审查认为情况紧急、需立即采取执行措施的，经批准后可立即采取相应的执行措施。

第四条 承办人应当在收到案件材料后3日内向被执行人发出执行通知书，通知被执行人按照有关规定申报财产，责令被执行人履行生效法律文书确定的义务。

被执行人在指定的履行期间内有转移、隐匿、变卖、毁损财产等情形的，人民法院在获悉后应当立即采取控制性执行措施。

第五条　承办人应当在收到案件材料后3日内通知申请执行人提供被执行人财产状况或财产线索。

第六条　申请执行人提供了明确、具体的财产状况或财产线索的，承办人应当在申请执行人提供财产状况或财产线索后5日内进行查证、核实。情况紧急的，应当立即予以核查。

申请执行人无法提供被执行人财产状况或财产线索，或者提供财产状况或财产线索确有困难，需人民法院进行调查的，承办人应当在申请执行人提出调查申请后10日内启动调查程序。

根据案件具体情况，承办人一般应当在1个月内完成对被执行人收入、银行存款、有价证券、不动产、车辆、机器设备、知识产权、对外投资权益及收益、到期债权等资产状况的调查。

第七条　执行中采取评估、拍卖措施的，承办人应当在10日内完成评估、拍卖机构的遴选。

第八条　执行中涉及不动产、特定动产及其他财产需办理过户登记手续的，承办人应当在5日内向有关登记机关送达协助执行通知书。

第九条　对执行异议的审查，承办人应当在收到异议材料及执行案卷后15日内提出审查处理意见。

第十条　对执行异议的审查需进行听证的，合议庭应当在决定听证后10日内组织异议人、申请执行人、被执行人及其他利害关系人进行听证。

承办人应当在听证结束后5日内提出审查处理意见。

第十一条　对执行异议的审查，人民法院一般应当在1个月内办理完毕。

需延长期限的，承办人应当在期限届满前3日内提出申请。

第十二条　执行措施的实施及执行法律文书的制作需报经审批的，相关负责人应当在7日内完成审批程序。

第十三条　下列期间不计入办案期限：

1. 公告送达执行法律文书的期间；
2. 暂缓执行的期间；
3. 中止执行的期间；
4. 就法律适用问题向上级法院请示的期间；
5. 与其他法院发生执行争议报请共同的上级法院协调处理的期间。

第十四条　法律或司法解释对办理期限有明确规定的，按照法律或司法解释规定执行。

第十五条 本规定自2007年1月1日起施行。

最高人民法院
关于在民事判决书中增加向当事人告知民事诉讼法第二百二十九条规定内容的通知

2007年2月7日　　　　法〔2007〕19号

全国地方各级人民法院、各级军事法院、各铁路运输中级法院和基层法院、各海事法院，新疆生产建设兵团各级法院：

根据《中共中央关于构建社会主义和谐社会若干重大问题的决定》有关"落实当事人权利义务告知制度"的要求，为使胜诉的当事人及时获得诉讼成果，促使败诉的当事人及时履行义务，经研究决定，在具有金钱给付内容的民事判决书中增加向当事人告知民事诉讼法第二百二十九条①规定的内容。现将在民事判决书中具体表述方式通知如下：

一、一审判决中具有金钱给付义务的，应当在所有判项之后另起一行写明：如果未按本判决指定的期间履行给付金钱义务，应当依照《中华人民共和国民事诉讼法》第二百二十九条之规定，加倍支付迟延履行期间的债务利息。

二、二审判决作出改判的案件，无论一审判决是否写入了上述告知内容，均应在所有判项之后另起一行写明第一条的告知内容。

三、如一审判决已经写明上述告知内容，二审维持原判的判决，可不再重复告知。

特此通知。

① 本通知引用的《民事诉讼法》第二百二十九条已于2012年8月31日被第二次修正的《民事诉讼法》改为第二百五十三条。下同。——编者注

最高人民法院　最高人民检察院
公安部　中国证券监督管理委员会
关于查询、冻结、扣划证券和证券交易结算资金有关问题的通知

2008年1月10日　　　　　　　　　　法发〔2008〕4号

各省、自治区、直辖市高级人民法院、人民检察院、公安厅（局）、证监局，解放军军事法院、军事检察院，新疆维吾尔自治区高级人民法院生产建设兵团分院，新疆生产建设兵团人民检察院、公安局：

为维护正常的证券交易结算秩序，保护公民、法人和其他组织的合法权益，保障执法机关依法执行公务，根据《中华人民共和国刑事诉讼法》《中华人民共和国民事诉讼法》《中华人民共和国证券法》等法律以及司法解释的规定，现就人民法院、人民检察院、公安机关查询、冻结、扣划证券和证券交易结算资金的有关问题通知如下：

一、人民法院、人民检察院、公安机关在办理案件过程中，按照法定权限需要通过证券登记结算机构或者证券公司查询、冻结、扣划证券和证券交易结算资金的，证券登记结算机构或者证券公司应当依法予以协助。

二、人民法院要求证券登记结算机构或者证券公司协助查询、冻结、扣划证券和证券交易结算资金，人民检察院、公安机关要求证券登记结算机构或者证券公司协助查询、冻结证券和证券交易结算资金时，有关执法人员应当依法出具相关证件和有效法律文书。

执法人员证件齐全、手续完备的，证券登记结算机构或者证券公司应当签收有关法律文书并协助办理有关事项。

拒绝签收人民法院生效法律文书的，可以留置送达。

三、人民法院、人民检察院、公安机关可以依法向证券登记结算机构查询客户和证券公司的证券账户、证券交收账户和资金交收账户内已完成清算交收程序的余额、余额变动、开户资料等内容。

人民法院、人民检察院、公安机关可以依法向证券公司查询客户的证券账户和资金账户、证券交收账户和资金交收账户内的余额、余额变动、证券及资金流向、开户资料等内容。

查询自然人账户的，应当提供自然人姓名和身份证件号码；查询法人账户

的，应当提供法人名称和营业执照或者法人注册登记证书号码。

证券登记结算机构或者证券公司应当出具书面查询结果并加盖业务专用章。查询机关对查询结果有疑问时，证券登记结算机构、证券公司在必要时应当进行书面解释并加盖业务专用章。

四、人民法院、人民检察院、公安机关按照法定权限冻结、扣划相关证券、资金时，应当明确拟冻结、扣划证券、资金所在的账户名称、账户号码、冻结期限，所冻结、扣划证券的名称、数量或者资金的数额。扣划时，还应当明确拟划入的账户名称、账号。

冻结证券和交易结算资金时，应当明确冻结的范围是否及于孳息。

本通知规定的以证券登记结算机构名义建立的各类专门清算交收账户不得整体冻结。

五、证券登记结算机构依法按照业务规则收取并存放于专门清算交收账户内的下列证券，不得冻结、扣划：

（一）证券登记结算机构设立的证券集中交收账户、专用清偿账户、专用处置账户内的证券；

（二）证券公司在证券登记结算机构开设的客户证券交收账户、自营证券交收账户和证券处置账户内的证券。

六、证券登记结算机构依法按照业务规则收取并存放于专门清算交收账户内的下列资金，不得冻结、扣划：

（一）证券登记结算机构设立的资金集中交收账户、专用清偿账户内的资金；

（二）证券登记结算机构依法收取的证券结算风险基金和结算互保金；

（三）证券登记结算机构在银行开设的结算备付金专用存款账户和新股发行验资专户内的资金，以及证券登记结算机构为新股发行网下申购配售对象开立的网下申购资金账户内的资金；

（四）证券公司在证券登记结算机构开设的客户资金交收账户内的资金；

（五）证券公司在证券登记结算机构开设的自营资金交收账户内最低限额自营结算备付金及根据成交结果确定的应付资金。

七、证券登记结算机构依法按照业务规则要求证券公司等结算参与人、投资者或者发行人提供的回购质押券、价差担保物、行权担保物、履约担保物等担保物，在交收完成之前，不得冻结、扣划。

八、证券公司在银行开立的自营资金账户内的资金可以冻结、扣划。

九、在证券公司托管的证券的冻结、扣划，既可以在托管的证券公司办理，也可以在证券登记结算机构办理。不同的执法机关同一交易日分别在证券公司、证券登记结算机构对同一笔证券办理冻结、扣划手续的，证券公司协助办理的为在先冻结、扣划。

冻结、扣划未在证券公司或者其他托管机构托管的证券或者证券公司自营证券的，由证券登记结算机构协助办理。

十、证券登记结算机构受理冻结、扣划要求后，应当在受理日对应的交收日交收程序完成后根据交收结果协助冻结、扣划。

证券公司受理冻结、扣划要求后，应当立即停止证券交易，冻结时已经下单但尚未撮合成功的应当采取撤单措施。冻结后，根据成交结果确定的用于交收的应付证券和应付资金可以进行正常交收。在交收程序完成后，对于剩余部分可以扣划。同时，证券公司应当根据成交结果计算出同等数额的应收资金或者应收证券交由执法机关冻结或者扣划。

十一、已被人民法院、人民检察院、公安机关冻结的证券或证券交易结算资金，其他人民法院、人民检察院、公安机关或者同一机关因不同案件可以进行轮候冻结。冻结解除的，登记在先的轮候冻结自动生效。

轮候冻结生效后，协助冻结的证券登记结算机构或者证券公司应当书面通知做出该轮候冻结的机关。

十二、冻结证券的期限不得超过二年，冻结交易结算资金的期限不得超过六个月。

需要延长冻结期限的，应当在冻结期限届满前办理续行冻结手续，每次续行冻结的期限不得超过前款规定的期限。

十三、不同的人民法院、人民检察院、公安机关对同一笔证券或者交易结算资金要求冻结、扣划或者轮候冻结时，证券登记结算机构或者证券公司应当按照送达协助冻结、扣划通知书的先后顺序办理协助事项。

十四、要求冻结、扣划的人民法院、人民检察院、公安机关之间，因冻结、扣划事项发生争议的，要求冻结、扣划的机关应当自行协商解决。协商不成的，由其共同上级机关决定；没有共同上级机关的，由其各自的上级机关协商解决。

在争议解决之前，协助冻结的证券登记结算机构或者证券公司应当按照争议机关所送达法律文书载明的最大标的范围对争议标的进行控制。

十五、依法应当予以协助而拒绝协助，或者向当事人通风报信，或者与当事人通谋转移、隐匿财产的，对有关的证券登记结算机构或者证券公司和直接责任人应当依法进行制裁。

十六、以前规定与本通知规定内容不一致的，以本通知为准。

十七、本通知中所规定的证券登记结算机构，是指中国证券登记结算有限责任公司及其分公司。

十八、本通知自 2008 年 3 月 1 日起实施。

最高人民法院
印发《关于应对国际金融危机做好当前执行工作的若干意见》的通知

2009 年 5 月 25 日　　　　　　　　法发〔2009〕34 号

各省、自治区、直辖市高级人民法院，解放军军事法院，新疆维吾尔自治区高级人民法院生产建设兵团分院：

现将最高人民法院《关于应对国际金融危机做好当前执行工作的若干意见》印发给你们，请结合工作实际，认真贯彻落实。

附：

关于应对国际金融危机做好当前执行工作的若干意见

当前，国际金融危机影响日益加深，世界经济出现衰退迹象，我国经济增速明显放缓，保持经济持续稳定发展的难度明显加大。金融危机的影响已经逐渐反映到司法领域，给人民法院的执行工作带来新的压力和挑战，被执行人履行能力降低，执行和解难度加大，金融纠纷、投资纠纷、劳资纠纷等新类型案件增加，收案大幅上升，资产处置难度加大。在金融危机冲击下，为企业和市场提供司法服务，积极应对宏观经济环境变化引发的新情况、新问题，为保增长、保民生、保稳定"三保"方针的贯彻落实提供司法保障，是当前和今后一段时期人民法院工作的重中之重。现就应对金融危机形势，稳妥执行各类案件，进一步做好执行工作，提出以下意见：

一、指导思想和基本原则

1. 坚持科学发展观，坚持"三个至上"的指导思想，切实增强政治意识、大局意识、责任意识，不断适应"三保"对执行工作提出的新要求，不断解决"三保"面临的新问题，将落实"三保"的方针作为执行工作的重要目标，将有利于实现"三保"的目标作为评价执行工作的重要标准。

2. 坚持依法执行与贯彻国家宏观政策相结合。既要在法律的框架内正确适用法律，又要在国家宏观政策出现新变化，对司法工作提出新需求时，将国家宏观政策精神和要求切实贯彻落实到执行工作中，以顺应社会和国家对司法的总体需求。

3. 坚持区别对待。区别被执行人是故意消极执行、规避执行和抗拒执行还是因经济形势影响造成临时无力履行债务的情况；区别债务是因历史原因造成还是正常市场交易下造成的情况。

4. 坚持和谐执行。既要加大执行力度，切实提高执行效率，尽快实现申请执行人债权，又要讲究执行艺术和方式方法，防止激化矛盾，始终坚持执行工作政治效果、法律效果和社会效果的有机统一。

5. 坚持统筹兼顾。既要依法、充分、及时地保护和实现申请执行人的合法权益，也要妥善平衡各方当事人和相关利害关系人的利益关系，兼顾对被执行人、其他利害关系人的合法权利的保护。

二、服务经济平稳较快发展

6. 对于因资金暂时短缺但仍处于正常生产经营状态、有发展前景的被执行人企业，慎用查封、扣押、冻结等执行措施和罚款、拘留等强制措施，多做执行和解工作，争取申请执行人同意延缓被执行企业的履行期限，以维持企业正常运转，帮助困难企业渡过难关。

7. 对于被执行企业正在使用的厂房、机器设备等主要生产设施，慎用扣押、拍卖和变卖等执行措施。要及时组织当事人协商，争取使申请执行人同意通过生产设施抵押方式给被执行人企业以缓冲时间。确需查封相关生产设施的，可以采取查封措施，但应当允许被执行人使用，并加强对查封资产的监管。

8. 对于被执行人的企业资产进行处置时，综合平衡分割处置和整体处置企业资产的效果，最大限度地减少对企业整体生产经营的影响或者财产价值的贬损。

9. 对于已经控制的被执行企业资产，要选择适当的处置时机和处置方式，最大程度地实现执行财产的价值，避免因仓促、草率执行导致财产处置变现价值与实际价值产生重大悬殊，从而加重被执行人的负担，甚至损害其合法利益。

10. 对于被执行人为国有大中型企业、金融机构、上市公司或国有控股上市公司，对其资产采取强制执行措施可能导致其破产或影响社会稳定的，可主动与其国有资产管理部门、监管部门进行沟通协调，争取其通盘考虑，帮助企业解决债务问题，防止影响企业的平稳和长远发展。

三、服务社会民生持续改善

11. 高度关注中央和地方有关改善民生的决策部署，积极稳妥地处理好重大基础设施建设工程、旧区改造、市政动迁、违章拆除等涉及民生改善和社会发展的执行案件。

12. 对于公司清算、企业破产、裁员欠薪等引发的职工安置保障、劳动争议、讨要工资报酬以及追索赡养费、抚育费、扶养费等案件，进一步完善“绿色通道”，建立快速执行机制，优先执行。

13. 对于职工人数较多的企业，执行时尽量不要影响被执行人企业职工工资的发放以及社保、医保费用的交纳。因此而影响申请执行人职工工资发放和相关费用交纳的，要优先保障申请执行人企业职工利益。

14. 对于农村土地承包经营权纠纷、农村土地承包经营权流转纠纷等执行案件，要及时采取有效措施，依法维护农民权益，保护农业、农村发展。

四、维护社会和谐稳定

15. 建立重点案件排查机制。定期对可能影响社会稳定的案件进行排查，对矛盾有可能激化的案件，做到及时掌握，及时向当地党委、人大报告，及时与政府沟通情况，争取重视和支持，寻求有效的解决措施。

16. 建立异地执行预案机制。对于被执行人跨辖区的案件，必须认真做好执行预案，事先与当地法院取得联系。对于可能发生暴力抗法事件的，要及时发现苗头，妥善处理，把抗拒执行事件消灭在萌芽状态。

17. 建立群体性事件预警机制。对于短期内涉及同一企业的执行案件数量骤增现象及具有示范效应、可能引起批量案件的情况应当引起重视，及时发现“群访”苗头并梳理汇总，向党委政府报送预警信息。

18. 建立汇报沟通协调机制。对于执行工作中发现的影响区域经济发展的突出问题，及时向当地党委、人大报告，及时与政府沟通情况，积极争取党委的领导和政府的支持；对案件执行中需要相关部门做好配合工作的，要主动利用执行联动机制或执行联席会议制度，进行沟通协调，努力为案件执行创造有利条件。

19. 完善执行和解机制。通过多做双方当事人的执行和解与协调工作，既维护申请执行人的合法权益，也妥善关照、处理好被执行人的实际困难，提高执行工作的社会效果；既满足申请执行人的实现债权的执行诉求，又保障被执行人正常经营发展或者正常生活。

五、加大管理力度，强化监督指导

20. 建立业务指导制度。对直接涉及社会稳定、有影响的执行案件，要通过建立业务交流平台、召开业务交流会、发布典型案例等多种形式加强业务指导。

21. 建立系列案件执行统一协调机制。对于众多债权人集中向同一债务企业启动的系列执行案件，受理案件的不同地区、不同审级法院之间以及同一法院的不同部门之间要加强信息沟通，在上级法院的统一协调下执行。

22. 建立专项案件报告制度。下级法院在执行工作中对因金融危机引发的各类涉外、涉港澳台及其他敏感性、重大案件，要及时向上级法院报告。必要时，由上级法院提级执行或集中指定执行。

六、认真开展调查研究，积极做好法律服务

23. 加强对辖区企业状况的调研。通过召开企业及相关部门座谈会、走访企业等多种形式加强对辖区企业经营状况的调研，与基层社区管理部门保持密切联系，形成共同应对经济危机的联动机制。

24. 加强法律知识的宣传。采取剖析典型案例、提供法律咨询、开展业务培训等多种形式，广泛宣传法律知识，教育和引导各类市场主体增强风险防范意识，努力营造公平有序的社会主义市场经济秩序。

25. 加强法律适用疑难问题的研究。对因金融危机引发的各类执行问题，深入开展前瞻性研究，及时总结经验，提出相应的对策。

26. 加强司法建议工作。及时收集执行实践中遇到的法律适用疑难问题及与金融危机密切相关的新类型、疑难及敏感案件，及时向有关部门提出应对措施和建议，帮助有关部门和企业堵塞管理漏洞。

【解　读】

解读《关于应对国际金融危机做好当前执行工作的若干意见》

2009年5月18日，最高人民法院民事行政审判专业委员会第44次会议研究通过了《关于应对国际金融危机做好当前执行工作的若干意见》（以下简称《若干意见》），这对于全国各级人民法院在当前国际金融危机形势下，积极稳妥地做好执行工作，更好地为保增长、保民生、保稳定大局服务具有重要意义。各级人民法院在执行实践中正确适用《若干意见》，必须全面了解国际金融危机给执行工作带来的困境，全面掌握当前经济形势下人民群众对执行工作

的新需求，积极采取各类应对措施，全面落实《若干意见》提出的各项工作要求。

一、当前国际金融危机形势下执行工作的压力及其表现

国际金融危机对我国的经济冲击较大，而且金融危机的影响已经逐渐反映到司法领域，对人民法院审判执行工作产生了重大影响，执行工作中涉及金融纠纷、投资纠纷、债务纠纷、劳资纠纷、房地产纠纷等案件明显增多，执行工作面临前所未有的压力。主要表现在以下几个方面：执行案件总体数量明显增加。受国际金融危机影响，一些企业资金链断裂，出口订单减少，出现生产经营困难，各类民商事纠纷明显增多，执行案件数量也相应增加。分析执行收案数增幅大的原因，一是企业竞争日趋激烈，部分企业经营不善或决策错误，加之银行实施银根收紧政策，企业流动资金缺乏，引发恶性循环最终倒闭，从而产生一系列债务案件；二是受当前日趋严峻的经济形势影响，一批实力不强的企业被淘汰，不少法定代表人出逃，产生大量工人工资、社会集资款等群体性事件。有的地方法院反映 2009 年一季度新收案件甚至呈“井喷”现象。

1. 执行案件的类型构成明显增多。执行案件不仅数量增幅较大，而且涉及的案件类型亦越来越多，主要表现在涉及重大项目与地方经济发展影响较大的执行案件增加。受国际金融危机影响，一些重大建设项目推迟或下马，相关的执行案件增加；涉及弱势群体的执行案件增加。一些劳动密集型企业由于出口订单急剧减少而倒闭或停产，相当一批农民工失业返乡，其中相当一部分企业又拖欠工人工资，从而产生了较多的劳资争议案件；征地纠纷、劳资纠纷等容易引发群体性事件，影响社会稳定的执行案件增加；三角债、多角债纠纷执行案件增多。

2. 被执行人履行义务能力明显下降。国家银根收紧后，被执行人融资愈加困难，货币履行能力降低。很多债务人身价缩水，可供执行的财产大幅减少。有的案件执行标的不大，但被执行人无履行货币资金能力，只能走评估、拍卖程序，使案件执行期限延长。由于被执行人偿债能力下降，以往对被执行人予以罚款、拘留等行之有效的强制执行措施在实践中的效果也明显下降。

3. 案件执行和解难度明显增大。由于企业经营困难加大，融资难度加大，因此由被执行人通过偿还部分债务达成执行和解的难度加大。申请执行人在媒体不断宣传国际金融危机的氛围下，对被执行人分期偿还债务的信心不足，也增加了法院通过和解化解双方矛盾的难度。有的企业经营已相当困难，如果强制性地要求其依法履行判决义务，可能使他们雪上加霜，从而濒临倒闭，产生一系列社会问题。而申请执行人又不依不饶，担心对方经济状况进一步恶化，自己的权益得不到维护，致使和解的难度加大。此外，部分被执行人将和解作

为缓兵之计，与申请执行人假意进行磋商，在反复的和解过程中以及和解协议达成后的履行期限届满之前，暗中转移财产，逃避义务的履行。部分企业主、高管人员逃匿，影响案件执行和解。涉企业债务执行案件中，企业主、高管人员逃匿的占据相当数量。在这类案件中，逃逸人员多携账册、现金出走，导致法院受理执行案件后无法送达执行通知等诉讼文书，更谈不上组织双方当事人和解，客观上也影响了办案进程。

4. 案件执行难度加大。主要表现在：一是财产拍卖处置难度增大。由于市场的购买力下降，对执行财产的变现处分产生影响，法院拍卖财产不再像以往那么顺利，流拍增多，特别是房地产，受国家政策调控以及全球金融危机的影响，房地产行业整体出现下滑，市场交易冷清，消费者对房产的购买力和购买欲望降低，直接导致法院执行过程中拍卖商品房多次流拍甚至无人报名竞拍，经常要多轮降价，处置难度很大。而对生产设备和股权等财产拍卖时，经常无人问津，财产变现困难，影响了执行案件的进度和效率。除了财产变现难以外，变现的价值也普遍偏低，影响了债权的实现预期。二是政府作为被执行人的案件，执行难度进一步加大。由于地方财政资金紧张，此类案件执行更难。部分申请执行人心理失衡，对社会的不满情绪潜滋暗长，甚至将对企业的积怨转向对政府的不满。三是破产程序未发挥应有作用。破产程序是通过司法手段集中化解企业债务风险，保护债权人、债务人和关联方利益的重要制度，对于推进企业战略性重组具有不可替代的功能。破产重整或清算程序本可作为涉企执行案件的重要处理方式，但在实践中却很少得以运用。绝大部分企业对破产程序存在认识误区，普遍认为破产等同于企业死亡，诸多民营企业对企业破产法规定的帮助危机企业以时间换空间、实现困难企业重生的重整程序与和解程序了解甚少，破产保护的理念尚未植入商业文化。另外，不少执行人员对告知符合条件的当事人适用破产程序的热情不高。因此，无论从社会层面还是司法层面，都未形成适用破产（包括重整）程序化解企业债务风险的成熟环境或机制。四是有的涉案被执行人企业往往处于停产、半停产状态，还有的当事人为躲避债务故意逃匿或下落不明．造成无法送达执行法律文书。五是部分被执行人通常利用异地执行成本高、委托外地法院执行成功率低等特点，千方百计逃避履行，使得案件执行难度加大。

5. 执行工作承载的维护社会和谐稳定的任务明显艰巨。在当前严峻的经济形势下，各种社会矛盾交相叠加，相互影响，相互作用。不少被执行人企业及其关联企业资金链断裂、投资者出走，往往涉及人数众多、数额较大，处理起来十分棘手。特别是一些申请执行人维权意识强烈但法制观念又十分淡薄，认为案件进入法律程序后，只要能够胜诉，取得生效法律文书，就一定能够实现自己的权利，动辄采取过激行为。金融危机引发的部分群体性、涉民生案件．与人民群众的切实利益直接相关，当事人之间矛盾大、敏感度高，增加了案件的执行难度，如处理不当会引发群体性矛盾，甚至可能导致社会不稳定因素。有的案件被执行人因失业或收入锐减陷入生活困难，或者公司、企业陷入经营困境，案件双方矛盾比较激烈，处理不当容易激化矛盾。

二、执行工作在当前国际金融危机形势下面临的困境

国际金融危机对执行工作产生了重大深远影响，执行工作面临前所未有的压力，在这种形势下，部分法院对如何认识当前的形势，如何把握执行工作的尺度，如何协调案多人少的压力等问题产生了疑惑和顾虑。主要表现在：

1. 如何正确评估和把握本地区受国际金融危机影响的程度。这次国际金融危机影响面广，影响时间长，对我国经济生活的各个方面都产生了不同程度的影响。同时应当看到，这次金融危机对我国不同地区的影响是不同的，即便是同一地区，对该地区出口型、劳动密集型等不同类型企业，对国有大中型企业、上市公司或国有控股上市公司、金融机构、民营企业等不同性质的企业的影响也是不同的。比如虽然各地的执行案件普遍增长较大，但各地受金融危机影响程度不尽相同，而且金融危机对执行案件的变化带来的影响，有的表现得比较直接，有的是间接性或者潜在性的。比如案件较大幅度增长具有多种原因：一是因为社会整体法律意识增强、诉前调解机制不够健全、诉讼费门槛降低原因造成，特别是劳动争议案件，由于劳动合同法和劳动争议调解仲裁法的实施，加之有关部门不能有效发挥作用，从而造成执行案件数量增多。二是经济发展所带来的结果。个别地区经济呈现工业强势增长，投资规模扩大，消费市场活跃，财政金融平稳，就业形势稳定，经济运行稳中趋快的基本态势，在企业正常经营中出现的纠纷反映到司法领域。三是部分地区外销型企业较少，受金融危机冲击小，案件的增多受其影响不明显。如借款合同纠纷类执行案件的增长，是因部分企业受到原材料价格上涨和人民币升值压力的影响，产品的成本增加。这就要求各级法院在执行工作中具体情况具体分析，从辖区的实际出发．对本地受金融危机影响的广度和深度有正确的评估。

2. 如何找准加大执行工作力度和慎重采取强制执行措施之间的结合点。一方面，在经济形势日趋严峻的情况下，各种纠纷矛盾纷纷涌现，社会责任感缺失，社会诚信危机出现，投资者出逃、企业迅速倒闭的现象比比皆是。在这种情况下，人民法院应当加大执行力度，第一时间介入并及时采取措施，控制被执行人资产．依法维护申请执行人的债权，最大程度地保障其合法权益。另一方面，执行工作又要从有利于被执行人生存发展、有利于保障员工的工作生计、有利于维护社会和谐稳定的高度，慎重使用查封、扣押、冻结、拍卖、变卖等强制措施，不能因执行力度过大而给企业经营活动造成影响。要兼顾两方

面，既要做到不因法院执行力度不到位、措施不到位而导致损害债权人合法权益，又要做到不因法院执行时机不当、执行措施不慎而导致债务企业倒闭，确实难度很大、要求很高，需要在执行实践中认真研究如何甄别债务企业是否属于具有市场竞争力和发展前景的企业，找准结合点。

3. 如何平衡营造适度宽松的司法环境与执行绩效考核之间的矛盾。在当前经济形势下，执行工作要服务企业发展，就必须对那些并非恶意逃避债务，只是由于一时资金短缺但仍处于正常经营状态、有发展前景的债务企业，通过制定还债计划、分期付款、设置担保等方法达成执行和解，“放水养鱼”，促成债权人给债务企业合理的宽限期，帮助债务人度过财务危机。但这样势必会造成部分案件执行周期很长，执行标的无法到位，造成新的执行积案，在执行工作考核上处于不利的局面。

4. 如何解决依法服务发展任务加重与执行工作力量相对不足的。在保增长、保民生、保稳定的总体要求之下，一方面，执行工作任务加重：一是受经济形势的影响，许多债务企业的履行能力减弱，自动履行的比例大大下降，法院调查、控制、处分的工作更加繁重。二是要促成双方当事人达成执行和解，说服债权人给债务企业一定的宽限期，或者接受一些灵活的履行方式，必然增加大量的释明和协调工作，也考验执行人员的业务水平。三是执行工作延伸面扩大，对新问题的预判研究，快速执行机制的建立，与相关部门互通信息联动机制的建立，主动服务企业、加大对民生的保护以及维护社会稳定工作，都将使执行工作任务愈加繁重。另一方面，执行工作力量却长期处在严重不足的状态，执行干警长期疲劳应战，力量得不到补充，能力得不到培训，无法适应当前新形势下的执行工作任务。

因此，这次国际金融危机不仅给人民法院执行工作带来新的压力和挑战，也是对人民法院执行能力的综合考验。人民法院必须回应企业在当前形势下对人民法院工作的新要求与新期待，积极探索人民法院如何按照中央“保增长、保民生、保稳定”的部署要求做好当前的执行工作，对执行政策进行调整就显得极为迫切和必要。

三、积极应对国际金融危机的挑战，扎实做好执行工作

目前，中央已出台了一系列扩大内需的政策，货币政策也趋向相对宽松，今后一段时期企业资金紧张状况将得到一定程度缓解。企业负担也将会逐步减轻，但这并不必然意味着涉企债务危机会得到有效解决。由于经济结构深层次的矛盾不可能在短期内解决，宏观经济政策利好信号具有时滞性，国际金融危机对我国实体经济影响程度又存在不确定性，反映到司法领域，对执行工作的影响仍将具有长期性和深远性，执行案件总量仍将维持在相当数量水平甚至进

一步上扬。同时，从去年下半年的经营走势来看，许多企业不仅存在资金困难，且在经济不景气的大环境下重整经营的能力也大大减弱，今后一段时期涉企业债务执行案件将呈现更加复杂的态势，给法院执行工作带来新的难题。各级法院应以努力化解企业债务风险为目标，坚持能动司法理念，结合我国经济发展中遇到的新情况、新问题和法院工作实际，以尽力维系企业生存发展为宗旨，多用柔性手段化解矛盾，充分发挥人民法院职能作用，维护经济发展，增强企业家的创业、投资信心，按照多管齐下、分类解决的思路，努力寻求化解企业债务风险的最佳路径。

1. 增强政治敏感性。树立大局意识，提高对当前形势的认识。国际金融危机给我国经济社会发展带来了严重挑战，积极应对国际金融危机，确保经济复苏及增长，是全球也是我国各级政府的重要目标。人民法院处在化解矛盾、维护社会稳定、促进社会和谐的最前沿。在当前国际金融危机对我国经济产生严重影响的背景下，人民法院责无旁贷地要承担起司法保障任务，法院的民事执行工作要紧紧围绕服务大局展开。我们一是必须切实增强政治敏感性，充分认识当前国际金融局势的复杂性以及国内经济发展面临的困难，及时把握宏观经济形势变化在司法领域引发的各种新情况、新问题，深入调查研究，积极、主动应对，采取有效措施依法审慎执行好各类案件，为维护国家金融安全和经济平稳较快发展，提供司法保障和法律服务。二是必须切实增强服务大局意识，主动把执行工作融入大局工作中来思考、谋划和部署，找准为大局服务的结合点和着力点，坚持有利于经济社会发展、有利于社会稳定和谐，切实为大局搞好司法服务。目前正在开展的全国集中清理执行积案活动，就是为有效解决“执行难”问题，切实维护人民群众合法权益，维护社会稳定，促进经济社会发展作出的一项重要部署，是积极应对当前国际金融危机的冲击，保障企业正常生产经营，实现市场交易安全，维护社会主义市场经济秩序的具体举措，是为保持经济平稳较快发展，积极主动提供法律保障和法律服务的实际行动，是确保问题不堆积、矛盾不激化，保障和改善民生，维护社会和谐稳定的迫切需要。不能把清理执行积案活动与中央保增长、保民生、保稳定工作方针对立起来。三是自觉增强对民事执行工作的预见性和超前性，及时调整思路、强化职能，积极探索在当前金融危机下，如何解决当前和将来可能出现的新情况、新问题，最大限度地保护当事人合法权益，最大限度地维护社会和谐稳定。

2. 加强学习，增强素质，提升应对经济形势的执行能力。国际金融危机的到来，使法院的民事执行工作更加艰巨，执行干警的能力面临更大的挑战。加强学习是做好执行工作的前提。熟练掌握和运用法律法规，尤其是新修订实施的民事诉讼法，准确把握国家的大政方针，牢记法官的职业要求，是当前更需具备的素养和能力。要加强对执行人员的培训教育，提高法官应对危机的能力，提升法官的职业素质，妥善化解金融危机带来的负面影响，最大限度地发挥人民法院职能作用。一是切实增强和谐执行意识。紧紧围绕构建社会主义和谐社会这一宏伟目标，既要坚持服务、保障、促进和谐社会建设，又要重视自身工作和建设，深入研究执行工作的规律和特点，注重执行方法，讲求执行艺术，实现执行工作和谐运行。二是增强执行公正意识。坚持实体公正与程序公正并重，严格依法执行、及时执行，规范执行行为，提高执行质量，确保执行公正，以执行公正来落实和体现裁判公正。三是切实增强执行效率意识。努力缩短执行周期，降低执行成本，尽快实现生效法律文书确定的内容，提高执行效率，维护当事人的合法权益。四是切实增强执行效果意识。注意从我国基本国情和当地社情、民情出发，注重说服教育，注重把握执行时机，努力争取案结事了，实现执行案件法律效果与社会效果的有机统一。五是切实增强平等保护意识。在执行过程中，坚持对当事人的合法权益一视同仁、同等保护，既要努力实现申请执行人的合法权益，也要注重对被执行人和案外人合法权益的保护。

3. 明确司法调节的有限性，注重充分发挥政府主导作用。受自身条件的制约。法院面对大量涌现的执行案件及其案外其他矛盾，处置能力相对有限。首先，从处理时间上看，执行案件是在各方主体纠纷发生后才诉诸法院作出生效法律文书并申请强制执行，尽管法院可综合运用多种手段帮助企业化解债务风险，但由于存在滞后性，对已造成的企业资金链断裂以及债务危机很难从根本上予以改变。其次，从处理力量上看，面对数量剧增的执行案件以及与之相关的其他纠纷案件，法院除了依法稳妥执行案件外，还要花费大量时间用于稳定当事人情绪、防止当事人采取过激行为。致使大量的人力、物力和精力耗费在案件协调、维护稳定等问题上，案多人少的矛盾进一步加剧，影响工作效率。再次，从处理效果上看。执行案件特别是案情复杂、影响面广的案件，并不只是单纯的法律问题，更牵涉群体性事件防范处置、资产管理以及破产重组、维护稳定等一系列复杂的社会问题，仅靠司法的力量往往无法妥善处理。特别是对生活困难的债权人和职工，法院虽可通过司法救助的方式给予暂时救济，但因救助基金数额有限，相对于政府备用金等手段，方式而言，效果不甚理想。从总体上说，司法调节作用相对有限。因此，在执行案件过程中，对于发现的影响区域经济发展的突出问题，人民法院应当及时向当地党委、人大报告，及时与政府沟通情况，积极争取党委的领导和政府的支持。坚持党委领导、政府主导协调的原则，以最大限度、最快速度调动各种政府资源和社会资源，帮助政府完善多元化纠纷解决机制，充分发挥其在企业债务清理、职工安置、维护稳定等方面的特殊作用。在案件执行中遇到困难，特别是对可能影响社会稳定的案件，要及时向党委汇报、与政府沟通，做好稳控及矛盾化解工作。定期对可能影响社会稳定的案件进行排查，对矛盾有可能激化的案件，做到及时掌握，及时向当地党委、人大报告。及时与政府沟通情况，争取重视和支持，寻求有效的解决措施。

4. 既要坚持依法执行，又要在企业风险防范机制建设方面有更大作为。法院在执行涉企业债务案件中，既要着眼于案件实际情况，充分运用柔性手段，最大限度化解企业债务危机，又要坚持法律严肃性，严把柔性尺度。认真贯彻依法办事原则。杜绝违规操作，不能以个案特殊需要为由破坏法律的安定性。重大的涉企业债务执行案件在政府主导下进行协调的情况较多，法院应准确定位，既要为党委、政府决策提供法律意见，寻求制度空间，也要帮助政府把好法律尺度，把牢法律底线，保证处置举措的合法合规，确保处置工作在程序上和结果上的公平。同时，在化解企业债务风险方面，法院不应仅局限于解决个案，而应当在企业风险防范机制建设方面有更大作为。一是认真开展调查研究，密切关注因宏观经济环境变化而在执行领域中出现的各种新情况、新问题，积极做好法律服务。通过召开企业及相关部门座谈会、走访企业等多种形式加强对辖区企业经营状况的调研，与基层社区管理部门保持密切联系，形成共同应对经济危机的联动机制。二是加强法律适用疑难问题的研究。对因金融危机引发的各类执行问题，深入开展前瞻性研究，及时总结经验，提出相应的对策。三是加强司法建议工作。及时收集执行实践中遇到的法律适用疑难问题及与金融危机密切相关的新类型、疑难及敏感案件，在解剖个案的基础上提出企业债务风险防范对策，保障企业健康发展，推动经济秩序的进一步规范。帮助企业增强抵御金融风险的能力和维权意识，积极引导企业依法管理、规范经营，并结合执行实践就规范经营、拓宽融资渠道、化解债务危机等问题及时向有关部门提出应对措施和建议，帮助有关部门和企业堵塞管理漏洞。四是加强宣传，做好指导工作。要充分利用广播电视、报纸杂志、网络等媒体，采用以案讲法、法律咨询、送法进企业等各种形式，大力宣传法律法规，提高人们的法律意识和执行风险意识。

四、更新司法观念，优化执行工作思路

目前案件数量增多、案件情况复杂、当事人之间矛盾重重，尤其涉企业债务执行案件成因复杂，情况不一，各企业的资金链紧张程度、债务类型、债务人群体、偿债能力、所处经济环境等各有不同。各级法院应当紧跟形势，及时转变观念，进一步优化执行工作思路。在执行案件过程中，应对个案情况进行深入分析，区别对待，在充分保障债权人权益的基础上实现效益和社会效果的最大化。根据当事人诉请和被执行人企业资产负债的不同情况，依照民事诉讼法的相关规定，根据被执行人数量、债权类型、司法资源配备等方面的区别，

根据企业规模、影响力和涉案具体情况，灵活确定执行方式，引导当事人理性接受，以提高司法效益，提升社会效果。

慎重把握执行尺度，灵活选择执行方式。衡量执行工作的成效，不仅要看执结案件的数量，最主要的是看是否促进了企业的健康发展，是否真正实现了公正执法。是否真正实现了法律效果与社会效果的高度统一。随着经济危机逐渐向纵深发展，企业的盈利能力普遍降低，被执行人自动履行法院判决的能力相应下降，给法院执行工作无疑会带来新的压力。各级法院在执行工作中，要从我国实际情况出发，从当前的宏观经济形势出发，既要准确严格适用法律，又要慎重把握执行尺度。既要维护申请执行人的合法权益，也要考虑被执行人的生存和发展。要努力通过执行，既挽回当事人的损失，化解双方的矛盾，帮助企业渡过难关，又能妥善处理涉案人数多、社会影响大的群体性案件，注重社会效果和法律效果的统一，最大限度地避免因对案件处理不当出现上访、闹访事件。

当前，各级法院一方面要切实按照中央政法委和最高人民法院的要求，集中开展清理执行积案活动，加大依法执行力度，提高执行工作效率，维护社会主义法制权威：另一方面，又要强化帮助企业渡难关的大局意识，谨防执行方式方法简单化。在严格依照法律规定的前提下，根据案件实际，构建和谐执行机制，综合运用各种执行措施，通过分期履行、债权转股权、企业资产强制管理等方式，力求以最佳的方式执结案件。要进一步加强执行环节释明工作，鼓励申请执行人和被执行人之间达成和解，缓解企业生存压力，避免不必要的破产。对于多个债权人在不同法院同时申请执行同一债务企业的案件，上级法院要加强协调，统一执行工作措施，尽可能维持有发展前景的困难企业的生存，防止因对被执行企业可供执行财产的分配问题产生新的矛盾和冲突，避免因执行工作简单化而激化社会矛盾。对于当前部分企业由于暂时性的资金周转不畅而暂无履行能力的，经申请执行人同意，可以责令被执行人提供执行担保，使当事人达成并自动履行执行和解协议，在保障债权人利益的同时。也确保企业生产经营得以为继。要积极依托社会保障制度，妥善解决特困申请执行人的困难、被执行企业职工安置及银行个人房贷者居住权益的保障等问题，努力实现案结事了，争取最佳的法律效果和社会效果，为经济平稳较快发展和社会和谐稳定做出应有的贡献。

因地、因案、因时制宜，适度运用强制措施。法律文书确定的内容，是发生纠纷后一方当事人诉请审判机关通过国家公权力解决的结果。当债务人拒不履行生效法律文书确定的义务时，通过执行机关采取执行措施就成为实现生效法律文书内容的唯一途径。执行措施是强制实施的方法和手段，是法律授权执行机关采取的法定措施，是以国家公权力为后盾保证执行措施的实施，强制被执行人履行法律文书所确定的义务。所有执行措施无不体现强制性，轻则限制财产所有权，重则剥夺人身自由。采取执行措施是法院的职权行为，并不以被执行人的意志为转移，债务人必须同意所实施的执行行为，并对执行机关予以配合。执行措施的使用是对被执行人财产的处置，是对当事人民事权益的调整，深刻地影响着社会的各个方面。没有执行机关采取的具有一定法律特征的执行措施，债权人的私权就无法实现。执行机关在实施民事执行行为时，只能从法律规定的执行措施中选定执行方法和手段，只有法律确认的执行方法和手段才能成为执行措施：凡是法律没有规定的措施，执行机关如果采用，就构成违法执行。执行措施是否科学合理。对民事执行的功能与价值能否实现以及民事执行效率的高低都有重大影响。实践中，因生效法律文书确定的执行标的、执行内容是不同的，执行措施也应有所不同，执行措施与执行标的、执行内容的特征相适应。

当前宏观经济形势严峻，企业发展矛盾和困难较多，法院应积极发挥对经济发展的保障和服务功能，把企业作为重要的服务对象。对受到金融危机冲击的企业，在实施查封、扣押、冻结等措施时，充分考虑企业的承受能力，对资金周转出现暂时性困难、没有达到非破产不可境地的企业尽力维护其正常的生产经营；对企业还能正常经营，或者还存在发展希望的，应慎用拍卖、变卖等强制性措施，尽量维持企业造血功能；对债务人经营停顿，面临清盘可能，可能转移资产，或企业主负债外逃，严重侵害债权人利益的行为，加大执行力度，在最短时间内完成审查程序，尽快实施冻结、查封、扣押措施，有效控制被执行企业财产，防止债务人转移有效资产；对于生产经营暂时困难但仍有挽救希望的被执行人企业，慎用查封企业账户等强制措施，尽量采取查封固定资产，允许使用不得转移等方式进行保全，对企业正常生产经营以及发放职工工资所需资金不轻易划扣等，避免因强制执行不当影响企业正常生产经营。特别是职工人数众多的劳动密集型企业，极力防止出现执行一个案件、破产一家企业、下岗一批职工的问题。同时，还应严格把握罪与非罪的界限，对涉企业债务执行案件不要轻易纳入刑事程序。

强化执行和解，构建和谐执行机制。法院在执行案件过程中，应充分运用利益衡量的方法，适当改变人们的行为预期，避免不尽合理的博弈结果，及时化解各种不和谐因素，实现利益平衡。为妥善化解矛盾纠纷，尤其是与民生直接相关的纠纷，维护社会稳定，法院必须进一步加大和解力度，在执行和解的主动性上下功夫，在执行和解的方式方法上寻突破，把执行和解工作贯穿于执行程序中的各个环节，努力使矛盾平息在基层，化解在萌芽状态，确保案结事了。要以法律为依据，综合考虑多种因素，合理兼顾多方利益，尽力促成和解。要根据被执行人的经营状况和发展前景，并按经营能力的高低采取不同的执行和解对策，还要注意处理好申请执行人债权保护和被执行人企业生存的关系，尽可能通过协调，既保证申请执行人债权的实现，又不危及尚有经营能力被执行人企业的正常生存。对于有挽救可能的企业，要通过重整、和解等程序，促进生产要素重组，给企业起死回生的机会。在民间借贷、企业间借贷、金融机构借款合同纠纷等类型的执行案件中，要将和解贯穿于整个执行环节。对资信良好、暂时陷入资金困境的企业，要特别注意多采取和解的方法，努力促成当事人以分期还款、延长付款期限等和解方式达成和解协议，防止因过分刚性的手段使本可继续生存和发展的企业陷入困境。对于那些发展前景黯淡、无重组希望的企业，通过清算程序集体清偿，公平保护债权人利益，促使激化的债务纠纷得到缓解和平息，确保债务人良性退出，防止债务风险进一步扩散。对一些生产力落后、重组无望的企业. 应将工作重点放到加快执行进程、保护债权人利益上来，而不是违背规律勉强施救。强化执行和解也要避免走上另一个极端，为了提高执结率，一些执行人员动辄要求申请执行人放弃部分余额债权，以便使被执行人容易或愿意偿付，从而寻得案件执行完毕。当然，对有些确属经济困难的被执行人，这种执行方式尚无不妥，但不分案件的具体情况，无原则地要求申请执行人放弃部分债权，将严重损害执行公正。这种做法还会产生严重的社会恶果，因为任何一项司法活动都将是一个法制宣传过程，司法的结果都将会对社会公众日后的行为产生一定的指引作用。如果债权人得以依靠实现其债权的强制执行机构依靠逼其放弃一部分债权来执结案件，势必会在相当人数中形成赖账反而占便宜的概念，社会信用将每日俱下。同时，要积极争取人大、党委的支持，充分调动人民调解委员会、司法局、劳动行政部门、工会等多方调解力量，加强沟通，密切多方协调配合，进一步建立大调解工作格局，建立完善多元化纠纷解决机制，及时有效地化解矛盾。

（撰稿人：李海军）

最高人民法院
印发《关于进一步加强和规范执行工作的若干意见》的通知

2009 年 7 月 17 日　　　　　　　法发〔2009〕43 号

各省、自治区、直辖市高级人民法院，解放军军事法院，新疆维吾尔自治区高级人民法院生产建设兵团分院：

现将《最高人民法院关于进一步加强和规范执行工作的若干意见》印发给你们，请结合工作实际，认真贯彻落实。

附：

关于进一步加强和规范执行工作的若干意见

近年来，在各级党委领导、人大监督、政府支持下，人民法院不断推进执行体制和机制改革，健全执行工作长效机制，组织开展集中清理执行积案活动，有力保障了人民群众的合法权益，维护了社会公平正义，促进了社会和谐稳定。但是执行难问题并未从根本上得到解决，执行工作规范化水平仍需进一步提高，执行的力度和时效性有待进一步加强。为此，各级人民法院要进一步贯彻落实科学发展观和中央一系列文件精神，以解决执行难为重点，切实改进和完善执行工作体制机制，着力推进执行工作长效机制建设，全面提升执行工作规范化水平。

一、进一步加大执行工作力度

（一）建立执行快速反应机制

要努力提高执行工作的快速反应能力，加强与公安、检察等部门的联系，及时处理执行线索和突发事件。高、中级人民法院应当成立执行指挥中心，组建快速反应力量。有条件的基层人民法院根据工作需要也可以成立执行指挥中心。指挥中心负责人由院长或其授权的副院长担任，执行局长具体负责组织实施。为了便于与纪检、公安、检察等有关部门的协调，统一调用各类司法资源，符合条件的执行局长可任命为党组成员。指挥中心办事机构设在执行局，并开通24小时值班电话。快速反应力量由辖区法院的执行人员、司法警察等人员组成，下设快速反应执行小组，根据指挥中心的指令迅速采取执行行动。

（二）完善立审执协调配合机制

加强立案、审判和执行三个环节的协作配合，形成法院内部解决执行难的合力。立案阶段要加强诉讼指导、法律释明、风险告知和审前和解，尤其是对符合法定条件的案件依法及时采取诉前财产保全措施。审判阶段对符合条件的案件要依法及时采取诉讼保全和先予执行措施；要大力推进诉讼调解，提高调解案件的当庭履行率和自觉履行率；要增强裁判文书的说理性，强化判后答疑制度，促使当事人服判息诉，案结事了；要努力提高裁判文书质量，增强说理性，对双方的权利义务要表述准确、清晰，并充分考虑判项的可执行性。

（三）建立有效的执行信访处理机制

各级人民法院要设立专门的执行申诉处理机构，负责执行申诉信访的审查和督办，在理顺与立案庭等部门职能分工的基础上，探索建立四级法院上下一体的执行信访审查处理机制。上级法院要建立辖区法院执行信访案件挂牌督办制度，在人民法院网上设置专页，逐案登记，加强督办，分类办结后销号。进一步规范执行信访案件的办理流程，畅通民意沟通途径，对重大、复杂信访案件一律实行公开听证。要重视初信初访，从基层抓起，从源头抓起。要加强与有关部门的协作配合，充分发挥党委领导下的信访终结机制的作用。加大信访案件督办力度，落实领导包案制度，开展执行信访情况排名通报。完善执行信访工作的考评机制，信访责任追究和责任倒查机制。

（四）强化执行宣传工作

各级人民法院要加强同党委宣传部门的联系，将执行工作作为法制宣传工作的重要内容，制定执行工作宣传的整体规划，提高全社会的法制意识和风险意识。要与广播、报纸、电视、网络等媒体建立稳定的合作关系，采取召开新闻发布会、专题报道、跟踪报道、现场采访、设置专栏等方式，开展执行法规政策讲解、重大执行活动报道、典型案例通报、被执行人逃避、规避或抗拒执行行为的曝光等宣传活动。要高度重视民意沟通工作，通过进农村、进社区、进企业等多种形式，广泛深入地了解人民群众和社会各界对执行工作的意见和建议，把合理的社情民意转化为改进工作的具体措施，提高执行工作水平。

二、加快执行工作长效机制建设

（一）建立执行工作联席会议制度

各级人民法院要在各级党委的领导下，充分发挥执行工作联席会议制度的作用，组织排查和清理阻碍执行的地方性规定和文件，解决执行工作中遇到的突出困难和法院自身难以解决的问题，督促查处党政部门、领导干部非法干预执行或特殊主体阻碍、抗拒执行的违法违纪行为，协调处理可能影响社会稳定的重大突发事件或暴力抗法事件、重大执行信访案件；组织集中清理执行积案活动，对各类重点执行案件实行挂牌督办；对政府机关、国有企业等特殊主体案件，研究解决办法。重大执行事项经联席会讨论作出决定或形成会议纪要后，交由相关部门负责落实，落实情况纳入综合治理考核范围。

（二）加快执行联动威慑机制建设

各级人民法院要努力争取党委的支持，动员全社会的力量共同解决执行难问题。要在制度上明确与执行工作相关的党政管理部门，包括纪检监察、组织人事、新闻宣传、综合治理、检察、公安、政府法制、财政、民政、发展和改革、司法行政、国土资源管理、住房和城乡建设管理、人民银行、银行业监管、税务、工商行政管理和证券监管等部门在执行工作中的具体职责，积极协助人民法院开展有关工作。要建设好全国法院执行案件信息管理系统，积极参与社会信用体系建设，实现执行案件信息与其他部门信用信息的共享，并通过信用惩戒手段促使债务人自动履行义务。

（三）实施严格的执行工作考评机制

要完善和细化现有的执行工作考核体系，科学设定执行标的到位率、执行申诉率、执行结案率、执行结案合格率、自行履行率等指标，合理分配考核分值，建立规范有效的考核评价机制。考核由各级人民法院在辖区范围内定期、统一进行，考核结果实行公开排位，并建立末位情况分析制、报告制以及责任追究制。实行执行案件质量评查和超期限分析制度，将执行案件的质量和效率纳入质效管理部门的监管范围。各级人民法院要建立执行人员考评机制，建立质效档案，并将其作为考评定级、提职提级、评优评先的重要依据。要规定科学的结案标准，建立严格的无财产案件的程序终结制度，并作结案统计。建立上级法院执行局和本院质效管理部门对执行错案和瑕疵案件的分析和责任倒查制度。上级法院撤销或改变下级法院裁定或决定时，要附带对案件进行责任分析。本院质效管理部门发现执行案件存在问题的，也要进行责任分析。

三、继续推进执行改革

（一）优化执行职权配置

一是进一步完善高级人民法院执行机构统一管理、统一协调的执行工作管理机制，中级人民法院（直辖市除外）对所辖地区执行工作实行统一管理、统一协调。进一步推进“管案、管事、管人”相结合的管理模式。二是实行案件执行重心下移，最高人民法院和高级人民法院作为执行工作统一管理、统一协调的机构，原则上不执行具体案件，案件主要由中级人民法院和基层人民法院执行，也可以指定专门法院执行某些特定案件，以排除不当干预。三是科学界定执行审查权和执行实施权，并分别由不同的内设机构或者人员行使。将财产调查、控制、处分及交付和分配、采取罚款、拘留强制措施等事项交由实施机构办理，对各类执行异议、复议、案外人异议及变更执行法院的申请等事项交由审查机构办理。四是实行科学的执行案件流程管理，打破一个人负责到底的传统执行模式，积极探索建立分段集约执行的工作机制。指定专人负责统一调查、控制和处分被执行财产，以提高执行效率。要实施以节点控制为特征的流程管理制度，充分发挥合议庭和审判长（执行长）联席会议在审查、评议并提出执行方案方面的作用。

（二）统一执行机构设置

各级人民法院统一设立执行局，并统一执行局内设机构及职能。高级人民法院设立复议监督、协调指导、申诉审查以及综合管理机构，中级人民法院和基层人民法院设执行实施、执行审查、申诉审查和综合管理机构。复议监督机构负责执行案件的监督，并办理异议复议、申请变更执行法院和执行监督案件；协调指导机构负责跨辖区委托执行案件和异地执行案件的协调和管理，办理执行请示案件以及负责与同级政府有关部门的协调；申诉审查机构负责执行申诉信访案件的审查和督办等事项；综合管理机构负责辖区执行工作的管理部署、巡视督查、评估考核、起草规范性文件、调研统计等各类综合性事项。

（三）合理确定执行机构与其他部门的职责分工

要理顺执行机构与法院其他相关部门的职责分工，推进执行工作专业化和执行队伍职业化建设。实行严格的归口管理，明确行政非诉案件和行政诉讼案件的执行，财产保全、先予执行、财产刑等统一由执行机构负责实施。加强和规范司法警察参与执行工作。基层人民法院审判监督庭和高、中级人民法院的质效管理部门承担执行工作质量监督、瑕疵案件责任分析等职能。

四、强化执行监督制约机制

各级人民法院要把强化执行监督制约机制作为长效机制建设的重要内容，切实抓紧抓好。一是按照分权制衡的原则对执行权进行科学配置。区分执行审查权和执行实施权，分别由不同的内设机构或者人员行使，使各项权能之间相互制约、相互监督，保证执行权的正当行使。二是对执行实施的重点环节和关键节点进行风险防范。除编制很少的地区外，应当对执行实施权再行分解，总结出重点环节和关键节点，划分为若干阶段，由不同组织或人员负责，加强相互监督和制约，以此强化对执行工作的动态管理，防止执行权的滥用。三是加大上级法院对下级法院的监督力度。认真实施、严格落实修改后的民事诉讼法，通过办理执行异议、执行复议和案外人异议案件，以及上级法院提级执行、指定执行、交叉执行等途径，纠正违法执行和消极执行行为，加强对执行权行使的监督。四是进一步实行执行公开，自觉接受执行各方当事人的监督。建立执行立案阶段发放廉政监督卡或者执行监督卡、送达执行文书时公布或告知举报电话、当事人正当参与执行等制度。要抓好执行公开制度的贯彻落实，利用信息化手段和网络增强执行工作透明度，严禁暗箱操作，切实保障当事人的知情权、参与权、监督权，预防徇私枉法、权钱交易、违法干预办案等问题的发生，确保执行公正。五是拓宽监督渠道，主动接受社会各界对执行工作的监督。完善党委、人大、舆论等各类监督机制，探索人民陪审员和执行监督员参与执行工作的办法和途径，提高执行的公信力。

五、进一步加强执行队伍建设

各级人民法院要高度重视执行队伍建设。要加强对各级人民法院执行局负责人和执行人员的培训，开展执行人员与各业务部门审判人员的定期交流。要突出加强执行队伍廉政建设，逐步在执行机构配备廉政监察员，加大执行中容易产生腐败的重点环节的监督力度；加强对执行人员的职业道德教育、权力观教育和警示教育；规范执行人员与当事人、律师的交往，细化岗位职责，强化工作管理措施，化解廉政风险；建立顺畅的举报、检举、控告渠道和强有力的违法违纪行为的查纠机制，确保“五个严禁”在执行工作中得到全面贯彻。要根据执行工作的实际需要，配齐配强执行人员，确保实现中发〔1999〕11号文件规定的执行人员比例不少于全体干警现有编制总数15%的要求，确保执行人员的文化程度不低于所在法院人员的平均水平。要尽快制定下发《人民法院执行员条例》，对执行员的任职条件、任免程序、工作职责、考核培训等内容作出规定，努力建设一支公正、高效、廉洁、文明的执行队伍。

最高人民法院
印发《关于人民法院预防和处理执行突发事件的若干规定（试行）》的通知

2009 年 9 月 22 日　　　　　　　　　　法发〔2009〕50 号

各省、自治区、直辖市高级人民法院，解放军军事法院，新疆维吾尔自治区高级人民法院生产建设兵团分院：

现将《最高人民法院关于人民法院预防和处理执行突发事件的若干规定（试行）》印发给你们，请结合各地实际，贯彻执行。

附：

关于人民法院预防和处理执行突发事件的若干规定（试行）

为预防和减少执行突发事件的发生，控制、减轻和消除执行突发事件引起的社会危害，规范执行突发事件应急处理工作，保护执行人员及其他人员的人身财产安全，维护社会稳定，根据《中华人民共和国民事诉讼法》《中华人民共和国突发事件应对法》等有关法律规定，结合执行工作实际，制定本规定。

第一条　本规定所称执行突发事件，是指在执行工作中突然发生，造成或可能危及执行人员及其他人员人身财产安全，严重干扰执行工作秩序，需要采取应急处理措施予以应对的群体上访、当事人自残、群众围堵执行现场、以暴力或暴力相威胁抗拒执行等事件。

第二条　按照危害程度、影响范围等因素，执行突发事件分为特别重大、重大、较大和一般四级。

特别重大的执行突发事件是指严重影响社会稳定、造成人员死亡或 3 人以上伤残的事件。

除特别重大执行突发事件外，分级标准由各高级人民法院根据辖区实际自行制定。

第三条　高级人民法院应当加强对辖区法院执行突发事件应急处理工作的

指导。

执行突发事件的应急处理工作由执行法院或办理法院负责。各级人民法院应当成立由院领导负责的应急处理工作机构，并建立相关工作机制。

异地执行发生突发事件时，发生地法院必须协助执行法院做好现场应急处理工作。

第四条 执行突发事件应对工作实行预防为主、预防与应急处理相结合的原则。执行突发事件应急处理坚持人身安全至上、社会稳定为重的原则。

第五条 各级人民法院应当制定执行突发事件应急处理预案。执行应急处理预案包括组织与指挥、处理原则与程序、预防和化解、应急处理措施、事后调查与报告、装备及人员保障等内容。

第六条 执行突发事件实行事前、事中和事后全程报告制度。执行人员应当及时将有关情况报告本院执行应急处理工作机构。

异地执行发生突发事件的，发生地法院应当及时将有关情况报告当地党委、政府。

第七条 各级人民法院应当定期对执行应急处理人员和执行人员进行执行突发事件应急处理有关知识培训。

第八条 执行人员办理案件时，应当认真研究全案执行策略，讲究执行艺术和执行方法，积极做好执行和解工作，从源头上预防执行突发事件的发生。

第九条 执行人员应当强化程序公正意识，严格按照法定执行程序采取强制执行措施，规范执行行为，防止激化矛盾引发执行突发事件。

第十条 执行人员必须严格遵守执行工作纪律有关规定，廉洁自律，防止诱发执行突发事件。

第十一条 执行人员应当认真做好强制执行准备工作，制定有针对性的执行方案。执行人员在采取强制措施前，应当全面收集并研究被执行人的相关信息，结合执行现场的社会情况，对发生执行突发事件的可能性进行分析，并研究相关应急化解措施。

第十二条 执行人员在执行过程中，发现有执行突发事件苗头，应当及时向执行突发事件应急处理工作机构报告。执行法院必须启动应急处理预案，采取有效措施全力化解执行突发事件危机。

第十三条 异地执行时，执行人员请求当地法院协助的，当地法院必须安排专人负责和协调，并做好应急准备。

第十四条 发生下列情形，必须启动执行突发事件应急处理预案：

（一）涉执上访人员在 15 人以上的；

（二）涉执上访人员有无理取闹、缠诉领导、冲击机关等严重影响国家机关办公秩序行为的；

（三）涉执上访人员有自残行为的；

（四）当事人及相关人员携带易燃、易爆物品及管制刀具等凶器上访的；

（五）当事人及相关人员聚众围堵，可能导致执行现场失控的；

（六）当事人及相关人员在执行现场使用暴力或以暴力相威胁抗拒执行的；

（七）其他严重影响社会稳定或危害执行人员安全的。

第十五条 执行突发事件发生后，执行人员应当立即报告执行突发事件应急处理工作机构。应急处理工作机构负责人应当迅速启动应急处理机制，采取有效措施防止事态恶性发展。同时协调公安机关及时出警控制现场，并将有关情况报告党委、政府。

第十六条 执行突发事件造成人伤亡或财产损失的，执行应急处理人员应当及时协调公安、卫生、消防等部门组织力量进行抢救，全力减轻损害和减少损失。

第十七条 对继续采取执行措施可能导致现场失控、激发暴力事件、危及人身安全的，执行人员应当立即停止执行措施，及时撤离执行现场。

第十八条 异地执行发生执行突发事件的，执行人员应当在第一时间将有关情况通报发生地法院，发生地法院应当积极协助组织开展应急处理工作。发生地法院必须立即派员赶赴现场，同时报告当地党委和政府，协调公安等有关部门出警控制现场，采取有效措施进行控制，防止事态恶化。

第十九条 执行突发事件发生后，执行法院必须就该事件进行专项调查，形成书面报告材料，在5个工作日内逐级上报至高级人民法院。对特别重大执行突发事件，高级人民法院应当立即组织调查，并在3个工作日内书面报告最高人民法院。

第二十条 执行突发事件调查报告应包括以下内容：

（一）事件发生的时间、地点和经过；

（二）事件后果及人员伤亡、财产损失；

（三）与事件相关的案件；

（四）有关法院采取的预防和处理措施；

（五）事件原因分析及经验、教训总结；

（六）事件责任认定及处理；

（七）其他需要报告的事项。

第二十一条 执行突发事件系由执行人员过错引发，或执行应急处理不当加重事件后果，或事后瞒报、谎报、缓报的，必须按照有关纪律处分办法追究相关人员责任。

第二十二条 对当事人及相关人员在执行突发事件中违法犯罪行为，有关法院应当协调公安、检察和纪检监察等有关部门，依法依纪予以严肃查处。

第二十三条 本规定自2009年10月1日起施行。

最高人民法院
关于严禁在对外委托鉴定、评估、审计、拍卖等活动中收取中介机构佣金的通知

2009年10月28日　　　　法〔2009〕368号

各省、自治区、直辖市高级人民法院，新疆维吾尔自治区高级人民法院生产建设兵团分院：

今年10月23日，《中国青年报》及中青在线刊登报道《台州法院执行案件与拍卖行四六分成》，随后该报道被多家网站转载。该报道反映了个别法院曾经存在违规收取中介机构佣金的问题。为此，各级人民法院务必高度重视，切实加强对委托鉴定、评估、审计、拍卖等工作的管理。现将有关要求重申如下：

一、各级人民法院要严格对外委托的工作程序和制度，人民法院对外委托鉴定、评估、审计、拍卖等工作必须由法院司法技术辅助工作机构按有关规定统一办理。审判、执行等业务部门不得擅自进行对外委托工作，严禁法院任何部门以任何理由向中介机构收取佣金，并应当尽可能降低当事人的诉讼成本。

二、各级人民法院要对近年来受理的委托鉴定、评估、审计、拍卖案件有重点地进行清理和评查。对执行评估拍卖以及涉及的财务账目进行核查；对是否依法委托、是否收取中介机构佣金等问题进行全面检查，对执行或拍卖程序有瑕疵的，要依法及时纠正。

三、上级法院要切实加强对下级法院监督指导的力度，特别是要发挥纪检监察部门在对外委托鉴定、评估、审计、拍卖等工作中的监督职能，对发现的涉及违纪违法问题，要依照有关规定严肃查处。

请各高级人民法院将本通知立即转发至辖区内各级人民法院遵照执行。

中央纪律检查委员会　中央组织部　中央宣传部 中央社会治安综合治理委员会办公室　最高人民法院 最高人民检察院　国家发展改革委　公安部 监察部　民政部　司法部　国土资源部 住房和城乡建设部　中国人民银行 国家税务总局　国家工商行政管理总局 国务院法制办公室　中国银监会　中国证监会 关于印发《关于建立和完善执行联动机制若干问题的意见》的通知

2010 年 7 月 7 日　　　　　　　　　　法发〔2010〕15 号

各省、自治区、直辖市纪律检查委员会、党委组织部、党委宣传部、社会治安综合治理委员会办公室、高级人民法院、人民检察院、发展和改革委员会、公安厅（局）、监察厅（局）、民政厅（局）、司法厅（局）、国土资源厅（国土环境资源局、国土资源局、国土资源和房屋管理局、规划和国土资源局）、建设厅（委）及有关部门、国家税务局、地方税务局、工商行政管理局、人民政府法制办、银监局、证监局，计划单列市国家税务局、地方税务局、证监局，中国人民银行上海总部、各分行、营业管理部、各省会（首府）城市中心支行、大连、青岛、宁波、厦门、深圳中心支行，新疆生产建设兵团各相关单位：

现将《关于建立和完善执行联动机制若干问题的意见》予以印发，请认真贯彻执行。

附：

关于建立和完善执行联动机制若干问题的意见

为深入贯彻落实中央关于解决执行难问题的指示精神，形成党委领导、人大监督、政府支持、社会各界协作配合的执行工作新格局，建立健全解决执行难问题长效机制，确保生效法律文书得到有效执行，切实维护公民、法人和其他组织的合法权益，维护法律权威和尊严，推进社会诚信体系建设，依据有关法律、政策规定，现就建立和完善执行联动机制提出以下意见：

第一条 纪检监察机关对人民法院移送的在执行工作中发现的党员、行政监察对象妨碍人民法院执行工作和违反规定干预人民法院执行工作的违法违纪线索，应当及时组织核查；必要时，应当立案调查。对于党员、行政监察对象妨碍人民法院执行工作或者违反规定干预人民法院执行工作，以及拒不履行生效法律文书确定义务的，应当依法依纪追究党纪政纪责任。

第二条 组织人事部门应当通过群众信访举报、干部考察考核等多种途径，及时了解和掌握党员、公务员拒不履行生效法律文书以及非法干预、妨害执行等情况，对有上述问题的党员、公务员，通过诫勉谈话、函询等形式，督促其及时改正。对拒不履行生效法律文书、非法干预或妨碍执行的党员、公务员，按照《中国共产党纪律处分条例》和《行政机关公务员处分条例》等有关规定处理。

第三条 新闻宣传部门应当加强对人民法院执行工作的宣传，教育引导社会各界树立诚信意识，形成自觉履行生效法律文书确定的义务、依法协助人民法院执行的良好风尚；把握正确的舆论导向，增强市场主体的风险意识。配合人民法院建立被执行人公示制度，及时将人民法院委托公布的被执行人名单以及其他干扰、阻碍执行的行为予以曝光。

第四条 综合治理部门应当将当地党委、人大、政府、政协重视和支持人民法院执行工作情况、被执行人特别是特殊主体履行债务情况、有关部门依法协助执行的情况、执行救助基金的落实情况等，纳入社会治安综合治理目标责任考核范围。建立健全基层协助执行网络，充分发挥基层组织的作用，配合人民法院做好执行工作。

第五条 检察机关应当对拒不执行法院判决、裁定以及其他妨害执行构成犯罪的人员，及时依法从严进行追诉；依法查处执行工作中出现的渎职侵权、贪污受贿等职务犯罪案件。

第六条 公安机关应当依法严厉打击拒不执行法院判决、裁定和其他妨害执行的违法犯罪行为；对以暴力、威胁方法妨害或者抗拒执行的行为，在接到人民法院通报后立即出警，依法处置。协助人民法院查询被执行人户籍信息、下落，在履行职责过程中发现人民法院需要拘留、拘传的被执行人的，及时向人民法院通报情况；对人民法院在执行中决定拘留的人员，及时予以收押。协助限制被执行人出境；协助人民法院办理车辆查封、扣押和转移登记等手续；发现被执行人车辆等财产时，及时将有关信息通知负责执行的人民法院。

第七条 政府法制部门应当依法履行备案审查监督职责，加强备案审查工作，对报送备案的规章和有关政府机关发布的具有普遍约束力的行政决定、命令，发现有超越权限、违反上位法规定、违反法定程序、规定不适当等情形，不利于人民法院开展执行工作的，应当依照《法规规章备案条例》等规定予以处理。

第八条　民政部门应当对生活特别困难的申请执行人，按照有关规定及时做好救助工作。

第九条　发展和改革部门应当协助人民法院依法查询被执行人有关工程项目的立项情况及相关资料；对被执行人正在申请办理的投资项目审批、核准和备案手续，协调有关部门和地方，依法协助人民法院停止办理相关手续。

第十条　司法行政部门应当加强法制宣传教育，提高人民群众的法律意识，提高债务人主动履行生效法律文书的自觉性。对各级领导干部加强依法支持人民法院执行工作的观念教育，克服地方和部门保护主义思想。对监狱、劳教单位作为被执行人的案件，督促被执行人及时履行。指导律师、公证人员和基层法律服务工作者做好当事人工作，积极履行生效法律文书确定的义务。监狱、劳教所、强制隔离戒毒所对服刑、劳教人员和强制隔离戒毒人员作为被执行人的案件，积极协助人民法院依法执行。

第十一条　国土资源管理部门应当协助人民法院及时查询有关土地使用权、探矿权、采矿权及相关权属等登记情况，协助人民法院及时办理土地使用权、探矿权、采矿权等的查封、预查封和轮候查封登记，并将有关情况及时告知人民法院。被执行人正在办理土地使用权、采矿权、探矿权等权属变更登记手续的，根据人民法院协助执行通知书的要求，停止办理相关手续。债权人持生效法律文书申请办理土地使用权变更登记的，依法予以办理。

第十二条　住房和城乡建设管理部门应当协助人民法院及时查询有关房屋权属登记、变更、抵押等情况，协助人民法院及时办理房屋查封、预查封和轮候查封及转移登记手续，并将有关情况及时告知人民法院。被执行人正在办理房屋所有权转移登记等手续的，根据人民法院协助执行通知书的要求，停止办理相关手续。轮候查封的人民法院违法要求协助办理房屋登记手续的，依法不予办理。债权人持生效法律文书申请办理房屋转移登记手续的，依法予以办理。协助人民法院查询有关工程项目的规划审批情况，向人民法院提供必要的经批准的规划文件和规划图纸等资料。被执行人正在申请办理涉案项目规划审批手续的，根据人民法院协助执行通知书的要求，停止办理相关手续。将房地产、建筑企业不依法履行生效法律文书义务的情况，记入房地产和建筑市场信用档案，向社会披露有关信息。对拖欠房屋拆迁补偿安置资金的被执行人，依法采取制裁措施。

第十三条　人民银行应当协助人民法院查询人民币银行结算账户管理系统

中被执行人的账户信息；将人民法院提供的被执行人不履行法律文书确定义务的情况纳入企业和个人信用信息基础数据库。

第十四条 银行业监管部门应当监督银行业金融机构积极协助人民法院查询被执行人的开户、存款情况，依法及时办理存款的冻结、轮候冻结和扣划等事宜。对金融机构拒不履行生效法律文书、拒不协助人民法院执行的行为，依法追究有关人员的责任。制定金融机构对被执行人申请贷款进行必要限制的规定，要求金融机构发放贷款时应当查询企业和个人信用信息基础数据库，并将被执行人履行生效法律文书确定义务的情况作为审批贷款时的考量因素。对拒不履行生效法律文书义务的被执行人，涉及金融债权的，可以采取不开新户、不发放新贷款、不办理对外支付等制裁措施。

第十五条 证券监管部门应当监督证券登记结算机构、证券、期货经营机构依法协助人民法院查询、冻结、扣划证券和证券交易结算资金。督促作为被执行人的证券公司自觉履行生效裁判文书确定的义务；对证券登记结算机构、证券公司拒不履行生效法律文书确定义务、拒不协助人民法院执行的行为，督促有关部门依法追究有关负责人和直接责任人员的责任。

第十六条 税务机关应当依法协助人民法院调查被执行人的财产情况，提供被执行人的纳税情况等相关信息；根据人民法院协助执行通知书的要求，提供被执行人的退税账户、退税金额及退税时间等情况。被执行人不缴、少缴税款的，请求法院依照法定清偿顺序追缴税款，并按照税款预算级次上缴国库。

第十七条 工商行政管理部门应当协助人民法院查询有关企业的设立、变更、注销登记等情况；依照有关规定，协助人民法院办理被执行人持有的有限责任公司股权的冻结、转让登记手续。对申请注销登记的企业，严格执行清算制度，防止被执行人转移财产，逃避执行。逐步将不依法履行生效法律文书确定义务的被执行人录入企业信用分类监管系统。

第十八条 人民法院应当将执行案件的有关信息及时、全面、准确地录入执行案件信息管理系统，并与有关部门的信息系统实现链接，为执行联动机制的顺利运行提供基础数据信息。

第十九条 人民法院认为有必要对被执行人采取执行联动措施的，应当制作协助执行通知书或司法建议函等法律文书，并送达有关部门。

第二十条 有关部门收到协助执行通知书或司法建议函后，应当在法定职责范围内协助采取执行联动措施。有关协助执行部门不应对生效法律文书和协助执行通知书、司法建议函等进行实体审查。对人民法院请求采取的执行联动措施有异议的，可以向人民法院提出审查建议，但不应当拒绝采取相应措施。

第二十一条 被执行人依法履行了生效法律文书确定的义务或者申请执行人同意解除执行联动措施的，人民法院经审查，认为符合有关规定的，应当解除相应措施。被执行人提供担保请求解除执行联动措施的，由人民法院审查决定。

第二十二条 为保障执行联动机制的建立和有效运行，成立执行联动机制工作领导小组，成员单位有中央纪律检查委员会、中央组织部、中央宣传部、中央政法委员会、中央社会治安综合治理委员会办公室、最高人民法院、最高人民检察院、国家发展和改革委员会、公安部、监察部、民政部、司法部、国土资源部、住房和城乡建设部、中国人民银行、国家税务总局、国家工商行政管理总局、国务院法制办公室、中国银监会、中国证监会等有关部门。领导小组下设办公室，具体负责执行联动机制建立和运行中的组织、协调、督促、指导等工作。

各成员单位确定一名联络员，负责执行联动机制运行中的联络工作。

各地应成立相应的执行联动机制工作领导小组及办公室。

第二十三条 执行联动机制工作领导小组由各级政法委员会牵头，定期、不定期召开会议，通报情况，研究解决执行联动机制运行中出现的问题，确保执行联动机制顺利运行。

第二十四条 有关单位不依照本意见履行职责的，人民法院可以向监察机关或其他有关机关提出相应的司法建议，或者报请执行联动机制领导小组协调解决，或者依照《中华人民共和国民事诉讼法》第一百零三条①的规定处理。

第二十五条 为确保本意见贯彻执行，必要时，人民法院可以会同有关部门制定具体的实施细则。

---

① 本意见第二十四条引用的《民事诉讼法》第一百零三条已于2012年8月31日被第二次修正的《民事诉讼法》改为第一百一十四条，修改为："有义务协助调查、执行的单位有下列行为之一的，人民法院除责令其履行协助义务外，并可以予以罚款：（一）有关单位拒绝或者妨碍人民法院调查取证的；（二）有关单位接到人民法院协助执行通知书后，拒不协助查询、扣押、冻结、划拨、变价财产的；（三）有关单位接到人民法院协助执行通知书后，拒不协助扣留被执行人的收入、办理有关财产权证照转移手续、转交有关票证、证照或者其他财产的；（四）其他拒绝协助执行的。人民法院对有前款规定的行为之一的单位，可以对其主要负责人或者直接责任人员予以罚款；对仍不履行协助义务的，可以予以拘留；并可以向监察机关或者有关机关提出予以纪律处分的司法建议。"——编者注

最高人民法院　中国人民银行
关于人民法院查询和人民银行协助查询被执行人人民币银行结算账户开户银行名称的联合通知

2010年7月14日　　法发〔2010〕27号

各省、自治区、直辖市高级人民法院，解放军军事法院，新疆维吾尔自治区高级人民法院生产建设兵团分院，中国人民银行上海总部，各分行、营业管理部、省会（首府）城市中心支行，深圳市中心支行：

为维护债权人合法权益和国家司法权威，根据《中华人民共和国民事诉讼法》《中华人民共和国中国人民银行法》等法律，现就人民法院通过人民币银行结算账户管理系统查询被执行人银行结算账户开户银行名称的有关事项通知如下：

一、人民法院查询对象限于生效法律文书所确定的被执行人，包括法人、其他组织及自然人。

二、人民法院需要查询被执行人银行结算账户开户银行名称的，人民银行上海总部，被执行人注册地（身份证发证机关所在地）所在省（自治区、直辖市）人民银行各分行、营业管理部、省会（首府）城市中心支行及深圳市中心支行应当予以查询。

三、人民法院查询被执行人银行结算账户开户银行名称的，由被执行人注册地（身份证发证机关所在地）所在省（自治区、直辖市）高级人民法院（另含深圳市中级人民法院）统一集中批量办理。

四、高级人民法院（另含深圳市中级人民法院）审核汇总有关查询申请后，应当就协助查询被执行人名称（姓名、身份证号码）、注册地（身份证发证机关所在地）、执行法院、执行案号等事项填写《协助查询书》（见附件1），加盖高级人民法院（另含深圳市中级人民法院）公章后于每周一上午（节假日顺延）安排专人向所在地人民银行上述机构送交《协助查询书》（并附协助查询书的电子版光盘）。

五、人民银行上述机构接到高级人民法院（另含深圳市中级人民法院）送达的《协助查询书》后，应当核查《协助查询书》的要素是否完备。经核查无误的，在5个工作日内通过人民币银行结算账户管理系统查询被执行人的银行结算账户开户行名称，根据查询结果如实填写《协助查询答复书》（见附件2），并加盖人民银行公章或协助查询专用章。经核查《协助查询书》要素不完备的，人民银行上述机构不予查询，并及时通知相关人民法院。

六、被执行人的人民币银行结算账户开户银行名称由银行业金融机构向人民银行报备，人民银行只对银行业金融机构报备的被执行人的人民币银行结算账户开户银行名称进行汇总，不负责审查其真实性和准确性。

七、人民法院应当依法使用人民银行上述机构提供的被执行人银行结算账户开户银行名称信息，为当事人保守秘密。

人民银行上述机构及其工作人员在协助查询过程中应当保守查询秘密，不得向被查询当事人及其关联人泄露与查询有关的信息。

八、人民银行上述机构因按本通知协助人民法院查询被执行人银行结算账户开户银行名称而被起诉的，人民法院应不予受理。

九、人民法院对人民银行上述机构及工作人员执行本通知规定，或依法执行公务的行为，不应采取强制措施。如发生争议，高级人民法院（另含深圳市中级人民法院）与人民银行上述机构应当协商解决；协商不成的，应及时报请最高人民法院和中国人民银行处理。

十、本通知自下发之日起正式施行，原下发的《最高人民法院　中国人民银行关于在全国清理执行积案期间人民法院查询法人被执行人人民币银行结算账户开户银行名称的通知》（法发〔2009〕5号）同时废止。

附件：1. 协助查询书

2. 协助查询答复书

附件1：

××××高级人民法院（或深圳市中级人民法院）协助查询书

（××××）执查银字第××号

中国人民银行________________：

根据有关案件执行法院的查询申请，现向你单位查询____个被执行人（其中法人和其他组织____个，自然人____个）的人民币银行结算账户开户银行名称（查询清单附后），请予协助查询为盼。

（高级人民法院或深圳市中级人民法院章）

××××年××月××日

单位被执行人查询清单：

序号	单位名称	注册地名称（具体到区县级）	执行法院名称	执行案号

自然人被执行人查询清单：

序号	姓名	身份证号码	发证机关所在名称（具体到区县级）	执行法院名称	执行案号

经办人签章：

××××年××月××日

附件 2：

协助查询答复书

编号：　年第　号

××××高级人民法院（或深圳市中级人民法院）：

根据贵院《协助查询书》（文号：　　　）的要求，我行通过人民币银行结算账户管理系统对被执行人的银行结算账户开户银行名称进行了查询，现将截至　年　月　日的查询结果提供给贵单位。查询结果详见《协助查询被执行人银行结算账户开户银行名称清单》。

该查询结果仅供参考，请有关法院依法使用。

（人民银行公章或协助查询专用章）

年　月　日

查 询 结 果

单位被执行人

序号	单位名称	注册地名称	执行法院名称	执行案号	查询结果

自然人被执行人

序号	姓名	身份证号码	执行法院名称	执行案号	查询结果

经办人签章：

××××年××月××日

填表说明：

1. 如在人民币银行结算账户管理系统中查询到被执行人银行结算账户开户银行名称的，“查询结果”栏填写“有”；如未查询到被执行人银行结算账户开户银行名称的，“查询结果”栏填写“无”；如因协助查询要素不全而导致无法查询的，“查询结果”栏填写具体原因。

2. 本答复书一式两联，一联送高级人民法院留存，一联由中国人民银行上海总部，各分行、营业管理部、省会（首府）城市中心及深圳市中心支行留存。

最高人民法院
印发《关于依法制裁规避执行行为的若干意见》的通知

2011年5月27日　　　　法〔2011〕195号

各省、自治区、直辖市高级人民法院，解放军军事法院，新疆维吾尔自治区高级人民法院生产建设兵团分院：

现将《关于依法制裁规避执行行为的若干意见》印发给你们，请认真贯彻执行。

附：

关于依法制裁规避执行行为的若干意见

为了最大限度地实现生效法律文书确认的债权，提高执行效率，强化执行效果，维护司法权威，现就依法制裁规避执行行为提出以下意见：

一、强化财产报告和财产调查，多渠道查明被执行人财产

1. 严格落实财产报告制度。对于被执行人未按执行通知履行法律文书确定义务的，执行法院应当要求被执行人限期如实报告财产，并告知拒绝报告或者虚假报告的法律后果。对于被执行人暂时无财产可供执行的，可以要求被执行人定期报告。

2. 强化申请执行人提供财产线索的责任。各地法院可以根据案件的实际情况，要求申请执行人提供被执行人的财产状况或者财产线索，并告知不能提供的风险。各地法院也可根据本地的实际情况，探索尝试以调查令、委托调查函等方式赋予代理律师法律规定范围内的财产调查权。

3. 加强人民法院依职权调查财产的力度。各地法院要充分发挥执行联动机制的作用，完善与金融、房地产管理、国土资源、车辆管理、工商管理等各有关单位的财产查控网络，细化协助配合措施，进一步拓宽财产调查渠道，简化财产调查手续，提高财产调查效率。

4. 适当运用审计方法调查被执行人财产。被执行人未履行法律文书确定的义务，且有转移隐匿处分财产、投资开设分支机构、入股其他企业或者抽逃注册资金等情形的，执行法院可以根据申请执行人的申请委托中介机构对被执行人进行审计。审计费用由申请执行人垫付，被执行人确有转移隐匿处分财产等情形的，实际执行到位后由被执行人承担。

5. 建立财产举报机制。执行法院可以依据申请执行人的悬赏执行申请，向社会发布举报被执行人财产线索的悬赏公告。举报人提供的财产线索经查证属实并实际执行到位的，可按申请执行人承诺的标准或者比例奖励举报人。奖励资金由申请执行人承担。

二、强化财产保全措施，加大对保全财产和担保财产的执行力度

6. 加大对当事人的风险提示。各地法院在立案和审判阶段，要通过法律释明向当事人提示诉讼和执行风险，强化当事人的风险防范意识，引导债权人及时申请财产保全，有效防止债务人在执行程序开始前转移财产。

7. 加大财产保全力度。各地法院要加强立案、审判和执行环节在财产保全方面的协调配合，加大依法进行财产保全的力度，强化审判与执行在财产保全方面的衔接，降低债务人或者被执行人隐匿、转移财产的风险。

8. 对保全财产和担保财产及时采取执行措施。进入执行程序后，各地法院要加大对保全财产和担保财产的执行力度，对当事人、担保人或者第三人提出的异议要及时进行审查，审查期间应当依法对相应财产采取控制性措施，驳回异议后应当加大对相应财产的执行力度。

三、依法防止恶意诉讼，保障民事审判和执行活动有序进行

9. 严格执行关于案外人异议之诉的管辖规定。在执行阶段，案外人对人民法院已经查封、扣押、冻结的财产提起异议之诉的，应当依照《中华人民共和国民事诉讼法》第二百零四条①和《最高人民法院关于适用〈民事诉讼法〉执行程序若干问题的解释》第十八条的规定，由执行法院受理。

案外人违反上述管辖规定，向执行法院之外的其他法院起诉，其他法院已经受理尚未作出裁判的，应当中止审理或者撤销案件，并告知案外人向作出查封、扣押、冻结裁定的执行法院起诉。

10. 加强对破产案件的监督。执行法院发现被执行人有虚假破产情形的，应当及时向受理破产案件的人民法院提出。申请执行人认为被执行人利用破产

---

① 本意见第 9 条引用的《民事诉讼法》第二百零四条已于 2012 年 8 月 31 日被第二次修正的《民事诉讼法》改为第二百二十七条。——编者注

逃债的，可以向受理破产案件的人民法院或者其上级人民法院提出异议，受理异议的法院应当依法进行监督。

11. 对于当事人恶意诉讼取得的生效裁判应当依法再审。案外人违反上述管辖规定，向执行法院之外的其他法院起诉，并取得生效裁判文书将已被执行法院查封、扣押、冻结的财产确权或者分割给案外人，或者第三人与被执行人虚构事实取得人民法院生效裁判文书申请参与分配，执行法院认为该生效裁判文书系恶意串通规避执行损害执行债权人利益的，可以向作出该裁判文书的人民法院或者其上级人民法院提出书面建议，有关法院应当依照《中华人民共和国民事诉讼法》和有关司法解释的规定决定再审。

四、完善对被执行人享有债权的保全和执行措施，运用代位权、撤销权诉讼制裁规避执行行为

12. 依法执行已经生效法律文书确认的被执行人的债权。对于被执行人已经生效法律文书确认的债权，执行法院可以书面通知被执行人在限期内向有管辖权的人民法院申请执行该生效法律文书。限期届满被执行人仍怠于申请执行的，执行法院可以依法强制执行该到期债权。

被执行人已经申请执行的，执行法院可以请求执行该债权的人民法院协助扣留相应的执行款物。

13. 依法保全被执行人的未到期债权。对被执行人的未到期债权，执行法院可以依法冻结，待债权到期后参照到期债权予以执行。第三人仅以该债务未到期为由提出异议的，不影响对该债权的保全。

14. 引导申请执行人依法诉讼。被执行人怠于行使债权对申请执行人造成损害的，执行法院可以告知申请执行人依照《中华人民共和国合同法》第七十三条的规定，向有管辖权的人民法院提起代位权诉讼。

被执行人放弃债权、无偿转让财产或者以明显不合理的低价转让财产，对申请执行人造成损害的，执行法院可以告知申请执行人依照《中华人民共和国合同法》第七十四条的规定向有管辖权的人民法院提起撤销权诉讼。

五、充分运用民事和刑事制裁手段，依法加强对规避执行行为的刑事处罚力度

15. 对规避执行行为加大民事强制措施的适用。被执行人既不履行义务又拒绝报告财产或者进行虚假报告、拒绝交出或者提供虚假财务会计凭证、协助执行义务人拒不协助执行或者妨碍执行、到期债务第三人提出异议后又擅自向被执行人清偿等，给申请执行人造成损失的，应当依法对相关责任人予以罚款、拘留。

16. 对构成犯罪的规避执行行为加大刑事制裁力度。被执行人隐匿财产、虚构债务或者以其他方法隐藏、转移、处分可供执行的财产，拒不交出或者隐匿、销毁、制作虚假财务会计凭证或资产负债表等相关资料，以虚假诉讼或者仲裁手段转移财产、虚构优先债权或者申请参与分配，中介机构提供虚假证明文件或者提供的文件有重大失实，被执行人、担保人、协助义务人有能力执行而拒不执行或者拒不协助执行等，损害申请执行人或其他债权人利益，依照刑法的规定构成犯罪的，应当依法追究行为人的刑事责任。

17. 加强与公安、检察机关的沟通协调。各地法院应当加强与公安、检察机关的协调配合，建立快捷、便利、高效的协作机制，细化拒不执行判决裁定罪和妨害公务罪的适用条件。

18. 充分调查取证。各地法院在执行案件过程中，在行为人存在拒不执行判决裁定或者妨害公务行为的情况下，应当注意收集证据。认为构成犯罪的，应当及时将案件及相关证据材料移送犯罪行为发生地的公安机关立案查处。

19. 抓紧依法审理。对检察机关提起公诉的拒不执行判决裁定或者妨害公务案件，人民法院应当抓紧审理，依法审判，快速结案，加大判后宣传力度，充分发挥刑罚手段的威慑力。

六、依法采取多种措施，有效防范规避执行行为

20. 依法变更追加被执行主体或者告知申请执行人另行起诉。有充分证据证明被执行人通过离婚析产、不依法清算、改制重组、关联交易、财产混同等方式恶意转移财产规避执行的，执行法院可以通过依法变更追加被执行人或者告知申请执行人通过诉讼程序追回被转移的财产。

21. 建立健全征信体系。各地法院应当逐步建立健全与相关部门资源共享的信用平台，有条件的地方可以建立个人和企业信用信息数据库，将被执行人不履行债务的相关信息录入信用平台或者信息数据库，充分运用其形成的威慑力制裁规避执行行为。

22. 加大宣传力度。各地法院应当充分运用新闻媒体曝光、公开执行等手段，将被执行人因规避执行被制裁或者处罚的典型案例在新闻媒体上予以公布，以维护法律权威，提升公众自觉履行义务的法律意识。

23. 充分运用限制高消费手段。各地法院应当充分运用限制高消费手段，逐步构建与有关单位的协作平台，明确有关单位的监督责任，细化协作方式，完善协助程序。

24. 加强与公安机关的协作查找被执行人。对于因逃避执行而长期下落不明或者变更经营场所的被执行人，各地法院应当积极与公安机关协调，加大查找被执行人的力度。

【链　　接】

遏制和扭转规避执行行为造成的恶劣影响 最大限度地实现生效法律文书确认的债权

——最高人民法院执行局负责人就《关于依法制裁规避执行行为的若干意见》答记者问

最高人民法院日前出台了《关于依法制裁规避执行行为的若干意见》（以下简称《意见》）。为帮助广大办案人员和社会公众正确理解《意见》的精神和内容，最高人民法院执行局负责人就相关问题接受了记者的采访。

一、问：最高人民法院为什么要出台《意见》？

答：规避执行是目前人民法院执行工作遇到的难题之一。被执行人运用各种手段规避执行的情况日益严重，在某些地方已成为一种普遍现象，甚至有愈演愈烈之势。规避执行行为的存在，导致执行程序无法有序进行，执行工作难以正常开展，申请执行人的债权被延缓、缩水或根本无法实现。为了对规避执行行为采取有效的反制措施，遏制和扭转规避执行行为造成的恶劣影响和严重后果，最大限度地实现胜诉债权，维护法律尊严和司法权威，维护社会主义市场经济秩序，促进和完善社会信用体系建设，最高人民法院已于2011年在全国法院系统开展反规避专项活动，力争使本次活动成为今年人民法院整体工作的一个亮点。作为反规避专项活动的主要规范性文件，最高人民法院出台了《意见》，希望能够指导全国法院有效制裁规避执行行为，并营造全社会支持人民法院治理规避执行行为的良好氛围。

二、问：《意见》对反规避专项活动有何指导意义？

答：开展反规避专项活动，旨在通过制定规范性文件、落实相关司法解释、建立相关配套措施，以被执行人财产申报制度和财产调查制度的完善为着力点，以追查被执行人财产为手段，以严厉打击拒执罪犯罪活动为国家强制力后盾，力求最大限度地保护申请执行人的合法权益，改善执行环境，建立长效机制，增加规避执行行为的违法成本，在全社会形成自觉履行生效法律文书的良好氛围，推动执行工作长远健康发展。

《意见》作为反规避专项活动的主要规范性文件，从如何依法制裁规避执行行为的角度，对现行民事诉讼法及相关实体法和司法解释的规定进行梳理，结合实务中已经取得成功经验的做法，对下级法院反映强烈的突出问题对症提出解决方案，同时注重执行与审判的关系，力求协调二者在反规避执行中的不同作用，在人民法院内部形成反规避执行的合力。在人民法院与其他相关部门的外部关系上，注重发挥联动机制的作用，强调与相关部门的协作配合，引导各地法院逐步建立或完善相关机制，将被执行人规避执行的可能降到最低。《意见》的及时出台和发布，对于指导全国各级法院依法制裁规避执行行为具有重要的指导意义。

三、问：人民法院如何查找被执行人的财产以及加大对被执行人财产的保全和执行措施？

答：被执行人难找和执行财产难寻是困扰人民法院执行工作的两个难点，被执行人往往利用这两方面设置障碍、规避执行。关于如何查找被执行人的财产，《意见》强化多渠道查明被执行人财产，即将被执行人报告、申请执行人提供线索和人民法院依职权调查三种方式相结合。同时，增加了执行实践中已取得成功经验的审计执行和悬赏举报作为补充。被执行人的财产报告义务是民事诉讼法第二百一十七条规定的内容，《意见》强调了执行法院要严格落实财产报告制度，同时明确了无财产可供执行的被执行人应定期报告的原则，避免被执行人以无财产可供执行为由不进行财产报告。申请执行人提供财产线索也是查找被执行人财产的渠道之一，对于迅速准确地查控被执行人财产、缓解人民法院案多人少的压力都有积极的作用，《意见》吸收了实践中取得成功经验的做法，各地法院可以探索尝试以财产调查令或委托调查函等赋予代理律师法律规定范围内的财产调查权。关于人民法院依职权进行财产调查问题，《意见》明确要求各地法院要充分发挥联动机制的作用，与各有关单位进一步完善查控网络，拓宽调查渠道，简化调查手续，提高调查效率。

关于审计执行和悬赏举报，是作为上述三种调查手段的补充，这两种方式对于制裁被执行人以转移隐匿财产等方式规避执行效果很好。对于这两种调查方法的启动，《意见》明确了根据申请执行人的申请启动的原则，但审计费用和举报奖励资金的承担原则不同。审计费用由申请执行人垫付、实际执行到位后由被执行人承担，是因为发生审计的前提是被执行人既不履行义务又有转移隐匿处分财产的情形，造成被执行人名下无可供执行财产的假象，被执行人有明显过错；而悬赏举报奖励资金因其性质不同则规定由申请执行人承担。

被执行人规避执行往往是将可供执行财产转移或隐匿，造成无财产可供执行的假象，所以在纠纷发生后必须强调对债务人可供执行财产的保全，防止其在执行程序开始前转移财产。主要有三个方面的内容，即加大对当事人的风险提示、加大财产保全力度和强化对担保财产的执行措施，目的是强调人民法院在立案、审判和执行的各个环节都要强化当事人的风险防范意识，加大财产保全力度，注重协调配合，做好手续衔接，降低债务人或者被执行人转移隐匿财产的风险。进入执行程序后，执行法院要依法加大对保全财产和担保财产的执行力度。

被执行人享有的债权也属于其责任财产范围，可以依法执行或保全。《意见》规定了三种情况：一是对生效法律文书确认债权的执行，即执行法院可以书面通知被执行人在限期内向有管辖权的人民法院申请执行该生效法律文书，若限期届满被执行人仍怠于申请执行，则执行法院可以强制执行该到期债权。二是可以依法保全未到期债权，但必须待该债权到期后才能参照到期债权予以执行。三是必须进行诉讼的情形，即根据合同法第七十三、七十四条的规定，应当提起代位权诉讼、撤销权诉讼的，执行法院可以告知申请执行人依法起诉。

四、问：人民法院如何防范以恶意诉讼手段规避执行的行为？

答： 恶意诉讼是目前执行实践中存在的规避执行行为之一，虽然所占比例不大，但性质恶劣、后果严重、影响极坏，其损害的不仅是申请执行人的合法权益，更是审判和执行的公正和有序，如果不对恶意诉讼问题依法进行制裁，将对司法权威造成极大的危害。《意见》从三个方面进行了规定：

一是强调要严格执行案外人异议之诉的管辖问题。民事诉讼法修改后，赋予案外人就执行标的主张实体权利时可提起异议之诉的权利，最高人民法院《关于适用民事诉讼法执行程序若干问题的解释》第十八条明确规定，案外人异议之诉由执行法院管辖。但是，在执行实践中，屡屡出现被执行人与案外人恶意串通，在执行法院之外的其他法院就执行标的提起确权诉讼，且多是通过调解结案，达到通过生效裁判文书将执行标的确权给案外人、损害申请执行人利益的目的。《意见》从人民法院查封标的物入手，重申了法律和司法解释的规定，同时明确了其他法院已经受理尚未作出裁判的，应当中止审理或撤销案件，并告知案外人向执行法院起诉。一方面力争在案外人权益和申请执行人权益的保护之间达到平衡，另一方面也能引导债权人积极申请财产保全，有效防止恶意诉讼规避执行的行为。

二是加强对破产案件的监督。由于目前我国尚未建立强制破产制度，故《意见》从现行法律规定出发，对于被执行人通过虚假破产逃避执行的，执行法院或申请执行人均可以向受理破产案件的人民法院提出，申请执行人还可以向其上级法院提出申诉，有关法院应当依法进行监督。

三是明确对恶意诉讼取得的生效裁判应当再审。通过恶意诉讼规避执行的情形一般有两种，一是被执行人与案外人恶意串通，将执行标的确权或分割给案外人；二是被执行人与第三人恶意串通、虚构事实，取得生效裁判文书后由第三人申请参与分配，导致申请执行人的合法债权被稀释、缩水或者根本无法执行。对此，《意见》明确规定，执行法院可以向作出该裁判文书的人民法院或其上级法院提出书面建议，有关法院应当依法决定再审。

五、问：如何加强对规避执行行为的处罚力度？

答：规避执行现象的存在是多方面原因造成的，法律责任追究的力度不够也是原因之一。现行法律和有关立法、司法解释既规定了民事制裁措施，又规定了刑事处罚措施。如民事诉讼法第二百一十七条，规定了对拒绝报告或虚假报告的被执行人或其法定代理人、有关单位的主要负责人或直接责任人可以罚款、拘留；《全国人大常委会关于刑法第三百一十三条的解释》《最高人民法院关于审理拒不执行判决、裁定案件具体应用法律若干问题的解释》等规定，对于被执行人、担保人、协助执行人或者其他人存在隐藏转移变卖毁损可供执行财产、拒不协助执行或者抗拒执行等情形的，可以依法追究刑事责任。但是，执行实践中，有的法院认为民事处罚手段的力度不够、效果不好而不愿适用；同时，某些规避执行的手段较为隐蔽，证据难以收集，且追究程序复杂，导致刑事处罚措施的适用难度较大，没有发挥其应有的威慑作用。对此，《意见》首先强调要加大民事强制措施的适用，其次明确了对构成犯罪的规避执行行为要加大刑事制裁力度，最后强调了人民法院与公安、检察机关的沟通和协调，要探索建立快捷、便利、高效的协作配合机制，细化拒执罪和妨害公务罪的适用条件。同时，人民法院还要注意加强证据的收集，为公安和检察机关查处做好前期的证据收集工作。对于检察机关提起公诉的拒不执行和妨害公务案件，人民法院要抓紧审理，快速结案，加大判后宣传力度，充分发挥刑罚手段对规避执行行为的制裁力度。

六、问：制裁规避行为为何要强调人民法院与各协作单位的协调配合？

答：规避执行现象的存在是多因一果，要杜绝规避执行行为、削弱其不利影响，光靠人民法院一家是不行的，必须多措并举、综合治理。一方面要在人民法院内部，充分运用各种方法防范和制裁规避执行行为，另一方面在外部要依靠执行联动机制和执行威慑机制的建立，加强与各协作单位的沟通配合，努力营造全社会支持人民法院执行工作、有效预防和抵制规避执行现象的良好氛围。

各地法院要更加注重征信体系的建立，充分利用威慑机制防范规避执行行为的发生。

最高人民法院已经出台了关于限制被执行人高消费的司法解释，但有的地方在实践中未能很好地运用，效果不明显。各地法院要积极研究和探索，加强与有关单位的协调配合，充分运用限制高消费手段制裁规避执行行为。

解决规避执行问题是长期而艰巨的任务，不能一蹴而就。《意见》的内容还不够完善，但其是开放性的，鼓励各地法院在实践中不断探索和创新。

最高人民法院
印发《关于执行权合理配置和科学运行的若干意见》的通知

2011年10月19日　　　　法发〔2011〕15号

各省、自治区、直辖市高级人民法院，解放军军事法院，新疆维吾尔自治区高级人民法院生产建设兵团分院：

现将《最高人民法院关于执行权合理配置和科学运行的若干意见》印发给你们，请结合工作实际，认真贯彻执行。

附：

关于执行权合理配置和科学运行的若干意见

为了促进执行权的公正、高效、规范、廉洁运行，实现立案、审判、执行等机构之间的协调配合，完善执行工作的统一管理，根据《中华人民共和国民事诉讼法》和有关司法解释的规定，提出以下意见。

一、关于执行权分权和高效运行机制

1. 执行权是人民法院依法采取各类执行措施以及对执行异议、复议、申诉等事项进行审查的权力，包括执行实施权和执行审查权。

2. 地方人民法院执行局应当按照分权运行机制设立和其他业务庭平行的执行实施和执行审查部门，分别行使执行实施权和执行审查权。

3. 执行实施权的范围主要是财产调查、控制、处分、交付和分配以及罚款、拘留措施等实施事项。执行实施权由执行员或者法官行使。

4. 执行审查权的范围主要是审查和处理执行异议、复议、申诉以及决定执行管辖权的移转等审查事项。执行审查权由法官行使。

5. 执行实施事项的处理应当采取审批制，执行审查事项的处理应当采取合议制。

6. 人民法院可以将执行实施程序分为财产查控、财产处置、款物发放等不同阶段并明确时限要求，由不同的执行人员集中办理，互相监督，分权制衡，提高执行工作质量和效率。执行局的综合管理部门应当对分段执行实行节点控制和流程管理。

7. 执行中因情况紧急必须及时采取执行措施的，执行人员经执行指挥中心指令，可依法采取查封、扣押、冻结等财产保全和其他控制性措施，事后两个工作日内应当及时补办审批手续。

8. 人民法院在执行局内建立执行信访审查处理机制，以有效解决消极执行和不规范执行问题。执行申诉审查部门可以参与涉执行信访案件的接访工作，并应当采取排名通报、挂牌督办等措施促进涉执行信访案件的及时处理。

9. 继续推进全国法院执行案件信息管理系统建设，积极参与社会信用体系建设。执行信息部门应当发挥职能优势，采取多种措施扩大查询范围，实现执行案件所有信息在法院系统内的共享，推进执行案件信息与其他部门信用信息的共享，并通过信用惩戒手段促使债务人自动履行义务。

二、关于执行局与立案、审判等机构之间的分工协作

10. 执行权由人民法院的执行局行使；人民法庭可根据执行局授权执行自审案件，但应接受执行局的管理和业务指导。

11. 办理执行实施、执行异议、执行复议、执行监督、执行协调、执行请示等执行案件和案外人执行异议之诉、申请执行人执行异议之诉、执行分配方案异议之诉、代位析产之诉等涉执行的诉讼案件，由立案机构进行立案审查，并纳入审判和执行案件统一管理体系。

人民法庭经授权执行自审案件，可由其自行办理立案登记手续，并纳入执行案件的统一管理。

12. 案外人执行异议之诉、申请执行人执行异议之诉、执行分配方案异议之诉、代位析产之诉等涉执行的诉讼，由人民法院的审判机构按照民事诉讼程序审理。逐步促进涉执行诉讼审判的专业化，具备条件的人民法院可以设立专门审判机构，对涉执行的诉讼案件集中审理。

案外人、当事人认为据以执行的判决、裁定错误的，由作出生效判决、裁定的原审人民法院或其上级人民法院按照审判监督程序审理。

13. 行政非诉案件、行政诉讼案件的执行申请，由立案机构登记后转行政

审判机构进行合法性审查；裁定准予强制执行的，再由立案机构办理执行立案登记后移交执行局执行。

14. 强制清算的实施由执行局负责，强制清算中的实体争议由民事审判机构负责审理。

15. 诉前、申请执行前的财产保全申请由立案机构进行审查并作出裁定；裁定保全的，移交执行局执行。

16. 诉中财产保全、先予执行的申请由相关审判机构审查并作出裁定；裁定财产保全或者先予执行的，移交执行局执行。

17. 当事人、案外人对财产保全、先予执行的裁定不服申请复议的，由作出裁定的立案机构或者审判机构按照民事诉讼法第九十九条①的规定进行审查。

当事人、案外人、利害关系人对财产保全、先予执行的实施行为提出异议的，由执行局根据异议事项的性质按照民事诉讼法第二百零二条②或者第二百零四条③的规定进行审查。

当事人、案外人的异议既指向财产保全、先予执行的裁定，又指向实施行为的，一并由作出裁定的立案机构或者审判机构分别按照民事诉讼法第九十九条和第二百零二条或者第二百零四条的规定审查。

18. 具有执行内容的财产刑和非刑罚制裁措施的执行由执行局负责。

19. 境外法院、仲裁机构作出的生效法律文书的执行申请，由审判机构负责审查；依法裁定准予执行或者发出执行令的，移交执行局执行。

20. 不同法院因执行程序，执行与破产、强制清算、审判等程序之间对执行标的产生争议，经自行协调无法达成一致意见的，由争议法院的共同上级法院执行局中的协调指导部门处理。

21. 执行过程中依法需要变更、追加执行主体的，由执行局按照法定程序办理；应当通过另诉或者提起再审追加、变更的，由审判机构按照法定程序办理。

22. 委托评估、拍卖、变卖由司法辅助部门负责，对评估、拍卖、变卖所提异议由执行局审查。

23. 被执行人对国内仲裁裁决提出不予执行抗辩的，由执行局审查。

---

① 本意见第 17 条引用的《民事诉讼法》第九十九条已于 2012 年 8 月 31 日被第二次修正的《民事诉讼法》改为第一百零八条，修改为：“当事人对保全或者先予执行的裁定不服的，可以申请复议一次。复议期间不停止裁定的执行。”——编者注

② 本意见第 17 条引用的《民事诉讼法》第二百零二条已于 2012 年 8 月 31 日被第二次修正的《民事诉讼法》改为第二百二十五条。——编者注

③ 本意见第 17 条引用的《民事诉讼法》第二百零四条已于 2012 年 8 月 31 日被第二次修正的《民事诉讼法》改为第二百二十七条。——编者注

24. 立案、审判机构在办理民商事和附带民事诉讼案件时，应当根据案件实际，就追加诉讼当事人、申请诉前、诉中和申请执行前的财产保全等内容向当事人作必要的释明和告知。

25. 立案、审判机构在办理民商事和附带民事诉讼案件时，除依法缺席判决等无法准确查明当事人身份和地址的情形外，应当在有关法律文书中载明当事人的身份证号码，在卷宗中载明送达地址。

26. 审判机构在审理确权诉讼时，应当查询所要确权的财产权属状况，发现已经被执行局查封、扣押、冻结的，应当中止审理；当事人诉请确权的财产被执行局处置的，应当撤销确权案件；在执行局查封、扣押、冻结后确权的，应当撤销确权判决或者调解书。

27. 对符合法定移送执行条件的法律文书，审判机构应当在法律文书生效后及时移送执行局执行。

三、关于执行工作的统一管理

28. 中级以上人民法院对辖区人民法院的执行工作实行统一管理。下级人民法院拒不服从上级人民法院统一管理的，依照有关规定追究下级人民法院有关责任人的责任。

29. 上级人民法院可以根据本辖区的执行工作情况，组织集中执行和专项执行活动。

30. 对下级人民法院违法、错误的执行裁定、执行行为，上级人民法院有权指令下级人民法院自行纠正或者通过裁定、决定予以纠正。

31. 上级人民法院在组织集中执行、专项执行或其他重大执行活动中，可以统一指挥和调度下级人民法院的执行人员、司法警察和执行装备。

32. 上级人民法院根据执行工作需要，可以商政府有关部门编制辖区内人民法院的执行装备标准和业务经费计划。

33. 上级人民法院有权对下级人民法院的执行工作进行考核，考核结果向下级人民法院通报。

【解　　读】

解读《关于执行权合理配置和科学运行的若干意见》

如何有效解决人民群众广泛关注的“执行难”问题，防止消极执行和执行权的滥用，一直是各级人民法院不断努力解决的课题。尤其是在外部执行环境难以根本改观的情况下，通过建立一套科学的执行权运行机制，实现人民法院内部资源的整合，最终实现执行权的规范高效、公正廉洁运行，更是司法体制改革的着力点。

多年来，不少地方人民法院对执行权的配置问题进行了有益的探索，取得了良好的效果，但也存在各行其是、步调不一、缺乏统一规范等问题，迫切需要从全国范围内进行统一和明确。基于此点，按照人民法院“三五”改革纲要第一部分优化人民法院职权配置的计划安排，2009 年 7 月最高人民法院发布了《关于进一步加强和规范执行工作的若干意见》（法发〔2009〕43 号，以下简称 43 号文件），对执行权的配置问题提出了总体要求。在充分调研并吸收各地改革经验的基础上，最高人民法院又对执行权配置问题进行了细化，形成《关于执行权合理配置和科学运行的若干意见》（以下简称《意见》）。

《意见》主要从执行机构的内部职责划分、执行机构与立案、审判等机构的职责划分和上下级法院之间的统一管理三个方面进行定位和规范。

一、建立高效运行的人民法院执行权分权运行机制

只有实现执行权的高效运行，才能保证债权人经过生效法律文书确定的债权迅速得以实现，从而维护司法权威，维护社会稳定，因此，关于执行权的任何改革都必须围绕这一目标来进行。在此前提下，亦要在执行程序和执行机构内部适当分权，确立权力边界，防止执行权过分集中。《意见》在此问题上主要规定了四个方面的内容。

（一）界定权力内容，改革运行方式

首先，明确了执行权的内容。执行权就是人民法院依法采取各类执行措施以及对执行异议、复议、申诉等事项进行审查的权力，包括执行实施权和执行审查权。其中，执行实施权包括财产调查、控制、处分、交付和分配以及罚款、拘留措施等事项，执行审查权则涵盖审查和处理执行异议、复议、申诉以及决定执行管辖权的移转等审查事项。

其次，明确了行使执行实施权和执行审查权的人员资格。执行实施工作多为事务性工作，由执行员实施更为适宜，但是从全国法院执行队伍的构成来看，4 万多名执行人员中具有执行员资格的只有 2000 多人，其余均为法官，如果一刀切地规定只有执行员才能从事执行实施工作，显然不符合执行队伍的现状。因此，《意见》规定法官也可以从事执行实施工作。与此同时，由于执行审查权多涉及当事人的程序和实体权利保障，其资格要求比执行实施权更高，所以，《意见》规定行使执行审查权的人员应具有法官资格。

再次，对执行权内部运行方式做了重大改革。最高人民法院《关于人民法

院执行工作若干问题的规定（试行）》（以下简称《执行规定》）第5条规定："执行中重大事项的办理，应由3名以上执行员讨论，并报经院长批准。"从执行实践看，执行程序中重要事项的决定一般均通过合议程序。这种权力运行模式，对规范执行权的行使、防止执行人员的权力滥用虽然起到了一定作用，但不区分具体事项的性质，一律采用合议制，也会带来效率低下、议而不决的弊端。而《意见》则将执行权区分为执行实施权和执行审查权两类性质的权力，根据其性质的不同，分别采取行政审批制和合议制。《意见》之所以做此区分，是因为执行实施权所负责办理的事项多为诸如查封、扣押、冻结措施等事务性工作，时效性要求很强，一旦贻误就会错失时机。实行行政审批制，有利于保证指挥畅通，行动迅速，执行效率将会得到较大提高。而对于执行审查权而言，由于涉及对执行行为合法性的审查，更多是法律问题的归纳和判断，更宜采用合议制，以确保公平公正。

（二）实行分权运行，提高执行整体效能

首先，通过执行实施权和执行审查权的两权分离对执行权进行整体分权。将执行权分为执行实施权和执行审查权，分由不同的主体按照不同的程序行使，互相制约、规范运行，已经成为全国法院的共识，并在运行中取得了良好的效果，《意见》对此进行了重申。

其次，通过分段执行对执行实施权进行分权。将执行实施程序分为财产查控、财产处置、款物发放等不同阶段，并明确时限要求，由不同的执行人员集中办理，有效地防止了传统的"一人包案到底"办案方式存在的执行人员权力过大的弊端，也使案件执行的集约化程度得到提高。同时，分段执行中的节点控制技术又有利于防止消极执行。

（三）实现即时查控财产，提高快速反应能力

执行工作具有高度的时效性要求，一旦发现被执行人财产时需要及时采取控制措施，否则，就会造成财产流失。为了应对执行程序中的一些突发事件和紧急情况，在最高人民法院的要求下，各地法院已经普遍成立了执行指挥中心，有的还采取和当地公安110联动的方式运行。但存在的问题是，一旦发现了被执行人可供执行的财产时，执行人员由于缺乏授权，往往难以及时采取控制措施。为了解决紧急情况下对执行人员采取控制措施授权不足的问题，《意见》赋予执行人员在接受执行指挥中心指令的前提下，依法采取查封、扣押、冻结等财产保全和其他控制性措施的权力，但事后两个工作日内应当及时补办审批手续。由于控制性措施并不涉及财产的处分，对被执行人和利害关系人的权利损害较小，而且尚有事后对执行人员滥用控制性措施的责任追究等监督制约机制，不会造成权力被滥用。

（四）推进信息共享，堵塞执行漏洞

从某种意义上讲，执行的过程就是不断地发现被执行人财产和身份信息的过程，《意见》着力在两个方面推动被执行人财产和身份信息的共享。

首先，推动法院内部的信息共享。执行案件信息管理系统的建立，对于社会查询被执行人信息起到了巨大的作用，但据不少执行法院反映，该系统也存在一些明显的不足：一是查询的范围有限，仅仅能够查询被执行人的信息，申请执行人的信息却不能查询，不利于执行法院了解被执行人在其他法院申请执行的情况。二是查询的权限过窄。表现在级别上，下级法院不能查询上级法院和其他法院的执行案件；表现在机构上，审判机构不能查询执行机构的案件。同时，由于全国法院的审判案件系统尚未联网，执行机构更不可能查询法院正在审理的案件，也不利于执行阶段预先知晓被执行人在其他法院作为权利人的审理信息。针对这两个问题，《意见》要求扩大查询范围，实现案件执行法院系统内的共享。

其次，推动法院与相关部门的信息共享。多年来，最高人民法院一直在力推建立执行威慑机制，意图通过减少被执行人的交易机会进行信用惩戒，最终促使被执行人自动履行生效法律文书。但是，这一目的的实现仍有赖于被执行人信息在法院和有关部门之间共享范围的扩大。目前，这项工作还需要进一步推进，尤其是和公安机关的居民身份证管理、出入境管理、机动车管理、特殊行业管理等系统，人民银行的诚信管理系统，建设部门的建筑招投标管理系统，民航部门的机票管理系统的联网和信息共享，对于降低被执行人的社会评价、限制被执行人高消费具有重要意义，《意见》亦对此提出了明确要求。

二、建立法院内部的立审执协调配合机制

以前改革的重点在于执行权与审判权的分立，对于促进执行和审判的专业化无疑是有益的，但是审判和执行的过分分离也导致了“铁路警察，各管一段”、审执争权等推诿扯皮现象。因此，《意见》在坚持审执分立原则的基础上，又强调立、审、执的互相配合，以形成执行合力。在执行与立案、审判等机构的协调配合问题上，《意见》着重于四点：

（一）规定所有执行案件必须办理立案登记手续

目前，各地法院在执行案件尤其是执行异议和执行监督案件的立案程序方面做法不一。首先，在立案机构上，有的地方法院由立案机构负责办理立案手续，有的则由执行机构自行决定是否立案受理。其次，在立案范围上，有的地方法院规定执行异议案件不立案，直接由执行机构审查处理；而有的则对执行异议、复议和执行实施案件均办理立案登记。《意见》规定，无论是执行异议、复议、监督、实施案件，还是涉执行的诉讼案件，均应由立案机构立案后转相关执行和审判机构办理，人民法庭的自执案件虽然可以自行办理立案手续，亦应纳入执行案件统一管理，以利于法院系统内部的考核和流程管理，防止有案

不立，损害异议人合法权利。

（二）明确划分法院内部不同机构之间容易交叉的职责

第一，明确了涉执行诉讼的承办机构。根据新修正的民事诉讼法第二百零四条的规定，案外人对执行标的提出实体异议，执行机构只能进行程序审查。对执行机构所作出的审查裁定不服的，案外人或者申请执行人应通过提起异议之诉程序解决。又根据最高人民法院《关于适用民事诉讼法执行程序若干问题的解释》第26条的规定，债权人或者被执行人之间关于分配方案的实体争议，也应当通过诉讼程序解决。但是，对于上述诉讼的承办机构，各地做法不一，有的由民事审判机构审理，有的由执行局内设的执行裁决机构审理，还有的基层法院由审判监督机构审理。对此，《意见》明确，涉执行的诉讼由审判机构审理。这里的审判机构并未作统一要求，各省高级人民法院可根据具体情况而定，但是，为了有利于这类案件的对口审理，在同一个高级法院辖区内确定的审判业务庭应当相对固定。《意见》同时规定，涉执行诉讼较多的人民法院，可以设立专门的审判机构审理此类案件，是因为从长远来看，考虑到涉执行的诉讼不同于传统的三种诉讼类型，其在对私权利进行实体判断的同时，还对执行行为——这一公法性质权力进行判断，兼具形成之诉和确认之诉的双重功能，设立专门的裁判机构有助于裁判的准确和专业。

第二，明确了委托评估、拍卖程序中的异议审查职责。执行当事人对评估报告、拍卖程序所提的异议，实践中有的是执行机构审查，有的交由评估、拍卖机构答复，还有的则是由人民法院的技术或者司法辅助机构进行审查。我们认为，人民法院的司法拍卖在性质上属于强制执行措施中的变价措施。当事人对评估、拍卖、变卖程序提出的异议属于执行行为异议，对该类异议事项的审查属于执行审查权的范围，要由具有审判资格的法官通过合议程序决定，应由执行机构负责。

第三，明确了对财产保全、先予执行所提异议的审查机构。按照民事诉讼法第九十九条的规定，当事人对财产保全或者先予执行的裁定不服的，应当向原作出财产保全、先予执行裁定的法院申请复议。而按照民事诉讼法第二百零二条的规定，当事人、利害关系人对执行行为不服的，或者案外人主张执行标的实体权利的，由执行机构先进行异议审查，对异议裁定不服的，分别向上一级法院提起复议或者提起案外人异议之诉。由于财产保全和先予执行在实施过程中均涉及执行行为和执行标的的异议，这里就有了区分财产保全和先予执行异议程序的必要。《意见》对此区分了三种情况：一是对裁定本身的异议。尤其是有的财产保全或者先予执行裁定直接在裁定中明确保全案外人的特定财产，这种情况应当由相关审判机构按照民事诉讼法第九十九条的规定审查。二是对财产保全、先予执行的实施过程所提异议。有的可能是对执行行为所提异议，比如明显超标的保全、保全的方法不当等等，有的是保全了案外人财产，则应根据异议的性质由执行机构分别按照民事诉讼法第二百零二条或者第二百零四条进行审查。三是既对异议裁定本身又对实施过程提出的异议。此种情况，从方便审查的角度一并由相关审判机构进行审查，但应分别作出裁定。需要指出的是，就异议主体而言，《意见》第17条只在第2款中出现了利害关系人这一称谓，而在第1款和第3款中没有出现，此处并非遗漏，主要是基于民事诉讼法第二百零二条中的利害关系人具有特定的内涵，即对执行行为提出异议的当事人以外的人。除此以外，针对执行行为以外的事项提出异议的当事人以外的人，只能称之为案外人。而执行行为只能发生在财产保全和先予执行的实施过程中，由于不涉及实施过程，对财产保全和先予执行裁定本身所提异议的人只能是当事人和案外人，不可能是利害关系人。同样，能够对裁定本身和执行过程同时提出异议的，也只能是当事人和案外人。

第四，区分了行政案件的申请执行中不同机构的职能。目前，行政非诉案件的执行和行政诉讼案件的执行，尤其是行政机关作为申请执行人的执行，最高人民法院虽多次强调，由行政审判机构进行合法性审查后交由执行机构实施，但有的地方法院基于种种考虑仍由行政审判机构承担此类案件的执行实施工作。《意见》第13条再次明确了行政审判机构和执行机构在办理行政机关申请执行具体行政行为案件中的分工。需要注意的是，《意见》第13条将行政诉讼案件的申请执行也纳入合法性审查的范围。有的法院可能存有疑问：经行政诉讼维持的执行行为，其合法性问题已经在行政诉讼中确定，为何还要进行合法性审查？这主要是考虑《意见》草案稿在征求法院系统意见时，不少地方法院提出，对非诉行政行为执行申请案件的合法性审查，除了要审查其程序和实体的合法性问题之外，还要将行政行为的可执行性纳入合法性审查的范围，包括是否具备执行的内容、是否适宜强制执行等等。对于一些不具备执行内容或者不适宜执行的，应当裁定不予执行。同样，有些行政行为虽经行政诉讼确定，但仍然有一个可执行性的审查问题。所以，对行政机关申请执行经过行政诉讼确定的行政行为的合法性审查，其侧重点在于可执行性问题，尤其对于一些可能引发群体性风险的敏感案件更要全面考量。当然，行政审判机构在审查可执行性的问题时还要听取本院执行机构的意见。这一程序变化，对于处于社会矛盾凸显期的法院行政执行工作具有特殊的意义。如果在审查中发现行政诉讼案件存在足以撤销原判的程序和实体问题也应一并处理，但应当按照审判监督程序进行再审，而不能像审查非诉行政行为那样，直接对已经诉讼确定的行政行为基于审查中发现的程序和实体问题作出不予执行的裁定。同时还应注意，这里所指的列入可执行性审查的行政诉讼案件应作狭义理解，专指行政机关以行政相对人为对象的申请执行。而对于行政相对人申请行政机关履行生效行政诉讼法律文书确定的义务的，则无需由行政机构进行合法性审查，直接由立案机构进行立案审查，符合立案条件的则应办理立案登记后交由执行机构实施。

第五，细化了执行机构统一归口管辖的事项。43号文件对执行机构归口管理执行事项作出了总体要求，按照性质划分，财产刑、非刑罚制裁措施的执行、行政非诉案件的执行、财产保全、先予执行、强制清算的实施、国内仲裁不予执行抗辩的审查都属于执行程序办理的事项，《意见》规定了这些执行事项统一由执行机构办理。

关于破产清算和追赃的承办机构问题。破产清算从性质上看与强制清算相同，法学理论上称为概括执行或者一般执行，属于执行事项应无疑问，在起草《意见》时也曾规定由执行机构办理，但在征求下级法院意见时存在不同看法，此次不做定论。追赃属于特定执行，从理论上说属于执行事项亦无问题，但是目前的追赃程序，无论是执行依据的形成还是实施程序均为学界所诟病，尤其是很多执行依据直接判令追缴第三人合法取得的财产，造成追赃过程中债权人、债务人、第三人对执行依据的争议颇多，执行机构往往难以处理，所以仍由刑事审判机构负责具有现实的合理性。当然，一些已将追赃工作交由执行机构承办的地方法院仍可维持现行做法，以便积累工作经验，留待以后规范。

第六，确定了执行程序争议及执行与审判程序之间争议的协调机构。执行程序之间产生的争议，按照现行法律规定应由上级人民法院协调处理。鉴于43号文件已将财产和证据保全、先予执行等本质上属于执行程序办理的事项归口执行机构办理，对于不同法院之间因财产和证据保全、强制清算、先予执行、破产清算等程序和执行程序之间所产生的争议，《意见》亦规定由上级法院的执行机构协调处理。同时就司法实践来看，执行和审判程序产生争议的焦点，就争议的性质而言，往往集中于执行程序中财产权属的判断以及另一法院已经作出的裁判文书是否具有阻止执行的效力；就争议涉及的机构而言，争议涉及的不同法院的执行机构往往较多，而审判机构一般较少。从处理的专业性和方便协调的角度考虑，《意见》亦规定应由上级法院的执行机构协调处理。

（三）减少审判与执行的冲突

被执行人与案外人恶意串通通过另诉确权的方式转移法院查封、扣押、冻结的财产，规避法院执行的问题在实践中呈逐渐增多的趋势，严重损害了司法权威。对此，最高人民法院一方面正在着手制订相关的司法解释，对执行标的被查封后相关法院作出的确权法律文书是否具有阻止执行的效力拟赋予执行机构以审查权，从法律上解决此类问题。另一方面，《意见》也着眼于从法院的内部体制进行规范，防止此类案件违法立案、审理。《意见》规定，审判机构在审理确权诉讼时，应当查询所要确权的财产权属状况，发现已经被执行机构查封、扣押、冻结的，应当中止审理并等待执行机构的处置结果。如果诉请确权的财产已经被执行机构处置的，应当撤销确权案件；已经确权的，应当撤销生效的确权判决或者调解书。

（四）对立、审、执配合提出具体要求

第一，及时告知有关权利。对参与诉讼的当事人要就有关追加当事人、申请财产保全等事项进行必要的释明和告知，提醒其及时申请财产保全，诉请追加责任主体，防止权利落空。

第二，准确记载当事人的身份信息。强制执行是国家通过强制力剥夺债务人的财产，满足债权人的受偿要求，一旦出现错误将会损害案外人的合法权利，引起国家赔偿。目前，正在推进的执行威慑机制也涉及当事人的社会信用安全，如信息记载有误，将会给当事人的经营、生活带来不可估量的负面影响和损失。一些部门尤其对于法院判决的自然人的身份信息的准确性问题表示了一定的担忧，要求法院提供的被执行人身份信息尤其是自然人身份信息必须特定化，审判实践中，自然人的身份虚假问题也确实比较突出。所以，《意见》要求审判时，除缺席判决等特殊情形外，必须记载当事人为自然人时的身份证号码，所有当事人的送达地址，除无法查明外均应在卷宗中记载。

第三，及时移送执行有关案件。根据《执行规定》第 19 条的规定，给付赡养费、抚养费、抚育费内容的生效法律文书、民事制裁决定书，刑事附带民事判决、裁定、调解书，应当由审判机构移送执行机构执行。这类案件的债权人多属社会弱势群体，法律素养相对较低，查找被执行人财产的能力不足，需要审判机构发挥主观能动性，及时移送执行，防止错失执行时机。

三、建立全国法院执行工作的统一管理体制

最高人民法院 2000 年 1 月 14 日下发的法发〔2000〕3 号《关于高级人民法院统一管理执行工作若干问题的规定》，赋予了高级人民法院对辖区内执行工作统一管理的权力。10 多年来的实践经验表明，赋予高级法院对辖区内执行工作统一管理的职责，在一定程度上能够排除地方保护主义的不当干预，提高执行效率，对推动“执行难”问题的解决起到了重要作用。

随着执行工作的发展，仅仅赋予高级人民法院对执行工作的统一管理职责已不能满足执行实践的需要，有必要赋予中级人民法院对辖区内执行工作统一管理的权力，最高人民法院亦应对全国执行工作行使统一管理权。因此，《意见》将执行工作统一管理权限授予中级以上人民法院，并将上级人民法院对执行工作的统一管理权定位于三个方面：

第一，统一管理执行案件的权力。上级人民法院可以根据本辖区的执行工作情况，组织集中执行和专项执行活动，有权要求下级法院纠正错误的执行裁

定、执行行为，或者直接裁定、决定予以纠正。

第二，统一调度执行装备和力量的权力。在专项执行或其他重大执行活动中，可以统一指挥和调度下级人民法院的执行人员、司法警察和执行装备。

第三，对下级人民法院的执行工作进行专项考核的权力。上级人民法院有权定期或者不定期对下级人民法院的执行工作进行考核，考核结果向下级人民法院通报。上级人民法院的考核结果是下级人民法院党组对本院执行机构和执行机构负责人进行绩效评价的重要依据，也是上级人民法院党组对下级人民法院的工作进行综合评价的重要依据。

此外，关于上级人民法院对下级人民法院执行机构负责人的人事任免建议权的问题，考虑到涉及现行干部管理体制，《意见》对此没有提及。

（撰稿人：卫彦明　范向阳）

【链　接】

改革破解“执行难”　分权严把“执行关”

——最高人民法院有关负责人就《关于执行权合理配置和科学运行的若干意见》答记者问

为有效解决法院“执行难”问题，最高人民法院日前发布了《关于执行权合理配置和科学运行的若干意见》。这是人民法院对执行权的重大改革。最高人民法院要求建立高效运行的人民法院执行权分权运行机制。

最高人民法院新闻发言人王少南，最高人民法院执行局副局长张根大，最高人民法院司法体制与工作机制改革领导小组办公室副主任孙万胜，就相关问题回答了记者提问。

一、执行分权改变“一人包案到底”

问：最高人民法院提出执行权合理配置，将执行权分为实施权和审查权。为何采取分权的做法？

答：人民法院进行执行权改革，主要是完善了执行的分权运行模式。将执行权分为执行实施权和执行审查权，分由不同的执法主体按照不同的程序行使，互相制约，规范运行。我们将执行实施程序分为财产查控、财产处置、款物发放等不同阶段并明确时限要求，由不同的执行人员集中办理，改变过去

“一人包案到底”的办案方式。同时，在分段执行中实行节点控制，防止消极执行。

过去人民法院对于执行中的重大事项一般由执行员采用合议制来办理。这个方式在一定情况下限制了执行权行使，对规制执行权起到了一定作用，但是效率低下，有时失去了执行最有力的时机。

现在把执行权分为执行实施权和执行审查权，两类性质的权力。根据性质的不同，分别采取了审批制和合议制。采取审批制这种方式，主要是一些实施的具体事项不需要作出决定，而是具体实施操作的项目，比如查封、扣押等等。执行审查权主要涉及法律适用，是需要作出判断的事项，采取合议这样的方式来实施，可以提高执行的效率，促进执行公正。

二、紧急情况下执行员可即时查控财产

问：法院执行人员在遇到紧急情况时可以采取哪些控制措施，需要履行哪些程序？

答：执行必须抢实效。为了解决紧急情况下对执行人员采取控制措施授权不足的问题，最高人民法院发布的意见规定了执行人员在接受执行指挥中心指令的前提下，依法采取查封、扣押、冻结等财产保全和其他控制性措施，但事后2个工作日内应当补办审批手续。

法院执行和审判有很大区别，执行过程中遇到的突发情况比较多。比如，执行人员调查被执行人财产的时候，突然发现被执行人有车辆可供执行。一般情况下，如果要查封、扣押车辆，必须要履行相关手续，可如果车辆当时不扣押，以后就很难找到了。上述这种情况就属于紧急情况。如果要按照一般程序进行审批、下发裁定，就来不及了。因此紧急情况下，可以先采取控制性措施，把车辆先扣下来，但是执行人员要向法院的执行指挥中心通报，得到同意指令后再采取控制措施，进行扣押。然后再补办相关手续。这样规定一个控制性措施，而不是处分性措施。被执行人不用担心法院把车卖掉。

三、法律文书中载明当事人身份证号码

问：为什么立案、审判机构在办理民商事和附带民事诉讼案件时，要在有关法律文书中载明当事人的身份证号码，在卷宗中载明送达地址。这种做法对执行有何好处？

答：立案、审判机构在办理民商事和附带民事诉讼案件时，应当在有关法律文书中载明当事人的身份证号码，在卷宗中载明送达地址。这样要求是为了使立案、审判和执行机构，通过分工协作，使工作更加有力地开展。

法院在执行过程中要把赖账的人纳入执行监控系统。但是全国同名同姓的

人有很多，如果不与身份证号码配套，就可能侵害了其他人的合法利益。虽然同名同姓，但是这些人的身份证号码具有唯一性，可以确定执行案件当事人的唯一性，为执行威慑惩戒机制提供技术上的支持。在立案、审判过程中这样做是为执行工作打下坚实基础。

四、打击虚假诉讼和规避执行

问：审判机构在审理确权诉讼时，为什么提出较多限制条件？

答：在司法实践中，会出现规避执行的情况。有人利用法律漏洞和程序上的不完善钻空子。比如，执行法院发现被执行人没有钱可供执行，于是查封了被执行人房产。于是被执行人通过造假签署房屋买卖合同和虚假诉讼等方式转移房产，导致“执行难”。还有些人利用法律文书对抗法院执行，因此我们下发的意见要对这种情况进行限制。

因此意见规定，审判机构在审理确权诉讼时，应当查询所要确权的财产权属状况，发现已经被执行局查封、扣押、冻结的，应当中止审理；当事人诉请确权的财产被执行局处置的，应当撤销确权案件；在执行局查封、扣押、冻结后确权的，应当撤销确权判决或者调解书。

最高人民法院办公厅
关于切实保障执行当事人及案外人异议权的通知

2014年5月9日　　　　　　法办〔2014〕62号

各省、自治区、直辖市高级人民法院，解放军军事法院，新疆维吾尔自治区高级人民法院生产建设兵团分院：

2007年民事诉讼法修正案实施之后，各级人民法院在执行案件压力大、任务重的情况下，办理了大量的执行异议和复议案件，有效维护了执行当事人及案外人的合法权益。但是，我院在处理人民群众来信来访的过程中，也发现在个别地方法院，仍然不同程度地存在忽视甚至漠视执行当事人及案外人异议权的一些问题：有的法院对执行当事人及案外人提出的异议不受理、不立案；有的法院受理异议后，无正当理由不按照法定的异议期限作出异议裁定；有的法院违背法定程序，对异议裁定一裁终局，剥夺异议当事人通过执行复议和异议之诉再行救济的权利。

出现上述问题，既有执行案件数量大幅增加、执行机构人手不够、法律规定不够完善等客观方面的原因，也有个别执行人员司法为民意识不强、素质不高等主观方面的原因。执行当事人及案外人异议权行使渠道不畅，将使当事人对执行程序的公正性存在疑问，对强制执行产生抵触情绪，在一定程度上加剧“执行难”；另一方面，也会使部分群众对人民法院的执行工作产生负面评价，降低司法公信力。因此，必须采取切实有力的措施加以解决。现就有关事项通知如下：

一、高度重视执行当事人异议权的保障。执行异议制度是2007年民事诉讼法修正案所建立的一项救济制度，它对于规范执行程序，维护执行当事人及案外人的合法权利和利益，防止执行权滥用和“执行乱”具有重要意义。各级人民法院要认真组织学习领会民事诉讼法的规定，纠正“提异议就会妨碍执行”的错误认识，克服“怕麻烦”的思想，真正把法律赋予执行当事人及案外人的这项救济权利在司法实践中落到实处。同时，还要注意把政治素质高、业务素质强、作风扎实的法官充实到执行异议审查机构中来，为执行当事人及案外人的异议审查提供人员保障。

二、严格依法受理和审查执行异议。对于符合法律规定条件的执行异议和复议、异议之诉案件，各级人民法院必须及时受理并办理正式立案手续，受理后必须及时审查、及时作出异议、复议裁定或者异议之诉判决。依法应当再审、另诉或者通过其他程序解决的，应当及时向异议当事人进行释明，引导当事人申请再审、另诉或者通过其他程序解决。上级人民法院应当恪尽监督职责，对于执行当事人及案外人反映下级人民法院存在拒不受理异议或者受理异议后久拖不决的，应当责令下级人民法院依法及时受理和审查异议，必要时，可以指定异地人民法院受理和审查执行异议。

三、提高执行异议案件审查的质量。对于受理的执行异议案件，一要注意正确区分不同性质的异议，严守法定程序，确保认定事实清楚，适用法律正确，处理得当；二要注意提高法律文书质量，做到格式规范，逻辑清晰，说理透彻，依据充分；三要注意公开透明，该听证的要及时组织公开听证，确保当事人的知情权和程序参与权。

四、开展专项检查和抽查活动。各高级人民法院要结合最高人民法院安排的各项专项活动，对辖区内各级人民法院保障执行当事人及案外人异议权的情况进行检查，对检查中发现的问题应当及时提出意见、建议并报告我院。我院将结合群众来信来访适时进行抽查。本通知下发之后，对于人民群众反映相关法院存在前述问题的案例，我院一经查实，将在全国法院范围内予以通报批评；情节严重的，要依法依纪严肃处理。

最高人民法院
印发《关于人民法院执行流程公开的若干意见》的通知

2014 年 9 月 3 日　　　　法发〔2014〕18 号

各省、自治区、直辖市高级人民法院，解放军军事法院，新疆维吾尔自治区高级人民法院生产建设兵团分院：

为贯彻落实执行公开原则，规范人民法院执行流程公开工作，进一步提高执行工作的透明度，推进执行信息公开平台建设，最高人民法院制定了《关于人民法院执行流程公开的若干意见》。现将该意见予以印发，请加强组织领导，采取有效措施，按照该意见的要求，切实做好执行流程信息公开工作。

附：

关于人民法院执行流程公开的若干意见

为贯彻落实执行公开原则，规范人民法院执行流程公开工作，方便当事人及时了解案件执行进展情况，更好地保障当事人和社会公众对执行工作的知情权、参与权、表达权和监督权，进一步提高执行工作的透明度，以公开促公正、以公正立公信，根据《最高人民法院关于人民法院执行公开的若干规定》（法发〔2006〕35 号）、《最高人民法院关于推进司法公开三大平台建设的若干意见》（法发〔2013〕13 号）等规定，结合执行工作实际，制定本意见。

一、总体要求

第一条　人民法院执行流程信息以公开为原则、不公开为例外。对依法应当公开、可以公开的执行流程及其相关信息，一律予以公开，实现执行案件办理过程全公开、节点全告知、程序全对接、文书全上网，为当事人和社会公众提供全方位、多元化、实时性的执行公开服务，全面推进阳光执行。

第二条　人民法院执行流程公开工作，以各级人民法院互联网门户网站（政务网）为基础平台和主要公开渠道，辅以手机短信、电话语音系统、电子公告屏和触摸屏、手机应用客户端、法院微博、法院微信公众号等其他平台或渠道，将执行案件流程节点信息、案件进展状态及有关材料向案件当事人及委托代理人公开，将与法院执行工作有关的执行服务信息、执行公告信息等公共信息向社会公众公开。

各级人民法院应当在本院门户网站（政务网）下设的审判流程信息公开网上建立查询执行流程信息的功能模块。最高人民法院在政务网上建立“中国执行信息公开网”，开设“中国审判流程信息公开网”的入口，提供查询执行案件流程信息的功能以及全国各级人民法院执行流程信息公开平台的链接。各级人民法院应当建立电话语音系统，在立案大厅或信访接待等场所设立电子触摸屏，供案件当事人和委托代理人以及社会公众查阅有关执行公开事项。具备条件的法院，应当建立电子公告屏、在执行指挥系统建设中增加12368智能短信服务平台、法院微博以及法院微信公众号等公开渠道。

二、公开的渠道和内容

第三条 下列执行案件信息应当向当事人及委托代理人公开：

（一）当事人名称、案号、案由、立案日期等立案信息；

（二）执行法官以及书记员的姓名和办公电话；

（三）采取执行措施信息，包括被执行人财产查询、查封、冻结、扣划、扣押等信息；

（四）采取强制措施信息，包括司法拘留、罚款、拘传、搜查以及限制出境、限制高消费、纳入失信被执行人名单库等信息；

（五）执行财产处置信息，包括委托评估、拍卖、变卖、以物抵债等信息；

（六）债权分配和执行款收付信息，包括债权分配方案、债权分配方案异议、债权分配方案修改、执行款进入法院执行专用账户、执行款划付等信息；

（七）暂缓执行、中止执行、委托执行、指定执行、提级执行等信息；

（八）执行和解协议信息；

（九）执行实施案件结案信息，包括执行结案日期、执行标的到位情况、结案方式、终结本次执行程序征求申请执行人意见等信息；

（十）执行异议、执行复议、案外人异议、执行主体变更和追加等案件的立案时间、案件承办法官和合议庭其他组成人员以及书记员的姓名和办公电话、执行裁决、结案时间等信息；

（十一）执行申诉信访、执行督促、执行监督等案件的立案时间、案件承办法官和合议庭其他组成人员以及书记员的姓名和办公电话、案件处理意见、结案时间等信息；

（十二）执行听证、询问的时间、地点等信息；

（十三）案件的执行期限或审查期限，以及执行期限或审查期限扣除、延长等变更情况；

（十四）执行案件受理通知书、执行通知书、财产申报通知书、询问通知、听证通知、传票和询问笔录、调查取证笔录、执行听证笔录等材料；

（十五）执行裁定书、决定书等裁判文书；

（十六）执行裁判文书开始送达时间、完成送达时间、送达方式等送达信息；

（十七）执行裁判文书在执行法院执行流程信息公开模块、中国执行信息公开网及中国裁判文书网公布的情况，包括公布时间、查询方式等；

（十八）有关法律或司法解释要求公布的其他执行流程信息。

第四条　具备条件的法院，询问当事人、执行听证和开展重大执行活动时应当进行录音录像。询问、听证和执行活动结束后，该录音录像应当向当事人及委托代理人公开。当事人及委托代理人申请查阅录音录像的，执行法院经核对身份信息后，及时提供查阅。

第五条　各级人民法院通过网上办案，自动生成执行案件电子卷宗。电子卷宗正卷应当向当事人及委托代理人公开。当事人及委托代理人申请查阅电子卷宗的，执行法院经核对身份信息后，及时提供查阅。

第六条　对于执行裁定书、决定书以外的程序性执行文书，各级法院通过执行流程信息公开模块，向当事人及诉讼代理人提供电子送达服务。当事人及委托代理人同意人民法院采用电子方式送达执行文书的，应当在立案时提交签名或者盖章的确认书。

第七条　各级人民法院通过互联网门户网站（政务网）向社会公众公开本院下列信息：

（一）法院地址、交通图示、联系方式、管辖范围、下辖法院、内设部门及其职能、投诉渠道等机构信息；

（二）审判委员会组成人员、审判执行人员的姓名、职务等人员信息；

（三）执行流程、执行裁判文书和执行信息的公开范围和查询方法等执行公开指南信息；

（四）执行立案条件、执行流程、申请执行书等执行文书样式、收费标准、执行费缓减免交的条件和程序、申请强制执行风险提示等执行指南信息；

（五）听证公告、悬赏公告、拍卖公告；

（六）评估、拍卖及其他社会中介入选机构名册等名册信息。

（七）司法解释、指导性案例、执行业务文件等。

三、公开的流程

第八条　除执行请示、执行协调案件外，各级人民法院受理的各类执行案件，应当及时向案件当事人及委托代理人预留的手机号码，自动推送短信，提示案件流程进展情况，提醒案件当事人及委托代理人及时接受电子送达的执行文书。

立案部门、执行机构在向案件当事人及其委托代理人送达案件受理通知书、执行通知书时，应当告知案件流程进展查询、接受电子送达执行文书的方法，并做好宣传、咨询服务等工作。

在执行过程中，追加或变更当事人、委托代理人的，由执行机构在送达相关法律文书时告知前述事项。

第九条 在执行案件办理过程中，案件当事人及委托代理人可凭有效证件号码或组织机构代码、手机号码以及执行法院提供的查询码、密码，通过执行流程信息公开模块、电话语音系统、电子公告屏和触摸屏、手机应用客户端、法院微博、法院微信公众号等多种载体，查询、下载有关执行流程信息、材料等。

第十条 执行流程信息公开模块应具备双向互动功能。案件当事人及委托代理人登录执行流程信息公开模块后，可向案件承办人留言。留言内容应于次日自动导入网上办案平台，案件承办人可通过网上办案平台对留言进行回复。

第十一条 同意采用电子方式送达执行文书的当事人及委托代理人，可以通过执行流程信息公开模块签收执行法院以电子方式送达的各类执行文书。

当事人及委托代理人下载或者查阅以电子方式送达的执行文书时，自动生成送达回证，记录受送达人下载文书的名称、下载时间、IP 地址等。自动生成的送达回证归入电子卷宗。

执行机构书记员负责跟踪受送达人接受电子送达的情况，提醒、指导受送达人及时下载、查阅电子送达的执行文书。提醒短信发出后三日内受送达人未下载或者查阅电子送达的执行文书的，应当通过电子邮件、传真、邮寄等方式及时送达。

四、职责分工

第十二条 具备网上办案条件的法院，应当严格按照网上办案的相关要求，在网上办案系统中流转、审批执行案件，制作各类文书、笔录和报告，及时、准确、完整地扫描、录入案件材料和案件信息。

执行案件因特殊情形未能严格实行网上办案的，案件信息录入工作应当与实际操作同步完成。

因具有特殊情形不能及时录入信息的，应当详细说明原因，报执行机构负责人和分管院领导审批。

第十三条 案件承办人认为具体案件不宜按照本意见第三条、第四条和第五条公开全部或部分流程信息及材料的，应当填写《执行流程信息不予公开审批表》，详细说明原因，经执行机构负责人审核后，呈报分管院领导审批。

第十四条　各级人民法院网上办案系统生成的执行流程数据和执行过程中生成的其他流程信息，应当存储在网上办案系统数据库中，作为执行信息公开的基础数据，通过数据摆渡的方式同步到互联网上的执行信息公开模块，并及时、全面、准确将执行案件流程数据录入全国法院执行案件信息管理系统数据库。

执行法院网上办案系统形成的执行裁判文书，通过数据摆渡的方式导出至执行法院互联网门户网站（政务网）下设的裁判文书公开网，并提供与中国裁判文书网和中国执行信息公开网链接的端口。

第十五条　案件承办人认为具体案件不宜按照本意见第二条和第三条公开全部或部分流程信息及材料的，应当填写《执行流程信息不予公开审批表》，详细说明原因，经执行机构负责人审核后，呈报分管院领导审批。

第十六条　已在执行流程信息公开平台上发布的信息，因故需要变更的，案件承办人应当呈报执行机构领导审批后，及时更正网上办案平台中的相关信息，并通知当事人及网管人员，由网管人员及时更新执行流程信息公开平台上的相关信息。

第十七条　各级人民法院立案部门、执行机构是执行流程信息公开平台具体执行案件进度信息公开工作的责任部门，负责确保案件信息的准确性、完整性和录入、公开的及时性。

第十八条　各级人民法院司法行政装备管理部门应当为执行信息公开工作提供物质保障。

信息技术部门负责网站建设、运行维护、技术支持，督促技术部门每日定时将网上办案平台中的有关信息数据，包括领导已经签发的各类执行文书等，导出至执行流程信息公开平台，并通过执行流程信息公开平台将收集的有关信息，包括自动生成的送达回证等，导入网上办案平台，实现网上办案平台与执行流程信息公开平台的数据安全传输和对接。

第十九条　审判管理部门负责组织实施执行流程公开工作，监管执行流程信息公开平台，适时组织检查，汇总工作信息，向院领导报告工作情况，编发通报，进行督促、督办等。

发现案件信息不完整、滞后公开或存在错误的，审判管理部门应当督促相关部门补正，并协调、指导信息技术部门及时做好信息更新等工作。

第二十条　向公众公开信息的发布和更新，由各级法院确定具体负责部门。

五、责任与考评

第二十一条 因过失导致公开的执行流程信息出现重大错漏，造成严重后果的，依据相关规定追究有关人员的责任。

第二十二条 执行流程信息公开工作纳入司法公开工作绩效考评范围，考评办法另行制定。

六、附则

第二十三条 本意见自下发之日起执行。

最高人民法院　国家工商总局
关于加强信息合作规范执行与协助执行的通知

2014年10月15日　　　　　　　　　　法〔2014〕251号

各省、自治区、直辖市高级人民法院，解放军军事法院，新疆维吾尔自治区高级人民法院生产建设兵团分院；各省、自治区、直辖市工商行政管理局：

按照中央改革工商登记制度的决策部署，根据全国人大常委会、国务院对注册资本登记制度改革涉及的法律、行政法规的修改决定，以及国务院印发的《注册资本登记制度改革方案》《企业信息公示暂行条例》，最高人民法院、国家工商行政管理总局就加强信息合作、规范人民法院执行与工商行政管理机关协助执行等事项通知如下：

一、进一步加强信息合作

1. 各级人民法院与工商行政管理机关通过网络专线、电子政务平台等媒介，将双方业务信息系统对接，建立网络执行查控系统，实现网络化执行与协助执行。

2. 人民法院与工商行政管理机关要积极创造条件，逐步实现人民法院通过企业信用信息公示系统自行公示相关信息。

3. 已建立网络执行查控系统的地区，可以通过该系统办理协助事项。

有关网络执行查控系统要求、电子文书要求、法律效力等规定，按照《最高人民法院关于网络查询、冻结被执行人存款的规定》（法释〔2013〕20号）执行。通过网络冻结、强制转让股权、其他投资权益（原按照法释〔2013〕20

号第九、十条等规定执行）的程序，按照本通知要求执行，但协助请求、结果反馈的方式由现场转变为通过网络操作。

4. 未建成网络执行查控系统的地区，工商行政管理机关有条件的，可以设立专门的司法协助窗口或者指定专门的机构或者人员办理协助执行事务。

5. 各级人民法院与工商行政管理机关通过网络专线、电子政务平台等媒介，建立被执行人、失信被执行人名单、刑事犯罪人员等信息交换机制。工商行政管理机关将其作为加强市场信用监管的信息来源。

二、进一步规范人民法院执行与工商行政管理机关协助执行

6. 人民法院办理案件需要工商行政管理机关协助执行的，工商行政管理机关应当按照人民法院的生效法律文书和协助执行通知书办理协助执行事项。

人民法院要求协助执行的事项，应当属于工商行政管理机关的法定职权范围。

7. 工商行政管理机关协助人民法院办理以下事项：

（1）查询有关主体的设立、变更、注销登记，对外投资，以及受处罚等情况及原始资料（企业信用信息公示系统已经公示的信息除外）；

（2）对冻结、解除冻结被执行人股权、其他投资权益进行公示；

（3）因人民法院强制转让被执行人股权，办理有限责任公司股东变更登记；

（4）法律、行政法规规定的其他事项。

8. 工商行政管理机关在企业信用信息公示系统中设置“司法协助”栏目，公开登载人民法院要求协助执行的事项。

人民法院要求工商行政管理机关协助公示时，应当制作协助公示执行信息需求书，随协助执行通知书等法律文书一并送达工商行政管理机关。工商行政管理机关按照协助公示执行信息需求书，发布公示信息。

公示信息应当记载执行法院，执行裁定书及执行通知书文号，被执行人姓名（名称），被冻结或转让的股权、其他投资权益所在市场主体的姓名（名称），股权、其他投资权益数额，受让人，协助执行的时间等内容。

9. 人民法院对股权、其他投资权益进行冻结或者实体处分前，应当查询权属。人民法院应先通过企业信用信息公示系统查询有关信息。需要进一步获取有关信息的，可以要求工商行政管理机关予以协助。

执行人员到工商行政管理机关查询时，应当出示工作证或者执行公务证，并出具协助查询通知书。协助查询通知书应当载明被查询主体的姓名（名称）、查询内容，并记载执行依据、人民法院经办人员的姓名和电话等内容。

10. 人民法院对从工商行政管理机关业务系统、企业信用信息公示系统以

及公司章程中查明属于被执行人名下的股权、其他投资权益，可以冻结。

11. 人民法院冻结股权、其他投资权益时，应当向被执行人及其股权、其他投资权益所在市场主体送达冻结裁定，并要求工商行政管理机关协助公示。

人民法院要求协助公示冻结股权、其他投资权益时，执行人员应当出示工作证或者执行公务证，向被冻结股权、其他投资权益所在市场主体登记的工商行政管理机关送达执行裁定书、协助公示通知书和协助公示执行信息需求书。

协助公示通知书应当载明被执行人姓名（名称），执行依据，被冻结的股权、其他投资权益所在市场主体的姓名（名称），股权、其他投资权益数额，冻结期限，人民法院经办人员的姓名和电话等内容。

工商行政管理机关应当在收到通知后三个工作日内通过企业信用信息公示系统公示。

12. 股权、其他投资权益被冻结的，未经人民法院许可，不得转让，不得设定质押或者其他权利负担。

有限责任公司股东的股权被冻结期间，工商行政管理机关不予办理该股东的变更登记、该股东向公司其他股东转让股权被冻结部分的公司章程备案，以及被冻结部分股权的出质登记。

13. 工商行政管理机关在多家法院要求冻结同一股权、其他投资权益的情况下，应当将所有冻结要求全部公示。

首先送达协助公示通知书的执行法院的冻结为生效冻结。送达在后的冻结为轮候冻结。有效的冻结解除的，轮候的冻结中，送达在先的自动生效。

14. 冻结股权、其他投资权益的期限不得超过两年。申请人申请续行冻结的，人民法院应当在本次冻结期限届满三日前按照本通知第 11 条办理。续冻期限不得超过一年。续行冻结没有次数限制。

有效的冻结期满，人民法院未办理续行冻结的，冻结的效力消灭。按照前款办理了续行冻结的，冻结效力延续，优先于轮候冻结。

15. 人民法院对被执行人股权、其他投资权益等解除冻结的，应当通知当事人，同时通知工商行政管理机关公示。人民法院通知和工商行政管理机关公示的程序，按照本通知第 11 条办理。

16. 人民法院强制转让被执行人的股权、其他投资权益，完成变价等程序后，应当向受让人、被执行人或者其股权、其他投资权益所在市场主体送达转让裁定，要求工商行政管理机关协助公示并办理有限责任公司股东变更登记。

人民法院要求办理有限责任公司股东变更登记的，执行人员应当出示工作证或者执行公务证，送达生效法律文书副本或者执行裁定书、协助执行通知书、协助公示执行信息需求书、合法受让人的身份或资格证明，到被执行人股权所在有限责任公司登记的工商行政管理机关办理。

法律、行政法规对股东资格、持股比例等有特殊规定的，人民法院要求工商行政管理机关办理有限责任公司股东变更登记前，应当进行审查，并确认该公司股东变更符合公司法第二十四条、第五十八条的规定。

工商行政管理机关收到人民法院上述文书后，应当在三个工作日内直接在业务系统中办理，不需要该有限责任公司另行申请，并及时公示股东变更登记信息。公示后，该股东权利以公示信息确定。

17. 人民法院可以对有关材料查询、摘抄、复制，但不得带走原件。

工商行政管理机关对人民法院复制的书面材料应当核对并加盖印章。人民法院要求提供电子版，工商行政管理机关有条件的，应当提供。对于工商行政管理机关无法协助的事项，人民法院要求出具书面说明的，工商行政管理机关应当出具。

18. 工商行政管理机关对按人民法院要求协助执行产生的后果，不承担责任。

当事人、案外人对工商行政管理机关协助执行的行为不服，提出异议或者行政复议的，工商行政管理机关不予受理；向人民法院起诉的，人民法院不予受理。

当事人、案外人认为人民法院协助执行要求存在错误的，应当按照民事诉讼法第二百二十五条之规定，向人民法院提出执行异议，人民法院应当受理。

当事人认为工商行政管理机关在协助执行时扩大了范围或者违法采取措施造成其损害，提起行政诉讼的，人民法院应当受理。

19. 人民法院冻结股权、其他投资权益的通知在 2014 年 2 月 28 日之前送达工商行政管理机关、冻结到期日在 2014 年 3 月 1 日以后的，工商行政管理机关应当在 2014 年 11 月 30 日前将冻结信息公示。公示后续行冻结的，按照本通知第 11 条办理。

冻结到期日在 2014 年 3 月 1 日以后、2014 年 11 月 30 日前，人民法院送达了续行冻结通知书的，续行冻结有效。工商行政管理机关还应当在 2014 年 11 月 30 日前公示续行冻结信息。

人民法院对股权、其他投资权益的冻结未设定期限的，工商行政管理机关应当在 2014 年 11 月 30 日前将冻结信息公示。从公示之日起满两年，人民法院未续行冻结的，冻结的效力消灭。

各高级人民法院与各省级工商行政管理局可以根据本通知，结合本地实际，制定贯彻实施办法。对执行本通知的情况和工作中遇到的问题，要及时报告最高人民法院、国家工商行政管理总局。

【解　　读】

解读《关于加强信息合作规范执行与协助执行的通知》

2014年10月15日，最高人民法院和国家工商总局联合下发了《关于加强信息合作规范执行与协助执行的通知》（以下简称《通知》），自下发之日起施行。本文拟对《通知》出台的背景、主要内容等进行简要介绍，希望有助于各级人民法院和工商机关的正确理解和适用。

一、起草背景

《通知》的出台，主要有三个方面的背景因素：

其一，在法院执行工作中，股权和其他投资权益是重要而常见的一类执行标的物，对其进行有效执行需要得到工商机关的积极协助。多年来，各级工商机关依法协助法院执行股权和其他投资权益，做了大量工作，切实保护了债权人的胜诉权益，维护了法律尊严。但是，在上述协助执行领域，一直缺少一个统一完备的规范性文件，在一定程度上制约了相关工作的开展。为进一步促进人民法院执行和工商机关协助执行工作的规范有序运行，最高人民法院和国家工商总局在总结实践经验的基础上，制定并下发了《通知》。

其二，自2013年以来，中央对公司资本制度进行重大改革，工商登记制度改革也在不断深化。全国人大常委会修改了《公司法》，国务院先后出台了《注册资本登记制度改革方案》《关于废止和修改部分行政法规的决定》《企业信息公示暂行条例》等多个规范性文件。工商登记制度的改革，在法院执行股权和投资者权益的方式方法等方面提出了新的课题，传统的执行模式面临挑战，亟需制定《通知》作出相应的调整与安排。

其三，近十年来，人民法院和工商机关的信息化建设都取得了长足发展。自2004年以来，各级人民法院的执行案件网络逐步建立起来，各级工商机关则在2006年前后建成了覆盖全国各类经济主体的数据库系统和电子政务系统。人民法院与工商机关间具备了信息网络对接的技术条件，需要《通知》对双方实现信息互联共享作出相应规定。

二、起草过程及发现的问题

2013年以来，最高人民法院和国家工商总局组成联合调研组，赴多地调研，多次会商，数易其稿，最终出台了《通知》。在赴各地调研中发现的问题主要有：

（一）人民法院与工商机关在执行信息合作、协助执行等领域制度规范严重不足

如前所述，在工商机关协助法院执行领域尚无完备详尽的制度规范，现有规定仅见于最高人民法院《关于人民法院执行工作若干问题的规定（试行）》（以下简称《执行规定》）中的4个条文，以及最高人民法院、国家工商总局根据下级请示就个案作出的5个批复或答复。

（二）有关执行或监管措施存在“落地难”问题

例如，法院到工商机关查询股权的途径基本畅通，但强制转让股权则存在难以落实的问题。再如，《公司法》第一百四十六条关于特定人员任职资格限制的措施，也面临难以实际执行的困境。

（三）程序上存在一些不尽规范的问题

从以往情况看，法院和工商机关在执行与协助执行中，程序上均存在一些不规范的地方。法院方面主要表现在：（1）对非工商机关权限的事项要求协助执行。如非上市公司股份不需工商登记，但有的法院却向工商机关提出冻结要求。（2）在冻结问题上不规范。如不遵守冻结期限规定、执行终结后不及时解冻、超标的冻结等。工商机关方面主要表现在：（1）以已建立了工商登记公众查询制度为由，拒绝向法院开放更多的查询信息。（2）一些工商机关关于协助执行的内部流程过于繁杂，影响协助执行效率。（3）少数工作人员主观态度上不愿积极配合，如，有的对执行人员证件进行反复验证，有的要收取协助执行费用，有的不按要求反馈查询或办理结果，等等。

（四）法院执行和工商机关合作的信息化水平较低

由于人民法院和工商机关的信息系统尚未有效对接，绝大部分地方法院的执行人员还需到工商机关进行现场查询和冻结，人力、物力成本较大，执行效率不高。

针对上述问题，《通知》作出了相应的规范设计和制度安排。

三、《通知》的主要内容

（一）明确要求各级法院与工商机关建立网络执行查控机制（第1～4条）

网络查控机制是指人民法院与工商机关的信息网络对接，人民法院通过网络发出执行要求，工商机关在信息系统中协助办理有关事项并通过网络向人民法院反馈办理结果。

1. 关于网络对接、信息共享的具体方式

《通知》指明可以通过网络专线或电子政务平台等媒介，实现业务系统的

对接。当前要明确双方网络对接的层级和模式。应考虑多个因素。一是据国家工商总局同志介绍，工商总局业务系统是在统合省级工商局业务系统的基础上建立的，不是统一开发的全国系统，有些资料在上级工商机关系统中无法查看。二是需要冻结、强制股权变更登记的，必须在注册登记地的工商机关办理。这样，通过上级工商机关的系统可能难以完成某些协助事项。三是《通知》要求双方能积极创造条件，逐步实现人民法院通过企业信用信息公示系统自行公示相关信息。据此，我们倾向于各地法院和同级工商机关建立直接的网络对接。

2. 通过网络执行查控系统办理协助事项的程序（第 3 条）

去年最高人民法院出台的《关于网络查询、冻结被执行人存款的规定》（以下简称《网络查冻规定》）为网络查控机制提供了法律依据，《通知》对网络化查询、冻结被执行人投资权益过程中适用该司法解释，进一步作出细化规定。

首先，有关网络执行查控系统要求、电子文书要求、法律效力等规定，按照《网络查冻规定》执行。《网络查冻规定》第 1 条、第 2 条规定了网络执行查控机制的建立和运行的系统要求。第 3 条、第 4 条规定了电子文书的要求。第 5 条规定网络查控与到协助执行单位现场查控具有同等效力。这些规定在与工商机关建立和实施网络执行查控的过程中，都应当适用。其次，《网络查冻规定》第 7 条规定了依法使用系统和信息安全的原则、人民法院和执行人员的保密义务。第 8 条规定人民法院工作人员违反这些义务的责任。这些规定也适用于与工商机关开展网络查控机制的过程中，这一点《网络查冻规定》已在第 10 条中明确，所以《通知》没有再行赘述。最后，《网络查冻规定》第 9 条、第 10 条规定通过网络直接对被执行人股权等其他财产权采取查控措施的变通适用。《通知》对股权、其他投资权益执行确立了新的规则。但是《通知》是按照现场执行设定的程序，所以在转化为网络执行的过程中，应把发送协助请求、结果反馈的方式，由《通知》中规定的现场操作方式改为通过网络操作。这两项行为之外应由工商机关办理的协助执行工作，都可以通过信息化方式由其在业务系统中办理。

3. 现场执行与网络查控的关系（第 4 条）

首先，原则上，最高人民法院和国家工商总局希望所有的执行与协助执行行为都能够最终通过网络进行。其次，当前不能取消法院到工商机关现场执行，相反在多年来未对现场执行的程序制定规范的当下，要把现场执行与协助执行的程序设计好，为将来转化为网络操作打下制度和实践基础。最后，没有要求工商机关必须设立专门的司法协助窗口或者指定专门的机构、人员办理协助执行事务。主要考虑很多基层工商机关也存在“业多人少”的压力，无力增派专门的窗口和人员等实际困难。总之，各级法院与工商机关应尽快建立网络执行查控机制，逐渐减少现场执行。

（二）明确各级法院与工商机关建立信用约束机制（第5条）

建立信用约束机制是此次工商登记制度改革的重要内容，也是人民法院近两年来大力推进的工作之一。《通知》结合了人民法院和工商机关的工作需要，要求建立被执行人、失信被执行人名单、刑事犯罪人员等信息交换机制，工商机关将其作为加强市场信用监管的信息来源。各级法院和工商机关应协商建立该三类人员信息交换机制。首先是信息的交换，原则上与网络查控机制建设同时进行，使用同样的线路和途径，以减少时间和物质成本。其次是各地法院可向同级工商机关推送被执行人、失信被执行人名单信息。最高人民法院与国家工商总局专线已经搭建，正在落实推送相关信息。最后，对于刑事犯罪人员信息，绝大部分地区没有单独汇总，最高人民法院也没有建立这样的数据库，具体如何实施，各级法院和工商机关应抓紧研究。

（三）明确双方执行与协助执行的原则（第6条）

1. 工商机关积极协助原则

该原则意在约束和督促工商机关，积极、及时、全面地按照人民法院协助执行要求，办理协助事项，在协助执行时，不能出现设定复杂的内部审批程序、收取超标费用、不确定时间等消极协助的行为。

2. 协助执行要求合法原则

人民法院需要执行股权、其他投资权益的，应在工商机关权限范围内提出协助要求。人民法院依据民事诉讼法第二百四十二条和第二百五十一条，有权要求工商行政机关协助查询、冻结、强制转让被执行人股权和其他投资权益。同时要注意，工商机关对股权、投资权益的监管权限具有法定性和有限性特点。根据修改后的工商登记制度，工商机关对有限责任公司只保留了股东变更登记、增加注册资本登记等少量的登记事项。股东变更登记还不包括同一公司股东之间转让部分股权的情况，此时只需进行备案登记。对股份有限公司而言，设立登记在工商机关办理，但上市公司的股权登记由中国证券登记结算公司办理；未上市的股份公司没有统一规定，目前各地均委托商业或国有资产主管部门、产权交易所、行业协会等办理登记、备案事项。对于非公司企业法人，虽然有注册资金的要求，但注册资金属于备案事项，而非登记事项。其他非法人企业或者个体工商户、农村合作社等，没有注册资本或资金的规定，工商机关虽然履行设立登记等职责，但对其资产并无监管手段。

（四）对工商机关协助执行事项作出概括规定（第7条）

《通知》对工商机关协助执行的事项进行概括性、宣示性规定。所谓概括性、宣示性规定的含义，主要从两个方面理解。其一，本条旨在对工商机关可以协助人民法院执行的主要方面、事项进行列举，以提示两部门和具体办理人员。其二，前三项具体协助事项的规定，只是就相应种类协助事项中最主要内容的列举，而非该类事项的全部。如第（1）项协助查询的内容中，有关主体的设立、变更、注销登记、对外投资，以及受处罚等情况及原始资料，是工商机关提供查询的主要内容，但不是全部。只要是工商机关掌握的被执行人的所有登记、备案材料，如股权、其他投资权益的质押登记等信息，都有义务协助提供给人民法院。此外，能够借以查明被执行人财产或线索的其他市场主体的工商登记情况，也有义务提供给人民法院。又如本条第（2）项规定的对工商机关协助公示的内容，列举了“冻结、解除冻结被执行人股权、其他投资权益”三项，实际上按照《通知》第16条的规定，人民法院强制转让被执行人的股权、其他投资权益的，也可以要求工商机关协助公示。“冻结、解除冻结”也包括续行冻结。

（五）工商机关协助人民法院公示执行措施（第8条）

本轮改革弱化了工商登记的管理和许可功能，将商事登记定位于服务功能，通过工商登记为社会公众提供经营者基本资料的公示服务和信息查询服务，强调工商登记的公示作用。这是市场经济发达国家的通行做法。在日本，根据商业登记法的规定，工商登记仅仅具有公示的作用。[①] 国家工商总局专家明确表明：“工商部门不是股东股权确权机关，也不是财产权登记机关，工商部门对有限责任公司出资额的登记，本质作用是信息公示”。[②] 工商登记制度的功能转换后，工商机关对市场主体的监管方式发生了变化，但监管力度不但没有弱化，反倒会加强。因为信息公示、信用监管对市场主体而言是釜底抽薪之举，能促使市场主体诚实守信，合法经营。

《通知》借助工商登记公示制度，建立了工商机关协助人民法院公示所有执行措施的制度。该制度相对于传统的协助执行模式，是质的进步。首先从法律效果上讲，能满足执行措施应尽可能向全社会公示的需要，实现法律效果的最大化。最高人民法院《关于人民法院民事执行中查封、扣押、冻结财产的规定》第26条规定，人民法院的查封、扣押、冻结没有公示的，其效力不得对抗善意第三人。执行措施公示的范围越广，效力范围越广。其次，公示执行措施，不仅针对有限公司股权，对被执行人所有类型投资权益的执行都能适用，明显扩大了协助执行的范围。该制度的具体做法是，工商机关在企业信用信息公示系统中设置“司法协助”栏目，公开登载人民法院要求协助执行的事项。人民法院要求工商机关协助公示时，制作协助公示执行信息需求书，随协助执

① 邹小琴：《商事登记制度的属性反思及制度重构》，载《法学杂志》2014年第1期。

② 国家工商总局企业注册局综合处吴海峰处长提供的有关说明。

行通知书等法律文书一并送达工商机关。工商机关按照协助公示执行信息需求书，发布公示信息。工商机关协助公示的程序和协助公示的内容在《通知》第8条有清晰规定，不再赘述。需要强调，公示内容与协助公示执行信息需求书的主文内容应当一致，即工商机关按照执行法院的文书主体内容公示，只是两个文书的标题应该有所区别。人民法院发出的文书，标题可以像参考样式中用"××人民法院协助公示执行信息需求书"，而工商机关在企业信用信息公示系统中公示时，标题直接用"公示"或"法院执行信息公示"即可。

（六）查询被执行人股权、其他投资权益的程序（第9条）

理解本条时应注意以下几点：

第一，对被执行人享有的股权、其他投资权益可以执行，但执行时应遵循股东财产与法人财产分离原则。执行股权或其他投资权益则首先应当查明被执行人享有这类权益的情况。在执行实践中，出于反规避执行或其他法定理由，有时需要查询被执行人投资的市场主体或者关联主体投资等情况。为了留有余地，本条没有要求只能查询被执行人名下投资权益的权属。

第二，查询的顺序。国家工商总局整合的全国企业信用信息公示系统的公示事项比较全面，因此，本着执行效率原则，各级法院在执行时首先应通过该系统查询。需要进一步到工商机关的业务系统查询有关信息或者查看有关登记、备案资料原件的，可以到工商机关查询。

第三，现场查询程序应注意的问题。一是查询时只需出示工作证或者执行公务证的一种，而不是两种证件都要出示。主要考虑的原因是：其一，出示证件的目的在于表明身份，出示工作证或者执行公务证都能达到这样的目的。在多个协助查询存款和证券等财产的规范性文件中，都仅要求出示"双证之一"或者"相关证件"。其二，网络查控时，执行证件已在网络备案，执行人员的身份通过系统自动识别，对身份确认没有必要设定过于严格的程序。二是协助执行通知书在查询阶段直接称为"协助查询通知书"。对股权及其他投资权益的执行和协助执行，涉及查询、冻结和强制转让多个阶段，而且每个阶段的协助执行方式和程序差别很大。为了使两部门一线办案人员对执行的阶段和内容一目了然，便于操作，我们按照查询、冻结和过户的三个阶段将协助执行通知书细分为"协助查询通知书""协助公示通知书"和"协助执行通知书"，即只有协助执行股权过户的，才称为"协助执行通知书"。在《通知》附件中，设计了各类通知书的样式，供办案人员参考。《通知》要求在文书中注明经办人员和联系电话，以便于沟通，提高效率。

（七）冻结被执行人股权、其他投资权益的程序（第10～15条）

1. 可以冻结的股权、其他投资权益的范围（第10条）

民事执行法原理认为，对于被执行人名下的投资权益，执行法院都可以强制执行。市场主体投资权益在工商登记机关登记公示（外部登记）的权利人及其权利份额，与记载于内部股东名册或投资协议上（内部登记）的权利人及其份额，可能不一致。此时如何确定是否在被执行人名下，存在争议，目前我国法律无明确规定。有人认为应以工商登记为准，理由是隐名投资或股权转让协议仅在公司内有效，不能对抗第三人；有人认为应以实际出资或认购股权的事实为准，只有实际出资者才享有股东权，无论股东名册还是工商部门的变更登记都是公司的责任；有人认为应以股东名册登记为准，股东名册是确认股东资格的依据，工商变更登记属于宣示性登记，不影响股东资格的消灭与取得。①我们认为，在强制执行程序中，对被执行人财产权属的判断应当坚持外观主义原则，即当行为主体主张真实意思表示与表示在外的意思表示不一致时，以显示在外的意思表示为准确定行为的性质和效力。工商机关的登记和公示是典型的显示在外的意思表示，因此，公司的工商登记对社会具有公信力，② 执行法院可依据公示登记的内容强制执行。但是调研中，很多法院同志认为我国商事外观主义和执行程序中的外观主义原则在一定时期内恐难以完全树立，现在规定有些超前，实践效果难以保证。因此，最终《通知》规定了可以冻结股权、投资权益的范围，而回避了权属确认标准这一法律争议。因此，实践中执行法院对从工商机关业务系统、企业信用信息公示系统以及公司章程中查明属于被执行人名下的股权、其他投资权益，都可以冻结。实际权利人主张权利的，按照执行异议和异议之诉程序处理。

2. 冻结股权、其他投资权益法律文书送达的范围（第 11 条）

对于冻结股权、其他投资权益法律文书送达的范围，目前没有明确的法律或者司法解释的全面界定。《通知》规定，应向被执行人及其股权、其他投资权益所在市场主体送达冻结裁定，向工商机关送达执行裁定书、协助公示通知书和协助公示执行信息需求书。

第一，要求向被执行人股权、其他投资权益所在市场主体送达冻结裁定。此前，有观点认为，冻结裁定送达被执行人，并向有关企业发出协助执行通知

---

① 胡王伦：《工商登记与股东名册记载不一致时的股权强制执行》，载《人民法院报》2007 年 4 月 19 日。

② 我国法律并未规定工商登记的效力，学理上存在较多争议，一般认为法律效力主要有推定力、对抗力，不具备公信力。不过，这一状况随着一些新规定的颁布实施有所改变。如物权法涉及股权质押问题时，赋予了工商登记推定力、形成力和公信力。《物权法》第二百二十六条区分公开公司和封闭公司分别规定了登记，但质押权均以登记为成立要件，这样登记具有的效力就是推定力、形成力和公信力。《最高人民法院关于适用〈中华人民共和国公司法〉若干问题的规定（三）》第 26 条、第 28 条均规定了隐名股东、尚未办理过户手续时实际受让股东，在名义股东或者原股东处分股权时，应参照《物权法》第一百零六条规定处理，即为了保护第三人利益，适用善意取得规则。因为善意取得与登记公信力是一个制度的两面，故适用善意取得规则，则意味着工商登记具有了公信力。因此，现阶段完全可以参照物权法的相关规定，赋予公司外部登记推定力、形成力和公信力。

书即可。我们认为，被执行人股权或其他投资权益被冻结后，其股权或其他投资权益所在的市场主体，便负有在股东名册或其他记载投资权益的协议上记载冻结，并不得转让、设定质押等义务，有限公司还附有申请变更登记的义务，因此，执行裁定有必要向其送达。因送达协助执行通知书在《执行规定》中已有明确要求，此处没有强调。

第二，明确提交给工商机关执行文书的行为为送达。此前在与有关部门会签的执行与协助执行的文件中，使用过“出具查封（冻结）裁定书和协助执行通知书”的说法，从实践操作程序看，“出具”实质上还是送达。

第三，冻结股权、其他投资权益的协助公示通知书和协助公示执行信息需求书的格式。在第11条第3款以及附件中，从文书的内容和参考格式两方面提出了要求。

3. 工商机关协助公示冻结的程序（第11条）

工商机关协助公示的一般程序在第8条的解释中已经详细介绍，在此，需要特别强调两点。

第一，工商机关协助冻结的行为在《通知》中只称为对冻结的协助公示，而不是协助冻结。工商总局同志认为，此轮工商登记制度的修改，工商机关的法定职权发生了变化，其协助执行的方式也应发生变化，如果还是称为协助冻结，有违改革的内容和初衷。对公司以外的法人和其他组织，工商机关仅是实行公示监管，将执行法院冻结信息公示，已经尽到了协助义务。我们认同了这些观点。《通知》明确有限责任公司股东的股权被冻结期间，工商机关不予办理该股东的变更登记、该股东向公司其他股东转让股权被冻结部分的公司章程备案，以及被冻结部分股权的出质登记（第12条第2款）。这样同时也解决了公司登记制度改革后，对暂不实行注册资本认缴登记制的27个行业各类有限公司股权的冻结问题。这样通过公示冻结的方式，也能达到法院执行冻结有限公司股权的效果。

第二，工商机关收到通知后应当在三个工作日内公示。我们曾希望工商机关收到通知后立即在系统中公示，但工商总局表示基层工商机关无法做到，希望能适用七天的期限。最终经过讨论，双方确定了“三日”的办理期限，并且将这个期限作为提前办理续行冻结的期限（第14条）和工商机关在业务系统办理有限公司股权变更登记的期限（第16条第4款）。

4. 关于冻结股权、其他投资权益的效力（第12条）

《通知》规定，股权、其他投资权益被冻结的，未经人民法院许可，不得转让，不得设定质押或者其他权利负担。这是对被执行人、被执行人股权或其他投资权益所在的市场主体以及其他主体的效力规定。这是一个宣示性条款，意在要求社会尊重人民法院冻结裁定的效力，不得违反人民法院裁定要求，损害司法权威。第二款是当前工商机关协助人民法院对有限责任公司股权冻结的具体规定，前已述及。

5. 关于冻结股权、其他投资权益的不同样态

《通知》第13至15条系统规定了冻结股权、其他投资权益的不同样态，包括轮候冻结、续行冻结、冻结期限、解除冻结等。这些规定都是近些年人民法院执行工作以及有关部门协助执行工作理论成果和实践经验的总结，便于人民法院和工商机关统一认识和操作。《通知》对此规定非常清楚，不再赘述。

（八）强制股权、其他投资权益过户的程序（第16条）

1. 工商机关协助强制转让股权、其他投资权益的方式

《通知》规定，工商机关协助强制转让股权、其他投资权益的方式是协助人民法院公示强制转让股权、投资权益的信息并办理有限责任公司股东变更登记。

这一方式最终确定，经历了长时间的讨论。工商总局最终考虑到公司不履行或者怠于履行法定义务、不予协助办理变更登记的，确实缺乏必要的惩戒措施，不利于维护良好的市场秩序和加强监管，同意协助人民法院强制转让有限公司股东股权，但附加了三个条件：（1）由执行法院确认其他股东优先购买权。（2）法律、行政法规对股东资格、持股比例等有特殊规定的，人民法院要求工商机关办理有限责任公司股东变更登记前，应当进行审查。（3）由人民法院确认该公司股东变更符合公司法第二十四条（股东人数上限50人）、第五十八条（一个自然人只能投资设立一个一人有限责任公司）的规定。

2. 本条操作中应注意的问题

第一，关于送达强制转让裁定和公示的程序。人民法院强制转让被执行人的股权、其他投资权益，完成变价等程序后，应当向受让人、被执行人或者其股权、其他投资权益所在市场主体送达转让裁定，要求工商机关协助公示强制转让股权、其他投资权益的信息。应当公示的是所有类型市场主体投资权益转让的信息。这样规定的思路与冻结时的送达类似，不再赘述。

第二，办理有限公司股权强制过户登记的程序。执行法院要求办理有限责任公司股东变更登记的，执行人员应当出示工作证或者执行公务证，送达生效法律文书副本或者执行裁定书、协助执行通知书、协助公示执行信息需求书、合法受让人的身份或资格证明，到被执行人股权所在有限责任公司登记的工商机关办理。工商机关收到人民法院上述文书后，应当在三个工作日内直接在业务系统中办理，不需要该有限责任公司另行申请，并及时公示股东变更登记信息。

第三，执行法院对法律规定有限公司股权转让限制的情况承担审查义务。一是由执行法院依法保护其他股东的优先购买权。这是公司法第七十一条、第

七十二条的明确规定。但是，股权执行中对其他股东优先购买权的保护是个非常复杂的问题，德国法明确规定强制执行不受股东优先购买权的限制。对此，我国公司法没有设定详细的操作规程，司法解释也没有作出明确规定，以致实践中各地法院的做法各不相同。如何设定保护其他股东优先购买权的操作规程不是《通知》要解决的内容，但应尽早制定法律或司法解释予以规范。二是法律、行政法规对股东资格、持股比例等有特殊规定的，人民法院应当事先进行审查。这类要求和规定比较多，很多执行人员耳熟能详，不再列举。应该强调的是，这类强制性规定中，有的要求行政主管部门实质性审批，根据司法权和行政权分离的原理，人民法院不应在执行程序中代替行政机关作出某类主体符合审批条件的判断。实践中，很多执行法院按照法律规定的条件，设定股权竞买人的资格然后拍卖，拍定后由买受人向有关机关报批，经批准后再办理工商变更登记。这种做法应予肯定。三是由人民法院确认该公司股东变更符合公司法第二十四条（股东人数上限 50 人）、第五十八条（一个自然人只能投资设立一个一人有限责任公司）的规定。公司法这两条规定是强制性规定，不能因法院强制执行而被突破。从操作层面讲，通过查阅工商档案资料等途径，比较容易避免违反这两条规定。

（九）对协助执行结果的处理（第 17 条）

《通知》规定，人民法院可以对有关材料查询、摘抄、复制，但不得带走原件。工商机关对人民法院复制的书面材料应当核对并加盖印章。人民法院要求提供电子版，工商机关有条件的，应当提供。对于工商机关无法协助的事项，人民法院要求出具书面说明的，工商机关应当出具。

（十）协助执行的有关责任和救济措施（第 18 条）

《通知》规定，工商机关对按人民法院要求协助执行产生的后果，不承担责任。当事人、案外人对工商机关协助执行的行为不服，提出异议或者行政复议的，工商机关不予受理；向人民法院起诉的，人民法院不予受理。当事人、案外人认为人民法院协助执行要求存在错误的，应当按照民事诉讼法第二百二十五条之规定，向人民法院提出执行异议，人民法院应当受理。当事人认为工商机关在协助执行时扩大了范围或者违法采取措施造成其损害，提起行政诉讼的，人民法院应当受理。

该条是对工商机关协助执行产生的后果、责任承担，以及当事人的救济作出的规定，所遵循的主要原则是协助执行行为是人民法院司法行为的延伸，协助执行机关不因协助执行承担不利于自己的后果，但是对于超出协助执行范围的事项以及协助执行行为造成的损害，应当承担责任。

（十一）对工商登记改革前后法院执行与工商机关协助执行的衔接（第19条）

首先，《通知》要求对人民法院冻结股权、其他投资权益的通知在2014年2月28日之前送达工商机关、冻结到期日在2014年3月1日以后的，工商机关应当在2014年11月30日前将冻结信息公示。公示以后，执行法院续行冻结的，按照《通知》第11条办理。其次，《通知》对工商机关在2014年3月1日实施新的登记制度后，人民法院已经续行冻结的案件如何处理也作出了安排。一是明确冻结到期日在2014年3月1日以后、2014年11月30日前，人民法院送达了续行冻结通知书的，续行冻结有效。二是要求工商机关应当在2014年11月30日前公示续行冻结信息。最后，对人民法院没有设定期限的冻结规定了处理方法。即人民法院对股权、其他投资权益的冻结未设定期限的，工商机关应当在2014年11月30日前将冻结信息公示。从公示之日起满两年，人民法院未续行冻结的，冻结的效力消灭。

调研结果表明，存在不少对股权、投资权益无期限的冻结，有的甚至是在20世纪80年代的“睡眠”冻结。最高人民法院在2006年《关于民事执行中查封、扣押、冻结财产有关期限问题的答复》（法函〔2006〕76号）中确定，最高人民法院《关于人民法院民事执行中查封、扣押、冻结财产的规定》施行前采取的冻结措施，除了当时法律、司法解释及有关通知对期限问题有专门规定的以外，没有期限限制，但人民法院应当对有关案件尽快处理。按照该答复，这些长期“睡眠”的冻结依然合法有效，但应该尽快处理，尽早将它们“唤醒”，因此，《通知》作出了上述规定。

（撰稿人：刘贵祥　黄文艺）

【链　　接】

资源共享　合作共赢

——最高人民法院执行局负责人就《关于加强信息合作规范执行与协助执行的通知》答记者问

2014 年 10 月 15 日，最高人民法院公布了与国家工商总局联合下发的《关于加强信息合作规范执行与协助执行的通知》（以下简称《通知》）。最高人民法院执行局负责人接受了记者采访，并回答了记者提出的问题。

一、问：制定《通知》的背景和原则是什么？

答：主要有三个方面的因素，促使最高人民法院与国家工商总局共同出台了《通知》。一是双方履行各自法定职责的需要。随着我国经济的发展，被执行人在公司等市场主体享有的股权及其他投资权益，成为人民法院越来越重要的执行标的物。人民法院对工商机关协助执行的需求较为迫切。另一方面，工商机关为履行对市场主体的监管职责，对人民法院审判执行工作中形成的有关当事人信息，也存在迫切的需求。但从实践和调研结果看，各级法院和工商机关在信息合作和协助执行方面，存在很大不足，急需制定规范性文件予以解决。二是信息化发展的大势所趋。最高人民法院党组和周强院长对加强执行信息化、规范化建设高度重视。而国务院对信息化建设一直以来非常重视，工商机关的信息化程度在行政机关系统相对较高。双方按照国家信息化发展战略要求，必然要加强信息合作，实现资源共享。三是落实中央有关工商登记制度改革措施的需要。去年以来，按照中央部署，我国进行了深层次的市场主体资本制度改革，工商登记制度随之进行了重大改革。改革要求转变监管理念和方式，利用信息技术，强化信用监管、协同监管和社会共治，更加注重运用信息公示、信息共享、信用约束等手段，形成部门协同监管、行业自律、社会监督和主体自治相结合的市场监管格局。人民法院和工商机关都有义务通过合作的方式落实改革的内容。

据此，我们在起草的过程中，着重把握了以下原则：一要按照信息化和依法履行职责的要求，本着对党和国家、对法律负责任的态度，积极协商，加强合作，共同制定符合双方工作实际的行为规范。二要落实中央资本制度改革和工商登记制度改革的要求，体现改革、创新精神。三要求同存异，尽可能解决当前存在的问题，尤其要对股权强制转让等争议拟定解决方案。以此为指导，双方多伦协商，最终就信息合作和协助执行的主要事项，达成了一致，出台了《通知》。

二、问：《通知》对人民法院与工商机关的信息合作规定了哪些内容？

答：主要有两个方面。一是明确要求各级法院与工商机关建立网络执行查控系统，实现网络化执行与协助执行。二是明确要求各级法院与工商机关建立信用约束机制，建立被执行人、失信被执行人名单、刑事犯罪人员等信息交换机制。工商机关将其作为加强市场信用监管的信息来源。

三、问：《通知》对人民法院与工商机关执行与协助执行规定了什么样的原则？

答：《通知》从双方各自角度重点规定了两项原则。一是从人民法院的角度出发，确立了工商机关积极协助的原则。要求工商机关应当按照人民法院的生效法律文书和协助执行通知书办理协助执行事项。二是从工商机关的角度出发，确立了人民法院协助执行事项合法的原则。人民法院要求工商机关协助执行的事项，应当属于工商机关的法定职权范围。

四、问：《通知》对工商机关协助执行的事项是如何规定的？

答：《通知》对工商机关协助执行的事项做出了概括性、宣示性的规定。主要是四项：(1) 查询有关主体的设立、变更、注销登记，对外投资，以及受处罚等情况及原始资料；(2) 对冻结、解除冻结被执行人股权、其他投资权益进行公示；(3) 因人民法院强制转让被执行人股权，办理有限责任公司股东变更登记；(4) 法律、行政法规规定的其他事项。

所谓概括性、宣示性规定的含义主要从两个方面理解。其一，本条旨在提示执行人员和办理协助事务的工商人员，工商机关能协助人民法院办理的事项主要是查询、公示和办理有限责任公司股东变更登记以及其他事项。其二，根据规范性文件简练、准确的语言要求，前三项具体协助事项的表述，只是就相应种类协助事项中最主要内容的列举，而非《通知》规定事项的全部。未能全部列举的，按照第四项兜底条款执行。

五、问：如何理解工商机关协助人民法院公示执行措施的制度？

答：《通知》确立了工商机关协助人民法院公示执行措施的制度。这是根据中央注册资本和工商登记制度改革内容，结合执行工作实际，进行的创新性制度设计。国务院注册资本登记制度改革方案要求建设市场主体信用信息公示制度和体系。改革后的商事登记制度从原来的管理、许可和公示功能，明确转变为公示和服务功能，但工商监管的力度不但没有弱化，反倒因为信用约束作用，得到了加强。在工商登记的法律效果只产生对抗效力这一原则不变的情况下，在改革后，人民法院借助工商机关建立的公示制度，建立工商机关协助人民法院公示所有的执行措施的制度，能满足冻结、处分等执行措施应最大范围公示的法律属性，同时，威慑力更大，人民法院执行工作的强制性、权威性更能得到体现。

《通知》规定该制度的具体做法是，工商机关在企业信用信息公示系统中设置“司法协助”栏目，公开登载人民法院要求协助执行的事项。人民法院要求工商机关协助公示时，制作协助公示执行信息需求书，随协助执行通知书等法律文书一并送达工商机关。工商机关按照协助公示执行信息需求书，发布公示信息。

六、问：查询被执行人股权、其他投资权益应如何操作？

答：《通知》规定，人民法院对股权、其他投资权益进行冻结或者实体处分前，应当查询权属。人民法院应先通过企业信用信息公示系统查询有关信息。需要进一步获取有关信息的，可以要求工商机关予以协助。执行人员到工商机关查询时，应当出示工作证或者执行公务证，并出具协助查询通知书。协助查询通知书应当载明被查询主体的姓名（名称）、查询内容，并记载执行依据、人民法院经办人员的姓名和电话等内容。

实践中应从以下几个方面理解。第一，将查询权属作为执行被执行人股权、其他投资权益的第一步。其本意在强调要在权属清楚的情况下采取执行措施，而没有要求只能查询被执行人名下投资权益的权属。出于法定理由，确实需要查询被执行人投资的市场主体或者关联主体投资等情况，可以查询。第二，查询的顺序，要求先通过企业信用信息公示系统查询有关信息，该系统查询不到的信息，可以要求工商机关协助查询。第三，查询的程序有几个要注意的方面。一是执行人员到工商机关查询时，应当出示工作证或者执行公务证的一种。二是协助执行通知书的称谓，在查询阶段具体化为“协助查询通知书”。《通知》按照查询、冻结和过户的三个阶段将协助执行通知书明确细分为“协助查询通知书”“协助公示通知书”和“协助执行通知书”，并且在本通知附件中，设计了各类通知书的参考样式，供人民法院和工商机关参考使用。三是要求人民法院和工商机关在执行通知书和回执中都注明经办人员和联系电话。

七、问：冻结被执行人股权、其他投资权益应如何操作？

答：《通知》对冻结被执行人股权、其他投资权益的程序，从以下几个方面进行了设定。第一，执行法院对从工商机关业务系统、企业信用信息公示系统以及公司章程中查明属于被执行人名下的股权、其他投资权益，都可以冻结。第二，关于冻结股权、其他投资权益法律文书送达的范围，《通知》规定应向被执行人及其股权、其他投资权益所在市场主体送达冻结裁定，向工商机关送达执行裁定书、协助公示通知书和协助公示执行信息需求书。第三，关于工商机关协助公示冻结的程序，工商机关收到通知后应当在三个工作日内，按照上述工商机关公示的程序办理。需要特别强调，没有直接写明工商机关协助冻结，是因为此轮工商登记制度改革后，工商机关对有限公司仅有的权限也从管制向服务、从事先审批到事后公示转变，对其他市场主体更是如此。如果还是称为协助冻结，有违改革的内容和初衷。《通知》明确有限责任公司股东的股权被冻结期间，工商机关不予办理该股东的变更登记、该股东向公司其他股东转让股权被冻结部分的公司章程备案，以及被冻结部分股权的出质登记。这样的规定实际上实现了冻结有限公司股权的结果。

《通知》系统规定了冻结股权、其他投资权益的不同样态，包括轮候冻结、续行冻结、冻结期限、解除冻结等，便于人民法院和工商机关统一认识和实际操作。

八、问：强制股权、其他投资权益过户应如何操作？

答：《通知》明确规定工商机关协助人民法院直接办理有限公司股东变更登记，并设定了具体程序，成为本通知主要成果之一。对此，应从以下几个方面理解。

首先，人民法院强制转让被执行人的股权、其他投资权益，完成变价等程序后，应当向受让人、被执行人或者其股权、其他投资权益所在市场主体送达转让裁定，要求工商机关协助公示股权、其他投资权益转让的信息。应当公示的是所有类型市场主体投资权益转让的信息。人民法院要求办理有限责任公司股东变更登记的，执行人员应当出示工作证或者执行公务证，送达生效法律文书副本或者执行裁定书、协助执行通知书、协助公示执行信息需求书、合法受让人的身份或资格证明，到被执行人股权所在有限责任公司登记的工商机关办理。工商机关收到人民法院上述文书后，应当在三个工作日内直接在业务系统中办理，不需要该有限责任公司另行申请，并及时公示股东变更登记信息。

其次，执行法院对强制转让股权是否符合法律规定的有限公司股权转让限制的情形，承担审查义务。一是由执行法院依法保护其他股东的优先购买权。二是法律、行政法规对股东资格、持股比例等有特殊规定的，人民法院应当事先进行审查。三是由人民法院确认该公司股东变更符合公司法第二十四条（股东人数上限50人）、第五十八条（一个自然人只能投资设立一个一人有限责任公司）的规定。

九、问：对协助执行结果如何处理？

答：《通知》规定，人民法院可以对有关材料查询、摘抄、复制，但不得带走原件。工商机关对人民法院复制的书面材料应当核对并加盖印章。人民法院要求提供电子版，工商机关有条件的，应当提供。对于工商机关无法协助的事项，人民法院要求出具书面说明的，工商机关应当出具。

十、问：对协助执行的有关责任和救济措施如何设定？

答：《通知》规定，工商机关对按人民法院要求协助执行产生的后果，不承担责任。当事人、案外人对工商机关协助执行的行为不服，提出异议或者行政复议的，工商机关不予受理；向人民法院起诉的，人民法院不予受理。当事人、案外人认为人民法院协助执行要求存在错误的，应当按照民事诉讼法第二百二十五条之规定，向人民法院提出执行异议，人民法院应当受理。当事人认为工商机关在协助执行时扩大了范围或者违法采取措施造成其损害，提起行政诉讼的，人民法院应当受理。

十一、问：工商登记改革前后，法院执行措施如何衔接？

答：为处理好《通知》下发之前的遗留问题，做好《通知》下发前后不同协助执行模式下相关工作的衔接，《通知》区分不同情况，拟定了处理方案。

首先，对工商机关在今年 3 月 1 日实施新的登记制度前，人民法院实施的所有有效的冻结，按照《通知》新确定的方法全部公示。公示以后，执行法院续行冻结的，按照《通知》办理。

其次，对工商机关在今年 3 月 1 日实施新的登记制度后，人民法院已经续行冻结的案件，《通知》规定：(1) 人民法院送达了续行冻结通知书的，续行冻结有效；(2) 工商机关应当在 2014 年 11 月 30 日前公示续行冻结信息。

最后，对人民法院没有设定期限的冻结，《通知》规定工商机关应当在 2014 年 11 月 30 日前将冻结信息公示。从公示之日起满两年，人民法院未续行冻结的，冻结的效力消灭。

最高人民法院　中国银行业监督管理委员会
关于人民法院与银行业金融机构开展网络执行查控和联合信用惩戒工作的意见

2014年10月24日　　　　　　　　法〔2014〕266号

各省、自治区、直辖市高级人民法院，解放军军事法院，新疆维吾尔自治区高级人民法院生产建设兵团分院；各银监局；各政策性银行、国有商业银行、股份制商业银行、邮储银行、各省级农村信用联社：

为维护司法权威，防范金融风险，保障当事人合法权益，推动社会信用体系建设，根据《中华人民共和国民事诉讼法》《中华人民共和国商业银行法》及《关于建立和完善执行联动机制若干问题的意见》等规定，结合工作实际，最高人民法院和中国银行业监督管理委员会就人民法院和银行业金融机构开展网络执行查控和联合信用惩戒工作，提出如下意见：

一、最高人民法院、中国银行业监督管理委员会鼓励和支持各级人民法院与银行业金融机构通过网络信息化方式，开展执行与协助执行、联合对失信被执行人进行信用惩戒等工作。

二、最高人民法院、中国银行业监督管理委员会鼓励和支持银行业金融机构与人民法院建立网络执行查控机制，通过网络查询被执行人存款和其他金融资产信息，办理其他协助事项。

银行业金融机构应当推进电子信息化建设，协助人民法院建立网络执行查控机制。

三、中国银行业监督管理委员会督促指导各银行业金融机构确定专门机构和人员负责网络执行查控工作，及时准确反馈办理结果；鼓励和支持开发批量自动查控功能，实现查询数据的准确和高效。

四、中国银行业监督管理委员会鼓励和支持人民法院与银行业金融机构在完备法律手续、保证资金安全的情况下，逐步通过网络实施查询、冻结、扣划等执行措施。

银行业金融机构尚未与人民法院建立网络执行查控机制，或者协助事项不能通过网络办理的，应当根据法律、司法解释和有关规定，协助人民法院现场办理。

五、中国银行业监督管理委员会鼓励和支持银行业金融机构与人民法院以全国法院执行案件信息系统为基础，建立全国网络执行查控机制。

全国网络执行查控机制建设主要采取两种模式。一是“总对总”联网，即最高人民法院通过中国银行业监督管理委员会金融专网通道与各银行业金融机构总行网络对接。各级人民法院通过最高人民法院网络执行查控系统实施查控。二是“点对点”联网，即高级人民法院通过当地银监局金融专网通道与各银行业金融机构省级分行网络对接。本地人民法院通过高级人民法院执行查控系统实施本地查控，外地法院通过最高人民法院网络中转接入当地高级人民法院执行查控系统实施查控。

各级人民法院与银行业金融机构及其分支机构已协议通过专线或其他网络建立网络查控机制的，可继续按原有模式建设和运行。本意见下发后，采用第二款以外模式建设的，应当经最高人民法院和中国银行业监督管理委员会同意。

六、人民法院与银行业金融机构建立了网络执行查控机制的，通过网络执行查控系统对被执行人存款或其他金融资产采取查控措施，按照《最高人民法院关于网络查询、冻结被执行人存款的规定》（法释〔2013〕20号）执行。

七、各级法院应当加强管理，确保依照法律、法规、司法解释以及金融监管规定，查询和使用被执行人银行账户等信息，确保有关人员严格遵守保密规定。

八、最高人民法院、中国银行业监督管理委员会鼓励和支持银行业金融机构与人民法院建立联合信用惩戒机制。银行业金融机构与人民法院通过网络传输等方式，共享失信被执行人名单及其他执行案件信息；银行业金融机构依照法律、法规规定，在融资信贷等金融服务领域，对失信被执行人等采取限制贷款、限制办理信用卡等措施。

九、上级法院和银行业监管机构应当加强对网络执行查控机制和联合信用惩戒机制建设的监督指导，协调处理两个机制建设和运行中产生的分歧和争议。

建立了合作关系的人民法院、银行业金融机构应当安排专人协调处理两个机制运行中发生的争议。协调无果的，可通过上级法院、银行业监管机构协调解决。

建立了合作关系的人民法院、银行业金融机构应当制定应急预案，配备专门的技术人员处理两个机制运行中的突发事件，保障系统安全。

十、银行业金融机构依法协助人民法院办理网络执行查控措施，当事人或者利害关系人有异议的，银行业金融机构应当告知其根据民事诉讼法第二百二十五条之规定向执行法院提出，但银行业金融机构未按照协助执行通知书办理的除外。

十一、人民法院与银行业金融机构关于协助执行的有关规范性文件与本意见不一致的，以本意见为准。

最高人民法院
印发《关于执行案件立案、结案若干问题的意见》的通知

2014 年 12 月 17 日　　　　法发〔2014〕26 号

各省、自治区、直辖市高级人民法院，解放军军事法院，新疆维吾尔自治区高级人民法院生产建设兵团分院：

为统一执行案件立案、结案标准，规范执行行为，最高人民法院制定了《关于执行案件立案、结案若干问题的意见》，现予以印发。请遵照执行，并通过建立、健全辖区三级法院统一使用、切合实际、功能完备、科学有效的案件管理系统，加强对执行案件立、结案工作的管理。该意见自 2015 年 1 月 1 日起施行，执行局要及时与立案庭进行沟通，做好新、旧年度执行案件立案、结案的衔接工作，确保该意见规定的立、结案标准得到全面实施。

附：

关于执行案件立案、结案若干问题的意见

为统一执行案件立案、结案标准，规范执行行为，根据《中华人民共和国民事诉讼法》等法律、司法解释的规定，结合人民法院执行工作实际，制定本意见。

第一条　本意见所称执行案件包括执行实施类案件和执行审查类案件。

执行实施类案件是指人民法院因申请执行人申请、审判机构移送、受托、提级、指定和依职权，对已发生法律效力且具有可强制执行内容的法律文书所确定的事项予以执行的案件。

执行审查类案件是指在执行过程中，人民法院审查和处理执行异议、复议、申诉、请示、协调以及决定执行管辖权的移转等事项的案件。

第二条　执行案件统一由人民法院立案机构进行审查立案，人民法庭经授

权执行自审案件的，可以自行审查立案，法律、司法解释规定可以移送执行的，相关审判机构可以移送立案机构办理立案登记手续。

立案机构立案后，应当依照法律、司法解释的规定向申请人发出执行案件受理通知书。

第三条　人民法院对符合法律、司法解释规定的立案标准的执行案件，应当予以立案，并纳入审判和执行案件统一管理体系。

人民法院不得有审判和执行案件统一管理体系之外的执行案件。

任何案件不得以任何理由未经立案即进入执行程序。

第四条　立案机构在审查立案时，应当按照本意见确定执行案件的类型代字和案件编号，不得违反本意见创设案件类型代字。

第五条　执行实施类案件类型代字为“执字”，按照立案时间的先后顺序确定案件编号，单独进行排序；但执行财产保全裁定的，案件类型代字为“执保字”，按照立案时间的先后顺序确定案件编号，单独进行排序；恢复执行的，案件类型代字为“执恢字”，按照立案时间的先后顺序确定案件编号，单独进行排序。

第六条　下列案件，人民法院应当按照恢复执行案件予以立案：

（一）申请执行人因受欺诈、胁迫与被执行人达成和解协议，申请恢复执行原生效法律文书的；

（二）一方当事人不履行或不完全履行执行和解协议，对方当事人申请恢复执行原生效法律文书的；

（三）执行实施案件以裁定终结本次执行程序方式报结后，如发现被执行人有财产可供执行，申请执行人申请或者人民法院依职权恢复执行的；

（四）执行实施案件因委托执行结案后，确因委托不当被已立案的受托法院退回委托的；

（五）依照民事诉讼法第二百五十七条的规定而终结执行的案件，申请执行的条件具备时，申请执行人申请恢复执行的。

第七条　除下列情形外，人民法院不得人为拆分执行实施案件：

（一）生效法律文书确定的给付内容为分期履行的，各期债务履行期间届满，被执行人未自动履行，申请执行人可分期申请执行，也可以对几期或全部到期债权一并申请执行；

（二）生效法律文书确定有多个债务人各自单独承担明确的债务的，申请执行人可以对每个债务人分别申请执行，也可以对几个或全部债务人一并申请执行；

（三）生效法律文书确定有多个债权人各自享有明确的债权的（包括按份共有），每个债权人可以分别申请执行；

（四）申请执行赡养费、扶养费、抚养费的案件，涉及金钱给付内容的，人民法院应当根据申请执行时已发生的债权数额进行审查立案，执行过程中新发生的债权应当另行申请执行；涉及人身权内容的，人民法院应当根据申请执行时义务人未履行义务的事实进行审查立案，执行过程中义务人延续消极行为的，应当依据申请执行人的申请一并执行。

第八条 执行审查类案件按下列规则确定类型代字和案件编号：

（一）执行异议案件类型代字为“执异字”，按照立案时间的先后顺序确定案件编号，单独进行排序；

（二）执行复议案件类型代字为“执复字”，按照立案时间的先后顺序确定案件编号，单独进行排序；

（三）执行监督案件类型代字为“执监字”，按照立案时间的先后顺序确定案件编号，单独进行排序；

（四）执行请示案件类型代字为“执请字”，按照立案时间的先后顺序确定案件编号，单独进行排序；

（五）执行协调案件类型代字为“执协字”，按照立案时间的先后顺序确定案件编号，单独进行排序。

第九条 下列案件，人民法院应当按照执行异议案件予以立案：

（一）当事人、利害关系人认为人民法院的执行行为违反法律规定，提出书面异议的；

（二）执行过程中，案外人对执行标的提出书面异议的；

（三）人民法院受理执行申请后，当事人对管辖权提出异议的；

（四）申请执行人申请追加、变更被执行人的；

（五）被执行人以债权消灭、超过申请执行期间或者其他阻止执行的实体事由提出阻止执行的；

（六）被执行人对仲裁裁决或者公证机关赋予强制执行效力的公证债权文书申请不予执行的；

（七）其他依法可以申请执行异议的。

第十条 下列案件，人民法院应当按照执行复议案件予以立案：

（一）当事人、利害关系人不服人民法院针对本意见第九条第（一）项、第（三）项、第（五）项作出的裁定，向上一级人民法院申请复议的；

（二）除因夫妻共同债务、出资人未依法出资、股权转让引起的追加和对一人公司股东的追加外，当事人、利害关系人不服人民法院针对本意见第九条第（四）项作出的裁定，向上一级人民法院申请复议的；

（三）当事人不服人民法院针对本意见第九条第（六）项作出的不予执行公证债权文书、驳回不予执行公证债权文书申请、不予执行仲裁裁决、驳回不予执行仲裁裁决申请的裁定，向上一级人民法院申请复议的；

（四）其他依法可以申请复议的。

第十一条　上级人民法院对下级人民法院，最高人民法院对地方各级人民法院依法进行监督的案件，应当按照执行监督案件予以立案。

第十二条　下列案件，人民法院应当按照执行请示案件予以立案：

（一）当事人向人民法院申请执行内地仲裁机构作出的涉港澳仲裁裁决或者香港特别行政区、澳门特别行政区仲裁机构作出的仲裁裁决或者临时仲裁庭在香港特别行政区、澳门特别行政区作出的仲裁裁决，人民法院经审查认为裁决存在依法不予执行的情形，在作出裁定前，报请所属高级人民法院进行审查的，以及高级人民法院同意不予执行，报请最高人民法院的；

（二）下级人民法院依法向上级人民法院请示的。

第十三条　下列案件，人民法院应当按照执行协调案件予以立案：

（一）不同法院因执行程序、执行与破产、强制清算、审判等程序之间对执行标的产生争议，经自行协调无法达成一致意见，向共同上级人民法院报请协调处理的；

（二）对跨高级人民法院辖区的法院与公安、检察等机关之间的执行争议案件，执行法院报请所属高级人民法院与有关公安、检察等机关所在地的高级人民法院商有关机关协调解决或者报请最高人民法院协调处理的；

（三）当事人对内地仲裁机构作出的涉港澳仲裁裁决分别向不同人民法院申请撤销及执行，受理执行申请的人民法院对受理撤销申请的人民法院作出的决定撤销或者不予撤销的裁定存在异议，亦不能直接作出与该裁定相矛盾的执行或者不予执行的裁定，报请共同上级人民法院解决的；

（四）当事人对内地仲裁机构作出的涉港澳仲裁裁决向人民法院申请执行且人民法院已经作出应予执行的裁定后，一方当事人向人民法院申请撤销该裁决，受理撤销申请的人民法院认为裁决应予撤销且该人民法院与受理执行申请的人民法院非同一人民法院时，报请共同上级人民法院解决的；

（五）跨省、自治区、直辖市的执行争议案件报请最高人民法院协调处理的；

（六）其他依法报请协调的。

第十四条　除执行财产保全裁定、恢复执行的案件外，其他执行实施类案件的结案方式包括：

（一）执行完毕；

（二）终结本次执行程序；

（三）终结执行；

（四）销案；

（五）不予执行；

（六）驳回申请。

第十五条 生效法律文书确定的执行内容，经被执行人自动履行、人民法院强制执行，已全部执行完毕，或者是当事人达成执行和解协议，且执行和解协议履行完毕，可以以“执行完毕”方式结案。

执行完毕应当制作结案通知书并发送当事人。双方当事人书面认可执行完毕或口头认可执行完毕并记入笔录的，无需制作结案通知书。

执行和解协议应当附卷，没有签订书面执行和解协议的，应当将口头和解协议的内容作成笔录，经当事人签字后附卷。

第十六条 有下列情形之一的，可以以“终结本次执行程序”方式结案：

（一）被执行人确无财产可供执行，申请执行人书面同意人民法院终结本次执行程序的；

（二）因被执行人无财产而中止执行满两年，经查证被执行人确无财产可供执行的；

（三）申请执行人明确表示提供不出被执行人的财产或财产线索，并在人民法院穷尽财产调查措施之后，对人民法院认定被执行人无财产可供执行书面表示认可的；

（四）被执行人的财产无法拍卖变卖，或者动产经两次拍卖、不动产或其他财产权经三次拍卖仍然流拍，申请执行人拒绝接受或者依法不能交付其抵债，经人民法院穷尽财产调查措施，被执行人确无其他财产可供执行的；

（五）经人民法院穷尽财产调查措施，被执行人确无财产可供执行或虽有财产但不宜强制执行，当事人达成分期履行和解协议，且未履行完毕的；

（六）被执行人确无财产可供执行，申请执行人属于特困群体，执行法院已经给予其适当救助的。

人民法院应当依法组成合议庭，就案件是否终结本次执行程序进行合议。

终结本次执行程序应当制作裁定书，送达申请执行人。裁定应当载明案件的执行情况、申请执行人债权已受偿和未受偿的情况、终结本次执行程序的理由，以及发现被执行人有可供执行财产，可以申请恢复执行等内容。

依据本条第一款第（二）（四）（五）（六）项规定的情形裁定终结本次执行程序前，应当告知申请执行人可以在指定的期限内提出异议。申请执行人提出异议的，应当另行组成合议庭组织当事人就被执行人是否有财产可供执行进行听证；申请执行人提供被执行人财产线索的，人民法院应当就其提供的线索重新调查核实，发现被执行人有财产可供执行的，应当继续执行；经听证认定被执行人确无财产可供执行，申请执行人亦不能提供被执行人有可供执行财产的，可以裁定终结本次执行程序。

本条第一款第（三）（四）（五）项中规定的“人民法院穷尽财产调查措施”，是指至少完成下列调查事项：

（一）被执行人是法人或其他组织的，应当向银行业金融机构查询银行存款，向有关房地产管理部门查询房地产登记，向法人登记机关查询股权，向有关车管部门查询车辆等情况；

（二）被执行人是自然人的，应当向被执行人所在单位及居住地周边群众调查了解被执行人的财产状况或财产线索，包括被执行人的经济收入来源、被执行人到期债权等。如果根据财产线索判断被执行人有较高收入，应当按照对法人或其他组织的调查途径进行调查；

（三）通过最高人民法院的全国法院网络执行查控系统和执行法院所属高级人民法院的“点对点”网络执行查控系统能够完成的调查事项；

（四）法律、司法解释规定必须完成的调查事项。

人民法院裁定终结本次执行程序后，发现被执行人有财产的，可以依申请执行人的申请或依职权恢复执行。申请执行人申请恢复执行的，不受申请执行期限的限制。

第十七条　有下列情形之一的，可以以“终结执行”方式结案：

（一）申请人撤销申请或者是当事人双方达成执行和解协议，申请执行人撤回执行申请的；

（二）据以执行的法律文书被撤销的；

（三）作为被执行人的公民死亡，无遗产可供执行，又无义务承担人的；

（四）追索赡养费、扶养费、抚育费案件的权利人死亡的；

（五）作为被执行人的公民因生活困难无力偿还借款，无收入来源，又丧失劳动能力的；

（六）作为被执行人的企业法人或其他组织被撤销、注销、吊销营业执照或者歇业、终止后既无财产可供执行，又无义务承受人，也没有能够依法追加变更执行主体的；

（七）依照刑法第五十三条规定免除罚金的；

（八）被执行人被人民法院裁定宣告破产的；

（九）行政执行标的灭失的；

（十）案件被上级人民法院裁定提级执行的；

（十一）案件被上级人民法院裁定指定由其他法院执行的；

（十二）按照《最高人民法院关于委托执行若干问题的规定》，办理了委托执行手续，且收到受托法院立案通知书的；

（十三）人民法院认为应当终结执行的其他情形。

前款除第（十）项、第（十一）项、第（十二）项规定的情形外，终结执行的，应当制作裁定书，送达当事人。

第十八条 执行实施案件立案后，有下列情形之一的，可以以“销案”方式结案：

（一）被执行人提出管辖异议，经审查异议成立，将案件移送有管辖权的法院或申请执行人撤回申请的；

（二）发现其他有管辖权的人民法院已经立案在先的；

（三）受托法院报经高级人民法院同意退回委托的。

第十九条 执行实施案件立案后，被执行人对仲裁裁决或公证债权文书提出不予执行申请，经人民法院审查，裁定不予执行的，以“不予执行”方式结案。

第二十条 执行实施案件立案后，经审查发现不符合《最高人民法院关于人民法院执行工作若干问题的规定（试行）》第18条规定的受理条件，裁定驳回申请的，以“驳回申请”方式结案。

第二十一条 执行财产保全裁定案件的结案方式包括：

（一）保全完毕，即保全事项全部实施完毕；

（二）部分保全，即因未查询到足额财产，致使保全事项未能全部实施完毕；

（三）无标的物可实施保全，即未查到财产可供保全。

第二十二条 恢复执行案件的结案方式包括：

（一）执行完毕；

（二）终结本次执行程序；

（三）终结执行。

第二十三条 下列案件不得作结案处理：

（一）人民法院裁定中止执行的；

（二）人民法院决定暂缓执行的；

（三）执行和解协议未全部履行完毕，且不符合本意见第十六条、第十七条规定终结本次执行程序、终结执行条件的。

第二十四条 执行异议案件的结案方式包括：

（一）准予撤回异议或申请，即异议人撤回异议或申请的；

（二）驳回异议或申请，即异议不成立或者案外人虽然对执行标的享有实体权利但不能阻止执行的；

（三）撤销相关执行行为、中止对执行标的的执行、不予执行、追加变更当事人，即异议成立的；

（四）部分撤销并变更执行行为、部分不予执行、部分追加变更当事人，即异议部分成立的；

（五）不能撤销、变更执行行为，即异议成立或部分成立，但不能撤销、变更执行行为的；

（六）移送其他人民法院管辖，即管辖权异议成立的。

执行异议案件应当制作裁定书，并送达当事人。法律、司法解释规定对执行异议案件可以口头裁定的，应当记入笔录。

第二十五条　执行复议案件的结案方式包括：

（一）准许撤回申请，即申请复议人撤回复议申请的；

（二）驳回复议申请，维持异议裁定，即异议裁定认定事实清楚，适用法律正确，复议理由不成立的；

（三）撤销或变更异议裁定，即异议裁定认定事实错误或者适用法律错误，复议理由成立的；

（四）查清事实后作出裁定，即异议裁定认定事实不清，证据不足的；

（五）撤销异议裁定，发回重新审查，即异议裁定遗漏异议请求或者异议裁定错误对案外人异议适用执行行为异议审查程序的。

人民法院对重新审查的案件作出裁定后，当事人申请复议的，上级人民法院不得再次发回重新审查。

执行复议案件应当制作裁定书，并送达当事人。法律、司法解释规定对执行复议案件可以口头裁定的，应当记入笔录。

第二十六条　执行监督案件的结案方式包括：

（一）准许撤回申请，即当事人撤回监督申请的；

（二）驳回申请，即监督申请不成立的；

（三）限期改正，即监督申请成立，指定执行法院在一定期限内改正的；

（四）撤销并改正，即监督申请成立，撤销执行法院的裁定直接改正的；

（五）提级执行，即监督申请成立，上级人民法院决定提级自行执行的；

（六）指定执行，即监督申请成立，上级人民法院决定指定其他法院执行的；

（七）其他，即其他可以报结的情形。

第二十七条　执行请示案件的结案方式包括：

（一）答复，即符合请示条件的；

（二）销案，即不符合请示条件的。

第二十八条　执行协调案件的结案方式包括：

（一）撤回协调请求，即执行争议法院自行协商一致，撤回协调请求的；

（二）协调解决，即经过协调，执行争议法院达成一致协调意见，将协调意见记入笔录或者向执行争议法院发出协调意见函的。

第二十九条　执行案件的立案、执行和结案情况应当及时、完整、真实、准确地录入全国法院执行案件信息管理系统。

第三十条 地方各级人民法院不能制定与法律、司法解释和本意见规定相抵触的执行案件立案、结案标准和结案方式。

违反法律、司法解释和本意见的规定立案、结案，或者在全国法院执行案件信息管理系统录入立案、结案情况时弄虚作假的，通报批评；造成严重后果或恶劣影响的，根据《人民法院工作人员纪律处分条例》追究相关领导和工作人员的责任。

第三十一条 各高级人民法院应当积极推进执行信息化建设，通过建立、健全辖区三级法院统一使用、切合实际、功能完备、科学有效的案件管理系统，加强对执行案件立、结案的管理。实现立、审、执案件信息三位一体的综合管理；实现对终结本次执行程序案件的单独管理；实现对恢复执行案件的动态管理；实现辖区的案件管理系统与全国法院执行案件信息管理系统的数据对接。

第三十二条 本意见自 2015 年 1 月 1 日起施行。

最高人民法院
印发《关于加强和规范人民法院网络司法拍卖工作的意见》的通知

2015 年 12 月 24 日　　法〔2015〕384 号

各省、自治区、直辖市高级人民法院，解放军军事法院，新疆维吾尔自治区高级人民法院生产建设兵团分院：

《最高人民法院关于加强和规范人民法院网络司法拍卖工作的意见》经最高人民法院 2015 年第 11 次院长办公会讨论通过，现予印发，请认真贯彻执行。

附：

关于加强和规范人民法院网络司法拍卖工作的意见

为贯彻落实《最高人民法院关于全面深化人民法院改革的意见》，适应互联网信息技术发展新形势，实现依法、公开、公平、便民的司法拍卖工作目标，根据《中华人民共和国民事诉讼法》、最高人民法院相关司法解释和有关文件规定，制定本意见。

一、各级人民法院要高度重视网络司法拍卖工作

网络司法拍卖工作是人民法院依照法律规定，在互联网平台上公开拍卖诉讼资产的司法行为，是执行工作的重要组成部分。加强和规范人民法院网络司法拍卖工作，是公开司法、司法为民的本质要求，是保障当事人合法权益、实现诉讼资产价值最大化的有效途径，是全面深化人民法院改革的重要内容，是提高人民法院司法公信力的重要举措，要切实抓紧抓好。

二、进一步明确职责，实行归口管理

网络司法拍卖工作坚持执行与拍卖相分离的原则，最高人民法院司法行政装备管理局司法辅助工作办公室负责指导全国法院网络司法拍卖工作。地方各级人民法院司法技术辅助工作部门负责网络司法拍卖工作。

三、坚持公开透明，接受各方面监督

各级人民法院必须在人民法院诉讼资产网以及各地法院选择的网络交易平台上发布拍卖公告、随机选择机构结果和成交结果等信息，公开司法拍卖信息。

四、严格依法办事，方便人民群众和审判工作

人民法院开展司法拍卖应全面推行网上拍卖方式，各高级人民法院结合当地实际，选择具有信息发布、网上报名、网上竞价、网上结算等功能且运作规范、安全可靠、服务优质的网络平台开展网络司法拍卖。选定的网络平台必须链接人民法院诉讼资产网，实现信息与资源共享。对不宜在网上拍卖或不具备条件的，可以采取现场拍卖方式。

五、完善、规范委托拍卖和法院自主拍卖行为

人民法院开展网络司法拍卖原则上应将拍卖事物委托给符合要求的专业拍卖机构进行，选择拍卖机构一律采取公开随机方式。有条件的法院或不适宜委托拍卖的诉讼资产，可由法院在网络平台上自主拍卖。各高级人民法院应根据相关规定，降低司法拍卖佣金和拍卖成本。采取委托拍卖方式的，司法拍卖成本由买受人以拍卖佣金方式承担。人民法院自主拍卖诉讼资产的，成本由法院承担。

六、加强监督监察，确保司法廉洁

人民法院在开展网络司法拍卖过程中，要严格执行法律法规司及司法解释，健全各项规章制度，加强对网络平台流程环节的监管，强化对法院工作人员、拍卖机构的监管，严防串标等违规行为，确保网络拍卖资产、资金、信息的安全。

本意见自 2016 年 1 月 1 日起执行。各高级人民法院根据本意见，结合当地实际，制定实施细则，并报最高人民法院备案。

国家发展改革委　最高人民法院　中国人民银行
中央组织部　中央宣传部　中央编办　中央文明办
最高人民检察院　教育部　工业和信息化部
公安部　安全部　民政部　司法部　财政部
人力资源社会保障部　国土资源部
环境保护部　住房城乡建设部　交通运输部
农业部　商务部　文化部　卫生计生委
国资委　海关总署　税务总局　工商总局
质检总局　安全监管总局　食品药品监管总局
林业局　知识产权局　旅游局　法制办
国家网信办　银监会　证监会　保监会
公务员局　外汇局　共青团中央
全国工商联　中国铁路总公司

关于印发对失信被执行人实施联合惩戒的合作备忘录的通知

2016 年 1 月 20 日　　　　发改财金〔2016〕141 号

各省、自治区、直辖市有关部门、机构：

为深入贯彻党的十八届三中、四中、五中全会精神，落实《中央政法委关于切实解决人民法院执行难问题的通知》（政法〔2005〕52 号）、《国务院关于促进市场公平竞争维护市场正常秩序的若干意见》（国发〔2014〕20号）、《国务院关于印发社会信用体系建设规划纲要（2014－2020年）的通知》（国发〔2014〕21号）等文件精神及“褒扬诚信、惩戒失信”的总体要求，促进大数据信息共享融合，创新驱动健全社会信用体系，国家发展改革委、最高人民法院、人民银行、中央组织部、中央宣传部、中央编办、中央文明办、最高人民检察院、教育部、工业和信息化部、公安部、安全部、民政部、司法部、财政部、人力资源社会保障部、国土资源部、环境保护部、住房城乡建设部、交通运输部、农业部、商务部、文化部、卫生计生委、国资委、海关总署、税务总局、工商总局、质检总局、安全监管总局、食品药品监管总局、林业局、知识产权局、旅游局、法制办、国家网信办、银监会、证监会、保监会、公务员局、外汇局、共青团中央、全国工商联、中国铁路总公司联合签署了《关于对失信被执行人实施联合惩戒的合作备忘录》。现印发你们，请认真贯彻执行。

一、联合惩戒对象

联合惩戒对象为最高人民法院公布的失信被执行人（包括自然人和单位）。

二、信息共享与联合惩戒的实施方式

国家发展改革委基于全国信用信息共享平台建立失信行为联合惩戒系统。最高人民法院通过该系统向签署本备忘录的其他部门和单位提供失信被执行人信息并按照有关规定更新动态。其他部门和单位从失信行为联合惩戒系统获取失信被执行人信息，执行或协助执行本备忘录规定的惩戒措施并按季度将执行情况通过该系统反馈给最高人民法院和国家发展改革委。

三、惩戒措施、共享内容及实施单位

（一）设立证券公司、基金管理公司、期货公司审批，私募投资基金管理人登记参考；限制发行企业债券及公司债券；限制收购上市公司

将失信被执行人相关信息作为设立证券公司、基金管理公司、期货公司审批，私募投资基金管理人登记的依据或参考；限制失信被执行人发行公司债券；对失信情形严重的被执行人，限制其收购上市公司，由证监会实施；限制失信被执行人发行企业债券，由国家发展改革委实施。

（二）从严审核在银行间市场发行债券

对失信被执行人在银行间市场发行债券从严审核，由人民银行实施。

（三）限制设立融资性担保公司；限制任职融资性担保公司或金融机构的董事、监事、高级管理人员

限制失信被执行人设立融资性担保公司；限制失信被执行人任职融资性担

保公司或金融机构的董事、监事、高级管理人员。由银监会、证监会、国家发展改革委、保监会、工信部、财政部、商务部、人民银行、工商总局等具有金融机构任职资格核准职能的部门实施。

（四）协助查询政府采购项目信息；依法限制参加政府采购活动

协助查询政府采购项目信息；依法限制失信被执行人作为供应商参加政府采购活动。由财政部实施。

（五）限制设立保险公司；限制支付高额保费购买具有现金价值的保险产品

限制失信被执行人设立保险公司；限制失信被执行人（自然人）及失信被执行人（企事业单位）的法定代表人、主要负责人、影响债务履行的直接责任人员、实际控制人支付高额保费购买具有现金价值的保险产品，由保监会实施。

（六）供设立商业银行或分行、代表处以及参股、收购商业银行审批时审慎性参考

将失信被执行人相关信息作为设立商业银行或分行、代表处以及参股、收购商业银行的审批时审慎性参考，由银监会实施。

（七）中止境内国有控股上市公司股权激励计划或终止股权激励对象行权资格

对失信被执行人为境内国有控股上市公司的，协助中止其股权激励计划或终止其股权激励对象行权资格，由国资委、财政部实施。

（八）供外汇额度核准与管理时审慎性参考

在合格境外机构投资者、合格境内机构投资者额度审批和管理中，将失信状况作为审慎性参考依据，由外汇管理局实施。

（九）供金融机构融资授信时审慎性参考

引导各金融机构在融资授信时查询拟授信对象及其法定代表人、实际控制人、董事、监事、高级管理人员是否为失信被执行人，对拟授信对象为失信被执行人的从严审核，由人民银行、银监会实施。

（十）限制补贴性资金和社会保障资金支持

协助限制失信被执行人申请补贴性资金和社会保障资金支持，由国家发展改革委、财政部、人力资源社会保障部、国资委等相关部门实施。

（十一）享受优惠性政策认定参考

在实施投资、税收、进出口等优惠性政策时，查询相关机构及其法定代表人、实际控制人、董事、监事、高级管理人员是否为失信被执行人，对其享受该政策时审慎性参考，由国家发展改革委、商务部、海关总署、税务总局、质检总局实施。

（十二）加强日常监管检查

将失信被执行人和以失信被执行人为法定代表人、实际控制人、董事、监事、高级管理人员的单位，作为重点监管对象，加大日常监管力度，提高随机抽查的比例和频次，并可依据相关法律法规对其采取行政监管措施，由各市场监管、行业主管部门实施。

（十三）限制担任国有企业法定代表人、董事、监事

失信被执行人为个人的，限制其担任国有独资公司董事、监事及国有资本控股或参股公司董事、监事及国有企业的高级管理人员；已担任相关职务的，提出其不再担任相关职务的意见。由国资委、财政部等相关部门实施。

（十四）限制登记为事业单位法定代表人

失信被执行人为个人的，限制登记为事业单位法定代表人，由中央编办实施。

（十五）通过“信用中国”网站和企业信用信息公示系统向社会公布

将失信被执行人信息通过“信用中国”网站、企业信用信息公示系统向社会公布，由国家发展改革委、工商总局实施。

（十六）通过主要新闻网站向社会公布

协调相关互联网新闻信息服务单位向社会公布失信被执行人信息，由国家网信办实施。

（十七）限制招录（聘）为公务员或事业单位工作人员

协助限制招录（聘）失信被执行人为公务员或事业单位工作人员，由中组部、人力资源社会保障部、公务员局等有关部门实施。

（十八）禁止参评文明单位、道德模范

对于机关、企事业单位、社会团体或其领导成员为失信被执行人的，不得参加文明单位评选，已经取得文明单位荣誉称号的予以撤销。各类失信被执行人均不得参加道德模范评选，已获得道德模范荣誉称号的予以撤销。由中央宣传部、中央文明办实施。

（十九）限制乘坐飞机、列车软卧等其他非生活和工作必需的消费行为

限制失信被执行人及失信被执行人的法定代表人、主要负责人、影响债务履行的直接责任人员、实际控制人乘坐飞机、列车软卧、乘坐G字头动车组列车全部座位、其他动车组列车一等以上座位等其他非生活和工作必需的消费行为，由交通运输部、铁路总公司等实施。

（二十）限制住宿较高星级宾馆、酒店；限制在夜总会、高尔夫球场消费

限制失信被执行人及失信被执行人的法定代表人、主要负责人、影响债务履行的直接责任人员、实际控制人住宿四星级以上宾馆、酒店及其他高等级、高消费宾馆、酒店；限制在夜总会、高尔夫球场消费，由国家旅游局、商务

部、公安部、文化部实施。

（二十一）限制购买不动产及国有产权交易

限制失信被执行人及失信被执行人的法定代表人、主要负责人、影响债务履行的直接责任人员、实际控制人购买房产、土地等不动产；协助限制失信被执行人参与国有企业资产、国家资产等国有产权交易。由国土资源部、住房城乡建设部、国资委等相关部门实施。

（二十二）限制在一定范围的旅游、度假

协助提供四星级及以上星级评定宾馆及其他高等级、高消费宾馆、酒店信息；限制失信被执行人及失信被执行人的法定代表人、主要负责人、影响债务履行的直接责任人员、实际控制人参加旅行社组织的团队旅游，限制其享受旅行社提供的旅游相关的其他服务；限制失信被执行人在获得旅游等级评定的度假区等旅游企业消费。由商务部、旅游局实施。

（二十三）限制子女就读高收费私立学校

限制失信被执行人及失信被执行人的法定代表人、主要负责人、影响债务履行的直接责任人员、实际控制人的子女就读高收费私立学校，由最高人民法院、教育部实施。

（二十四）查询身份、护照、车辆财产信息；协助查找失信被执行人；限制出境；协助查封、扣押车辆

协助查询反馈失信被执行人身份、护照信息及车辆财产信息；协助查找下落不明的失信被执行人；限制失信被执行人出境；协助查封、扣押失信被执行人名下的车辆。由公安部实施。

（二十五）限制使用国有林地；限制申报重点林业建设项目；限制国有草原占地审批；限制申报重点草原保护建设项目

限制失信被执行人使用国有林地项目；限制其申报重点林业建设项目；限制失信被执行人申报国有草原占地项目；限制其申报重点草原保护建设项目。由国家发展改革委、国家林业局、农业部实施。

（二十六）查询失信被执行人海关认证资格情况；限制成为海关认证企业；对进出口货物实施严密监管

协助查询失信被执行人海关认证资格情况；限制失信被执行人成为海关认证企业；在失信被执行人办理通关业务时，实施严密监管，加强单证审核和布控查验。由海关总署实施。

（二十七）查询安全生产许可审批等信息；限制从事药品、食品等行业；限制担任生产经营单位主要负责人及董事、监事、高级管理人员

协助查询失信被执行人安全生产许可审批登记信息、药品医疗器械登记信息、出入境检验检疫信用等级信息；将失信被执行人信息作为从事药品、食品

安全行业从严审批的参考；协助限制失信被执行人从事危险化学品生产经营储存、烟花爆竹生产经营、矿山生产、安全评价等行业；协助限制失信被执行人担任生产经营单位主要负责人及董事、监事、高级管理人员，已担任相关职务的，按规定程序要求变更。由食品药品监管总局、安全监管总局、质检总局、工商总局实施。

（二十八）查询渔业船舶登记信息

协助查询失信被执行人渔业船舶登记信息，由农业部实施。

（二十九）查询客运、货运车辆登记信息

协助查询失信被执行人客运、货运车辆等登记信息，由交通运输部实施。

（三十）查询律师登记信息；限制参与评先、评优

协助查询失信被执行人的律师身份信息、律师事务所登记信息；对失信被执行人为律师、律师事务所的，在一定期限内限制其参与评先、评优。由司法部实施。

（三十一）查询婚姻登记信息

协助查询失信被执行人的婚姻登记信息，由民政部、外交部、卫生计生委实施。

（三十二）以拒不执行判决、裁定罪处罚

协助对失信被执行人以拒不执行判决、裁定罪立案侦查、起诉等，由最高人民检察院、公安部实施。

四、共享信息的持续管理

最高人民法院在全国信用信息共享平台失信行为联合惩戒系统上实时更新失信被执行人信息。其他部门和单位根据各自职责，下发给下级单位，指导监督下级单位按照本备忘录及有关规定实施惩戒或解除惩戒。

协作过程中各方应建立完备系统日志，完整记录用户的访问、操作及客户端信息，确保系统的安全和正常使用；建立必要的技术隔离措施，保护敏感核心信息的数据安全，杜绝超权限操作。

五、其他事宜

各部门和单位应密切协作，积极落实本备忘录，制定失信被执行人信息的使用、管理、监督的相关实施细则和操作流程，确保 2016 年 2 月底前实现失信被执行人信息共享和联合惩戒。

本备忘录实施过程中的具体操作问题，由各部门另行协商解决。

最高人民法院　中国证券监督管理委员会
关于试点法院通过网络查询、冻结
被执行人证券有关事项的通知

2016年3月4日　　　　法〔2016〕72号

北京、上海、浙江、福建、广东省（市）高级人民法院，中国证券登记结算有限责任公司，北京、上海、浙江、福建、广东证监局：

为协助人民法院提高执行效率、依法保护被执行人合法权益，最高人民法院、中国证券监督管理委员会（以下简称中国证监会）决定建立网络执行查控系统，开展人民法院通过网络查询、冻结被执行人证券的试点工作。现将有关事项通知如下：

一、建立网络查控工作机制

最高人民法院与中国证监会建立“总对总”的网络执行查控工作机制。最高人民法院和中国证监会负责协调解决建立网络执行查控系统及网络查控试点阶段有关的重大问题。建立和通过网络执行查控系统查询、冻结证券的具体工作由最高人民法院执行局和中国证券登记结算有限责任公司（以下简称中国结算）负责。

中国结算与最高人民法院之间建立网络查控专线联接。试点法院通过最高人民法院网络执行查控系统提出查询、冻结（含初次冻结、续冻、轮候冻结、解除冻结）被执行人证券的请求。中国结算按照人民法院的请求完成相应的协助执行事项，并将查询、冻结结果反馈最高人民法院。最高人民法院通过网络执行查控系统将查询、冻结结果反馈提出查询、冻结请求的试点法院。

二、坚持依法查控、依法保密原则

人民法院通过网络执行查控系统查询、冻结被执行人证券的，应当坚持“一案一查一冻一用原则”，即只查询、冻结执行案件中被执行人证券及相关信息，不得查询、冻结被执行人以外的非执行义务主体的证券及相关信息；查询、冻结所获被执行人证券相关信息只用于该案件的执行工作，不得用于该案件执行以外的其他任何用途。

人民法院应当将所获得的被执行人证券相关信息作为内部办案信息予以保

护，做好信息处理、传输、接收、使用中的信息保护工作，切实防范相关信息被违规泄露、扩散。

被执行人持有证券的市值总额信息可以提供给申请执行人等与案件执行直接相关的人员，但被执行人持有证券的品种、数量、价格等敏感、明细信息的反馈结果不得提供给法院办案人员以外的其他任何人。

网络查控涉及的与被执行人证券信息有关的单位和个人，应当遵守证券市场有关信息披露、禁止内幕交易等法律法规和业务规则。

三、规范冻结执行顺序及执行争议的处理

人民法院通过网络执行查控系统提交的冻结请求，同一批次冻结请求以系统提交时的自然排序作为执行顺序，不同批次冻结请求之间以系统提交的时间先后作为执行顺序。

在同一交易日，对同一被执行人的证券，既有法定有权机关通过证券公司或者中国结算的业务柜台提交冻结或者扣划请求，又有人民法院通过网络执行查控系统提交冻结请求的，以人民法院通过网络执行查控系统提交的冻结请求排序作为当日最后到达的冻结请求。

人民法院通过网络执行查控系统提交的冻结被执行人证券的请求，与其他法定有权机关的书面冻结请求具有同等法律效力，适用《最高人民法院 最高人民检察院 公安部 中国证监会关于查询、冻结、扣划证券和证券交易结算资金有关问题的通知》（法发〔2008〕4号）关于冻结的有关规定。本通知有关人民法院通过网络查询、冻结被执行人证券的相关规定与法发〔2008〕4号文件规定不一致的，以本通知为准。

人民法院与其他法定有权机关就执行被执行人证券产生争议的，由最高人民法院与最高人民检察院、公安部等依法协调解决。争议协调解决期间，中国结算控制发生执行争议的相关证券，不协助任何一方执行。争议协调解决完成，中国结算按照最高人民法院与最高人民检察院、公安部等协商的最终结论处理。

人民法院在查询、冻结被执行人证券的具体执行工作中，应当符合中国结算依法制定的协助执行有关业务规则，维护证券登记结算系统的安全稳定运行、维护登记结算工作的正常秩序。

四、提交有效、规范的法律文书

人民法院通过网络执行查控系统查询、冻结被执行人证券的，应当分别提交盖章的协助查询通知书、协助冻结通知书和执行裁定书的电子版，并附两名执行人员公务证件复印件的扫描件。

五、规范查询、冻结的具体操作

人民法院应当在中国结算相关业务系统工作时间内通过网络执行查控系统提交协助查询、冻结请求。

人民法院应当按照网络执行查控系统规定的相关项目和格式，准确、完整地填写查询、冻结请求及相关信息，做到查询、冻结请求明确、具体、可执行。

中国结算接收到人民法院通过网络执行查控系统提交的协助查询、冻结请求后进行合规性核对。核对无误的，协助查询、冻结并通过网络执行查控系统将协助查询、冻结的结果反馈最高人民法院；核对后存在查询、冻结请求不明确、不具体、不可执行等情形的，予以退回并提示退回原因。人民法院可以在补充完善后重新发出查询、冻结请求，相关冻结请求按照再次提交的时间重新排序。

法律、行政法规以及最高人民法院、中国证监会规定不得被强制执行的证券或者资金，依法依规不予实施冻结，并在查询结果中予以标识。此类不予实施冻结的证券或者资金，由中国结算负责依据有关规定在网络执行查控系统中以清单方式具体列明，并根据有关规定的变动及时更新。

通过网络执行查控系统查询、冻结被执行人证券的具体范围、法律文书必备要素和格式、查控系统工作时间段等具体事项，由最高人民法院执行局与中国结算商定后另行规定。

六、网络查控系统技术安全保障及故障处理

网络执行查控系统与中国结算的证券登记结算业务技术系统之间应当实现有效隔离，确保各自技术系统的运行安全，切实防范各自技术系统的运行风险。

因技术故障导致网络执行查控系统无法正常运行的，发现故障一方应当立即通知另一方，故障一方应当及时排除故障。因技术系统故障或者不可抗力而未能及时办理查询、冻结请求的，最高人民法院执行局与中国结算均不承担任何法律责任。

七、试点工作相关安排

通过网络查询、冻结被执行人证券的试点区域包括北京、上海、浙江、福建、广东等省、市高级人民法院及其辖区各级人民法院。

试点期间，网络执行查控系统先上线开通查询被执行人证券信息的功能。经过一段时间的查询试点，待条件成熟后，再行上线开展通过网络冻结被执行

人证券的试点工作。网络执行查控系统查询、冻结功能上线开通的具体时间由最高人民法院执行局与中国结算另行通知。

经过试点，待条件成熟后，将网络查控工作机制推广到其他地区。

最高人民法院
印发《关于建立执行约谈机制的若干规定》的通知

2016 年 3 月 4 日　　　　　　　　　法发〔2016〕7 号

各省、自治区、直辖市高级人民法院，解放军军事法院，新疆维吾尔自治区高级人民法院生产建设兵团分院：

现将《关于建立执行约谈机制的若干规定》予以印发，请认真遵照执行。

附：

关于建立执行约谈机制的若干规定

为进一步规范全国法院执行工作，及时发现、纠正下级法院在执行履职中存在的消极执行、违法执行等问题，促进解决“执行难”，根据《中华人民共和国民事诉讼法》等法律、司法解释的规定，结合人民法院执行工作实际，制定本规定。

第一条　本规定所称约谈，是指最高人民法院在本规定明确的有关情形发生时，约见未履行职责或履行职责不到位的高级人民法院相关负责人，进行告诫谈话、指出问题、责令整改纠正的一种执行监督措施。

第二条　有下列情形之一的，可进行约谈：

（一）通过全国法院执行案件流程信息管理系统发现高级人民法院辖区内超期执行案件超过已受理案件比例 5%、或存在有财产可供执行案件无正当理由超期不作为等其他严重消极执行问题的；

（二）通过信访渠道等发现辖区内违法执行等问题突出，产生不良影响的；

（三）对最高人民法院有明确处理意见的监督、督办案件，无正当理由在规定期限内或者在合理期限内不予落实或者落实不到位的；

（四）对最高人民法院部署的重点执行工作、专项工作等不予落实或者落实情况未达到要求的；

（五）其他需要约谈的情形。

第三条 最高人民法院执行局在履行执行监督、管理职责中，认为符合本规定第二条规定的情形，有必要进行约谈的，经局长办公会研究同意后，可先向拟约谈的高级人民法院发出《约谈预通知》，指出其存在的问题、提出整改要求及时限，并明确整改不落实将予以正式约谈。

高级人民法院收到《约谈预通知》后，未能落实整改要求且无合理解释的，经最高人民法院相关院领导批准后，向其正式发出《约谈通知》，启动约谈程序。

第四条 《约谈通知》一般以最高人民法院执行局名义于约谈前七个工作日发出，告知被约谈人关于约谈的事由、方式、时间、地点、参加人等事项。

第五条 约谈工作由最高人民法院执行局组织实施，必要时可报请院领导参加。

约谈可由最高人民法院执行局单独实施，也可邀请最高人民法院监察部门等其他部门共同实施；邀请相关部门共同实施的，应提前就约谈事项与其进行沟通、会商。

第六条 约谈具体程序如下：

（一）向被约谈人说明约谈的事由和目的；

（二）向被约谈人提出处理意见，明确整改要求及时限；

（三）被约谈人对落实处理意见、整改要求进行表态。

第七条 约谈结束后应制作约谈纪要，主要内容包括约谈事由、处理意见、整改要求及时限等。

约谈纪要报批准约谈的院领导同意后，以最高人民法院执行局名义印发被约谈人。

第八条 最高人民法院执行局监督、指导被约谈人落实约谈提出的处理意见和整改要求，并将落实情况层报批准约谈的院领导。

对按期落实处理意见和整改要求的，不再处理；对超期未落实或者落实不到位的，可采取以下方式处理：

（一）向被约谈人所在高级人民法院党组通报；

（二）在全国法院系统通报；

（三）涉嫌违法违纪的，向最高人民法院监察部门通报情况，并提出对相关责任人员进行调查处理的建议；

（四）在社会治安综合治理目标责任考核中予以相应的扣分。

第九条 就社会舆论关注事项进行的约谈，可视情况对外公布约谈情况及结果，也可邀请媒体及相关公众代表列席约谈。

第十条 本规定自2016年3月9日起施行。

最高人民法院
印发《关于远程视频办理执行案件若干问题的规定》的通知

2016 年 4 月 28 日　　　　　　　　　　法〔2016〕143 号

各省、自治区、直辖市高级人民法院，解放军军事法院，新疆维吾尔自治区高级人民法院生产建设兵团分院：

现将《最高人民法院关于远程视频办理执行案件若干问题的规定》印发你们，请结合工作实际，认真遵照执行。

附：

关于远程视频办理执行案件若干问题的规定

为推动执行案件办理方式改革，充分运用现代信息技术提高工作效率，创新司法便民措施，规范执行案件办理过程中远程视频的应用，制定本规定。

第一条　人民法院执行机构办理执行案件中的下列事项可以采用远程视频方式进行：

（一）询问当事人；

（二）听证；

（三）组织当事人质证；

（四）进行法律释明；

（五）人民法院认为可以采用远程视频方式进行的其他事项。

案件当事人申请会见案件承办人员的，承办人员可以采用远程视频方式会见。

人民法院采用远程视频方式组织听证或组织当事人对提交的证据进行质证的，需经双方当事人同意。

第二条　人民法院决定以远程视频方式办理执行案件的，应当通过人民法院执行指挥系统进行。人民法院执行指挥室应当配备打印、扫描、传真设备和投影设备。

第三条 远程视频的发起端为办理案件的人民法院执行指挥室，对端地点一般为执行法院执行指挥室。案件当事人及其代理人与执行法院不在同一地的，对端地点也可以是当事人及其代理人所在地的中级、基层人民法院执行指挥室。

对端人民法院应当至少有一名执行机构工作人员参与远程视频。

第四条 需要鉴定机构、评估机构的相关人员参加远程视频的，鉴定机构、评估机构的相关人员可以就近选择发起端人民法院或对端人民法院参加视频。

第五条 人民法院决定通过远程视频方式办理执行案件的，应当将确定的视频连接时间、对端人民法院执行指挥室所在地点、参加视频的人员等信息，提前通知案件当事人及其代理人。

第六条 发起端人民法院应当提前将约定的视频连接时间告知对端人民法院执行机构，对端人民法院执行机构接到通知后应当予以配合。发起端人民法院和对端人民法院应当在视频连接的前一日完成设备调试工作，并对视频连接提供全程技术保障。发起端人民法院或对端人民法院执行指挥室因其他活动需调整视频连接时间的，发起端人民法院应当及时调整视频连接时间。

第七条 参加远程视频的相关人员身份核实、执行指挥室远程视频的现场秩序等分别由所在端人民法院执行机构工作人员负责。

参加视频连接的各端人民法院工作人员均应着法官服，佩戴小法徽。

第八条 视频连接过程中，当事人及其代理人出示证据材料的，由所在端人民法院执行机构工作人员核对、复印后交由当事人及其代理人签名，并将签名后的复印件通过机要寄至发起端人民法院承办案件的合议庭。

第九条 发起端人民法院负责对视频全程的各端视频画面进行不间断同步录音、录像，录音、录像的起止时间、有无间断等情况应当记入笔录。录音、录像内容应当存入案件电子卷宗。

第十条 远程视频结束后，发起端人民法院应当当场将笔录的电子文本通过人民法院专网发送至对端人民法院，对端人民法院执行机构在场工作人员下载打印后由案件当事人及其代理人等核对、签名。

案件当事人及其代理人等对笔录修改较多或有重要修改的，对端人民法院执行机构在场工作人员应当告知发起端人民法院办案人员。案件当事人及其代理人等核对、签名完毕后，对端人民法院执行机构在场工作人员应当当场将笔录扫描后发送至发起端人民法院或传真至发起端人民法院核对，并尽快将案件当事人及其代理人签名后的笔录原件通过机要寄至发起端人民法院承办案件的合议庭。远程视频笔录应当存入案件卷宗。

人民法院对已结案件的当事人及其代理人远程视频进行法律释明的，可以不制作笔录。

第十一条 人民法院之间对执行案件进行协调，上级法院对下级法院的执行案件进行督办等，可以根据需要采用远程视频方式进行。

第十二条 本规定自 2016 年 5 月 1 日起施行。

最高人民法院
印发《关于落实“用两到三年时间基本解决执行难问题”的工作纲要》的通知

2016 年 4 月 29 日　　　　法发〔2016〕10 号

各省、自治区、直辖市高级人民法院，解放军军事法院，新疆维吾尔自治区高级人民法院生产建设兵团分院：

“用两到三年时间基本解决执行难问题”，是最高人民法院经过认真研判和广泛征求意见后作出的重大决策部署，是当前和今后一段时期人民法院工作的重中之重。为实现基本解决执行难总体目标，全面强化各项执行工作，最高人民法院制定了《关于落实“用两到三年时间基本解决执行难问题”的工作纲要》，对基本解决执行难的总体思路、主要任务及组织保障提出了明确、具体要求。

现将《关于落实“用两到三年时间基本解决执行难问题”的工作纲要》印发给你们，请结合实际认真贯彻执行。执行中发现情况和问题请及时报告最高人民法院。

附：

关于落实“用两到三年时间基本解决执行难问题”的工作纲要

2016 年 3 月 13 日，周强院长在十二届全国人大四次会议上报告最高人民法院工作时庄严承诺：“用两到三年时间基本解决执行难问题”，这是人民法院满足人民群众日益增长的多元司法需求、提升司法公信力的内在要求，是人民法院为实现全面建成小康社会和“四个全面”战略布局目标提供有力司法保障的应有之义，是对人民法院执行工作的极大鞭策和鼓舞。各级人民法院要牢固树立政治意识、大局意识、为民意识，切实增强使命感、责任感和紧迫感，求真务实、锐意进取，勇于担当、奋发有为，全力推进各项执行工作健康快速发展，确保在两到三年期限内完成基本解决执行难目标任务，切实“让人民群众在每一个司法案件中感受到公平正义”。

一、基本解决执行难的总体目标与评价体系

（一）总体目标

全面推进执行体制、执行机制、执行模式改革，加强正规化、专业化、职业化执行队伍建设，建立健全信息化执行查控体系、执行管理体系、执行指挥体系及执行信用惩戒体系，不断完善执行规范体系及各种配套措施，破解执行难题，补齐执行短板，在两到三年内实现以下目标：被执行人规避执行、抗拒执行和外界干预执行现象基本得到遏制；人民法院消极执行、选择性执行、乱执行的情形基本消除；无财产可供执行案件终结本次执行的程序标准和实质标准把握不严、恢复执行等相关配套机制应用不畅的问题基本解决；有财产可供执行案件在法定期限内基本执行完毕，人民群众对执行工作的满意度显著提升，人民法院执行权威有效树立，司法公信力进一步增强。

（二）评价体系

引入第三方评估机构研究制定基本解决执行难的评价体系，确定两到三年内解决执行难的具体目标及指标体系，广泛征求意见后向社会公开发布。两到三年期限届满前由该第三方评估机构及参与单位按照既定的评价体系进行效果评估，向社会发布评估结果。

二、基本解决执行难应坚持的原则

基本解决执行难，要把握新时期执行工作基本规律，坚持问题导向，秉持发展理念，系统设计、整体布局、突出重点、多措并举。

1. 坚持党的领导，确保正确方向。要始终坚持和依靠党的领导，积极主动向党委汇报解决执行难的各项工作部署，充分发挥党委总揽全局、协调各方的领导核心作用，帮助解决工作推进中的重大问题。同时也要充分发挥主观能动性，开拓进取，积极作为，按照总体要求和部署坚持不懈狠抓落实。

2. 加强顶层设计，鼓励改革创新。最高人民法院要立足中国国情，科学谋划解决执行难的顶层设计。作为有益补充，各地法院要紧紧围绕提高执行工作效率、增强司法公信力目标，在执行理念、执行方式、执行管理等方面勇于探索、大胆创新，不断积累解决执行难的实践经验。

3. 实行整体推进，强调重点突破。解决执行难涉及方方面面的工作，必

须整体布局、有序推进，同时也要突出重点，集中精力破解影响整体工作推进的瓶颈和障碍，确保各项工作部署顺利进行。

4. 坚持标本兼治，注重长远发展。破解执行难是一项系统工程，需多措并举、标本兼治。既要立足现实，着力解决当前工作推进中的突出问题；也要着眼长远，从影响执行难的全局性问题入手，积极推动社会诚信体系建设和破产、保险、救助等制度完善，谋划解决执行难的长效治本之策。

三、基本解决执行难的主要任务

基本解决执行难，要坚持以信息化建设为抓手，着力强化执行规范化建设和专业化建设，切实完善执行体制机制，努力实现执行工作各个领域的深刻变革。

（一）实现执行模式改革

全力推进执行信息化进程，联合惩戒失信被执行人，畅通被执行人及其财产发现渠道，基本改变“登门临柜”查人找物的传统模式，真正破解查人找物传统执行难题。

1. 实现网络执行查控系统全覆盖。建成以最高人民法院“总对总”网络执行查控系统为核心、以地方各级法院“点对点”网络执行查控系统为补充、覆盖全国地域存款及其他金融产品、车辆、证券、股权、房地产等主要财产形式的网络化、自动化执行查控体系，实现全国四级法院互联互通、全面应用，所有负责办理执行实施案件的执行人员均能熟练使用系统，快速查找、控制所承办案件的被执行人及其财产。

2. 强力惩戒失信被执行人。贯彻落实党中央关于加强社会诚信建设的战略部署，制定出台关于加快建立失信被执行人信用监督、威慑和惩戒机制的意见，不断拓展对失信被执行人联合信用惩戒的范围和深度。确保最高人民法院、国家发改委等 44 家单位达成的联合惩戒合作协议落地生根，形成多部门、多行业、多领域、多手段联合信用惩戒工作新常态，让失信被执行人寸步难行、无处逃遁，迫使其自动履行法定义务。

3. 拓宽被执行财产发现渠道。严格落实被执行人财产申报制度，对拒不申报或申报不实的被执行人依法进行制裁；探索、推行委托审计调查、委托律师调查、悬赏举报等制度，最大限度发现被执行人财产。

（二）实现执行体制改革

要按照党的十八届四中全会确定的“完善司法管理体制，推动实行审判权和执行权相分离的体制改革试点”要求，蹄疾步稳推进执行体制改革，让改革成果更多惠及执行当事人，促进解决执行难。

4. 实行执行权和审判权科学合理分离。进一步优化执行权的科学配置，设立执行裁判庭，审理执行程序中涉及实体权利的重大事实和法律争议，形成审判权对执行权的有效制约和监督。

5. 强化执行工作统一管理体制。依托执行指挥系统，强化全国四级法院统一管理、统一指挥、统一协调的执行工作管理体制，规范指定执行、提级执行、异地交叉执行的提起和审批程序，提高执行实施效率。

6. 探索改革基层法院执行机构设置。采取两种模式进行试点：一是中级人民法院打破行政区划设立执行分局、负责执行实施原基层人民法院的执行案件；二是强化中级人民法院执行局对基层人民法院执行人员、实施案件、执行装备的统一管理、调度和指挥职能，在破除地方保护主义、提高执行工作效率方面进行探索。

(三) 实现执行管理改革

要以全国法院执行案件信息管理系统为依托，强化对执行程序各个环节的监督制约，严格规范执行行为，切实提高执行效率，努力增强司法公信力。

7. 全面运行案件流程信息管理系统。建立全国四级法院一体化的执行案件办案平台、案件节点管理系统，强化节点管控，自动生成、公开相关流程信息，形成执行法院、上级法院、当事人对执行案件多位一体的监督功能，堵塞廉政漏洞，有效解决消极执行、拖延执行、选择执行、乱执行等失范执行、违法执行问题。

8. 开展执行案款专项清理活动。在全国法院部署开展执行案款专项清理，集中解决执行案款管理中的历史遗留问题。通过清理活动建章立制，制定出台执行案款管理办法，全面实现执行款物的信息化管理，确保对执行案款的流转与发放透明高效，全程留痕、全程公开。

9. 推动建立执行救助制度。积极推动普遍建立执行救助制度，结合执行案款清理工作，研究扩充救助资金来源，充分体现国家和社会对弱势群体的人文关怀，彰显人民法院司法为民的核心宗旨。

(四) 实现财产处置改革

要针对当前经济增速放缓、经济下行压力加大的形势，树立互联网思维，加大被执行财产的处置力度，及时、有效兑现债权人权益。

10. 推行网络司法评估管理。对拟处置的被执行人财产，通过网络平台进行流程管理，自动筛选评估机构，按照预设的程序进行价值评估，避免暗箱操作、低值高估、高值低估等侵害执行当事人权益现象，斩断利益输送链条，为后续拍卖工作奠定基础。

11. 推广网络司法拍卖。广泛推动各地法院以网络司法拍卖方式处置被执行财产，从源头上减少和杜绝串通压价、恶意竞买等有损公平公正的现象，祛除权力寻租空间，实现当事人利益最大化。

（五）完善执行工作机制

要在人民法院内部深挖潜力，理顺各种关系，完善相关工作衔接机制，努力提高执行工作效率。

12. 建立无财产可供执行案件退出和恢复执行机制。建立健全无财产可供执行案件终结本次执行程序的实质标准和程序标准；终结本次执行程序后，在一定年限内继续对被执行人采取限制高消费及有关消费的跟进措施；被执行人恢复履行能力后，执行法院依职权或依当事人申请启动恢复执行程序；全国法院执行案件流程信息管理系统设置专门数据库集中管理无财产可供执行案件，实现退出和恢复执行程序自动衔接。

13. 完善保全和先予执行协调配合机制。在立案阶段强化执行风险告知和保全、先予执行申请提示，支持、鼓励财产保全保险担保，做好保全申请与执行查控系统的有序衔接，提高保全债务人财产的及时性、有效性，以保全促调解、促和解、促执行，从源头上减少进入执行程序的案件数量，降低申请执行人权利落空的风险。

14. 建立和完善行为执行机制。加强对要求被执行人履行作为或不作为义务强制执行的专题研究，有针对性地解决实践中对行为履行义务的强制执行难题，出台相关指导意见。

15. 建立执行与破产有序衔接机制。将被执行人中大量资不抵债、符合破产条件的“僵尸企业”依法转入破产程序，充分发挥破产法律制度消化执行积案、缓解执行难的功能，促进市场经济按照规律健康有序发展。

16. 完善异地执行协作机制。树立全国执行一盘棋的理念，总结推广各地法院之间开展异地执行协作的经验，修改完善委托执行规定，以执行事项委托为主，建立全国统一的协作协助执行工作机制。

17. 建立繁简分流办案机制。根据执行案件财产查找、争议解决、拍卖处置等环节的难易程度，结合执行人员的个人专长，建立和完善案件分配、人员组合机制，最大限度发挥执行人员个人优势和人民法院集体优势。

18. 完善执行纠错机制。建立执行与赔偿的联动对接机制，对国家赔偿审理中发现的应当由执行监督程序解决的案件，及时进行审查纠正；完善执行回转案件的执行机制，确保原执行依据被撤销后当事人依法享有的执行回转权利能够得到及时行使，最大限度减少当事人因裁判错误受到的损失。

（六）完善执行规范体系

要针对执行工作实践中执法办案的法律适用难题，着力解决执行中因法律资源不足、法律空白点多、法律规定不明确、缺乏可操作性导致的执行人员规范意识淡薄、执行行为失范等现象，及时制定出台相关司法解释、规范性文件、指导意见，形成比较完善的执行工作司法解释规范体系。

19. 及时出台单行司法解释或指导性意见。出台变更追加执行主体、财产申报和财产调查、财产保全、网络司法拍卖、执行和解、仲裁裁决执行、公证债权文书执行、参与分配、股权执行等系列单行司法解释或指导性意见。

20. 全面梳理司法解释体系。对现行执行司法解释进行系统梳理，消除矛盾冲突，填补规则漏洞，提高司法解释的系统性。

21. 推动强制执行单独立法进程。配合立法机关深入开展强制执行法调研起草工作，形成比较完善的草案稿，提交立法机关审议，推动强制执行法尽快出台。

（七）完善执行监督体系

要健全和强化执行监督体系，从内到外、从上至下全方位加强对执行工作的监督制约，确保执行权高效、廉洁、有序运行。

22. 加强法院内部监督。最高人民法院要充分运用执行综治考核办法、执行工作约谈办法两个规范性文件，切实加强和改进执行监督工作。上级法院要适时成立督查组，对下级法院应用执行案件流程信息管理系统、清理执行案款、办理重点督办案件等方面的落实情况，进行全面督查指导，发现问题及时问责。

23. 主动接受人大监督。定期或不定期向各级人大报告执行工作，邀请人大代表到法院视察，及时办理代表议案和质询，主动接受监督。

24. 依法接受检察监督。与检察机关联合出台规范民事执行活动法律监督的规定，主动邀请检察机关对具有重大影响以及群体性、敏感性的执行案件，被执行人为特殊主体或因不当干预难以执行的案件，被执行人以暴力或其他方式抗拒执行的案件等进行监督，改善执行环境，维护当事人的合法权益。

25. 广泛接受社会监督。全力打造中国执行信息公开网，将执行案件流程信息、失信被执行人名单信息、执行裁判文书等及时向社会公开，保障当事人和社会公众对执行案件及执行工作的知情权、监督权，让执行权在阳光下运行。

（八）完善专项治理机制

要针对严重制约和影响执行质效的突出问题，持续深入开展反消极执行、反规避执行、反抗拒执行等整治行动，将专项治理要求转变为长期性、常态化工作机制。

26. 建立反消极执行长效机制。利用案件流程信息管理系统对消极执行现象进行自动筛查，发现问题及时予以警示、督促，经警示后在一定期限内仍消极不作为的，视情节轻重追究有关人员的责任。

27. 建立特别案件执行长效机制。继续深化涉党政机关执行积案清理专项活动，通过联合通报机制督促自动履行，推动将特殊主体的债务纳入预算管理，形成破解涉党政机关执行积案的合力与机制；建立涉民生案件执行常态化、随时性、优先性机制，将功夫用在平时，逐步改变每逢年节要靠组织开展集中清理活动突击解决问题的状况。

28. 建立反规避执行长效机制。持续深入开展反规避执行整治行动，提高查处规避执行行为的司法能力，完善相关协调配合工作机制，加大依法制裁力度，全面压缩规避执行行为的存在空间。

29. 建立反抗拒执行长效机制。依法加大对抗拒执行、阻碍执行甚至暴力抗法行为的惩治力度。执行过程中及时收集、固定被执行人或相关人员抗拒执行的音视频证据，充分利用罚款、拘留强制措施，以及公诉、自诉两种渠道追究拒不执行判决、裁定罪责任等手段进行依法制裁，定期公布典型案例，形成打击抗拒执行违法犯罪的高压态势。

四、基本解决执行难的组织保障

基本解决执行难，任务艰巨、责任重大、时间紧迫，要切实做好相关组织保障工作，确保各项安排部署有计划、按步骤顺利推进，达到预期目标。

（一）加强组织领导工作

1. 强化组织领导。各级人民法院党组要高度重视、切实加强对解决执行难工作的组织领导，要将解决执行难工作作为“一把手工程”来抓，各级法院党组书记、院长作为第一责任人要亲自过问、亲自部署、亲自协调，集中各方力量，确保抓出成效。

（二）加强执行队伍建设

要努力建设一支专业化、职业化、清正廉明的执行队伍，为基本解决执行难提供强有力的人力支撑。

2. 加强力量配备。认真落实《中共中央关于转发〈中共最高人民法院党组关于解决人民法院“执行难”问题的报告〉的通知》（中发〔1999〕11号）要求，合理确定和配备从事执行工作的人员比例，并确保执行人员具备必要的政治素质、专业素质和任职资格，对不具备相应任职资格的现有人员进行调整，严格杜绝将不具备任职资格的人员安排到执行工作岗位。

3. 推行人员分类管理。在法官员额制改革中对执行部门原具备法官资格的人员要与其他业务部门同等对待；执行局及执行裁判庭的法官员额比例总体不低于其他业务部门；积极推动现有执行人员的分类管理改革，在执行机构配备法官以及法官助理、司法警察等司法辅助人员，分别落实相应待遇，分工负责行使执行权。

4. 强化教育培训。始终以加强思想政治工作为核心，增强广大执行干警的政治意识、大局意识、责任意识、核心意识、看齐意识，确保执行工作方向正确；以强化党风廉政建设为关键，坚决整治执行队伍在纪律作风方面存在的突出问题，确保廉洁司法；以提升业务素养为重点，鼓励和保障广大执行干警钻研执行业务、优化知识结构、强化实践锻炼，确保执行队伍的司法能力。

（三）强化物质装备建设

要进一步落实科技强院的工作方针，强化对执行工作的物质装备建设，抓好技术、经费、设备三大保障。

5. 全面完成执行指挥系统建设。坚持高标准、高起点，全面完成执行指挥系统的软硬件建设，实现全国四级法院执行指挥系统音视频互联互通。

6. 加强执行队伍装备建设。为执行机构配备必要的执法车辆、通讯系统，给每一位从事执行实施工作的人员配备单兵执法仪以及其他必要的物质装备，加强执行人员人身安全保障，确保应急处置工作及时到位。

（四）切实加大宣传力度

要充分认识新闻宣传工作的重要性，充分利用各种新闻平台，加大执行工作宣传力度，凝聚全社会理解执行、尊重执行、协助执行的广泛共识，推动形成良好的法治环境。

7. 不断宣传执行工作新成效。通过多种形式在报纸、广播、电视、新媒体、户外广场、社区等平台或场所，全面展示一定时期内执行工作取得的成效，扩大影响。讲究宣传策略，重点选择正反两方面典型案例进行宣传报道，惩戒失信，褒奖诚信，营造形成守法光荣、违法可耻的社会氛围，促进社会诚信体系建设。

8. 宣传对执行难的理性认识。通过大力宣传，让人民群众深刻认识到，被执行人无财产可供执行、丧失履行能力的案件虽然在形式上表现为生效法律文书确定的权利义务未能最终实现，但其本质上属于当事人应当自己承担的商业风险、交易风险或法律风险，不属于应由人民法院解决的执行难。

最高人民法院
关于人民法院办理执行信访案件若干问题的意见

2016 年 6 月 27 日　　　　　　　　法发〔2016〕15 号

为贯彻落实中央关于涉诉信访纳入法治轨道解决、实行诉访分离以及建立健全信访终结制度的指导精神，根据《中华人民共和国民事诉讼法》（以下简称《民事诉讼法》）及有关司法解释，结合人民法院执行工作实际，现针对执行信访案件交办督办、实行诉访分离以及信访终结等若干问题，提出如下意见：

一、关于办理执行信访案件的基本要求

1. 执行信访案件，指信访当事人向人民法院申诉信访，请求督促执行或者纠正执行错误的案件。执行信访案件分为执行实施类信访案件、执行审查类信访案件两类。

2. 各级人民法院执行部门应当设立执行信访专门机构；执行信访案件的接待处理、交办督办以及信访终结的复查、报请、决定及备案等各项工作，由各级人民法院执行部门统一归口管理。

3. 各级人民法院应当建立健全执行信访案件办理机制，畅通执行申诉信访渠道，切实公开信访办理流程与处理结果，确保相关诉求依法、及时、公开得到处理：

（1）设立执行申诉来访接待窗口，公布执行申诉来信邮寄地址，并配备专人接待来访与处理来信；

（2）收到申诉信访材料后，应当通过网络系统、内部函文等方式，及时向下级人民法院交办；

（3）以书面通知或其他适当方式，向信访当事人告知案件处理过程及结果。

4. 各级人民法院应当建立执行信访互联网申诉、远程视频接访等网络系统，引导信访当事人通过网络反映问题，减少传统来人来信方式信访。

5. 各级人民法院应当建立和落实执行信访案件交办督办制度：

（1）上级人民法院交办执行信访案件后，通过挂牌督办、巡回督导、领导包案等有效工作方式进一步督促办理；

（2）设立执行信访案件台账，以执行信访案件总数、已化解信访案件数量等作为基数，以案访比、化解率等作为指标，定期对辖区法院进行通报；

（3）将辖区法院执行信访工作情况纳入绩效考评，并提请同级党委政法委纳入社会治安综合治理考核范围；

（4）下级人民法院未落实督办意见或者信访化解工作长期滞后，上级人民法院可以约谈下级人民法院分管副院长或者执行局长，进行告诫谈话，提出整改要求。

二、关于执行实施类信访案件的办理

6. 执行实施类信访案件，指申请执行人申诉信访，反映执行法院消极执行，请求督促执行的案件。

执行实施类信访案件的办理，应当遵照"执行到位、有效化解"原则。如果被执行人具有可供执行财产，应当穷尽各类执行措施，尽快执行到位。如果被执行人确无财产可供执行，应当尽最大努力解释说明，争取息诉罢访，有效化解信访矛盾；经解释说明，仍然反复申诉、缠访闹访，可以依法终结信访。

7. 执行实施类信访案件，符合下列情形的，可以认定为有效化解，上级人民法院不再交办督办：

（1）案件确已执行到位；

（2）当事人达成执行和解协议并已开始依协议实际履行；

（3）经重新核查，被执行人确无财产可供执行，经解释说明或按照有关规定进行司法救助后，申请执行人书面承诺息诉罢访。

8. 申请执行人申诉信访请求督促执行，如果符合下列情形，上级人民法院不再作为执行信访案件交办督办：

（1）因受理破产申请而中止执行，已告知申请执行人依法申报债权；

（2）再审裁定中止执行，已告知申请执行人依法应诉；

（3）因牵涉犯罪，案件已根据相关规定中止执行并移送有关机关处理；

（4）信访诉求系认为执行依据存在错误。

9. 案件已经执行完毕，但申请执行人以案件尚未执行完毕为由申诉信访，应当制作结案通知书，并告知针对结案通知书提出执行异议。

10. 被执行人确无财产可供执行，执行法院根据相关规定作出终结本次执行程序裁定，申请执行人以案件尚未执行完毕为由申诉信访，告知针对终结本次执行程序裁定提出执行异议。

三、关于执行审查类信访案件的办理

11. 执行审查类信访案件，指信访当事人申诉信访，反映执行行为违反法律规定或对执行标的主张实体权利，请求纠正执行错误的案件。

执行审查类信访案件的办理，应当遵照“诉访分离”原则。如果能够通过《民事诉讼法》及相关司法解释予以救济，必须通过法律程序审查；如果已经穷尽法律救济程序以及本意见所规定的执行监督程序，仍然反复申诉、缠访闹访，可以依法终结信访。如果属于审判程序、国家赔偿程序处理范畴，告知通过相应程序寻求救济。

12. 信访当事人向执行法院请求纠正执行错误，如果符合执行异议、案外人异议受理条件，应当严格按照立案登记制要求，正式立案审查。

13. 信访当事人未向执行法院提交《执行异议申请》，但以“申诉书”“情况反映”等形式主张执行行为违反法律规定或对执行标的主张实体权利的，应当参照执行异议申请予以受理。

14. 信访当事人向上级人民法院申诉信访，主张下级人民法院执行行为违反法律规定或对执行标的主张实体权利，如案件尚未经过异议程序或执行监督程序处理，上级人民法院一般不进行实质性审查，按照如下方式处理：

（1）告知信访当事人按照相关规定寻求救济；

（2）通过信访制度交办督办，责令下级人民法院按照异议程序或执行监督程序审查；

（3）下级人民法院正式立案审查后，上级人民法院不再交办督办。

15. 当事人、利害关系人不服《民事诉讼法》第二百二十五条所规定执行复议裁定，向上一级人民法院申诉信访，上一级人民法院应当作为执行监督案件立案审查，以裁定方式作出结论。

16. 当事人、利害关系人在异议期限之内已经提出异议，但是执行法院未予立案审查，如果当事人、利害关系人在异议期限之后继续申诉信访，执行法院应当作为执行监督案件立案审查，以裁定方式作出结论。

当事人、利害关系人不服前款所规定执行监督裁定，向上一级人民法院继续申诉信访，上一级人民法院应当作为执行监督案件立案审查，以裁定方式作出结论。

17. 信访当事人向上级人民法院申诉信访，反映异议、复议案件严重超审限的，上级人民法院应当通过信访制度交办督办，责令下级人民法院限期作出异议、复议裁定。

18. 当事人、利害关系人申诉信访请求纠正执行错误，如果符合下列情形，上级人民法院不再作为执行信访案件交办督办：

（1）信访诉求系针对人民法院根据行政机关申请所作出准予执行裁定，并非针对执行行为；

（2）信访诉求系认为执行依据存在错误。

四、关于执行信访案件的依法终结

19. 被执行人确无财产可供执行，申请执行人书面承诺息诉罢访，如果又以相同事由持续反复申诉、缠访闹访，执行法院可以逐级报请高级人民法院决定终结信访。

20. 当事人、利害关系人提出执行异议，经异议程序、复议程序及执行监督程序审查，最终结论驳回其请求，如果仍然反复申诉、缠访闹访，可以依法终结信访：

（1）执行监督裁定由高级人民法院作出的，由高级人民法院决定终结信访；

（2）执行复议、监督裁定由最高人民法院作出的，由最高人民法院决定终结信访或交高级人民法院终结信访。

21. 执行实施类信访案件，即使已经终结信访，执行法院仍然应当定期查询被执行人财产状况；申请执行人提出新的财产线索而请求恢复执行的，执行法院应当立即恢复执行。

22. 申请执行人因案件未能执行到位而导致生活严重困难的，一般不作信访终结。

23. 高级人民法院决定终结信访之前，应当报请最高人民法院备案。最高人民法院对于不符合条件的，及时通知高级人民法院予以补正或者退回。不予终结备案的，高级人民法院不得终结。

24. 最高人民法院、高级人民法院决定终结信访的，应当书面告知信访当事人。

25. 已经终结的执行信访案件，除另有规定外，上级人民法院不再交办督办，各级人民法院不再重复审查；信访终结后，信访当事人仍然反复申诉、缠访闹访的，依法及时处理，并报告同级党委政法委。

26. 执行信访终结其他程序要求，依照民事案件信访终结相关规定办理。

【解　　读】

解读《关于人民法院办理执行信访案件若干问题的意见》

《关于人民法院办理执行信访案件若干问题的意见》（以下简称《执行信访意见》）于2016年6月27日颁布施行。《执行信访意见》是最高人民法院关于人民法院办理执行信访案件所制定的首个专门规范性文件。《执行信访意见》制订过程中，充分征求了各方面意见：一是广泛征求了高级法院以及中基层法院意见；二是征求了部分民事诉讼专家学者意见；三是征求了最高人民法院立案庭、行政庭、赔偿办、审监庭及司改办等相关部门意见。该文件的颁布施行，对于解决执行信访多年以来积累的机制性难题，畅通信访渠道，加强化解力度，理顺执行信访工作流程，保障各方当事人合法权益，具有重要意义。

一、《执行信访意见》制定的背景与目的

自2009年清理执行积案活动以来，执行信访归口管理以及交办督办、排名通报等信访制度逐步建立，发挥出重要作用，不仅切实清理化解了一大批信访积案，并且以信访制度倒逼执行工作质效，群众满意度得到一定程度提升。肯定成绩的同时，我们必须承认，多年的执行信访工作实践已经积累了部分重点难题，大多是机制性问题，亟需着手解决，主要存在于三个方面：

（一）执行信访交办督办制度尚需进一步强化和完善

对于信访当事人请求督促执行的执行实施类信访案件，即使民事诉讼法已经规定了提级执行、指定执行制度，但是通过信访制度交办督办，对信访当事人尽快实现权益更为有效和便捷，因此，执行信访交办督办制度应当予以强化和完善。当前，该项制度存在如下问题：一是信访渠道不畅，信访当事人申诉无门以及信访后难以得悉处理结果；二是信访督办不力，部分法院对信访案件一转了之，仅交办而无督办，案件处理有头无尾、流于形式；三是信访化解标准掌握较为宽松，相当一部分案件并未有效化解、矛盾并未实际解决，上级法院即予以核销，不再督办。

因而，我们制定《执行信访意见》的第一个主要目的，就是进一步强化和完善执行信访交办督办制度，旨在通过信访制度督促执行实施类信访案件实现“执行到位、有效化解”，切实保障申请执行人合法权益，有效化解信访矛盾。

（二）执行信访“诉访不分”问题突出

执行异议与案外人异议是民事诉讼法及相关司法解释所确立的主要执行救济程序，对于当事人、利害关系人及案外人主张执行行为违反法律规定或对执行标的主张实体权利而提出执行异议，执行法院应当正式立案审查，严格依照法律程序处理。但是，对于该类执行争议案件，执行法院往往并不正式立案审查而作为信访事项处理，即“以信访接待替代正式立案、以内部研究替代依法审查、以口头答复替代裁定通知”，也就是所谓“诉访不分”，或者说是执行异议立案难问题。这已经是一个普遍性问题，很多省份一年十几万件执行实施案件，执行异议案件仅一千余件，明显不符常理。目前，“诉访不分”问题已非常突出，导致当事人法定救济权利不能实现，诉求不能通过法律轨道得到处

理，而只有转向上级法院申诉信访，由此引发的信访案件数量极多。以最高人民法院 2015 年登记的执行信访案件为例，执行来访约 3800 余件，执行来信及网络信访约 5000 件，其中约 30%属于请求纠正执行错误的案件，这类案件绝大部分未纳入法律程序处理。

因而，我们制定《执行信访意见》第二个主要目的，就是根据中央关于涉诉信访纳入法治轨道解决及实行诉访分离的指导精神，通过相应的制度措施，落实信访当事人法律救济权利，解决执行信访“诉访不分”问题，切实将执行审查类信访案件纳入法律程序处理。

（三）执行信访终结制度尚未建立健全

最高人民法院已经出台过关于民事案件信访终结的相关文件，但是，执行信访在案件终结范围方面却难以适用。原因在于，信访终结只能由最高人民法院与高级人民法院决定，而信访终结的前提是最高人民法院与高级人民法院已作出驳回或维持原结论的终局法律文书。对于占执行信访绝对数量的实施类信访案件，因其案件特点，民事诉讼法及相应司法解释并未设定如同民事案件般的逐级审查救济制度，最高人民法院与高级人民法院也一般不作出驳回或维持原结论的法律文书，也就难以适用民事案件的信访终结制度。执行实践中，确实积累了一部分涉及执行的无理缠访案件，由于缺乏相应制度予以信访终结，唯有反复接待、反复审查，占用大量司法资源，各级法院对此反映强烈。

因而，我们制定《执行信访意见》第三个主要目的，就是根据中央关于信访终结的指导精神，建立健全符合执行案件特点的信访终结制度。

二、《执行信访意见》第一部分“关于办理执行信访案件的基本要求”

（一）关于执行信访案件的含义

信访当事人因执行案件向执行法院的上级法院来信来访，凡不属于行使法定救济权利，均属于执行信访案件。这里有几个问题需要明确：其一，“信访当事人”包括当事人、案外人及利害关系人三类，这三类主体向上级法院申诉信访，统称信访当事人。其二，执行信访案件特指信访当事人向上级法院申诉信访。执行案件当事人、案外人及利害关系人向执行法院申请执行、提出异议或申请参与分配等，均属于其法定权利，不应归类为执行信访；执行法院依法受理执行实施或执行异议案件后，当事人、案外人及利害关系人向执行法院催促办理，亦不能归类为执行信访。其三，当事人、案外人及利害关系人向上级法院行使申请复议等法定救济权利，亦不可归类为执行信访。其四，对各类执行信访案件分析归纳，信访诉求可以大致区分为两类：一是反映执行法院有财产而拖延查控、查控后不推进评估拍卖、拍卖后不发放款项等等此类消极执行问题，而请求上级法院督促执行。二是反映超标的查封、评估价过低、利息计算错误或者反映查封财产由其实际所有等等问题，认为执行行为违反法律规定或对执行标的主张实体权利，而请求上级法院纠正执行错误。请求督促执行类案件，主要诉求系推进执行实施，故归类为执行实施类信访案件。请求纠正执行错误类案件，应当依法纳入法律程序审查后作出结论，故归类为执行审查类信访案件；另有一类常见信访类型，虽已处于异议复议程序之中，但严重超审限，信访当事人请求尽快作出审查结论，也可归类为执行审查类信访案件。对执行信访案件进行分类的意义，旨在分流办理：实施类信访通过信访督办予以化解，审查类信访通过信访督办导入法律程序或加快审查进度。

（二）关于执行信访统一归口管理

各级法院涉诉信访工作，一般由立案信访部门统一管理，但是，执行案件较之民事案件相对特殊，执行信访案件的督促办理必需依赖于上下级法院执行部门的统一指挥管理，因而，执行信访由执行部门归口管理更为妥当与合理。最高人民法院曾于 2009 年 7 月下发《关于进一步加强和规范执行工作的若干意见》，要求各级法院要设立专门的执行申诉处理机构，负责执行信访的审查和处理。《执行信访意见》对此进一步加以重申并细化：其一，各级法院执行部门应当设立执行信访专门机构。这里的专门机构，可以是专司执行信访的执行部门内设机构，如“申诉审查庭”“执行监督处”等；执行信访案件较少的省份或地区，也可以由某内设机构兼负执行信访职能。至于“审执分离”改革后，执行信访职能设置于执行局或是执行裁判庭，则视最终的改革方案而定。其二，执行信访职能包括接待处理、交办督办以及信访终结的复查、报请、决定及备案等各项工作。目前，各级法院执行信访的接待处理、交办督办已基本实现归口管理；由于执行信访终结制度尚未建立健全，各级法院基本上还没有开展该项工作，今后也应当由执行部门归口管理。

（三）关于渠道畅通、信访公开与及时处理

其一，各级法院应当设立执行来访窗口、公布执行来信地址，切实畅通信访渠道，避免信访当事人申诉无门，杜绝选择性受理申诉问题。其二，对于执行申诉信访，应当及时向下级法院交办。至于交办方式，应当以网络系统为首选；对于重点案件，可以采取内部函文方式。其三，要以书面通知或其他适当方式，向信访当事人告知案件处理过程及结果。“其他适当方式”包括电话、谈话等方式，但需要做好笔录或工作记录。

（四）关于推行网络信访

建立网络系统，引导信访当事人通过网络反映问题，减少传统来人来信方式信访，这是目前和今后的努力方向。对此，各级法院应当采取行之有效的措施，例如加强新闻宣传、网络信访优先办理以及在信访接待窗口公告信访网址等等。

（五）关于信访督办的具体措施

《执行信访意见》关于执行信访案件的督办，分类提出若干措施，包括挂牌督办、巡回督导、领导包案、信访通报、绩效考核、综治考核、执行约谈等等。各级法院可以根据地方实际，采取行之有效的其他信访督办措施。这里需要对信访通报特别说明：其一，信访通报是强化信访督办最有效的措施之一。至于通报的具体内容，既可以按照《执行信访意见》将案访比、化解率作为主要指标，也可以根据各地实际自行设计指标。其二，关于通报是否排名的问题。有意见认为，排名通报可能会对部分法院造成心理负担，应当彻底取消排名通报。我们认为：对于不合理的、违反司法规律的排名排序，确实应当取消废止。但是，执行信访排名通报主旨在于解决人民群众反映强烈的消极执行以及执行异议立案难问题，对执行信访办理情况进行排名通报是合理的、有必要的。最高人民法院数年来一直坚持执行信访排名通报，取得了良好效果。最终，考虑到存在不同意见，《执行信访意见》对于信访通报并没有明确要求采取排名方式，各地可以根据实际，自行决定是否采取排名方式。

三、《执行信访意见》第二部分“关于执行实施类信访案件的办理”

（一）关于办理实施类信访的基本原则

执行实施类信访案件办理遵照的“执行到位、有效化解”原则，可以分三个层面理解：其一，对于具有可供执行财产案件，应当确保执行到位。执行到位，指生效法律文书所确定的债权已全部偿付申请执行人；既已“执行到位”，自然也就实现“有效化解”。其二，对于无财产可供执行案件，应当尽最大努力解释说明，争取“有效化解”。其三，经解释说明，仍然反复申诉、缠访闹访，可以依法终结信访。

（二）关于有效化解的界定

如前所述，部分省份、地区存在信访督办形式化问题，标准掌握宽松，一经报告即予以核销，信访化解率甚至高达百分之九十，明显与实际不符。《执行信访意见》对执行信访“有效化解”的标准加以严格限定，即只有案件确已执行到位、达成执行和解协议并已开始依协议实际履行、经解释或救助后书面承诺息诉罢访三种情形。凡不属于以上三类情形，应当继续督办，不能予以核销。例如执行法院报告执行存在障碍或表示将积极查询处分财产，而未向申请执行人解释说明或解释说明后未取得理解认可，不能认定为“有效化解”。这里需要重点说明几个问题：其一，案件确已执行到位的，下级法院应当提交收款凭证、结案文书等相关材料。其二，当事人达成执行和解的，应当提交执行和解协议以及依协议实际履行的书面材料。其三，书面息诉罢访承诺，可以是申请执行人出具的书面承诺，也可以在谈话笔录中承诺息诉罢访。其四，关于对信访当事人进行司法救助的"相关规定"，参见中央六部委《关于建立完善国家司法救助制度的意见（试行）》及最高人民法院《关于加强和规范人民法院国家司法救助工作的意见》。"追索赡养费、扶养费、抚育费等，因被执行人没有履行能力，造成申请执行人生活困难"，"因道路交通事故等民事侵权行为造成人身伤害，无法经过诉讼获得赔偿，造成生活困难"以及"诉求具有一定合理性，但通过法律途径难以解决，且生活困难，愿意接受国家司法救助后息诉息访"等若干情形，可以予以司法救助。

（三）关于实施类非执行信访的认定

确有部分执行实施类信访案件，虽涉及执行问题但依法应予中止执行，或实际并非反映执行问题，经下级法院据实报告，上级法院不再作为执行信访案件交办督办：其一，破产法规定，人民法院受理破产申请后，有关债务人财产的保全措施应当解除，执行程序应当中止。因此，因受理破产申请而中止执行并告知申请执行人依法申报债权的，不再交办督办。其二，再审裁定中止执行并告知申请执行人依法应诉的，不再交办督办。其三，因牵涉犯罪，案件已根据相关规定中止执行并移送有关机关处理，不再交办督办。典型如牵涉非法集资犯罪的执行案件，按照最高人民法院、最高人民检察院及公安部《关于办理非法集资刑事案件适用法律若干问题的意见》的规定，人民法院在执行过程中，发现有非法集资犯罪嫌疑的，应当裁定中止执行，并及时将有关材料移送公安机关或者检察机关。其四，信访诉求系认为执行依据存在错误，不再交办督办。此外，另有一种情况，确属执行案件，但因涉及群体性纠纷而需通盘解决，故地方党委、政府以书面文件决定将该信访案件移交相关部门统筹解决，经下级法院据实报告并提交书面文件，《执行信访意见》虽并未作出规定，上级法院也可以不再交办督办。

（四）关于执行完毕信访与终本信访导入异议程序

执行实施类信访最为常见、最为典型的两类案件：一是有财产可供执行案件中，执行法院认为案件已经执行完毕，但是申请执行人并不认可，如认为本金计算错误、利息尚未偿付等等，持续申诉信访。二是无财产可供执行案件中，虽然执行法院认为确无财产可供执行，但是申请执行人并不认可，认为被执行人具有可供执行财产，持续申诉信访。我们经过反复研究认为，该两类案件或涉及债权是否全部偿付，或涉及是否确无可供执行财产，实践中均由执行法院单方审查决定，申请执行人对此无任何法律程序可供抗辩救济，有失公正合理，故而引发信访问题，必须纳入法律程序处理。

其一，关于执行完毕信访案件。执行完毕案件是否作出法律文书、作出何种法律文书，系重大程序问题，但是民事诉讼法及司法解释均未规定，确系漏失。长期以来，各级法院或以执行通知方式结案、或以执行裁定方式结案、或以申请执行人签署认可方式结案、或以承办法官自行注明“执行完毕”方式结案，极不规范。2014年，最高人民法院颁布《关于执行案件立案、结案若干问题的意见》(以下简称《立案结案意见》)，规定执行完毕案件作出结案通知书，但是区分两类情况：一是经自动履行、强制执行或和解履行，应当制作结案通知书。此类情况往往针对债权全部偿付的案件。二是书面认可或口头认可执行完毕，无需制作结案通知书。此类情况往往针对债权部分偿付但申请执行人予以认可的案件。对于执行完毕案件，申请执行人仍然以案件尚未执行完毕为由申诉信访，应当按照以下方式处理：如已制作结案通知书，应当告知针对结案通知书提出执行异议；如因认可执行完毕而未制作结案通知书，应当补充制作结案通知书，告知针对结案通知书提出执行异议。

其二，关于终本信访案件。无财产可供执行案件的申请执行人申诉信访，系执行信访案件的主要类型。我们认为，对于该类案件的处理要坚持两个思路：一是要通过异议程序，严格审查是否确无财产可供执行。二是如确无财产可供执行，则终结本次执行程序，直至信访终结，依法有序退出。按照这一思路，对于无财产可供执行而引发的信访案件，应当按照以下方式处理：首先，执行法院应当根据司法解释规定，作出终结本次执行程序裁定。其次，告知申请执行人针对终结本次执行程序裁定提出执行异议，执行异议重点审查是否确无可供执行财产。这里还需要特别说明两个问题：第一，《立案结案意见》规定申请执行人提出异议应当在“裁定终结本次执行程序前”，而最高人民法院目前研究制定的终结本次执行程序司法解释，初步确立了“终本前征询意见、终本后告知异议权利”的思路，这也符合民事诉讼基本法理，故《执行信访意见》先行作出“先终本、后异议”的原则性规定。至于提出异议的期限、审查程序等，以终结本次执行程序司法解释正式条文为准。第二，最高人民法院2016年2月《关于对人民法院终结执行行为提出执行异议期限问题的批复》规定对终结执行（应当理解为包括终结本次执行程序）的异议应当在六十日内提出。“终结本次执行程序”结案方式由中央政法委、最高人民法院2009年3月《关于规范集中清理执行积案结案标准的通知》所确立，至2015年2月最高人民法院《关于适用〈中华人民共和国民事诉讼法〉的解释》（以下简称《民事诉讼法司法解释》）正式规定，再至《执行信访意见》规定可以提出异议，已时隔数年。在此之前，各级法院根据相关规定作出的终结本次执行裁定，实际上早已超出六十日异议期限，申请执行人对该类裁定提出异议，已不能作为执行异议立案受理。我们认为，对于该类已不符合执行异议受理条件的案件，执行法院可以先做解释说明工作，如申请执行人仍持续申诉信访，可以作为执行监督案件立案审查并作出裁定，申请执行人不服该裁定，上级法院亦应当作为执行监督案件审查，将其纳入法律程序处理，进而与信访终结程序对接。

四、《执行信访意见》第三部分“关于执行审查类信访案件的办理”

(一) 关于办理审查类信访的基本原则

执行审查类信访案件办理遵照“诉访分离”原则，分以下几个层面理解：其一，如果能够通过民事诉讼法及相关司法解释予以救济，必须通过法律程序审查。这里的法律程序，主要指执行异议、案外人异议程序。其二，如果前述法律程序已经穷尽，仍应当按照《执行信访意见》所规定的执行监督程序进行救济。其三，如果法律程序与执行监督程序均已穷尽，仍然反复申诉、缠访闹访，可以依法终结信访。其四，如果属于审判程序、国家赔偿程序处理范畴，告知通过相应程序寻求救济。

这里需要强调一个问题：执行实践中，部分法院严格限定执行异议的形式，只对那些明确提出《执行异议申请》的案件，才作为执行异议案件受理。究其本因，或许是对法条掌握过于严苛，但更多是为其不受理执行异议找合理托词。针对于此，《执行信访意见》适当放宽了受理执行异议的形式要求：对于未提交《执行异议申请》，但以“申诉书”“情况反映”等形式主张执行行为违反法律规定或对执行标的主张实体权利的，应当参照执行异议申请予以受理。

还需要说明一个问题：有意见认为，严格执行“诉访分离”，执行异议案件将大量增多，执行裁决部门工作负担将骤然加大。我们认为，严格执行“诉访分离”的意义在于，一是落实法律赋予当事人的执行救济权利，二是以执行裁决监督执行实施，从而逐步解决“执行滥”问题。目前看，“诉访不分”问题已非常突出，必须立即解决；如异议案件数量逐步增多，可考虑采取增加员额、限定异议条件、简化裁决方式等措施予以解决。

(二) 关于以信访制度倒逼“诉访分离”

我们认为，虽然最高人民法院《关于人民法院办理执行异议和复议案件若干问题的规定》(以下简称《异议复议司法解释》) 对于执行异议立案难问题，规定了上提一级异议制度，但是，不受理异议更多是内部管理问题，以信访制度督促下级法院受理异议，实际上更为有效和便捷。因此，《执行信访意见》要求各级法院建立以信访制度倒逼“诉访分离”机制：其一，信访当事人向上级法院申诉信访，如案件尚未经过异议程序或执行监督程序处理，上级法院一般不进行实质性审查，即不对执行是否存在错误做出明确结论。其二，上级法院应当告知信访当事人按照法律规定寻求救济。其三，通过信访制度交办督办，责令下级法院按照执行异议或执行监督程序审查。其四，下级法院正式立案审查后，上级法院不再作为信访案件交办督办，在信访案件基数中予以核销剔除，意为“已进入法律程序，则不属于信访案件”。近几年来，最高人民法院在到京执行信访案件交办督办工作中实行这一机制，取得了良好效果，大量审查类信访已纳入法律程序处理。

（三）关于执行监督程序

《执行信访意见》对执行监督程序进行一定程度的规范，目的在于：首先，解决对复议裁定的监督不统一及选择性监督问题。其次，解决未受理执行异议的补充救济问题。再次，最高人民法院或高级人民法院对案件作出终局审查结论，是信访终结的一般前提。如不统一设定对复议裁定的监督，就会有相当一部分案件不经最高人民法院或高级人民法院终局审查，难以与信访终结程序对接。针对以上问题，《执行信访意见》作出两项规定：

其一，对复议裁定的监督。民事诉讼法及司法解释并未赋予当事人、利害关系人对执行复议裁定向上一级法院寻求救济的法律渠道。当事人、利害关系人向上一级法院继续主张权利，实际上属于法律程序之外的申诉信访。对于该类申诉信访，如果再行立案审查，则定性为最高人民法院《关于人民法院执行工作若干问题的规定（试行）》（以下简称《执行规定》）所规定的执行监督程序。目前，对复议裁定是否一律立案监督、立案监督后作出何种法律文书，并不明确具体。执行实践中，部分法院一律不予立案监督，部分法院一律立案监督，另有部分法院则仅对人大代表、政协委员关注案件立案监督；该类案件立案监督后，部分法院作出执行裁定，部分法院作出通知书，另有部分法院则以内部函形式处理。我们认为：第一，异议复议程序系对执行实施行为的监督，当前执行不规范问题依然突出，理应增加、强化监督；第二，与其规则模糊而导致监督不统一及选择性监督，不如一律予以监督；第三，民事申请再审一律立案审查，执行程序应当予以参照；第四，通知书、内部函等处理方式，或效力欠缺，或有失公开，故对复议裁定的监督也应作出裁定。综上，《执行信访意见》规定：当事人、利害关系人不服执行复议裁定，向上一级法院申诉信访，上一级法院应当作为执行监督案件立案审查，以裁定方式作出结论。

需要说明的是，除执行复议裁定外，按照民事诉讼法及相关司法解释，另有部分执行终局法律文书，具体包括民事诉讼法第二百三十七条所规定不予执行仲裁裁决裁定以及驳回不予执行仲裁裁决申请裁定，民事诉讼法第二百三十八条所规定不予执行公证债权文书裁定以及《异议复议司法解释》第 10 条所规定驳回不予执行公证债权文书申请复议裁定，《民事诉讼法司法解释》第 171 条、第 172 条所规定保全、先予执行复议裁定，《民事诉讼法司法解释》第 185 条、第 186 条所规定罚款与拘留复议决定，《异议复议司法解释》第 9 条所规定限制出境复议决定。关于上述执行终局法律文书是否予以监督的问题，意见分歧较大。考虑到解决对复议裁定的监督系首要问题，《执行信访意见》对其他执行终局法律文书是否监督未作规定，留待今后解决。

其二，关于未受理执行异议的补充监督。《异议复议司法解释》将当事人、利害关系人提出执行异议的期限，限定在执行程序终结之前（对终结执行措施提出异议的除外）。如前所述，因部分法院对执行异议未予受理，执行程序终结后，当事人、利害关系人仍请求纠正执行错误，已不能按照执行异议立案审查，导致当事人、利害关系人丧失法律救济权利。因此，必须对该类案件给予补充救济，纳入法律程序处理。综上，《执行信访意见》规定：对于在异议期限之内已经提出异议，但是执行法院未予立案审查的案件，应当作为执行监督案件立案审查，以裁定方式作出结论；当事人、利害关系人不服执行监督裁定，向上一级法院继续申诉信访，上一级法院应当作为执行监督案件立案审查，以裁定方式作出结论。这里需要说明两个问题：第一，关于“异议期限”。按照《异议复议司法解释》，一般执行异议应当在执行程序终结之前提出；按照《关于对人民法院终结执行行为提出执行异议期限问题的批复》，终结执行异议应当在六十日内提出。第二，由于该项执行监督系对未受理执行异议的补充救济，自然应当参照适用《执行信访意见》所确立的执行异议三级审查原则，当事人、利害关系人不服上一级法院作出的执行监督裁定，再上一级法院也应当立案监督。

实际上，对案外人异议未予受理问题同样存在。有一种意见认为：因执行法院未予立案审查，案外人在异议期限之后继续申诉信访，如执行标的裁定以物抵债的，作为执行监督案件立案审查；如执行标的拍卖或变卖成交的，告知案外人对申请执行人、被执行人提起不当得利之诉、损害赔偿之诉等予以救济。我们认为，这种意见具有一定合理性，但是其理论逻辑还不够成熟，反对意见较多，故《执行信访意见》并未采纳，亦留待今后解决。

（四）关于审查类非执行信访的认定

部分信访当事人名为请求纠正执行错误，实际上其诉求并非针对执行行为，上级法院不应作为执行信访案件交办督办：其一，信访诉求系针对人民法院根据行政机关申请所作出准予执行裁定。该类案件当事人往往主张纠正执行错误，究其实质，并非针对执行实施，而针对准予执行裁定。因而，不应作为执行信访要求执行部门加以解决。其二，信访诉求系认为执行依据存在错误。此外，地方党委、政府以书面文件决定将信访案件移交相关部门统筹解决的，经下级法院据实报告并提交书面文件的，上级法院也可以不再交办督办。

五、《执行信访意见》第四部分“关于执行信访案件的依法终结”

（一）关于执行信访终结

信访终结的意义在于引导当事人依法维权，防止无限申诉，节约司法资源。执行信访终结的具体含义，应当从以下几方面理解：其一，执行信访终结具有两项前提：一是执行措施全部到位或法律程序全部穷尽；二是仍然反复申诉、缠访闹访。因此，并非所有措施到位或程序穷尽的执行信访案件都要予以终结，只有那一小部分干扰司法秩序、占用司法资源的案件，才有必要予以信访终结。其二，执行信访终结的主要效果有二：一是终结交办督办，上级法院不再将该类案件纳入基数进行通报。二是终结法律审查，各级法院无需对该类案件启动复查程序。其三，执行信访终结，意味着对信访当事人申诉权利进行一定程度的限制，因而决定机关只能为最高人民法院或高级人民法院，并应当经过严格的审核程序。其四，执行信访终结前提之"法律程序穷尽"，系指法律及司法解释所设定的，经当事人申请而由人民法院启动的审查程序穷尽。但是，当事人并未丧失其他法律救济途径：民事诉讼法已规定执行检察监督的条款，最高人民法院也正与最高人民检察院联合制定关于执行检察监督的规定，人民法院对执行信访予以终结后，当事人仍可以向人民检察院申请检察监督。

（二）关于实施类信访终结

其一，执行完毕信访与终本信访，系最主要的实施类信访类型，《执行信访意见》已将该两类信访纳入异议程序处理，故信访终结也将纳入审查类信访终结。其二，申请执行人书面承诺息诉罢访，又以相同事由持续反复申诉、缠访闹访，无需进入异议程序审查，由执行法院逐级报请高级法院决定终结信访。

（三）关于审查类信访终结

其一，执行监督裁定由高级人民法院作出的，由高级人民法院决定终结信访。其二，执行复议、监督裁定由最高人民法院作出的，由最高人民法院决定终结信访或交高级法院终结信访。这里需要说明：最高人民法院维持高级人民法院审查结论的，可以交由高级人民法院终结信访；最高人民法院更改高级人民法院审查结论的，则由最高人民法院终结信访。

（四）关于执行信访终结的程序

最高人民法院已经出台过民事信访终结的相关文件，关于材料样式等一般程序问题，执行信访终结均应依照执行。《执行信访意见》重点强调了两项内容：其一，高级人民法院决定终结信访之前，应当报请最高人民法院备案。其二，决定终结信访，应当书面告知信访当事人。

（撰稿人：吴少军　等）

最高人民法院　国家发展改革委　工业和信息化部　住房和城乡建设部　交通运输部　水利部　商务部　国家铁路局　中国民用航空局　关于在招标投标活动中对失信被执行人实施联合惩戒的通知

2016年8月30日　　　　法〔2016〕285号

为贯彻党的十八届三中、四中、五中全会精神，落实《中央政法委关于切实解决人民法院执行难问题的通知》（政法〔2005〕52号）、《国务院关于促进市场公平竞争维护市场正常秩序的若干意见》（国发〔2014〕20号）、《国务院关于印发社会信用体系建设规划纲要（2014—2020年）的通知》（国发〔2014〕21号）、《关于对失信被执行人实施联合惩戒的合作备忘录》（发改财金〔2016〕141号）要求，加快推进社会信用体系建设，健全跨部门失信联合惩戒机制，促进招标投标市场健康有序发展，现就在招标投标活动中对失信被执行人实施联合惩戒的有关事项通知如下。

一、充分认识在招标投标活动中实施联合惩戒的重要性

诚实信用是招标投标活动的基本原则之一。在招标投标活动中对失信被执行人开展联合惩戒，有利于规范招标投标活动中当事人的行为，促进招标投标市场健康有序发展；有利于建立健全“一处失信，处处受限”的信用联合惩戒机制，推进社会信用体系建设；有利于维护司法权威，提升司法公信力，在全社会形成尊重司法，诚实守信的良好氛围。各有关单位要进一步提高认识，在招标投标活动中对失信被执行人实施联合惩戒，有效应用失信被执行人信息，推动招标投标活动规范、高效、透明。

二、联合惩戒对象

联合惩戒对象为被人民法院列为失信被执行人的下列人员：投标人、招标代理机构、评标专家以及其他招标从业人员。

三、失信被执行人信息查询内容及方式

（一）查询内容

失信被执行人（法人或者其他组织）的名称、统一社会信用代码（或组织机构代码）、法定代表人或者负责人姓名；失信被执行人（自然人）的姓名、性别、年龄、身份证号码；生效法律文书确定的义务和被执行人的履行情况；失信被执行人失信行为的具体情形；执行依据的制作单位和文号、执行案号、立案时间、执行法院；人民法院认为应当记载和公布的不涉及国家秘密、商业秘密、个人隐私的其他事项。

（二）推送及查询方式

最高人民法院将失信被执行人信息推送到全国信用信息共享平台和“信用中国”网站，并负责及时更新。

招标人、招标代理机构、有关单位应当通过“信用中国”网站（www.creditchina.gov.cn）或各级信用信息共享平台查询相关主体是否为失信被执行人，并采取必要方式做好失信被执行人信息查询记录和证据留存。投标人可通过“信用中国”网站查询相关主体是否为失信被执行人。

国家公共资源交易平台、中国招标投标公共服务平台、各省级信用信息共享平台通过全国信用信息共享平台共享失信被执行人信息，各省级公共资源交易平台通过国家公共资源交易平台共享失信被执行人信息，逐步实现失信被执行人信息推送、接收、查询、应用的自动化。

四、联合惩戒措施

各相关部门应依据《中华人民共和国民事诉讼法》《中华人民共和国招标投标法》《中华人民共和国招标投标法实施条例》《最高人民法院关于公布失信被执行人名单信息的若干规定》等相关法律法规，依法对失信被执行人在招标投标活动中采取限制措施。

（一）限制失信被执行人的投标活动

依法必须进行招标的工程建设项目，招标人应当在资格预审公告、招标公告、投标邀请书及资格预审文件、招标文件中明确规定对失信被执行人的处理方法和评标标准，在评标阶段，招标人或者招标代理机构、评标专家委员会应当查询投标人是否为失信被执行人，对属于失信被执行人的投标活动依法予以限制。

两个以上的自然人、法人或者其他组织组成一个联合体，以一个投标人的身份共同参加投标活动的，应当对所有联合体成员进行失信被执行人信息查询。联合体中有一个或一个以上成员属于失信被执行人的，联合体视为失信被

执行人。

（二）限制失信被执行人的招标代理活动

招标人委托招标代理机构开展招标事宜的，应当查询其失信被执行人信息，鼓励优先选择无失信记录的招标代理机构。

（三）限制失信被执行人的评标活动

依法建立的评标专家库管理单位在对评标专家聘用审核及日常管理时，应当查询有关失信被执行人信息，不得聘用失信被执行人为评标专家。对评标专家在聘用期间成为失信被执行人的，应及时清退。

（四）限制失信被执行人招标从业活动

招标人、招标代理机构在聘用招标从业人员前，应当明确规定对失信被执行人的处理办法，查询相关人员的失信被执行人信息，对属于失信被执行人的招标从业人员应按照规定进行处理。

以上限制自失信被执行人从最高人民法院失信被执行人信息库中删除之时起终止。

五、工作要求

（一）有关单位要根据本《通知》，共同推动在招标投标活动中对失信被执行人开展联合惩戒工作，指导、督促各地、各部门落实联合惩戒工作要求，确保联合惩戒工作规范有序进行。

（二）有关单位应在规范招标投标活动中，建立相关单位和个人违法失信行为信用记录，通过全国信用信息共享平台、国家公共资源交易平台和中国招标投标公共服务平台实现信用信息交换共享和动态更新，并按照有关规定及时在“信用中国”网站予以公开。

（三）有关单位应当妥善保管失信被执行人信息，不得用于招标投标以外的事项，不得泄露企业经营秘密和相关个人隐私。

【解　　读】

解读《关于在招标投标活动中对失信被执行人实施联合惩戒的通知》

为进一步落实今年初最高人民法院与中央44家单位联合签署的《关于对失信被执行人实施联合惩戒的合作备忘录》（以下简称《备忘录》）有关内容，

最高人民法院与国家发展改革委、工业和信息化部、住房和城乡建设部、交通运输部、水利部、商务部、国家铁路局、中国民用航空局九部门于2016年8月30日联合会签了《关于在招标投标活动中对失信被执行人实施联合惩戒的通知》(以下简称《通知》),这是贯彻落实党中央、国务院推进社会诚信建设和切实解决执行难重要举措,是加快推进社会信用体系建设、建立健全跨部门失信联合惩戒机制的又一重大成果。

下面,我从四个方面向大家通报联合下发《通知》的有关情况。

一、下发《通知》的背景

(一)党中央、国务院高度重视社会诚信建设

党的十八大、十八届三中、四中、五中全会都对社会诚信建设提出了具体要求,指出要完善违法失信行为惩戒机制,褒扬诚信,惩戒失信。国务院于2014年6月发布的《社会信用体系建设规划纲要(2014—2020)》,将构建守信激励和失信惩戒机制作为社会信用体系建设的三大基础性措施之一。国务院指定由国家发展改革委和中国人民银行牵头,建立了社会信用体系建设部际联席会议制度。要求各单位及时沟通情况、协调不同意见,推动守信激励和失信惩戒工作机制的落实,加快社会信用体系建设。

(二)人民法院破解执行难迫切需要构建联合惩戒机制

长期以来,对人民法院"执行难"问题社会高度关注,人民群众反映强烈。近几年,全国法院新收案件逐年增多,2016年截止到8月,新收案件340多万件,同比上升27.84%。在以往的执行案中60%以上有财产案件的债务人不主动履行,同时还大量存在暴力对抗执行、恶意逃避执行等现象。面对这种复杂情况,仅靠人民法院自身力量是远远不够的,各部门必须联合起来,加大信用惩戒力度,建立联合信用惩戒机制,推进社会信用体系建设,唯如此,才是治本之策。诚信缺失、社会信用体系不健全已经成为执行难不可忽视的深层原因。2010年,中央19家部委出台了《关于建立和完善执行联动机制若干问题的意见》,明确提出要形成党委领导、人大监督、政府支持、社会各界协作配合的执行工作新格局,建立健全解决执行难问题的长效机制。

(三)联合惩戒失信被执行人已经有了良好的基础

2013年,最高人民法院发布了《关于公布失信被执行人名单信息的若干规定》,建立了对失信被执行人的联合惩戒制度。与中央文明办等8部门及国家发展改革委、财政局等44家部委通过限制乘坐飞机、高铁,限制贷款、限制招投标、政府采购等,形成了多部门、多行业、多手段的联合惩戒网络。截至2016年8月底,最高人民法院已向社会公众发布失信被执行人名单信息499.2万例。取得了良好的法律效果与社会效果,为进一步拓展联合惩戒措

施、限制失信被执行人招投标活动奠定了良好的工作基础。

二、《通知》的主要内容

《通知》进一步落实了《备忘录》中关于在招标投标领域联合限制失信被执行人、规范招投标活动的内容，共分为五个部分。

第一部分是重要性。在招标投标活动中对失信被执行人开展联合惩戒，是健全招标投标失信行为联合惩戒机制，推进社会信用体系建设的重要举措。有利于规范招标投标活动当事人行为，促进招标投标市场健康有序发展，有利于健全“一处失信，处处受限”的信用机制，在全社会形成尊重司法，诚实守信的良好氛围。

第二部分是联合惩戒对象。即在招标投标活动中被最高人民法院公布为失信被执行人的投标人、招标代理机构以及评标专家、招标从业人员。

第三部分是查询内容及方式。最高人民法院将失信被执行人名称（姓名）、法律义务履行情况、失信情形等信息推送到全国信用信息共享平台和“信用中国”网站，招标人、招标代理机构、相关行政监督部门则通过“信用中国”网站或各级信用信息共享平台进行查询。

第四部分是联合惩戒措施。该部分是《通知》的核心内容，共提出四项惩戒措施，一是限制失信被执行人的投标活动。对于依法必须进行招标的工程建设项目，招标人将在招标公告等招标文件中明确规定评标标准，在评标阶段对失信被执行人予以限制。对于两个以上的自然人、法人或者其他组织组成一个联合体，以一个投标人的身份共同参加投标活动的，应当对所有联合体成员进行查询，一旦联合体中有一个或一个以上成员属于失信被执行人的，则对联合体进行整体限制；二是限制失信被执行人的招标代理活动。招标人在委托招标代理机构开展招标事宜时，将优先选择无失信记录的招标代理机构，推动招标活动更加规范、高效；三是限制失信被执行人的评标活动。《通知》明确了相关单位不得聘用失信被执行人为评标专家，对聘用期间成为失信被执行人的评标专家，将及时清退；四是限制失信被执行人的招标从业活动。招标人、招标代理机构在聘用招标从业人员时，将对失信被执行人予以限制，对从业期间成为失信被执行人的招标从人员予以处理。

最后一部分是工作要求，主要包括各单位共同开展联合惩戒，建立失信行为信用记录并予以公开，妥善保管失信被执行人信息，不得泄露企业经营秘密和个人隐私等。

《通知》主要有四个特点。一是惩戒部门全。此次参与部门，是在招投标领域实施监管的重点部门，包括国家发展改革委、工业和信息化部、住房和城乡建设部、交通运输部、水利部、商务部、国家铁路局、民航局等。二是惩戒力度大。在信用信息共享基础上，由原来一个部门在一个领域对失信当事人实施惩戒，现在变为由多个部门在同一领域对失信当事人实施联合惩戒。三是影响范围广。涉及投标人资格预审、招标代理机构资格审查、评标专家聘用和清退、招标从业限制等多个重点领域。四是双向共同惩戒。《通知》中各项惩戒措施的落实，都需要最高人民法院与相关部门密切配合，联合实施惩戒。

三、最高人民法院在信息共享和失信联合惩戒方面开展的工作

最高人民法院认真贯彻落实党的十八大和十八届三中、四中、五中全会提出的加强社会诚信建设的要求，以失信被执行人名单制度为载体，以国家社会信用体系建设部际联席会议为平台，积极参与国家发展改革牵头的"信用中国"网站建设和全国信用信息共享平台建设，主动向有关部门和协作单位推送失信被执行人名单信息。加强执行联动机制建设，形成对失信被执行人进行信用惩戒的合力。

1. 与铁路、民航部门联动。2014 年 6 月 18 日、7 月 1 日，中国铁路总公司、中国民航信息网络股份有限公司分别正式上线限制失信被执行人购买列车软卧车票和飞机票。2015 年 8 月 25 日零时开始，中国铁路总公司增加限制乘坐高铁和其他动车一等以上座位。截至 2016 年 8 月 31 日，共限制失信被执行人乘坐列车 155 万人次；乘坐飞机 470.5 万人次。

2. 与中国人民银行征信中心联动。中国人民银行征信中心明确将失信被执行人名单信息纳入征信系统相关工作规程，在制作企业和个人信用报告时，将失信被执行人名单信息整合至被执行人信用档案中，并以信用报告的形式向金融机构等单位提供。

3. 与中国银监会、银行业金融机构联动。与中国银监会联合开展网络执行查控及信用惩戒工作，限制失信被执行人在全国金融机构贷款或办理信用卡。2013 年至今，最高人民法院分别与 21 家全国性银行业金融机构就网络执行查控及信息共享分别签订合作备忘录，对失信被执行人在银行的重要业务申请进行严格审查并采取相应的控制和限制措施。

4. 与国家工商总局联动。国家工商总局限制失信被执行人在全国范围内担任任何公司的法定代表人、董事、监事和高级管理人员。截至今年 8 月 31 日，全国工商、市场监管部门共限制失信被执行人担任各类企业高管 6.6 万余人次。

5. 与互联网电商联动。与淘宝、京东等互联网电商开展合作，将失信被执行人名单信息作为重要评价指标纳入信用评价体系，利用信息技术手段，扩大失信数据的影响力。限制失信被执行人互联网上的高消费行为。

此外，最高人民法院还与农业部、交通运输部、中国证监会、公安部全国

公民身份证号码查询中心、全国组织机构代码管理中心、中国银联、全国工商联、中国中小企业协会、人民网、百度、腾讯等开展合作，在相关领域对失信被执行人实施联合惩戒，有力促进了社会信用体系建设。

四、落实《通知》的主要计划

法律的生命在于实施，签署《通知》的意义在于落实。本次《通知》惩戒措施的落实，有赖于各签署单位在各自监管领域内，把失信被执行人名单信息作为重要参考依据，在招标投标方面予以信用惩戒。最高人民法院将进一步做好以下工作：一是对2013年出台《关于公布失信被执行人名单信息的若干规定》进行修改完善，并对各级法院提出明确要求，确保失信被执行人名单信息纳入准确、完整、及时；二是及时向全国信用信息共享平台和“信用中国”网站提供失信被执行人名单信息和更新信息，确保名单信息的准确性和及时性；三是积极配合各会签单位开展失信联合惩戒，做好服务工作。

（撰稿人：孟　祥）

最高人民法院　国土资源部
关于推进信息共享和网络执行查询机制建设的意见

2016年10月26日　　　　法〔2016〕357号

为加强网络执行查询不动产联动机制建设，提高人民法院执行工作效率，切实保障当事人的合法权益，维护司法权威，推动社会信用体系建设，根据《中华人民共和国民事诉讼法》《不动产登记暂行条例》的有关规定和《关于建立和完善执行联动机制若干问题的意见》（法发〔2010〕15号）的要求，最高人民法院、国土资源部就推进信息共享和网络执行查询机制建设提出如下意见：

一、明确目标，全面建设网络执行查询机制

各级人民法院与国土资源主管部门联合推进信息共享和网络执行查询机制建设，是贯彻落实中央改革任务的重要内容，是推进网络查询不动产登记信息的积极探索，对于提高人民法院执行效率，切实解决执行难，以及推动不动产登记信息管理基础平台建设，扩大登记信息应用服务范围具有重要意义。各级人民法院会同国土资源主管部门，结合不动产登记信息管理基础平台建设推进情况，在已有工作基础上逐步建立和完善网络执行查询工作机制。

已建立“点对点”网络执行查询机制的地区，要严格按照最高人民法院、国土资源部联合制定的《人民法院网络查询不动产登记信息技术规范（试行）》要求改造系统，尽快完成与最高人民法院网络执行查控系统的对接，建立“点对总”网络执行查控机制，最高人民法院统一汇总全国各级人民法院的查询申请，通过专线提交至相应地区的不动产登记机构进行查询。

尚未建立“点对点”网络执行查询机制的地区，人民法院要抓紧与同级国土资源主管部门建立网络对接，并按照《人民法院网络查询不动产登记信息技术规范（试行）》要求研发查控软件，开展信息共享，同步推进“点对总”网络执行查询机制建设，优先在已经实施不动产统一登记制度的地区开展试点，逐步推广。

最高人民法院与国土资源部稳步推进“总对总”网络执行查询机制建设。

二、突出重点，着力提高规范化水平

各级人民法院与国土资源主管部门通过专线或其他方式建立网络查询通道，依法查询被执行人的不动产登记信息。

人民法院发送的协助查询通知书应当载明执行法院、执行案号、承办人及联系方式、被执行人、具体查询事项等内容；国土资源主管部门对人民法院的查询申请进行统一查询和反馈，反馈的结果主要包括不动产权利人和不动产坐落、面积、位置等基本情况，以及抵押、查封、地役权等信息。提供的查询结果要符合不动产统一登记相关政策、技术要求。

各级人民法院要严格按照“谁承办、谁提起、谁负责”的原则，由案件的承办人对其承办案件的被执行人提起查询请求和查看反馈信息。国土资源主管部门要进一步强化管理，健全配套制度、规范工作流程、细化工作要求，依法规范做好协助查询工作。

对网络查询结果各级人民法院可以到相应不动产登记机构进行现场核实。网络查询反馈结果与实际信息或权属不一致的，以实际信息为准。不动产登记机构对按人民法院要求协助执行产生的后果，不承担责任。

三、落实责任，确保信息安全

各级人民法院和国土资源主管部门要高度重视不动产登记信息安全保密工作，严格执行不动产登记资料查询制度，通过建立严格的规章制度和采取必要措施，确保不动产登记信息安全。

各级人民法院应当依法使用查询结果，不得将查询信息用于办案之外的用途，不动产登记机构应当依法协助完成查询工作，不得隐瞒、修改和泄露信息。

四、统筹协调，深化拓展部门合作

建立不动产统一登记制度为人民法院实施网络查询不动产奠定了基础。各地应以构建网络查询机制为契机，进一步加快不动产登记制度建设，有序推进不动产登记信息管理基础平台建设和更新维护，同步推进部门间常态化的信息共享机制，构建和完善信息动态更新机制。已经实施不动产统一登记、实现不动产权证书发新停旧的地区，不动产登记机构要按照职能分工，依法开展涉及各类不动产的协助查询工作，全面履行职责。尚未实施不动产统一登记、发新停旧的地区，要进一步加快工作进度，为规范开展协助查询工作创造条件，已经与各级人民法院建立信息合作机制的，要继续做好过渡时期信息共享工作。

各高级人民法院与各省级国土资源主管部门可以根据本意见，结合本地实际，制定贯彻实施办法。对执行本意见的情况和工作中遇到的问题，要及时报告最高人民法院、国土资源部。

最高人民法院
印发《关于严格规范终结本次执行程序的规定（试行）》的通知

2016 年 10 月 29 日　　　　法〔2016〕373 号

各省、自治区、直辖市高级人民法院，解放军军事法院，新疆维吾尔自治区高级人民法院生产建设兵团分院：

现将《最高人民法院关于严格规范终结本次执行程序的规定（试行）》予以印发，请认真贯彻执行。

附：

关于严格规范终结本次执行程序的规定（试行）

为严格规范终结本次执行程序，维护当事人的合法权益，根据《中华人民共和国民事诉讼法》及有关司法解释的规定，结合人民法院执行工作实际，制定本规定。

第一条 人民法院终结本次执行程序，应当同时符合下列条件：

（一）已向被执行人发出执行通知、责令被执行人报告财产；

（二）已向被执行人发出限制消费令，并将符合条件的被执行人纳入失信被执行人名单；

（三）已穷尽财产调查措施，未发现被执行人有可供执行的财产或者发现的财产不能处置；

（四）自执行案件立案之日起已超过三个月；

（五）被执行人下落不明的，已依法予以查找；被执行人或者其他人妨害执行的，已依法采取罚款、拘留等强制措施，构成犯罪的，已依法启动刑事责任追究程序。

第二条 本规定第一条第一项中的“责令被执行人报告财产”，是指应当完成下列事项：

（一）向被执行人发出报告财产令；

（二）对被执行人报告的财产情况予以核查；

（三）对逾期报告、拒绝报告或者虚假报告的被执行人或者相关人员，依法采取罚款、拘留等强制措施，构成犯罪的，依法启动刑事责任追究程序。

人民法院应当将财产报告、核实及处罚的情况记录入卷。

第三条 本规定第一条第三项中的“已穷尽财产调查措施”，是指应当完成下列调查事项：

（一）对申请执行人或者其他人提供的财产线索进行核查；

（二）通过网络执行查控系统对被执行人的存款、车辆及其他交通运输工具、不动产、有价证券等财产情况进行查询；

（三）无法通过网络执行查控系统查询本款第二项规定的财产情况的，在被执行人住所地或者可能隐匿、转移财产所在地进行必要调查；

（四）被执行人隐匿财产、会计账簿等资料且拒不交出的，依法采取搜查措施；

（五）经申请执行人申请，根据案件实际情况，依法采取审计调查、公告悬赏等调查措施；

（六）法律、司法解释规定的其他财产调查措施。

人民法院应当将财产调查情况记录入卷。

第四条 本规定第一条第三项中的“发现的财产不能处置”，包括下列情形：

（一）被执行人的财产经法定程序拍卖、变卖未成交，申请执行人不接受抵债或者依法不能交付其抵债，又不能对该财产采取强制管理等其他执行措施的；

（二）人民法院在登记机关查封的被执行人车辆、船舶等财产，未能实际扣押的。

第五条 终结本次执行程序前，人民法院应当将案件执行情况、采取的财产调查措施、被执行人的财产情况、终结本次执行程序的依据及法律后果等信息告知申请执行人，并听取其对终结本次执行程序的意见。

人民法院应当将申请执行人的意见记录入卷。

第六条 终结本次执行程序应当制作裁定书，载明下列内容：

（一）申请执行的债权情况；

（二）执行经过及采取的执行措施、强制措施；

（三）查明的被执行人财产情况；

（四）实现的债权情况；

（五）申请执行人享有要求被执行人继续履行债务及依法向人民法院申请恢复执行的权利，被执行人负有继续向申请执行人履行债务的义务。

终结本次执行程序裁定书送达申请执行人后，执行案件可以作结案处理。人民法院进行相关统计时，应当对以终结本次执行程序方式结案的案件与其他方式结案的案件予以区分。

终结本次执行程序裁定书应当依法在互联网上公开。

第七条 当事人、利害关系人认为终结本次执行程序违反法律规定的，可以提出执行异议。人民法院应当依照民事诉讼法第二百二十五条的规定进行审查。

第八条 终结本次执行程序后，被执行人应当继续履行生效法律文书确定的义务。被执行人自动履行完毕的，当事人应当及时告知执行法院。

第九条 终结本次执行程序后，申请执行人发现被执行人有可供执行财产的，可以向执行法院申请恢复执行。申请恢复执行不受申请执行时效期间的限制。执行法院核查属实的，应当恢复执行。

终结本次执行程序后的五年内，执行法院应当每六个月通过网络执行查控系统查询一次被执行人的财产，并将查询结果告知申请执行人。符合恢复执行条件的，执行法院应当及时恢复执行。

第十条 终结本次执行程序后，发现被执行人有可供执行财产，不立即采取执行措施可能导致财产被转移、隐匿、出卖或者毁损的，执行法院可以依申请执行人申请或依职权立即采取查封、扣押、冻结等控制性措施。

第十一条 案件符合终结本次执行程序条件，又符合移送破产审查相关规定的，执行法院应当在作出终结本次执行程序裁定的同时，将执行案件相关材料移送被执行人住所地人民法院进行破产审查。

第十二条 终结本次执行程序裁定书送达申请执行人以后，执行法院应当在七日内将相关案件信息录入最高人民法院建立的终结本次执行程序案件信息库，并通过该信息库统一向社会公布。

第十三条 终结本次执行程序案件信息库记载的信息应当包括下列内容：

（一）作为被执行人的法人或者其他组织的名称、住所地、组织机构代码及其法定代表人或者负责人的姓名，作为被执行人的自然人的姓名、性别、年龄、身份证件号码和住址；

（二）生效法律文书的制作单位和文号，执行案号、立案时间、执行法院；

（三）生效法律文书确定的义务和被执行人的履行情况；

（四）人民法院认为应当记载的其他事项。

第十四条 当事人、利害关系人认为公布的终结本次执行程序案件信息错误的，可以向执行法院申请更正。执行法院审查属实的，应当在三日内予以更正。

第十五条 终结本次执行程序后，人民法院已对被执行人依法采取的执行措施和强制措施继续有效。

第十六条 终结本次执行程序后，申请执行人申请延长查封、扣押、冻结期限的，人民法院应当依法办理续行查封、扣押、冻结手续。

终结本次执行程序后，当事人、利害关系人申请变更、追加执行当事人，符合法定情形的，人民法院应予支持。变更、追加被执行人后，申请执行人申请恢复执行的，人民法院应予支持。

第十七条 终结本次执行程序后，被执行人或者其他人妨害执行的，人民法院可以依法予以罚款、拘留；构成犯罪的，依法追究刑事责任。

第十八条 有下列情形之一的，人民法院应当在三日内将案件信息从终结本次执行程序案件信息库中屏蔽：

（一）生效法律文书确定的义务执行完毕的；

（二）依法裁定终结执行的；

（三）依法应予屏蔽的其他情形。

第十九条 本规定自 2016 年 12 月 1 日起施行。

【解　读】

解读《关于严格规范终结本次执行程序的规定（试行）》

最高人民法院《关于严格规范终结本次执行程序的规定（试行）》（以下简称《规定》）已于2016年12月1日起正式施行。为了更准确地理解《规定》的主要内容，统一把握《规定》的适用原则，现将《规定》的起草背景、主要内容等相关情况作一介绍和说明。

一、《规定》的出台背景

（一）无财产可供执行案件的成因

根据被执行人的履行能力，金钱债权执行案件大致可以分为无财产可供执行和有财产可供执行两类。无财产可供执行案件，具体是指人民法院穷尽财产调查措施及相应的强制执行措施后，没有发现被执行人有可供执行的财产，或者仅发现部分财产并执行完毕后，申请执行人的全部或部分债权不能得到实现的案件类型。造成被执行人无可供执行财产的原因纷繁复杂，大致可归纳为以下几方面：

1. 社会经济发展水平。这是影响执行案件是否有财产可供执行的一个重要原因。“一个案件能否执行或执行多少，主要取决于被执行人的财产能力状态，法院的强制执行力度只能起相对的辅助作用。”① 社会的经济发展水平直接决定被执行人的财产能力状态。经过长期高速发展，我国的社会物质财富不断积累，人民群众生活水平不断提高，但无可否认的是，不同地区的经济发展水平差别明显。举例而言，2016年，位于中部省份的河南法院，其执行到位金额是582亿元，而沿海发达省份如广东、江苏等，全省法院执行到位金额则分别达到了1854亿元和1800亿元，这也从一个侧面反映出经济发展水平对执行工作的影响。

2. 当事人必然承担的风险。无财产可供执行案件是任何国家、任何时期都无法避免的客观存在，本质上属于当事人应当自己承担的商业风险、交易风险和法律风险。市场经济中存在交易风险是客观经济规律，当事人在订立合同之初就应当能够预见到，交易风险是随时可能发生的不利后果，永远不可能完

① 董振国：《试论执行不能》，载《人民司法》2002年第5期。

全规避和杜绝。而法院的强制执行程序只是对债权人合法权益的一种事后救济手段，执行程序的基本职能是尽力实现权利人经生效法律文书确认的权利，但执行程序不可能承担也不可能完全避免客观发生的全部风险。

3. 执行手段的局限性。执行实践中，法院的财产查控手段虽然日趋完善，但仍有局限。一方面，由于我国的社会信用体系建设仍有待加强，没有对被执行人在全社会形成更加有效的威慑；另一方面，被执行人逃避执行、规避执行的手段日趋多样化和隐蔽化，执行措施因其自身局限性，不能完全杜绝和打击被执行人规避执行、逃避执行的行为。

被执行人无可供执行财产、案件客观执行不能已成为一种普遍现象。据统计，在目前的未执结案件中，无财产可供执行的大约占到40%左右，且这一类案件逐年积累递增，已经成为法院无法承受之重。去年年初，最高人民法院周强院长提出两到三年基本解决执行难问题的目标，首当其冲应该解决的，就是厘清执行不能和执行难的界限、划清法院执行职责与当事人自负风险的界限。我们必须明确这样一点，即无财产可供执行的案件，属于客观执行不能，是人民法院在穷尽执行措施之后依然无法执行到位的客观存在，不属于执行难的范畴。

（二）出台《规定》的必要性

1. 严格规范现有制度适用的需要

终结本次执行程序的制度设计，早在2009年已被中央政法委下发的清理积案活动通知正式确认，此后各地法院逐渐广泛适用此项制度。但在实践中，各地法院存在适用标准过宽、程序过于简化等不规范问题，一些本不该进入该程序的执行案件被当作无财产可供执行案件处理，加之缺乏相应规范，案件管理缺位，严重损害了债权人的合法权益，破坏了司法公信力。

2015年2月，最高人民法院在制定民事诉讼法司法解释时，对终结本次执行程序制度予以正式规定。因篇幅限制，民事诉讼法司法解释对终结本次执行程序的具体标准、程序及其后续管理等系列问题都没有规定。为更好地解决上述问题，严格规范终结本次执行程序，有效防止为片面追求结案率而滥用终结本次执行程序，严把进口，草拟关于终结本次执行程序规范性文件的工作提上日程。我们经过反复调研、酝酿，向部分高院、专家学者、最高人民法院其他审判部门等广泛征求意见，几经修改，最终出台了《规定》。

2. 合理配置司法资源的需要

通过上述分析，可以得出这样的结论，即经济发展水平和市场交易风险等因素的客观存在决定了无财产可供执行案件不以权利人的主观意愿及执行法院的价值追求为转移。依据司法资源合理配置理论，鉴于中国现有司法资源相对于社会诉求而言明显不足，因此在其配置管理上更应谨慎精细，最大限度地实现司法公正。① 建立终结本次执行程序制度，对此类案件更加科学有效地规范管理，正是合理配置有限司法资源的必要手段和措施。

二、《规定》的主要内容

《规定》共19条，主要涉及三个方面问题：(1) 严格规定终结本次执行程序的要件；(2) 畅通终结本次执行程序案件的恢复机制；(3) 完善终结本次执行程序后的救济管理。下面，结合具体的条文，从五个方面入手，逐一说明。

(一) 规范性文件的制定目的和制定依据

序言部分明确了《规定》的制定目的和制定依据。制定目的有两个：一是规范人民法院终结本次执行程序，防止程序滥用；二是维护当事人的合法权益。制定《规定》的法律依据主要是现行民事诉讼法第二百五十七条第（六）项，即“有下列情形之一的，人民法院裁定终结执行：……（六）人民法院认为应当终结执行的其他情形”。该项授权人民法院可以在前五项情形之外，根据法律的原则精神及司法实践的需要，决定可以终结执行的其他情形。终结本次执行程序即是被执行人无可供执行财产情形下，人民法院依法对本次执行程序终结执行的一种特殊形式。此外，最高人民法院《关于适用〈中华人民共和国民事诉讼法〉的解释》(以下简称《民事诉讼法解释》) 第519条对终结本次执行的程序和标准亦做了规定，本《规定》是对终结本次执行程序的具体条件、标准、程序等问题的进一步细化和完善。

(二) 终结本次执行的程序标准和实质标准

《规定》第1条至第4条对终结本次执行的程序标准和实质标准予以明确，这是《规定》中最重要的核心条款。由于终结本次执行程序的条件和标准比较复杂，无法全部囊括在一个条文中，故采取了概括规定加具体细化的形式。第1条概括性地对终结本次执行程序的条件作出了规定，第2条到第4条是对第1条中的有关内容作具体细化的规定。第1条中的（1）至（5）项作为终结本次执行程序的条件应当同时满足，缺一不可。其中（1）至（4）项是一般情形下的条件，第（5）项是特殊情形下需要满足的要件。

《规定》第1条第（1）项是对进入执行程序后人民法院需要采取的常规执行措施的规定，即：应当发出执行通知，责令被执行人报告财产。而责令被执行人报告财产应当达到的标准和完成的事项，在第2条中做了明确要求，即应当完成下列四方面的工作：一是发出报告财产令；二是对报告的财产情况予以核查；三是对逾期报告、拒绝报告或者虚假报告的被执行人或者相关人员，依法采取强制措施直至启动刑事责任追究程序；四是对上述财产报告核实及处罚情况必须记录入卷。本条内容与最高人民法院《关于民事执行中财产调查若干

---

① 孙永军：《程序公正与司法资源的合理配置》，载《江南论坛》2009年第1期。

问题的规定》进行了衔接，关于财产报告中的报告程序、核实程序以及处罚情形，在该司法解释中作出了详细规定，《规定》中关于财产报告制度的实施应当遵照该司法解释进行。

《规定》第1条第（2）项要求，必须向被执行人发出限制消费令，符合条件的还应当纳入失信被执行人名单。根据现有司法解释的规定，只要被执行人不履行生效法律文书确定的义务，就应当向其发出限制消费令，而纳入失信被执行人名单还应当符合最高人民法院《关于公布失信被执行人名单信息的若干规定》列明的条件才可以纳入。

《规定》第1条第（3）项要求，在穷尽财产调查措施后，人民法院未发现被执行人有可供执行的财产，或者发现的财产不能处置，这是执行案件能否终结本次执行程序的实质标准。以下两点核心要点需要把握。

1. 何谓穷尽财产调查措施。《规定》第3条对穷尽财产措施应当完成的事项进行了列明。应当说，人民法院的财产调查能力和手段，是随着社会经济发展、科技手段的不断进步而不断发展的，对于究竟何为穷尽财产调查措施，还应当结合现有的经济发展水平、财产查控能力现状等客观因素来综合认定。本条区分不同情况，规定了人民法院采取哪些执行措施，才算达到了穷尽财产调查措施的最低标准。其中：

第（1）项是对申请执行人或他人提供的财产线索的核实。申请执行人作为对其自身权益最为关注的个体，查找财产的意愿最为强烈，此外，与案件有利害关系的第三人、社会公众都有可能向人民法院提供被执行人的财产线索。对于上述主体提供的财产线索，人民法院应当积极予以核实，以增加发现被执行人财产的可能。

第（2）项中的网络执行查控系统既包括由最高人民法院建立的执行案件网络查控系统，还包含执行法院所在地区已经建立的网络查控系统。执行法院应当在上述查控系统中对被执行人名下的存款、车辆及其他交通运输工具、不动产、有价证券等财产均进行调查，才算是完成了网络调查事项。

第（3）项的规定是针对一些地区或者一些财产形式受网络技术发展及个别地区和领域信息化科技手段运用水平所限，暂时还不能通过网络调查方式予以查找。对于这部分地区或形式的财产，仍应充分运用传统的财产调查方式，在被执行人住所地或者可能隐匿转移财产所在地进行查找。

第（4）项是对搜查措施的规定。民事诉讼法第二百四十八条、《民事诉讼法解释》第498条对搜查的适用条件和程序做了明确规定。搜查必须依照法定程序进行，由院长签发搜查令，并做好执行预案。

第（5）项规定了审计调查、公告悬赏等措施的运用。需要说明两个问题：一是采取审计调查、公告悬赏等调查措施，须以申请执行人申请为前提，法院原则上不依职权采取；二是是否采取审计调查、公告悬赏等调查措施，由法院根据案件实际情况决定。同时，本条内容与最高人民法院《关于民事执行中财产调查若干问题的规定》相衔接，未尽事宜在该司法解释中进一步细化和明确。此外，增加一项兜底条款，为未来执行工作中可能出现的其他财产调查措施留出空间。

2. 必须是未发现被执行人有可供执行的财产或者发现的财产不能处置。这里面包含三种可能的情况：一是被执行人完全没有可供执行的财产；二是被执行人可供执行的财产被处置完毕后，未发现其他可供执行的财产；三是发现的财产不能处置。那么，何谓发现的财产不能处置？《规定》第4条对此予以明确：发现的财产不能处置包括：(1) 被执行人的财产经法定程序拍卖、变卖未成交，申请执行人不接受抵债或者依法不能交付其抵债，又不能对该财产采取强制管理等其他执行措施。"经依法拍卖、变卖未成交"，应按照最高人民法院《关于人民法院民事执行中拍卖、变卖财产的规定》第27条、第28条，以及最高人民法院《关于人民法院网络司法拍卖若干问题的规定》的相关规定为标准进行判断和认定。(2) 执行实践中比较突出的查封了特殊动产的档案登记，但却未能实际控制相关财产的情况。此类情形下，被执行人的财产实际上处于无法处置的情况。此外，《规定》原稿本来还有被执行人的财产属于依法免于执行的规定，例如被执行人生活必需的物品等，但经过研究，我们认为，民事诉讼法第二百四十三条、第二百四十四条，最高人民法院《关于人民法院民事执行中查封、扣押、冻结财产的规定》第5条、第6条中规定的豁免财产，本身就不属于可供执行的财产范围，其本来就已经被排除在了可供执行财产范围之外。因此，从逻辑上看，可供执行的财产中已经当然不包括豁免财产在内，因此无需在此处再行规定。而对于被执行人唯一住房的执行，实际上最高人民法院《关于人民法院办理执行异议和复议案件若干问题的规定》第20条已经规定了在几种情形下，被执行人本人及所扶养家属维持生活必需的居住房屋都具备可以执行的条件，因此，实际上此类房屋在绝大部分情况下，均已可以作为被执行人可供执行的财产类型。因此，《规定》并未再将其作为不能处置的一类财产加以规定。

《规定》第1条第(4)项明确，终结本次执行程序的条件之一，还包括期间条件，即必须经过一定期间才能终结本次执行程序。该条是考虑到即使已经完成了其他各项要求的规定动作，如果刚刚进入执行程序随即就决定终结本次执行程序，恐怕也很难说服申请执行人，人民法院已经穷尽了各项执行措施，故规定了从自执行案件立案之日起至少已经经过了三个月之后才能终结本次执行程序，这样也能更为充分保障申请执行人的相关权利。

《规定》第1条第(5)项是对特殊情形下终结本次执行程序条件的规定。

当执行案件的被执行人下落不明，或者被执行人及相关人员有妨害执行的情形时，人民法院还应当依法查找被执行人。对妨害执行的被执行人依法采取罚款、拘留直至启动追究刑事责任程序的措施。

查找被执行人下落，其本质还是通过查人来找物。查找被执行人的措施多样，执行人员应当通过执行日志来记录采取的查找措施，比如根据申请执行人提供的联系方式联系，根据审判卷宗中留存的联系方式联系。如果实在找不到需要公告的，公告也是寻找的一种途径。目前，一些法院也在积极寻求地方公安或其他部门支持，通过车辆、住宿信息等方式来查找被执行人下落。随着科技手段不断发展，人民法院与其他职能部门联动机制不断深入，被执行人的查找问题一定能有所突破、有所发展。

此外，征求意见中，比较集中的意见是，终结本次执行程序的条件应当增加申请执行人同意，以及当事人双方达成执行和解协议不能在法定执行期限内履行完毕的情形。我们经过研究后认为，申请执行人同意，以及当事人双方达成和解协议不能在法定执行期限内履行完毕的，均不属于因被执行人无财产可供执行而导致的执行不能案件，因此，不宜规定在《规定》中作为可以终结本次执行程序的情形，否则《规定》设定的严格的标准及条件很可能再次被架空，无法达到规范该项制度的目的，另外还可能会引发社会质疑。

综合上述条款可以看出，一个案件想要终结本次执行程序，就必须采取三个方面措施，即穷尽强制执行措施、穷尽财产调查措施、穷尽执行制裁措施。应当“严格控制退出本次执行程序的适用范围，严禁在没有穷尽其他一切执行措施之前，直接退出本次执行程序。”①

（三）适用终结本次程序的程序设置

1. 完善执行程序流程记录

“阳光是最好的防腐剂”，从《规定》第 1 条到第 4 条中，都有关于将案件主要节点记录入卷的规定。这就要求，对于拟终结本次执行程序的案件，人民法院应当将案件执行情况、被执行人的财产报告、核实及处置的情况、已采取的财产调查措施、被执行人的财产情况记录入卷，并以适当方式告知申请执行人，使申请执行人及时、全面地了解案件进展情况，充分尊重申请执行人的知情权和参与权，引导其正确认识、理解、监督终结本次执行程序的适用。要将执行工作的全过程置于公众的监督之下，消弭社会公众对终结本次执行程序的误解，取得社会各界认可。

---

① 这是江必新副院长在 2009 年的清理积案活动中讲话中概括出的清理积案“十个严禁原则”之一。参见 http//news. xinhuanet. com/legal/2009－08/06/content _ 11838816. htm.

2. 征询申请执行人意见

《规定》第 5 条是对终结本次执行程序前对申请执行人的告知及征求意见的规定。做这样的规定，一方面是为了充分尊重申请执行人的知情权和参与权；另一方面可以使法院在终结本次执行程序前充分听取申请执行人的意见，赢取当事人认同。需要注意的是，虽然《规定》没有明确规定，但根据《民事诉讼法解释》第 519 条的规定，申请执行人是否同意和认可终结本次执行程序，不是人民法院能否作出终结本次执行程序决定的前提。结合该条规定，根据申请执行人是否认可，可以将终结本次执行程序分为无需合议和需要合议并报请院长批准两种程序。对于符合《规定》列明的终结本次执行程序标准的案件，申请执行人认可的，直接作出终结本次执行程序裁定；申请执行人不认可的，由合议庭合议并报院长批准作出。

3. 制作裁定并网上公开

《规定》第 6 条规定了终结本次执行程序应当制作裁定书。裁定书中至少应当载明执行经过、采取的执行措施及强制措施、查明的被执行人财产情况、已实现的债权情况、未履行的债务情况等。除此之外还应当告知申请执行人享有要求被执行人继续履行债务及依法向人民法院申请恢复执行的权利；告知被执行人负有继续向申请执行人履行债务的义务。这是为了充分保障当事人的知情权、接受社会公开监督，同时表明终结本次执行程序并不免除债务人的债务、不消灭债权人的债权，使当事人消除因终结本次执行程序产生的疑虑，同时也让被执行人知道终结本次执行程序并未免除其履行生效法律文书的义务，避免其产生债务已无需履行的侥幸心理和错觉。

终结本次执行程序的裁定书应当依法在互联网上公开。按照最高人民法院《关于人民法院在互联网公布裁判文书的规定》，终结本次执行程序的裁定书如无不应公开的情形，则应在在互联网上公开。主要有三个目的：一是让当事人以外的社会公众监督法院的终结本次执行程序；二是可以倒逼法院和法官提高规范化水平；三是对终结本次执行制度进行普法宣传，让社会公众了解到这一制度实施的原因、经过和结果，逐步增加对此项制度的接受度。

4. 终结本次执行程序案件的结案和统计

《规定》第 6 条第 2 款明确了终结本次执行程序裁定书送达申请执行人后，执行案件即可做结案处理。这是考虑到执行实践中如果被执行人下落不明，采用公告送达的，所需时间较长，在送达申请执行人之后即可结案，这与最高人民法院《关于执行案件立案、结案若干问题的意见》中的规定也是一致的。此外，第 2 款还对人民法院的相关统计进行了明确，对于终结本次执行案件，必须进行科学统计，一方面既要体现其经过严格规范的财产查控措施所付出的工作量，另一方面还要区别于其他方式结案的案件，以防利用终结本次执行程序作为片面追求结案率的一种方式。

(四) 终结本次执行程序后的救济

1. 救济程序

《规定》第7条规定了当事人、利害关系人认为终结本次执行程序违反法律规定的，人民法院应当适用民事诉讼法第二百二十五条进行审查，即适用执行异议和复议程序审查。最高人民法院《关于人民法院办理执行异议和复议案件若干问题的规定》第6条规定："当事人、利害关系人依照民事诉讼法第二百二十五条规定提出异议的，应当在执行程序终结之前提出，但对终结执行措施提出异议的除外。"从该条可以看出，当事人、利害关系人对于终结执行本身可以提出异议，终结本次执行程序后执行案件仍处在广义上的执行过程中，而终结本次执行程序亦是人民法院作出的一项执行行为，且与当事人、利害关系人的权益休戚相关，因此，允许当事人、利害关系人就终结本次执行程序提出异议，不仅合乎法律规定的内在逻辑，也能通过执行异议、复议程序充分救济当事人、利害关系人的合法权益。

2. 终结本次执行程序后相关执行措施的效力

按照终结本次执行程序不消灭债权债务关系和执行依据执行力的原理，同时亦为避免被执行人在终结本次执行程序后以此逃避债务，人民法院应当对被执行人继续采取相应的执行措施，允许当事人继续行使相应的程序权利。《规定》第15条、16条和17条对此作出了规定。一是终结本次执行程序后人民法院已对被执行人依法采取的执行措施和强制措施继续有效。二是申请执行人申请延长查封、扣押、冻结期限的，人民法院应当依法办理续行查封、扣押、冻结手续，比如一些财产不能处置的，还应当继续控制；三是终结本次执行程序后，当事人、利害关系人申请变更、追加执行当事人，符合法定情形的，人民法院应予支持。而且，变更、追加被执行人后，申请执行人申请执行恢复的，人民法院应予支持。因为，变更、追加被执行人后相当于又有了新的可供执行财产，也就符合了恢复执行的条件。此处的追加变更被执行人是指主体的改变，不包括被执行人单纯更名的情况，这在最高人民法院《关于民事执行中变更、追加当事人若干问题的规定》中也已经有所体现，更名和变更、追加被执行人适用的程序完全不同。四是终结本次执行程序后，被执行人或其他相关人员妨害执行的，人民法院仍然可以依法对其予以罚款、拘留；构成犯罪的，依法追究刑事责任。

(五) 终结本次执行程序案件的恢复执行和后续管理

1. 建立终结本次执行程序案件的单独管理机制

对于终结本次执行案件，《规定》明确了应当建立专门数据库进行单独管理，这是人民法院进一步细化内部管理的又一实践。案件终结本次执行程序后，虽然已经结案，但毕竟不是彻底的执行终结，通过专门数据库集中单独管理，可以有的放矢，充分利用现有执行资源。一方面，执行法院定期通过网络查控系统对被执行人的财产进行全方位查询，如发现其名下财产，将依职权立即恢复执行，从而实现退出和恢复执行程序自动衔接；另一方面，对于过去已经终结本次执行程序的大量积案，还会通过系统逐年进行筛查，避免一终了事，推卸责任，切实保障债权人的合法权益。从 2015 年开始，最高人民法院的查控系统已经在做这方面的工作，利用非工作时间，在保证不影响正常执行案件查询工作的前提下，利用晚上的非工作时间，利用查控系统每半年查询一次终结本次执行程序案件被执行人的财产，查到财产及时反馈给执行法院。这种定期查控实际上已经实现了终结本次执行程序案件单独管理中查控部分的雏形，很多法院都已经感受到了终结本次执行程序案件单独科学管理的便利和良好效果。下一步最高人民法院要建立终结本次执行程序案件数据管理系统，对终结本次执行程序案件实现单独管理，已经建立单独管理机制的法院，要做好对接，没有建立的，直接在最高人民法院建立的数据管理系统中实现单独管理，最终通过最高人民法院统一的管理平台，实现全国终结本次执行程序案件的实时监控和节点管理。

2. 终结本次执行程序案件的恢复执行

《规定》第 9 条对终结本次执行程序后恢复执行的条件和程序作了规定。恢复执行有两个途径：一是申请执行人申请恢复执行。该条第 1 款规定了依申请恢复执行的条件，明确了申请执行人申请恢复执行不受申请执行时效期间的限制。对申请执行人提供的财产线索核查属实的，人民法院应当恢复执行。第 2 款规定了人民法院依职权调查被执行人财产并恢复执行的情形。案件终结本次执行程序后，虽然已经结案，但毕竟不是彻底的执行终结，对于此类案件，不能一终了事，人民法院还应负起责任，在一定期限内通过网络执行查控系统对被执行人的财产定期进行查询，如发现被执行人财产，人民法院得依职权恢复执行，从而实现退出和恢复执行程序自动衔接。实践中也有观点认为，对于终结本次执行程序的案件，应当将恢复执行的举证责任分配给申请执行人，人民法院不应依职权主动恢复执行程序。但由于现阶段申请执行人的举证能力和财产查找能力受到客观条件的限制，过分强调申请执行人的责任反而会严重损害申请执行人的利益，久而久之，还可能会引起当事人情绪对立、上访或越级上访，对于顺利推行无财产可供执行案件退出机制有害无益。因此，结合当前人民法院执行工作的能力水平，将人民法院依职权主动查找财产并恢复执行的期间限定在五年内，是一个比较合理的折衷做法，既贯彻了司法为民的宗旨，使新建立的终结本次执行制度得到申请执行人及社会公众的理解和支持，又与人民法院执行工作当前的承受能力相匹配。

《规定》第9条中所说的网络执行查控系统，既包括总对总的查控系统，也包括各地建立的点对点的查控系统。建立了终结本次执行程序案件单独管理的平台后，实际上这些查询都是系统自动完成。系统可以自动识别当天已经符合查询条件的案件，直接查找，一旦查到财产会自动反馈提示相关办案人员，以判断是否需要恢复执行。

3. 终结本次执行程序后的紧急控制措施

此外，《规定》第10条还对紧急情况下的控制性措施作出了规定。终结本次执行程序后，发现被执行人有可供执行财产，不立即采取执行措施可能导致财产被转移、隐匿、出卖或者毁损的，执行法院可以依申请执行人申请或依职权立即采取查封、扣押、冻结等控制性措施。

4. 终结本次执行程序与破产制度的衔接

《规定》第11条对终结本次执行程序与破产的衔接作出了规定。该条明确，案件符合终结本次执行程序条件，又符合移送破产审查相关规定的，执行法院应当在作出终结本次执行程序裁定的同时，将执行案件相关材料移送被执行人住所地人民法院进行破产审查，促进大量“僵尸企业”的彻底退出，进一步激发市场活力。征求意见时有部分意见认为，此条规定与《民事诉讼法解释》规定的移送破产后应中止执行的规定冲突。实际上，并不存在这种冲突。中止执行是针对一般情况而言，对于不符合终结本次执行程序条件的案件，移送破产审查后当然应该中止执行。而当一个案件符合移送破产审查的条件，同时又符合终结本次执行程序的条件，终结本次执行程序的同时移送破产审查，与上述规定并不矛盾。

5. 建立终结本次执行程序案件信息库并对外公布

《规定》第12、13、14、18条对建立终结本次执行程序案件信息库及对外公布的内容、相关的更正程序以及信息的屏蔽作了规定。建立信息库对外公开实际上也是单独管理的一部分。

(1) 建立信息库并对外公布的积极作用

第一，公开社会评价。可以让被执行人及其法定代表人、负责人承担接受社会否定评价的后果。

第二，对外宣示作用。可以向公众提示交易风险。社会上可能与被执行人发生交易的对象，可从公布的信息库中获知被执行人无履行能力的情况，进而作出是否与其交易的决策，避免承担不必要的风险和损失。

第三，也是后续权利限制的基础。建立信息库向社会公布，并向相关部门、机构推送，对符合条件的被执行人继续采取权利限制，并让全社会来监督被执行人及其法定代表人、负责人是否遵守权利限制规定。

(2) 信息公布的限制

需要注意的是，为保护被执行人隐私，防止因身份证号码及地址被公布后造成滥用，终结本次执行程序案件相关信息在向社会公开时，应当对自然人的身份证件号码作一定技术处理，隐去身份证件号码的若干位，对其住所地只能公布到区县一级。这些都可以通过技术手段直接实现。

(3) 信息的更正和屏蔽

实践中可能会出现信息录入错误的情况，如被执行人姓名或名称有误等。一旦发生错误，对涉及的人影响巨大，因此应赋予当事人、利害关系人申请更正的权利。《规定》第 14 条规定，人民法院审查发现信息确有错误的，应当在三日内予以更正。《规定》第 18 条规定了将案件信息从信息库中屏蔽的条件。第 (1) 项规定的是生效法律文书确定的义务执行完毕的，第 (2) 项规定的是依法裁定终结执行的，主要包括被执行人被人民法院宣告破产及民事诉讼法第二百五十七条第（一）项至第（五）项规定的终结执行的情形。第 (3) 项是兜底条款，为其他应当屏蔽的情形留有余地。

三、规定的效力

《规定》第 19 条是关于施行时间的规定内容：

(1) 无论本《规定》施行前还是施行后受理的执行案件，在《规定》施行后终结本次执行程序的，均适用本《规定》。最高人民法院和各地高院发布的规范性文件与本《规定》不一致的，不再适用。(2) 本《规定》施行前已终结本次执行程序的案件恢复执行的，在《规定》施行后，符合本《规定》设定的条件和标准的，还可以按照《规定》设置的条件和标准再次终结本次执行程序。(3) 对于《规定》施行前已经终结本次执行程序的案件，当事人、利害关系人依照《规定》第 7 条，认为终结本次执行程序违反法律规定而提出执行异议的，人民法院不予支持。

（撰稿人：刘贵祥　孟　祥　朱　燕）

最高人民法院　最高人民检察院
印发《关于民事执行活动法律监督若干问题的规定》的通知

2016 年 11 月 2 日　　　　　　法发〔2016〕30 号

各省、自治区、直辖市高级人民法院、人民检察院，军事法院、军事检察院，新疆维吾尔自治区高级人民法院生产建设兵团分院、新疆生产建设兵团人民检察院：

为促进人民法院依法执行，规范人民检察院民事执行法律监督活动，根据《中华人民共和国民事诉讼法》和其他有关法律规定，最高人民法院、最高人民检察院联合制定了《关于民事执行活动法律监督若干问题的规定》。现予印发，请认真贯彻执行。对执行中遇到的问题，请分别及时报告最高人民法院执行局和最高人民检察院民事行政检察厅。

附：

关于民事执行活动法律监督若干问题的规定

为促进人民法院依法执行，规范人民检察院民事执行法律监督活动，根据《中华人民共和国民事诉讼法》和其他有关法律规定，结合人民法院民事执行和人民检察院民事执行法律监督工作实际，制定本规定。

第一条　人民检察院依法对民事执行活动实施法律监督。人民法院依法接受人民检察院的法律监督。

第二条　人民检察院办理民事执行监督案件，应当以事实为依据，以法律为准绳，坚持公开、公平、公正和诚实信用原则，尊重和保障当事人的诉讼权利，监督和支持人民法院依法行使执行权。

第三条　人民检察院对人民法院执行生效民事判决、裁定、调解书、支付令、仲裁裁决以及公证债权文书等法律文书的活动实施法律监督。

第四条　对民事执行活动的监督案件，由执行法院所在地同级人民检察院管辖。

上级人民检察院认为确有必要的，可以办理下级人民检察院管辖的民事执行监督案件。下级人民检察院对有管辖权的民事执行监督案件，认为需要上级人民检察院办理的，可以报请上级人民检察院办理。

第五条　当事人、利害关系人、案外人认为人民法院的民事执行活动存在违法情形向人民检察院申请监督，应当提交监督申请书、身份证明、相关法律文书及证据材料。提交证据材料的，应当附证据清单。

申请监督材料不齐备的，人民检察院应当要求申请人限期补齐，并明确告知应补齐的全部材料。申请人逾期未补齐的，视为撤回监督申请。

第六条　当事人、利害关系人、案外人认为民事执行活动存在违法情形，向人民检察院申请监督，法律规定可以提出异议、复议或者提起诉讼，当事人、利害关系人、案外人没有提出异议、申请复议或者提起诉讼的，人民检察院不予受理，但有正当理由的除外。

当事人、利害关系人、案外人已经向人民法院提出执行异议或者申请复议，人民法院审查异议、复议期间，当事人、利害关系人、案外人又向人民检察院申请监督的，人民检察院不予受理，但申请对人民法院的异议、复议程序进行监督的除外。

第七条　具有下列情形之一的民事执行案件，人民检察院应当依职权进行监督：

（一）损害国家利益或者社会公共利益的；

（二）执行人员在执行该案时有贪污受贿、徇私舞弊、枉法执行等违法行为、司法机关已经立案的；

（三）造成重大社会影响的；

（四）需要跟进监督的。

第八条　人民检察院因办理监督案件的需要，依照有关规定可以调阅人民法院的执行卷宗，人民法院应当予以配合。

通过拷贝电子卷、查阅、复制、摘录等方式能够满足办案需要的，不调阅卷宗。

人民检察院调阅人民法院卷宗，由人民法院办公室（厅）负责办理，并在五日内提供，因特殊情况不能按时提供的，应当向人民检察院说明理由，并在情况消除后及时提供。

人民法院正在办理或者已结案尚未归档的案件，人民检察院办理民事执行监督案件时可以直接到办理部门查阅、复制、拷贝、摘录案件材料，不调阅卷宗。

第九条　人民检察院因履行法律监督职责的需要，可以向当事人或者案外人调查核实有关情况。

第十条 人民检察院认为人民法院在民事执行活动中可能存在怠于履行职责情形的，可以向人民法院书面了解相关情况，人民法院应当说明案件的执行情况及理由，并在十五日内书面回复人民检察院。

第十一条 人民检察院向人民法院提出民事执行监督检察建议，应当经检察长批准或者检察委员会决定，制作检察建议书，在决定之日起十五日内将检察建议书连同案件卷宗移送同级人民法院。

检察建议书应当载明检察机关查明的事实、监督理由、依据以及建议内容等。

第十二条 人民检察院提出的民事执行监督检察建议，统一由同级人民法院立案受理。

第十三条 人民法院收到人民检察院的检察建议书后，应当在三个月内将审查处理情况以回复意见函的形式回复人民检察院，并附裁定、决定等相关法律文书。有特殊情况需要延长的，经本院院长批准，可以延长一个月。

回复意见函应当载明人民法院查明的事实、回复意见和理由并加盖院章。不采纳检察建议的，应当说明理由。

第十四条 人民法院收到检察建议后逾期未回复或者处理结果不当的，提出检察建议的人民检察院可以依职权提请上一级人民检察院向其同级人民法院提出检察建议。上一级人民检察院认为应当跟进监督的，应当向其同级人民法院提出检察建议。人民法院应当在三个月内提出审查处理意见并以回复意见函的形式回复人民检察院，认为人民检察院的意见正确的，应当监督下级人民法院及时纠正。

第十五条 当事人在人民检察院审查案件过程中达成和解协议且不违反法律规定的，人民检察院应当告知其将和解协议送交人民法院，由人民法院依照民事诉讼法第二百三十条的规定进行处理。

第十六条 当事人、利害关系人、案外人申请监督的案件，人民检察院认为人民法院民事执行活动不存在违法情形的，应当作出不支持监督申请的决定，在决定之日起十五日内制作不支持监督申请决定书，发送申请人，并做好释法说理工作。

人民检察院办理依职权监督的案件，认为人民法院民事执行活动不存在违法情形的，应当作出终结审查决定。

第十七条 人民法院认为检察监督行为违反法律规定的，可以向人民检察院提出书面建议。人民检察院应当在收到书面建议后三个月内作出处理并将处理情况书面回复人民法院；人民法院对于人民检察院的回复有异议的，可以通过上一级人民法院向上一级人民检察院提出。上一级人民检察院认为人民法院建议正确的，应当要求下级人民检察院及时纠正。

第十八条　有关国家机关不依法履行生效法律文书确定的执行义务或者协助执行义务的，人民检察院可以向相关国家机关提出检察建议。

第十九条　人民检察院民事检察部门在办案中发现被执行人涉嫌构成拒不执行判决、裁定罪且公安机关不予立案侦查的，应当移送侦查监督部门处理。

第二十条　人民法院、人民检察院应当建立完善沟通联系机制，密切配合，互相支持，促进民事执行法律监督工作依法有序稳妥开展。

第二十一条　人民检察院对人民法院行政执行活动实施法律监督，行政诉讼法及有关司法解释没有规定的，参照本规定执行。

第二十二条　本规定自2017年1月1日起施行。

【解　　读】

解读《关于民事执行活动法律监督若干问题的规定》

2016年11月2日，最高人民法院、最高人民检察院（以下简称“两高”）会签了《关于民事执行活动法律监督若干问题的规定》（以下简称《执行监督规定》），于2017年1月1日起施行。12月19日，“两高”共同召开新闻发布会，发布了该规定。《执行监督规定》是修改后民事诉讼法实施以来“两高”关于民事检察监督活动会签的第一个司法文件，也是自2011年“两高”决定在部分地方开展民事执行活动法律监督的试点工作之后就全面开展民事执行活动法律监督工作达成的新共识。《执行监督规定》弥补了现有法律规定的不足，对于加强和规范执行检察工作、促进人民法院依法执行具有十分重要的意义。

一、《执行监督规定》的制定背景和主要框架

修改后的民事诉讼法第235条规定：“人民检察院有权对民事执行活动实行法律监督。”根据该规定，人民检察院依法对民事执行活动实施法律监督，人民法院依法接受检察监督，这项工作取得了长足的进展。但是三年多的实践表明，这一工作既需要继续加强，也有必要进一步加以规范。

（一）加强对执行活动的监督，促进依法执行

执行环节是保证生效裁判顺利实现的重要环节，直接关系当事人诉讼权利的最后实现。不规范的执行行为不仅直接损害了当事人的利益，也会损害司法权威和司法公信力，激化社会矛盾，影响社会稳定。

近年来人民法院高度重视执行工作，全力解决“执行难”问题，对加强和

规范执行工作进行总体部署，所取得的成绩有目共睹。但执行难、执行不规范仍是人民群众反映比较集中的问题，民事诉讼法修改增加了“人民检察院有权对民事执行活动实行法律监督”这一规定，党的十八届四中全会明确要求“加强对司法活动的监督”，孟建柱书记在全国法院执行工作会议上指出，各级人民检察院、人民法院要从维护社会主义法制统一尊严权威高度，依法履行职责，相互配合，相互制约，共同推进解决执行难问题，尤其强调“检察院要加强监督，依法履行好执行检察的作用”。作为国家法律监督机关的检察机关，应切实履行好法定监督职责，加强对执行工作的监督。

（二）法律的原则性规定需要补充完善和细化，增强可操作性

为全面贯彻落实修改后民事诉讼法关于民事执行检察监督的规定，最高人民检察院在《人民检察院民事诉讼监督规则（试行）》（以下简称《民诉监督规则》）征求意见稿中曾对民事执行检察监督的范围、程序等做了细化规定，但考虑到民事执行监督积累的实践经验还不够丰富，在尊重最高人民法院意见的基础上，《民诉监督规则》最终仅对民事执行检察监督的范围、方式和程序作了较为原则的规定。随着民事执行检察监督工作的全面开展，民事诉讼法规定过于原则、检察建议效力不明确等问题越来越突出，亟需进一步规定予以明确。

（三）原有的一些规定已不能适应当前司法的需求

对民事执行活动实行法律监督，早在2011年“两高”就在部分地方启动了试点，并确立了监督范围、方式和程序等，但随着民事执行监督工作的深入推进，实践中出现一些新情况、新问题，给司法实践带来了新的法律适用问题。特别是民事诉讼法规定了对民事执行的检察监督后，试点时期关于监督范围等的一些规定已不符合法律规定，也不能适应当前司法需求。

为促进人民法院依法执行，规范人民检察院民事执行法律监督行为，“两高”就会签执行监督文件形成共识。自2012年年底以来，“两高”有针对性地加强了联系，通过召开座谈会和开展联合调研等多种形式进行沟通交流。2013年10月，正式启动《执行监督规定》的起草会签工作。

《执行监督规定》共有22条，主要包括四个方面的内容：一是完善了检察监督的规定，二是规范了法院接受监督工作，三是对当事人申请监督给予指引，四是建立了检法两院相关工作机制。

二、制定《执行监督规定》的指导思想

（一）坚持从维护司法公正和司法权威的高度进行制度设计

加强和规范执行监督工作，促进人民法院依法执行，既是维护当事人合法权益的现实需要，更是规范司法行为，提高司法公信力，维护司法公正和司法

权威的必然要求。

《执行监督规定》的制定过程始终坚持这一指导思想，紧紧围绕执行检察监督的监督范围、监督方式、监督效力等关键问题进行条文设计，明确了对执行行为全面监督、采取检察建议的方式进行监督、人民法院限期回复等核心问题。同时又从规范检察监督的角度对执行监督案件的审查期限、管辖、受理程序等问题进行了细化规定，既规范了一般执行监督案件的办案流程，又针对具体实践中容易产生争议的问题进行了明确规定，体现了《执行监督规定》为切实维护司法公正和司法权威而制定的初衷。

（二）注重吸收已有司改成果

制定过程中重视吸收已有司改成果，特别是“两高”已经达成共识并且经过实践检验、证明行之有效的司改成果。如采取检察建议这一监督方式、跟进监督的有关规定等，就参考了“两高”2011年制定的《关于在部分地方开展民事执行活动法律监督试点工作的通知》中的部分规定，并根据实际情况作了调整。

（三）坚持问题导向，强调可操作性

执行检察监督虽然已经开展多年，也有民事诉讼法的原则规定，但因缺乏具体规定，司法实践中对一些具体问题存在一定争议，制约了工作的发展。

《执行监督规定》在制定过程中紧紧围绕争议问题进行条文设计，务求明确具体，可操作、可执行，规定中的内容基本上是经过实践证明行之有效的、检法两院均认同的做法。如确立同级管辖的一般原则，即是对实践做法的确认。同时，坚持成熟的先出台，对那些还没有充分认识清楚或是检法两院还存在分歧的内容先不作规定。

三、《执行监督规定》的主要内容解读

（一）监督原则

《执行监督规定》第一条和第二条规定了民事执行监督的基本原则。其中第一条明确了依法监督原则，即“人民检察院依法对民事执行活动实行法律监督。”该条同时强调了人民法院“应当依法接受人民检察院的法律监督”。

理解这一原则，应当注意把握两个问题：

一是依法原则是开展民事执行活动法律监督最重要最核心的基本原则，是法律监督活动最基本的要求。一切法律监督活动，都应当在法律授权的范围内，依法开展活动，不能超越法律规定履行监督职能。

二是依法原则包括两个方面，一方面是检察机关应当依法实行法律监督，另一方面是人民法院应当依法接受法律监督，二者相辅相成，缺一不可。

《执行监督规定》第二条明确了人民检察院办理民事执行监督案件应当遵

循的另外四项原则：以事实为依据，以法律为准绳；坚持公开、公平、公正和诚实信用原则；尊重和保障当事人的诉讼权利；监督和支持人民法院依法行使执行权。

这些原则是在《民诉监督规则》中即已确立的基本原则，其中以事实为依据，以法律为准绳和诚实信用原则，是我国民事诉讼的基本原则。公开、公平、公正，尊重和保障当事人的诉讼权利，监督和支持人民法院依法行使执行权，则是基于我国检察机关作为国家法律监督机关的性质和依法监督民事诉讼活动的职能，遵循民事诉讼的基本规律，所总结和提炼的重要原则。

关于监督原则，在制定过程中曾讨论研究过诸如事后监督、补充救济、尊重当事人意思自治和平等、对事不对人等一些提法，但这些提法或与法律规定不符，或概念不清容易引起分歧，或虽有一定道理但不足以构成基本原则，最终未将这些确立为基本原则。

（二）监督范围

《执行监督规定》第三条规定了民事执行监督的范围。即“人民检察院对人民法院执行生效民事判决、裁定、调解书、支付令、仲裁裁决以及公证债权文书等法律文书的活动实施法律监督。”明确了人民检察院对人民法院民事执行行为实行全面监督。

关于民事执行检察监督的范围，在2011年组织部分地方开展试点时曾有所限制，具体规定为“五种情形”，但随着修改后民事诉讼法对民事执行检察监督的明确规定，之前对监督范围的限制已不符合现在的法律规定。《民诉监督规则》中对监督范围表述为“人民法院在民事执行活动中违反法律规定的情形”。

在制定《执行监督规定》过程中，为了引导各地规范有效开展监督工作，曾讨论研究过将监督范围分类为执行审查行为、执行实施行为和怠于履职行为，在三类行为中又具体列举需要监督的情形。

但鉴于民事执行活动本身比较复杂，开展监督的经验和实例不够，采用列举规定的方式容易出现交叉、重复，且挂一漏万，难度较大，最终决定采用概括规定的方式予以明确。

（三）监督程序

《执行监督规定》第四、五、六、七、十一、十四条规定了民事执行监督的程序问题。

关于执行检察监督程序的规定，是《执行监督规定》中比重较高、分量较重的内容，共有六个条文，分别规定了案件的管辖、程序启动的两种途径、检察建议的制作及审批、对当事人申请监督的指引以及跟进监督等，这也充分反映了制定本规定中贯彻的问题导向及增强可操作性，通过完善关于检察监督程序的规定，进一步加强和规范这项工作。

第四条首先明确了同级管辖原则，即“由执行法院所在地同级人民检察院管辖”。同时继续沿用《民诉监督规则》第十六条的规定，在坚持同级管辖为主的前提下，以上级管辖作为必要补充，即“上级人民检察院认为确有必要的”，或者“下级人民检察院认为需要由上级人民检察院办理的”，可以由上级人民检察院办理下级人民检察院管辖的民事执行监督案件。

实践中，异地执行以及执行复议案件的管辖问题比较突出。在起草过程中曾设计有相关条文对上述两种情况进行规定，如“人民法院异地执行的，执行行为所在地人民检察院可以对该执行行为进行监督”，“当事人、利害关系人对复议程序不服的，由复议法院的同级人民检察院管辖”，经研究，这两类案件根据管辖的一般原则可以确定，最终未作特别规定。但对执行复议案件的管辖，如并非针对复议程序，而是针对复议指向的原执行行为，到底应由复议法院的同级人民检察院管辖还是由作出原执行行为和作出异议裁定的法院的同级人民检察院管辖，仍存在一定争议。

有的意见认为只要经过复议程序就应由复议法院的同级人民检察院管辖，有的意见认为应区分不同情况，如果复议裁定维持了异议裁定，应由下级检察院管辖；如果复议裁定撤销了异议裁定，则应由上级检察院管辖。这一问题比较复杂，有待司法实践进一步总结研究。

关于执行监督程序的启动，《执行监督规定》规定了两种途径，分别是依申请和依职权，规定在第六条和第七条。第六条规定了依申请启动程序。根据该条规定，当事人、利害关系人和案外人认为民事执行活动存在违法情形，均可向检察机关申请监督。

但检察机关应引导当事人依法寻求救济和发挥法院内部纠错功能，要求当事人首先选择向法院提出异议、复议等法律明确规定的救济途径，通过法院内部纠错机制解决问题，在法律规定的救济途径和内部纠错机制不能发挥有效作用时，检察监督会及时介入。

另外，对于人民法院正在审查异议和复议的案件，人民检察院原则上也不要受理，即避免出现检法两院同时审查处理同一个案件，浪费有限的司法资源。理解本条时，还应把握好两个“例外”：

一是当事人应当向法院提出异议、复议等相关权利主张但有正当理由未向法院提出而直接申请检察监督的，检察机关仍应受理；

二是虽然法院正在审查处理异议或复议，但当事人认为异议或复议程序本身出现了违法情形并申请检察监督，检察机关应当受理。

关于检察机关受理监督申请和当事人提出异议、复议的关系问题，是研究制定本规定时争议较大的问题之一。

我们认为，提出异议、申请复议与申请检察监督都是当事人的权利，当事人向法院寻求救济和申请检察监督不存在顺位关系，当事人可以选择行使，法律并未作出限制，我们也无权剥夺或限制当事人的权利。但也有意见认为，《民诉监督规则》第三十三条及“两高”此前在试点工作中均对民事执行监督案件设置了应当先向法院寻求救济的程序，本规定应与《民诉监督规则》规定保持一致。

经研究认为，从引导当事人积极向法院寻求救济，由法院自行发现和纠正其执行活动中存在的问题，避免司法资源浪费看，设置这样的程序有一定积极意义，因此本规定沿用了此前的做法和规定。但特别强调，对于有正当理由的，不应以此规定限制当事人申请监督的权利。

第七条规定了依职权启动监督程序。即“具有下列情形之一的民事执行案件，人民检察院应当依职权进行监督：（一）损害国家利益或者社会公共利益的；（二）执行人员在执行该案时有贪污受贿、徇私舞弊、枉法执行等违法行为、司法机关已经立案的；（三）造成重大社会影响的；（四）需要跟进监督的。”

与《民诉监督规则》和《人民检察院行政诉讼监督规则（试行)》相比，本条规定有一定变化，一是将“执行人员在执行该案时有贪污受贿、徇私舞弊、枉法执行等违法行为”限定为“司法机关已经立案的”；二是将《人民检察院行政诉讼监督规则（试行)》中对于依职权监督的兜底条款调整为本规定中的“造成重大社会影响的”。

关于执行人员有贪污受贿、徇私舞弊、枉法执行等违法行为的，虽然法律对此有明确规定，但检察机关以此为由依职权启动对民事执行案件的监督程序，确实需要把握一定的标准。

我们认为，首先应将范围界定为“执行该案时”，如执行人员在执行案件中出现了贪贿等行为，检察机关有权依职权启动对该执行案件的审查，但不宜将该人员所办理的所有执行案件一并审查。其次，对于执行人员的贪贿等违法行为，应该有一定的掌握标准。

《最高人民法院关于适用〈中华人民共和国民事诉讼法〉的解释》中曾对修改后民事诉讼法第二百条第十三项规定的“审判人员审理该案件时有贪污受贿、徇私舞弊、枉法裁判行为”解释为“是指已经由生效刑事法律文书或者纪律处分决定所确认的行为”，我们研究认为，该解释不适用于执行人员的违法行为，因执行人员的违法行为对于执行案件的影响一旦形成，会对当事人的利益造成现实的影响，如果需要等到违法行为最终确认后再启动对民事执行案件的监督程序，往往时过境迁，难以及时有效纠正违法情形。因此，本规定最终将执行人员的违法行为界定为司法机关已经立案。

关于检察建议的制作及审批，第十一条作了明确规定。《执行监督规定》规定检察建议的提出应当经检察长批准或者检察委员会决定，这一规定与《民诉监督规则》中的规定有所不同。这一修改回应了司法实践的需要，有利于提高执行监督案件的办案效率，也符合当前正在进行的司法责任制改革精神。

但是，无论是检察长批准还是检察委员会决定，都要求检察机关严格把握监督标准，提高监督质量，绝不应将审批权限的调整理解为标准的放宽或放松。对于疑难复杂案件或社会影响大、争议大的案件，仍应提交检察委员会研究决定。

第十四条规定了跟进监督。《民诉监督规则》及“两高”在2011年会签的试点通知均明确了跟进监督问题。人民法院未采纳检察建议时，提出检察建议的检察院可以依职权向上一级检察院提请监督，上一级检察院认为应当跟进监督的，应当向其同级人民法院提出检察建议。《执行监督规定》沿用了这一规定。但是在期限上，与本规定第十三条保持一致，明确人民法院审查处理期限为三个月。

（四）监督手段

关于监督手段，《执行监督规定》在第八、九、十条作了调阅卷宗、调查核实和向法院了解情况的规定。

关于调阅卷宗的问题，“两高”办公厅《关于调阅诉讼卷宗有关问题的通知》（法办〔2010〕255号）中有明确的相关规定，但在修改后的民事诉讼法中未就这一问题作出明确规定，实践中有的法院对检察机关正常的调卷要求不予配合，其理由主要是担心检察机关以调阅卷宗为借口干扰执行活动的正常进行，也有意见认为原有调卷规定中主要是指诉讼卷宗，是否包括执行卷宗不明确。

经研究，我们根据原有调卷规定，结合执行工作实际，就执行监督中的调卷问题作出明确规定，首先明确“人民检察院因办理监督案件的需要，依照有关规定可以调阅人民法院的执行卷宗，人民法院应当予以配合。”同时在第八条第三款规定了调阅卷宗的具体程序，“人民检察院调阅人民法院卷宗，由人民法院办公室（厅）负责办理，并在五日内提供，因特殊情况不能按时提供的，应当向人民检察院说明理由，并在情况消除后及时提供。”

在此基础上，规定以下两种情形不调阅卷宗：一是通过拷贝电子卷、查阅、复制、摘录等方式能够满足办案需要的，不调阅卷宗；二是人民法院正在办理或者已结案尚未归档的案件，人民检察院办理民事执行监督案件时可以直接到办理部门查阅、复制、拷贝、摘录案件材料，不调阅卷宗。

关于向法院了解情况，这是本规定新创设的一种制度，其来源于司法实践，也符合当前执行工作和执行检察监督工作实际。我们通过梳理分析当事人申请检察监督的案例发现，大量的监督申请针对的是法院消极执行和执行不作为的情况，有的反映法院超期不执行，有的反映法院未采取任何执行措施，有的反映法院选择性执行等等。对于这些案件，检察机关通过听取申请人陈述和常规的调查核实，往往难以确认法院执行是否存在违法情形。

实践中检察机关一般有两种做法：

第一种做法，直接发出检察建议，理由是法院违反有关规定超期不执行。针对这种建议，法院在回复中大多是说明已经采取了必要执行措施，只是因为被执行人无财产可供执行或其他原因，导致执行不能到位。这样的监督案件，效果并不理想。

第二种做法是，检察机关选择先向法院发函或与执行人员沟通，充分了解法院对案件所作的工作，然后综合判断法院是否存在消极执行问题，再决定是否有监督必要，往往效果更好。

为此，我们研究确立了向法院了解情况制度。理解和把握这一规定，需要注意两个问题：

一是这一制度主要针对的是“人民法院在民事执行活动中可能存在怠于履行职责的情形”，也就是法院的消极执行、执行不作为等问题。

二是为规范这一制度，一般应采取书面的方式，检察机关书面了解，人民法院书面回复。

《执行监督规定》第九条重申了修改后民事诉讼法和《民诉监督规则》关于调查核实工作的规定。虽然调查核实已有明确法律依据，但相对于民事审判监督而言，民事执行监督往往更需要加强调查核实，因此在本规定中作了重申。

（五）法院接受监督

关于法院接受检察监督，《执行监督规定》在第一、八、十、十二、十三条作了具体规定。

第一条开宗明义作出规定：“人民检察院依法对民事执行活动实施法律监督。人民法院依法接受人民检察院的法律监督。”本条既规定了依法监督的原则，同时也明确了法院依法接受检察监督的义务。

第八条和第十条主要规定了法院在接受检察监督过程中的具体配合义务，主要包括两个方面：

一是在检察机关需要调阅执行卷宗时，法院应当依法协助检察机关调阅执行卷宗或者查阅、复制、拷贝、摘录执行案件材料。

二是在检察机关向法院书面了解执行案件的有关情况时，法院应当说明相关案件的执行情况及理由，并在十五日内书面回复检察院。

第十二条和第十三条规定了法院如何办理检察建议案件。其中第十二条规定了法院对于检察建议的立案问题。理解这一条文，要注意把握两个问题：

一是对于执行检察建议，检察院和法院实行同级监督和同级受理，即由提出检察建议的人民检察院的同级人民法院受理案件。如果是上级检察机关依照有关规定办理应由下级检察机关管辖的案件，提出检察建议后，应由提出检察建议的检察院的同级法院受理。二是对于执行检察建议，法院应当立案受理。根据最高人民法院《关于执行案件立案、结案若干问题的意见》规定，执行案件统一由人民法院立案机构进行立案。立案后，再转执行部门审查。

第十三条规定了检察建议的效力。修改后民事诉讼法实施后，执行检察建议效力不明确已成为制约民事执行检察监督职能发挥的瓶颈。法院对执行检察建议的处理缺少统一规范，从收案到处理再到答复，较为随意，严重损害检察权威。

基于此，我们在研究起草本规定时对人民法院回复检察建议的内容、形式均作出规定，同时尊重最高人民法院的意见，将实践中适用的一个月的回复期限延长为三个月，有特殊情况仍需要延长的，经本院院长批准，可以延长一个月。需要注意的是，执行案件立案后，当前有多种结案文书，包括裁定、决定、通知、函等等。针对检察建议，人民法院除制作回复意见函外，还要附上相应裁定、决定等文书。

（六）其他相关问题

一是规定了对特殊执行主体及拒不执行裁判、涉嫌犯罪的被执行人的监督问题。有关国家机关不依法履行生效法律文书确定的执行义务或者协助执行义务的，人民检察院可以向相关国家机关提出检察建议。人民检察院民事检察部门在办案中发现被执行人涉嫌构成拒不执行判决、裁定罪且公安机关不予立案侦查的，应当移送侦查监督部门处理。

二是规定了“两院”衔接机制问题。人民法院、人民检察院应当建立完善沟通联系机制，密切配合，互相支持，促进民事执行法律监督工作依法有序稳妥开展。人民法院认为检察监督行为违反法律规定的，可以向人民检察院提出书面建议。当事人在人民检察院审查案件过程中达成和解协议且不违反法律规定的，人民检察院应当告知其将和解协议送交人民法院，由人民法院依照民事诉讼法第二百三十条的规定进行处理。

三是规定了行政执行监督的参照执行问题。人民检察院对人民法院行政执行活动实施法律监督，行政诉讼法及有关司法解释没有规定的，参照本规定执行。

（撰稿人：郑新俭）

最高人民法院 中国银行业监督管理委员会 印发《关于人民法院与银行业金融机构开展金融理财产品网络执行查控的意见》的通知

2017 年 1 月 4 日　　法〔2017〕1 号

各省、自治区、直辖市高级人民法院，解放军军事法院，新疆维吾尔自治区高级人民法生产建设兵团分院；各银监局，各政策性银行、大型银行、股份制银行，邮储银行，外资银行：

为全面落实《最高人民法院、中国银行业监督管理委员会关于人民法院与银行业金融机构开展网络执行查控和联合信用惩戒工作的意见》（法〔2014〕266 号），加快推进金融理财产品的网络执行查控机制建设，最高人民法院与中国银行业监督管理委员会研究制定了《关于人民法院与银行业金融机构开展金融理财产品网络执行查控的意见》，现印发给你们，请遵照执行。

附：

关于人民法院与银行业金融机构开展金融理财产品网络执行查控的意见

为依法规范人民法院与银行业金融机构之间的关于金融理财产品网络执行查控工作，提高网络查询、冻结（包括续冻和解冻）被执行人金融理财产品的工作效率，保护当事人、利害关系人的合法权益，根据《中华人民共和国民事诉讼法》《最高人民法院关于网络查询、冻结被执行人存款的规定》（法释〔2013〕20 号）、《人民法院、银行业金融机构网络执行查控工作规范》（法〔2015〕321 号）、《最高人民法院、中国银行业监督管理委员会关于人民法院与银行业金融机构开展网络执行查控和联合信用惩戒工作的意见》（法〔2014〕266 号）的规定，制定本意见。

一、本意见所称金融理财产品（以下简称理财产品）是指被执行人所持有的银行业金融机构（以下简称银行）及其他金融机构发行的具有财产价值和理财性质的产品。包括金融机构直销和代销的银行理财产品、信托产品、基金产品、保险产品、资产管理计划产品等。其中金融机构直销的理财产品是指金融机构自有研发、设计、发行并通过本机构渠道（含营业网点和电子渠道）销售的理财产品。

二、人民法院在执行被执行人持有的理财产品时，银行应当依法予以协助。

人民法院按照法〔2015〕321号文规定的方式通过“总对总”网络查控专线向金融机构发送查控请求，接收金融机构查询、冻结的结果数据和电子回执。

三、人民法院查询的理财产品属于银行机构直销的理财产品的，银行应当协助反馈产品的名称、种类（保本或非保本；直销或代销）、编号/代码、数量/份额、发行人、到期日/开放日、产品对应的回款资金账户（被执行人名下或与他人共有专户）、产品状态（质押/冻结/其他担保/正常）、质押权人、联系电话等信息；

人民法院查询的理财产品属于银行代销的理财产品的，银行应当协助反馈产品的名称、种类（保本或非保本；直销或代销）、编号/代码、数量/份额、发行人/实际管理人、托管人、受益人、期限（成立日、赎回日）、托管账号（本行）、产品对应的回款资金账户（被执行人名下或与他人共有专户）、联系电话等信息；

被执行人未持有理财产品的，银行应当反馈查无理财产品信息。

银行反馈信息，仅以协助办理查控事项时的银行系统的数据为限。

四、银行应当在收到查控请求及电子法律文书后，根据办理结果数据生成加盖电子印章（可以是单位公章或网络查控专用章）的协助执行结果回执，通过网络执行查控系统向执行法院反馈。

五、人民法院冻结银行直销的理财产品时，应当在执行裁定书中裁定冻结被执行人所持有的理财产品及产品所对应的回款资金账户。

六、人民法院裁定冻结银行直销的理财产品时，应当在协助执行通知书中载明所冻结理财产品的名称、编号/代码、数量/份额/金额、冻结期限、产品所对应的回款资金账户及数额等。

七、人民法院裁定冻结银行直销的理财产品时，银行应当协助同时冻结该理财产品及产品所对应的回款资金账户，该回款资金账户在人民法院冻结理财产品之前已经被其他机关冻结的，不影响人民法院对该理财产品的冻结。

理财产品冻结期间，除平仓、补仓或补充保证金外，发行人、管理人、托管人不得进行赎回、变现、交付、转让、转换或变更该理财产品对应的回款资金账户等操作。理财产品冻结期限届满前，人民法院可以续冻、解冻。

八、人民法院裁定冻结银行代销的理财产品时，应当向该理财产品的发行人发出协助执行通知书，要求发行人冻结被执行人持有的理财产品及所对应的资金回款账户。协助执行通知书中应当载明所冻结理财产品的名称、编号/代码、数量/份额、金额等。

人民法院裁定冻结银行代销的理财产品时，应当同时向该理财产品所对应的回款资金账户所在行发出协助执行通知书，银行应当协助冻结理财产品所对应的回款资金账户；冻结期间，不得为被执行人变更该理财产品所对应的回款资金账户。

九、银行、其他金融机构或第三人对人民法院冻结理财产品有异议的，可以依法向执行法院提出异议，执行法院应当依法审查处理。审查处理期间，执行法院不得强制扣划该理财产品。

被执行人与案外人开设联名账户等共有账户，案外人对人民法院执行理财产品有异议的，参照上述规定处理。

十、银行、其他金融机构接收查控数据及相关电子法律文书后，无法协助人民法院对被执行人的理财产品采取冻结措施的，应当在反馈回执中载明原因。

十一、人民法院和银行、其他金融机构通过网络执行查控系统实施查询、冻结理财产品的，不受地域限制。

十二、最高人民法院与中国银行业监督管理委员会制定理财产品网络执行查控系统的技术规范（包括数据格式、法律文书、查控结果回执样式等），作为本规范的附件。

十三、已与最高人民法院通过专线对接的二十一家商业银行，应当根据附件1的技术规范，对本行业务系统进行改造，并在2017年2月底之前完成金融理财产品的网络查控工作（包括系统研发、联调、测试及上线）。

十四、按照《关于开展〈人民法院、银行业金融机构网络执行查控工作规范〉实施工作的通知》（银监办便函〔2016〕204号）采用文件交换软件传输接口文件的金融机构，应当根据附件2的技术规范，对本行业务系统进行改造，并在2017年6月底之前完成金融理财产品的网络查控工作（包括系统研发、联调、测试及上线）。

十五、最高人民法院与中国银行业监督管理委员会建立理财产品网络查控工作应急处理机制，负责解决人民法院与金融机构间因网络查控发生的一切事宜。

附件： 1.《人民法院网络执行查控系统与金融机构查控业务数据交互规范（金融理财产品Web版》（略）

2.《人民法院网络执行查控系统与金融机构查控业务数据交互规范（金融理财产品文件交换版）》（略）

最高人民法院
印发《关于执行案件移送破产审查若干问题的指导意见》的通知

2017年1月20日　　法发〔2017〕2号

各省、自治区、直辖市高级人民法院，解放军军事法院，新疆维吾尔自治区高级人民法院生产建设兵团分院：

现将《最高人民法院关于执行案件移送破产审查若干问题的指导意见》印发给你们，请认真遵照执行。

附：

关于执行案件移送破产审查若干问题的指导意见

推进执行案件移送破产审查工作，有利于健全市场主体救治和退出机制，有利于完善司法工作机制，有利于化解执行积案，是人民法院贯彻中央供给侧结构性改革部署的重要举措，是当前和今后一段时期人民法院服务经济社会发展大局的重要任务。为促进和规范执行案件移送破产审查工作，保障执行程序与破产程序的有序衔接，根据《中华人民共和国企业破产法》《中华人民共和国民事诉讼法》《最高人民法院关于适用〈中华人民共和国民事诉讼法〉的解释》等规定，现对执行案件移送破产审查的若干问题提出以下意见。

一、执行案件移送破产审查的工作原则、条件与管辖

1. 执行案件移送破产审查工作，涉及执行程序与破产程序之间的转换衔接，不同法院之间，同一法院内部执行部门、立案部门、破产审判部门之间，应坚持依法有序、协调配合、高效便捷的工作原则，防止推诿扯皮，影响司法效率，损害当事人合法权益。

2. 执行案件移送破产审查，应同时符合下列条件：

（1）被执行人为企业法人；

（2）被执行人或者有关被执行人的任何一个执行案件的申请执行人书面同

意将执行案件移送破产审查；

（3）被执行人不能清偿到期债务，并且资产不足以清偿全部债务或者明显缺乏清偿能力。

3. 执行案件移送破产审查，由被执行人住所地人民法院管辖。在级别管辖上，为适应破产审判专业化建设的要求，合理分配审判任务，实行以中级人民法院管辖为原则、基层人民法院管辖为例外的管辖制度。中级人民法院经高级人民法院批准，也可以将案件交由具备审理条件的基层人民法院审理。

二、执行法院的征询、决定程序

4. 执行法院在执行程序中应加强对执行案件移送破产审查有关事宜的告知和征询工作。执行法院采取财产调查措施后，发现作为被执行人的企业法人符合破产法第二条规定的，应当及时询问申请执行人、被执行人是否同意将案件移送破产审查。申请执行人、被执行人均不同意移送且无人申请破产的，执行法院应当按照《最高人民法院关于适用〈中华人民共和国民事诉讼法〉的解释》第五百一十六条的规定处理，企业法人的其他已经取得执行依据的债权人申请参与分配的，人民法院不予支持。

5. 执行部门应严格遵守执行案件移送破产审查的内部决定程序。承办人认为执行案件符合移送破产审查条件的，应提出审查意见，经合议庭评议同意后，由执行法院院长签署移送决定。

6. 为减少异地法院之间移送的随意性，基层人民法院拟将执行案件移送异地中级人民法院进行破产审查的，在作出移送决定前，应先报请其所在地中级人民法院执行部门审核同意。

7. 执行法院作出移送决定后，应当于五日内送达申请执行人和被执行人。申请执行人或被执行人对决定有异议的，可以在受移送法院破产审查期间提出，由受移送法院一并处理。

8. 执行法院作出移送决定后，应当书面通知所有已知执行法院，执行法院均应中止对被执行人的执行程序。但是，对被执行人的季节性商品、鲜活、易腐烂变质以及其他不宜长期保存的物品，执行法院应当及时变价处置，处置的价款不作分配。受移送法院裁定受理破产案件的，执行法院应当在收到裁定书之日起七日内，将该价款移交受理破产案件的法院。

案件符合终结本次执行程序条件的，执行法院可以同时裁定终结本次执行程序。

9. 确保对被执行人财产的查封、扣押、冻结措施的连续性，执行法院决定移送后、受移送法院裁定受理破产案件之前，对被执行人的查封、扣押、冻结措施不解除。查封、扣押、冻结期限在破产审查期间届满的，申请执行人可以向执行法院申请延长期限，由执行法院负责办理。

三、移送材料及受移送法院的接收义务

10. 执行法院作出移送决定后，应当向受移送法院移送下列材料：

（1）执行案件移送破产审查决定书；

（2）申请执行人或被执行人同意移送的书面材料；

（3）执行法院采取财产调查措施查明的被执行人的财产状况，已查封、扣押、冻结财产清单及相关材料；

（4）执行法院已分配财产清单及相关材料；

（5）被执行人债务清单；

（6）其他应当移送的材料。

11. 移送的材料不完备或内容错误，影响受移送法院认定破产原因是否具备的，受移送法院可以要求执行法院补齐、补正，执行法院应于十日内补齐、补正。该期间不计入受移送法院破产审查的期间。

受移送法院需要查阅执行程序中的其他案件材料，或者依法委托执行法院办理财产处置等事项的，执行法院应予协助配合。

12. 执行法院移送破产审查的材料，由受移送法院立案部门负责接收。受移送法院不得以材料不完备等为由拒绝接收。立案部门经审核认为移送材料完备的，应以“破申”作为案件类型代字编制案号登记立案，并及时将案件移送破产审判部门进行破产审查。破产审判部门在审查过程中发现本院对案件不具有管辖权的，应当按照《中华人民共和国民事诉讼法》第三十六条的规定处理。

四、受移送法院破产审查与受理

13. 受移送法院的破产审判部门应当自收到移送的材料之日起三十日内作出是否受理的裁定。受移送法院作出裁定后，应当在五日内送达申请执行人、被执行人，并送交执行法院。

14. 申请执行人申请或同意移送破产审查的，裁定书中以该申请执行人为申请人，被执行人为被申请人；被执行人申请或同意移送破产审查的，裁定书中以该被执行人为申请人；申请执行人、被执行人均同意移送破产审查的，双方均为申请人。

15. 受移送法院裁定受理破产案件的，在此前的执行程序中产生的评估费、公告费、保管费等执行费用，可以参照破产费用的规定，从债务人财产中随时清偿。

16. 执行法院收到受移送法院受理裁定后，应当于七日内将已经扣划到账

的银行存款、实际扣押的动产、有价证券等被执行人财产移交给受理破产案件的法院或管理人。

17. 执行法院收到受移送法院受理裁定时，已通过拍卖程序处置且成交裁定已送达买受人的拍卖财产，通过以物抵债偿还债务且抵债裁定已送达债权人的抵债财产，已完成转账、汇款、现金交付的执行款，因财产所有权已经发生变动，不属于被执行人的财产，不再移交。

五、受移送法院不予受理或驳回申请的处理

18. 受移送法院做出不予受理或驳回申请裁定的，应当在裁定生效后七日内将接收的材料、被执行人的财产退回执行法院，执行法院应当恢复对被执行人的执行。

19. 受移送法院作出不予受理或驳回申请的裁定后，人民法院不得重复启动执行案件移送破产审查程序。申请执行人或被执行人以有新证据足以证明被执行人已经具备了破产原因为由，再次要求将执行案件移送破产审查的，人民法院不予支持。但是，申请执行人或被执行人可以直接向具有管辖权的法院提出破产申请。

20. 受移送法院裁定宣告被执行人破产或裁定终止和解程序、重整程序的，应当自裁定作出之日起五日内送交执行法院，执行法院应当裁定终结对被执行人的执行。

六、执行案件移送破产审查的监督

21. 受移送法院拒绝接收移送的材料，或者收到移送的材料后不按规定的期限作出是否受理裁定的，执行法院可函请受移送法院的上一级法院进行监督。上一级法院收到函件后应当指令受移送法院在十日内接收材料或作出是否受理的裁定。

受移送法院收到上级法院的通知后，十日内仍不接收材料或不作出是否受理裁定的，上一级法院可以径行对移送破产审查的案件行使管辖权。上一级法院裁定受理破产案件的，可以指令受移送法院审理。

【解　　读】

解读《关于执行案件移送破产审查若干问题的指导意见》

《最高人民法院关于执行案件移送破产审查若干问题的指导意见》(以下简称《指导意见》)经2016年11月29日最高人民法院民事行政审判专业委员会讨论通过,已于2017年1月20日公布实施。为便于审判实践中理解和适用《指导意见》,现对其中涉及的主要问题说明如下:

一、《指导意见》的制定背景及过程

执行案件移送破产审查(以下简称执转破)是人民法院司法工作机制的创新。2015年2月4日起实施的最高人民法院《关于适用〈中华人民共和国民事诉讼法〉的解释》(法释〔2015〕5号,以下简称《民诉法司法解释》)第513条至第516条规定了执转破的相关内容,从制度上打通了执行不能案件通过法院移送进入破产程序的通道。但是囿于《民诉法司法解释》的内容、体例和篇幅限制,现有的四个条文仅对执转破问题作出了原则性、概括性规定,完整、详尽的程序转换规则付之阙如。这在一定程度上影响了执转破工作的推进,造成了司法尺度的不统一,亟须加以完善解决。为此,最高人民法院民二庭从2015年下半年开始着手调研起草执转破的规定。2015年8月,初稿拟定后,最高人民法院民二庭组织全国部分法院的法官在浙江温州召开了第一次征求意见会,对初稿进行了逐条讨论修改。

其后,由于人民法院面临的内外形势和任务发生了重大变化,出台执转破规定的紧迫性进一步增强。从外部看,党的十八届五中全会提出要更加注重运用市场机制、经济手段、法治办法化解产能过剩,加大政策引导力度,完善企业退出机制;2015年底的中央经济工作会议上,中央明确提出要加强供给侧结构性改革,抓好去产能、去库存、去杠杆、降成本、补短板五大重点任务;尽快制定执转破的规定,大力推进执转破工作开展,推动执行领域的僵尸企业清理,促进市场化、法治化、专业化的破产工作深入开展,充分发挥破产制度在拯救生病企业、淘汰落后产能方面的功能,是人民法院贯彻十八届五中全会精神和中央供给侧结构性改革部署的重要举措;为供给侧结构性改革提供司法保障,是当前和今后一段时期人民法院服务经济社会发展大局的重要任务。从内部看,周强院长在2016年3月召开的全国两会上郑重承诺,要用两到三年时间基本解决执行难问题。解决执行难问题，不能一味固守执行程序，应考虑疏堵结合、执破衔接，联通执行与破产程序，[①] 健全体制机制，消除执行难的成因。为此，人民法院除了应当继续加大执行信息化建设、进一步规范执行行为、完善各种相关配套的执行制度外，更需要充分发挥各庭室、各部门的协同配合作用，从完善司法机制特别是破产审判工作机制入手，切实构建“能够执行的依法执行，执行不能符合破产条件的依法破产”的工作格局，有效化解执行领域的僵尸案件，精准解决执行难。

为适应形势任务发展变化的需要，最高人民法院民二庭加大了制定执转破规定的工作力度。2016 年 5 月和 8 月，我们先后组织全国部分法院执行、破产审判部门的法官在江苏南通、山东青岛召开了两次规模较大的研讨会，又征求了专家学者、律师的意见。在此基础上，历经七次修改，形成征求意见稿。此后，将征求意见稿送全国人大法工委、最高人民法院相关庭局室正式书面征求意见，并通过人民法院内网面向全国法院广泛征求意见。在整理收集相关反馈意见的基础上，修改形成送审稿，报最高人民法院民事行政审判专业委员会讨论通过，于 2017 年 1 月 20 日公布实施。

二、制定《指导意见》的宗旨和原则

《指导意见》分 6 大部分，共 21 条，主要规定了执转破的工作原则、条件与管辖，执行法院的征询、决定程序，移送材料及受移送法院的接收义务，受移送法院破产审查与受理，执行案件移送破产审查的监督等内容。在制定《指导意见》的过程中，我们坚持了以下宗旨和原则：

（一）尊重立法精神，完善既有规范

执转破只是破产案件的来源之一，是当事人直接申请破产方式的补充，应遵守《中华人民共和国企业破产法》《中华人民共和国民事诉讼法》的规定，确保程序转换合法。因此，在《指导意见》起草过程中，我们始终坚持合法性原则，根据破产法、民事诉讼法的立法精神，细化、完善具体流程，弥补现有规定不足。

（二）推动执行不能案件依法进入破产程序，有效化解“两难”问题

当前，全国法院同时存在执行案件多、化解难和破产案件少、启动难的“两难”问题。一方面，作为被执行人的企业法人不能清偿债务的执行案件大量存在，由于执行程序不具有市场主体出清功能，导致这类本应及时出清终结的执行案件长期滞留在司法领域，消耗了大量的司法资源，积聚了信用垃圾，

---

① 张元华：《论执行移送破产程序的激励性引导与规制》，载《甘肃政法学院学报》2016 年第 6 期。

引起了人们的不满。与此同时，由于认识观念、配套制度、社会维稳、政绩考核等因素制约，进入破产程序的案件数量寥寥。在这种情形下，从规则设计上积极推动执行不能案件进入破产程序，使潜在的符合破产原因的执行案件通过破产程序实现市场出清，推动市场主体救治和退出机制的不断完善，既有利于化解执行困局，又有利于促进破产审判工作发展，能够取得一箭双雕的效果。大力开展执转破工作，也是公平保护债权人和债务人合法权益、维护司法公正和司法公信力的需要，是运用法治思维和法治方式促进国家治理体系和治理能力现代化的有效方式。因此，在起草《指导意见》过程中，我们一直贯彻着力推进执行不能案件依法进入破产程序这一宗旨，并在诸多条款中加以具体体现。

（三）加强执行法院与破产法院、同一法院内部立案庭、执行局与破产审判庭在执转破过程中的协调配合，减少推诿扯皮，提高司法效率

执转破涉及不同法院之间或者同一法院内部不同部门之间的配合、协调和衔接，处理不好极易产生推诿扯皮现象，降低司法效率，损害当事人合法权益，影响司法公信力。因此，在起草《指导意见》的过程中，我们始终将保障执破有序衔接、提高执转破效率放在重要位置加以考虑。

三、执转破的条件

执转破的条件是《指导意见》的核心内容之一，它既是执行法院判断是否移送的标准，也是受移送法院审查移送是否合法、应否启动破产程序的标准。只有严格把握执转破的条件，才能减少程序转换的随意性，确保执转破机制依法有序高效运行。

《指导意见》第2条规定，执转破应同时符合下列条件：被执行人为企业法人；被执行人或者有关被执行人的任何一个执行案件的申请执行人书面同意执转破；被执行人不能清偿到期债务，并且资产不足以清偿全部债务或者明显缺乏清偿能力。该规定从适用对象、意思表示、破产原因三个方面明确了执转破的条件。

（一）执转破的适用对象要件

执转破的适用对象要件决定着《指导意见》的调整范围。对此，在起草过程中存在两种观点：一种观点认为，根据《企业破产法》第一百三十五条的规定，执转破应适用于企业法人和企业法人之外可以参照适用破产程序的组织；另一种观点认为，执转破的适用对象应限于企业法人，不适用于企业法人之外的组织。《指导意见》采纳了后一种观点。如此选择的主要考虑是：第一，《民诉法司法解释》第513条明确限定执转破的对象为企业法人，《指导意见》应与此保持一致。第二，虽然破产法第一百三十五条规定，其他法律规定企业法

人之外的组织的清算属于破产清算的，可以参照适用破产法规定的程序，但其他法律对这些组织启动破产程序的条件（破产原因）所作规定与企业法人并不一致。例如，《中华人民共和国民办教育促进法》第五十八条规定，民办学校破产清算的条件是因资不抵债而无法继续办学；《中华人民共和国合伙企业法》第九十二条规定："合伙企业不能清偿到期债务的，债权人可以依法向人民法院提出破产清算申请，也可以要求普通合伙人清偿。"因此，可以适用破产程序的其他组织执转破的条件与企业法人并不完全相同，难以一体概括。第三，《民诉法司法解释》第508条规定，其他组织作为被执行人的，当其财产不能清偿所有债权时，其他债权人可以申请参与分配。由于此时已有参与分配制度之适用，不宜再叠床架屋规定执转破程序，以防止规则冲突，也有利于厘清执转破和参与分配制度的适用范围。此外，由于参与分配制度较破产程序具有便捷高效、成本低廉等优势，此时即使规定执转破制度，也难有适用的空间，实际价值不大。第四，执转破不是进入破产程序的唯一途径，企业法人以外的其他组织虽不能通过执行程序直接转入破产程序，但相关当事人的破产申请权犹存，仍可以径行申请破产而达到殊途同归之效。

（二）执转破的意思表示要件

执转破的意思表示要件是指，执转破应经过被执行人或者至少一个申请执行人书面明确表示同意。对于此点，在理论和实务界争议较大，争议焦点集中在是否应规定人民法院依职权启动执转破程序上。肯定的观点认为，构建法院依职权启动执转破程序，作为申请主义的有益补充，是完善和落实执转破制度的可行路径；有利于将本就丧失经营资格、应当强制清算的企业借助破产程序完成市场出清；有利于节约有限的司法资源。① 否定的观点认为，破产法是典型的商法，规定法院依职权启动破产程序不符合私法自治和私权处分原则；从现行破产法规定看，破产程序的启动采取申请主义，以当事人具有启动破产程序的意愿为前提，确立强制性移送破产制度，缺乏法律依据。② 我们认为，破产法不仅具有公平清偿债务、保护债权人、债务人合法权益的私法属性，而且还具有保障市场经济优胜劣汰规则充分发挥效用、维护市场有序运行的社会法属性，在僵尸企业层出不穷、市场主体退出机制失灵的情况下，以国家公权力适当介入和调整作为申请主义的补偿，具有必要性和正当性。特别是在当前执

① 韩蓉、徐阳光：《执行不能转破产之问题与对策研究》，载王欣新、郑志斌主编：《破产法论坛》（第十二辑），法律出版社2016年版，第313页。王欣新：《破产与执行程序的合理衔接与转换》、郭毅敏：《发挥破产审判职能建立执行不能案件退出机制》、李季宁：《法院依职权将执行程序转入破产程序的相关问题研究》，载王欣新、郑志斌主编：《破产法论坛》（第九辑），法律出版社2015年版。

② 沈德咏主编：《最高人民法院民事诉讼法司法解释理解与适用》（下），人民法院出版社2015年版，第1364页。

行案件多、化解难与破产案件少、启动难并存的情况下，对无财产、无住所、无人员的“三无”案件以及被执行人已经解散但未自行清算的执行不能案件等部分特殊类型的案件，采用人民法院依职权启动执转破程序具有现实合理性。即使作为一个阶段性的措施，也有必要认真考虑。① 但如此一来，确实涉及对破产法的突破问题，有违合法性原则。经与全国人大法工委反复沟通，其均认为以司法解释或司法政策形式突破现行法律规定有所不妥，不同意采用职权主义。鉴于此，《指导意见》采纳了否定的观点，规定执转破仍应具备当事人具有启动破产程序的意愿这一意思表示要件。当事人主动提出执转破申请，无疑表明其具有启动破产程序的意愿；在当事人未主动提出申请的情况下，经人民法院询问告知，如当事人表示同意，也可以表明其具有启动破产程序的意愿。

在认为执转破应当经过当事人同意的观点中，仍然存在此种同意仅限于明示同意还是亦包括默示推定同意的分歧。明示同意的观点认为，该同意只能是明确表示同意；在当事人既不表示同意也不表示反对的情况下，不能采取默示推定其同意。因为不作为的默示推定只有在法律有明确规定或当事人有明确约定的情况下才能采用。默示推定同意的观点认为，在特定情况下，如被执行人确无可供执行财产的，采用默示推定同意有利于及时化解执行积案，彻底清理债权债务关系，具有积极的现实意义。出于法理和合法性的考虑，《指导意见》最后采纳了明示同意的观点。

在被执行人或申请执行人均不同意执转破的情况下，人民法院应按《民诉法司法解释》第 516 条的规定处理，企业法人的其他已经取得执行依据的债权人申请参与分配的，人民法院不予支持。这就明确、彻底地排除了参与分配制度对企业法人被执行人的适用。

（三）破产原因要件

由于执转破也是破产案件的来源之一，与当事人自行申请破产本质并无不同，故对破产原因的要求并无差别。人民法院在执行阶段判断是否可以执转破，同样也要以破产法第二条的规定为依据。对于破产法第二条如何具体认定，最高人民法院《关于适用〈中华人民共和国企业破产法〉若干问题的规定（一）》［以下简称破产法司法解释（一）］中已经明确，执行法官在适用时，可以结合执行环节所取得的相关证据加以判断认定。一般而言，只要债务人经强制执行，没有财产或财产无法清偿全部债务，即符合破产法司法解释（一）第 4 条规定的情形，就可以认定为具备了明显缺乏清偿能力这一破产原因。虽然执行程序中判断是否可以执转破的实质要件与受移送法院破产审查时裁定是否

① 王欣新：《破产与执行程序的合理衔接与转换》，载王欣新、郑志斌主编：《破产法论坛》（第九辑），法律出版社 2015 年版，第 9 页。

受理的标准完全一致，但由于二者是在不同的程序阶段、依据不同的证据分别作出的判断，因此在结论上也可能会出现不一致的情况。

四、执转破案件的管辖

执转破案件的管辖问题意义重大，直接关乎审判管理、破产审判任务配置、执转破的效率，影响破产审判专业化建设。

（一）地域管辖

对于执转破案件的地域管辖，制定过程中存在两种意见：一种意见主张由执行法院专属管辖，从而使执行案件和破产案件完全由同一个法院处理，将移送内化，简便高效，有利于执行程序与破产程序的衔接协调。另一种意见主张由被执行人住所地法院管辖，以便与既往的司法解释和破产司法实践相一致。《指导意见》采纳了后一种意见。《指导意见》第3条规定，执转破案件由被执行人住所地法院管辖。根据最高人民法院《关于审理企业破产案件若干问题的规定》（法释〔2002〕23号）第1条，企业法人被执行人住所地即其主要办事机构所在地。被执行人无办事机构的，由其注册地人民法院管辖。

（二）级别管辖

《指导意见》第3条规定，执转破案件实行以中级人民法院管辖为原则、基层人民法院管辖为例外的级别管辖制度。中级人民法院经高级人民法院批准，也可以将案件交由具备审理条件的基层人民法院审理。

《指导意见》的上述规定改变了以往按照企业登记的工商机关的不同层级确定破产案件级别管辖的做法。之所以作这种变化，主要是为了适应现实情况变化的需要。从外部情况看，随着企业登记制度的改革，企业工商登记权限在很多地方都已经下移，这直接影响到人民法院破产审判任务量的配置。从内部情况看，2016年6月21日，最高人民法院经商中编办同意，制定下发了《关于在中级人民法院设立清算与破产审判庭的工作方案》，要求在全国部分中级人民法院设立破产审判庭，从机构和人员配备方面推进破产审判专业化建设。将执转破案件主要分配给中级人民法院审理，一方面，与中级人民法院设立破产审判庭工作相契合配套，有利于保障中级人民法院的破产案件数量，提高破产审判人员的素质，促进中级法院的破产审判专业化建设；另一方面，主要是考虑全国绝大多数基层法院没有专门的破产审判庭，破产审判人员也凤毛麟角，破产审判专业化程度不高，破产案件多由民商事法官审理，在民商事案件级别管辖下移、案件量大幅增加的情况下，基层法官很难再有精力处理执转破案件。由中级人民法院审理执转破案件，有利于平衡案件压力，从中级人民法院层面上先行推进破产审判机构和队伍专业化建设。当然，全国也有部分基层法院，例如东部沿海省份的一些基层法院已经建立了专门的破产审判庭，破产审判人员专业水平也较高，具备审理执转破案件的能力。此种情况下，可以采用由高级人民法院指定管辖的方式，将执转破案件交由相关基层法院审理。

五、执转破的征询、决定程序

从破产审判的角度看，执转破的主要目标是解决破产案件少、程序启动难问题。在恪守申请主义启动模式下，执转破与当事人直接申请破产的差异之处在于，人民法院在执行程序中发现被执行人具备破产原因后，并非完全消极被动等待当事人申请，而是要发挥一定的主动性、能动性，积极推动执转破程序的开启。根据《指导意见》第 4 条的规定，执行法院可以通过两个方面的工作积极推动执行程序向破产程序转换：一是自执行程序开始起，就应向当事人告知执转破的有关规定，使当事人充分了解执行与破产程序在功能与法律后果上的不同，以便其通盘考虑，适时作出合理的选择。告知的方式既可以为当面释明告知，也可以采用制作格式文本，在发出执行通知书等文件时一并书面告知的方式。这样既可以达到告知的目的，又不过多增加工作负担。二是在执行法院采取财产调查措施后，发现作为被执行人的企业法人具备破产法第二条规定的破产原因时，应当及时询问申请执行人、被执行人是否同意将案件移送破产审查，并释明如申请执行人、被执行人均不同意移送破产审查且无人申请破产时的法律后果，从而引导其作出理性选择。

执转破的决定程序主要规范执行部门内部如何作出执转破决定。为了减少执转破的随意性，防止执行人员为了完成结案指标而滥用移送程序，《指导意见》第 5 条对执转破的内部决定程序作出了具体规定，即执转破应当经过承办人提出意见、合议庭评议、院长审签决定书的程序。当然，院长也可以授权分管副院长审签。由于绝大多数执行案件在基层法院，为防止基层法院不堪执行结案压力而随意向异地法院移送案件甩包袱，增加当事人的诉累，《指导意见》第 6 条规定，基层法院拟向异地法院移送案件时，应先报请其所在地的中级人民法院执行部门审核同意后才能移送，以加强对异地移送的监督制约。

六、决定移送的异议处理

执行法院决定将案件移送破产审查的，申请执行人或被执行人基于自身利益考量，可能会提出异议，不同意移送。对于此种异议如何处理，观点不一。有见解认为，此种异议属于执行异议，应由执行法院审查裁定；当事人对裁定不服的，可以向上一级法院申请复议。另一种意见认为，此种异议不属于执行异议，不必由执行法院处理，当事人的异议应向受移送法院提出，由受移送法院在破产审查时一并处理。

《指导意见》采纳了后一种意见。《指导意见》第 7 条规定，执行法院作出移送决定后，应当于五日内送达申请执行人和被执行人。申请执行人或被执行人对决定有异议的，可以在受移送法院破产审查期间提出，由受移送法院一并处理。如此规定的主要考虑是：其一，这种异议是对执行程序转换为破产程序的异议，并非对执行行为的异议，不属于执行异议范畴，并非必须由执行法院处理。其二，异议的内容通常是对被执行人是否具备破产原因存在不同认识，对执转破的对象要件和意思表示要件形式审查即可判断识别，一般不会产生争议。破产原因要件是否具备由受移送法院的破产审判部门进行审查判断，更符合法院内部职能分工和专业化要求。况且，受移送法院在破产审查期间，也需要对被执行人是否具备破产原因进行重点审理。因此，不在执行程序中审查此种异议，有利于简化程序，提高效率。

七、决定移送对执行的影响

《指导意见》第8条至第9条规定了执行法院作出移送决定后对执行的影响，主要涉及中止执行和查封、扣押、冻结措施是否解除两个方面。

（一）决定移送与中止执行

《指导意见》第8条规定，执行法院作出移送决定后，应当书面通知所有已知执行法院，执行法院均应中止对被执行人的执行程序。对此，应从两个方面把握：第一，执行法院作出移送决定后，自身应中止执行。执行法院决定将案件移送破产审查，则意味着执行法院认为已经出现了破产原因，同意通过破产这一概括执行程序对所有债权人进行公平清偿。根据在同一财产之上不能同时并存两种性质冲突的执行程序的一般法理，执行法院有关债务人财产的个别执行程序应当中止。需要注意的是，破产法关于中止执行的时点为破产申请受理后，而执转破程序中的中止执行时点则前移至执行法院作出移送决定之后。这样规定有利于尽早固定被执行人的财产数量，防止决定移送后的个别清偿，保障公平清偿。第二，执行法院作出移送决定后，应当书面通知所有已知执行法院，所有已知执行法院均应中止执行。当同一被执行人被两家以上法院采取了执行措施时，中止执行的法院范围如何确定，实践中存在不同意见：一种意见认为，仅限于作出移送决定的执行法院中止执行；另一种意见认为，应当包括全部涉被执行人的执行法院，否则，决定移送的执行法院中止执行，但其他法院不中止，会产生“先下手为强”的不公平现象和偏颇受偿问题。《指导意见》采纳了第二种意见。

审判实践当中，执行法院由于地方保护主义等原因，应当中止而不中止的情况屡见不鲜，亟待解决。根据《关于适用〈中华人民共和国企业破产法〉若干问题的规定（二）》[以下简称破产法司法解释（二）]第15条的规定，对债权人因执行行为所受的清偿，债务人不能适用撤销权予以救济。但这并非意味着应当中止而不中止的执行行为应予肯定。此时，相关当事人可以参照破产法司法解释（二）第5条的规定，通过执行异议、执行复议等制度寻求救济。依法执行回转的财产，应当认定为债务人财产。

由于中止执行只是执行程序的暂时停止，并非执行程序的最终状态，故中止执行后，随着破产案件审理情况的发展变化，最终会出现两种结果：一是受移送法院作出受理裁定，破产程序启动。根据破产法第十九条的规定，此时执行程序应当继续中止，直至受移送法院裁定宣告被执行人破产，或裁定终止和解程序、重整程序，最终执行终结。另一种情形是受移送法院作出不予受理或驳回破产申请的裁定。此种情形下，根据《指导意见》第18条的规定，受移送法院应当在裁定生效后七日内恢复执行。

某些特殊类型的执行标的物由于无法长期保存，或长期保存将导致价值贬损，因此应作为例外情形另行处理。《指导意见》第8条规定，对被执行人的季节性商品、鲜活、易腐烂变质以及其他不宜长期保存的物品，执行法院应当及时变价处置，以防止执行标的价值减损。但变价处置的价款不作分配。受移送法院裁定受理破产案件的，执行法院应当在收到裁定书之日起七日内，将该价款移交破产管理人或受理破产案件的法院。

中止执行的案件又符合最高人民法院2016年10月29日制定的《关于严格规范终结本次执行程序的规定（试行）》中关于终结本次执行程序条件的，执行法院可以裁定终结本次执行程序。

（二）决定移送与继续保全

为防止案件移送后被执行的财产处于失控状态，《指导意见》第9条规定，在受移送法院裁定受理破产案件之前，对被执行人的查封、扣押、冻结措施不解除。查封、扣押、冻结期限在破产审查期间届满的，申请执行人可以向执行法院申请延长期限，由执行法院负责办理。受移送法院裁定受理破产案件后，执行法院应按破产法第十九条的规定解除保全措施。如执行法院与破产管辖法院为同一法院的，执行程序中已经采取的保全措施可以不解除，其效力自然延续至破产程序中。

八、材料移送、立案与破产审查

（一）材料移送

执行法院作出移送决定，并不意味着破产程序必然开始。被执行人是否具备破产原因、破产程序能否启动，应由受移送的破产管辖法院审查后裁定。因此，移送决定作出后，执行法院应将案件材料移送给破产管辖法院进行破产审查。《指导意见》第10条对应当移送的材料范围作了列举。根据《指导意见》第12条，移送的材料由受移送法院的立案庭负责接收。为防止受移送法院以材料不齐备等为由拒绝接受移送的材料，导致执行法院和受移送法院之间推诿扯皮，影响司法效率，妨碍破产程序启动，第12条同时强调，受移送法院对执行法院依法决定移送的材料必须接受，不得以材料不完备等为由拒绝接受。

受移送法院立案庭接受移送的材料后，应负责对材料是否完备、是否存在错误等进行形式审核。为防止受移送法院动辄以移送材料存在瑕疵、需要补充补正为由拒绝立案，《指导意见》第11条强调，只有移送材料不完备或内容错误达到了足以影响受移送法院对被执行人是否具备破产原因作出判断的程度时，受移送法院才可以暂不予立案，并要求执行法院补齐、补正。如移送材料虽存在瑕疵但不影响对破产原因是否具备作出判断的，受移送法院不得借故拒绝立案。

（二）立案

《指导意见》第12条规定，受移送法院立案部门经形式审核认为材料齐备后，应以“破申”作为案件类型代字编制案号登记立案，并及时将案件移送给破产审判部门。

根据2016年8月1日起施行的最高人民法院《关于调整强制清算与破产案件类型划分的通知》（法〔2016〕237号），执转破案件并非强制清算与破产案件类型（一级案件类型）之下的二级案件类型，而应归属于破产申请审查案件类型。相应地，在编制案号时，应以与之相应的“破申”作为案件类型代字编制案号登记立案。需要注意的是，根据新的案件类型划分标准，受移送法院登记立案的是破产申请审查案件，而非破产清算、破产重整、破产和解案件。从审判流程和案件审理阶段上看，破产申请审查程序仍属于破产程序开始前的预备阶段。故破产申请审查案件立案后，仅意味着人民法院决定通过司法程序对债务人是否具备破产原因进行审理，并不代表破产程序已经启动。

（三）破产审查

受移送法院立案庭对执转破案件登记立案后，应及时将案件移送破产审判部门，由破产审判部门对债务人是否具备破产原因、应否启动破产程序进行审查。在破产审查过程中，人民法院应保障相关当事人依据破产法享有的异议权。《指导意见》第13条规定，受移送法院的破产审判部门应当自收到移送的材料之日起三十日内作出是否受理的裁定。

《民诉法司法解释》第514条规定，被执行人住所地人民法院应当将是否受理破产案件的裁定告知执行法院。但裁定是否向申请执行人、被执行人送达，《民诉法司法解释》并未明确。我们认为，执转破案件的破产审查结果，直接影响执行程序的走向，关系当事人上诉权的行使，为保障当事人对执转破案件结果的知情权，保障当事人对后续程序的参与和监督，应将是否受理破产案件的裁定向申请执行人、被执行人送达。故此，《指导意见》第13条规定，受移送法院作出裁定后，应当在五日内送达申请执行人、被执行人，并送交执行法院。

如果受移送法院的破产审判部门经审查认为案件不应由其管辖的，应当按民事诉讼法第三十六条的规定将案件移送有管辖权的人民法院。

九、裁定受理后执行费用的清偿

《指导意见》第15条规定，受移送法院裁定受理破产案件的，在此前的执行程序中产生的评估费、公告费、保管费等执行费用，可以参照破产费用的规定，从债务人财产中随时清偿。

根据破产法第四十一条、第四十二条的规定，破产费用和共益债务均发生在人民法院受理破产申请之后。执行程序中发生的评估费、鉴定费、公告费、拍卖费、保管费、仓储费、运输费、监管费等执行费用，由于产生于受理破产申请之前，显然不属于破产费用和共益债务。但执行费用是国家强制力管理、处置被执行人财产以及对被执行人采取其他强制执行措施而产生的必要费用，性质不同于普通债权，不应按普通债权进行申报受偿，应予以优先受偿。因执行程序中发生的评估费、鉴定费、公告费、拍卖费、保管费、仓储费、运输费、监管费等执行费用与破产程序中发生的管理、变价、分配债务人财产所支出的破产费用用途相同，且执行程序中实施的评估、鉴定、拍卖等行为的效力可以延续至破产程序中，评估、鉴定、拍卖结果可以直接为破产程序所用，故上述执行费用可以参照破产费用从债务人财产中随时受偿。

十、裁定受理后财产的移交

执转破不仅包括执行法院对案件材料的移送，还涉及被执行人财产的移交。当受移送法院裁定受理破产清算、破产重整、破产和解申请后，破产程序即已启动。根据破产法第十九条的规定，此时以个别清偿为目的的执行程序应当继续中止（执行法院决定移送时即已中止执行），执行法院通过执行措施查控的被执行人财产也应移交给破产管理人，统一纳入破产程序中清偿。《指导意见》第16条至第17条从正反两个方面对应当移交的财产范围作出了规定，主要涉及执行标的物的移交和执行变价款的移交。

（一）执行标的物的移交

《指导意见》第16条规定，执行法院收到受移送法院受理裁定后，应当于七日内将已经扣划到账的银行存款、实际扣押的动产、有价证券等被执行人财产移交给受理破产案件的法院或管理人。该条以列举的方式规定了审判实践中几种常见的应移交财产，并概括了其法律上的共同属性：必须是属于被执行人的财产，即尚未执行完毕、可以用于清偿被执行人债务的责任财产。不属于被执行人的财产，包括曾经属于被执行人所有、但因执行完毕而使所有权发生变动、不再属于被执行人的财产，因不能用以清偿被执行人的债务，故无需移交。

在执行法院采取了拍卖、变卖等执行措施的情况下，执行标的物何时属于债务人所有，何时权属已经发生变动，不应再作为债务人财产，实务中向来存在争议。最高人民法院《关于审理企业破产案件若干问题的规定》（法释〔2002〕23号）第68条规定："债务人的财产被采取民事诉讼执行措施的，在受理破产案件后尚未执行的或者未执行完毕的剩余部分，在该企业被宣告破产后列入破产财产。因错误执行应当执行回转的财产，在执行回转后列入破产财产。"审判实践中对于该条中的"未执行完毕"标准如何确定，认识不统一，导致该条在理解与适用上出现分歧。为此，最高人民法院于2004年12月22日作出了《关于如何理解〈最高人民法院关于破产法司法解释〉第六十八条的请示的答复》（〔2003〕民二他字第52号），主要内容为："人民法院受理破产案件前，针对债务人的财产，已经启动了执行程序，但该执行程序在人民法院受理破产案件后仅作出了执行裁定，尚未将财产交付给申请人的，不属于司法解释指的执行完毕的情形，该财产在债务人被宣告破产后应列入破产财产。但应注意以下情况：一、正在进行的执行程序不仅作出了生效的执行裁定，而且就被执行财产的处理履行了必要的评估拍卖程序，相关人已支付了对价，此时虽未办理变更登记手续，且非该相关人的过错，应视为执行财产已向申请人交付，该执行已完毕，该财产不应列入破产财产；二、人民法院针对被执行财产采取了相应执行措施，该财产已脱离债务人实际控制，视为已向权利人交付，该执行已完毕，该财产不应列入破产财产。"上述答复对于解决当时审判实践中存在争议的执行完毕和财产权属变动标准认定问题发挥了积极作用，但由于答复形成时间较早，主要内容与之后颁布的法律、司法解释的相关规定已不相符，现今不应再作为处理此类问题的法律依据。以财产交付作为执行完毕的一般标准，符合《中华人民共和国物权法》关于动产物权变动的一般规定，但不符合不动产物权变动的规定。拍卖中以买受人支付价款作为标的物所有权变动的时点，在比较法上确有先例。例如日本民事执行法第79条规定，当买受人交付价款时取得不动产。但该种立法例并未为我国立法所采纳。根据我国物权法第二十八条、最高人民法院《关于适用〈中华人民共和国物权法〉若干问题的解释（一）》第7条、《民诉法司法解释》第493条等规定，通过司法拍卖、以物抵债清偿债务的，标的物所有权自拍卖成交裁定、抵债裁定送达买受人或者接受抵债物的债权人时转移，而与价款支付与否无关。拍卖成交后、裁定书送达买受人之前，买卖合同虽然成立生效，但不发生物权变动的效力。同理，最高人民法院《关于人民法院民事执行中拍卖、变卖财产的规定》（法释

〔2004〕16号）第29条关于“动产拍卖成交或者抵债后，其所有权自该动产交付时起转移给买受人或者承受人”的规定与上述法律、司法解释也不相符，也应修正。目前，我们在认定执行标的物权属变动问题上，应以物权法及其司法解释作为基本依据，即不动产以登记、动产以交付作为物权变动的标准，但法律、司法解释另有规定的除外。

（二）未分配执行价款的移交

除执行标的物的权属变动认定存在争议外，实务中有争议的另一个问题是，在破产管辖法院裁定受理破产申请时，已进入执行法院或第三方账户但却未分配给申请执行人的执行价款，是否属于破产程序中的债务人财产（即破产宣告后的破产财产）？应否移交？对此，存在两种观点：第一种观点认为，该价款属于债务人财产，不应再支付给申请执行人，而应移交给管理人，通过破产程序进行分配。第二种观点认为，该价款不属于债务人财产，应当分配给申请执行人。

《指导意见》采纳了第一种观点。根据《指导意见》第17条的规定，在受移送法院裁定受理破产申请时，执行法院已完成转账、汇款、现金交付的执行价款，由于已经不属于债务人的财产，当然无须移交。但在裁定受理破产申请时，已进入执行法院或第三方账户却未分配给申请执行人的执行价款，由于尚未交付申请执行人用于清偿债务，我们认为仍属于未执行完毕的被执行人财产。理由是：其一，强制执行的最终目的是使债权人受清偿，拍卖、变卖等执行措施仅是实现这一目的的手段和方法，实施拍卖、变卖等执行措施取得变价款，但却未实际分配给申请执行人的，债权尚未得到清偿，执行目的尚未达至，执行程序也并没有完毕。[①] 如该款项此时发生意外减损，其风险也应由被执行人承担，而不应由申请执行人承担。其二，在参与分配制度中，此种情形一直是按未执行完毕处理。例如，最高人民法院《关于适用〈中华人民共和国民事诉讼法〉若干问题的意见》（法发〔1992〕22号）第298条规定：“参与分配申请应当在执行程序开始后，被执行人的财产被清偿前提出。”虽然2015年2月4日起施行的《民诉法司法解释》第509条对此作了文字修改，重新表述为“参与分配申请应当在执行程序开始后，被执行人的财产执行终结前提出”，但司法取向并未发生改变。

破产程序启动后，按照破产法第十九条的规定，执行程序应当中止，无论是被执行人还是人民法院都不应再对个别债权进行清偿。如果认定因先前个别执行行为而划入人民法院或第三方账户的执行变价款可以继续执行交付给申请执行人，则有违破产法的上述规定，应属于违法执行。根据破产法司法解释

① 江伟主编：《民事诉讼法》（第三版），高等教育出版社2007年版，第455页。

（二）第5条的规定，执行法院应当对此予以纠正。依法执行回转的财产，应当认定为债务人财产。故在法院裁定受理破产申请后，划入执行法院或第三方账户但却未分配给申请执行人的执行价款，应作为债务人财产，并在债务人被宣告破产后列入破产财产，根据破产程序进行公平分配。

但是，如果该执行变价款是对债务人提供的担保物进行变价处置而来，因担保权人本就对担保物的价值享有优先受偿权，将该变价款优先分配给担保权人用于清偿债务，并不损害破产程序中其他债权人的利益，不违反公平原则，故不应受中止执行的限制。这属于执行变价款应移交的例外情形。

破产法第十三条规定，人民法院裁定受理破产申请的，应当同时指定管理人。在受移送法院已经指定管理人的情况下，执行法院应将尚未执行完毕的被执行人财产移交给管理人。但实践中破产程序启动与指定管理人往往并不同步，此时执行法院移交的财产可以由受理破产案件的法院暂时代为保管，待指定管理人后再移交给管理人。故《指导意见》第16条规定，接受移交财产的主体是受理破产案件的法院或管理人。

十一、受移送法院裁定不予受理或驳回申请的后续处理

《指导意见》第18条规定，受移送法院作出不予受理或驳回申请裁定的，应当在裁定生效后七日内将接收的材料、被执行人的财产退回执行法院，执行法院应当恢复对被执行人的执行。这是就受移送法院裁定不予受理或驳回申请时后续事宜处理所作的规定。理解此条，应注意两点：

第一，接收的材料、财产退还时间是不予受理或驳回申请裁定生效后七日内。不予受理或驳回申请裁定生效有两种情形：一是受移送法院作出不予受理或驳回申请裁定后，申请人并未提起上诉，一审裁定因而生效。二是受移送法院作出不予受理或驳回申请裁定后，申请人提起上诉，二审法院裁定驳回上诉的，二审裁定送达后生效。

在《指导意见》制定过程中，对于执转破中是否保留上诉权存在不同认识。我们认为，对不予受理或驳回申请裁定的上诉权，事关破产申请权的保护，属于诉权保障的内容，不容剥夺。况且，执转破与当事人直接申请破产本质并无不同，在破产申请权的保障上不应有所差别。破产法第十二条明确规定，申请人对于不予受理或驳回申请裁定不服的，有权提起上诉。执转破也应如此。

在认为对不予受理或驳回申请裁定有权提起上诉的观点中，对于上诉权由谁行使仍然存在不同看法。有见解认为，执转破的决定是由执行法院作出，对不予受理或驳回申请裁定的上诉权应由执行法院行使，上诉人是执行法院。我们认为，如采纳职权主义移送模式，执行法院作为上诉人是适格的；但在不采

纳职权主义移送模式的前提下，执转破的启动仍然遵循破产法的申请主义原则，上诉人应为申请人而非执行法院。申请人可以根据《指导意见》第 14 条加以确定，即申请执行人申请或同意移送破产审查的，以该申请执行人为申请人；被执行人申请或同意移送破产审查的，以该被执行人为申请人；申请执行人、被执行人均同意移送破产审查的，双方均为申请人。

第二，不予受理或驳回申请裁定生效后七日内，执行法院应当恢复对被执行人的执行。为防止执行法院在恢复执行过程中改变原执行顺序，为个别申请执行人谋取不正当利益，恢复执行后仍应按原顺序执行。

十二、禁止重复移送

为杜绝执行案件反复移送、相互扯皮、影响司法效率，《指导意见》第 19 条规定，受移送法院作出不予受理或驳回申请的裁定生效后，人民法院不得重复启动执转破程序，即执转破实行一次移送原则。据此，受移送法院认定被执行人不具备破产原因而裁定不予受理或驳回申请的，其后即便申请执行人或被执行人以有新证据足以证明被执行人已经具备了破产原因为由，要求再次将执行案件移送破产审查的，人民法院仍不支持。实行一次移送原则并不影响申请执行人或被执行人直接向具有管辖权的法院提出破产申请的权利。

十三、执转破的监督制约

执转破涉及不同法院或同一法院内部不同部门之间的关系，在强调相互协调配合以提高司法效率的同时，也要注重公权力之间的监督制约，确保执转破的立案、受理等程序依法顺利进行。在监督的方式上，《指导意见》第 21 条借鉴了破产法司法解释（一）第 9 条的规定，提供了两种途径：一是执行法院和受移送法院之间的监督。当受移送法院拒绝接收移送的材料，或者收到移送的材料后不按规定的期限作出是否受理裁定的，执行法院可直接与受移送法院进行交涉，要求受移送法院自行纠正。交涉未果，可函请受移送法院的上一级法院进行监督。二是受移送法院的上级法院对下监督。受移送法院的上一级法院收到执行法院关于其下级法院拒绝接收移送的材料，或者不按期裁定是否受理的函件后，应当指令受移送法院在十日内接收材料或作出是否受理的裁定。受移送法院收到上级法院的通知后，十日内仍不接收材料或不作出是否受理裁定的，上一级法院可以径行对移送破产审查的案件行使管辖权。上一级法院裁定受理破产案件的，可以指令受移送法院审理。

（撰稿人：王富博）

最高人民法院
印发《关于执行款物管理工作的规定》的通知

2017 年 2 月 27 日　　　　　　　　法发〔2017〕6 号

各省、自治区、直辖市高级人民法院，解放军军事法院，新疆维吾尔自治区高级人民法院生产建设兵团分院：

为规范人民法院对执行款物的管理工作，维护当事人的合法权益，最高人民法院对 2006 年 5 月 18 日发布施行的《关于执行款物管理工作的规定（试行)》(法发〔2006〕11 号）进行了修订。现将修订后的《最高人民法院关于执行款物管理工作的规定》予以印发，请遵照执行。

附：

关于执行款物管理工作的规定

为规范人民法院对执行款物的管理工作，维护当事人的合法权益，根据《中华人民共和国民事诉讼法》及有关司法解释，参照有关财务管理规定，结合执行工作实际，制定本规定。

第一条 本规定所称执行款物，是指执行程序中依法应当由人民法院经管的财物。

第二条 执行款物的管理实行执行机构与有关管理部门分工负责、相互配合、相互监督的原则。

第三条 财务部门应当对执行款的收付进行逐案登记，并建立明细账。

对于由人民法院保管的查封、扣押物品，应当指定专人或部门负责，逐案登记，妥善保管，任何人不得擅自使用。

执行机构应当指定专人对执行款物的收发情况进行管理，设立台账、逐案登记，并与执行款物管理部门对执行款物的收发情况每月进行核对。

第四条 人民法院应当开设执行款专户或在案款专户中设置执行款科目，对执行款实行专项管理、独立核算、专款专付。

人民法院应当采取一案一账号的方式，对执行款进行归集管理，案号、款项、被执行人或交款人应当一一对应。

第五条 执行人员应当在执行通知书或有关法律文书中告知人民法院执行款专户或案款专户的开户银行名称、账号、户名，以及交款时应当注明执行案件案号、被执行人姓名或名称、交款人姓名或名称、交款用途等信息。

第六条 被执行人可以将执行款直接支付给申请执行人；人民法院也可以将执行款从被执行人账户直接划至申请执行人账户。但有争议或需再分配的执行款，以及人民法院认为确有必要的，应当将执行款划至执行款专户或案款专户。

人民法院通过网络执行查控系统扣划的执行款，应当划至执行款专户或案款专户。

第七条 交款人直接到人民法院交付执行款的，执行人员可以会同交款人或由交款人直接到财务部门办理相关手续。

交付现金的，财务部门应当即时向交款人出具收款凭据；交付票据的，财务部门应当即时向交款人出具收取凭证，在款项到账后三日内通知执行人员领取收款凭据。

收到财务部门的收款凭据后，执行人员应当及时通知被执行人或交款人在指定期限内用收取凭证更换收款凭据。被执行人或交款人未在指定期限内办理更换手续或明确拒绝更换的，执行人员应当书面说明情况，连同收款凭据一并附卷。

第八条 交款人采用转账汇款方式交付和人民法院采用扣划方式收取执行款的，财务部门应当在款项到账后三日内通知执行人员领取收款凭据。

收到财务部门的收款凭据后，执行人员应当参照本规定第七条第三款规定办理。

第九条 执行人员原则上不直接收取现金和票据；确有必要直接收取的，应当不少于两名执行人员在场，即时向交款人出具收取凭证，同时制作收款笔录，由交款人和在场人员签名。

执行人员直接收取现金或者票据的，应当在回院后当日将现金或票据移交财务部门；当日移交确有困难的，应当在回院后一日内移交并说明原因。财务部门应当按照本规定第七条第二款规定办理。

收到财务部门的收款凭据后，执行人员应当按照本规定第七条第三款规定办理。

第十条 执行人员应当在收到财务部门执行款到账通知之日起三十日内，完成执行款的核算、执行费用的结算、通知申请执行人领取和执行款发放等工作。

有下列情形之一的，报经执行局局长或主管院领导批准后，可以延缓发放：

（一）需要进行案款分配的；

（二）申请执行人因另案诉讼、执行或涉嫌犯罪等原因导致执行款被保全或冻结的；

（三）申请执行人经通知未领取的；

（四）案件被依法中止或者暂缓执行的；

（五）有其他正当理由需要延缓发放执行款的。

上述情形消失后，执行人员应当在十日内完成执行款的发放。

第十一条 人民法院发放执行款，一般应当采取转账方式。

执行款应当发放给申请执行人，确需发放给申请执行人以外的单位或个人的，应当组成合议庭进行审查，但依法应当退还给交款人的除外。

第十二条 发放执行款时，执行人员应当填写执行款发放审批表。执行款发放审批表中应当注明执行案件案号、当事人姓名或名称、交款人姓名或名称、交款金额、交款时间、交款方式、收款人姓名或名称、收款人账号、发款金额和方式等情况。报经执行局局长或主管院领导批准后，交由财务部门办理支付手续。

委托他人代为办理领取执行款手续的，应当附特别授权委托书、委托代理人的身份证复印件。委托代理人是律师的，应当附所在律师事务所出具的公函及律师执照复印件。

第十三条 申请执行人要求或同意人民法院采取转账方式发放执行款的，执行人员应当持执行款发放审批表及申请执行人出具的本人或本单位接收执行款的账户信息的书面证明，交财务部门办理转账手续。

申请执行人或委托代理人直接到人民法院办理领取执行款手续的，执行人员应当在查验领款人身份证件、授权委托手续后，持执行款发放审批表，会同领款人到财务部门办理支付手续。

第十四条 财务部门在办理执行款支付手续时，除应当查验执行款发放审批表，还应当按照有关财务管理规定进行审核。

第十五条 发放执行款时，收款人应当出具合法有效的收款凭证。财务部门另有规定的，依照其规定。

第十六条 有下列情形之一，不能在规定期限内发放执行款的，人民法院可以将执行款提存：

（一）申请执行人无正当理由拒绝领取的；

（二）申请执行人下落不明的；

（三）申请执行人死亡未确定继承人或者丧失民事行为能力未确定监护人的；

（四）按照申请执行人提供的联系方式无法通知其领取的；

（五）其他不能发放的情形。

第十七条 需要提存执行款的，执行人员应当填写执行款提存审批表并附具有提存情形的证明材料。执行款提存审批表中应注明执行案件案号、当事人姓名或名称、交款人姓名或名称、交款金额、交款时间、交款方式、收款人姓名或名称、提存金额、提存原因等情况。报经执行局局长或主管院领导批准后，办理提存手续。

提存费用应当由申请执行人负担，可以从执行款中扣除。

第十八条 被执行人将执行依据确定交付、返还的物品（包括票据、证照等）直接交付给申请执行人的，被执行人应当向人民法院出具物品接收证明；没有物品接收证明的，执行人员应当将履行情况记入笔录，经双方当事人签字后附卷。

被执行人将物品交由人民法院转交给申请执行人或由人民法院主持双方当事人进行交接的，执行人员应当将交付情况记入笔录，经双方当事人签字后附卷。

第十九条 查封、扣押至人民法院或被执行人、担保人等直接向人民法院交付的物品，执行人员应当立即通知保管部门对物品进行清点、登记，有价证券、金银珠宝、古董等贵重物品应当封存，并办理交接。保管部门接收物品后，应当出具收取凭证。

对于在异地查封、扣押，且不便运输或容易毁损的物品，人民法院可以委托物品所在地人民法院代为保管，代为保管的人民法院应当按照前款规定办理。

第二十条 人民法院应当确定专门场所存放本规定第十九条规定的物品。

第二十一条 对季节性商品、鲜活、易腐烂变质以及其他不宜长期保存的物品，人民法院可以责令当事人及时处理，将价款交付人民法院；必要时，执行人员可予以变卖，并将价款依照本规定要求交财务部门。

第二十二条 人民法院查封、扣押或被执行人交付，且属于执行依据确定交付、返还的物品，执行人员应当自查封、扣押或被执行人交付之日起三十日内，完成执行费用的结算、通知申请执行人领取和发放物品等工作。不属于执行依据确定交付、返还的物品，符合处置条件的，执行人员应当依法启动财产处置程序。

第二十三条 人民法院解除对物品的查封、扣押措施的，除指定由被执行人保管的外，应当自解除查封、扣押措施之日起十日内将物品发还给所有人或交付人。

物品在人民法院查封、扣押期间，因自然损耗、折旧所造成的损失，由物品所有人或交付人自行负担，但法律另有规定的除外。

第二十四条 符合本规定第十六条规定情形之一的，人民法院可以对物品进行提存。

物品不适于提存或者提存费用过高的，人民法院可以提存拍卖或者变卖该物品所得价款。

第二十五条 物品的发放、延缓发放、提存等，除本规定有明确规定外，参照执行款的有关规定办理。

第二十六条 执行款物的收发凭证、相关证明材料，应当附卷归档。

第二十七条 案件承办人调离执行机构，在移交案件时，必须同时移交执行款物收发凭证及相关材料。执行款物收发情况复杂的，可以在交接时进行审计。执行款物交接不清的，不得办理调离手续。

第二十八条 各高级人民法院在实施本规定过程中，结合行政事业单位内部控制建设的要求，以及执行工作实际，可制定具体实施办法。

第二十九条 本规定自2017年5月1日起施行。2006年5月18日施行的《最高人民法院关于执行款物管理工作的规定（试行）》（法发〔2006〕11号）同时废止。

最高人民法院　司法部　中国银监会
关于充分发挥公证书的强制执行效力
服务银行金融债权风险防控的通知

2017年7月13日　　　　司发通〔2017〕76号

各省、自治区、直辖市高级人民法院、司法厅（局），解放军军事法院，新疆维吾尔自治区高级人民法院生产建设兵团分院、新疆生产建设兵团司法局；各银监局，各政策性银行、大型银行、股份制银行，邮储银行，外资银行，金融资产管理公司，其他有关金融机构：

为进一步加强金融风险防控，充分发挥公证作为预防性法律制度的作用，提高银行业金融机构金融债权实现效率，降低金融债权实现成本，有效提高银行业金融机构防控风险的水平，现就在银行业金融机构经营业务中进一步发挥公证书的强制执行效力，服务银行金融债权风险防控通知如下：

一、公证机构可以对银行业金融机构运营中所签署的符合《公证法》第37条规定的以下债权文书赋予强制执行效力：

1. 各类融资合同，包括各类授信合同，借款合同、委托贷款合同、信托贷款合同等各类贷款合同，票据承兑协议等各类票据融资合同，融资租赁合同，保理合同，开立信用证合同，信用卡融资合同（包括信用卡合约及各类分期付款合同）等；

2. 债务重组合同、还款合同、还款承诺等；

3. 各类担保合同、保函；

4. 符合本通知第二条规定条件的其他债权文书。

二、公证机构对银行业金融机构运营中所签署的合同赋予强制执行效力应当具备以下条件：

1. 债权文书具有给付货币、物品、有价证券的内容；

2. 债权债务关系明确，债权人和债务人对债权文书有关给付内容无疑义；

3. 债权文书中载明债务人不履行义务或不完全履行义务时，债务人愿意接受依法强制执行的承诺。该项承诺也可以通过承诺书或者补充协议等方式在债权文书的附件中载明。

三、银行业金融机构申办强制执行公证，应当协助公证机构完成对当事人身份证明、财产权利证明等与公证事项有关材料的收集、核实工作；根据公证机构的要求通过修改合同、签订补充协议或者由当事人签署承诺书等方式将债务人、担保人愿意接受强制执行的承诺、出具执行证书前的核实方式、公证费和实现债权的其他费用的承担等内容载入公证的债权文书中。

四、公证机构在办理赋予各类债权文书强制执行效力的公证业务中应当严格遵守法律、法规规定的程序，切实做好当事人身份、担保物权属、当事人内部授权程序、合同条款及当事人意思表示等审核工作，确认当事人的签约行为的合法效力，告知当事人申请赋予债权文书强制执行效力的法律后果，提高合同主体的履约意识，预防和降低金融机构的操作风险。

五、银行业金融机构申请公证机构出具执行证书应当在《中华人民共和国民事诉讼法》第二百三十九条所规定的执行期间内提出申请，并应当向公证机构提交经公证的具有强制执行效力的债权文书、申请书、合同项下往来资金结算的明细表以及其他与债务履行相关的证据，并承诺所申请强制执行的债权金额或者相关计算公式准确无误。

六、公证机构受理银行业金融机构提出出具执行证书的申请后，应当按照法律法规规定的程序以及合同约定的核实方式进行核实，确保执行证书载明的债权债务明确无误，尽力减少执行争议的发生。

公证机构对符合条件的申请，应当在受理后十五个工作日内出具执行证书，需要补充材料、核实相关情况所需的时间不计算在期限内。

七、执行证书应当载明被执行人、执行标的、申请执行的期限。因债务人不履行或不完全履行而发生的违约金、利息、滞纳金等，以及按照债权文书的约定由债务人承担的公证费等实现债权的费用，有明确数额或计算方法的，可以根据银行业金融机构的申请依法列入执行标的。

八、人民法院支持公证机构对银行业金融机构的各类债权文书依法赋予强制执行效力，加大对公证债权文书的执行力度，银行业金融机构提交强制执行申请书、赋予债权文书强制执行效力公证书及执行证书申请执行公证债权文书符合法律规定条件的，人民法院应当受理，切实保障银行业金融机构快速实现金融债权，防范金融风险。

九、被执行人提出执行异议的银行业金融机构执行案件，人民法院经审查认为相关公证债权文书确有错误的，裁定不予执行。个别事项执行标的不明确，但不影响其他事项执行的，人民法院应对其他事项予以执行。

十、各省（区、市）司法行政部门要会同价格主管部门合理确定银行业金融债权文书强制执行公证的收费标准。公证机构和银行业金融机构协商一致的，可以在办理债权文书公证时收取部分费用，出具执行证书时收齐其余费用。

十一、银行业监督管理机构批准设立的其他金融机构，以及经国务院银行业监督管理机构公布的地方资产管理公司，参照本通知执行。

最高人民法院
关于对工业企业结构调整专项奖补资金不宜采取财产保全措施和执行措施的通知

2017年7月19日　　法〔2017〕220号

各省、自治区、直辖市高级人民法院，解放军军事法院，新疆维吾尔自治区高级人民法院生产建设兵团分院：

根据《国务院关于钢铁行业化解过剩产能实现脱困发展的意见》（国发〔2015〕6号）、《国务院关于煤炭行业化解过剩产能实现脱困发展的意见》（国发〔2016〕7号）、《财政部工业企业结构调整专项奖补资金管理办法》（财建〔2016〕253号）的规定，工业企业结构调整专项奖补资金系中央财政为支持地方政府和中央企业推动钢铁、煤炭等行业化解过剩产能工作而设立的专项资金。该资金专项用于相关国有企业职工以及符合条件的非国有企业职工的分流安置工作，目的在于去除钢铁、煤炭等行业的过剩产能，推进供给侧结构性改革。因此，除为实现企业职工权利，审理、执行因企业职工分流安置工作形成的纠纷外，人民法院在审理、执行涉及有关国有和非国有钢铁、煤炭企业的其他纠纷时，不宜对工业企业结构调整专项奖补资金采取保全和执行措施。

各高级人民法院收到本通知后，要立即组织辖区人民法院对正在审理、执行中的案件进行自查，发现相关工业企业结构调整专项奖补资金已被冻结，或者已经划拨但未发放的，除为实现企业职工权利，审理、执行因企业职工分流安置工作形成的纠纷外，应立即解除冻结措施，退还相关款项。

各级人民法院应结合账户性质、资金来源、发放程序、审批手续等因素准确判断资金性质，同时保障各方当事人的权利，既要避免因普通经济纠纷冻结、扣划工业企业结构调整专项奖补资金，也要防止债务人恶意借奖补资金之名逃避债务。

最高人民法院
印发《关于严格规范执行事项委托工作的管理办法（试行）》的通知

2017年9月8日　　　　法发〔2017〕27号

各省、自治区、直辖市高级人民法院，解放军军事法院，新疆维吾尔自治区高级人民法生产建设兵团分院：

现将《最高人民法院关于严格规范执行事项委托工作的管理办法（试行）》印发给你们，请认真贯彻执行。

附：

关于严格规范执行事项委托工作的管理办法（试行）

为严格规范人民法院执行事项委托工作，加强各地法院之间的互助协作，发挥执行指挥中心的功能优势，节约人力物力，提高工作效率，结合人民法院执行工作实际，制定本办法。

第一条　人民法院在执行案件过程中遇有下列事项需赴异地办理的，可以委托相关异地法院代为办理。

（一）冻结、续冻、解冻、扣划银行存款、理财产品；

（二）公示冻结、续冻、解冻股权及其他投资权益；

（三）查封、续封、解封、过户不动产和需要登记的动产；

（四）调查被执行人财产情况；

（五）其他人民法院执行事项委托系统中列明的事项。

第二条 委托调查被执行人财产情况的，委托法院应当在委托函中明确具体调查内容、具体协助执行单位并附对应的协助执行通知书。调查内容应当为总对总查控系统尚不支持的财产类型及范围。

第三条 委托法院进行事项委托一律通过执行办案系统发起和办理，不再通过线下邮寄材料方式进行。受托法院收到线下邮寄材料的，联系委托法院线上补充提交事项委托后再予办理。

第四条 委托法院发起事项委托应当由承办人在办案系统事项委托模块中录入委托法院名称、受托法院名称、案号、委托事项、办理期限、承办人姓名、联系方式，并附相关法律文书。经审批后，该事项委托将推送至人民法院执行事项委托系统，委托法院执行指挥中心核查文书并加盖电子签章后推送给受托法院。

第五条 受托法院一般应当为委托事项办理地点的基层人民法院，受托同级人民法院更有利于事项委托办理的除外。

第六条 办理期限应当根据具体事项进行合理估算，一般应不少于十天，不超过二十天，需要紧急办理的，推送事项委托后，通过执行指挥中心联系受托法院，受托法院应当于24小时内办理完毕。

第七条 相关法律文书应当包括执行裁定书、协助执行通知书、委托执行函、送达回证（或回执），并附执行公务证件扫描件，委托扣划已冻结款项的，应当提供执行依据扫描件并加盖委托法院电子签章。

第八条 受托法院通过人民法院执行事项委托系统收到事项委托后，应当尽快核实材料并签收办理。

第九条 委托办理的事项超出本办法第一条所列范围且受托法院无法办理的，受托法院与委托法院沟通后可予以退回。

第十条 委托法院提供的法律文书不符合要求或缺少必要文书、收到法院无法办理的，应及时与委托法院沟通告知应当补充的材料。未经沟通，受托法院不得直接退回该委托。委托法院应予3日内通过系统补充材料，补充材料后仍无法办理的，受托法院可说明原因后退回。

第十一条 受托法院应当及时签收并办理事项委托，完成后及时将办理情况及送达回证、回执或其他材料通过系统反馈委托法院，委托法院应当及时确认办结。

第十二条　执行事项委托不作为委托执行案件立案办理，事项委托由受托法院根据本地的实际按一定比例折合为执行实施案件计入执行人员工作量并纳入考核范围。

第十三条　委托法院可在人民法院执行事项委托系统中对已经办结的事项委托进行评价，或向受托法院的上级法院进行投诉并说明具体投诉原因，被投诉的受托法院可通过事项委托系统说明情况。评价、投诉信息将作为考核事项委托工作的一项指标。

第十四条　各高级、中级人民法院应当认真履行督促职责，通过执行指挥管理平台就辖区法院未及时签收并办理、未及时确认办结情况进行督办。最高人民法院、高级人民法院定期对辖区法院事项委托办理情况进行统计、通报。

国家发展改革委　最高人民法院　国土资源部
关于对失信被执行人实施限制不动产交易惩戒措施的通知

2018年3月1日　　　　　　发改财金〔2018〕370号

各省、自治区、直辖市、新疆生产建设兵团社会信用体系建设牵头单位、高级人民法院、国土资源厅（局）：

为深入学习贯彻习近平新时代中国特色社会主义思想和党的十九大精神，进一步落实《中共中央办公厅 国务院办公厅关于加快推进失信被执行人信用监督、警示和惩戒机制建设的意见》（中办发〔2016〕64号）、《国务院关于建立完善守信联合激励和失信联合惩戒制度加快推进社会诚信建设的指导意见》（国发〔2016〕33号）和《最高人民法院关于限制被执行人高消费的若干规定》（法释〔2010〕8号）等有关要求，加大对失信被执行人的惩戒力度，建立健全联合奖惩机制，国家发展改革委、最高人民法院、国土资源部共同对失信被执行人及失信被执行人的法定代表人、主要负责人、实际控制人、影响债务履行的直接责任人员，采取限制不动产交易的惩戒措施。现将有关事项通知如下。

一、各级人民法院限制失信被执行人及失信被执行人的法定代表人、主要负责人、实际控制人、影响债务履行的直接责任人员参与房屋司法拍卖。

二、市、县国土资源部门限制失信被执行人及失信被执行人的法定代表人、主要负责人、实际控制人、影响债务履行的直接责任人员取得政府供应土地。

三、各地国土资源部门与人民法院要积极推进建立同级不动产登记信息和失信被执行人名单信息互通共享机制，有条件的地区，国土资源部门在为失信被执行人及失信被执行人的法定代表人、主要负责人、实际控制人、影响债务履行的直接责任人员办理转移、抵押、变更等涉及不动产产权变化的不动产登记时，应将相关信息通报给人民法院，便于人民法院依法采取执行措施。

四、建立健全全国信用信息共享平台与国家不动产登记信息平台信息互通共享机制。全国信用信息共享平台将最高人民法院提供的失信被执行人名单信息及时推送至国家不动产登记信息平台；国家不动产登记信息平台将失信被执行人名下的不动产登记信息及时反馈至全国信用信息共享平台。

国家发展改革委　中央文明办　最高人民法院　财政部　人力资源社会保障部　税务总局　证监会　铁路总公司　关于在一定期限内适当限制特定严重失信人乘坐火车推动社会信用体系建设的意见

2018年3月2日　　发改财金〔2018〕384号

各省、自治区、直辖市、新疆生产建设兵团社会信用体系建设牵头单位、文明办、高级人民法院、财政厅（局）、人力资源社会保障厅（局）、国家税务局、地方税务局，中国证监会各派出机构，铁路运输企业、铁科院、各铁路公安局：

为深入学习贯彻习近平新时代中国特色社会主义思想和党的十九大精神，落实习近平总书记关于构建“一处失信、处处受限”信用惩戒大格局的重要指示，按照《国务院关于建立完善守信联合激励和失信联合惩戒制度加快推进社会诚信建设的指导意见》（国发〔2016〕33号）要求，防范部分旅客违法失信行为对铁路运行安全的不利影响，进一步加大对其他领域严重违法失信行为的惩戒力度，现就限制特定严重失信人乘坐火车提出以下意见。

一、限制范围

（一）严重影响铁路运行安全和生产安全有关的行为责任人被公安机关处

罚或铁路站车单位认定的

1. 扰乱铁路站车运输秩序且危及铁路安全、造成严重社会不良影响的；

2. 在动车组列车上吸烟或者在其他列车的禁烟区域吸烟的；

3. 查处的倒卖车票、制贩假票的；

4. 冒用优惠（待）身份证件、使用伪造或无效优惠（待）身份证件购票乘车的；

5. 持伪造、过期等无效车票或冒用挂失补车票乘车的；

6. 无票乘车、越站（席）乘车且拒不补票的；

7. 依据相关法律法规应予以行政处罚的。

对上述行为责任人限制乘坐火车。

（二）其他领域的严重违法失信行为有关责任人

1. 有履行能力但拒不履行的重大税收违法案件当事人；

2. 在财政性资金管理使用领域中存在弄虚作假、虚报冒领、骗取套取、截留挪用、拖欠国际金融组织和外国政府到期债务的严重失信行为责任人；

3. 在社会保险领域中存在以下情形的严重失信行为责任人：用人单位未按相关规定参加社会保险且拒不整改的；用人单位未如实申报社会保险缴费基数且拒不整改的；应缴纳社会保险费且具备缴纳能力但拒不缴纳的；隐匿、转移、侵占、挪用社会保险基金或者违规投资运营的；以欺诈、伪造证明材料或者其他手段骗取社会保险待遇的；社会保险服务机构违反服务协议或相关规定的；拒绝协助社会保险行政部门对事故和问题进行调查核实的；

4. 证券、期货违法被处以罚没款，逾期未缴纳的；上市公司相关责任主体逾期不履行公开承诺的；

5. 被人民法院按照有关规定依法采取限制消费措施，或依法纳入失信被执行名单的；

6. 相关部门认定的其他限制乘坐火车高级别席位的严重失信行为责任人，相关部门加入本文件的，应当通过修改本文件的方式予以明确。

对上述行为责任人限制乘坐火车高级别席位，包括列车软卧、G 字头动车组列车全部座位、其他动车组列车一等座以上座位。

二、信息采集

（一）铁路旅客相关失信信息采集

在铁路站车发生上述行为，被公安机关予以行政处罚或立为刑事案件的，由相关铁路公安局通报相关铁路局集团有限公司，并纳入惩戒名单。未被公安机关处理的上述行为，由铁路站车工作人员收集有关音视频证据或 2 名旅客以上的证人证言或行为责任人本人书面证明，报铁路运输企业审核、认定后，纳入惩戒名单。

（二）其他领域相关失信信息采集

国家发展改革委、最高人民法院、财政部、人力资源社会保障部、税务总局、证监会将本部门确定的因发生严重失信行为需要纳入限制乘火车高级别席位的名单归集至全国信用信息共享平台，由平台推送给铁路总公司，由其按国家规定程序纳入限制乘火车高级别席位名单。如果之前已和铁路总公司建立数据传输通道的、实现名单信息共享的，可以保持原数据传统通道和信息共享方式，全国信用信息共享平台不再重复推送名单信息。

向铁路总公司提供的名单信息应当包括：被列入限制乘火车高级别席位名单人员的姓名、旅行证件号码、列入原因，有作为依据的法律文书的，还应当提供该法律文书的名称与编号。有关部门应当确定名单异议处理人，并通报铁路总公司。

三、发布执行和权利救济

各铁路运输企业每月第一个工作日在中国铁路客户服务中心（12306）网站、“信用中国”网站发布限制购买车票人员名单的完整信息，有关部门的异议处理人联系方式应当同时公布。名单自发布之日起7个工作日为公示期，公示期内，被公示人可通过铁路“12306”客服电话或向有关部门提出异议，公示期满，被公示人未提出异议或者提出异议经审查未予支持的，各铁路运输企业开始按照公示名单执行惩戒措施。被纳入限制购买车票名单的人员认为纳入错误的，可以向有关机关、单位提起复核。

四、移除机制

对特定严重失信人在一定期限内适当限制乘坐火车。相关主体从限制乘火车人员名单中移除后，不再对其采取限制乘火车措施，具体移除办法如下：

（一）行为责任人发生严重影响铁路运行安全和生产安全有关行为第1～3、7条的，各铁路运输企业限制其购买车票，有效期为180天，自公布期满无有效异议之日起计算，180天期满自动移除，铁路运输企业对其恢复发售车票。

（二）行为责任人发生严重影响铁路运行安全和生产安全有关的行为第4～6条的，各铁路运输企业限制其购买车票。行为责任人补齐所欠票款后（自补票次日算起），铁路运输企业恢复发售车票；行为责任人补齐第一次所欠票款一年内，三次发生上述4～6条行为的，行为责任人补齐所欠票款90天后（含90天），铁路运输企业恢复发售车票，不补齐所欠票款，铁路运输企业不对其恢复发售车票。

（三）其他领域产生的限制乘坐火车高级别席位的相关人员名单，有效期为一年，自公示期满之日起计算，一年期满自动移除；在有效期内，其法定义务履行完毕的，有关部门应当在7个工作日内通知铁路总公司移除名单。

五、诉讼指导

最高人民法院加强对各级人民法院指导，依法处理因执行限制乘坐火车名单而引发的有关民事诉讼和行政诉讼，明确审理标准，公正司法，维护各方合法权益。

六、宣传工作

各相关部门及各铁路运输企业应当借助各类媒体平台，发挥舆论的宣传引导作用，大力开展铁路信用宣传普及教育活动。利用“诚信活动周”“安全生产月”“诚信兴商宣传月”“3·15国际消费者权益保护日”“6·14信用记录关爱日”“12·4全国法制宣传日”等公益活动，有步骤、有重点地介绍宣传限制乘坐火车制度的内容和实施情况，帮助广大社会公众熟悉并监督这一制度的实施。

本通知自2018年5月1日起实施。

国家发展改革委　民航局　中央文明办　最高人民法院　财政部　人力资源社会保障部　税务总局　证监会
关于在一定期限内适当限制特定严重失信人乘坐民用航空器推动社会信用体系建设的意见

2018年3月2日　　发改财金〔2018〕385号

各省、自治区、直辖市、新疆生产建设兵团社会信用体系建设牵头单位、文明办、高级人民法院、财政厅（局）、人力资源社会保障厅（局）、国家税务局、地方税务局，中国证监会各派出机构，民航各地区管理局，各运输（通用）航空公司、机场公司，中国民航信息集团、机场公安局：

为深入学习贯彻习近平新时代中国特色社会主义思想和党的十九大精神，落实习近平总书记关于构建“一处失信、处处受限”信用惩戒大格局的重要指示，按照《国务院关于建立完善守信联合激励和失信联合惩戒制度加快推进社会诚信建设的指导意见》（国发〔2016〕33号）要求，防范部分旅客违法行为对民航飞行安全的不利影响，进一步加大对其他领域严重违法失信行为的惩戒力度，现就限制特定严重失信人乘坐民用航空器提出以下意见。

一、限制范围

（一）旅客在机场或航空器内实施下列行为被公安机关处以行政处罚或被追究刑事责任的

1. 编造、故意传播涉及民航空防安全虚假恐怖信息的；

2. 使用伪造、变造或冒用他人乘机身份证件、乘机凭证的；

3. 堵塞、强占、冲击值机柜台、安检通道、登机口（通道）的；

4. 随身携带或托运国家法律、法规规定的危险品、违禁品和管制物品的；在随身携带或托运行李中故意藏匿国家规定以外属于民航禁止、限制运输物品的；

5. 强行登占、拦截航空器，强行闯入或冲击航空器驾驶舱、跑道和机坪的；

6. 妨碍或煽动他人妨碍机组、安检、值机等民航工作人员履行职责，实施或威胁实施人身攻击的；

7. 强占座位、行李架，打架斗殴、寻衅滋事，故意损坏、盗窃、擅自开启航空器或航空设施设备等扰乱客舱秩序的；

8. 在航空器内使用明火、吸烟、违规使用电子设备，不听劝阻的；

9. 在航空器内盗窃他人物品的。

（二）其他领域的严重违法失信行为有关责任人

1. 有履行能力但拒不履行的重大税收违法案件当事人；

2. 在财政性资金管理使用领域中存在弄虚作假、虚报冒领、骗取套取、截留挪用、拖欠国际金融组织和外国政府到期债务的严重失信行为责任人；

3. 在社会保险领域中存在以下情形的严重失信行为责任人：用人单位未按相关规定参加社会保险且拒不整改的；用人单位未如实申报社会保险缴费基数且拒不整改的；应缴纳社会保险费且具备缴纳能力但拒不缴纳的；隐匿、转移、侵占、挪用社会保险基金或者违规投资运营的；以欺诈、伪造证明材料或者其他手段骗取社会保险待遇的；社会保险服务机构违反服务协议或相关规定的；拒绝协助社会保险行政部门对事故和问题进行调查核实的；

4. 证券、期货违法被处以罚没款，逾期未缴纳的；上市公司相关责任主体逾期不履行公开承诺的；

5. 被人民法院按照有关规定依法采取限制消费措施，或依法纳入失信被执行人名单的；

6. 相关部门认定的其他限制乘坐民用航空器的严重失信行为责任人，相关部门加入本文件的，应当通过修改本文件的方式予以明确。

二、信息采集

（一）民航旅客相关失信信息采集

民航局应当和公安机关、人民法院协调建立信息推送机制。因本意见第一部分第（一）项所列行为而被公安机关处罚或者被追究刑事责任的，由做出处罚决定的公安机关和做出判决的人民法院将名单推送民航局，由民航局按照规定程序纳入限制乘机名单。

（二）其他领域相关失信信息采集

国家发展改革委、最高人民法院、财政部、人力资源社会保障部、税务总局、证监会将本部门确定的因发生严重失信行为需要纳入限制乘飞机的名单归集至全国信用信息共享平台，由平台推送给民航局，由其按规定程序纳入限制乘飞机名单。如果之前已和民航局建立数据传输通道的、实现名单信息共享的，可以保持原数据传统通道和信息共享方式，全国信用信息共享平台不再重复推送名单信息。

向民航局提供的名单信息应当包括：被列入限制乘机名单人员的姓名、旅行证件号码、列入原因，有作为依据的法律文书的，还应当提供该法律文书的名称与编号。有关部门应当确定名单异议处理人，并通报民航局。

三、发布执行和权利救济

民航局按照规定程序，每月第一个工作日在指定的民航网站和“信用中国”网站发布限制乘机名单信息，异议处理部门及联系方式应当同时公布。名单自发布之日起 7 个工作日为公示期，公示期内，被公示人可以向有关部门提出异议，公示期满，被公示人未提出异议或者提出异议经审查未予支持的，名单开始执行。被纳入限制乘机名单的人员认为纳入错误的，可以向有关机关、单位提起复核。

四、移除机制

对特定严重失信人在一定期限内适当限制乘坐民用航空器。相关主体从限制乘机人员名单中移除后，不再对其采取限制乘机措施，具体移除办法如下：

（一）因严重影响民航飞行安全和生产安全的特定严重失信人限制乘坐民用航空器的，有效期为一年，自公示期满之日起计算，一年期满自动移除。

（二）其他领域产生的限制乘坐民用航空器的相关人员名单，有效期为一年，自公示期满之日起计算，一年期满自动移除；在有效期内，其法定义务履行完毕的，有关部门应当在 7 个工作日内通知民航局移除名单。

因押解犯罪嫌疑人或者犯罪人员需要乘坐飞机的，由押解部门向民航局提出申请后，予以暂时解除。

五、诉讼指导

最高人民法院加强对各级人民法院指导，依法处理因执行限制乘机名单而引发的有关民事诉讼和行政诉讼，明确审理标准，公正司法，维护各方合法权益。

六、宣传工作

本意见的签署单位以及各航空运输（通用）公司、机场公司、民航有关协会，应当借助各类媒体平台，发挥舆论的宣传引导作用，大力开展民航信用宣传普及教育活动。利用“诚信活动周”“安全生产月”“诚信兴商宣传月”“3·15 国际消费者权益保护日”“6·14 信用记录关爱日”“12·4 全国法制宣传日”等公益活动，有步骤、有重点地介绍宣传限制乘坐民用航空器制度的内容和实施情况，帮助广大社会公众熟悉并监督这一制度的实施。

本通知自 2018 年 5 月 1 日起实施。

最高人民法院　中国银行业监督管理委员会
关于进一步推进网络执行查控工作的通知

2018 年 3 月 12 日　　　　法〔2018〕64 号

各省、自治区、直辖市高级人民法院，解放军军事法院，新疆维吾尔自治区高级人民法院生产建设兵团分院；各银监局，各政策性银行、大型银行、股份银行，中国邮政储蓄银行，各省级农村信用联社：

为全面落实中共中央办公厅、国务院办公厅《关于加快推进失信被执行人信用监督、警示和惩戒机制建设的意见》（中办发〔2016〕64 号）、《最高人民法院、中国银行业监督管理委员会关于人民法院与银行业金融机构开展网络执行查控和联合信用惩戒工作的意见》（法〔2014〕266 号）、《最高人民法院、中国银行业监督管理委员会关于联合下发〈人民法院、银行业金融机构网络执行查控工作规范〉的通知》（法〔2015〕321 号），维护司法权威，防范金融风险，推动社会信用体系建设，最高人民法院、中国银行业监督管理委员会决定进一步推进人民法院和银行业金融机构的网络执行查控及联合信用惩戒作，现将有关事项通知如下：

一、21 家银行（中国工商银行、中国农业银行、中国银行、中国建设银行、交通银行、中国光大银行、中国民生银行、华夏银行、招商银行、广发银行、浦发银行、中国农业发展银行、中信银行、平安银行、渤海银行、浙商银行、兴业银行、恒丰银行、中国邮政储蓄银行、中国进出口银行、北京银行）在 2018 年 3 月 31 日前上线银行存款网络冻结功能和网络扣划功能。

二、有金融理财产品业务的 19 家银行（中国工商银行、中国农业银行、中国银行、中国建设银行、交通银行、中国光大银行、中国民生银行、华夏银行、招商银行、广发银行、浦发银行、中信银行、平安银行、渤海银行、浙商银行、兴业银行、恒丰银行、中国邮政储蓄银行、北京银行）在 2018 年 3 月 31 日前上线金融理财产品网络冻结功能。

三、21 家银行以外的地方性银行业金融机构在 2018 年 4 月 30 日前上线银行存款网络冻结功能和网络扣划功能。

四、21 家银行以外的地方性银行业金融机构在 2018 年 3 月 28 日前完成与最高人民法院的金融理财产品查控功能测试（有无金融理财产品业务都需进行测试）；有金融理财产品业务的地方性银行业金融机构，在 2018 年 5 月 31 日前上线金融理财产品网络查询功能，在 2018 年 6 月 30 日前上线金融理财产品网络冻结功能。

五、银行业金融机构应当支持银行存款在网络冻结状态下的全额扣划和部分扣划。网络扣划功能上线后，网络冻结的款项，原则上应进行网络扣划。

六、人民法院网络扣划被执行人银行存款时，应当提供相关《执行裁定书》《协助执行通知书》、执行人员工作证件及联系方式；现场扣划的，参照执行。

七、人民法院网络扣划被执行人银行存款的，应先采取网络冻结措施；网络扣划款项应当划至人民法院执行款专户或案款专户；人民法院在网络冻结被执行人款项后，应当及时通知被执行人。

八、因人民法院网络扣划失败、资金滞留在银行内部账户的，由银行联系执行法院执行人员携带《执行裁定书》《协助执行通知书》、工作证件到现场办理扣划。

异地执行法院委托当地法院代为办理的，委托法院应当提供：《执行裁定书》《协助执行通知书》《委托执行函》《送达回证》（或《回执》）及执行人员工作证件扫描件，以上法律文书应加盖委托法院电子签章，或是将盖章后的法律文书转换成彩色扫描件；受托法院应当携带以上材料的彩色打印件和受托法院执行人员工作证；银行应当协助办理。

异地执行法院通过司法专邮邮寄《执行裁定书》《协助执行通知书》原件及执行人员工作证件复印件的，银行应当协助办理。

九、银行业金融机构应研究完善银行端，网络查控数据库，确保网络查控系统反馈的数据和线下柜台查询的数据保持一致；应提升银行端网络查控数据库性能，提高反馈速度和反馈率，解决查控数据积压问题；自收到全国法院网络执行查控系统发起的网络查控请求 24 小时之内，应予以有效反馈。

十、各省（市、区）高级人民法院，新疆维吾尔自治区高级人民法院生产建设兵团分院，各省（市、区）银监局，负责督促、落实本辖区地方性银行业金融机构，按时上线银行存款网络冻结功能和网络扣划功能、按时上线金融理财产品网络查询功能和网络冻结功能；负责跟踪、督促本辖区地方性银行业金融机构切实履行好协助执行的法定义务，提高网络查控反馈信息的准确性和反馈率；并向最高人民法院和中国银行业监督管理委员会报告进展情况。

十一、银行业金融机构要切实履行好协助执行的法定义务，严禁违法向被执行人透露案件相关信息、为被执行人逃避规避执行提供帮助。人民法院和银行业金融机构工作人员违反以上规定、造成不良影响的，将追究相关责任。

十二、人民法院与银行业金融机构关于协助执行的有关规范性文件与本通知不一致的，以本通知为准。

最高人民法院将与中国银行业监督管理委员会建立网络查控工作督促、通报、协商和检查机制，研究解决在执行过程中遇到相关问题。请各银监局将本文转发至银监分局和辖区内地方性银行业金融机构。

最高人民法院办公厅　中国资产评估协会
中国土地估价师与土地登记代理人协会
中国房地产估价师与房地产经纪人学会
中国矿业权评估师协会
中国珠宝玉石首饰行业协会
关于印发《人民法院委托评估工作规范》的通知

2018 年 12 月 10 日　　　　　　　　法办〔2018〕273 号

各省、自治区、直辖市高级人民法院，解放军军事法院，新疆维吾尔自治区高级人民法院生产建设兵团分院；各全国性评估行业协会、地方性评估行业协会；各有关评估机构：

为全面落实《最高人民法院关于人民法院确定财产处置参考价若干问题的规定》（以下简称参考价规定）（法释〔2018〕15 号），依法规范人民法院委托评估工作，提高委托评估工作效率，保护当事人、利害关系人的合法权益，最高人民法院与中国资产评估协会、中国土地估价师与土地登记代理人协会、中国房地产估价师与房地产经纪人学会、中国矿业权评估师协会、中国珠宝玉石首饰行业协会联合研究制定了《人民法院委托评估工作规范》，现予印发，请遵照执行。

附：

人民法院委托评估工作规范

为依法规范人民法院委托评估工作，提高委托评估工作的效率，保护当事人、利害关系人的合法权益，根据《最高人民法院关于人民法院确定财产处置参考价若干问题的规定》（以下简称参考价规定）的规定，制定本规范。

一、最高人民法院根据中国资产评估协会、中国土地估价师与土地登记代理人协会、中国房地产估价师与房地产经纪人学会、中国矿业权评估师协会、中国珠宝玉石首饰行业协会等全国性评估行业协会推荐的评估机构名单建立人民法院司法评估机构名单库。

按评估专业领域和评估机构的执业范围在名单库下设资产、土地、房地产、矿业权、珠宝玉石首饰等名单分库；在分库下根据行政区划设省、市两级名单子库；市级行政区划内的评估机构满三家的，设市级名单子库；除青海、西藏两地省级行政区划内的评估机构满五家即设省级名单子库外，其他省级行政区划内的评估机构满十家的，设省级名单子库。

二、中国资产评估协会、中国土地估价师与土地登记代理人协会、中国房地产估价师与房地产经纪人学会、中国矿业权评估师协会、中国珠宝玉石首饰行业协会等全国性评估行业协会自行制定本行业推荐入选名单库的标准。

因违反资产评估法或者评估行业监督管理办法被有关部门处罚的评估机构，五年内不得推荐入选名单库。

评估机构的收费标准高于所属全国性评估行业协会各评估机构平均收费标准10%的，不得推荐入选名单库。

三、最高人民法院应当将入选名单库的评估机构及其评估专业人员的基本信息，以及评估机构在其所属全国性评估行业协会报备的收费标准，在中国执行信息公开网上进行公示。

已入选名单库的评估机构变更名称、法定代表人、注册地址、联系人、联系电话、评估专业人员的，该评估机构所属全国性评估行业协会应当及时函告最高人民法院。

最高人民法院应当及时更新中国执行信息公开网上公示的相关信息。

四、已入选名单库的评估机构具有下列情形之一的，该评估机构所属全国性评估行业协会应当及时函告最高人民法院，将其除名：

（一）被纳入失信被执行人名单的；

（二）因违反资产评估法或者评估行业监督管理办法被有关部门处罚的；

（三）已办理企业注销登记的；

（四）已被市场监管部门吊销营业执照的；

（五）违反所属行业协会自律管理规定，受到严重惩戒的。

最高人民法院应当根据各全国性评估行业协会的建议，将相关评估机构从名单库中除名，并函告全国性评估行业协会，同时建议全国性评估行业协会五年内不得再推荐该评估机构入选名单库。

五、已入选名单库的评估机构具有下列情形之一的，最高人民法院应当函告该评估机构所属的全国性评估行业协会，将其除名，五年内不得再推荐该评估机构入选名单库：

（一）无正当理由拒绝进行司法评估的；

（二）存在弄虚作假情形的；

（三）具有第四条第一款规定情形之一，但全国性评估行业协会未函告最高人民法院的；

（四）未按照在所属全国性评估行业协会报备的收费标准计算评估费用的。

全国性评估行业协会应当及时回复意见，最高人民法院根据全国性评估行业协会的回复意见，将相关评估机构从名单库中除名，并函告全国性评估行业协会。

六、最高人民法院应当将除名的评估机构名单在中国执行信息公开网上进行公示。

七、最高人民法院每年将名单库中评估机构的评估工作情况向其所属的全国性评估行业协会通报一次。

各全国性评估行业协会每年根据最高人民法院通报的已入选名单库和新申请加入名单库的评估机构的情况，重新向最高人民法院推荐入选名单库的评估机构名单。

八、最高人民法院建设全国法院询价评估系统（以下简称询价评估系统），各全国性评估行业协会建设本协会全国司法评估管理系统/平台（以下简称评估管理系统/平台），询价评估系统与评估管理系统/平台，通过最高人民法院与各全国性评估行业协会之间专线进行对接，实现对推荐入选名单库的评估机构及其评估专业人员和收费标准的信息共享，以及最高人民法院与各全国性评估行业协会、人民法院与评估机构之间委托评估数据和相关材料的传输。

九、具有下列情形之一，人民法院应当委托评估机构进行评估：

（一）涉及国有资产或者公共利益等事项的；

（二）企业国有资产法、公司法、合伙企业法、证券法、拍卖法、公路法等法律、行政法规规定必须委托评估的；

（三）双方当事人要求委托评估的；

（四）司法网络询价平台不能或者在期限内均未出具网络询价结果的；

（五）法律、法规有明确规定的。

十、委托评估的，人民法院应当通知双方当事人在指定期间内从人民法院指定的名单分库中协商确定三家评估机构及顺序。

双方当事人未在人民法院指定的期间内，在名单分库中一致确定三家评估机构及顺序，或者因一方当事人下落不明无法进行协商的，人民法院应当及时在询价评估系统中采取摇号方式随机确定三家评估机构及顺序。财产所在地设有市级名单子库的，应当在市级名单子库中随机确定；财产所在地未设市级名单子库，但设有省级名单子库的，应当在省级名单子库中随机确定；财产所在地未设名单子库的，应当根据财产类型，在名单分库中随机确定。

十一、最高人民法院应当将当事人协商或者通过摇号方式确定的评估机构名称在中国执行信息公开网上进行公示。

十二、评估机构确定后，人民法院应当及时通过询价评估系统向顺序在先的评估机构发送评估委托书，评估委托书应当附财产清单。

人民法院应当按照本规范附件中列明的各项评估需要提供的材料清单，将查明的材料扫描上传至询价评估系统。本规范附件评估材料清单中列明的委托评估必须提供的材料，人民法院未能调取到或实际不存在的，应当在评估委托书中注明。图纸、账册等无法扫描的，人民法院应当在评估委托书中注明。

十三、评估机构应当及时通过系统接收人民法院的评估委托书。

人民法院通过询价评估系统向评估机构成功发出评估委托书后，评估机构三个工作日内未接收的，人民法院应当通知评估机构接收，全国性评估行业协会应当督促评估机构接收。评估机构接到通知后三个工作日内仍未接收的，人民法院应当撤回对该评估机构的委托，并另行委托下一顺序的评估机构重新进行评估。

十四、评估机构接收人民法院评估委托书后，认为有下列情形之一的，应当在三个工作日内向人民法院说明情况，提出不承接委托评估申请：

（一）其与当事人或者评估财产有利害关系；

（二）已办理注销登记或者被市场监管部门吊销营业执照；

（三）依法不能进行评估的其他情形。

人民法院经审查，认为评估机构申请不承接委托评估的理由成立的，应当在三日内撤回对该评估机构的委托，并另行委托下一顺序的评估机构重新进行评估；认为评估机构申请不承接委托评估的理由不成立的，应当在三日内通知评估机构。

评估机构未在规定期限内向人民法院提出不承接委托评估申请的，视为接受委托。

十五、最高人民法院应当将评估机构不承接委托评估的理由进行公开。

当事人协商或者通过摇号方式确定的三家评估机构不承接委托评估的理由均成立的，人民法院应当通过原方式重新确定评估机构；当事人不能协商确定三家评估机构的，人民法院应当通过摇号方式确定。

十六、评估机构接受委托或者其不承接委托评估的理由不成立的，人民法院应当将扫描上传至询价评估系统的材料发送给评估机构；图纸、账册等材料无法扫描的，应当及时邮寄或者直接交付给评估机构。

十七、评估机构收到评估委托书和相关材料后，应当及时确定评估专业人员，并通过系统将评估专业人员的信息发送给人民法院。

因违反资产评估法或者评估行业监督管理办法被有关部门处罚不满一年，以及与当事人或者评估财产有利害关系的评估专业人员，不得参与司法委托评估工作。

十八、评估机构确定评估专业人员后，应当及时开展评估工作。需要现场勘验的，评估机构应当及时通知人民法院组织进行。

十九、人民法院未按本规范附件中列明的委托评估需要提供的材料清单提供全部材料，评估机构认为无法进行评估或者影响评估结果的，应当及时告知人民法院。人民法院应当告知当事人，并要求当事人提供材料或材料线索。

当事人不提供或未能提供，以及根据当事人提供的材料线索无法提取到相关材料的，人民法院应当通知评估机构根据现有材料进行评估，并告知当事人因缺乏材料可能影响评估结果的风险。

二十、评估机构应在收到评估委托书和相关材料后三十日内出具评估报告，并通过系统发送给人民法院。人民法院通过询价评估系统发送委托评估材料的，询价评估系统提示成功发送的时间为评估机构收到的时间；人民法院邮寄或者直接交付委托评估材料的，以评估机构签收的时间为收到时间。

二十一、评估机构认为不能在期限内出具评估报告的，应当在期限届满五日前通过系统向人民法院发送书面的延期申请。申请书中应当说明不能按期完成评估的原因，以及申请延长的期限，但期限不得超过十五日。

人民法院收到评估机构的延期申请后，应当在三日内决定是否延期，并通过系统通知评估机构。决定延期的，应当确定延长的期限；决定不延期的，应当说明理由。

评估机构在人民法院确定的延长期限内，仍不能出具评估报告的，应当按照第一款的要求向人民法院再次提出一次延期申请。对于评估机构的延期申请，人民法院应当按照第二款的要求办理。

二十二、评估机构未在收到评估委托书和相关材料后三十日内或者未在人民法院确定的第一次延长期限内出具评估报告，亦不向人民法院申请延期的，人民法院应当撤回对该评估机构的委托，告知其在三日内退回委托评估的材料，并另行委托下一顺序的评估机构重新进行评估。

二十三、人民法院认为评估报告具有参考价规定第二十条规定的情形之一的，应当通过系统向评估机构发出通知书，要求评估机构在三日内予以说明或者补正。通知书应当载明评估报告存在的问题，需要说明或者补正的事项。

评估机构未在期限内按照人民法院的要求进行说明或者补正的，人民法院应当通知该评估机构在三日内退回委托评估的材料，并另行委托下一顺序的评估机构重新进行评估。

二十四、人民法院应当在收到评估报告或者书面说明、补正材料后，按照参考价规定第二十一条的规定向当事人、利害关系人发送。

二十五、当事人、利害关系人认为评估报告存在参考价的规定第二十二条第一款第一、二项情形，在收到评估报告后五日内提出书面异议，人民法院经审查，裁定异议成立的，人民法院应当在三日内交评估机构予以书面说明或者补正。

评估机构在五日内未作说明或者补正的，人民法院应当撤回对该评估机构的委托，告知其在三日内退回委托评估的材料，并另行委托下一顺序的评估机构重新进行评估。

二十六、当事人、利害关系人认为评估报告存在参考价规定第二十二条第一款第三、四项情形，在收到评估报告后五日内提出书面异议，人民法院经审查，裁定异议成立的，人民法院应当通知该评估机构在三日内退回委托评估的材料，并另行委托下一顺序的评估机构进行评估。

二十七、当事人、利害关系人收到评估报告后五日内对评估报告的参照标准、计算方法或者评估结果等提出书面异议的，人民法院应当在三日内交评估机构予以书面说明。评估机构在五日内未作说明或者当事人、利害关系人对作出的说明仍有异议的，人民法院应当交该评估机构所属全国性评估行业协会组织进行专业技术评审。全国性评估行业协会可以根据实际情况，指定省级评估行业协会进行专业技术评审。

省级评估行业协会或者全国性行业协会应当在人民法院指定的期限内出具评审意见。

二十八、人民法院依据参考价规定第二十八条决定暂缓委托评估的，应当通过系统向评估机构发送暂缓委托评估通知书。

暂缓情形消失后，人民法院应当及时通过系统向评估机构发送恢复委托评估通知书。

二十九、人民法院依据参考价规定第二十九条撤回委托评估的，应当通过系统及时向评估机构发送撤回委托评估通知书。通知书应当载明撤回委托评估的原因，以及指定期限要求评估机构出具因评估已实际支出费用的说明，并附相关凭证。

三十、评估机构应当按照其在所属全国性评估行业协会报备的收费标准，并依据参考价规定第三十二条的规定收取委托评估费用。

三十一、评估机构应当根据评估报告中的评估价和在所属全国性评估行业协会报备的收费标准计算预估评估费，并出具预估评估费交纳通知书与评估报告一并提交给人民法院。人民法院应当按照预估评估费用的50%通知申请执行人垫付。

人民法院应当将申请执行人交纳的评估费支付给评估机构，并注明实际评估费用按照参考价规定第三十二条的规定计算，多退少补。申请执行人以签订保险合同的方式垫付评估费的，人民法院应当告知评估机构。

三十二、人民法院通过系统向评估机构成功发送退回委托评估材料的通知，即视为终止委托评估。

评估机构是否接收前款规定的通知，以及是否退回委托评估的材料，不影响人民法院另行委托评估机构重新进行评估。

人民法院通过线下发送给评估机构的评估材料，评估机构未在期限内退回的，人民法院可以强制提取。对妨碍强制提取的，人民法院可以参照民事诉讼法第一百一十一条、第一百一十四条的规定处理。

三十三、最高人民法院与各全国性评估行业协会建立司法委托评估工作协调和处理机制工作小组，负责名单库的推荐与除名，以及解决人民法院与评估机构间因委托评估发生的相关事宜。

三十四、最高人民法院与各全国性评估行业协会协商确定的《人民法院委托评估需要提供的材料清单》作为本规范附件。

附：人民法院委托评估需要提供的材料清单

一、房地产类

（一）必需材料

1. 权属证明（已办理权属登记的），包括：《不动产权证书》或《房地产权证》《房屋所有权证》《国有土地使用证》，《国有建设用地使用证》《集体土地所有权证》《集体建设用地使用证》《集体土地承包权证》；

2. 合法来源证明（未办理权属登记的），包括：房地产买卖合同、继承证明（公证书、判决或调解书等）、相关批文、契税发票、测绘成果等；

3. 抵押等他项权证明，已出租房地产的租赁合同；

4. 法院查明的财产权属、质量瑕疵等材料，以及关于财产的特殊情况说明。

（二）一般材料

1. 房地产状况相关材料，包括：相关工程建设、图纸、房屋交付等资料，房屋装修情况，房屋占用和维护情况，自营性房地产（如宾馆、餐饮、娱乐场所等）的收益及相应的成本费用资料。

2. 在建工程相关材料，包括：建设项目可行性研究资料及立项批准文件、《国有建设地使用权出让合同》（或《国有土地划拨决定书》）《建设用地规划许可证》《建设工程规划许可证》《建筑工程施工许可证》《商品房预售许可证》《商品房预售合同》、规划总平面图、建筑设计平面图、施工总承包合同、工程预算资料、征收及市政配套协议、房屋设计说明及设计交付时间、施工进度安排及实际进度、隐蔽工程图纸、测绘报告或分层分部位建筑面积明细表、地价付款凭证、工程付款凭证、主要机电设备安装规划及实际安装与付款凭证、实际装修与付款凭证、房屋预售部分清单及反映房地产收益的资料等。

二、土地类

(一) 必需材料

1. 权属证明(已办理权属登记的),包括:《不动产权证书》或《房地产权证》《国有土地使用证》《国有建设用地使用证》《集体土地所有权证》《集体建设用地使用证》《国有土地使用权证》《集体土地使用权证》《集体土地承包权证》;

2. 合法来源证明,包括:《国有建设用地使用权出让合同》或《转让合同》《置换集体土地上的土地承包合同》、出让金及契税发票、规划条件函等规划批复文件;

3. 抵押等他项权证明;

4. 法院查明的财产权属、质量瑕疵等材料,以及关于财产的特殊情况说明。

(二) 一般材料

1. 地上建筑物材料(有权属登记的),包括:《不动产权证书》或《房屋所有权证》;

2. 在建工程材料,包括:《建设用地规划许可证》《建设工程规划许可证》《建筑工程施工许可证》《工程竣工验收备案表》等;

3. 租赁情况材料,包括《土地租赁合同》《房屋租赁合同》《土地承包经营合同》。

三、矿业权类

(一) 探矿权类评估

1. 必需材料

(1) 权属材料,包括:勘查许可证及其批准的区块范围图、探矿权出让收益(价款)缴纳情况说明及相关材料、探矿权人营业执照或事业单位法人证书;

(2) 地质、储量及采矿、选矿类技术类材料,包括:地质勘查全过程所取得各种地勘成果(历次地质勘查报告及有关资料以及相关评审意见书与评审备案证明)、综合性地质矿产平面图(标注勘查区范围的地形地质图)、矿区勘查工程布置图、典型剖面图(包括孔、坑道等内容)、物化探成果图、主要矿体(层)储量计算图、矿山建设可行性研究报告或初步设计或开发利用方案;

(3) 财务统计类材料,包括:地质勘查工作期间的历年投入的地勘费统计报表、地质勘查工作期间主要、大额的地勘费发票、历年完成的勘查实物工作量统计（包括地形地质测量物探、化探、钻探、坑探、浅井、槽探工程等）；

（4）抵押等他项权证明；

（5）法院查明的财产权属、质量瑕疵等材料，以及关于财产的特殊情况说明。

2. 一般材料

（1）综合材料，包括：勘查许可证的历史沿革（含最初设立、延续及变更、变更原因等）、以往矿业权评估史（包括评估时间、目的、范围、评估机构和评估结果）、探矿权人简介（包括历史沿革、人员构成、生产经营现状、企业发展过程中的重大事件、内部机构设置及隶属关系、资产等经营管理核算模式）；

（2）财务统计类材料，包括：地质勘查工作“出资证明”等。

（二）采矿权类评估

1. 必需材料

（1）权属材料，包括：采矿权人及矿山法人营业执照、采矿许可证副本或划定矿区范围批复、采矿权出让收益（价款）缴纳情况说明及相关文件材料；

（2）地质材料，包括：与本次评估基准日最接近的矿产资源储量报告及其储量评审意见及备案证明、储量核实基准日至评估基准日各年储量动态报表、矿区范围地质图、典型剖面图、主要矿体（层）储量计算图；

（3）采、选材料，包括：矿山开发利用方案或可行性研究报告或初步设计及其审查意见、矿山近三年来生产报表或主要技术经济指标统计表（包括设计损失、采矿损失率及矿石贫化率、采选冶原矿矿石量及原矿品位、选矿回收率、冶炼回收率、精矿品位、产品方案及产量与销量）、开拓系统平面示意图、采选工艺流程图；

（4）财务统计类材料，包括：按矿山采、选（冶）分列的近三年度财务决算报告和评估基准日会计表（含辅助报表）、近五年度和评估基准日当年产品销售统计（含年度主要产品的销售数量、价格、收入等）、近五年度和评估基准日当年有代表性的销售合同增值税发票复印件（按不同产品、不同年度分别提供）、截止评估基准日经营性固定资产分类汇总表（按单位或部门分别提供或汇总提供）；

（5）抵押等他项权证明；

（6）法院查明的财产权属、质量瑕疵等材料，以及关于财产的特殊情况说明。

2. 一般性材料

（1）综合材料，包括：以往矿业权评估史（含评估时间、目的、范围、评估机构和评估结果）、产品销售说明等、采矿权人及矿山简介（历史沿革、人员构成、生产经营现状、企业发展过程中的重大事件、企业内部机构设置及隶属关系、采、选、冶、加工、运输、销售、资产等经营、管理、核算模式）；

（2）地质材料，包括：矿区开发现状、矿产资源开采情况、下一步开采计划等；

（3）财务统计类材料，包括：企业缴纳的税（费）种、税费率及免税事项说明及相关文件、土地使用权证或土地租赁协议等。

四、珠宝玉石首饰类

（一）必需材料

1. 存货清单，项目包括种类（主石种类）、数量、规格（尺寸、总量、主石重）、账面价值、物理状况等；

2. 照片，可为有代表性的部分存货照片；

3. 权属证明、购买或证明其初始价值的票据复印件（查阅原件）、往来账款凭证等；

4. 质押等他项权利证明；

5. 法院扣押、查明财产情况等材料，以及关于财产的特殊情况说明。

（二）一般材料

1. 详细清单资料，包括：分类清单（按照原材料、成品等类别分类）、存货其他详细信息（包括存放地点、货品名称、品名、条码号、售价、数量、规格、总重、金重、主石类型、主石重量、主石数量、净度级别、颜色级别、辅石名称、辅石重量、辅石数量、金成本、主石成本、辅石成本、工费、成本等）；

2. 其他相关材料，包括：鉴定证书、以往评估报告。

五、资产类

（一）无形资产评估

包括专利权、商标权、著作权、专有技术、特许经营权、商誉等无形资产。

1. 必需材料

（1）权属证明，包括：各项无形资产的法律权属文件，专利还需提供专利登记簿副本、专利说明书，技术类的无形资产应当尽量提供相关的《科学技术成果鉴定证书》或《鉴定报告》；

（2）产品发展情况，包括：与无形资产相关的产品项目销售合同、产品项目建议书、合资合作意向书，可行性研究报告或技术改造方案、专利查新报告，评估基准日后企业未来五年与无形资产相关的发展规划、追加投资计划和收益预测；

(3) 他项权利情况，包括：委托评估无形资产使用许可情况说明、他项权利（抵押、质押）说明、涉及他项权利的协议及相关财务数据；

(4) 法院查明的财产权属、质量瑕疵等材料，以及关于财产的特殊情况说明。

2. 一般材料

(1) 其他具体材料，包括：专利检索报告、企业专利或专有技术有偿（无偿）转让或买卖的合同复印件及最近一年缴纳年费的资料，无形资产研发或购置的历史取得成本相关财务资料，无形资产相关产品近三年生产经营统计资料及收益情况统计资料；企业近三年（含评估基准日）财务报表及年度审计报告；评估基准日后企业未来五年与无形资产相关的发展规划，追加投资计划，收益预测；与无形资产相关的产品项目建议书，合资合作意向书，可行性研究报告或技术改造方案。

（二）机器设备及车辆评估

1. 必需材料

包括：设备、车辆资产清单，国产设备的购货发票、合同，进口设备的合同、报关单、装箱单，车辆行驶证、车辆注册登记证书、车辆购置发票，机器设备及车辆抵押、担保、诉讼的协议、证明或书面声明文件等；法院查明的财产权属、质量瑕疵等材料，以及关于财产的特殊情况说明。

2. 一般材料

包括：机器设备及车辆当前所在地以及事实占有、保管、仓储等情况，机器设备账面价值组成说明（原始购置价值、清产核资入账价值、前次评估入账价值），企业生产工艺流程图及相关技术文件说明、设备档案（包括设备日常管理制度、运行记录、事故记录、维修保养情况），精密、大型、价值量大的设备应提供有关技术检测资料，车辆行驶里程数、历年的维修记录、由车管所出具的车辆查询登记表，重要设备的运行状况和大修理技术改造情况的历史记录和详细说明，需要年检的设备（电梯、行车、压力容器、锅炉等）的年检合格证书。

（三）流动资产、递延资产和其他资产评估

1. 必需材料

包括：企业会计政策、财务账册、记账凭证等财务会计资料，银行对账单复印件、余额调节表、定期存款存单复印件，存货资产清单，递延资产的入账依据、会计处理的依据等；法院查明的财产权属、质量瑕疵等材料，以及关于财产的特殊情况说明。

2. 一般材料

包括：存货管理制度、存货管理流程图（或简要文字描述），原材料、产成品、库存商品、在用低值易耗品数量市场参考价格资料（如存货近期的采购及销售合同等），库存现金盘点表、银行询证函，存货盘点表，存货的质量状况说明（是否有积压、残次、报废的情况，如有不良存货，应提供企业不良存货的明细及形成原因说明），大额往来合同协议、往来款询证函，生鲜、药品等特殊存货，应当提供保质期证明材料、产品合格证、出厂证明、报关单、存放地点、抽样检测报告等文件，特殊资产需要提供检测、检验报告。

（四）长期股权投资评估

1. 必需材料

包括：投资协议、被投资企业营业执照、公司章程，被评估单位具有实际控制权或有重大影响的长期股权投资单位，需单独提供本清单中企业价值评估所需资料等；法院查明的财产权属、质量瑕疵等材料，以及关于财产的特殊情况说明。

2. 一般材料

包括：被投资企业评估基准日及前三年的审计报告及会计报表，电子账套及记账凭证、账册，被投资企业近三年的利润分配情况等。

（五）负债类资产评估

1. 必需材料

包括：企业财务账册、记账凭证等财务会计资料，长短期借款合同、保证（抵押、质押、担保）合同及他项权利证明、贷款卡信息查询（企业信用报告），各往来单位询证函，大额债权债务合同协议等，专项应付款等其他负债的相关文件、合同、协议、入账凭证、合同或协议执行情况说明，应交税费种类、税费率，纳税（费）申报表及缴纳凭证等；法院查明的财产权属、质量瑕疵等材料，以及关于财产的特殊情况说明。

2. 一般材料

包括：询证函，为其他企业担保情况说明，涉诉情况说明；

（六）其他权益类评估（营运损失、停产停业损失、经营场地遭受人为破坏引起的财产损失或其他损失）

此类业务主要收集：产权人资料，损失所对应的具体资料，正常经营期间的各种财务数据等。

（七）森林资源资产评估

1. 权属证明，包括：林权证（或不动产权证）、租地协议、林地流转合同、承包合同等；

2. 资产清单，包括：森林资源资产清单或经林业调查机构出具的森林资源专项调查报告（含图表），含面积、林种、树种、林龄、林组（产期）、株数、树高、胸径、蓄积量等相关林况因子；

3. 图面资料，包括：涉案森林资源资产的地理位置、地形、林业区划（林班、小班等）、林况、行政区划、地理坐标等相关信息；

4. 抵押等他项权利情况；

5. 法院查明的财产权属、质量瑕疵等材料，以及关于财产的特殊情况说明。

（八）企业价值评估其他必需材料

1. 企业近三年（含评估基准日）财务报表和年度审计报告、电子账套及记账凭证、账册，企业中长期发展规划，国有资产产权登记表。

2. 企业价值评估中，如涉及流动资产、递延资产和其他资产，长期股权投资，机器设备及车辆，投资性房地产，房屋建筑物、构筑物及其他辅助设施、管道及沟槽、在建工程，土地使用权，其他无形资产，负债时，则需要按照本资料清单中相应类别资产所列示清单收集相关材料。

3. 企业价值评估中，使用收益法评估的，则还需收集如下资料：企业近五年大型项目可行性研究报告、竣工验收报告，未来五年发展规划与设想，投资项目计划、项目审批情况、资金到位情况、计划可实现程度、企业面临的市场竞争分析及其他优劣势分析。企业适用税种、税率及税收优惠，今后五年各年新增固定资产、无形资产投资、企业未来市场开发计划；工资发放政策、福利政策（含社保）等。

（九）其他一般动产评估

1. 必需材料

法院查明的财产权属、质量瑕疵等材料，以及关于财产的特殊情况说明。

2. 一般材料

财产的购置凭证，如发票或者合同。

十三、涉港澳台、涉外民事诉讼程序的规定

最高人民法院
关于人民法院受理涉及特权与豁免的民事案件有关问题的通知

2007年5月22日　　　　　　　　　　法〔2007〕69号

各省、自治区、直辖市高级人民法院，解放军军事法院，新疆维吾尔自治区高级人民法院生产建设兵团分院：

为严格执行《中华人民共和国民事诉讼法》以及我国参加的有关国际公约的规定，保障正确受理涉及特权与豁免的民事案件，我院决定对人民法院受理的涉及特权与豁免的案件建立报告制度，特做如下通知：

凡以下列在中国享有特权与豁免的主体为被告、第三人向人民法院起诉的民事案件，人民法院应在决定受理之前，报请本辖区高级人民法院审查；高级人民法院同意受理的，应当将其审查意见报最高人民法院。在最高人民法院答复前，一律暂不受理。

一、外国国家；

二、外国驻中国使馆和使馆人员；

三、外国驻中国领馆和领馆成员；

四、途经中国的外国驻第三国的外交代表和与其共同生活的配偶及未成年子女；

五、途经中国的外国驻第三国的领事官员和与其共同生活的配偶及未成年子女；

六、持有中国外交签证或者持有外交护照（仅限互免签证的国家）来中国的外国官员；

七、持有中国外交签证或者持有与中国互免签证国家外交护照的领事官员；

八、来中国访问的外国国家元首、政府首脑、外交部长及其他具有同等身份的官员；

九、来中国参加联合国及其专门机构召开的国际会议的外国代表；

十、临时来中国的联合国及其专门机构的官员和专家；

十一、联合国系统组织驻中国的代表机构和人员；

十二、其他在中国享有特权与豁免的主体。

【解　读】

解读《关于人民法院受理涉及特权与豁免的民事案件有关问题的通知》

《最高人民法院关于人民法院受理涉及特权与豁免的民事案件有关问题的通知》（法〔2007〕69号，以下简称《通知》）已于2007年5月22日发布实施，现就该《通知》的起草背景及内容说明如下。

一、源起

北京市高级人民法院向最高人民法院呈送《关于以外国国家、外国驻华使馆及外国驻华代表为被告提起的民事诉讼是否受理的请示》，就关于陈万钧诉斯里兰卡共和国人身损害赔偿案、宏大投资有限公司诉李庆营、阿拉伯埃及共和国驻华使馆交通事故损害赔偿纠纷案、北京元利源商业设备经销有限责任公司诉科利斯多夫—加扎姆—贝蒂电信服务合同案能否受理的问题向最高人民法院进行请示。请示案件的争议焦点是，以外国国家、外国驻华使馆及外国驻华外交代表为被告的民事诉讼能否受理。

（一）基本案情

1. 陈万钧诉斯里兰卡共和国案

2003年1月28日，原告陈万钧持护照到斯里兰卡共和国驻华大使馆申请入境签证，与签证官发生争执，随后使馆一男性官员对陈万钧进行了人身攻击，在将陈万钧推出门外时，陈万钧的腰部被挤伤。陈万钧曾向中国外交部申诉，外交部致函斯里兰卡驻华使馆，希望大使馆对事件进行调查，作出必要的说明。据陈万钧称，大使馆官员只是向中国外交部表示遗憾并表示保证今后不会再出现类似情况，未赔礼道歉并赔偿损失。现陈万钧起诉要求法院判令被告公开道歉，赔偿经济损失及精神抚慰金。

2. 宏大投资有限公司诉李庆营、阿拉伯埃及共和国驻华使馆交通事故损害赔偿纠纷案

2003年6月10日，被告李庆营驾驶阿拉伯埃及共和国驻华使馆车号为“使137005”的小轿车与原告单位的汽车相撞，造成原告汽车损坏。经交通部门认定，李庆营负全部责任。在汽车修理当中，李庆营逃离汽车修理厂，原告不得不自行垫付修车费一万余元。据原告反映，李庆营为阿拉伯埃及共和国驻

华使馆雇用的司机，但并非依照正规途径由我国外事服务机构派遣的外交服务人员。另查，阿拉伯埃及共和国驻华使馆曾派人参加对赔偿问题的调解并承认对事故负有责任，现双方无法协商一致，原告起诉要求判令两被告赔偿汽车修理费。

3. 北京元利源商业设备经销有限责任公司诉科利斯多夫一加扎姆一贝蒂服务合同案

科利斯多夫一加扎姆一贝蒂（以下简称贝蒂）系中非共和国驻华使馆外交官。2003 年 4 月 21 日原告与贝蒂签订电信服务协议，但贝蒂多次违约，拖欠话费及滞纳金近 3 万元。据原告反映，贝蒂使用的电话在朝阳区三里屯塔园外交人员办公楼的住所，并不在中非共和国使馆馆舍内，该电话业务系贝蒂私人使用。

（二）北京高院的主要观点和处理意见

北京高院认为，对于国家豁免原则，《维也纳外交关系公约》《维也纳领事关系公约》《华盛顿公约》等国际公约没有明确的规定，我国也没有明确的法律规定，但国家豁免是一项为多数国家承认的习惯法原则，我国也一直坚持国家及其财产豁免为一项国际法原则。《民法通则》第一百四十二条第三款规定：中华人民共和国法律和中华人民共和国缔结或参加的国际条约没有规定的，可以适用国际惯例。据此，陈万钧诉斯里兰卡共和国案可以适用国际豁免原则。但是，目前关于国家豁免的理论及国际司法实践有两种情况，一种是绝对豁免主义，主张国家的一切财产和行为不论性质如何均应享受豁免；一种是有限豁免主义，认为只有国家的主权行为和用于政府事务的财产才能享受豁免。我国以往持绝对豁免主义立场，但近年来似有变化，因此我国对外国豁免范围的立场，究竟是采用绝对豁免主义还是采用有限豁免主义，以及如果采用有限豁免主义，在何种情况下不予豁免，有待于明确。

《维也纳外交关系公约》及我国《外交特权与豁免条例》均规定：使馆馆舍及设备，以及馆舍内其他财产与使馆交通工具免受搜查、征用、扣押或强制执行。按照这一规定，使馆享有强制执行的豁免，但上述两部法律文件并未明示使馆享有民事诉讼管辖豁免，因此对于使馆是否享有民事诉讼管辖豁免，有待于明确。

外交代表一般情况下享有司法豁免权，但对于民事诉讼，按照我国《外交特权与豁免条例》第十四条规定，外交代表以私人身份进行的遗产继承的诉讼以及违反第二十五条第三项规定在中国境内从事公务范围以外的职业或者商业活动的诉讼，外交代表不享有司法豁免权。

鉴于上述情况，北京高院认为，对于陈万钧诉斯里兰卡共和国案、宏大投资有限公司诉李庆营、阿拉伯埃及共和国驻华使馆交通事故损害赔偿纠纷案，两案涉及国家和使馆的司法豁免问题，目前我国法律尚无明确规定，两案是否受理涉及国家司法主权，同时对两案的处理有一定的示范作用，为慎重起见，就该两案的处理请最高人民法院指示。至于北京元利源商业设备经销有限责任公司诉贝蒂电信服务合同案，根据我国关于外交代表司法豁免的规定，如果贝蒂签订电信服务合同的行为属于《外交特权与豁免条例》第十四条规定的行为，则其不应享受司法豁免，人民法院应依法予以受理；如果不属于《外交特权与豁免条例》第十四条规定的行为，则其应享受司法豁免，人民法院应依法裁定不予受理。

（三）最高人民法院的分歧意见

在研究上述请示案的过程中，最高人民法院形成两种意见。

第一种意见是不予受理：

1. 陈万钧诉斯里兰卡共和国人身损害赔偿案

我国始终坚持国家及财产豁免原则，主张绝对豁免主义，但不排除采用以“国家同意”等形式放弃豁免权，并且坚持通过外交途径及其他途径承担国家责任，不排除对某些对我国采取限制豁免主义的国家实行对等原则。

国家及财产豁免是普遍的国际法原则，是国家主权原则派生出来的原则，是国家主权权利在国际民事诉讼中的具体体现。根据国家主权原则，任何国家作为国际法主体均不服从于其他国家的法律秩序，因此，未经国家同意，该国不得被他国司法机关审判及强制执行。

在理论和实践中，存在绝对豁免主义和限制豁免主义的对立。绝对豁免主义从国家主权平等原则出发，强调国家的主权、独立、平等和尊严绝对不可侵犯，主张国家的一切行为和财产不论性质如何均应享有豁免。限制豁免主义则强调维护有关个人的利益，主张将国家行为依其性质或目的分为主权行为和非主权行为，将国家财产依其用途分为用于政府事务的财产和用于商业目的的财产，认为只有国家的主权行为和用于政府事务的财产才能享有豁免。这两种理论与实践的对立体现了不同国家政策和利益的彼此矛盾和冲突。相比之下，限制豁免主义缺乏严格的国际法律依据和科学的执行标准，容易引起国际关系的混乱，特别是某些国家通过本国立法和司法措施而强制推行和维护这一主张的做法，则更是无视他国主权的表现。而绝对豁免主义在坚持国家的一切行为和财产均享有豁免这一原则的同时，承认将“国家同意”作为这一原则的例外，而且不否认通过外交途径、协议仲裁及其他有关途径承担本身应负的责任，因此更符合国家主权原则。

我国坚持国家及财产豁免原则，坚决抵制限制豁免主义，但是，对于某些采取限制豁免主义对我国实行限制性豁免的国家，可以根据对等原则，来决定对该特定国家是否给予管辖豁免，维护我国的主权不受侵犯。

因此，在陈万钧诉斯里兰卡共和国人身损害赔偿案中，斯里兰卡共和国为主权国家，且未对我国采取限制性豁免，因此应当享有司法豁免权，陈万钧以斯里兰卡共和因为被告提起的诉讼，应不予受理。

2. 宏大投资有限公司诉李庆营、阿拉伯埃及共和国驻华使馆交通事故损害赔偿纠纷案

使馆的财产属于一国的国家财产，应当享有司法豁免权。虽然我国现有法律法规和所加入的国际公约中没有明确规定使馆财产的豁免权，但是根据国家财产豁免原则，直接属于国家的财产享有豁免权，而使馆的财产作为一国用于外交事务的财产当然属于国家的财产，因此应当享有司法豁免权。因此，在宏大投资有限公司诉李庆营、阿拉伯埃及共和国驻华使馆交通事故损害赔偿纠纷案中，尽管李庆营并非依照正规途径由我国外事服务机构派遣的外交服务人员，但他是阿拉伯埃及共和国驻华使馆雇佣的人员，其行为后果应当由该使馆负责，宏达投资有限公司以该使馆作为共同被告，法院对此应不予受理。

3. 北京元利源商业设备经销有限责任公司诉贝蒂电信服务合同案

根据我国《外交特权与豁免条例》第十四条之规定，在民事诉讼中，外交代表享有司法豁免权，但两种情形除外，一是外交代表以私人身份进行的遗产继承的诉讼，二是违反本条例第二十五条第三项规定的在中国境内从事公务范围以外的职业或商业活动的诉讼。在北京元利源商业设备经销有限责任公司诉贝蒂一案中，因贝蒂是外交官，判断其是否享有司法豁免权，关键在于其与北京元利源商业设备经销有限责任公司签订电信服务协议的行为是否属于上述第二种情形。从北京高院所述案情很难判断贝蒂签订协议是为商业目的或是为个人或家庭生活所用。如贝蒂签订该协议不以营利为目的，仅为了自己或其家庭生活使用，其应当享有司法豁免权，不应受理该案；如果相反，则其不享有豁免权，应当予以受理。

第二种意见认为应予受理：

1. 国家及其财产司法管辖豁免原则是联合国宪章确定的，联合国的成员国都有遵守的义务，有关外交关系的国际公约也对司法管辖豁免有明确规定。在国家司法管辖豁免上，我国历来坚持绝对豁免的原则，即坚持法院管辖上的豁免。但近年来，我国对此问题的态度有所转变，在联合国关于国家及其财产管辖豁免公约的谈判中我国并未坚持绝对豁免原则。2005 年《中华人民共和国外国中央银行财产司法强制措施豁免法》即延续了这一态度。因此，对于涉及其他国家及其财产的案件，是直接援引豁免原则不予受理，还是受理后待涉诉国援引管辖豁免，倾向于前者。

2. 法院在适用豁免原则处理案件时，应遵循国家间司法管辖豁免的对等原则。如涉案国未限制我国包括我国外交人员在该国的司法管辖豁免权力的，

我国亦应给予相应的待遇，如涉案国限制我国包括我国外交人员在该国的司法管辖豁免权力的，我国亦应给予对等限制。对上述情况应予查明，具体可责成援引豁免原则的一方提出相应的立法或者司法裁判上的证据。

3. 国家豁免原则适用的范围向来是有限制的。国际公认的一项民事诉讼管辖豁免的例外是：商业交易行为不得援引国家豁免原则。相关国际公约和我国外交特权与豁免条例中都有规定。通常造成人身伤害的民事诉讼中也一般不得援引国家豁免原则，如《中华人民共和国领事特权与豁免条例》第十四条第（四）项规定“因车辆、船舶或者航空器在中国境内造成的事故涉及损害赔偿的诉讼。”再如《联合国国家及其财产管辖豁免公约》第12条规定“除有关国家间另有协议外，一国在对主张由可归因于该国的作为或不作为引起的死亡或者人身伤害、或有形财产的损害或灭失要求金钱赔偿的诉讼中，如果该作为或不作为全部或部分发生在法院国领土内，而且作为或不作为的行为人在作为或不作为发生时处于法院地国领土内，则不得向另一国原应管辖的法院援引管辖豁免。”

4. 综上，倾向认为对上述三个案件人民法院都可以依法受理，不宜直接援引国家司法管辖豁免原则不予受理。陈万钧案，因涉及人身伤害，如果通过外交途径不能解决，法院则可以依法裁判该国承担人身损害赔偿的责任。宏大投资公司案，因为是使馆车辆发生交通事故，法院可以比照《领事特权与豁免条例》的规定判令使馆和司机承担连带责任。元利源公司案可以依《外交特权与豁免条例》关于商业交易的条款要求贝蒂个人承担责任。

（四）全国人大常委会法工委意见

第一个案件陈万钧诉斯里兰卡共和国案，这个案件的被告是国家，法工委认为法院不应受理。

第二个案件是宏大公司诉李庆营、阿拉伯埃及共和国驻华使馆交通事故损害赔偿纠纷案，这个案件情况比较复杂，交通事故的责任人李庆营是否是使馆的工作人员界限不清楚，如果属于使馆的工作人员，而责任人又是中国公民，按照《维也纳外交关系条约》，李庆营是否享受豁免权要由我国来确认。总的感觉是，诉使馆的案件，使馆一般是享有豁免权的，如果案件起诉司机本身，情况另论，恐怕对李庆营的起诉应该受理。

第三个案件是北京元利源商业设备经销有限责任公司诉贝蒂服务合同案，这个案件与前面两个案件不同，贝蒂是中非驻华外交官，他在朝阳区的住所不是外交公寓，是作为居住，不是从事公务活动，这种租赁房屋的行为是应该属于民事法律行为，当事人双方形成的电信服务合同关系属于民事关系。按照维也纳外交关系公约和外交豁免条例的规定，这种情况不属于豁免权享受的范围。

（五）外交部意见

1. 关于陈万钧诉斯里兰卡共和国案

此案为我国公民在我国法院起诉外国国家案件，主要涉及国家及其财产豁免问题。

对于国家豁免，我国目前没有明确的一般性的法律规定。根据实践，我国在国家及其财产豁免问题上总体上坚持两项原则：一是绝对豁免原则，即坚持国家本身及其财产在任何情况下均享有管辖豁免和执行豁免。二是对等原则，即外国不给予或限制我国家及其财产管辖豁免和执行豁免的，我国将采取相应对等措施。

对于外国国家及其财产在华的豁免问题，我国一般根据主权豁免原则给予外国国家及其财产管辖豁免和执行豁免，而不论有关诉讼所涉国家行为的性质如何。虽然《联合国国家及其财产管辖豁免公约》作出了限制国家及其财产管辖豁免的规定，但公约尚未生效，我国也尚未批准该公约，该公约的规定对我国尚无约束力。

就本案而言，斯里兰卡共和国作为主权国家，由于其迄今未对我国国家及其财产所享有的管辖豁免和执行豁免作出限制，建议我国法院承认斯里兰卡国家享有管辖豁免和执行豁免，对诉斯里兰卡国家案不予受理。

2. 宏大投资有限公司诉李庆营、阿拉伯埃及共和国驻华使馆交通事故损害赔偿纠纷案

此案为我国公司诉外国驻华使馆服务人员及使馆本身案件。

对于起诉外国驻华使馆服务人员，我国法院可根据《维也纳外交关系公约》（以下简称“维约”）和《中华人民共和国外交特权与豁免条例》（以下简称“条例”）有关条款进行处理。按照“维约”第三十八条和我国“条例”第二十条等有关规定，中国籍外国驻华使馆服务人员原则上不享有管辖豁免和执行豁免。就本案而言，我国法院可受理和审判针对该司机的诉讼，并可在必要时依法对其人身或财产采取执行措施。

关于驻华使馆被诉问题，“维约”和我国“条例”均未规定对使馆的管辖豁免问题。鉴于使馆在接受国中代表派遣国，因此一般认为对使馆提起的诉讼可视为对其国家的诉讼，因此应适用有关国家及其财产豁免的规则。根据上述有关国家豁免问题的处理意见，鉴于埃及迄今未对我国国家及其财产所享有的管辖豁免和执行豁免作出限制，建议我国法院承认埃及国家享有管辖豁免和执行豁免，对诉其驻华使馆不予受理。

3. 北京元利源商业设备经销有限责任公司诉贝蒂电信服务合同案

此案主要涉及外交人员的特权与豁免问题。

根据“维约”第三十一条第一款和我国“条例”第十四条的有关规定，外

交官只在涉及不动产之诉、继承之诉和公务范围以外的专业或商业活动之诉的情况下不享有民事管辖豁免。贝蒂拒付电话费的行为显然与不动产、继承或专业行为之诉无关，也不属于“商业活动”。所谓“商业活动”，一般系指持续的贸易或商务经营活动。外交代表在接受国日常生活所必需的交易活动，如购买商品或有偿接受医疗、法律、教育、家政等方面服务，均非着眼于从事商业经营，因此一般认为不构成上述规定所指的“商业活动”。鉴此，贝蒂在本案中似应享有民事管辖豁免，除非其派遣国放弃其管辖豁免。

考虑到特权与豁免案件涉及国家的外交政策以及外交行为的事实问题，外交部建议最高人民法院与外交部就此类案件建立通报工作机制，以便外交部在法院的立案、审判和执行等各个环节及时就特权豁免所涉政策和事实问题提供参考意见。

（六）最高人民法院、全国人大常委会法工委、外交部共同研究意见

由于存在意见分歧，同时涉及国家外交政策及我国在国外的特权与豁免问题，最高人民法院、全国人大常委会法工委、外交部经共同研究，统一了意见，最高人民法院答复北京高院不予受理上述三案。同时，最高人民法院研究制定了法〔2007〕69号《通知》，建立了通报与协调机制。

二、《通知》的主要内容

（一）案件范围

凡以在中国享有特权与豁免的主体为被告、第三人向人民法院起诉的民事案件，人民法院应在决定受理之前，报请本辖区高级人民法院审查；高级人民法院同意受理的，应当将其审查意见报最高人民法院。在最高人民法院答复前，一律暂不受理。

（二）关于适用主体的列举

根据《中华人民共和国外交特权与豁免条例》和《中华人民共和国领事特权与豁免条例》等行政法规的规定，《通知》将享有外交特权与豁免、领事特权与豁免和其他享有特权与豁免的主体予以列举，以便下级法院掌握，通知采用兜底条款，以免挂一漏万。具体为：外国国家；外国驻中国使馆和使馆人员；外国驻中国领馆和领馆成员；途经中国的外国驻第三国的外交代表和与其共同生活的配偶及未成年子女；途经中国的外国驻第三国的领事官员和与其共同生活的配偶及未成年子女；持有中国外交签证或者持有外交护照（仅限互免签证的国家）来中国的外国官员；持有中国外交签证或者持有与中国互免签证国家外交护照的领事官员；来中国访问的外国国家元首、政府首脑、外交部长及其他具有同等身份的官员；来中国参加联合国及其专门机构召开的国际会议的外国代表；临时来中国的联合国及其专门机构的官员和专家；联合国系统组

织驻中国的代表机构和人员；其他在中国享有特权与豁免的主体。

（撰稿人：李　伟）

最高人民法院
关于进一步做好边境地区涉外民商事案件审判工作的指导意见

2010年12月8日　　　　法发〔2010〕57号

各省、自治区、直辖市高级人民法院：

随着我国边境地区经贸及人员往来的日益频繁，边境地区涉外民商事案件逐渐增多，并呈现出新的特点。为充分发挥人民法院的审判职能，进一步提高我国边境地区涉外民商事纠纷案件的审判效率，切实做好边境地区涉外民商事审判工作，特提出如下意见：

一、发生在边境地区的涉外民商事案件，争议标的额较小、事实清楚、权利义务关系明确的，可以由边境地区的基层人民法院管辖。

二、为更有效地向各方当事人送达司法文书和与诉讼相关的材料，切实保护当事人诉讼程序上的各项权利，保障当事人参与诉讼活动，人民法院可以根据边境地区的特点，进一步探索行之有效的送达方式。采用公告方式送达的，除人身关系案件外，可以采取在边境口岸张贴公告的形式。采用公告方式送达时，其他送达方式可以同时采用。

三、境外当事人到我国参加诉讼，人民法院应当要求其提供经过公证、认证的有效身份证明。境外当事人是法人时，对其法定代表人或者有权代表该法人参加诉讼的人的身份证明，亦应当要求办理公证、认证手续。如果境外当事人是自然人，其亲自到人民法院法官面前，出示护照等有效身份证明及入境证明，并提交上述材料的复印件的，可不再要求办理公证、认证手续。

四、境外当事人在我国境外出具授权委托书，委托代理人参加诉讼，人民法院应当要求其就授权委托书办理公证、认证手续。如果境外当事人在我国境内出具授权委托书，经我国的公证机关公证后，则不再要求办理认证手续。境外当事人是自然人或法人时，该自然人或者有权代表该法人出具授权委托书的人亲自到人民法院法官面前签署授权委托书的，无需办理公证、认证手续。

五、当事人提供境外形成的用于证明案件事实的证据时，可以自行决定是否办理相关证据的公证、认证手续。对于当事人提供的证据，不论是否办理了公证、认证手续，人民法院均应当进行质证并决定是否采信。

六、边境地区受理案件的人民法院应当及时、准确地掌握我国缔结或者参加的民商事司法协助国际条约，在涉外民商事审判工作中更好地履行国际条约义务，充分运用已经生效的国际条约，特别是我国与周边国家缔结的双边民商事司法协助条约，必要时，根据条约的相关规定请求该周边国家协助送达司法文书、协助调查取证或者提供相关的法律资料。

七、人民法院在审理案件过程中，对外国人采取限制出境措施，应当从严掌握，必须同时具备以下条件：

（一）被采取限制出境措施的人只能是在我国有未了结民商事案件的当事人或当事人的法定代表人、负责人；

（二）当事人有逃避诉讼或者逃避履行法定义务的可能；

（三）不采取限制出境措施可能造成案件难以审理或者无法执行。

八、人民法院审理边境地区的涉外民商事纠纷案件，也应当充分发挥调解的功能和作用，调解过程中，应当注意发挥当地边检、海关、公安等政府部门以及行业协会的作用。

九、人民法院应当支持和鼓励当事人通过仲裁等非诉讼途径解决边境地区发生的涉外民商事纠纷。当事人之间就纠纷的解决达成了有效的仲裁协议，或者在无协议时根据相关国际条约的规定当事人之间的争议应当通过仲裁解决的，人民法院应当告知当事人通过仲裁方式解决纠纷。

十、人民法院在审理边境地区涉外民商事纠纷案件的过程中，应当加强对当事人的诉讼指导。对在我国没有住所又没有可供执行的财产的被告提起诉讼，人民法院应当给予原告必要的诉讼指导，充分告知其诉讼风险，特别是无法有效送达的风险和生效判决在我国境内无法执行的风险。

败诉一方当事人在我国境内没有财产或者其财产不足以执行生效判决时，人民法院应当告知胜诉一方当事人可以根据我国与其他国家缔结的民商事司法协助国际条约的相关规定，向可供执行财产所在地国家的法院申请承认和执行我国法院的民商事判决。

十一、各相关省、自治区高级人民法院可以根据各自辖区内边境地区涉外民商事纠纷案件的不同情况和特点，制定相应的具体执行办法，并报最高人民法院备案。

【解　　读】

解读《关于进一步做好边境地区涉外民商事案件审判工作的指导意见》

2010年12月8日，最高人民法院发布了法发〔2010〕57号《最高人民法院关于进一步做好边境地区涉外民商事案件审判工作的指导意见》（以下简称《指导意见》）。现就《指导意见》的起草背景、主要内容介绍如下：

一、起草背景和过程

我国有漫长的陆地边境线，与15个国家接壤。为促进国际交流与合作，我国在云南省、黑龙江省、吉林省、辽宁省、内蒙古自治区、新疆维吾尔自治区、西藏自治区、广西壮族自治区等省（自治区）的边境地区先后设立了大量对外开放口岸，鼓励边境贸易及其他形式的对外民商事交流与合作，目前主要涉及朝鲜、俄罗斯、蒙古国、哈萨克斯坦、吉尔吉斯斯坦、塔吉克斯坦、印度、尼泊尔、巴基斯坦、缅甸、老挝、越南等国。

经过调研，我们发现，随着我国边境地区经贸及人员往来的日益频繁，边境地区涉外民商事纠纷案件逐渐增多，并呈现出许多新的特点：(1) 从纠纷的类型看，边境贸易纠纷案件较多。当然，除因边境贸易产生的纠纷案件，还有运输合同纠纷、租赁合同纠纷、委托代理合同纠纷、居间合同纠纷、因对外劳务输出过程中产生的报酬、人身伤害等方面的纠纷案件。(2) 从纠纷的解决方式看，一部分纠纷由当事人通过自行协商解决，还有的通过第三方调解解决，有的通过仲裁解决，另一部分通过诉讼解决，其中协商、调解解决纠纷效果突出。边境贸易成交额大，但诉讼标的额小，主要原因是当事人通过协商、调解方式解决了大量纠纷。(3) 从法院审理案件的情况看，法院审理案件过程中遇到许多困难，除一般涉外民商事案件审理过程中存在的普遍性问题外，例如：境外送达难、境外取证难、域外形成的证据公证、认证难等，还有一些具有特殊性的问题，例如：能否直接使用各方当事人共同使用的少数民族语言文字审理案件并制作裁判文书？在一些国家，例如缅甸，非政府组织控制地区当事人的身份证明如何认定？委托代理手续公证、认证如何办理？发生在边境地区的民商事纠纷案件可否由该地区的基层法院受理？等等。

事实上，部分地区的高级人民法院已经注意到审理边境地区涉外民商事案件存在的问题，并已经着手起草了书面意见，指导本辖区内的审判实践。例如，云南省高级人民法院草拟了《关于审理涉缅甸民商事案件相关问题的指导意见》；还有部分地区的高级人民法院已经着手调研本辖区内边境地区涉外民商事审判工作存在的突出问题，研究解决问题的对策，形成了书面调研报告，例如广西壮族自治区高级人民法院、内蒙古自治区高级人民法院。

为充分发挥人民法院的审判职能，进一步提高我国边境地区涉外民商事纠纷案件的审判效率，切实做好边境地区涉外民商事审判工作，2010 年以来，最高人民法院民四庭对边境地区涉外民商事案件的情况进行了专题调研，在此基础上草拟了《最高人民法院关于进一步做好边境地区涉外民商事案件审判工作的指导意见》(稿)。

2010 年 8 月 23 日，民四庭在昆明召开了“全国部分法院边境地区涉外民商事案件审判工作座谈会”，云南、黑龙江、吉林、辽宁、内蒙古、新疆、广西等 7 省（自治区）三级法院的法官代表参加了会议，对《指导意见》稿进行了逐条讨论，提出了若干修改意见。在此基础上，民四庭对《指导意见》稿进行了修改，形成了征求意见稿，书面征求了最高人民法院立案一庭、立案二庭、民一庭、研究室的意见，还书面征求了云南、黑龙江、吉林、辽宁、内蒙古、新疆、广西等 7 省（自治区）高级人民法院的意见。经过对书面意见的汇总，民四庭对《指导意见》稿做了进一步修改，形成了送审稿，报送最高人民法院民事行政审判专业委员会讨论。

2010 年 11 月 29 日，最高人民法院民事行政审判专业委员会第 89 次会议讨论并原则通过了送审稿。会后，民四庭根据委员们提出的意见对送审稿进一步修改，报院领导审核、审签。2010 年 12 月 8 日，《指导意见》正式对外公布。

二、主要内容

《指导意见》主要就人民法院在审理边境地区涉外民商事案件过程中遇到的疑难问题、急需解决的问题、重点关注的问题等作出了规定。具体包括：

（一）关于案件管辖权

根据自 2002 年 3 月 1 日起施行的法释〔2002〕5 号《最高人民法院关于涉外民商事案件诉讼管辖若干问题的规定》第四条的规定，发生在与外国接壤的边境省份的边境贸易纠纷案件，不适用该“集中管辖”的规定。然而，对何为“边境贸易纠纷案件”，上述文件未作出界定。一般认为，应当根据 1996 年 1 月 3 日国发〔1996〕2 号《国务院关于边境贸易有关问题的通知》的规定界定“边境贸易”，并据此界定边境贸易纠纷案件。《国务院关于边境贸易有关问题的通知》中规定：“目前对我国边境贸易按以下两种形式进行管理：（一）边民互市贸易，系指边境地区边民在边境线20公里以内、经政府批准的开放点或指定的集市上，在不超过规定的金额或数量范围内进行的商品交换活动。边民互市贸易由外经贸部、海关总署统一制定管理办法，由各边境省、自治区人民政府具体组织实施。（二）边境小额贸易，系指沿陆地边境线经国家批准对外开放的边境县（旗）、边境城市辖区内（以下简称边境地区）经批准有边境小额贸易经营权的企业，通过国家指定的陆地边境口岸，与毗邻国家边境地区的企业或其他贸易机构之间进行的贸易活动。边境地区已开展的除边民互市贸易以外的其他各类边境贸易形式，今后均统一纳入边境小额贸易管理，执行边境小额贸易的有关政策。边境小额贸易的管理办法由外经贸部商国务院有关部门制定。”根据上述规定，边民互市贸易、边境小额贸易纠纷案件即不适用集中管辖的规定，仍应当根据我国民事诉讼法关于“级别管辖”的规定确定一审法院。实践中，边境贸易纠纷案件标的额普遍较小，因此，此类案件均由基层人民法院管辖。

然而，边境地区发生的涉外民商事案件并不仅仅局限于边境贸易纠纷案件，还有买卖合同、运输合同、租赁合同纠纷案件以及侵权案件等等，这些类型的涉外民商事案件如果适用集中管辖的规定，不论标的额大小，均应由中级人民法院管辖，而不是基层人民法院管辖。实践中发现，这样给当事人诉讼带来诸多不便，有的当事人从效率考虑不愿去诉讼，也有很多边境地区的基层人民法院或者不将其视为涉外案件以规避集中管辖的规定，或者无视集中管辖的规定直接受理此类案件。考虑到边境地区的涉外民商事纠纷案件有一定的特殊性，即大多数案件标的额较小、事实比较清楚、当事人之间的法律关系并不复杂，为了便利当事人诉讼，提高诉讼效率，可以由边境地区的基层人民法院管辖这类案件。这并不违反我国民事诉讼法第十八条、第十九条的规定。

基于上述考虑，《指导意见》第一条规定：“发生在边境地区的涉外民商事案件，争议标的额较小、事实清楚、权利义务关系明确的，可以由边境地区的基层人民法院管辖。”也就是说，发生在边境地区的涉外民商事案件，并不局限于边境贸易纠纷案件，只要符合争议标的额较小、事实清楚、权利义务关系明确的条件，就可以由基层人民法院管辖，不必再仅由具有涉外案件管辖权的法院管辖。

（二）关于送达方式

送达是我国民事诉讼法上规定的重要程序，人民法院必须依法送达，切实保障当事人参加诉讼的权利。涉外案件的当事人往往在我国境内没有住所，通过法律规定的送达方式往往也难以及时送达，从而影响了审判效率。“送达难”一直是困扰涉外民商事审判效率的“瓶颈”问题。然而，绝不能为单纯提高案件审理的速度而省略法定的程序，否则可能构成程序违法。如何在保障当事人的诉权、做到程序公正以及提高审判效率两者之间达到平衡，是我们需要不断研究的现实问题。

我国民事诉讼法第二百四十五条明确规定了对在我国领域内没有住所的当事人送达诉讼文书可以采取的七种方式。最高人民法院出台的法释〔2006〕5号《关于涉外民事或商事案件司法文书送达问题若干规定》第十条进一步规定，人民法院可以通过传真、电子邮件等能够确认收悉的其他适当方式向受送达人送达；第十一条明确规定，除公告送达方式外，人民法院可以同时采取多种方式向受送达人进行送达。为提高送达效率，根据上述司法解释的精神，边境地区的人民法院完全可以根据审判实践的需要探索新的行之有效的送达方式。《指导意见》第二条明确指出："为更有效地向各方当事人送达司法文书和与诉讼相关的材料，切实保护当事人诉讼程序上的各项权利，保障当事人参与诉讼活动，人民法院可以根据边境地区的特点，进一步探索行之有效的送达方式。"但是，探索新的送达方式时应当注意两点：一是送达方式不违反我国法律的规定；二是应当能够确认当事人已经收悉。

边境地区涉外民商事案件中，很多在我国领域内没有住所的当事人其住所地就在我国边境口岸对面，且其经常出入边境口岸，在这种情况下，采取在边境口岸张贴公告的形式比在国内外公开发行的报刊上刊登公告的形式进行公告送达更为有效。当然，婚姻、继承等涉及人身关系的案件，不适宜采取这种方式。因此，《指导意见》第二条还规定："采用公告方式送达的，除人身关系案件外，可以采取在边境口岸张贴公告的形式。"

（三）关于当事人身份证明的公证、认证

根据我国民事诉讼法以及法释〔2001〕33号《最高人民法院关于民事诉讼证据的若干规定》的精神，对于域外形成的用于证明当事人身份的材料应当办理公证、认证手续。对域外形成的证据材料要求办理公证、认证手续的意义在于，证据材料是在我国域外形成的，本国法官无法识别该有关材料的真实性，为了能够比较客观地证明这些材料本身的真实性，有必要要求当事人就这些材料到当地的公证机关进行公证，而后再由我国驻当地的使领馆加以认证，经过这样的程序后才能视为材料是真实可靠的。如果当事人是自然人，其本人持已经能够证明其真实身份的护照等证明材料以及入境证明，亲自到法官面前提交，足以保证这些材料本身的真实性，因此无需再履行公证、认证手续。而如果当事人是法人，法人自身的注册登记材料以及代表法人履行职责的人的身份证明形成于域外，仍应当办理相应的公证、认证手续。

在边境地区涉外民商事案件中，很多是自然人作为当事人，身份证明的公证、认证手续繁琐，有的办理起来还非常困难，找不到合适的公证机构和认证机构，在这种情况下，如果该自然人能够亲自到法院来提交身份证明材料，即可以免除公证、认证手续，从而一定程度上可以解决办理公证、认证手续难的问题。因此，《指导意见》第三条明确指出："境外当事人到我国参加诉讼，人民法院应当要求其提供经过公证、认证的有效身份证明。境外当事人是法人时，对其法定代表人或者有权代表该法人参加诉讼的人的身份证明，亦应当要求办理公证、认证手续。如果境外当事人是自然人，其亲自到人民法院法官面前，出示护照等有效身份证明及入境证明，并提交上述材料的复印件的，可不再要求办理公证、认证手续。"

（四）关于授权委托手续的公证、认证

根据我国民事诉讼法第二百四十条的规定，在我国领域内没有住所的当事人委托他人代理参加诉讼，从我国领域外转交来的授权委托书，应当经所在国公证机关证明，并经我国驻该国使领馆认证，或者履行我国与该所在国订立的相关条约中规定的证明手续后，才具有效力。我国法律对于域外形成的授权委托书办理公证、认证的要求的原因，同上条分析。

实践中，境外当事人在我国境内出具授权委托书，而不是在境外出具，这样的授权委托书经我国的公证机关公证后，则不必再要求办理认证手续。境外当事人是自然人时，或者当事人是法人时，如果该自然人或者有权代表该法人出具授权委托书的人能够亲自到人民法院法官面前签署授权委托书，这样的程序足以证明授权委托书的真实性，即无需再要求就授权委托书办理公证、认证手续。故《指导意见》第四条规定："境外当事人在我国境外出具授权委托书，委托代理人参加诉讼，人民法院应当要求其就授权委托书办理公证、认证手续。如果境外当事人在我国境内出具授权委托书，经我国的公证机关公证后，则不再要求办理认证手续。境外当事人是自然人或法人时，该自然人或者有权代表该法人出具授权委托书的人亲自到人民法院法官面前签署授权委托书的，无需办理公证、认证手续。"该规定同样是为了解决边境地区涉外民商事案件审理过程中存在办理公证、认证手续难的问题。

（五）关于证据材料的公证、认证

法释〔2001〕33号《最高人民法院关于民事诉讼证据的若干规定》第十一条第一款规定，当事人向人民法院提供的证据系在中华人民共和国领域外形成的，该证据应当经所在国公证机关予以证明，并经中华人民共和国驻该国使领馆予以认证，或者履行中华人民共和国与该所在国订立的有关条约中规定的证明手续。然而，在司法实践中，一方面有些证据材料无法在所在国办理公证手续；另一方面，即使未办理公证、认证手续，对于经过法庭质证，当事人均没有异议的证据，人民法院当然应当予以认定，而且，对于已经办理了公证、认证手续的证据材料，也应当依法进行质证后人民法院才能予以采信。

基于上述考虑，也为了解决边境地区涉外民商事审判中办理公证、认证手续难的问题，《指导意见》第五条指出："当事人提供境外形成的用于证明案件事实的证据时，可以自行决定是否办理相关证据的公证、认证手续。对于当事人提供的证据，不论是否办理了公证、认证手续，人民法院均应当进行质证并决定是否采信。"

(六) 关于民商事司法协助条约的适用

我国目前已经与三十多个国家签订了双边民商事司法协助条约，例如《中华人民共和国和蒙古人民共和国关于民事和刑事司法协助的条约》《中华人民共和国和俄罗斯联邦关于民事和刑事司法协助的条约》《中华人民共和国和吉尔吉斯共和国关于民事和刑事司法协助的条约》《中华人民共和国和塔吉克斯坦共和国关于民事和刑事司法协助的条约》《中华人民共和国和越南社会主义共和国关于民事和刑事司法协助的条约》《中华人民共和国和老挝人民民主共和国关于民事和刑事司法协助的条约》《中华人民共和国和朝鲜民主主义人民共和国关于民事和刑事司法协助的条约》，其中基本上都包含相互协助送达司法文书和司法外文书、相互协助调查取证、相互提供法律资料等方面的内容；此外，在国际间相互协助送达民商事司法文书和相互协助就民商事案件调查取证领域，我国还分别参加了订立于海牙的1965年《关于向国外送达民事或商事司法文书和司法外文书公约》和1970年《民商事案件国外调取证据公约》。

实践中，我国部分地区的法官对我国缔结或者参加的国际条约并不熟悉，特别是不了解缔约国的情况，缺乏适用国际条约的主动性，没有真正发挥国际条约应有的作用。因此，《指导意见》在第六条中特别提示："边境地区受理案件的人民法院应当及时、准确地掌握我国缔结或者参加的民商事司法协助国际条约，在涉外民商事审判工作中更好地履行国际条约义务，充分运用已经生效的国际条约，特别是我国与周边国家缔结的双边民商事司法协助条约，必要时，根据条约的相关规定请求该周边国家协助送达司法文书、协助调查取证或者提供相关的法律资料。"其目的就是希望各级人民法院的法官注意运用国际条约提供的途径，真正将国际条约的规定为我所用，解决审判实践中存在的域外送达难、域外调查取证难的问题。

(七) 关于采取限制出境措施

1987年3月10日最高人民法院、最高人民检察院、公安部、国家安全部联合发布的(87)公发16号《关于依法限制外国人和中国公民出境问题的若干规定》中规定，有未了结民事案件(包括经济纠纷案件)的，由人民法院决定限制出境并执行，同时通报公安机关。

司法实践中，部分地区的法院通过对外国人采取限制出境措施，有效解决了案件争议并达到了良好的执行效果。然而，对外国人采取限制出境措施毕竟是一种极端措施，应当尽可能减少适用，因为很有可能引发外交争端。为此，最高人民法院2005年发布的《第二次全国涉外商事海事审判工作会议纪要》第90条明确规定了人民法院在审理涉外商事纠纷案件中可以采取限制出境措施的条件，同时指出，采取限制出境措施必须从严掌握，严格依照《关于依法限制外国人和中国公民出境问题的若干规定》审查办理。

边境地区涉外民商事案件审理过程中，部分地区的法院采取限制出境措施情况较多，为加强指导，《指导意见》第七条特别重申了上述《会议纪要》关于对采取限制出境措施的条件规定："人民法院在审理案件过程中，对外国人采取限制出境措施，应当从严掌握，必须同时具备以下条件：（一）被采取限制出境措施的人只能是在我国有未了结民商事案件的当事人或当事人的法定代表人、负责人；（二）当事人有逃避诉讼或者逃避履行法定义务的可能；（三）不采取限制出境措施可能造成案件难以审理或者无法执行。"因此，要避免司法实践中限制出境措施被滥用。

（八）关于鼓励调解解决纠纷

边境地区涉外民商事案件中涉及的当事人的行为有许多并不规范，例如没有签订书面的合同、当事人没有保留必要的诉讼证据材料等等；很多交易是通过熟人介绍，而且有长期的合作关系。实践证明，在这种情况下，通过调解解决当事人之间的争议是最佳方案，能够更好地达到办案社会效果与法律效果的统一，达到"案结事了"的目标。因此，《指导意见》第八条指出："人民法院审理边境地区的涉外民商事纠纷案件，也应当充分发挥调解的功能和作用，调解过程中，应当注意发挥当地边检、海关、公安等政府部门以及行业协会的作用。"重点强调了通过调解方式解决边境地区涉外民商事纠纷案件的意见，特别是根据边境地区当事人频繁进出口岸，与当地边检、海关、公安等部门关系密切的特点，强调发挥这些政府部门的作用。

（九）关于支持非诉讼纠纷解决机制的完善

面对当前法院的讼累，我们鼓励当事人通过非诉讼途径解决纠纷，例如第三方调解、仲裁等等。实践中，边境地区产生的许多涉外民商事纠纷就是通过这样的非诉讼方式得到了解决，取得了较好的社会效果。因此，《指导意见》提出了鼓励当事人通过非诉讼纠纷解决机制解决纠纷的意见。第九条指出："人民法院应当支持和鼓励当事人通过仲裁等非诉讼途径解决边境地区发生的涉外民商事纠纷。"

实践中，有些纠纷应当通过仲裁解决，从而排除了法院的管辖。这些情况包括：(1) 当事人之间存在有效的仲裁协议或者在合同中存在有效的仲裁条款；(2) 根据相关国际条约，纠纷应当通过仲裁解决。这是指我国曾经和原东欧社会主义国家之间签订了双边条约，例如《由中华人民共和国向苏维埃社会主义共和国联盟和由苏维埃社会主义共和国联盟向中华人民共和国交货共同条件议定书》，其中明确规定“与合同或合同有关的一切争执，如果双方通过谈判或信函未能解决，不应由一般法庭管辖，而应通过仲裁解决”。对这类纠纷，应当通过仲裁解决，人民法院不能行使管辖权。上述《共同交货条件》目前仍然得到了俄罗斯的认可。因此，《指导意见》第九条进一步指出：“当事人之间就纠纷的解决达成了有效的仲裁协议，或者在无协议时根据相关国际条约的规定当事人之间的争议应当通过仲裁解决的，人民法院应当告知当事人通过仲裁方式解决纠纷。”

(十) 关于加强诉讼指导

调研过程中，许多法院都反映边境地区的涉外民商事纠纷案件判决执行难的问题，特别是败诉一方当事人在我国境内没有可供执行的财产；邻国的法律环境欠佳，通过双边条约请求承认和执行我国法院判决效果并不理想。上述原因均导致我国的生效判决无法有效执行。

面对上述情况，人民法院有必要加强诉讼指导，包括：(1) 原告起诉时，应当告知其如果被告在我国境内没有可供执行的财产，将来的生效判决可能无法得到有效执行；(2) 人民法院的判决生效后，败诉一方当事人在我国境内没有财产或者其财产不足以执行生效判决的，人民法院应当告知胜诉方当事人可以根据生效的国际条约向有可供执行财产所在地国家的法院申请承认和执行我国法院的民商事判决。这样一方面可以更为有效地保护当事人的合法权益；另一方面可以避免胜诉一方当事人在我国法院判决无法得到有效执行的情况下，对法院工作产生不满情绪。

因此，《指导意见》第十条指出：“人民法院在审理边境地区涉外民商事纠纷案件的过程中，应当加强对当事人的诉讼指导。对在我国没有住所又没有可供执行的财产的被告提起诉讼，人民法院应当给予原告必要的诉讼指导，充分告知其诉讼风险，特别是无法有效送达的风险和生效判决在我国境内无法执行的风险。”

败诉一方当事人在我国境内没有财产或者其财产不足以执行生效判决时，人民法院应当告知胜诉一方当事人可以根据我国与其他国家缔结的民商事司法协助国际条约的相关规定，向可供执行财产所在地国家的法院申请承认和执行我国法院的民商事判决。

(十一) 关于各地可制定具体执行办法

调研过程中，我们发现我国不同省份的边境地区涉外民商事审判工作面临许多共性的问题，但也有许多个性的问题，例如：云南省的法院在审理涉缅甸的案件过程中遇到的最大问题是缅甸是军政府统治，其在与我国接壤的大部分地区由非政府武装组织控制，当地的自然人、法人持有的身份证明一般是由非政府武装组织签发的，而没有缅甸政府核发的身份证明，我国法院在审理案件过程中当事人提供身份证明时，如何处理？新疆地区的法院审理涉外案件的过程中，外方当事人与我国当事人是同一民族，他们有共同的民族语言，能否用该少数民族语言审理案件和制作判决书？等等。对诸如此类的特殊性的问题，我们认为，可以由各个高级人民法院根据各自辖区内边境地区涉外民商事纠纷案件的不同情况和特点，制定相应的具体执行办法，报告最高人民法院备案即可。因此，《指导意见》第十一条指出："各相关省、自治区高级人民法院可以根据各自辖区内边境地区涉外民商事纠纷案件的不同情况和特点，制定相应的具体执行办法，并报最高人民法院备案。"

（撰稿人：高晓力）

最高人民法院
印发《关于依据国际公约和双边司法协助条约办理民商事案件司法文书送达和调查取证司法协助请求的规定实施细则（试行）》的通知

2013年4月7日　　法发〔2013〕6号

各省、自治区、直辖市高级人民法院，解放军军事法院，新疆维吾尔自治区高级人民法院生产建设兵团分院：

现将《最高人民法院关于依据国际公约和双边司法协助条约办理民商事案件司法文书送达和调查取证司法协助请求的规定实施细则（试行）》印发给你们，请认真贯彻执行。

附：

关于依据国际公约和双边司法协助条约办理民商事案件司法文书送达和调查取证司法协助请求的规定实施细则（试行）

第一章　总　则

第一条　根据《最高人民法院关于依据国际公约和双边司法协助条约办理民商事案件司法文书送达和调查取证司法协助请求的规定》，制定本实施细则。

第二条　本实施细则适用于人民法院依据海牙送达公约、海牙取证公约和双边民事、民商事、民刑事和民商刑事司法协助条约、协定（以下简称双边民事司法协助条约）办理民商事案件司法文书送达和调查取证请求。

第三条　人民法院应当根据便捷、高效的原则，优先依据海牙取证公约提出民商事案件调查取证请求。

第四条　有权依据海牙送达公约、海牙取证公约直接对外发出司法协助请求的高级人民法院，应当根据便捷、高效的原则，优先依据海牙送达公约和海牙取证公约提出、转递本辖区各级人民法院提出的民商事案件司法文书送达和调查取证请求。

第五条　人民法院国际司法协助统一管理部门和专门负责国际司法协助工作的人员（国际司法协助专办员）负责国际司法协助请求的审查、转递、督办和登记、统计、指导、调研等工作。

第二章　我国法院委托外国协助送达民商事案件司法文书

第六条　人民法院审判、执行部门向国际司法协助专办员、国际司法协助统一管理部门报送民商事案件司法文书送达请求时，应当制作给国际司法协助专办员或者国际司法协助统一管理部门的转递函，并按照下列要求办理：

（一）向在国外的法人和非中国籍公民送达

1. 所送达的各项文书应当附有被请求国官方文字的译文，对于不同地区使用不同官方文字的国家，如加拿大、瑞士等，应当附有该地区所使用的官方文字的译文。翻译为被请求国官方文字确有困难的，可以依据双边民事司法协助条约提出司法文书送达请求，并附双边民事司法协助条约中规定的第三方文字的译文。被请求国不接受双边民事司法协助条约中规定的第三方文字译文的，所送达的各项文书应当附有被请求国官方文字的译文。

2. 所送达的文书应当一式两份，分别装订为两套文书。

每套文书应当独立成册，参照下列顺序装订：

（1）起诉状中文及译文；

（2）应诉通知书中文及译文；

（3）传票中文及译文；

（4）合议庭组成人员通知书中文及译文；

（5）举证通知书中文及译文；

（6）其他材料之一中文及译文（其他材料之二、三依此类推）；

（7）证据一中文及译文（证据二、三依此类推）；

（8）翻译证明。

人民法院向在国外的法人和非中国籍公民送达民商事案件司法文书无需附

送达回证及译文。但是，所送达的文书不能反映准确送达地址的，应当通过附送达回证及译文的方式说明准确的送达地址。

3. 被请求国协助送达要求支付费用的，送达费用由当事人负担。被请求国要求预付费的，应当将送达费用汇票与所送文书一并转递，并在转递函上注明汇票编号。

4. 所送达的各项文书中，受送达人的姓名、名称和送达地址应当一致、完整、准确。送达地址应当打印，不便打印的，手写地址应当清晰、可明确辨认；受送达人姓名、名称和送达地址不一致的，应当修改一致；送达地址不便修改的，应当在转递函中列明准确的送达地址，并注明“已核对，以此送达地址为准”。

5. 确定开庭日期时应当预留足够的送达时间。

（二）向在国外的中国籍公民送达

1. 转递函中列明受送达人为中国国籍。

2. 所送达的文书应当一式两份，无需译文，分别装订为两套文书。

每套文书应当独立成册，参照下列顺序装订：

（1）起诉状；

（2）应诉通知书；

（3）传票；

（4）合议庭组成人员通知书；

（5）举证通知书；

（6）其他材料之一（其他材料之二、三依此类推）；

（7）证据一（证据二、三依此类推）；

（8）送达回证（送达回证中应当列明上述文书各一份）。

3. 送达回证中应当打印受送达人准确的外文（所在国官方文字）送达地址；不便打印的，手写地址应当清晰、可明确辨认；受送达人如有外文姓名的，亦应当在送达回证中注明外文姓名。

4. 确定开庭日期时应当预留足够的送达时间。

5. 我国驻外使、领馆要求出具委托书的，应当附提出送达请求的法院致我国驻该国使、领馆的委托书。委托书随文书一并转递。

第七条 国际司法协助专办员收到本院审判、执行部门或者下级法院报送的民商事案件司法文书送达请求后，应当按照下列标准进行审查：

（一）有审判、执行部门或者下级法院的转递函；

（二）被请求国是海牙送达公约缔约国，或者被请求国与我国签订的双边民事司法协助条约已经生效；

（三）审判、执行部门或者下级法院转来的文书与转递函中所列的文书清单在名称和份数上一致；

（四）所送达的文书按照第六条的相关规定分别装订成两套，两套文书的装订顺序一致；

（五）应当附译文的，译文文字符合海牙送达公约或者双边民事司法协助条约的规定；

（六）所送达的各项文书中载明的受送达人姓名、名称、送达地址应当一致；受送达人姓名、名称前后不一致的，应当退回审判、执行部门修改；送达地址不一致的，审判、执行部门或者下级法院应当在转递函中列明最终确认的送达地址并注明“已核对，以此送达地址为准”；

（七）如果受送达人是外国国家、外国政府、外国政府组成机构以及享有外交特权和豁免权的主体，最高人民法院已经批准受理该案件；

（八）需要受送达人出庭的，确定开庭日期时预留了足够的送达时间；

（九）被请求国要求预付送达费用的，附有送达费用汇票；汇票中所列的收款机构、币种、数额符合被请求国的要求；汇票在有效期内；

（十）向在国外的中国籍公民送达民商事案件司法文书，附有送达回证；送达回证中列明受送达人所在国官方文字的送达地址；送达回证中所列明的文书清单与实际送达的文书的名称、份数一致；

（十一）向在国外的中国籍公民送达民商事案件司法文书，我国驻外使、领馆要求出具委托书的，附有提出送达请求的法院致我国驻该国使、领馆的委托书；

（十二）送达的民商事案件司法文书，特别是证据材料中，不含有明确标注密级的材料；

（十三）所送达的文书中，不存在应当填写而未填写的内容的情形；

（十四）翻译证明符合被请求国的要求；

（十五）其他应当审查的事项。

第八条 国际司法协助专办员对审判、执行部门报送的民商事案件司法文书送达请求审查合格的，应当制作转递函，及时报送高级人民法院国际司法协助统一管理部门。高级人民法院审查合格的，应当制作转递函，及时报送最高人民法院国际司法协助统一管理部门。文书中受送达人地址前后不一致的，高级人民法院应当在转递函中说明已核对无误的送达地址。最高人民法院审查合格的，应当制作转递函，及时转递中央机关。

除另有规定外，有权依据海牙送达公约直接对外发出民商事案件司法文书送达请求的高级人民法院国际司法协助统一管理部门收到下级法院或者本院审判、执行部门报送的民商事案件司法文书送达请求并审查合格的，应当填写符合海牙送达公约所附范本格式的请求书并加盖该高级人民法院国际司法协助专用章后邮寄被请求国中央机关。

第九条 最高人民法院国际司法协助统一管理部门收到中央机关转回的送达证明和被请求国事后要求支付送达费用的通知后，应当及时登记并转递有关高级人民法院国际司法协助统一管理部门。

高级人民法院收到最高人民法院转回的送达证明和付费通知后，或者有权依据海牙送达公约直接对外发出送达请求的高级人民法院收到外国中央机关转回的送达证明和付费通知后，应当及时登记并转递提出送达请求的人民法院。

第十条 提出送达请求的人民法院收到付费通知后，应当及时向当事人代收。当事人根据被请求国要求支付的费用，应当以汇票等形式支付并通过原途径转交被请求国相关机构。

第三章 外国委托我国法院协助送达民商事案件司法文书

第十一条 最高人民法院国际司法协助统一管理部门收到中央机关转来的外国委托我国法院协助送达的民商事案件司法文书后，应当按照下列标准进行审查：

（一）有中央机关的转递函或者请求书；

（二）请求国是海牙送达公约缔约国或者与我国签订的双边民事司法协助条约已经生效；

（三）属于海牙送达公约或者双边民事司法协助条约规定的范围；

（四）属于人民法院的办理范围；

（五）不具有海牙送达公约或者双边民事司法协助条约中规定的拒绝提供协助的情形；

（六）请求方要求采取特殊方式送达的，所要求的特殊方式与我国法律不相抵触，且在实践中不存在无法办理或者办理困难的情形；

（七）实际送达的文书与请求书中列明的文书在名称、份数上一致；

（八）依据海牙送达公约委托我国协助送达的文书，应当附有中文译文，但请求方仅要求按照海牙送达公约第五条第二款规定的方式予以送达的除外；

（九）依据双边民事司法协助条约委托我国协助送达的司法文书，附有中文译文或者双边民事司法协助条约中规定的第三方文字译文；

（十）其他应当审查的事项。

第十二条 我国法院委托外国协助送达的司法文书附有双边民事司法协助条约规定的第三方文字译文，但被请求国依然要求必须附有该国官方文字译文的，按照对等原则，该国委托我国协助送达的司法文书应当附有中文译文。

第十三条 最高人民法院国际司法协助统一管理部门审查合格的，应当制作转递函，与所送达的文书一并转递受送达人所在地高级人民法院国际司法协助统一管理部门。

第十四条　高级人民法院收到最高人民法院转来的转递函和所送达的文书后，应当参照第十一条的规定进行审查。审查合格的，应当制作转递函，与所送达的文书一并转递受送达人所在地中级或者基层人民法院国际司法协助专办员。高级人民法院国际司法协助统一管理部门认为由本院办理更为适宜的，可以直接移交本院负责民商事案件司法文书送达工作的部门办理。

第十五条　中级或者基层人民法院国际司法协助专办员收到高级人民法院转来的转递函和所送达的文书后，亦应当参照第十一条的规定进行审查。审查合格的，及时移交本院负责民商事案件司法文书送达工作的部门办理。

第十六条　人民法院送达司法文书时，应当使用本院的送达回证。

第十七条　依据海牙送达公约委托我国法院协助送达的司法文书，无论文书中确定的开庭日期或者期限是否已过，办理送达的人民法院均应当予以送达。但是，请求方另有明确表示的除外。

第十八条　受送达人是自然人的，应当由其本人签收司法文书；受送达人是法人或者其他组织的，应当由法人的法定代表人、其他组织的主要负责人或者该法人、组织负责收件的人签收司法文书。他人代收的，应当符合民事诉讼法和相关司法解释的规定。

第十九条　请求方要求采取海牙送达公约第五条第二款规定的方式送达的，办理送达的人民法院应当告知受送达人享有自愿接收的权利。受送达人拒收的，应当在送达回证上注明。

第二十条　送达成功的，办理送达的部门应当将送达回证转递本院国际司法协助专办员。送达不成功的，办理送达的部门应当将送达回证和未能送达的文书一并转递本院国际司法协助专办员。

第二十一条　国际司法协助专办员收到送达回证后，应当按照下列标准进行审查：

（一）送达回证加盖人民法院院章；

（二）送达回证填写规范、完整。包括：逐一列明所送达的文书的名称和份数、送达日期、代收人与受送达人的关系以及受送达人、代收人、送达人的签字或者盖章。如果未能成功送达，送达人还应当在送达回证中说明未能成功送达的原因。

第二十二条　通过邮寄方式送达的，国际司法协助专办员收到邮政机构出具的邮寄送达证明后，应当参照第二十一条的规定进行审查。

第二十三条　国际司法协助专办员审查合格后，应当制作送达结果转递函，与送达回证、邮寄送达证明、未能送达的文书一并转递高级人民法院国际司法协助统一管理部门。

第二十四条 高级人民法院收到送达回证、邮寄送达证明、未能成功送达的文书后，应当参照第二十一条的规定进行审查。审查合格的，应当制作给最高人民法院国际司法协助统一管理部门的转递函，并在转递函和送达回证右上角注明最高人民法院原始转递函的函号，然后将高级人民法院转递函、送达回证、邮寄送达证明、未能送达的文书转递最高人民法院国际司法协助统一管理部门。

第二十五条 最高人民法院收到高级人民法院转来的转递函、送达回证、邮寄送达证明、未能送达的文书后，应当进行审查。审查合格的，应当及时退回中央机关。

第四章 我国法院委托外国法院协助进行民商事案件调查取证

第二十六条 人民法院审判、执行部门依据海牙取证公约提出调查取证请求时，应当按照下列要求办理：

（一）制作符合海牙取证公约规定的调查取证请求书。

被请求国对请求书及其附件文字未作出声明或者保留的，请求书及其附件应当附有被请求国官方文字、英文或者法文译文。

被请求国对请求书及其附件文字作出声明或者保留的，请求书及其附件应当附有被请求国官方文字的译文。

被请求国不同地区使用不同官方文字的，请求书及其附件应当附有该地区官方文字的译文。

请求书有附件的，附件译文的语种应当与请求书译文的语种一致。

（二）请求书、附件及其译文应当一式两份，参照下列顺序装订成两套：

1. 请求书原文及译文；

2. 附件一原文及译文（附件二、三依此类推）；

3. 证明请求书及其附件的译文与原文一致的翻译证明。

（三）请求书在最终向外国中央机关发出之前，不填写签发日期、地点，也不加盖任一经手法院或者部门的印章。

（四）制作转递函，与请求书及其附件等一并报送国际司法协助专办员或者国际司法协助统一管理部门。

第二十七条 国际司法协助专办员收到本院审判、执行部门或者下级法院报送的依据海牙取证公约提出的调查取证请求后，应当按照下列标准进行审查：

（一）有审判、执行部门或者下级法院的转递函；

（二）被请求国是海牙取证公约缔约国且该公约已经在我国和该国之间生效；

（三）请求书及其附件的译文符合海牙取证公约的规定和被请求国对此所作的声明和保留；附件译文的语种与请求书的语种一致；

（四）请求书的各项内容填写规范、完整；

（五）附件中不含有明确标注密级的材料；

（六）其他应当审查的事项。

第二十八条　国际司法协助专办员对审判、执行部门报送的依据海牙取证公约提出的调查取证请求审查合格的，应当制作转递函，及时报送高级人民法院国际司法协助统一管理部门。高级人民法院审查合格的，应当制作转递函，及时报送最高人民法院国际司法协助统一管理部门。最高人民法院审查合格的，应当在请求书及其译文上填写签发日期、地点并加盖最高人民法院国际司法协助专用章后邮寄被请求国中央机关。

除另有规定外，有权依据海牙取证公约直接对外发出调查取证请求的高级人民法院国际司法协助统一管理部门收到下级法院或者本院审判、执行部门报送的调查取证请求并审查合格的，应当在请求书及其译文上填写签发日期、地点并加盖该高级人民法院国际司法协助专用章后邮寄被请求国中央机关。

第二十九条　人民法院审判、执行部门依据双边民事司法协助条约提出调查取证请求时，应当按照下列要求办理：

（一）制作符合双边民事司法协助条约规定的调查取证请求书。

请求书及其附件应当附有被请求国官方文字的译文。翻译为被请求国官方文字确有困难的，可以翻译为双边民事司法协助条约中规定的第三方文字。被请求国不接受双边民事司法协助条约中规定的第三方文字译文的，请求书及其附件应当附有被请求国官方文字的译文。

（二）请求书、附件及其译文应当一式两份，按照下列顺序装订成两套：

1. 请求书原文及译文；

2. 附件一原文及译文（附件二、三依此类推）；

3. 证明请求书及其附件的译文与原文一致的翻译证明。

（三）请求书加盖提出调查取证请求的人民法院院章。

（四）制作转递函，与请求书及其附件等一并报送国际司法协助专办员或者国际司法协助统一管理部门。

第三十条　国际司法协助专办员收到本院审判、执行部门或者下级法院报送的依据双边民事司法协助条约提出的调查取证请求后，应当按照下列标准进行审查：

（一）有审判、执行部门或者下级法院的转递函；

（二）被请求国与我国签订双边民事司法协助条约且已经生效；

（三）请求书及其附件的译文符合双边民事司法协助条约的规定；附件译

文的语种与请求书的语种一致；

（四）请求书的各项内容符合双边民事司法协助条约的具体规定，填写规范、完整；

（五）附件中不含有明确标注密级的材料；

（六）其他应当审查的事项。

第三十一条 国际司法协助专办员对审判、执行部门报送的依据双边民事司法协助条约提出的调查取证请求审查合格的，应当制作转递函，及时报送高级人民法院国际司法协助统一管理部门。高级人民法院审查合格的，应当制作转递函，及时报送最高人民法院国际司法协助统一管理部门。最高人民法院审查合格的，应当制作转递函，及时转递中央机关。

第三十二条 最高人民法院国际司法协助统一管理部门收到中央机关转回的调查取证结果和被请求国事后要求支付相关费用的通知后，应当及时登记并转递有关高级人民法院国际司法协助统一管理部门。

高级人民法院收到最高人民法院转回的调查取证结果、付费通知后，或者有权依据海牙取证公约直接对外发出调查取证请求的高级人民法院收到外国中央机关转回的调查取证结果、付费通知后，应当及时登记并转递提出调查取证请求的人民法院。

第三十三条 被请求国要求支付调查取证费用，符合海牙取证公约或者双边民事司法协助条约规定的，提出调查取证请求的人民法院应当及时向当事人代收，当事人根据被请求国要求支付的费用，应当以汇票等形式支付并通过原途径转交被请求国相关机构。

第五章 外国法院委托我国法院协助进行民商事案件调查取证

第三十四条 最高人民法院国际司法协助统一管理部门收到中央机关转来的外国法院依据海牙取证公约或者双边民事司法协助条约提出的民商事案件调查取证请求后，应当按照下列标准进行审查：

（一）有中央机关的转递函或者请求书；

（二）依据海牙取证公约提出调查取证请求的，该公约在我国与请求国之间已经生效；依据双边民事司法协助条约提出调查取证请求的，该条约已经生效；

（三）属于海牙取证公约或者双边民事司法协助条约规定的范围；

（四）属于人民法院的办理范围；

（五）不具有海牙取证公约或者双边民事司法协助条约中规定的拒绝提供协助的情形；

（六）请求方要求采取特殊方式调查取证的，所要求的特殊方式与我国法律不相抵触，且在实践中不存在无法办理或者办理困难的情形；

（七）请求书及其附件有中文译文或者符合海牙取证公约、双边民事司法协助条约规定的语种译文；

（八）其他应当审查的事项。

第三十五条　我国法院委托外国协助调查取证，请求书及其附件附有双边民事司法协助条约规定的第三方文字译文，但被请求国依然要求必须附有该国官方文字译文的，按照对等原则，该国委托我国协助调查取证的请求书及其附件应当附有中文译文。

第三十六条　最高人民法院国际司法协助统一管理部门审查合格的，应当制作转递函，与请求书及其附件一并转递证据或者证人所在地高级人民法院国际司法协助统一管理部门。同一调查取证请求中的证人或者证据位于不同高级人民法院辖区的，最高人民法院可以指定其中一个高级人民法院统一办理。如有需要，相关高级人民法院应当给予必要的协助。

第三十七条　高级人民法院国际司法协助统一管理部门收到最高人民法院转来的调查取证请求后，应当会同本院审判部门进一步审查。审查后认为可以提供协助的，应当制作转递函，与请求书及其附件一并转递证据或者证人所在地中级或者基层人民法院审查、办理。高级人民法院认为本院办理更为适宜的，可以直接办理。

第三十八条　调查取证请求应当由相应的审判部门的法官办理。

第三十九条　调查取证完毕后，办理调查取证的法官应当对调查取证结果按照下列标准进行审查：

（一）调查取证的内容符合请求书的要求；

（二）不含有明确标注密级的材料；

（三）调查取证结果对外提供后不存在损害国家主权、安全、泄露国家秘密、侵犯商业秘密等情形；

（四）提供的证据材料符合民事诉讼法和相关司法解释规定的形式要件；

（五）其他应当审查的事项。

第四十条　办理调查取证的法官审查合格后，应当将调查取证结果转递本院国际司法协助专办员。国际司法协助专办员应当参照第三十九条的规定对调查取证结果进行审查。审查合格的，应当制作转递函，与调查取证结果一并转递高级人民法院国际司法协助统一管理部门。

第四十一条　高级人民法院收到调查取证结果后，应当参照第三十九条的规定进行审查。审查合格的，应当制作转递函，与调查取证结果一并转递最高人民法院国际司法协助统一管理部门。

第四十二条　对于存在第三十九条第（三）项情形的证据材料，各级人民法院应当在转递函中注明，并将该材料按照第四十条、第四十一条的规定与其他材料一并转递。

第四十三条 最高人民法院收到高级人民法院转来的转递函和调查取证结果后，应当进行审查，认为可以转交请求方的，应当及时转交中央机关。

第四十四条 我国法院协助外国法院调查取证产生的费用，根据海牙取证公约或者双边民事司法协助条约应当由请求方支付的，由办理调查取证的法院提出收费依据和费用清单，通过高级人民法院国际司法协助统一管理部门报请最高人民法院国际司法协助统一管理部门审核。最高人民法院认为应当收取的，通过中央机关要求请求方支付。请求方支付的费用，通过原途径转交办理调查取证的法院。

第六章 附 则

第四十五条 人民法院办理民商事案件司法文书送达的送达回证、送达证明在各个转递环节均应当扫描为 PDF 文件以电子文档的形式保存，保存期限为三年；人民法院办理民商事案件调查取证的材料应当作为档案保存。

第四十六条 通过外交途径办理民商事案件司法文书送达、调查取证，以及向在国外的中国籍公民进行简单询问形式的调查取证，不适用本实施细则。

第四十七条 本实施细则自 2013 年 5 月 2 日起试行。

【解 读】

解读《关于依据国际公约和双边司法协助条约办理民商事案件司法文书送达和调查取证司法协助请求的规定实施细则（试行）》

外国依据国际公约或双边司法协助条约委托我国送达民商事司法文书在国际司法协助中占有很大的比例，据统计，自 2005 年至 2013 年，每年外国请求送达民商事司法文书的数量都占全年文书送达总量的 2/3 左右，而且随着国际交流的进一步发展，外国请求送达民商事司法文书的数量可能会继续增加，因此做好外国请求送达司法文书的程序规范具有十分重要的意义。最高人民法院在《关于依据国际公约和双边司法协助条约办理民商事案件司法文书送达和调查取证司法协助请求的规定》（以下简称《规定》）和《最高人民法院〈关于依据国际公约和双边司法协助条约办理民商事案件司法文书送达和调查取证司法协助请求的规定〉实施细则（试行）》（以下简称《实施细则》）中，对外国依据国际公约或双边司法协助条约委托我国法院送达民商事案件司法文书所应遵循的原则和程序都进行了详细的规定，为文书审查、转递、送达的办理等方面提供了操作性较强的规范。

一、我国人民法院对外国请求送达司法文书的审查

为正确履行国际公约或双边司法协助条约的义务，《规定》首次明确了全国各级人民法院的审查权，“人民法院协助外国办理民商事案件司法文书送达和调查取证请求，应当进行审查。”审查原则是本《规定》确立的国际司法协助应遵循的重要原则之一。在此基础上，《实施细则》进一步细化了审查的具体内容和要点：

（一）能够协助外国送达司法文书的前提条件

1. 请求国是海牙送达公约缔约国或者与我国签订的双边民事司法协助条约已经生效。各级人民法院统一管理部门或专办员在收到外国请求送达的文书后，都应审查请求国是否是海牙送达公约成员国，或者该国与我国签订的含有民事司法协助内容的双边条约是否已经生效。截至2013年4月25日，我国可与67个国家或地区相互委托送达民商事司法文书，自1987年起共签订含有民事司法协助内容的双边条约40余个，各级人民法院在审查时若发现有请求国既不是海牙送达公约成员国，且该国与我国也没有签订含有民事司法协助内容的双边条约或该双边条约尚未生效的，在回函中注明情况，将司法文书按原途径退回即可。

2. 该文书的送达属于海牙送达公约或者双边民事司法协助条约规定的范围。海牙送达公约第一条限定了本公约的适用范围：“在所有民事或商事案件中，如有须递送司法文书或司法外文书以便向国外送达的情形，均应适用本公约。在文书的受送达人地址不明的情况下，本公约不予适用。”因此，海牙送达公约的适用范围首先是所送达的文书应属于民事或商事范畴，其次，所送达的文书应是司法文书或司法外文书，最后，受送达人应该具有明确的地址。对民事或商事的范围，各国的理解存在一定的分歧。一些普通法国家对民商事并没有严格的分类，对民商事的理解也很宽泛，对这些国家而言，只要不是刑事案件就是民商事案件，而在大陆法系国家，通常将税收、行政等案件从民商事案件中排除出来。海牙私法会议也对该问题不断地进行研究和完善，目前在实践中，为了实现公约的宗旨和目的，各国对“民事或者商事”都作“自主性或至少是宽泛性的解释”。① 司法外文书是指与审判不直接相关，用公约的措辞

① 《海牙送达公约操作使用手册》，海牙会议常设局2006年版，第29页。

就是，它们涉及“机关或者司法助理人员”，如支付令、关于撤销租赁合同或者雇佣合同的通知、对汇票或者本票的抗辩，条件是它们由机关或者司法助理人员签发。[①] 在我国法律框架下，尚无司法外文书的概念和向外国送达司法外文书的程序。原则上，我国法院不应受理来自外国的司法外文书送达请求。但是，考虑到司法外文书的送达属于海牙送达公约和部分双边民商事司法协助条约的适用范围。在我国尚未建立独立的司法外文书送达机制，且外国提出的司法外文书送达数量很少的情况下，人民法院可以代为送达来自外国的司法外文书。将来，如果国内立法中增加了司法外文书的概念和向外国送达司法外文书的机制，或者来自外国的司法外文书送达请求数量显著增加，将考虑在司法文书送达机制之外，建立独立的司法外文书送达体系。受送达人的地址明确也是公约适用的前提之一，如果受送达人地址不详，则公约不予适用。我国与其他国家签订的双边民事司法协助条约在适用范围上，与海牙送达公约的规定具有相似性，在审查中可按同等标准审查。

3. 属于人民法院的办理范围。根据我国民事诉讼法的相关规定，人民法院负责送达的文书是司法文书，如起诉状副本、应诉通知书、传票、合议庭组成人员通知书、举证通知书、判决书、裁定书、调解书等与具体民事案件审判有关的文书。另外，仲裁文书的送达并不适用海牙送达公约或者双边民商事司法协助条约，而是适用于当事人在仲裁协议中约定的方式和仲裁规则的规定。因此，人民法院不受理来自外国的纯属仲裁文书的送达请求。

（二）对外国委托我国法院送达司法文书的形式审查

1. 有中央机关的转递函或者请求书。中央机关的转递函或请求书，一般载有受送达人名称、地址以及请求方的特殊要求等具体信息，因此具有重要的意义。海牙送达公约以及大多数的双边民事司法协助条约的中央机关是司法部，因此最高人民法院在收到司法部转来的国外请求送达的司法文书后，应首先审查是否有司法部的转递函以及请求国中央机关的请求书，在最高人民法院作为双边司法协助条约的中央机关时，因为是与对方中央机关直接联系，因此仅需要审查是否有对方中央机关的请求书即可。目前，在我国与新加坡、蒙古和朝鲜三个国家签订的双边民事司法协助条约中最高人民法院担任中央机关。

2. 请求书中列明的文件清单与实际所附文书是否一致。这是我国法院对所需送达的司法文书进行形式审查的重要内容，审查的目的在于确认请求书中的文件清单是否与所附文书在名称和数量上一致。如果各级人民法院在审查中发现清单与文书有不一致的情况，应标明情况后按原途径退回请求方补充或修正相关内容。

---

① 《海牙送达公约操作使用手册》，海牙会议常设局2006年版，第32页。

3. 外国请求送达的司法文书应附有符合公约或条约规定的译文。依据海牙送达公约委托我国协助送达的文书，应附有中文译文，但请求方仅要求按照海牙送达公约第五条第二款规定的方式予以送达的除外。海牙送达公约在第五条第二款中规定了“非正式交付”的送达方式，即受送达人自愿接收方予送达。在这种情况下，可以不附有中文译文。但在这种情况下应注意在送达时保障受送达人自愿接收的权利。依据双边民事司法协助条约委托我国协助送达的司法文书，应附有中文译文或者双边民事司法协助条约中规定的第三种文字译文。通常情况下，我国在与其他国家签订双边民事司法协助条约时，除了被请求方的官方文字外，还会约定当提供被请求国官方文字译文存在困难时，可以接受第三种文字，大多数是英文，也有法文、俄文等。但是需要注意的是，在我国国际司法协助实践中，一些国家尽管和我们签订了双边条约，且规定了第三种文字译文，但当我国法院以第三种文字译文向该国家提出送达请求时，该国家却拒绝提供协助（比如希腊和土耳其）。在这种情况下，根据《规定》确立的对等原则，我们也要求该国委托我国法院送达司法文书时，必须附有中文译文。

（三）对外国委托我国法院送达司法文书的实质审查

1. 不具有海牙送达公约或者双边民事司法协助条约中规定的拒绝提供协助的情形。这是我国法院对外国请求送达的司法文书进行实质审查的主要内容和基本要求，无论是海牙送达公约还是双边司法协助条约，都会规定拒绝提供司法协助的情形，作为保护国家利益的安全阀，比如海牙送达公约第十三条中规定：“如果送达请求书符合本公约的规定，则文书发往国只在其认为执行请求将损害其主权或安全时才可拒绝执行”；在我国缔结的双边民事司法协助条约中的类似表述有《中国与法兰西共和国关于民事、商事司法协助的协定》第十一条，其规定：“如果被请求一方认为送达司法文书和司法外文书的请求有损于本国的主权或安全，可以拒绝送达，但应将拒绝的理由通知请求一方。”《中国和新加坡共和国关于民事和商事司法协助的条约》第十一条请求的拒绝中规定：“被请求方如果认为执行送达司法文书的请求有损或将损害其主权、安全或国家利益，可拒绝执行请求，并应立即将拒绝的理由通知请求方。”尽管措辞不同，但是所表述的意思基本一致，就是当外国的请求有可能危害到被请求国的各种国家利益时，被请求国都有权力拒绝提供协助，这已经成为一种国际共识。除了国际公约或双边司法协助条约外，我国国内法也有明确的规定，在外国法院请求协助的事项有损于中华人民共和国的社会公共利益时，人民法院不予执行。在这一项内容的审查中，由于对国家主权、安全和社会公共利益的判断没有具体的标准和参照，因此人民法院享有一定的自由裁量权，但为了国际合作的顺利开展，这种实质审查应控制在合理的范围内，既不能过度审查，妨碍国际公约和条约的正常履行，亦不能过于宽松，导致国家主权和利益受到损害。因此各级人民法院在审查国外请求送达的文书时，应严格而谨慎地适用拒绝提供协助的相关条款。

2. 请求方要求采取特殊方式送达的，所要求的特殊方式与我国法律不相抵触，且在实践中不存在无法办理或者办理困难的情形。在海牙送达公约或者双边民事司法协助条约中，都有允许请求方提出以特殊方式送达司法文书的规定，比如海牙送达公约第五条规定："文书发往国中央机关应按照下列方法之一，自行送达该文书，或安排经由一适当机构使之得以送达：……（二）按照申请者所请求采用的特定方式，除非这一方法与文书发往国法律相抵触。"海牙送达公约之所以有这一规定，是因为一些国家担心按照被请求国的法律送达不会满足他们自己的送达要求，因此在这些国家的要求下，海牙送达公约采纳了这一规定，并要求被请求国不得因其国内法未对某种特定方式作出规定而拒绝使用此方式，只有当其与国内法不相符时才可拒绝。① 1977 年特委会会议期间，讨论确认了请求使用特定方式送达的情况比较少见，从近期没有与此规定相关的判例法以及当事国对于 2003 年问卷的答复来看，这种送达方式在实践中仍然用的较少。在我国的实践中，国外提出以特殊方式送达的情况也较少见，其中比较常见的特殊方式是"personal service（直接送达）"或者在向法人送达时，要求将文书交给指定的受送达人等。人民法院在审查该种特殊方式时，主要注意其与我国国内法是否存在抵触，或者在办理中是否存在困难等。如没有上述问题，则应按照请求方请求的特殊方式办理文书送达。

二、文书送达的具体执行

各级人民法院在对外国委托我国法院送达司法文书进行形式和实质审查之后，如果认为可以协助送达的．就应由相应的法院进行送达。我国法院在协助送达司法文书时，应重点注意程序的合法性。

1. 执行文书送达的主体。最高人民法院外事局审查合格的文书，应转给受送达人所在地所属的高级人民法院归口管理部门。高级人民法院审查合格的文书，可以转至受送达人所在地的中级人民法院或者基层人民法院送达；如果高级人民法院认为由自己送达更为便捷高效，也可以自行送达。

2. 司法文书的签收人。我国民事诉讼法第八十五条对司法文书的签收人有明确的规定：自然人交其本人签收，受送达人不在应交由其同住成年家属签收；法人或者其他组织应当由法人的法定代表人、其他组织的主要负责人或者该法人、组织负责收件的人签收。在我国实践中，法人或其他组织签收人以及

① 《海牙送达公约操作使用手册》，海牙会议常设局 2006 年版，第 49 页。

自然人代收人的合法性问题容易被忽略。但是在国际司法协助中，送达程序的瑕疵很可能为日后判决的承认和执行埋下隐患，同时也不利于受送达人知情权的实现。因此，各级人民法院在协助送达国外司法文书时，应严格依据我国民事诉讼法的规定，交由合法的接收人签收文书。

3. 非正式交付的送达程序。海牙送达公约第五条第二款规定了“非正式交付”的送达方式，即“除非请求使用特定的方法，文书总是送交自愿接受文书的受送达人”，根据公约规定，此时被送达的文书无需译文。非正式交付的方法仅是部分国家的实践，在海牙送达公约的实践中，尽管有些程序法不认可这种送达方式的国家，也认可这种方式可行。① 因此，尽管我国国内法没有这种送达方式，但当请求方有此要求时，我国人民法院也应按其要求送达司法文书，但在送达程序上应注意与我国国内法规定的送达程序有所区别。当请求方要求受送达人自愿接收方予送达时，执行送达的法院工作人员应首先告知其享有自愿接受该司法文书的权利，如其拒收，则法院工作人员在送达回证中载明情况，连同文书退回即可。一般情况下，以自愿接收方式送达的司法文书没有中文译文，因此事先告知受送达人其所享有的权利也是保障其正当权益的一种方式。

4. 司法文书中的开庭日期和期限已过的处理。由于国际司法文书送达的路途远、周期长，程序复杂，因此在实践中往往会有文书中确定的开庭日期或相关期限已过的情况。1911 年海牙国际私法会议特委会会议指出，出庭期限通常并非最后期限，大多数法律体系有推迟听证的实践，即使文书中指明的出庭日期已过也应予以送达，除非提出请求的中央机关另有明确表示。因此，在司法文书中的开庭日期或相关期限已过的情况下，我国人民法院仍应协助送达该文书，不应因文书的期限已过而拒绝协助送达，除非请求方另有明确要求。

三、送达回证的填写

送达回证的填写是我国办理国外请求送达司法文书的关键环节。一方面，送达回证中所记载的信息对请求国进行的诉讼程序具有重要的法律意义；另一方面，送达回证的填写质量也是我国司法程序严谨性和公正性的展现，是我国在国际上的一种司法形象。我国法院在填写送达回证时需注意以下几个问题：

1. 使用正确的送达回证。在协助送达国外司法文书时，应使用具体执行送达的人民法院的送达回证，且送达回证应加盖该法院的印章。

2. 送达回证应填写完整、规范。首先，送达回证中的信息应填写完整，比如受送达人名称、地址、文件名称及份数等；其次，送达回证的填写应符合

---

① 《海牙送达公约操作使用手册》，海牙会议常设局 2006 年版，第 49 页。

民事诉讼法的相关规定，在送达成功的情况下，要有送达人和受送达人的签字、日期，代收的情况下，要有代收人的签字并注明代收人和受送达人的关系；未能送达的情况下，也要有送达人的签字、日期，并注明未能成功送达的原因。一些法院在协助送达外国司法文书时，会采用邮寄送达的方式，邮寄送达的回执与送达回证的填写要求一样，因此邮寄送达的回执，亦应填写规范、完整，清晰可辨认，尤其是司法文书被代收时，应注明代收人与受送达人的关系，未送达成功时应注明未能成功送达的原因。

四、司法文书及送达结果的登记和保存

在《规定》中，首次确立了国际司法协助请求及其办理结果的登记制度和司法协助请求办理结果的保管制度。这两项制度的建立，为全国法院确定了统一的登记标准、数据统计标准和数据报送标准，便于国际司法协助信息的查询，以及通过数据分析对各级人民法院司法协助工作质量和效率进行比较、评估，为及时发现和解决问题奠定了基础。

1. 司法文书及送达结果的登记。根据这两项基本制度的要求，各级人民法院统一管理部门或专办员应对经手的外国请求送达的司法文书及送达结果进行登记，以备查询。登记的内容包括请求方、被请求方、受送达人的名称、该法院收到文书的日期、签发文书的日期以及收到送达结果的日期，未成功送达的原因等信息。

2. 送达回证及相关证明材料的保存。人民法院办理外国司法文书送达的送达回证及相关证明材料应在各个转递环节予以保存，各级人民法院国际司法协助统一管理部门或专办员应将送达回证及相关证明材料扫描为 PDF 文件，以电子文档的形式保存，保存期限为三年。送达完成并登记、保存之后，送达回证及相关材料应由原途径转回最高人民法院外事局，由最高人民法院转回中央机关。

（撰稿人：马晓旭）

最高人民法院
关于明确第一审涉外民商事案件级别管辖标准以及归口办理有关问题的通知

2017 年 12 月 7 日　　　　　　　　法〔2017〕359 号

各省、自治区、直辖市高级人民法院、解放军军事法院、新疆维吾尔自治区高级人民法院生产建设兵团分院：

为合理定位四级法院涉外民商事审判职能，统一裁判尺度，维护当事人的合法权益，保障开放型经济的发展，现就第一审涉外民商事案件级别管辖标准以及归口办理的有关问题，通知如下：

一、关于第一审涉外民商事案件的级别管辖标准

北京、上海、江苏、浙江、广东高级人民法院管辖诉讼标的额人民币 2 亿元以上的第一审涉外民商事案件；直辖市中级人民法院以及省会城市、计划单列市、经济特区所在地的市中级人民法院管辖诉讼标的额人民币 2000 万元以上的第一审涉外民商事案件，其他中级人民法院管辖诉讼标的额人民币 1000 万元以上的第一审涉外民商事案件。

天津、河北、山西、内蒙古、辽宁、安徽、福建、山东、河南、湖北、湖南、广西、海南、四川、重庆高级人民法院管辖诉讼标的额人民币 8000 万元以上的第一审涉外民商事案件；直辖市中级人民法院以及省会城市、计划单列市、经济特区所在地的市中级人民法院管辖诉讼标的额人民币 1000 万元以上的第一审涉外民商事案件，其他中级人民法院管辖诉讼标的额人民币 500 万元以上的第一审涉外民商事案件。

吉林、黑龙江、江西、云南、陕西、新疆高级人民法院和新疆生产建设兵团分院管辖诉讼标的额人民币 4000 万元以上的第一审涉外民商事案件；省会城市、计划单列市中级人民法院，管辖诉讼标的额人民币 500 万元以上的第一审涉外民商事案件，其他中级人民法院管辖诉讼标的额人民币 200 万元以上的第一审涉外民商事案件。

贵州、西藏、甘肃、青海、宁夏高级人民法院管辖诉讼标的额人民币 2000 万元以上的第一审涉外民商事案件；省会城市、计划单列市中级人民法院，管辖诉讼标的额人民币 200 万元以上的第一审涉外民商事案件，其他中级人民法院管辖诉讼标的额人民币 100 万元以上的第一审涉外民商事案件。

各高级人民法院发布的本辖区级别管辖标准，除于2011年1月后经我院批复同意的外，不再作为确定第一审涉外民商事案件级别管辖的依据。

二、下列案件由涉外审判庭或专门合议庭审理：

（一）当事人一方或者双方是外国人、无国籍人、外国企业或者组织，或者当事人一方或者双方的经常居所地在中华人民共和国领域外的民商事案件；

（二）产生、变更或者消灭民事关系的法律事实发生在中华人民共和国领域外，或者标的物在中华人民共和国领域外的民商事案件；

（三）外商投资企业设立、出资、确认股东资格、分配利润、合并、分立、解散等与该企业有关的民商事案件；

（四）一方当事人为外商独资企业的民商事案件；

（五）信用证、保函纠纷案件，包括申请止付保全案件；

（六）对第一项至第五项案件的管辖权异议裁定提起上诉的案件；

（七）对第一项至第五项案件的生效裁判申请再审的案件，但当事人依法向原审人民法院申请再审的除外；

（八）跨境破产协助案件；

（九）民商事司法协助案件；

（十）最高人民法院《关于仲裁司法审查案件归口办理有关问题的通知》确定的仲裁司法审查案件。

前款规定的民商事案件不包括婚姻家庭纠纷、继承纠纷、劳动争议、人事争议、环境污染侵权纠纷及环境公益诉讼。

三、海事海商及知识产权纠纷案件，不适用本通知。

四、涉及香港、澳门特别行政区和台湾地区的民商事案件参照适用本通知。

五、本通知自2018年1月1日起执行。之前已经受理的案件不适用本通知。

本通知执行过程中遇到的问题，请及时报告我院。

最高人民法院　中华全国归国华侨联合会
关于在部分地区开展涉侨纠纷多元化解
试点工作的意见

2018 年 3 月 8 日　　　　　　　　　　法〔2018〕69 号

吉林、上海、江苏、浙江、安徽、福建、湖南、广东、广西、海南、云南省（自治区、直辖市）高级人民法院、归国华侨联合会：

为贯彻落实党的十九大精神，加强预防和化解社会矛盾机制建设，推进涉侨领域矛盾纠纷多元化解，打造共建共治共享的社会治理格局，依法维护归侨侨眷和海外侨胞合法权益，根据《中华人民共和国人民调解法》《中华人民共和国归侨侨眷权益保护法》和中共中央办公厅、国务院办公厅《关于完善矛盾纠纷多元化解机制的意见》（中办发〔2015〕60 号）以及最高人民法院《关于进一步深化人民法院多元化纠纷解决机制改革的意见》（法发〔2016〕14 号），最高人民法院和中华全国归国华侨联合会决定在吉林、上海、江苏、浙江、安徽、福建、湖南、广东、广西、海南、云南等 11 省（自治区、直辖市）开展涉侨纠纷多元化解试点工作。现提出如下意见：

1. 试点工作意义。归侨侨眷和海外侨胞是建设中国特色社会主义、推进祖国和平统一、实现中华民族伟大复兴中国梦的重要力量。开展涉侨纠纷多元化解试点工作，对于维护归侨侨眷合法权益和海外侨胞正当权益，保障“一带一路”建设、参与国际规则制定、提升纠纷解决国际话语权具有重要意义，有利于推动完善中国特色多元化纠纷解决体系。

2. 试点总体要求。试点省（自治区、直辖市）高级人民法院和省级侨联要共同研究制定试点工作方案，并报最高人民法院和中国侨联备案。各级人民法院要切实加强涉侨案件审判工作，发挥好引领、推动、保障涉侨纠纷多元化解机制建设的重要作用。各级侨联组织要主动作为，积极参与纠纷解决工作，加强自身能力建设，加强工作创新，推动归侨侨眷相对集中的地区和传统侨乡先行先试。试点地区人民法院和侨联组织要加强工作联系，及时研究解决改革中遇到的问题，创造性地推进工作，确保改革方向正确、步调一致、取得实效。

3. 健全调解组织。各级侨联组织应当广泛吸纳归侨侨眷和各类专业人员加入人民调解组织。有条件的地区可以探索建立具有民办非企业单位性质的涉侨纠纷调解中心。依托现有调解组织、法院特邀调解组织和诉调对接中心等，吸收归侨侨眷和各类专业人员担任调解员。涉侨调解组织可以在婚姻家庭、相邻关系、小额债务、劳动争议、物权争议、工程承包、投资、金融、知识产权、国际贸易等领域提供调解服务。涉侨调解组织应当注重完善调解保密制度，总结推广成功调解经验，培养专业调解人才，积极开展与域外调解组织的交流。

4. 吸纳律师参与。各级侨联组织要加强与司法行政机关、律师协会的沟通联系，创新律师与侨联组织合作模式。充分发挥侨联组织法律顾问委员会作用，探索建立海外律师团队交流合作机制。可以在涉侨调解组织派驻律师或者设立律师工作室，在律师调解工作室和律师调解中心派驻调解员。充分调动律师参与涉侨纠纷解决的积极性，发挥律师的专业化、职业化优势，为归侨侨眷和海外侨胞提供多样化、全方位的法律服务。

5. 鼓励横向合作。各级侨联及涉侨调解组织要与人民调解组织、商事调解组织、行业调解组织、仲裁机构、公证机构等建立和完善工作对接机制。与高等院校、科研机构加强合作，在人员培训、业务拓展、工作协同等方面发挥各自优势、互相提供支持，服务创新驱动发展战略、乡村振兴战略、区域协调发展战略、“一带一路”建设等国家重大发展战略。

6. 提升科技应用。各级侨联组织应当积极应用移动互联网、人工智能等现代科技，便利归侨侨眷和海外侨胞参与纠纷解决。各级侨联及涉侨调解组织要积极开发和应用信息化系统，建立纠纷在线解决平台，鼓励和引导当事人、调解员在线解决纠纷。积极探索与人民法院相关信息系统建立关联，依法推动调解过程中形成的有关证据、争议焦点、调解理由、无争议事实等材料与诉讼程序有序衔接，切实减轻当事人诉累，公正高效解决纠纷。

7. 落实审判职能。试点地区人民法院要将执法办案作为第一要务，不断提升审判质量和效率，切实发挥司法定分止争、维护社会公平正义的作用。试点地区基层人民法院要依法加强对人民调解组织的业务指导，不断提升人民调解组织预防和化解社会矛盾纠纷的能力。试点地区人民法院、侨联组织要按照人民陪审员改革试点工作要求，积极推荐和确定符合条件的归侨侨眷担任人民陪审员，参与涉侨案件的审理工作。在归侨侨眷比较集中的农场、企业和乡镇，人民法院可以通过设立巡回办案点、权益保护基地等形式，方便群众诉讼。

8. 强化司法保障。试点地区人民法院要加强与侨联组织的沟通协调，引导当事人优先选择非诉讼方式解决涉侨纠纷，鼓励当事人即时履行调解协议。人民法院要完善涉侨案件诉调对接机制，积极吸纳涉侨调解组织和调解员加入人民法院特邀调解组织和特邀调解员名册。对于当事人起诉到人民法院适宜调解的涉侨纠纷或案件，人民法院可以通过委派或者委托调解，由涉侨调解组织和调解员先行调解。经人民法院委派或者涉侨调解组织调解达成协议，当事人申请司法确认的，人民法院应当依法确认调解协议效力。人民法院应当依法完善涉侨案件审判工作机制，完善信息共享平台，提高预防和解决纠纷效率；支持侨联组织依法参与诉讼前和诉讼中的纠纷解决工作，引导当事人理性表达诉求、维护正当权益。

9. 加强人员培训。各级人民法院和侨联组织应当加强调解员和人民陪审员培训工作，完善调解员和人民陪审员岗前培训和在职学习机制，加强职业道德建设，提升调解技能与法律素养。编写优秀培训教材，创新培训方式，不断提高调解员队伍的专业化、职业化水平。

10. 完善经费保障。试点地区人民法院和侨联组织应当紧紧依靠党委领导，积极争取政府支持，协调和推动财政部门将涉侨纠纷解决经费纳入政府财政预算，推动政府购买服务，细化完善“以案定补”和各项考核激励机制。各级侨联组织应当探索建立涉侨矛盾纠纷化解基金，鼓励归侨侨眷、海外侨胞和相关单位提供纠纷解决专项捐赠或者专项资助，规范捐赠资产的管理和使用。有条件的涉侨调解组织可以按照市场化方式运作，根据当事人需求提供纠纷解决服务并适当收取费用。人民法院应当加强司法救助工作，发挥诉讼费杠杆作用，依法惩戒滥用诉权、虚假诉讼等违法行为。

11. 加强宣传引导。各级人民法院和侨联组织应当充分运用各种传媒手段，宣传多元化纠纷解决机制的优势。将华侨爱国主义、集体主义精神同中华传统解纷理念有机融合，引导广大归侨侨眷和海外侨胞加强自我管理、自主解决纠纷，不断发挥中华司法文化对完善中国特色社会主义司法制度的促进作用。

12. 完善地方立法。试点地区人民法院和侨联组织应当及时总结本地区试点工作取得的成熟经验，积极推动本地区出台相关地方性法规、规章；已经出台相应地方性法规、规章的地区，要做好配套机制的完善和落实，将试点成果制度化、法律化，确保试点工作依法有序、顺利推进。

13. 加强组织领导。试点省（自治区、直辖市）高级人民法院和侨联应当加强对试点工作的组织、监督和指导。试点地区人民法院和侨联组织应当认真研究新情况、新问题，及时总结试点经验，反馈试点情况，并将试点工作进展、遇到的问题、工作建议等，层报最高人民法院、中华全国归国华侨联合会。

【链　　接】

创新工作机制　化解涉侨纠纷

——最高人民法院、中国侨联相关负责同志就《关于在部分地区开展涉侨纠纷多元化解试点工作的意见》答记者问

2018年3月8日，最高人民法院和中国侨联联合印发了《关于在部分地区开展涉侨纠纷多元化解试点工作的意见》。为此，本报记者采访了最高人民法院司改办和中国侨联权益保障部负责人。

一、问：开展涉侨纠纷多元化解试点工作有什么重要意义？

答：各级侨联组织作为联系广大归侨侨眷和海外侨胞的人民团体，在推进多层次多领域依法治理、健全社会矛盾纠纷预防化解体系、挖掘民间解纷潜力等方面有着独特优势。开展涉侨纠纷多元化解工作，是人民法院学习贯彻落实党的十九大精神和习近平新时代中国特色社会主义思想，深入推进司法体制综合配套改革，细化落实多元化纠纷解决机制改革推出的务实举措。

这项改革坚持问题导向，拓展司法为民新机制。归侨侨眷和海外侨胞是中华民族大家庭的重要一员，为广大涉侨纠纷当事人提供更多简便快捷的解纷渠道，切实维护归侨侨眷合法权益和海外侨胞正当权益，是侨胞侨眷的期盼，也是司法机关和侨联组织的共同职责。法院和侨联联合开展涉侨纠纷多元化解试点，就是要创新工作机制，灵活运用诉讼和非诉讼的方式妥善解决各类带有涉侨因素的纠纷和案件，不断为涉侨纠纷当事人提供高效、便捷、多样化的解纷服务。

这项改革坚持服务大局，提升我国司法影响力。归侨侨眷和海外侨胞是建设中国特色社会主义、推进祖国和平统一、实现中华民族伟大复兴中国梦的重要力量。推进“一带一路”建设、构建人类命运共同体，离不开广大归侨侨眷和海外侨胞的积极参与。开展涉侨纠纷多元化解试点工作，功夫在国内，影响在国际。将多元化纠纷解决机制延伸到涉侨领域，依法保护侨胞侨眷合法权益，有助于他们更好地投身于各项建设和改革事业，有助于增强我国解决涉侨纠纷法律机制的国际影响力，不断提升我国国际竞争软实力。

这项改革坚持法治保障，强化多元解纷系统性。诉讼是解决纠纷的主导力量，但它也是化解纠纷、维护公正的最后一道防线。中国特色多元化纠纷解决

机制的最大特征，是构建以诉讼为主体、多元并存、相互协调、有机配套的纠纷解决总体格局。开展涉侨领域纠纷多元化解试点工作，必将极大推动纠纷解决体系发展完善，构建分层递进、有机衔接、协调配套的纠纷解决新格局。

二、问：同普通案件纠纷相比，涉侨纠纷有哪些显著特点?

答：涉侨纠纷虽然不是一种独立的案件类型，但也有它自己的特点：

一是涉侨案件“点状集中、总体分散”特征明显，个别案件比较敏感。传统侨乡涉侨案件比重高，如浙江文成、青田法院年均受理涉侨案件约占民商事案件的30%～40%。另外，涉侨案件总体占比小，如福建全省2016年收案91万件，近五年累计受理涉侨案件仅12409件，年均不到0.3%。但是，华侨旅居海外，个别案件影响力大、传播速度快、敏感性强，处理不当则容易引发严重后果。

二是案件类型相对单一，调撤率高。95%以上的涉侨纠纷属于婚姻家庭纠纷，受传统文化和诉讼不便等影响，华侨更倾向于非诉渠道解决纠纷。各地法院涉侨案件调撤率普遍较高，如福建全省涉侨案件调撤率为44.8%，福州中院达48.38%；浙江文成法院2016年涉侨案件调撤率为62.48%，高出民商事案件平均水平11.53个百分点。福建莆田涵江区法院江口法庭近年来收案量逐年增加，但是，由于诉前化解和诉讼调解工作扎实到位，涉侨案件数量一直平稳保持低位。

三是侨胞参与诉讼难，案件审理周期长，执行难度大。华侨回国参与诉讼成本较高，当事人难以当庭表达诉求。涉侨案件诉讼材料公证认证程序繁琐、送达时间长，案件审理周期长，个别可达2～3年。有的海外被执行人处于失联状态，法院查明海外财产状况难度较大，判决难以执行。

三、问：侨联和归侨侨眷参与纠纷多元化解有什么优势?

答：侨联和归侨侨眷是构筑纠纷解决“第一道防线”的重要力量，他们的工作优势主要体现在三个方面：

一是各级侨联组织作为联系广大归侨侨眷和海外侨胞的人民团体，能够有效凝聚起涉侨纠纷多元化解的工作力量。

二是传统侨乡宗族、亲情联系较为紧密，“乡贤”文化发达，族老威信高，群众对调解、协商等非诉讼纠纷解决途径的需求较为普遍，社会心理基础和文化传统氛围有利纠纷多元化解。

三是归侨侨眷和海外侨胞热心公益。他们中的许多人不仅热情参与矛盾调处，还积极回馈故乡，踊跃捐资捐物，有的修建学校房屋，有的修缮道路桥梁，社会基础较好。

四、问：《试点工作意见》对侨联组织参与纠纷多元化解提出了哪些举措？

答：《试点工作意见》围绕调动侨联组织力量参与纠纷解决，提出了四个方面的举措：

一是加强涉侨调解组织建设，完善调解保密制度，总结推广成功调解经验，培养专业调解人才。

二是积极吸纳律师参与，发挥律师的专业化、职业化优势，为归侨侨眷和海外侨胞提供多样化、全方位的法律服务。

三是积极开展横向合作。涉侨调解组织要与各类调解组织、仲裁机构、公证机构、高等院校、科研机构加强联系，服务国家重大发展战略和"一带一路"建设。

四是提升科技应用水平。大力应用信息技术和人工智能，便利归侨侨眷和海外侨胞参与纠纷解决，公正高效解决纠纷。

五、问：《试点工作意见》有何创新举措？

答：《试点工作意见》根据归侨侨眷工作特点，结合改革实际，鼓励各地积极探索建立涉侨矛盾纠纷化解基金。目前一些地方已经开始着手推进这项工作。

制约矛盾纠纷多元化解机制发展的因素之一是经费保障问题。当前各类调解组织的经费来源，主要是政府购买服务和市场化运作两种途径。涉侨纠纷多元化解的比较优势在于，归侨侨眷和海外侨胞有一定经济实力，大都愿意提供捐助。如果我们通过设立基金的形式，将分散捐助集中统一使用，无疑有利于涉侨调解组织发展。因此，《试点工作意见》提出，各级侨联组织应当在有条件的地区探索建立涉侨矛盾纠纷化解基金，鼓励广大归侨侨眷、海外侨胞和相关单位提供纠纷解决专项捐赠或者专项资助。

需要特别强调的是，各级侨联组织以及基金管理机构一定要严格依照相关法律规定规范运作，高度重视捐赠资产的科学管理，主动接受社会监督，定期公开发布报告，确保捐赠资产依法、透明、规范、合理使用，决不能辜负广大捐资者的信托。

六、问：试点地区各级人民法院应当如何做好试点工作？

答：各级人民法院要切实加强涉侨案件审判工作，与侨联组织加强联系，发挥好引领、推动、保障涉侨纠纷多元化解机制建设的重要作用。

一是依法履行审判职能。要将执法办案作为第一要务，不断提升涉侨案件审判质效。要加强对人民调解组织的业务指导，不断提升人民调解组织预防和化解社会矛盾纠纷的能力。

二是不断强化司法保障。要加强与侨联组织的沟通协调，引导当事人优先选择非诉讼方式解决涉侨纠纷。完善涉侨案件诉调对接机制，依法加强司法确认工作。积极支持侨联组织参与纠纷解决，引导当事人理性表达诉求、维护正当权益。

三是协助做好人员培训。要积极支持配合侨联组织加强调解员和人民陪审员培训工作，不断提高调解员队伍的专业化、职业化水平。

十四、其　他

最高人民法院
关于印发《人民法院民事诉讼风险提示书》的通知

2003年12月24日　　法发〔2003〕25号

各省、自治区、直辖市高级人民法院，解放军军事法院，新疆维吾尔自治区高级人民法院生产建设兵团分院，各计划单列市中级法院：

为了贯彻“三个代表”重要思想，落实最高人民法院提出的司法为民措施，进一步方便人民群众诉讼，促进当事人依法行使诉讼权利、履行相应的诉讼义务，避免因行使权利或者履行义务不当而带来不利的裁判后果，充分保护当事人的合法权益，最高人民法院在总结各级人民法院诉讼风险提示经验、充分听取社会各界意见的基础上，制订了全国各级人民法院统一适用的《人民法院民事诉讼风险提示书》（以下简称《风险提示书》）文本。2003年12月23日，最高人民法院审判委员会第1302次会议讨论通过了该《风险提示书》文本，现予公布。为充分发挥《风险提示书》便民、护民的作用，现将有关事项通知如下：

一要注意做好宣传工作。《风险提示书》中载入的民事诉讼风险，是现行民事法律和司法解释中规定的当事人行使诉讼权利或者履行诉讼义务不当产生的法律后果，而不是《风险提示书》创设的新的民事诉讼风险。向当事人提示诉讼风险的目的，是使当事人能够慎重行使诉讼权利、积极履行诉讼义务，避免因行使权利或者履行义务不当而产生不利的裁判后果。各级人民法院要做好宣传工作。

二要注意做好解释工作。虽然《风险提示书》中尽量使用通俗易懂的语言，但还是有一些当事人难以理解的法律术语。为了使当事人正确理解《风险提示书》条文的准确含义，各级人民法院要耐心地做好解释工作，以把司法为民的措施落到实处。

三要抓好《风险提示书》统一文本的印制工作。自2004年1月1日起，各级人民法院的《风险提示书》要使用最高人民法院审判委员会讨论通过的《风险提示书》统一文本。文本的印制工作由各高级人民法院根据本地实际情况统筹安排，可以由高级人民法院统一印制，也可以由各级人民法院自行印制。

现将《风险提示书》印发给你们，请结合工作实际，认真组织实施、贯彻执行。执行中有何问题，请及时报告我院。

附：

人民法院民事诉讼风险提示书

为方便人民群众诉讼，帮助当事人避免常见的诉讼风险，减少不必要的损失，根据《中华人民共和国民法通则》《中华人民共和国民事诉讼法》以及最高人民法院《关于民事诉讼证据的若干规定》等法律和司法解释的规定，现将常见的民事诉讼风险提示如下：

一、起诉不符合条件

当事人起诉不符合法律规定条件的，人民法院不会受理，即使受理也会驳回起诉。

当事人起诉不符合管辖规定的，案件将会被移送到有权管辖的人民法院审理。

二、诉讼请求不适当

当事人提出的诉讼请求应明确、具体、完整，对未提出的诉讼请求人民法院不会审理。

当事人提出的诉讼请求要适当，不要随意扩大诉讼请求范围；无根据的诉讼请求，除得不到人民法院支持外，当事人还要负担相应的诉讼费用。

三、逾期改变诉讼请求

当事人增加、变更诉讼请求或者提出反诉，超过人民法院许可或者指定期限的，可能不被审理。

四、超过诉讼时效

当事人请求人民法院保护民事权利的期间一般为两年（特殊的为一年）。原告向人民法院起诉后，被告提出原告的起诉已超过法律保护期间的，如果原告没有对超过法律保护期间的事实提供证据证明，其诉讼请求不会得到人民法院的支持。

五、授权不明

当事人委托诉讼代理人代为承认、放弃、变更诉讼请求，进行和解，提起反诉或者上诉等事项的，应在授权委托书中特别注明。没有在授权委托书中明确、具体记明特别授权事项的，诉讼代理人就上述特别授权事项发表的意见不具有法律效力。

六、不按时交纳诉讼费用

当事人起诉或者上诉，不按时预交诉讼费用，或者提出缓交、减交、免交诉讼费用申请未获批准仍不交纳诉讼费用的，人民法院将会裁定按自动撤回起诉、上诉处理。

当事人提出反诉，不按规定预交相应的案件受理费的，人民法院将不会审理。

七、申请财产保全不符合规定

当事人申请财产保全，应当按规定交纳保全费用而没有交纳的，人民法院不会对申请保全的财产采取保全措施。

当事人提出财产保全申请，未按人民法院要求提供相应财产担保的，人民法院将依法驳回其申请。

申请人申请财产保全有错误的，将要赔偿被申请人因财产保全所受到的损失。

八、不提供或者不充分提供证据

除法律和司法解释规定不需要提供证据证明外，当事人提出诉讼请求或者反驳对方的诉讼请求，应提供证据证明。不能提供相应的证据或者提供的证据证明不了有关事实的，可能面临不利的裁判后果。

九、超过举证时限提供证据

当事人向人民法院提交的证据，应当在当事人协商一致并经人民法院认可或者人民法院指定的期限内完成。超过上述期限提交的，人民法院可能视其放弃了举证的权利，但属于法律和司法解释规定的新的证据除外。

十、不提供原始证据

当事人向人民法院提供证据，应当提供原件或者原物，特殊情况下也可以提供经人民法院核对无异的复制件或者复制品。提供的证据不符合上述条件的，可能影响证据的证明力，甚至可能不被采信。

十一、证人不出庭作证

除属于法律和司法解释规定的证人确有困难不能出庭的特殊情况外，当事人提供证人证言的，证人应当出庭作证并接受质询。如果证人不出庭作证，可能影响该证人证言的证据效力，甚至不被采信。

十二、不按规定申请审计、评估、鉴定

当事人申请审计、评估、鉴定，未在人民法院指定期限内提出申请或者不预交审计、评估、鉴定费用，或者不提供相关材料，致使争议的事实无法通过审计、评估、鉴定结论予以认定的，可能对申请人产生不利的裁判后果。

十三、不按时出庭或者中途退出法庭

原告经传票传唤，无正当理由拒不到庭，或者未经法庭许可中途退出法庭的，人民法院将按自动撤回起诉处理；被告反诉的，人民法院将对反诉的内容缺席审判。

被告经传票传唤，无正当理由拒不到庭，或者未经法庭许可中途退出法庭的，人民法院将缺席判决。

十四、不准确提供送达地址

适用简易程序审理的案件，人民法院按照当事人自己提供的送达地址送达诉讼文书时，因当事人提供的己方送达地址不准确，或者送达地址变更未及时告知人民法院，致使人民法院无法送达，造成诉讼文书被退回的，诉讼文书也视为送达。

十五、超过期限申请强制执行

向人民法院申请强制执行的期限，双方或者一方当事人是公民的为一年，双方是法人或者其他组织的为六个月。期限自生效法律文书确定的履行义务期限届满之日起算。超过上述期限申请的，人民法院不予受理。

十六、无财产或者无足够财产可供执行

被执行人没有财产或者没有足够财产履行生效法律文书确定义务的，人民法院可能对未履行的部分裁定中止执行，申请执行人的财产权益将可能暂时无法实现或者不能完全实现。

十七、不履行生效法律文书确定义务

被执行人未按生效法律文书指定期间履行给付金钱义务的，将要支付迟延履行期间的双倍债务利息。

被执行人未按生效法律文书指定期间履行其他义务的，将要支付迟延履行金。

最高人民法院　司法部
关于印发《关于民事诉讼法律援助工作的规定》的通知

2005 年 9 月 22 日　　　　司发通〔2005〕77 号

各省、自治区、直辖市高级人民法院、司法厅（局），解放军军事法院，总政司法局，新疆维吾尔自治区高级人民法院生产建设兵团分院、新疆建设兵团司法局：

为了进一步加强和规范民事诉讼法律援助工作，最高人民法院、司法部制定了《关于民事诉讼法律援助工作的规定》，现印发你们，请遵照执行。

附：

关于民事诉讼法律援助工作的规定

第一条　为加强和规范民事诉讼法律援助工作，根据《中华人民共和国民事诉讼法》《中华人民共和国律师法》《法律援助条例》《最高人民法院关于对经济确有困难的当事人提供司法救助的规定》（以下简称《司法救助规定》），以及其他相关规定，结合法律援助工作实际，制定本规定。

第二条　公民就《法律援助条例》第十条规定的民事权益事项要求诉讼代理的，可以按照《法律援助条例》第十四条的规定向有关法律援助机构申请法律援助。

第三条　公民经济困难的标准，按案件受理地所在的省、自治区、直辖市人民政府的规定执行。

第四条　法律援助机构受理法律援助申请后，应当依照有关规定及时审查并作出决定。对符合法律援助条件的，决定提供法律援助，并告知该当事人可以向有管辖权的人民法院申请司法救助。对不符合法律援助条件的，作出不予援助的决定。

第五条　申请人对法律援助机构不予援助的决定有异议的，可以向确定该法律援助机构的司法行政部门提出。司法行政部门应当在收到异议之日起5个工作日内进行审查，经审查认为申请人符合法律援助条件的，应当以书面形式责令法律援助机构及时对该申请人提供法律援助，同时通知申请人。认为申请人不符合法律援助条件的，应当维持法律援助机构不予援助的决定，并将维持决定的理由书面告知申请人。

第六条　当事人依据《司法救助规定》的有关规定先行向人民法院申请司法救助获准的，人民法院可以告知其可以按照《法律援助条例》的规定，向法律援助机构申请法律援助。

第七条　当事人以人民法院给予司法救助的决定为依据，向法律援助机构申请法律援助的，法律援助机构对符合《法律援助条例》第十条规定情形的，不再审查其是否符合经济困难标准，应当直接做出给予法律援助的决定。

第八条　当事人以法律援助机构给予法律援助的决定为依据，向人民法院申请司法救助的，人民法院不再审查其是否符合经济困难标准，应当直接做出给予司法救助的决定。

第九条　人民法院依据法律援助机构给予法律援助的决定，准许受援的当事人司法救助的请求的，应当根据《司法救助规定》第五条的规定，先行对当事人作出缓交诉讼费用的决定，待案件审结后再根据案件的具体情况，按照《司法救助规定》第六条的规定决定诉讼费用的负担。

第十条　人民法院应当支持法律援助机构指派或者安排的承办法律援助案件的人员在民事诉讼中实施法律援助，在查阅、摘抄、复制案件材料等方面提供便利条件，对承办法律援助案件的人员复制必要的相关材料的费用应当予以免收或者减收，减收的标准按复制材料所必需的工本费用计算。

第十一条　法律援助案件的受援人依照民事诉讼法的规定申请先予执行，人民法院裁定先予执行的，可以不要求受援人提供相应的担保。

第十二条　实施法律援助的民事诉讼案件出现《法律援助条例》第二十三条规定的终止法律援助或者《司法救助规定》第九条规定的撤销司法救助的情形时，法律援助机构、人民法院均应当在作出终止法律援助决定或者撤销司法救助决定的当日函告对方，对方相应作出撤销决定或者终止决定。

第十三条　承办法律援助案件的人员在办案过程中应当尽职尽责，恪守职业道德和执业纪律。

法律援助机构应当对承办法律援助案件的人员的法律援助活动进行业务指导和监督，保证法律援助案件质量。

人民法院在办案过程中发现承办法律援助案件的人员违反职业道德和执业纪律，损害受援人利益的，应当及时向作出指派的法律援助机构通报有关情况。

第十四条 人民法院应当在判决书、裁定书中写明做出指派的法律援助机构、承办法律援助案件的人员及其所在的执业机构。

第十五条 本规定自2005年12月1日起施行。最高人民法院、司法部于1999年4月12日下发的《关于民事法律援助工作若干问题的联合通知》与本规定有抵触的，以本规定为准。

最高人民法院　最高人民检察院　公安部　民政部 印发《关于依法处理监护人侵害未成年人权益行为若干问题的意见》的通知

2014年12月18日　　　　法发〔2014〕24号

各省、自治区、直辖市高级人民法院、人民检察院、公安厅（局）、民政厅（局），解放军军事法院、军事检察院、总政治部保卫部，新疆维吾尔自治区高级人民法院生产建设兵团分院、新疆生产建设兵团人民检察院、公安局、民政局：

现将《关于依法处理监护人侵害未成年人权益行为若干问题的意见》印发给你们，自2015年1月1日起实施，请认真遵照执行。执行情况及遇到的问题，请分别及时报告最高人民法院、最高人民检察院、公安部、民政部。

附：

关于依法处理监护人侵害未成年人权益行为若干问题的意见

为切实维护未成年人合法权益，加强未成年人行政保护和司法保护工作，确保未成年人得到妥善监护照料，根据民法通则、民事诉讼法、未成年人保护法等法律规定，现就处理监护人侵害未成年人权益行为（以下简称监护侵害行为）的有关工作制定本意见。

一、一般规定

1. 本意见所称监护侵害行为，是指父母或者其他监护人（以下简称监护人）性侵害、出卖、遗弃、虐待、暴力伤害未成年人，教唆、利用未成年人实施违法犯罪行为，胁迫、诱骗、利用未成年人乞讨，以及不履行监护职责严重危害未成年人身心健康等行为。

2. 处理监护侵害行为，应当遵循未成年人最大利益原则，充分考虑未成年人身心特点和人格尊严，给予未成年人特殊、优先保护。

3. 对于监护侵害行为，任何组织和个人都有权劝阻、制止或者举报。

公安机关应当采取措施，及时制止在工作中发现以及单位、个人举报的监护侵害行为，情况紧急时将未成年人带离监护人。

民政部门应当设立未成年人救助保护机构（包括救助管理站、未成年人救助保护中心），对因受到监护侵害进入机构的未成年人承担临时监护责任，必要时向人民法院申请撤销监护人资格。

人民法院应当依法受理人身安全保护裁定申请和撤销监护人资格案件并作出裁判。

人民检察院对公安机关、人民法院处理监护侵害行为的工作依法实行法律监督。

人民法院、人民检察院、公安机关设有办理未成年人案件专门工作机构的，应当优先由专门工作机构办理监护侵害案件。

4. 人民法院、人民检察院、公安机关、民政部门应当充分履行职责，加强指导和培训，提高保护未成年人的能力和水平；加强沟通协作，建立信息共享机制，实现未成年人行政保护和司法保护的有效衔接。

5. 人民法院、人民检察院、公安机关、民政部门应当加强与妇儿工委、教育部门、卫生部门、共青团、妇联、关工委、未成年人住所地村（居）民委员会等的联系和协作，积极引导、鼓励、支持法律服务机构、社会工作服务机构、公益慈善组织和志愿者等社会力量，共同做好受监护侵害的未成年人的保护工作。

二、报告和处置

6. 学校、医院、村（居）民委员会、社会工作服务机构等单位及其工作人员，发现未成年人受到监护侵害的，应当及时向公安机关报案或者举报。

其他单位及其工作人员、个人发现未成年人受到监护侵害的，也应当及时向公安机关报案或者举报。

7. 公安机关接到涉及监护侵害行为的报案、举报后，应当立即出警处置，制止正在发生的侵害行为并迅速进行调查。符合刑事立案条件的，应当立即立案侦查。

8. 公安机关在办理监护侵害案件时，应当依照法定程序，及时、全面收集固定证据，保证办案质量。

询问未成年人，应当考虑未成年人的身心特点，采取和缓的方式进行，防止造成进一步伤害。

未成年人有其他监护人的，应当通知其他监护人到场。其他监护人无法通知或者未能到场的，可以通知未成年人的其他成年亲属、所在学校、村（居）民委员会、未成年人保护组织的代表以及专业社会工作者等到场。

9. 监护人的监护侵害行为构成违反治安管理行为的，公安机关应当依法给予治安管理处罚，但情节特别轻微不予治安管理处罚的，应当给予批评教育并通报当地村（居）民委员会；构成犯罪的，依法追究刑事责任。

10. 对于疑似患有精神障碍的监护人，已实施危害未成年人安全的行为或者有危害未成年人安全危险的，其近亲属、所在单位、当地公安机关应当立即采取措施予以制止，并将其送往医疗机构进行精神障碍诊断。

11. 公安机关在出警过程中，发现未成年人身体受到严重伤害、面临严重人身安全威胁或者处于无人照料等危险状态的，应当将其带离实施监护侵害行为的监护人，就近护送至其他监护人、亲属、村（居）民委员会或者未成年人救助保护机构，并办理书面交接手续。未成年人有表达能力的，应当就护送地点征求未成年人意见。

负责接收未成年人的单位和人员（以下简称临时照料人）应当对未成年人予以临时紧急庇护和短期生活照料，保护未成年人的人身安全，不得侵害未成年人合法权益。

公安机关应当书面告知临时照料人有权依法向人民法院申请人身安全保护裁定和撤销监护人资格。

12. 对身体受到严重伤害需要医疗的未成年人，公安机关应当先行送医救治，同时通知其他有监护资格的亲属照料，或者通知当地未成年人救助保护机构开展后续救助工作。

监护人应当依法承担医疗救治费用。其他亲属和未成年人救助保护机构等垫付医疗救治费用的，有权向监护人追偿。

13. 公安机关将受监护侵害的未成年人护送至未成年人救助保护机构的，应当在五个工作日内提供案件侦办查处情况说明。

14. 监护侵害行为可能构成虐待罪的，公安机关应当告知未成年人及其近亲属有权告诉或者代为告诉，并通报所在地同级人民检察院。

未成年人及其近亲属没有告诉的，由人民检察院起诉。

三、临时安置和人身安全保护裁定

15. 未成年人救助保护机构应当接收公安机关护送来的受监护侵害的未成年人，履行临时监护责任。

未成年人救助保护机构履行临时监护责任一般不超过一年。

16. 未成年人救助保护机构可以采取家庭寄养、自愿助养、机构代养或者委托政府指定的寄宿学校安置等方式，对未成年人进行临时照料，并为未成年人提供心理疏导、情感抚慰等服务。

未成年人因临时监护需要转学、异地入学接受义务教育的，教育行政部门应当予以保障。

17. 未成年人的其他监护人、近亲属要求照料未成年人的，经公安机关或者村（居）民委员会确认其身份后，未成年人救助保护机构可以将未成年人交由其照料，终止临时监护。

关系密切的其他亲属、朋友要求照料未成年人的，经未成年人父、母所在单位或者村（居）民委员会同意，未成年人救助保护机构可以将未成年人交由其照料，终止临时监护。

未成年人救助保护机构将未成年人送交亲友临时照料的，应当办理书面交接手续，并书面告知临时照料人有权依法向人民法院申请人身安全保护裁定和撤销监护人资格。

18. 未成年人救助保护机构可以组织社会工作服务机构等社会力量，对监护人开展监护指导、心理疏导等教育辅导工作，并对未成年人的家庭基本情况、监护情况、监护人悔过情况、未成年人身心健康状况以及未成年人意愿等进行调查评估。监护人接受教育辅导及后续表现情况应当作为调查评估报告的重要内容。

有关单位和个人应当配合调查评估工作的开展。

19. 未成年人救助保护机构应当与公安机关、村（居）民委员会、学校以及未成年人亲属等进行会商，根据案件侦办查处情况说明、调查评估报告和监护人接受教育辅导等情况，并征求有表达能力的未成年人意见，形成会商结论。

经会商认为本意见第 11 条第 1 款规定的危险状态已消除，监护人能够正确履行监护职责的，未成年人救助保护机构应当及时通知监护人领回未成年人。监护人应当在三日内领回未成年人并办理书面交接手续。会商形成结论前，未成年人救助保护机构不得将未成年人交由监护人领回。

经会商认为监护侵害行为属于本意见第35条规定情形的，未成年人救助保护机构应当向人民法院申请撤销监护人资格。

20. 未成年人救助保护机构通知监护人领回未成年人的，应当将相关情况通报未成年人所在学校、辖区公安派出所、村（居）民委员会，并告知其对通报内容负有保密义务。

21. 监护人领回未成年人的，未成年人救助保护机构应当指导村（居）民委员会对监护人的监护情况进行随访，开展教育辅导工作。

未成年人救助保护机构也可以组织社会工作服务机构等社会力量，开展前款工作。

22. 未成年人救助保护机构或者其他临时照料人可以根据需要，在诉讼前向未成年人住所地、监护人住所地或者侵害行为地人民法院申请人身安全保护裁定。

未成年人救助保护机构或者其他临时照料人也可以在诉讼中向人民法院申请人身安全保护裁定。

23. 人民法院接受人身安全保护裁定申请后，应当按照民事诉讼法第一百条、第一百零一条、第一百零二条的规定作出裁定。经审查认为存在侵害未成年人人身安全危险的，应当作出人身安全保护裁定。

人民法院接受诉讼前人身安全保护裁定申请后，应当在四十八小时内作出裁定。接受诉讼中人身安全保护裁定申请，情况紧急的，也应当在四十八小时内作出裁定。人身安全保护裁定应当立即执行。

24. 人身安全保护裁定可以包括下列内容中的一项或者多项：

（一）禁止被申请人暴力伤害、威胁未成年人及其临时照料人；

（二）禁止被申请人跟踪、骚扰、接触未成年人及其临时照料人；

（三）责令被申请人迁出未成年人住所；

（四）保护未成年人及其临时照料人人身安全的其他措施。

25. 被申请人拒不履行人身安全保护裁定，危及未成年人及其临时照料人人身安全或者扰乱未成年人救助保护机构工作秩序的，未成年人、未成年人救助保护机构或者其他临时照料人有权向公安机关报告，由公安机关依法处理。

被申请人有其他拒不履行人身安全保护裁定行为的，未成年人、未成年人救助保护机构或者其他临时照料人有权向人民法院报告，人民法院根据民事诉讼法第一百一十一条、第一百一十五条、第一百一十六条的规定，视情节轻重处以罚款、拘留；构成犯罪的，依法追究刑事责任。

26. 当事人对人身安全保护裁定不服的，可以申请复议一次。复议期间不停止裁定的执行。

四、申请撤销监护人资格诉讼

27. 下列单位和人员（以下简称有关单位和人员）有权向人民法院申请撤销监护人资格：

（一）未成年人的其他监护人，祖父母、外祖父母、兄、姐，关系密切的其他亲属、朋友；

（二）未成年人住所地的村（居）民委员会，未成年人父、母所在单位；

（三）民政部门及其设立的未成年人救助保护机构；

（四）共青团、妇联、关工委、学校等团体和单位。

申请撤销监护人资格，一般由前款中负责临时照料未成年人的单位和人员提出，也可以由前款中其他单位和人员提出。

28. 有关单位和人员向人民法院申请撤销监护人资格的，应当提交相关证据。

有包含未成年人基本情况、监护存在问题、监护人悔过情况、监护人接受教育辅导情况、未成年人身心健康状况以及未成年人意愿等内容的调查评估报告的，应当一并提交。

29. 有关单位和人员向公安机关、人民检察院申请出具相关案件证明材料的，公安机关、人民检察院应当提供证明案件事实的基本材料或者书面说明。

30. 监护人因监护侵害行为被提起公诉的案件，人民检察院应当书面告知未成年人及其临时照料人有权依法申请撤销监护人资格。

对于监护侵害行为符合本意见第 35 条规定情形而相关单位和人员没有提起诉讼的，人民检察院应当书面建议当地民政部门或者未成年人救助保护机构向人民法院申请撤销监护人资格。

31. 申请撤销监护人资格案件，由未成年人住所地、监护人住所地或者侵害行为地基层人民法院管辖。

人民法院受理撤销监护人资格案件，不收取诉讼费用。

五、撤销监护人资格案件审理和判后安置

32. 人民法院审理撤销监护人资格案件，比照民事诉讼法规定的特别程序进行，在一个月内审理结案。有特殊情况需要延长的，由本院院长批准。

33. 人民法院应当全面审查调查评估报告等证据材料，听取被申请人、有表达能力的未成年人以及村（居）民委员会、学校、邻居等的意见。

34. 人民法院根据案件需要可以聘请适当的社会人士对未成年人进行社会观护，并可以引入心理疏导和测评机制，组织专业社会工作者、儿童心理问题专家等专业人员参与诉讼，为未成年人和被申请人提供心理辅导和测评服务。

35. 被申请人有下列情形之一的，人民法院可以判决撤销其监护人资格：

（一）性侵害、出卖、遗弃、虐待、暴力伤害未成年人，严重损害未成年人身心健康的；

（二）将未成年人置于无人监管和照看的状态，导致未成年人面临死亡或者严重伤害危险，经教育不改的；

（三）拒不履行监护职责长达六个月以上，导致未成年人流离失所或者生活无着的；

（四）有吸毒、赌博、长期酗酒等恶习无法正确履行监护职责或者因服刑等原因无法履行监护职责，且拒绝将监护职责部分或者全部委托给他人，致使未成年人处于困境或者危险状态的；

（五）胁迫、诱骗、利用未成年人乞讨，经公安机关和未成年人救助保护机构等部门三次以上批评教育拒不改正，严重影响未成年人正常生活和学习的；

（六）教唆、利用未成年人实施违法犯罪行为，情节恶劣的；

（七）有其他严重侵害未成年人合法权益行为的。

36. 判决撤销监护人资格，未成年人有其他监护人的，应当由其他监护人承担监护职责。其他监护人应当采取措施避免未成年人继续受到侵害。

没有其他监护人的，人民法院根据最有利于未成年人的原则，在民法通则第十六条第二款、第四款规定的人员和单位中指定监护人。指定个人担任监护人的，应当综合考虑其意愿、品行、身体状况、经济条件、与未成年人的生活情感联系以及有表达能力的未成年人的意愿等。

没有合适人员和其他单位担任监护人的，人民法院应当指定民政部门担任监护人，由其所属儿童福利机构收留抚养。

37. 判决不撤销监护人资格的，人民法院可以根据需要走访未成年人及其家庭，也可以向当地民政部门、辖区公安派出所、村（居）民委员会、共青团、妇联、未成年人所在学校、监护人所在单位等发出司法建议，加强对未成年人的保护和对监护人的监督指导。

38. 被撤销监护人资格的侵害人，自监护人资格被撤销之日起三个月至一年内，可以书面向人民法院申请恢复监护人资格，并应当提交相关证据。

人民法院应当将前款内容书面告知侵害人和其他监护人、指定监护人。

39. 人民法院审理申请恢复监护人资格案件，按照变更监护关系的案件审理程序进行。

人民法院应当征求未成年人现任监护人和有表达能力的未成年人的意见，并可以委托申请人住所地的未成年人救助保护机构或者其他未成年人保护组织，对申请人监护意愿、悔改表现、监护能力、身心状况、工作生活情况等进行调查，形成调查评估报告。

申请人正在服刑或者接受社区矫正的，人民法院应当征求刑罚执行机关或者社区矫正机构的意见。

40. 人民法院经审理认为申请人确有悔改表现并且适宜担任监护人的，可以判决恢复其监护人资格，原指定监护人的监护人资格终止。

申请人具有下列情形之一的，一般不得判决恢复其监护人资格：

（一）性侵害、出卖未成年人的；

（二）虐待、遗弃未成年人六个月以上、多次遗弃未成年人，并且造成重伤以上严重后果的；

（三）因监护侵害行为被判处五年有期徒刑以上刑罚的。

41. 撤销监护人资格诉讼终结后六个月内，未成年人及其现任监护人可以向人民法院申请人身安全保护裁定。

42. 被撤销监护人资格的父、母应当继续负担未成年人的抚养费用和因监护侵害行为产生的各项费用。相关单位和人员起诉的，人民法院应予支持。

43. 民政部门应当根据有关规定，将符合条件的受监护侵害的未成年人纳入社会救助和相关保障范围。

44. 民政部门担任监护人的，承担抚养职责的儿童福利机构可以送养未成年人。

送养未成年人应当在人民法院作出撤销监护人资格判决一年后进行。侵害人有本意见第40条第2款规定情形的，不受一年后送养的限制。

【解　　读】

解读《关于依法处理监护人侵害未成年人权益行为若干问题的意见》

一、起草背景及过程

近年来，我国出台了一系列保护未成年人的法律法规和政策措施，未成年人权益保护工作取得了积极成效。但是，侵害未成年人权益的违法犯罪行为仍然时有发生，媒体不断报道的侵害未成年人权益犯罪特别是监护人侵害未成年人权益的案件，如“南京饿死女童案”“深圳父亲教训儿子致死案”“福建莆田‘饮料男孩’案”等，令人痛心，引发社会强烈关注。中央领导对此高度重视，多次作出重要批示，要求坚决避免冲击社会道德和心理底线的事件发生。最高人民法院院领导、民政部部领导也分别批示要求切实做好未成年人的保护工作。

监护人严重侵害未成年人权益的极端事件，反映出未成年人家庭监护存在很多问题，暴露出我国在未成年人保护法律、法规及监管力度上存在缺失。发生严重事件的原因很多：第一，时代矛盾的折射和反映。当前，我国正处于发展的重要战略机遇期，又处于社会矛盾凸显期，市场化、信息化、城镇化加速发展，社会问题和矛盾必然会反映到家庭中，出现了大量留守儿童缺少父母关爱，一些贫困家庭缺乏养育子女的能力，少数有吸毒、酗酒恶习的父母甚至虐待子女等问题。第二，传统观念的制约。传统观念认为，孩子是父母的，父母殴打孩子是家务事，外人不便干预。而随着家庭户规模的不断缩小，原来大家庭亲属之间相互扶助的能力降低，因此，受到家庭监护侵害的孩子经常难以得到有效救济。第三，立法比较原则。《民法通则》《未成年人保护法》都规定，人民法院可以根据"有关人员或者单位"的申请，撤销监护人资格，但没有对申请人资格、可以撤销监护人资格的情形作出细化规定。第四，司法解释规定不够具体。司法解释没有明确申请人的资格和诉讼程序，对"不履行监护职责""侵害未成年人权益"等法律规定没有进一步具体化。第五，行政机关没有具有可操作性的规定。政府没有明确各职能部门在介入未成年人家庭监护侵害方面的职责、分工等。以上种种，致使相关法律规定难以落实。

在这样的背景下，最高人民法院、最高人民检察院、公安部、民政部经共同研究，一致认为司法机关和行政机关应当积极作为，加强未成年人保护机制的顶层设计，建立儿童监护的行政干预和司法裁判衔接的工作机制，依法处理监护侵害行为，确保未成年人得到妥善的监护照料。2013 年 12 月，四部门启动了《关于依法处理监护人侵害未成年人权益行为若干问题的意见》（以下简称《意见》）的起草工作。《意见》经过充分调研论证，广泛征求意见，得到了各有关部门的认可和支持，特别是得到了全国人大内司委、全国人大常委会法工委、国务院妇儿工委等中央单位的肯定，于 2014 年 12 月 18 日正式印发，自 2015 年 1 月 1 日起实施。

《意见》确立了司法机关和行政机关在未成年人保护方面分工明确、密切配合的原则，积极探索了我国未成年人国家监护制度，以切实解决实践中的难题为目标，以有利于各部门操作为原则，对各项制度、机制都进行了非常明确的设计和规定。《意见》对于全面维护未成年人合法权益，促进未成年人健康成长，必将发挥重要作用，产生深远影响。

二、基本原则和主要内容

《意见》根据法律规定和立法精神，结合未成年人受到家庭监护侵害后发现难、起诉难、审理难、安置难等实际问题，对有关未成年人监护问题作出了具体规定，进一步细化了《未成年人保护法》《民法通则》等相关法律规定，明确了行政机关、司法机关的工作程序和工作内容。

起草《意见》时，我们注重把握以下原则：

1. 坚持未成年人最大利益原则。《意见》在各项制度设计方面，充分考虑未成年人身心特点并尊重未成年人意愿。

2. 坚持制度创新原则。在符合立法精神的前提下，《意见》对未成年人保护工作进行了前瞻性的设计，规定了公安机关在紧急情况下的带离制度，民政部门的临时监护制度，人民法院作出人身安全保护裁定的程序和内容，当事人申请恢复监护人资格的程序，以及检察机关起诉虐待罪和监督制度等。

3. 坚持撤销监护人资格严谨慎重的原则。《意见》列举了撤销监护人资格的七种严重情形，并规定当事人在1年内还可以申请恢复监护人资格，目的就是尽量减少撤销监护人资格的数量，尽可能地维护亲情，促使未成年人回归家庭。

4. 坚持部门间衔接配合原则。《意见》明确了公安机关、民政部、人民检察院、人民法院的职责和工作衔接方式，建立多部门分工明确、紧密衔接的工作机制。

5. 坚持社会力量参与原则。《意见》在发现报告、调查评估、监护指导、提起诉讼、案件审理、回访考察等方面，都积极引导和鼓励社会力量共同参与。

《意见》分为五个部分，共44条。

第一部分为“一般规定”，界定了监护侵害行为的内容，规定了四部门的工作原则和工作任务。

第二部分为“报告和处置”，规定了有关单位和个人发现监护侵害行为的举报义务；对公安机关受理举报、出警处置等工作提出具体要求，明确了紧急情况下公安机关可以将未成年人带离监护人的制度。

第三部分为“临时安置和人身安全保护裁定”，明确了未成年人救助保护机构应当接受公安机关护送来的受监护侵害的未成年人以及临时监护的具体职责，并对人身安全保护裁定的申请、受理、执行等作出规定。

第四部分为“申请撤销监护人资格诉讼”，规定了诉讼主体资格、证据材料提供以及管辖法院。

第五部分为“撤销监护人资格案件审理和判后安置”，规定了法院审理程序、撤销监护人资格的具体情形、指定监护人的要求以及申请恢复监护人资格的条件等。同时规定，法院在没有其他合适人员和单位担任指定监护人的情况下，应当判决民政部门担任监护人，明确了民政部门的兜底责任。

现难、起诉难、审理难、安置难等实际问题，对有关未成年人监护问题作出了具体规定，进一步细化了《未成年人保护法》《民法通则》等相关法律规定，明确了行政机关、司法机关的工作程序和工作内容。

起草《意见》时，我们注重把握以下原则：

1. 坚持未成年人最大利益原则。《意见》在各项制度设计方面，充分考虑未成年人身心特点并尊重未成年人意愿。

2. 坚持制度创新原则。在符合立法精神的前提下，《意见》对未成年人保护工作进行了前瞻性的设计，规定了公安机关在紧急情况下的带离制度，民政部门的临时监护制度，人民法院作出人身安全保护裁定的程序和内容，当事人申请恢复监护人资格的程序，以及检察机关起诉虐待罪和监督制度等。

3. 坚持撤销监护人资格严谨慎重的原则。《意见》列举了撤销监护人资格的七种严重情形，并规定当事人在1年内还可以申请恢复监护人资格，目的就是尽量减少撤销监护人资格的数量，尽可能地维护亲情，促使未成年人回归家庭。

4. 坚持部门间衔接配合原则。《意见》明确了公安机关、民政部、人民检察院、人民法院的职责和工作衔接方式，建立多部门分工明确、紧密衔接的工作机制。

5. 坚持社会力量参与原则。《意见》在发现报告、调查评估、监护指导、提起诉讼、案件审理、回访考察等方面，都积极引导和鼓励社会力量共同参与。

《意见》分为五个部分，共44条。

第一部分为“一般规定”，界定了监护侵害行为的内容，规定了四部门的工作原则和工作任务。

第二部分为“报告和处置”，规定了有关单位和个人发现监护侵害行为的举报义务；对公安机关受理举报、出警处置等工作提出具体要求，明确了紧急情况下公安机关可以将未成年人带离监护人的制度。

第三部分为“临时安置和人身安全保护裁定”，明确了未成年人救助保护机构应当接受公安机关护送来的受监护侵害的未成年人以及临时监护的具体职责，并对人身安全保护裁定的申请、受理、执行等作出规定。

第四部分为“申请撤销监护人资格诉讼”，规定了诉讼主体资格、证据材料提供以及管辖法院。

第五部分为“撤销监护人资格案件审理和判后安置”，规定了法院审理程序、撤销监护人资格的具体情形、指定监护人的要求以及申请恢复监护人资格的条件等。同时规定，法院在没有其他合适人员和单位担任指定监护人的情况下，应当判决民政部门担任监护人，明确了民政部门的兜底责任。

多次作出重要批示，要求坚决避免冲击社会道德和心理底线的事件发生。最高人民法院院领导、民政部部领导也分别批示要求切实做好未成年人的保护工作。

监护人严重侵害未成年人权益的极端事件，反映出未成年人家庭监护存在很多问题，暴露出我国在未成年人保护法律、法规及监管力度上存在缺失。发生严重事件的原因很多：第一，时代矛盾的折射和反映。当前，我国正处于发展的重要战略机遇期，又处于社会矛盾凸显期，市场化、信息化、城镇化加速发展，社会问题和矛盾必然会反映到家庭中，出现了大量留守儿童缺少父母关爱，一些贫困家庭缺乏养育子女的能力，少数有吸毒、酗酒恶习的父母甚至虐待子女等问题。第二，传统观念的制约。传统观念认为，孩子是父母的，父母殴打孩子是家务事，外人不便干预。而随着家庭户规模的不断缩小，原来大家庭亲属之间相互扶助的能力降低，因此，受到家庭监护侵害的孩子经常难以得到有效救济。第三，立法比较原则。《民法通则》《未成年人保护法》都规定，人民法院可以根据“有关人员或者单位”的申请，撤销监护人资格，但没有对申请人资格、可以撤销监护人资格的情形作出细化规定。第四，司法解释规定不够具体。司法解释没有明确申请人的资格和诉讼程序，对“不履行监护职责”“侵害未成年人权益”等法律规定没有进一步具体化。第五，行政机关没有具有可操作性的规定。政府没有明确各职能部门在介入未成年人家庭监护侵害方面的职责、分工等。以上种种，致使相关法律规定难以落实。

在这样的背景下，最高人民法院、最高人民检察院、公安部、民政部经共同研究，一致认为司法机关和行政机关应当积极作为，加强未成年人保护机制的顶层设计，建立儿童监护的行政干预和司法裁判衔接的工作机制，依法处理监护侵害行为，确保未成年人得到妥善的监护照料。2013 年 12 月，四部门启动了《关于依法处理监护人侵害未成年人权益行为若干问题的意见》（以下简称《意见》）的起草工作。《意见》经过充分调研论证，广泛征求意见，得到了各有关部门的认可和支持，特别是得到了全国人大内司委、全国人大常委会法工委、国务院妇儿工委等中央单位的肯定，于 2014 年 12 月 18 日正式印发，自 2015 年 1 月 1 日起实施。

《意见》确立了司法机关和行政机关在未成年人保护方面分工明确、密切配合的原则，积极探索了我国未成年人国家监护制度，以切实解决实践中的难题为目标，以有利于各部门操作为原则，对各项制度、机制都进行了非常明确的设计和规定。《意见》对于全面维护未成年人合法权益，促进未成年人健康成长，必将发挥重要作用，产生深远影响。

二、基本原则和主要内容

《意见》根据法律规定和立法精神，结合未成年人受到家庭监护侵害后发应当设立未成年人救助保护机构。

民政部自2013年开始推动未成年人社会保护试点工作，目前全国共有98个国家级试点地区、105个省级试点地区。开展试点工作的目的在于探索建立未成年人社会保护“监测预防、发现报告、帮扶干预”联动反应机制，推动建立“以家庭监护为基础、社会监督为保障、国家监护为补充”的监护制度。开展试点工作以来，各地将处于监护缺失、监护无力、监护失当等困境的未成年人作为重点工作对象，全面开展摸底排查，推动建立多渠道的发现报告机制，建立处于困境的未成年人风险评估标准，对重点家庭进行调查评估和分类帮扶。试点工作面临的最大挑战就是面对监护人严重侵害未成年人权益的行为，难以采取有效的干预措施，特别是通过剥夺监护权来保障未成年人得到妥善安置。《意见》的出台，解决了试点工作遇到的政策瓶颈，将推动试点工作向纵深开展。同时，试点工作的深入开展将有效减少监护侵权的现象，降低剥夺监护权案件的发生概率，为未成年人健康成长营造良好的家庭环境。

4. 人民法院、人民检察院、公安机关、民政部门应当充分履行职责，加强指导和培训，提高保护未成年人的能力和水平；加强沟通协作，建立信息共享机制，实现未成年人行政保护和司法保护的有效衔接。

5. 人民法院、人民检察院、公安机关、民政部门应当加强与妇儿工委、教育部门、卫生部门、共青团、妇联、关工委、未成年人住所地村（居）民委员会等的联系和协作，积极引导、鼓励、支持法律服务机构、社会工作服务机构、公益慈善组织和志愿者等社会力量，共同做好受监护侵害的未成年人的保护工作。

说明：以上两条规定了四部门之间紧密配合、与其他单位和社会团体密切合作的工作方式。

（二）报告和处置

6. 学校、医院、村（居）民委员会、社会工作服务机构等单位及其工作人员，发现未成年人受到监护侵害的，应当及时向公安机关报案或者举报。

其他单位及其工作人员、个人发现未成年人受到监护侵害的，也应当及时向公安机关报案或者举报。

说明：本条规定报告义务的主体，既包括有特定职责的单位及其工作人员，也包括没有特定职责的单位和个人。对此有两种不同意见。

多数意见认为，《未成年人保护法》第6条规定，保护未成年人是全社会的共同责任；《刑事诉讼法》第108条亦有类似规定，即任何单位和个人发现有犯罪事实或者犯罪嫌疑人，有权利也有义务报案或者举报。因此，应当规定报告和举报是所有单位和个人的义务，同时对负有未成年人保护特殊职责的单位和工作人员应当着重强调。

三、逐条说明

（一）一般规定

1. 本意见所称监护侵害行为，是指父母或者其他监护人（以下简称监护人）性侵害、出卖、遗弃、虐待、暴力伤害未成年人，教唆、利用未成年人实施违法犯罪行为，胁迫、诱骗、利用未成年人乞讨，以及不履行监护职责严重危害未成年人身心健康等行为。

说明：本条界定监护侵害行为的概念，明确了《未成年人保护法》第53条、《民法通则》第18条关于“不履行监护职责”“侵害未成年人权益”的规定，《意见》第35条有更具体的规定。

有意见认为，应当将“严重忽视”的情形列为监护侵害行为。经研究，我们认为，“严重忽视”的情形可以被“不履行监护职责”的内容所包含，无须单独规定。

2. 处理监护侵害行为，应当遵循未成年人最大利益原则，充分考虑未成年人身心特点和人格尊严，给予未成年人特殊、优先保护。

说明：本条根据《儿童权利公约》第3条、《未成年人保护法》第3条的规定，明确提出了“未成年人最大利益”原则。

3. 对于监护侵害行为，任何组织和个人都有权劝阻、制止或者举报。

公安机关应当采取措施，及时制止在工作中发现以及单位、个人举报的监护侵害行为，情况紧急时将未成年人带离监护人。

民政部门应当设立未成年人救助保护机构（包括救助管理站、未成年人救助保护中心），对因受到监护侵害进入机构的未成年人承担临时监护责任，必要时向人民法院申请撤销监护人资格。

人民法院应当依法受理人身安全保护裁定申请和撤销监护人资格案件并作出裁判。

人民检察院对公安机关、人民法院处理监护侵害行为的工作依法实行法律监督。

人民法院、人民检察院、公安机关设有办理未成年人案件专门工作机构的，应当优先由专门工作机构办理监护侵害案件。

说明：本条概括了四部门的工作职责，并且强调未成年人保护是全社会的责任。

需要重点说明的是，对于民政部门而言，这是一项全新的工作。民政部门还存在机构建设缺位、基础设施薄弱、人员力量不足、专业队伍紧缺等诸多实际问题和困难，特别是很多县（市）尚未建立未成年人救助保护机构，或者现有设施、设备不能满足未成年人救助保护的需求。因此，本条规定了民政部门少数意见认为，报告、举报是负有特殊职责的单位和个人［如未成年人所在学校、医院、辖区公安派出所、村（居）民委员会等］的职责及义务，并非全体单位及公民的法定义务。因此，应当分两个层次规定：一是规定上述单位和工作人员有义务报告、举报；二是规定其他单位和个人有权利报告、举报。

本条规定采纳了多数意见，根据《未成年人保护法》的规定，强调全社会在未成年人保护方面的责任。

7. 公安机关接到涉及监护侵害行为的报案、举报后，应当立即出警处置，制止正在发生的侵害行为并迅速进行调查。符合刑事立案条件的，应当立即立案侦查。

8. 公安机关在办理监护侵害案件时，应当依照法定程序，及时、全面收集固定证据，保证办案质量。

询问未成年人，应当考虑未成年人的身心特点，采取和缓的方式进行，防止造成进一步伤害。

未成年人有其他监护人的，应当通知其他监护人到场。其他监护人无法通知或者未能到场的，可以通知未成年人的其他成年亲属、所在学校、村（居）民委员会、未成年人保护组织的代表以及专业社会工作者等到场。

说明：以上两条规定了公安机关办案程序和要求。

9. 监护人的监护侵害行为构成违反治安管理行为的，公安机关应当依法给予治安管理处罚，但情节特别轻微不予治安管理处罚的，应当给予批评教育并通报当地村（居）民委员会；构成犯罪的，依法追究刑事责任。

说明：有意见建议，对于监护人的行为尚未构成违法犯罪的，公安机关还应当通报未成年人父母所在单位。经研究，我们认为，对于情形不严重的，一律通知所在单位容易引起监护人反感，批评教育并且通报当地基层组织即可；对于情形比较严重需要进行治安管理处罚或者追究刑事责任的，按照法定程序处理。

10. 对于疑似患有精神障碍的监护人，已实施危害未成年人安全的行为或者有危害未成年人安全危险的，其近亲属、所在单位、当地公安机关应当立即采取措施予以制止，并将其送往医疗机构进行精神障碍诊断。

说明：实践中虐待伤害未成年人的监护人，常见精神异常，有的本身患有精神疾病，有的因吸毒或长期酗酒出现精神异常，故本条根据《精神卫生法》第 28 条第 2 款作出规定。

11. 公安机关在出警过程中，发现未成年人身体受到严重伤害、面临严重人身安全威胁或者处于无人照料等危险状态的，应当将其带离实施监护侵害行为的监护人，就近护送至其他监护人、亲属、村（居）民委员会或者未成年人救助保护机构，并办理书面交接手续。未成年人有表达能力的，应当就护送地点征求未成年人意见。

负责接收未成年人的单位和人员（以下简称临时照料人）应当对未成年人予以临时紧急庇护和短期生活照料，保护未成年人的人身安全，不得侵害未成年人合法权益。

公安机关应当书面告知临时照料人有权依法向人民法院申请人身安全保护裁定和撤销监护人资格。

说明：本条规定，在未成年人受到严重伤害或者面临人身安全威胁和危险的情况下，公安机关可以将未成年人带离侵害人进行临时紧急庇护。临时照料人由公安机关根据情况进行选择。

未成年人是否处于需要带离的危险状态。需要警察根据当时的情形进行判断。(1) 未成年人身体受到严重伤害的，根据未成年人受伤情况就可以作出判断；(2) 面临严重人身安全威胁的，要结合实施监护侵害行为的监护人是否经常施暴或者有暴力倾向，是否有长期酗酒、吸毒等恶习或者有无精神异常表现等作出判断；(3) 处于无人照料等危险状态的，这种情形比较好判断，应根据未成年人的年龄、无人照料的时间、次数等综合考虑。

规定护送地点主要有以下两方面的考虑：(1) 充分考虑未成年人身心特点和生活学习需要，规定多元化的护送地点，公安机关可以根据亲属关系、生活联系、居住地点、临时照料能力和意愿等进行选择，同时还规定要征求有表达能力的未成年人的意见。(2) 要便于公安机关开展工作，公安机关将未成年人带离的前提是情况紧急，护送未成年人是为了妥善临时安置，护送地点强调就近原则。因此，《意见》没有规定一律送至亲属或者未成年人救助保护机构。

为保证临时照料人能够妥善照料未成年人，本条还强调，公安机关应当书面告知临时照料人有权依法向人民法院申请人身安全保护裁定和撤销监护人资格。

12. 对身体受到严重伤害需要医疗的未成年人，公安机关应当先行送医救治，同时通知其他有监护资格的亲属照料，或者通知当地未成年人救助保护机构开展后续救助工作。

监护人应当依法承担医疗救治费用。其他亲属和未成年人救助保护机构等垫付医疗救治费用的，有权向监护人追偿。

说明：本条规定对于身体受到严重伤害的未成年人，公安机关应当先行送医救治，在没有亲属照料的情况下，由未成年人救助保护机构承担后续救助工作。

13. 公安机关将受监护侵害的未成年人护送至未成年人救助保护机构的，应当在五个工作日内提供案件侦办查处情况说明。

说明：本条规定的是公安机关与民政部门的工作衔接。

14. 监护侵害行为可能构成虐待罪的，公安机关应当告知未成年人及其近亲属有权告诉或者代为告诉，并通报所在地同级人民检察院。

未成年人及其近亲属没有告诉的，由人民检察院起诉。

说明： 本条根据《刑法》第260条、第98条的规定作出。《刑法》第260条规定，虐待家庭成员，情节恶劣的，处2年以下有期徒刑、拘役或者管制。同时规定，这一款罪，告诉的才处理（虐待致使被害人重伤、死亡的案件为公诉案件）。第98条规定，本法所称告诉才处理，是指被害人告诉才处理。如果被害人因受强制、威吓无法告诉的，人民检察院和被害人的近亲属也可以告诉。

在《意见》中强调人民检察院对虐待罪的起诉，主要是考虑未成年人一般不具备诉讼能力，而伤害未成年人的人又是他们的监护人，从未成年人的年龄和加害人的身份看，应当认定为未成年人受到了强制、威吓。实践中，未成年人遭受家庭虐待的，实施虐待行为的监护人当然不会起诉自己，其他近亲属出于种种原因，如难以收集证据、不愿多管别人的家务事、怕惹麻烦等，也往往无法或者不愿代为告诉。因此，人民检察院代为告诉就显得非常重要，能够更好地惩罚犯罪、保护未成年人的权益。我们认为，由人民检察院起诉虐待罪的规定，是符合《刑法》规定和工作实际的。此外，即将出台的《刑法修正案（九）》对《刑法》第260条虐待罪进行了修改，将没有能力告诉和受到强制、威吓无法告诉的情形，作为公诉案件。我们在《意见》中作出起诉规定，既符合现行《刑法》的规定，也与即将出台的《刑法修正案（九）》的规定衔接。

（三）临时安置和人身安全保护裁定

15. 未成年人救助保护机构应当接收公安机关护送来的受监护侵害的未成年人，履行临时监护责任。

未成年人救助保护机构履行临时监护责任一般不超过一年。

说明： 根据《未成年人保护法》第43条的规定，本条明确了未成年人救助保护机构的临时监护责任和期限。

有意见认为，短期照料一般不应超过3个月，理由是：应当严格限制国家临时监护的时间，以督促行政机关的工作，促使未成年人尽快回归家庭或者稳定状态。

我们认为，实践中，有些案件不属于特别严重需要立即起诉的情形，但将未成年人交回父母又面临风险，民政部门可能要采取适当措施对其家庭进行帮扶、干预，需要一定的时间。临时监护更多的是责任而不是权利，规定临时监护一般不超过1年，目的是避免在情况不清楚时将未成年人交回家庭而导致他们继续受到伤害的可能，总体来说对未成年人是有利的。

16. 未成年人救助保护机构可以采取家庭寄养、自愿助养、机构代养或者委托政府指定的寄宿学校安置等方式，对未成年人进行临时照料，并为未成年人提供心理疏导、情感抚慰等服务。

未成年人因临时监护需要转学、异地入学接受义务教育的，教育行政部门应当予以保障。

说明：本条规定了临时监护可以采取的方式，同时规定了教育部门应当保障义务教育。

17. 未成年人的其他监护人、近亲属要求照料未成年人的，经公安机关或者村（居）民委员会确认其身份后，未成年人救助保护机构可以将未成年人交由其照料，终止临时监护。

关系密切的其他亲属、朋友要求照料未成年人的，经未成年人父、母所在单位或者村（居）民委员会同意，未成年人救助保护机构可以将未成年人交由其照料，终止临时监护。

未成年人救助保护机构将未成年人送交亲友临时照料的，应当办理书面交接手续，并书面告知临时照料人有权依法向人民法院申请人身安全保护裁定和撤销监护人资格。

说明：本条第1款规定其他监护人、近亲属要求临时照料的，在确认身份后，一般交由其照料，主要是考虑有亲情的家庭环境优于机构照料。但其他监护人、近亲属没有能力照料或者照料对未成年人明显不利的（如不阻止侵害发生，仍然与侵害人共同生活等），民政部门也可以不将未成年人交给他们照料。

本条第2款参照《民法通则》第16条的规定，对其他亲属和朋友要求照料未成年人的，作相对严格的限制。

18. 未成年人救助保护机构可以组织社会工作服务机构等社会力量，对监护人开展监护指导、心理疏导等教育辅导工作，并对未成年人的家庭基本情况、监护情况、监护人悔过情况、未成年人身心健康状况以及未成年人意愿等进行调查评估。监护人接受教育辅导及后续表现情况应当作为调查评估报告的重要内容。

有关单位和个人应当配合调查评估工作的开展。

说明：本条规定救助保护机构可以开展教育辅导和调查评估工作。这是民政部门的重要工作内容，体现了政府对家庭监护的监督、干预和指导，也可以为下一步是否提起诉讼提供参考依据。本条未能规定“应当”开展上述工作，主要是考虑实践中有些地方还没有成立未成年人救助保护机构，有些地方虽有机构但缺乏组织开展调查的能力。

19. 未成年人救助保护机构应当与公安机关、村（居）民委员会、学校以及未成年人亲属等进行会商，根据案件侦办查处情况说明、调查评估报告和监护人接受教育辅导等情况，并征求有表达能力的未成年人意见，形成会商结论。

经会商认为本意见第 11 条第 1 款规定的危险状态已消除，监护人能够正确履行监护职责的，未成年人救助保护机构应当及时通知监护人领回未成年人。监护人应当在三日内领回未成年人并办理书面交接手续。会商形成结论前，未成年人救助保护机构不得将未成年人交由监护人领回。

经会商认为监护侵害行为属于本意见第 35 条规定情形的，未成年人救助保护机构应当向人民法院申请撤销监护人资格。

说明：对于监护人领回未成年人应当慎重，需要进行会商，避免让未成年人再次受到伤害。对于符合起诉条件的，明确规定救助保护机构应当起诉，不得将未成年人交由侵权的监护人。

20. 未成年人救助保护机构通知监护人领回未成年人的，应当将相关情况通报未成年人所在学校、辖区公安派出所、村（居）民委员会，并告知其对通报内容负有保密义务。

说明：上述单位与未成年人及监护人联系最为紧密，通知他们便于随时对未成年人的监护情况进行监督。

21. 监护人领回未成年人的，未成年人救助保护机构应当指导村（居）民委员会对监护人的监护情况进行随访，开展教育辅导工作。

未成年人救助保护机构也可以组织社会工作服务机构等社会力量，开展前款工作。

说明：对于监护侵害行为未达到十分严重的情形，不符合起诉条件的，将未成年人交由其领回之后，需要对其进行帮扶和教育辅导，也需要随时监督。本条规定救助保护机构应当承担上述工作。

22. 未成年人救助保护机构或者其他临时照料人可以根据需要，在诉讼前向未成年人住所地、监护人住所地或者侵害行为地人民法院申请人身安全保护裁定。

未成年人救助保护机构或者其他临时照料人也可以在诉讼中向人民法院申请人身安全保护裁定。

说明：近年来，一些地方法院在家庭暴力案件中对人身安全保护裁定工作进行了探索。实践证明，人身安全保护裁定对于约束家庭暴力加害人的行为，维护受害人的合法权益，起到了积极的作用。

人身安全保护裁定在保障未成年人及其临时照料人的权益方面，将发挥重要作用。(1) 为临时照料行为提供合法依据。公安机关将受到严重侵害或者面临危险的未成年人带离后，未成年人救助保护机构等临时照料人可以依据人身安全保护裁定对未成年人临时照料。如规定禁止被申请人接触、骚扰未成年人的，被申请人在人身安全保护裁定生效期间就不得将未成年人从临时照料人身边带走。(2) 对被申请人起到教育震慑作用，人身安全保护裁定责令被申请人作出一定行为或者禁止作出一定行为，就是司法对被申请人行为的评价。(3) 规定了公安机关和人民法院密切配合的执行程序，对于违反人身安全保护裁定危及人身安全或者扰乱工作秩序的，由公安机关依法处理；对于其他违反人身安全保护裁定的行为，人民法院按照《民事诉讼法》的规定进行处罚；严重违反人身安全裁定构成犯罪的，要依法追究刑事责任。

同时，根据《民事诉讼法》及最高人民法院《关于适用〈中华人民共和国民事诉讼法〉的解释》的规定，本条明确了申请人身安全保护裁定的受理法院，同时与《意见》第31条的规定一致（第31条有详细的说明)。

23. 人民法院接受人身安全保护裁定申请后，应当按照民事诉讼法第一百条、第一百零一条、第一百零二条的规定作出裁定。经审查认为存在侵害未成年人人身安全危险的，应当作出人身安全保护裁定。

人民法院接受诉讼前人身安全保护裁定申请后，应当在四十八小时内作出裁定。接受诉讼中人身安全保护裁定申请，情况紧急的，也应当在四十八小时内作出裁定。人身安全保护裁定应当立即执行。

说明：本条根据《民事诉讼法》的规定作出。

24. 人身安全保护裁定可以包括下列内容中的一项或者多项：

(1) 禁止被申请人暴力伤害、威胁未成年人及其临时照料人；

(2) 禁止被申请人跟踪、骚扰、接触未成年人及其临时照料人；

(3) 责令被申请人迁出未成年人住所；

(4) 保护未成年人及其临时照料人人身安全的其他措施。

说明：本条参考2008年最高人民法院中国应用法学研究所制定的《涉及家庭暴力婚姻案件审理指南》的有关规定和一些试点法院的实践经验作出。

25. 被申请人拒不履行人身安全保护裁定，危及未成年人及其临时照料人人身安全或者扰乱未成年人救助保护机构工作秩序的，未成年人、未成年人救助保护机构或者其他临时照料人有权向公安机关报告，由公安机关依法处理。

被申请人有其他拒不履行人身安全保护裁定行为的，未成年人、未成年人救助保护机构或者其他临时照料人有权向人民法院报告，人民法院根据民事诉讼法第一百一十一条、第一百一十五条、第一百一十六条的规定，视情节轻重处以罚款、拘留；构成犯罪的，依法追究刑事责任。

说明：本条对人身安全保护裁定的执行作出规定。

有意见认为，人身安全保护裁定应当由公安机关监督执行。经研究，我们认为，从工作需要及国际立法看，人身安全保护裁定由公安机关执行更为合适，但目前此项工作由公安机关执行没有明确的法律依据，且公安机关表示对人身安全保护裁定难以完全监督到位。本条分情形作出两款规定，我们认为比较符合立法精神和目前的工作实际。

26. 当事人对人身安全保护裁定不服的，可以申请复议一次。复议期间不停止裁定的执行。

说明：本条根据《民事诉讼法》的规定作出。

（四）申请撤销监护人资格诉讼

27. 下列单位和人员（以下简称有关单位和人员）有权向人民法院申请撤销监护人资格：

（1）未成年人的其他监护人，祖父母、外祖父母、兄、姐，关系密切的其他亲属、朋友；

（2）未成年人住所地的村（居）民委员会，未成年人父、母所在单位；

（3）民政部门及其设立的未成年人救助保护机构；

（4）共青团、妇联、关工委、学校等团体和单位。

申请撤销监护人资格，一般由前款中负责临时照料未成年人的单位和人员提出，也可以由前款中其他单位和人员提出。

说明：本条规定了可以申请撤销监护人资格的主体，依据是最高人民法院《关于贯彻执行〈中华人民共和国民法通则〉若干问题的意见（试行）》（以下简称《民通意见》）第20条的规定，并且增加了第1款第4项的团体和单位。

本条争议较大，主要有三种意见：

第一种意见（多数意见）认为，《民法通则》第18条和《未成年人保护法》第53条规定，提起诉讼的主体为“有关人员或者有关单位”，但没有作出具体限制。考虑到实践需要，本条第1款第4项规定的团体和单位对未成年人负有保护职责，可以作为起诉主体。不宜再扩大到其他主体。

第二种意见认为，根据《民法通则》、第16条和《民通意见》第20条的规定，起诉主体应坚持少而精的原则，本条第1款第4项规定的团体和单位作为起诉主体没有法律依据，应当删除。

第三种意见认为，除了本条规定的起诉主体外，人民检察院也可以起诉，并在案件收集、后续安置等方面发挥作用。

经研究，我们采纳了第一种意见，理由是：（1）根据《民法通则》第16条的规定，本条第1款第1～3项规定的主体可以作为未成年人的监护人，作为诉讼主体有法律依据。（2）本条第1款第4项规定的团体和单位作为诉讼主体也有法律依据。《未成年人保护法》第8条规定：“共产主义青年团、妇女联合会、工会、青年联合会、学生联合会、少年先锋队以及其他有关社会团体，协助各级人民政府做好未成年人保护工作，维护未成年人的合法权益。”民政部门是提起撤销监护人资格诉讼的适格主体，本条第1款第4项规定的主体可以协助政府部门参与诉讼。（3）检察机关作为法律监督机关及公诉机关参与民事诉讼无法律依据，亦不符合《民事诉讼法》的调整范围和规定的起诉条件，不宜规定人民检察院有权提起撤销监护人资格的诉讼，故未采纳第三种意见。

28. 有关单位和人员向人民法院申请撤销监护人资格的，应当提交相关证据。

有包含未成年人基本情况、监护存在问题、监护人悔过情况、监护人接受教育辅导情况、未成年人身心健康状况以及未成年人意愿等内容的调查评估报告的，应当一并提交。

说明：本条强调有关证据特别是调查报告的提交。

29. 有关单位和人员向公安机关、人民检察院申请出具相关案件证明材料的，公安机关、人民检察院应当提供证明案件事实的基本材料或者书面说明。

说明：为便于申请人提起诉讼，本条规定公安机关和检察机关应当提供案件证明材料或者书面说明。考虑到案件办理过程中的保密需要，规定可以出具办案说明。

30. 监护人因监护侵害行为被提起公诉的案件，人民检察院应当书面告知未成年人及其临时照料人有权依法申请撤销监护人资格。

对于监护侵害行为符合本意见第 35 条规定情形而相关单位和人员没有提起诉讼的，人民检察院应当书面建议当地民政部门或者未成年人救助保护机构向人民法院申请撤销监护人资格。

说明：本条强调检察机关对于符合撤销监护人资格情形的公诉案件，应当书面建议当地民政部门起诉。2015 年 2 月，江苏省徐州市铜山区人民法院审理了一起撤销监护人资格的案件，申请人铜山区民政局就是接受人民检察院书面建议后起诉的。

31. 申请撤销监护人资格案件，由未成年人住所地、监护人住所地或者侵害行为地基层人民法院管辖。

人民法院受理撤销监护人资格案件，不收取诉讼费用。

说明：本条规定了案件的管辖法院，主要依据和理由是：(1) 撤销监护人资格的案件由上述法院管辖，符合《民事诉讼法》第 21 条、第 22 条、第 28 条关于地域管辖的规定。(2) 与最高人民法院《关于适用〈中华人民共和国民事诉讼法〉的解释》的规定一致，该解释第 10 条规定："不服指定监护或者变更监护关系的案件，可以由被监护人住所地人民法院管辖。"(3) 随着进城务工人员的不断增加，监护侵害行为可能发生在被监护人住所地，也可能发生在监护人住所地，甚至发生在流浪地。侵害行为发生后，往往是行为发生地公安机关先行介入、收集证据，当地民政部门履行临时监护责任、提起诉讼，因此，有些案件由侵害行为地或者监护人住所地的人民法院管辖可能更为适宜。

（五）撤销监护人资格案件审理和判后安置

32. 人民法院审理撤销监护人资格案件，比照民事诉讼法规定的特别程序进行，在一个月内审理结案。有特殊情况需要延长的，由本院院长批准。

说明：根据《民通意见》第20条和2011年最高人民法院修正的《民事案件案由规定》第387项的规定，本条规定了撤销监护人资格案件按照特别程序审理。对于本条另有两种不同意见：

一种意见认为，此类案件不应当适用特别程序审理，可比照普通程序审理。理由是：(1) 虽然《民通意见》第20条规定监护权变更案件按照特别程序进行审理，但由于《民通意见》制定于1988年，距今已有27年，与目前社会实际情况和审判工作的指导思想不相适应，参照民事诉讼一般程序审理更符合当前人民法院解决纠纷的实际要求。(2)《民事诉讼法》规定的特别程序主要适用于选民资格案件、宣告失踪或宣告死亡案件、认定财产无主案件等非争讼性案件，其程序价值在于对某种法律事实是否存在进行确认。非争讼性案件不解决民事权利义务争议，而是对某种法律事实是否存在进行确认。监护权变更案件属于争讼性案件，存在明显的诉辩双方当事人和具体的民事权利义务争议。因此，监护权变更案件不宜适用特别程序进行审理。

另一种意见认为，《民事诉讼法》及最高人民法院《关于适用〈中华人民共和国民事诉讼法〉的解释》对这个问题都没有明确规定，只有《民通意见》和《民事案件案由规定》第387项作了规定，应当比照特别程序审理。如果《意见》直接规定适用普通程序或者简易程序审理，则与《民通意见》第19、20条规定矛盾，有逾越司法解释的嫌疑，实践中撤销监护人资格案件也都是按照特别程序审理的。另外，适用特别程序审理此类案件，能够快速审结案件，明确未成年人的监护人，有利于保障未成年人的权益。

经研究，我们采纳了后一种意见，本着与法律、司法解释一致的原则，比照特别程序审理。

33. 人民法院应当全面审查调查评估报告等证据材料，听取被申请人、有表达能力的未成年人以及村（居）民委员会、学校、邻居等的意见。

34. 人民法院根据案件需要可以聘请适当的社会人士对未成年人进行社会观护，并可以引入心理疏导和测评机制，组织专业社会工作者、儿童心理问题专家等专业人员参与诉讼，为未成年人和被申请人提供心理辅导和测评服务。

说明：撤销监护人资格案件的审理，不同于普通民事案件审判，需要听取各方面意见，且根据保护未成年人权益的需要，法院可以根据情况多做一些工作，故作出以上两条规定。

35. 被申请人有下列情形之一的，人民法院可以判决撤销其监护人资格：

(1) 性侵害、出卖、遗弃、虐待、暴力伤害未成年人，严重损害未成年人身心健康的；

(2) 将未成年人置于无人监管和照看的状态，导致未成年人面临死亡或者严重伤害危险，经教育不改的；

（3）拒不履行监护职责长达六个月以上，导致未成年人流离失所或者生活无着的；

（4）有吸毒、赌博、长期酗酒等恶习无法正确履行监护职责或者因服刑等原因无法履行监护职责，且拒绝将监护职责部分或者全部委托给他人，致使未成年人处于困境或者危险状态的；

（5）胁迫、诱骗、利用未成年人乞讨，经公安机关和未成年人救助保护机构等部门三次以上批评教育拒不改正，严重影响未成年人正常生活和学习的；

（6）教唆、利用未成年人实施违法犯罪行为，情节恶劣的；

（7）有其他严重侵害未成年人合法权益行为的。

说明：由于我国法律对撤销监护人资格的规定非常原则，仅规定“不履行监护职责或者侵害未成年人的权益的，可以撤销监护人资格”，没有规定具体情形，也没有规定中止或者临时撤销等程序。在撤销监护人资格案件中，法院只有两种选择，一种是撤销，一种是不撤销，这就要求撤销监护人资格的情形设定应当尽量严格。

之所以规定只有在严重侵害未成年人权益的情形下才可以判决撤销监护人资格，主要出于以下两点考虑：(1) 未成年人最大利益原则的要求。未成年人健康成长最需要父母的关爱，家庭是未成年人最好的生活环境。在条件允许的情况下，应当尽可能地让未成年人在家庭中生活。同时，父母抚养孩子既是亲情的需求，也是法定的责任。这就决定了撤销监护人资格只能适用于极少数特别严重的情形。(2) 符合我国国情。在我国，以轻微打骂等不当方式教育孩子的现象普遍存在，社会对此有一定的容忍度。如果撤销监护人资格的标准不够严格，则可能混淆监护侵害行为和不当教育方式，导致大量案件进入司法程序，这是目前社会难以接受的。因此，《意见》本着尽可能严格的原则列举了可能撤销监护人资格的情形，这些情形与不当教育方法有明显的区别。不仅是我国，许多国家如美国、英国、荷兰等也都对撤销监护人资格的情形作出严格限定，撤销监护人资格本着“不得已而为之”的原则是国际上的通常做法。

36. 判决撤销监护人资格，未成年人有其他监护人的，应当由其他监护人承担监护职责。其他监护人应当采取措施避免未成年人继续受到侵害。

没有其他监护人的，人民法院根据最有利于未成年人的原则，在民法通则第十六条第二款、第四款规定的人员和单位中指定监护人。指定个人担任监护人的，应当综合考虑其意愿、品行、身体状况、经济条件、与未成年人的生活情感联系以及有表达能力的未成年人的意愿等。

没有合适人员和其他单位担任监护人的，人民法院应当指定民政部门担任监护人，由其所属儿童福利机构收留抚养。

说明：本条规定了撤销监护人资格后未成年人的监护问题。分为三个层次：(1) 有其他监护人的，如父或母一方被撤销监护人资格，另一方仍有监护权，则由另一方担任监护人。(2) 在没有其他监护人的情况下，根据《民法通则》第16条的规定，择优选择监护人，没有规定将亲属关系的远近作为选择顺序，是给法官充分的选择余地，以更好地实现未成年人的最大利益。(3) 在没有合适人员和其他单位担任监护人的情况下，应当指定民政部门担任监护人，明确了民政部门的兜底责任。

37. 判决不撤销监护人资格的，人民法院可以根据需要走访未成年人及其家庭，也可以向当地民政部门、辖区公安派出所、村（居）民委员会、共青团、妇联、未成年人所在学校、监护人所在单位等发出司法建议，加强对未成年人的保护和对监护人的监督指导。

说明：本条规定人民法院可以在判后开展回访工作、发出司法建议。

38. 被撤销监护人资格的侵害人，自监护人资格被撤销之日起三个月至一年内，可以书面向人民法院申请恢复监护人资格，并应当提交相关证据。

人民法院应当将前款内容书面告知侵害人和其他监护人、指定监护人。

说明：本条规定了恢复监护人资格的程序及期限。有三种不同意见：

第一种意见（多数意见）认为，可以允许被撤销监护人资格的侵害人申请恢复监护人资格，但应当规定一个合理的期限。

第二种意见认为，设定恢复申请的1年期限无法律依据，应当允许被撤销人随时申请。

第三种意见认为，恢复申请程序无法律依据，一旦撤销，则不允许恢复。

本条采纳第一种意见（多数意见）。理由是：(1) 众所周知，家庭是未成年人最好的生活环境，父母亲情无人可以取代。规定当事人可以在一定期限内申请恢复监护人资格就是为了尽可能地促使当事人悔改，使未成年人回归家庭，本条规定符合《未成年人保护法》的立法精神。第三种意见既不利于保障未成年人权益，也不利于保障父母权益，不可取。(2)《未成年人保护法》和《民法通则》只规定可以撤销监护人资格，但没有明确规定是否可以恢复监护人资格。在法律没有明确规定的情况下，《意见》规定可以恢复并设定期限不违法。国外立法普遍有恢复制度，如德国、法国、荷兰、日本等。(3) 规定3个月以后才可以申请恢复监护人资格，目的是给当事人一个合理的悔过和恢复监护能力的期限。规定申请恢复资格应当在1年内，是为了避免未成年人的监护权长期处于不稳定状态，以便让新的监护人能够更好、更踏实地履行职责，也可以让民政部门1年以后放心地送养。民政部门担任未成年人监护人的，儿童福利机构通常采用机构抚养、家庭寄养和送养的方式抚养未成年人。机构抚养很难营造出类似家庭的生活环境，家庭寄养稳定性较差，送养则可以提供较为稳定的家庭生活和学习环境，最有利于未成年人健康成长。因此，民政部门一般会优先选择送养，通过考察、筛选合适家庭，让未成年人在新的家庭中生活。如果《意见》不设定1年的申请期限，则意味着在未成年人18岁之前，被撤销资格的当事人随时可以申请恢复监护人资格，未成年人的监护权将长期处于不确定的状态，民政部门不敢轻易送养，从而不利于未成年人得到稳定妥善照管。

《意见》规定政府的临时监护责任一般不超过1年，并规定被撤销监护人资格后3个月至1年内可以书面申请恢复，事实上给当事人大约2年的时间用来悔改和恢复监护能力，充分体现了适用撤销监护人资格的慎重。

39. 人民法院审理申请恢复监护人资格案件，按照变更监护关系的案件审理程序进行。

人民法院应当征求未成年人现任监护人和有表达能力的未成年人的意见，并可以委托申请人住所地的未成年人救助保护机构或者其他未成年人保护组织，对申请人监护意愿、悔改表现、监护能力、身心状况、工作生活情况等进行调查，形成调查评估报告。

申请人正在服刑或者接受社区矫正的，人民法院应当征求刑罚执行机关或者社区矫正机构的意见。

说明：撤销监护人资格的审判应当慎重，恢复监护人资格案件的审判也应当慎重，需要全面考量申请人的悔改表现、监护意愿和能力，同时还需要考虑现任监护人的监护情况和未成年人的意愿，根据最有利于未成年人的原则进行审判。

40. 人民法院经审理认为申请人确有悔改表现并且适宜担任监护人的，可以判决恢复其监护人资格，原指定监护人的监护人资格终止。

申请人具有下列情形之一的，一般不得判决恢复其监护人资格：

(1) 性侵害、出卖未成年人的；

(2) 虐待、遗弃未成年人六个月以上、多次遗弃未成年人，并且造成重伤以上严重后果的；

(3) 因监护侵害行为被判处五年有期徒刑以上刑罚的。

说明：本条第1款规定判决恢复监护人资格的，应当同时终止原指定监护人的监护人资格（指定监护人与法定监护人不得并存）。如由其他监护人监护的，则申请人恢复资格后共同监护未成年人。

本条第2款规定了一般不得恢复监护人资格的情形，列举的三种情形都属于情节非常恶劣的，供法官参考。

41. 撤销监护人资格诉讼终结后六个月内，未成年人及其现任监护人可以向人民法院申请人身安全保护裁定。

说明： 最高人民法院《关于适用〈中华人民共和国民事诉讼法〉的解释》第521条规定："在执行终结六个月内，被执行人或者其他人对已执行的标的有妨害行为的，人民法院可以依申请排除妨害，并可以依照民事诉讼法第一百一十一条规定进行处罚。因妨害行为给执行债权人或者其他人造成损失的，受害人可以另行起诉。"《涉及家庭暴力婚姻案件审理指南》第31条第2款规定，人身安全保护裁定的申请，可以在离婚诉讼提起之前、诉讼过程中或者诉讼终结后的6个月内提出。

考虑人身安全保护裁定在诉讼终结后依然有其价值，能防止被撤销监护人资格的原监护人继续伤害未成年人及其现任监护人，从而最大程度保护未成年人权益，作出本条规定。

42. 被撤销监护人资格的父、母应当继续负担未成年人的抚养费用和因监护侵害行为产生的各项费用。相关单位和人员起诉的，人民法院应予支持。

说明： 本条根据《未成年人保护法》第53条的规定作出。

43. 民政部门应当根据有关规定，将符合条件的受监护侵害的未成年人纳入社会救助和相关保障范围。

说明： 本条规定体现国家对未成年人的特殊照顾。

44. 民政部门担任监护人的，承担抚养职责的儿童福利机构可以送养未成年人。

送养未成年人应当在人民法院作出撤销监护人资格判决一年后进行。侵害人有本意见第40条第2款规定情形的，不受一年后送养的限制。

说明： 本条规定由民政部门担任指定监护人的未成年人1年后可以送养。理由是：《收养法》规定三类不满14周岁的未成年人可以被收养：(1) 丧失父母的孤儿；(2) 查找不到生父母的弃婴和儿童；(3) 生父母有特殊困难无力抚养的子女。我们认为，父母被撤销监护人资格的未成年人，与"丧失父母的孤儿"情况类似，民政部门可以参考《收养法》规定的"丧失父母的孤儿"送养。

（撰稿人：张颖新　方　芳）